华东政法大学优秀学位论文选

鹿鸣集

2018年卷

华东政法大学研究生教育院　编

法律出版社
LAW PRESS · CHINA

图书在版编目(CIP)数据

鹿鸣集：华东政法大学优秀学位论文选. 2018年卷 / 华东政法大学研究生教育院编. -- 北京：法律出版社，2018

ISBN 978-7-5197-2755-0

Ⅰ. ①鹿… Ⅱ. ①华… Ⅲ. ①法学-文集 Ⅳ. ①D90-53

中国版本图书馆CIP数据核字(2018)第226222号

鹿鸣集
华东政法大学优秀学位论文选（2018年卷）
LU MING JI
HUADONG ZHENGFA DAXUE YOUXIU XUEWEI
LUNWENXUAN（2018 NIAN JUAN）

华东政法大学研究生教育院 编

责任编辑 刘 琳
装帧设计 凌点工作室

出版 法律出版社
总发行 中国法律图书有限公司
经销 新华书店
印刷 北京虎彩文化传播有限公司
责任印制 沙 磊

编辑统筹 法律教育出版分社
开本 787毫米×1092毫米 1/16
印张 23.25
字数 571千
版本 2018年9月第1版
印次 2018年9月第1次印刷

法律出版社/北京市丰台区莲花池西里7号(100073)
网址/www.lawpress.com.cn
投稿邮箱/info@lawpress.com.cn
举报维权邮箱/jbwq@lawpress.com.cn
销售热线/010-83938336

中国法律图书有限公司/北京市丰台区莲花池西里7号(100073)
全国各地中法图分、子公司销售电话：
统一销售客服/400-660-6393
第一法律书店/010-83938334/8335 西安分公司/029-85330678 重庆分公司/023-67453036
上海分公司/021-62071639/1636 深圳分公司/0755-83072995

书号:ISBN 978-7-5197-2755-0 **定价**:48.00元

序

“鹿鸣”语出《诗经·小雅·鹿鸣》“呦呦鹿鸣，食野之苹。我有嘉宾，鼓瑟吹笙”。曹操《短歌行》中亦有引用，描写了对有识之士以盛礼相待的场景，表现出对贤才的渴求。作为论文集的编辑者，我们希望大学能不断涌现卓越人才，书写优秀文章，传承学术薪火，彰显大学精神。在研究生教育中，学位论文的优劣不仅反映人才培养的质量，而且反映学校教学、科研工作的质量，具有十分重要的意义。多年来，我校采取多种措施推进研究生教育创新计划与质量工程，强化研究生的学位论文工作，不断完善学位论文的选题、开题、研究、指导、答辩等环节，加大学位论文的培育、奖励力度，确实取得了一批具有相当质量的优秀学术成果，但我们更希望曾经在大学校园中成长的青年学子成为未来社会的中坚、事业的巨擘、国家的栋梁。

——摘自《鹿鸣集》(2011 年卷)序

目录
Contents

跨境争议

法治建言

社科纵横

史 海 钩 沉

“直诉”概念的生成及其释义考辨

翟晓强 *

民国以来，尤其是20世纪80年代以来有关“直诉”的论著问世不少，但“直诉”的历史视野和理论框架却较少得到关注。“直诉”是个晚起的概念，虽然其内涵为古代登闻鼓等制度，但近代以来关于其的很多认识是从西方审级制度的角度出发，以致忽视了古代制度的内在逻辑。那么，学者为何要采用“直诉”一词来指称登闻鼓等制度呢？两者的对等关系是如何被设定的？本文尝试从中国古代的规定及其实践出发探讨这些问题。

一、“直诉”作为法律史概念之源流

概念是思维的载体和工具，通过对思维对象的学术化和理论化，我们可以赋予我们关注的事物一种理论范式或为认识事物提供一个方案，而概念本身就是“内涵”与“外延”的结合体。近代以来才被学者介绍和广泛使用的“直诉”概念，其“内涵”与“外延”的形成及确定过程并不是十分清晰。有研究指出，“直诉”一词作为法律史术语来指称中国古代特定的诉讼程序，是在陈顾远的《中国法制史》一书中开始使用的。[1] 然而，陈顾远对此概念的使用也并不是首创，在其之前已有日本学者中在同一内涵上使用“直诉”。

（一）日本历史上的“直诉”一词

东川德治1924年出版的《中国法制史研究》第二编“诉狱”中有“登闻鼓”一节，其略云：

> 登闻鼓，为救济审判不当，或因官宪势要压迫，陷于悲哀穷境，无由申诉冤枉者最后方法，即阙下直诉之形式也。……以直诉为最后救济方法，故不可轻率容许，特严其方式，所以防妄诉也。……唐律有直诉形式三种：一为邀车驾，二为挝登闻鼓，三为上表。[2]

虽然不确定在他之前是否有学者做过类似的系统叙述，但毫无疑问的是，中国法制史所用之“直诉”概念与日本密不可分。

据考，“直诉”一词在历史上被引入日本，并直接采汉字写作“直訴”，发音じきそ(jikiso)，一般释义为：“告御状。不经过一定的手续，直接上诉。旧时直接向君主、将军，现时直接向最高统治者。”[3] 在明治时代编修的百科全书《古事类苑》之《法律部》“诉讼”一节中有“直诉”这种特殊的诉讼形式。[4] 在镰仓和室町幕府时期，一般民众和下级武士提起的诉讼原

---

* 翟晓强，华东政法大学2017届法律史专业硕士研究生。

〔1〕 参见王捷：《“直诉”源流通说辨正》，载《法学研究》2015年第6期，第174～190页。

〔2〕 [日]东川德治：《中国法制史研究》，廖维勋译，载《中华法学杂志》1932年第3卷第2期，第75～82页。

〔3〕 相关释义可参见[日]松井荣一：《日本语新辞典》，《日本语新辞典》翻译组译，上海外语教育出版社2009年版，第769页。

〔4〕 [日]细川润次郎等编修：《古事类苑》，吉川弘文馆1983年版，第980页。

则上应由当地奉行所受理,但在一些特殊场合,当事人无视审级直接向将军提交诉状,幕府将这种行为称为"直诉"。[5]

德川幕府时,日本学者翻译或编纂的大量关于大明律例注释书,其中关于《大明律》中"越诉"条"迎车驾"和"击登闻鼓"的解释亦使用"直诉",如荻生徂徕《明律国字解》中称"迎车驾"为"待行幸时直诉也"、"登闻鼓"为"若民有冤抑可击此鼓直诉也"。[6] 后来学者亦有从之,如大槻诚之、渡边约郎在1876年《启蒙明律》中就采用荻生徂徕对登闻鼓的解释。

(二)现代汉语"直诉"概念的形成

1930年至1935年,廖维勋陆续将东川德治之《支那法制史研究》翻译为中文,名为《中国法制史研究》,并陆续刊载在《中华法学杂志》上。[7]

陈顾远在1934年出版的《中国法制史》详细阐述"直诉"指代中国古代登闻鼓等制度。若将陈顾远的阐述与东川德治之文对比可以发现,前者的论述模式基本与后者一致,只不过方式上略有不同罢了,两者具有明显的继承关系。陈顾远在1937年发表的《周礼所述之司法制度》一文中,就《周礼》所述之"路鼓肺石"再次提及"直诉",其谓:"直诉者,对于穷而无告,许其直诉冤抑于朝之谓也。"[8]

然而,"直诉"一词并未为同时代学者所周知,对"直诉"制度的指称亦有差异。徐朝阳认为《周礼》之"肺石"实乃区别于一般诉讼的非常上诉。[9] 杨鸿烈在《中国法律发达史》中将"挝登闻鼓"此类行为称为"非常诉讯"、"非常上诉"或"非常上告"。[10] 徐道邻在《唐律通论》认为:"邀车驾,挝登闻鼓,上议请裁,廷讯御审,此一种非常裁判也。"[11]

陈顾远在1964年出版《中国法制史概要》,再次重新阐发了其在《中国法制史》中所指的"直诉"概念。[12] 戴炎辉从律文的角度详细分析了"直诉"的内涵,他认为:"直诉可说是越诉的一种,而律的处置不同。越诉都予处罚,而直诉只处罚其不实者。"[13] 他将"直诉"放在诉讼审级之内考察,认为唐律有登闻鼓、邀车驾、上表诉事,明清律之挝登闻鼓、邀车驾即是"直诉"之形式。李甲孚认为,古代不准民众越诉,但具"有直诉性质的登闻鼓"制度是被允许的,而且"以现代观点言,应就是民刑诉讼中非常上诉的一种办法"。[14] 我们这里可以看到,我国台湾地区的大部分中国法制史研究依然延续了之前对"直诉"内涵的界定,即在越过法定程序的意义上使用"直诉"。

---

[5] 参见赵立新:《日本法制史》,知识产权出版社2010年版,第82~83页。

[6] [日]荻生徂徕:《明律国字解》卷九《刑律·诉讼》"越诉"条,日本国会国立图书馆藏本,索引号:info:ndljp/pid/2937261。

[7] 相关译文陆续载于《中华法学杂志》1930年第1卷第3、4期,1931年第2卷第1、2、4、6、10、11、12期,1932年第3卷第2、3~4、5、6、8、9、10、11~12期,1933年第4卷第1、4、5~6、7期。

[8] 参见范忠信、尤陈俊、翟文喆编校:《中国文化与中国法系——陈顾远法律史论集》,中国政法大学出版社2005年版,第435~464页。

[9] 参见徐朝阳:《中国古代诉讼法》,中国政法大学出版社2012年版,第112~113页。

[10] 参见杨鸿烈:《中国法律发达史》,中国政法大学出版社2009年版,第413、451、516页。他在1937年出版的《中国法律对东亚诸国之影响》(中国政法大学出版社1999年版,第436页)中亦称古代越南的"钟铎叩鸣"制为"非常上诉"。

[11] 徐道邻:《唐律通论》,中华书局1945年版,第51页。

[12] 参见陈顾远:《中国法制史概要》,我国台湾地区三民书局1964年版,第163~170页。

[13] 参见戴炎辉:《中国法制史》,我国台湾地区三民书局1967年版,第152页。

[14] 参见李甲孚:《中国法制史及其引论》,我国台湾地区三民书局1983年版,第183页。

据目前资料来看,在大陆学者中,杨廷福最早使用"直诉",其从与越诉的比较中阐述"直诉",认为:

> 我国古代的诉讼法有一定的诉讼程序,一般都自下而上进行,不许越级告状,但是凡案情较重,冤抑无处伸诉的,同时也还允许直接向中央司法机关或向皇帝申诉。古代行政和司法区分不严,直诉是用行政以救济司法审判的错失,而上达民间冤苦无所申诉的一种权宜措施。……有两点限制:一、冤情必须真实,否则有处罚……二、审级上的限制……

同时,他认为唐代的"直诉"方式有四:邀车驾、挝登闻鼓、上表、伸匦函。[15]

对于"直诉"概念的定义、"直诉"的形式,研究者的基本观点业已确立。其后,虽然法史学者使用"直诉"概念的论著渐多,研究不断深化,但似乎也很难说有根本变化。由上述"直诉"概念的源流可以看出,其特征有二:一是学界对"直诉"内涵的界定多是从越诉的角度入手,认为"直诉"是越诉的例外,指越过常规审级直接诉于君王的特别诉讼程序。二是"直诉"的形式是特定的,常见的形式有《周礼》中的路鼓、肺石,汉代的"诣阙上诉",魏晋南北朝时的登闻鼓、肺石函、谤木等,唐代的登闻鼓、邀车驾、上表、匦函等。唐以后各代大体承唐制,于此并无实质损益。

二、"直诉—越诉"二元对立框架之辨正

"直诉"和"越诉"的关系是首要问题,学界一般认为,"直诉"指越过常规审级直接诉于君王的特别诉讼程序。然而,这种通说与具体的律令存在很多不符之处,不少学者基于唐代的律令规定对此进行了辨正。一般的论述模式为,"直诉"是逾越一般诉讼程序和层级管辖的诉讼程序,后又将有关的程序限制作为对"直诉"的限制。但问题在于,如果存在程序限制,那么对"直诉"内涵的界定在逻辑上是否仍然成立呢?下文就以唐律中的相关规定为材料,对上述问题进行探讨。

(一)唐律对"越诉"和"直诉"之规定

唐律虽不允许"越诉",却将前代之"直诉"入律,其间似有矛盾之处,但从律文的角度来看,两者存在实质性差异。历代诉审,皆有法定的诉讼管辖与程序,官民应当遵守,否则即为法所禁之"越诉"。《唐律疏议·斗讼》对"越诉"罪规定:"诸越诉及受者,各笞四十。"疏议曰:"凡诸辞诉,皆从下始。从下至上,令有明文。"可见,违"令"进行诉讼均为"越诉"。然唐令繁多,此"令"究系何令?据《唐令拾遗补》于唐《公式令》下引《续左丞抄》言:"斗讼律云'越诉者笞四十'者,凡诸辞讼皆从下始,而违令越诉者,可招笞四十者也。"[16]仁井田陞《唐令拾遗》还原唐《公式令》"词诉皆从下始"条规定,唐代理想的诉讼程序是:本司、本贯→尚书省→三司→上表→挝登闻鼓或立肺石,[17]违反上述程序即为律文所规定之"越诉"。

若仅从此令文出发,必然会得出"挝登闻鼓""上表"为逐级申诉之最后救济的结论。然而,《唐律疏议》同条却又作出如下规定:"邀车驾及挝登闻鼓,若上表诉,而主司不即受者,加罪一等。"对于"越诉"有司不许受理,而对借"邀车驾""挝登闻鼓""上表"诉事的,官司若不受,将拟照"应合为受,推抑而不受"罪加一等论罪,亦即邀车驾、挝登闻鼓、上表申诉的官

---

〔15〕 杨廷福:《论中国古代法制建设》,载《学习与探索》1981年第2期,第7页。

〔16〕 转引自[日]仁井田陞著,池田温补编:《唐令拾遗补》,东京大学出版会1997年版,第722页。

〔17〕 [日]仁井田陞:《唐令拾遗》,栗劲等译,长春出版社1989年版,第532页。

司必须受理。一般认为,邀车驾、挝登闻鼓和上表不同于“越诉”,当事人实际上是不需要按照令文规定的进行诉讼。那么,律令之间的冲突该如何解释呢?

(二)“直诉”与“越诉”的法律构造之差异

对于向皇帝申诉程序加以限制,并非唐代所独有,其例繁多,不胜枚举。例如,《隋书·刑法志》:“有枉屈县不理者,令以次经郡及州,至省仍不理,乃诣阙申诉。有所未惬,听挝登闻鼓,有司录状奏之。”可见,隋时诉事人挝登闻鼓似要穷尽一切救济程序,而学界并未以挝登闻鼓前必须穷尽前置程序而否定其“直诉”性质。显然,程序性要件并非“直诉”与“越诉”的实质区别,相反,他们只是形式要件,或者说他们表现出来的很多实际案例都是超过法定程序的。所以,有必要从律令角度加以系统考虑之。

《唐律疏议》中除“越诉”条提及邀车驾、挝登闻鼓、上表申诉外,还有一处规定:

> 诸邀车驾及挝登闻鼓,若上表,以身事自理诉,而不实者,杖八十;(原注:即故增减情状,有所隐避诈妄者,从上书诈不实论。)自毁伤者,杖一百。虽得实,而自毁伤者,笞五十。即亲属相为诉者,与自诉同。

此处提及邀车驾、挝登闻鼓和上表,不过强调的是诉讼不实之刑。从律注来看,此处“不实”不包括“故增减情状,有所隐避诈妄者”这种情况,因为这种情况是按照“上书诈不实”论处。《唐律疏议》规定:“若上表告人,已经闻奏,事有不实,反坐罪轻于上书不实,准从‘上书诈不实’,处徒二年。”据此,以“上表”方式诬告,若反坐罪轻,则以“上书诈不实”论处;若反坐罪重,则以“诬告反坐”论。此处原因较好理解,因为“上表”是直接告于皇帝的,“上表”诬告属于欺君罔上,侵犯双重法益,必须严惩。

申言之,“邀车驾挝鼓诉事不实”与“诬告”系法条竞合,若是所诬罪重当按“诬告反坐”论处。明清律中亦有规定:“若迎车驾及击登闻鼓申诉而不实者,杖一百;事重者,从重论。得实者,免罪。”沈之奇注云:“若迎候于车驾出入之处,及击登闻鼓申诉,而事情不实者杖一百。所诉不实之事,照诬告律科之;若重于杖一百者,从诬告重罪论处;轻则仍从本律。得实者,免其杖一百之罪。”[18]故唐律亦宜做此理解,否则刑罚体系未免不尽协调。实践中的案例亦可佐证之,代宗大历八年(773年),“右仆射裴遵庆之侄孙倩挝登闻鼓告遵庆谋反,帝曰:‘此必大谬。’乃下有司鞫倩,果风狂诬罔,伏罪,杖倩四十配流漳州百姓”。[19] 对于挝登闻鼓诬告之犯处杖“四十,配流漳州百姓”,似与唐律“杖八十”之规定相悖。然若考虑唐代对谋反犯或流或杀,[20]则按诬告反坐更易理解。

如果仅仅是通过邀车驾、登闻鼓、上表等方式进行申诉,只要所诉得实,即便越级诉告,依然不坐。这与上述明清律的精神相同,如《唐律疏议》:

> 问曰:“有人于殿庭诉事,或实或虚,合科何罪?”
>
> 答曰:“依令:‘尚书省诉不得理者,听上表。’受表恒有中书舍人、给事中、御史三司监受。若不于此三司上表,而因公事得入殿庭而诉,是名‘越诉’。不以实者,依上条杖八十;得实者,不坐。”

---

〔18〕(清)沈之奇:《大清律辑注》卷二十二《刑律·诉讼》,怀效锋、李俊点校,法律出版社2000年版,第797~798页。

〔19〕《册府元龟》卷五十《帝王部·明察》。

〔20〕参见石冬梅:《论唐代的谋反罪》,载《燕山大学学报》(哲学社会科学版)2007年第2期,第99页。

不经三司上表而径行殿庭诉事被认为是"越诉",但却并不以"越诉笞四十"定罪量刑,而是拟照"邀车驾挝鼓诉事不实"条惩处。质言之,越过"三司上表"而径入殿庭诉事不实与"邀车驾挝鼓诉事"的法意相同。故而,登闻鼓、邀车驾、上表亦非不可为"越诉",但对此种"越诉",若属实则不处罚,即"越诉罪"不论实与不实均笞四十,"直诉"得实无罪,不实则重惩。明清律将唐律中的"邀车驾挝鼓诉事不实"条与"越诉"条合并为一条,直诉得实无罪,不实则多比拟"越诉罪"加重处罚,其中深意盖亦如此。

就法律关系而言,"直诉"不实、自伤等行为是统治者在制定相关法律中重点考虑的。因为这类行为侵犯的客体较为复杂,如"直诉"不实不仅涉及侵害一般人的权益,还可能涉及欺君罔上,故"直诉"不实的处罚力度比类似行为要重。实际上,统治者在此间也面临着两难境地:言路广开则不堪直诉者蜂拥而至,言路壅塞则信息渠道不畅。所以,对于申诉属实的往往轻惩,甚至无罪化。

(三)"直诉"与"越诉"的实质差异

虽然唐《公式令》规定必须逐级申诉,但由于律中存在"得实免罪"这样的条款,实际上令文规定的"上表"之后的程序,并不是很严格了。上引隋代之令亦是如此,隋律对于"直诉"之规定今已无法确知,若隋律中也有对挝鼓诉事作实与不实之区分,则规定挝登闻鼓必须逐级进行的意义和唐令的相应规定又有什么区别呢!那么,为何"越诉"和"直诉"在处罚标准出现差异呢?《大清律辑注》曰:

> 人至迎驾、击鼓申诉,必有大不得已之情,而官司不能断理者,故不实乃坐罪,而得实则免罪。后冲突仪仗,申诉得实亦免罪。盖许申诉以达下情,虽由越诉连及言之,而意各不同也。[21]

越诉之人难道没有"大不得已之情",为何只对"直诉"如此呢?唐律在解释"越诉罪"时言"谓应经县而越向州、府、省之类",此间并未触及省的上一级司法机构——皇帝。从上文所述"邀车驾挝鼓诉事不实"与"诬告"的区别亦可见,邀车驾、登闻鼓、上表实质上均系向皇帝"上书",即其最终处理者是皇帝而非其他机关。从清代的京控和叩阍的区别亦可窥其一斑,《清史稿·刑法志》载:

> 凡审级,直省以州县正印官为初审。不服,控府、控道、控司、控院,越诉者笞。其有冤抑赴都察院、通政司或步军统领衙门呈诉者,名曰京控。……其投厅击鼓,或遇乘舆出郊,迎驾申诉者,名曰叩阍。

"投厅击鼓""迎驾申诉"即为唐律中的"邀车驾挝鼓诉事",清代谓之曰"叩阍"。清律对此的规定为"不实有罪,得实免罪",可谓是对唐律精神的承继。而对"京控"则无此类规定,明初刑部左侍郎葛循曾奏请:"凡民赴通政使司诉状者,本司代其奏闻即同亲奏,有不实者,宜以迎车驾及击登闻鼓伸诉不实律罪之,所诬罪重者,从重论。"但明太祖朱元璋并未准其所奏:"通政司诉状不实,止可同诸司诉状不实论。若如所议,岂不太重,第以诬告抵罪可也。"[22]于此可见,向通政司诉事不实,与向诸司诉讼不实同类,而与迎车驾及击登闻鼓申诉不实相异。"直诉"不实的行为,比之一般的"诬告反坐"加重处罚的立法原则,可谓也正是基于这种行为侵犯法益的特殊性——不仅侵犯个人法益,而且还欺君罔上。唐代投匦函

---

〔21〕(清)沈之奇:《大清律辑注》卷二二《刑律·诉讼》,怀效锋、李俊点校,法律出版社2000年版,第798页。

〔22〕《明太祖实录》卷一六九,洪武十七年十二月甲寅。

“如妄诉无理,本罪外加一等”,也正本于此。[23]

综上论之,“直诉”和“越诉”的区别并不在于诉事内容的差异,亦不在程序上的位阶关系,而是在于受理机关或者说是处理机关的差异。广义上的“越诉”是指越过程序诉讼,但律所打击的是狭义上的“越诉”,即在县、州、府、省之间越级而诉。而“直诉”的实质是向皇帝提起的诉讼,明清时多将“直诉”称为“奏诉”、“叩阍”或“告御状”,正是对于其实质的反映。“直诉”的实质内涵为向皇帝申诉,而“越诉”罪系指申诉程序的违法,两者并不等同。“直诉”与“越诉”之间的关系,主要看法律对“直诉”是否有程序性的规定。而且,如果认为“直诉”为越过程序诉讼,那么,不越过程序挝登闻鼓、邀车驾等行为该如何看待呢?实际上,如上所述,律文只规定邀车驾、上表诉讼实与不实之刑罚,而未区分诉讼之前是否为逐级进行。

三、“直诉”的内容与形式关系之辨正

“直诉”之实质为向皇帝诉讼,然其身居阙内,若要与之沟通,须有司转达,故产生“直诉”之形式。以此观之,所谓“直诉”之形式亦不过是沟通皇帝的一种途径。关于“直诉”形式的划分,至今仍聚讼纷纭,以唐代为例,除唐律中规定“邀车驾”“挝登闻鼓”“上表”得到公认外,唐《公式令》中的“立肺石”、唐诏敕规定的“投匦函”“诣阙”等亦有部分学者主张,且多将唐代这些形式视作直诉制度。那么,这些“直诉”的形式与“直诉”的关系如何呢?两者是否存在对等关系?下文将从所谓唐代“直诉”的形式入手,对这些问题作出一定的回答。

(一)唐律中的挝登闻鼓、邀车驾和上表

“挝登闻鼓”“邀车驾”“上表”这三种“直诉”性质已如上引律文所证,从这三种制度的实质和用途入手,亦可证明其为诉于皇帝之内涵。

1. 挝登闻鼓

一般认为,登闻鼓源于《周礼》的“路鼓”,在汉代以后的文献中始见其名,历代皆继承之。将登闻鼓置于禁中与宫外沟通之要津,正是直接与君王“交流”之意。上引唐《公式令》可知,右监门卫掌登闻鼓,而监门卫“掌诸门禁卫门籍之法”,[24]收状后“奏闻”于皇帝,监门卫并无处理权。唐代宗大历十二年(777年)四月诏曰:“其击登闻鼓者,委金吾将军收状为进,不得辄有损伤,亦不须令人遮拥禁止。”[25]虽然击鼓诉事的受理机构变为金吾将军,但其亦不过为警卫之官,其收状后依然应交由皇帝处理。[26]

但需要注意的是,登闻鼓并非专属于诉讼,其他职能亦多为常见。比如,上引大历十二年四月诏书强调的受状内容,就包括“除拜不称于职,诏令不便于时,法禁乖宜,刑赏未当,征求无节,冤滥在人”,冤滥也只是其中之一。唐懿宗咸通四年(864年)正月的诏书,亦称登

---

〔23〕《旧唐书·李渤传》。

〔24〕《唐六典》卷二十五《左右监门卫》:“左、右监门卫大将军·将军之职,掌诸门禁卫门籍之法。凡京司应以籍入宫殿门者,皆本司具其官爵、姓名,以移牒其门,以门司送于监门,勘同,然后听入。”

〔25〕《册府元龟》卷一〇二《帝王部·招谏》。

〔26〕所谓的“直诉”的受理机构刚设立之时,基本都是作为皇帝的秘书机构,但随着其职权的不断扩展,渐渐具有了部分司法权,如秦至南朝梁的公车司马令,刚开始不过是受理章奏的机构,到后期亦开始拥有独立的司法权。这类机构随之又被新的秘书机构取代,如此循环往复,此处的监门卫和金吾卫以及下文“三司”职能的流变亦是如此。

闻鼓为"谏鼓"。[27] 在敦煌出土的唐代《降魔变文》中,道教六师因恐太子招引佛教而觉冤屈,遂"奔走龙庭,击其怨(冤)鼓"。[28] 所谓"怨(冤)鼓",即类登闻鼓。尽管此变文内容不尽真实,但并不影响对唐代挝鼓直诉这种方式的侧面佐证。

2. 邀车驾

《唐律疏议》释曰:"车驾行幸,在路邀驾申诉。"车驾是对皇帝的一种婉称,天子行幸之际,诉事人可伏于路旁迎候以邀车驾申诉。邀车驾之例唐前就已有,如《史记·萧相国世家》:"上罢布军归,民道遮行上书,言相国贱彊买民田宅数千万。"所谓"民道遮行上书"即邀车驾诉事的雏形,但此不过是临时之事,是否上升到法律层面实难以确知。在北魏的诏令中已见邀车驾之规定,唐代始将其入律,以后历代承用不废。

邀车驾诉事是在天子行幸外出时,向其申诉,这是诉于皇帝的必要补充。对于邀车驾的诸多限制也正是基于皇帝的人身安全考虑,但史料中以此方式申诉的案例罕有记载,故实难辨别邀车驾之职能是否专属于诉讼。汉时这种行为只是上书制度中的一环,且汉律中是否有此规定均难以详知。《资治通鉴》卷一八三记载,隋炀帝大业十二年七月戊辰亦有"郡人邀车驾上书"之例。

3. 上表

唐代"凡下之所以达上,其制有六,曰:表、状、笺、启、牒、辞",其注称:"表上于天子,其近臣亦为状。"[29]"表"系上给皇帝的公文程式,故"上表"系上书于皇帝,就其内容用途而言,"上表"包括但不限于谢事、贺节、劝让、奏事、荐举、伸冤等。[30] 可见,"上表"只是下情上达的一种形式,其与司法只具有或然性联系。唐贾公彦疏《周礼注》之"逆谓上书"亦言:"言上书者,则今之上表也。"[31]

唐代有专门受理"上表"的机构,《旧唐书·刑法志》记载受理机构为中书舍人、给事中、御史组成的"三司"。然按上引唐《公式令》观之,"上表"之下仍有"三司陈诉",故可判断三司受理"上表"与三司处理"陈诉"是不同的。"三司陈诉"之"三司"系介于尚书省和皇帝之间的一个审级,有权对向其陈诉的案件进行审理,故"三司陈诉"有与其他审级一样的"伏"与"不伏"之区分。虽然"上表"亦由"三司"监受,但这里其不过是皇权的延伸,受表后理应奏闻君主,故受表者有"达"与"不达"之区分。

(二)唐律之外的肺石、匦函、诣阙等形式

其他一些方式,虽然唐律没有规定,但在唐代令、诏敕中却是存在的。

1. 立肺石

唐"肺石"之制源于《周礼》"肺石达穷民",虽然前代已见设置,但均未见唐代规定之详。《两京新记》记曰:"宫城(太极宫)南面六门,正南承天门,门外两观、肺石、登闻鼓、朝堂。"[32]可见,肺石与登闻鼓一样,分立于宫城阙前。又上引唐《公式令》,故以登闻鼓肺石同类而论,似无不可。因前文已关涉登闻鼓,兹不备述。应当指出的是,现存唐代史料唯有

---

[27] 《册府元龟》卷一〇三《帝王部·招谏二》。

[28] 黄征、张涌泉校注:《敦煌变文校注》卷四《降魔变文》,中华书局1997年版,第559页。

[29] 《唐六典》卷一《尚书都·省左右司郎中员外郎》。

[30] 参见吴丽娱:《试论"状"在唐代中央行政体系中的应用和传递》,载邓小南等主编:《文书·政令·信息沟通:以唐宋时期为主》,北京大学出版社2012年版,第3~46页。

[31] (汉)郑玄注、(唐)贾公彦疏:《周礼注疏》卷三,彭林整理,上海古籍出版社2010年版,第90页。

[32] (唐)韦述:《两京新记辑校》卷一《西京·宫城》,辛德勇辑校,三秦出版社2006年版,第2页。

肺石的记载只言片语,且多无关肺石的内容用途。明人何乔远《闽书》记载,唐人林廿五妻谢氏,因有人欲占其居所,徒步赴京,坐肺石三日。[33] 笔者此前曾撰文对唐代肺石制度作过考证,由文献来看唐代肺石不过是仿《周礼》而设的礼仪性设置,在实践中的作用微乎其微。

2. 投匦诉事

有学者认为:"从法制史的角度来看,(投匦制度)当是我国古代的一种直诉制度,颇似我国当今的信访制度和举报制度。"[34] 这里可以看到,其虽认为投匦为"直诉"制度,但他认为"直诉"相当于今天的信访制度和举报制度,实质上这是不符合严格的"直诉"定义的。古人设匦之初衷便不是专为司法,武则天于阙前朝堂设立四匦,其一为"申冤",虽然知匦使负责天下冤滞,但从匦的设置来看,申冤不过是匦的职能之一,其更多是与诉讼无关之事,故只可说"直诉"可以通过匦进行,但不能言投匦函为"直诉"制度。

匦状直达皇帝的特征也是其可以作为"直诉"的核心特征,如代宗广德二年(764年)二月诏曰:"百官有论时政得失,并任指陈事实,具状进封,必宜切直,无讳有司。白身人亦宜准此,任诣匦使进表,朕将亲览,必加择用。"[35] 置匦的目的在于防壅塞、通下情,为官民直接向皇帝诉事提供便利,使皇帝知悉时政得失、冤滥有无,投匦之状应由皇帝亲览,然后决断。但由于诉事人所投匦函多烦碎伪滥,所以唐代诸帝对匦状是否需要有司拣选多摇摆不停。[36]

3. 诣阙诉事

"诣阙"自汉以后就颇为流行,历代史书中记载不绝。《唐律疏议》释云:"其阙者,《尔雅·释宫》云:'观谓之阙。'郭璞云:'宫门双阙也。'《周礼·秋官》'正月之吉日,悬刑象之法于象魏,使人观之',故谓之'观'。"[37]"阙"本身诉讼无关,其意甚明。然皇帝深居九重阙内,"诣阙"本身可谓就包含欲与天子直接沟通之义,无疑会成为"直诉"的途径之一。"诣阙"诉事见于律令,如唐律即有"诣阙上表,论律、令及式不便于时"之语。在唐代诏敕中"诣阙"更为常见,如唐高祖武德元年(618年)六月,唐高祖谓侍臣曰:"其诣阙者,并即引见,不得辄相止抑,致有幽枉。"[38] 唐肃宗至德元年(756年)七月,诏:"直言极谏、才堪牧宰、文词博达、武艺绝伦、孝悌力田、沉沦草泽、委所在长官闻荐;诣阙自陈者亦听。"[39]

"诣阙"之内容用途甚是广泛,兹引数例以说明之。贞观二十年,大理寺卿孙伏伽等受命巡察四方,刺史、县令以下多被贬黜,其人诣阙称冤者甚多,太宗亲临决之。《旧唐书·崔彦昭传》载,崔彦昭"考满受代,耆老数千诣阙乞留"。可见,"诣阙"本身只是向皇帝诉事的称呼,其内容包括伸冤、报案、荐举、乞请等。然而,"诣阙"本身并不能直接闻达皇帝,实应借助登闻鼓、上表等方式进行。上文已述,以上几种"直诉"形式,除邀车驾以外,可谓都与"阙"相关,即"直诉"多是围绕着皇帝所居住的宫城展开。基于此,笔者认为"诣阙"似是欲向皇帝诉事之通称,有如清之"叩阍"。

---

〔33〕(明)何乔远:《闽书》卷一四五《闺阁志》,福建人民出版社1995年版,第4338~4339页。

〔34〕戴显群:《唐代投匦制度述论》,载《福建师范大学学报》(哲学社会科学版)2005年第1期,第120页。

〔35〕《册府元龟》卷一〇二《帝王部·招谏》。

〔36〕参见戴显群:《唐代投匦制度述论》,载《福建师范大学学报》(哲学社会科学版)2005年第1期,第120~124页。

〔37〕《唐律疏议·名例律》"十恶"。

〔38〕《册府元龟》卷五八《帝王部·勤政》。

〔39〕《册府元龟》卷八七《帝王部·赦宥三》。

唐代“直诉”之形式甚多,不可枚举,以上不过略具其荦荦大者而已。虽然“直诉”方式可能各有差异,但其实质无外是直达圣听。正如“诣阙”所表明的那样,“直诉”多在皇帝居住和办公的皇宫构成的空间秩序中展开,如皇宫之承天门、侧门、閤门、建福门、银台门等宫门均可能成为“直诉”展开的形式。唐长安城似置有“讼链”,欲告御状者可拉动讼链直诉。[40] 这些方式虽非专为“直诉”而设之制,然一旦能与皇帝沟通,遂可为“直诉”之形式,上引诸制无外如是。比如,神龙元年(705 年)二月,颁布《申冤制》,此制虽然以申冤之名,然其内容的并不仅为冤滞。[41] 实际上,上述所谈及的几种“直诉”方式亦不外如是。就其内容用途而言,包括但不限于伸冤、陈述意见、告密、自荐为官等,这也正是登闻鼓等制度的实质。

总之,学界所谓的“直诉”实质上不过是与皇帝沟通的特殊渠道,其方式及运作机制无不与皇权的运行密切相关。所谓受理机关,亦只是受理和转呈机构。其对案件的受理不仅是权力,在某种程度上说也是一种职责,因为其法定职责只是将受理的诉状转呈给皇帝或其秘书机构,然后由皇帝决定如何处理。但是,并非所有案件均由皇帝直接处理,更多的是批转给有司处理。“直诉”的方式均围绕着皇宫展开,而且其设置的位置也是一般民众可以到达的。

四、结语

总括上述,本文首先对作为法律史意义上的“直诉”概念之源流作了一些探讨,认为“直诉”概念系日本学者首先用以描述中国古代特殊的诉讼程序。学者多将“直诉”视作“越诉”的一种例外进行释义。从唐代的律令资料来看,两者的关系并非如学者所设想的那样纯粹。所以,本文其次对“直诉”和“越诉”的关系作了一定的考察,认为“直诉”的实质在于“直接诉告于皇帝”。在中国古代存在“诣阙”“奏诉”“叩阍”“告御状”等指称,而这些无一不是强调其实质是与皇帝相关联。“直诉”的实质不过是逐级上控制度中最高的环节。法律规定“直诉”得实无罪,实际上便是许可越过常规审级进行“直诉”,因此,从这种意义上说“直诉”可以越过程序进行亦无不可。

历代统治者深知下情壅塞之弊,但冤滥只是下情之一,非司法事务亦甚明显。故而,本文最后从唐代“直诉”之形式入手,认为这些形式实质上不过是一种极端的信息传递方式,与司法实务并不具有必然的联系。君主希冀借此了解常规途径无法获得的社会信息;而对于官民而言,登闻鼓等制度为向最高决策者表达自己诉求的最后途径。故而,设“直诉”之时,往往又对其进行限制,而这种限制,又因不同时期甚至同一时期的不同阶段的政策而存在差异。这或许是学界之所以注意到“直诉”大多并不严格按照程序进行的根源。只有了解古代制度特定的运行方式和发展,才可能对古代的行政、司法等制度有更深入的理解和把握,避免在研究中出现童牛角马。当然,本文仅就古代律令资料对“直诉”的法律特征进行分析,至于“直诉”之原因、作用、影响等,学界著述多有,兹不赘述。

【导师点评】

在谈到中国传统诉讼制度时,常会有“登闻鼓的直诉制度”的说法,似登闻鼓与直诉之间可以划上等号。本文一开篇便从对这一说法的质疑入手,指出这是两个不同时代的概念,

---

〔40〕 参见佚名:《中国印度见闻录》卷二,穆来根等译,中华书局 1983 年版,第 115 ~ 117 页。

〔41〕 (宋)宋敏求:《唐大诏令集》卷八十二《申冤制》,商务印书馆 1959 年版,第 473 页。

将这一西方概念引入中国,忽视了古代制度的内在逻辑。其研究问题明确,切中要害。

正文部分作者从直诉概念的源流入手,指出日本学者首先用这一概念来指代中国古代特殊诉讼程序,接着作者研究了中国古代"直诉"与"越诉"的关系,"直诉"的内容与形式的关系,得出提"直诉"应是指直接诉告于皇帝的一种极端信息传递方式,与司法实务不具有必然联系。这一结论冲破以往的通说,有一定的启发价值。

在研究方法上,论文结尾提出"只有了解中国古代制度特定的运行方式和发展,才可能对古代的行政、司法等制度有更深入的理解与把握",这一理解对于今天我们在用西方近代以来构建的法律体系进行中国传统法制的研究尤其重要,有借鉴的价值。

该篇论文问题意识明确,对所研究的问题进行较为扎实与严密的理论研究,得出较为令人信服的结论,在近年来的中国法制史研究生毕业论文中实属难得。

(指导教师:高　珣)

日本裁判员量刑的实证考察

裘越萍*

21世纪初，日本发起了一次"从国民的视点"出发的司法改革，与以往的改革有着根本的不同，是明治维新以来最大的司法改革。为了巩固司法的国民基石，促使国民更加关注、参与、理解并信赖刑事司法审判，日本裁判员制度应运而生。日本裁判员制度施行至今，大体上运行良好，但围绕该制度的若干问题的讨论从施行之前开始即从未停止，其中最为核心的就是量刑问题。

"在运用陪审制的国家，陪审员判断有罪或无罪但不参与量刑工作，这是一项基本原则。不论在哪个国家量刑工作都需要极具专业知识的人士进行，这是众所周知的。"[1]几乎所有对裁判员量刑持反对论者都会这样说。实际上，在引入日本裁判员制度之初，究竟是"实现公正审判"还是"提高公众认同"，"理论界围绕着这两种目的一度产生了争议。持公正审判论的人士认为，通过让刑事审判反映普通市民的社会常识以实现公正审判，这才是立法机关引入日本裁判员制度的目的，提高市民对刑事司法的理解与信任，不过是自然衍生的结果。与此相对，持公众认同论的人认为，只有获得市民的广泛理解与支持，才能充分发挥刑事司法的功能"。[2]本文同意后者的观点，日本的精密司法虽为大众所诟病，但不可否认的是，它也取得了不俗的成绩，若仅仅是为了提高司法审判的公正性，完全没有必要再大费周章地建立并实施日本裁判员制度，只需让法官在量刑时适当作出些许的调整即无大碍了。司法改革委员会引入日本裁判员制度的初衷就是在于，让一般市民带着常识从市民视角来进行审判，以达到强化司法的民意基础的目的。

一、裁判员审理的量刑变化

（一）裁判员审理的量刑模式

在日本裁判员制度施行以前，法官量刑一直是日本刑事司法最主要的量刑模式，仅仅在《少年法》相关条文中出现过类似于行政量刑的规定。[3]在法官量刑之下，虽然日本现行刑事立法就量刑基准等并无独立规定，但是在理论上，责任主义被认为是量刑的基本标准。日本1974年的《改正刑法草案》第48条第1款也明确规定："刑罚裁量必须适应犯罪人的责

---

* 裘越萍，华东政法大学2017届法律史专业硕士研究生。

〔1〕五十嵐二葉：「こう直さなければ裁判員制度は空洞になる」，現代人文社2016年，第11页。

〔2〕［日］田口守一：《日本裁判员制度的理论基础》，载《刑事司法研究》2008年第13期，第1～9页。

〔3〕根据该条规定，在应该对犯罪少年判处有期徒刑或者监禁刑之际，在处断刑的范围内，可以规定长期与短期，后者应不少于前者的1/2（如果长期少于10年，短期则是长期减去5年的期间）。但是，长期不能超过15年，短期不能超过10年。法官并不宣告一个确定的刑期，而是由执行机关在判决确定的期限制内决定实际执行的时间。

任。”与此同时,法官量刑还受到量刑相场与检察官求刑的制约。

为了使刑罚具有均衡性和统一性,法官要参考先前的案例,对某类案件形成一种稳定的量刑判断,这就是所谓的量刑相场。在实践中,在对某一具体案件进行量刑时,法官通常会找出最相似的案件作为参照,根据当前案件的相关情节对其宣告刑进行适当调整形成量刑结果。[4] 因为量刑相场形成于长年的审判经验,已经借助判例等形式深入法官意识,所以在具体案件中“只要确认了犯罪事实,就可以在凭经验选定的非常小的幅度内确定具体刑罚”。[5] 检察官求刑原则上也是以量刑相场为前提,二者非常接近。[6] 但在日本裁判员制度开始实施之后,日本的刑事司法中出现了两种量刑模式:非裁判员审判与裁判员审判中的量刑模式,前者当然是延续传统的法官量刑,后者则发生了实质性的改变,采纳了迥然有异的新模式。

根据2004年通过的《裁判员参加刑事审判法》(《裁判员法》)第67条之规定,裁判员审判中的量刑分为两个环节:(1)法官说明。在这一环节,首先由一名法官根据法律、事实与判例,对法定刑的种类、范围以及检察官的求刑是否适当进行说明。之后,裁判员与法官就量刑结果共同进行评议。(2)投票决定。如果经评议无法取得一致意见,则由合议庭成员根据特别过半原则投票决定量刑结果。所谓特别过半原则,指量刑结果根据过半数的选择决定,但是其中必须包含法官与裁判员双方至少一名成员的赞成票。如果在投票后无一意见取得过半票数,则实行票数沿着有利于被告人的方向逐次递加的原则形成量刑结果。

(二)裁判员审理和法官审理的量刑倾向比较

本文以日本最高法院《第25回日本裁判员制度运用恳谈会配发资料》为基础,对截至2014年5月31日的法官和裁判员审理的量刑分布进行比较。图1至图8来源于《第25回日本裁判员制度运用恳谈会资料2》。

1. 杀人既遂

杀人既遂案件的量刑分布如图1所示。与法官审判相比,裁判员审判的人员比例中,“3年以下缓刑”和“3年以下实刑”皆有较大增幅,因此可知刑罚正在变轻。与此相对的,和法官审判相比,裁判员审判中,“9年以下”到“15年以下”的刑期区间内人数比例在不断下降,“17年以下”的人数却有很大增加,所以有期徒刑的中间段的刑期并没有变重。另外,“19年以下”到“无期”“死刑”的区域中,法官审判和裁判员审判的人数比例虽有若干差异,但看起来并不明显。总体而言,裁判员审判的量刑分布与法官审判的相比较,下限有所扩大,中间领域有往上限移动的倾向。从上述数据可以得出,在杀人既遂案件中,裁判员量刑时有往下限值方向轻刑化的倾向,有期徒刑的中间领域有重刑化的倾向。

2. 杀人未遂

杀人未遂案件的量刑分布如图2所示。裁判员审判下的人员比例与法官审判相比,“3年以下缓刑”的人数有所增加,这是轻刑化的表现。一方面,“5年以下”的人数减少了不少,“9年以下”和“13年以下”的人数有略微增加。另一方面,实刑部分的最高峰值,法官审判出现在“5年以下”、裁判员审判出现在“7年以下”,有向偏重的方向移动的趋势。因此,对

---

[4] 原田国男,「量刑判断の実際」,(東京)现代法律2003年,第3页。

[5] 同上。

[6] 同上,第4页。

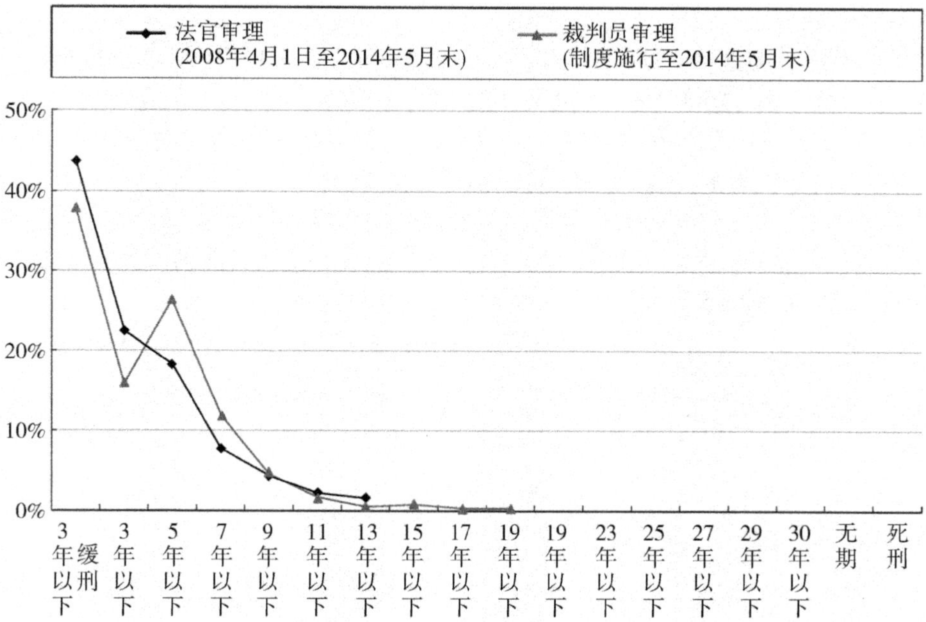

图1　量刑分布的比较(杀人既遂)

于杀人未遂案件,可以看出裁判员审判有给予缓刑的轻刑化和实刑部分的重刑化两种倾向。而且,法官审理中“19年以下”、“23年以下”以及“30年以下”的刑期区段的被告人数为0,可裁判员审判中却各存在1个,这也可以看作重刑化的倾向。

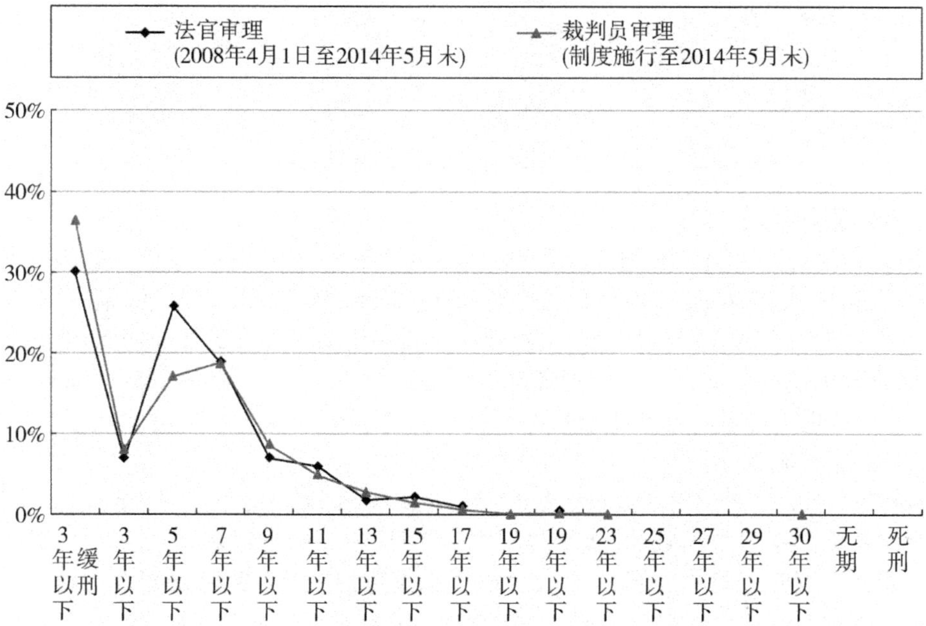

图2　量刑分布的比较(杀人未遂)

3. 伤害致死

伤害致死案件的量刑分布如图 3 所示。一方面,与法官审判相比,裁判员审理的"3 年以下缓刑"人数比例有些许增加,多少可以看出轻刑化的倾向。另一方面,对照之下,裁判员审判"5 年以下"的人数比例大幅减少,"9 年以下"的人数大幅增加,"11 年以下"到"15 年以下"的人数也有所增加。此外,从最高峰值来看,法官审判出现在"5 年以下"、裁判员审判出现在"7 年以下"。法官审判的伤害致死案中,被处以"23 年以下""25 年以下"的刑期区间的人数为 0,但裁判员审判中各有 3 人和 1 人。因此,虽然因为有缓刑人数的略微增加,但总体来说裁判员审判的伤害致死案还是呈现出重刑化的倾向。

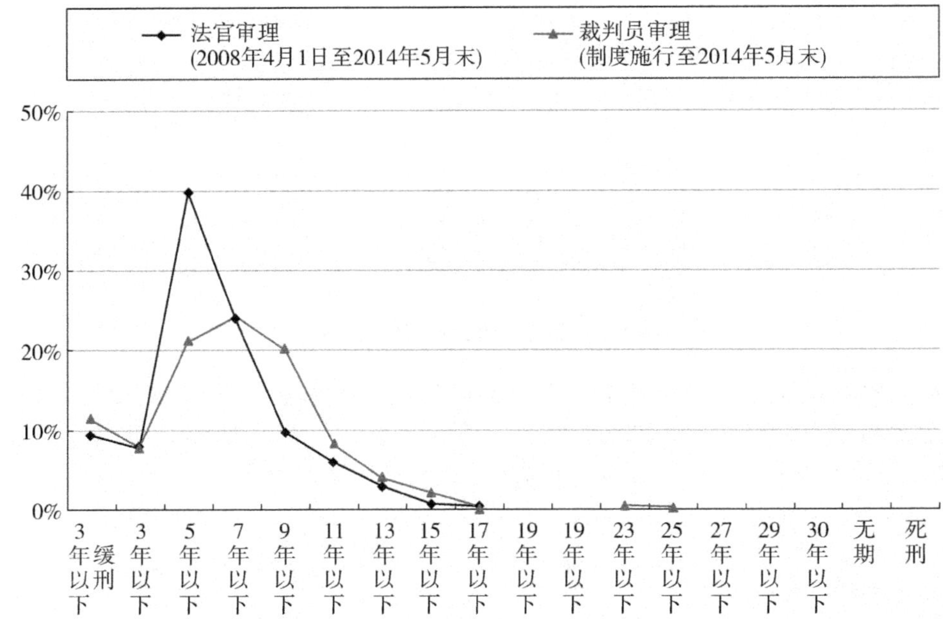

图 3　量刑分布的比较(伤害致死)

4. (准)强奸致伤

强奸致伤案件的量刑分布如图 4 所示。从图中可看出,与法官审判相比,裁判员审判下"3 年以下缓刑"及"3 年以下实刑"的人数比例有所减少,"5 年以下"更是大幅减少,与此相对的,在"7 年以下"至"15 年以下"的大范围内都有一定的增加。此外,对比两者的最高峰值,法官审判出现在"5 年以下",裁判员审判出现在"7 年以下"。因此,裁判员审判在强奸致伤案件中体现出了明显的重刑化倾向。

5. (准)强制猥亵致伤

强制猥亵致伤案件的量刑分布如图 5 所示。裁判员审判与法官审判相比,"3 年以下缓刑"和"3 年以下实刑"有所减少,"5 年以下"和"7 年以下"却有所增加。另外,法官审判下人数为 0 的"15 年以下"、"17 年以下"及"19 年以下"的刑期区段中,裁判员审判下却分别有 3 人、1 人和 1 人。甚至就次高峰值而言,法官审判出现在"3 年以下实刑",裁判员审判则出现在"5 年以下"。因此,裁判员审判下的强制猥亵致伤案有明显的重刑化倾向。

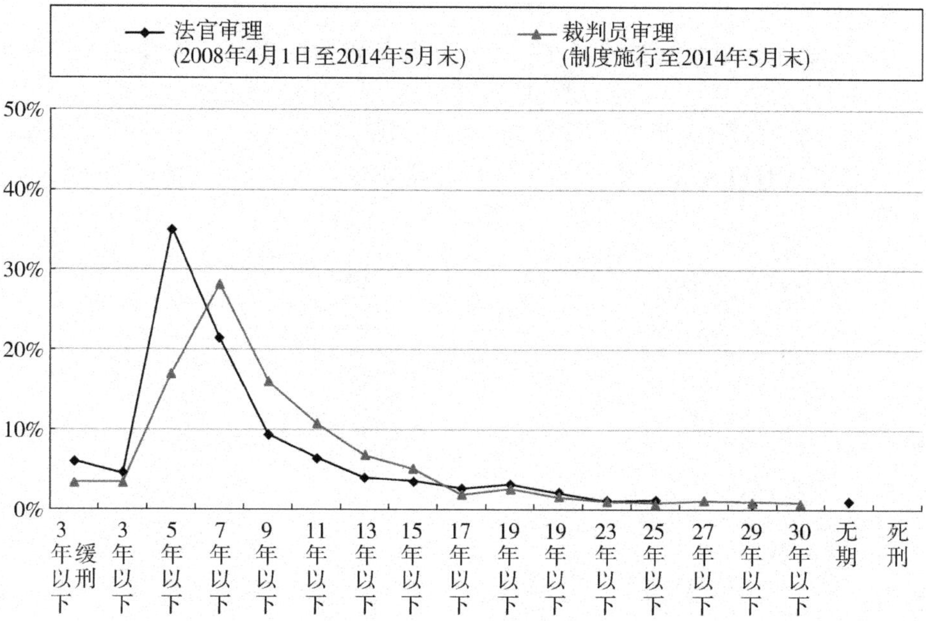

图4 量刑分布的比较[(准)强奸致伤]

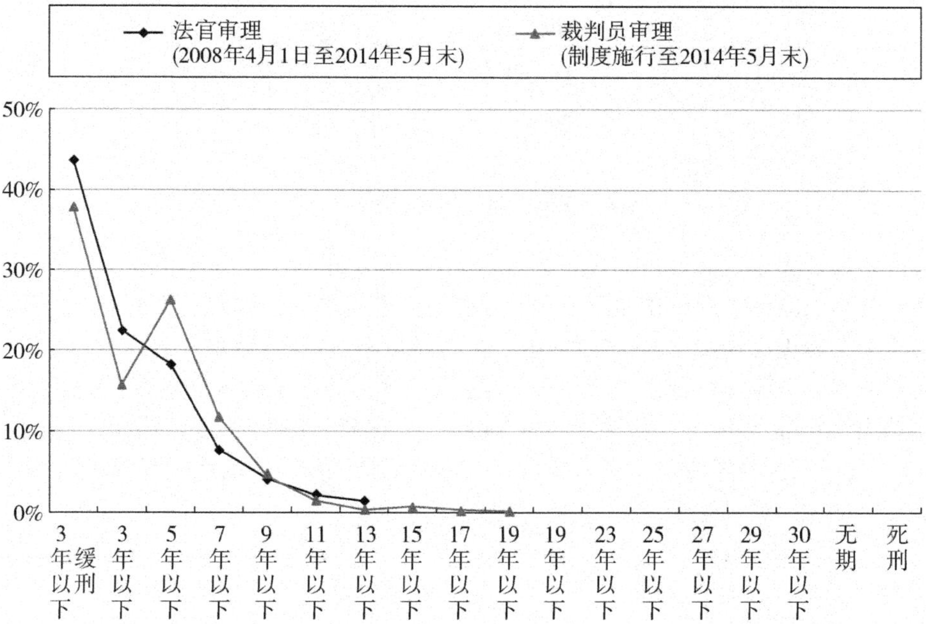

图5 量刑分布的比较[(准)强制猥亵致伤]

6. 强盗致伤

强盗致伤案件的量刑分布如图 6 所示。裁判员审判的人数比例与法官审判相比，“3 年以下缓刑”及“9 年以下”有所增加，“5 年以下”有相当程度的减少。另外，法官审判的量刑分布最高峰值是“5 年以下“，而裁判员审判则向“7 年以下”的重刑方向移动了。因此，裁判员审判的强盗致伤案件中，可以看出缓刑的轻刑化和实刑的重刑化两种倾向同时存在。

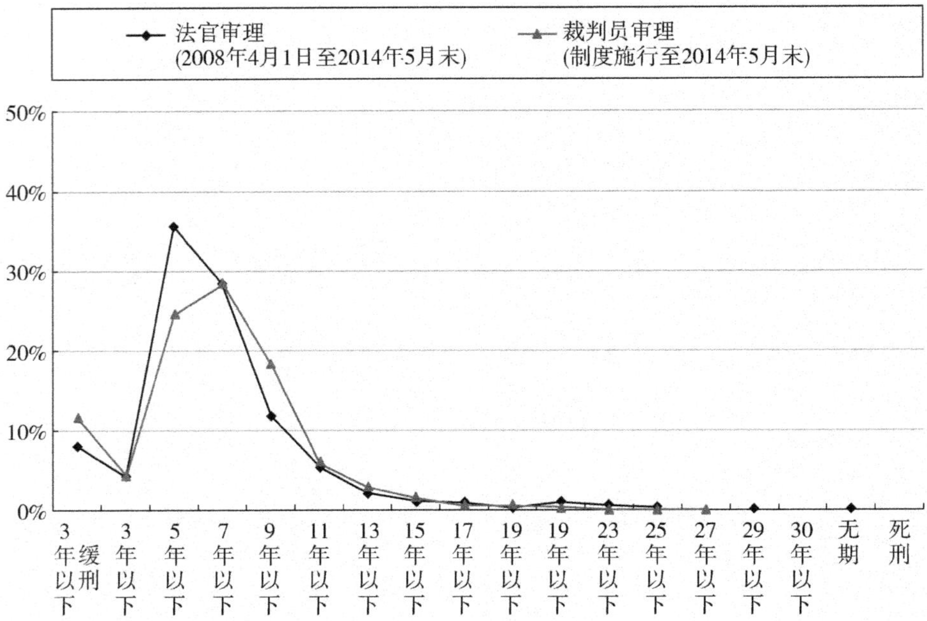

图 6　量刑分布的比较(强盗致伤)

7. 住宅等放火

住宅等放火案的量刑分布如图 7 所示。裁判员审判与法官审判相比，“3 年以下缓刑”有人数有相当程度的增加，“3 年以下实刑”及“7 年以下”也有若干增加的同时，“5 年以下”有一定的减少，“9 年以下”至“15 年以下”的范围内人数也都有所减少。此外，法官审判的最高峰值出现在“5 年以下”、次高峰值在“3 年以下缓刑”，而裁判员审判的最高峰值出现“3 年以下缓刑”、次高峰值在“5 年以下”。从而可知，裁判员审判的住宅等放火案件总体呈现出轻型化的倾向。

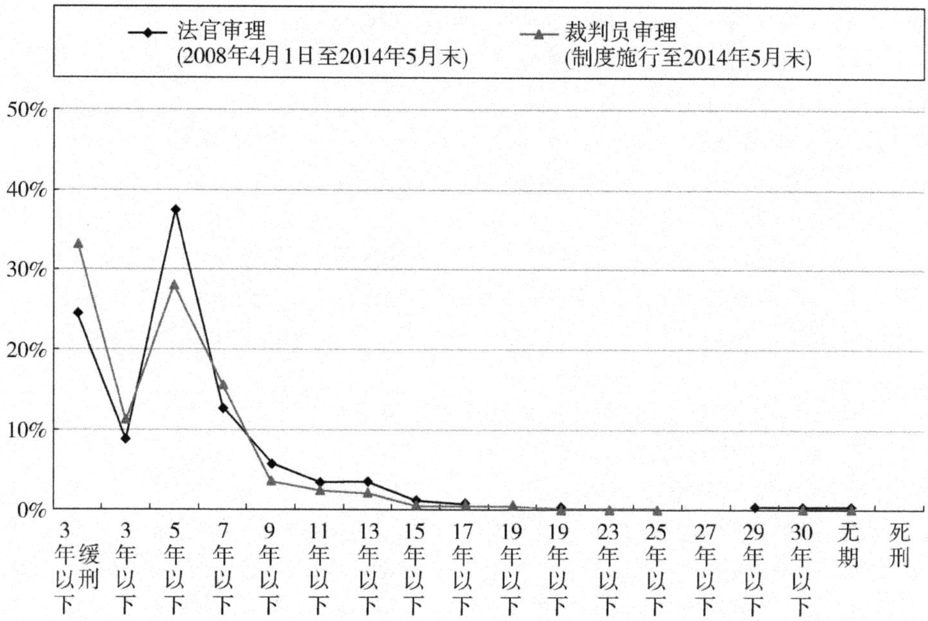

图 7　量刑分布的比较(住宅等放火)

8. 违反兴奋剂取缔法(以营利为目的输入)

违反兴奋剂取缔法案件的量刑分布如图 8 所示。裁判员审判和法官审判的量刑分布找不到太大的差异。只是,裁判员审判的情况下,“5 年以下”的人数比法官审判的较少,且“9 年以下”的最高峰值部分人数有所增加。因此就这一点来说,相比法官审判,裁判员审判的量刑幅度变得更小了。

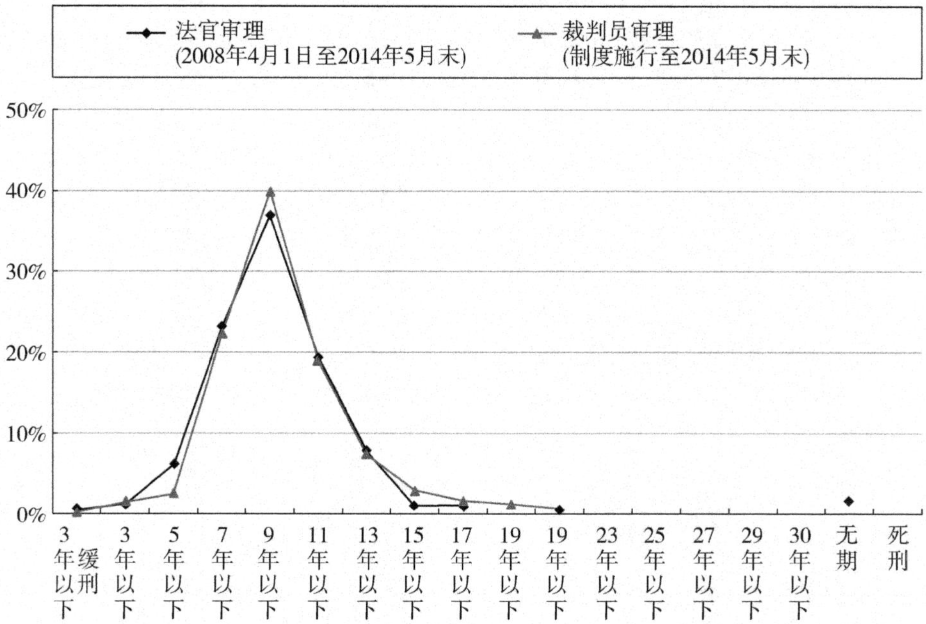

图 8　量刑分布的比较(违反兴奋剂取缔法)

基于以上数据,对裁判员审判的量刑倾向可得出以下结论:

第一,以杀人既遂案件、杀人未遂案件和强盗致伤案件为例,可看出重刑化和轻刑化的两种倾向,裁判员审判时的量刑幅度变宽了。

第二,以强奸致伤案件、强制猥亵致伤件为例,可以看出重刑化的倾向。再从伤害致死案件的数据可得出总体偏向重刑化和部分略微轻刑化的结论。

第三,从住宅等放火案件可看出轻刑化倾向。

第四,从违反兴奋剂取缔法案件可看出量刑倾向大体一致,裁判员审判量刑的幅度略窄。与其他八类犯罪相比,"兴奋剂犯罪"与普通民众的生活距离相去甚远(普通民众缺乏对此类犯罪的知识和经验),故"兴奋剂犯罪"可能称得上是最难在量刑中体现体现"市民感觉"的犯罪。

第五,也是最后可以得出,裁判员的量刑倾向于法官的量刑幅度基本一致,没有出现畸轻畸重的情形,而是显现出重罪趋重、轻罪趋轻的特征。

二、裁判员审判的量刑和上诉审

据日本最高法院事务总局于 2012 年发布的《裁判员裁判实施状况的检证报告书》统计,"1 项撤销"(即根据《日本刑事诉讼法》第 397 条第 1 项的规定撤销原判决,因为原判决的量刑判断在作出的当时就是不当的)的案件,法官审判有 5.3%,裁判员审判只有 0.6%;"2 项撤销"(根据《日本行使诉讼法》第 397 条第 2 项的规定撤销原判决,虽然原判决的量刑判断在作出的当下是妥当的,但综合判决后的情状视为不合理而撤销)的案件法官审判的有8.4%,裁判员审判的只有 5%。[7] 那么,究竟在怎样的情形下一审判决会因量刑不当而被上诉审撤销,需要逐一讨论。

(一)"1 项撤销"的特征

以日本律师联合会裁判员本部整理的 5 个"1 项撤销"案件为例。(1)福冈高等法院宫崎支所 2012 年 1 月 20 日(杀人、枪刀法)[9 年→7 年];(2)东京高等法院 2012 年 3 月 10 日(伤害致死)[12 年→8 年];(3)福冈高等法院宫崎支所 2012 年 5 月 26 日(伤害致死、伤害)[6 年→4 年];(4)高松高等法院 2012 年 10 月 11 日(强奸致伤、住宅侵入、施暴、强奸致伤、强奸未遂)[24 年→18 年];(5)广岛高等法院 2012 年 5 月 26 日(住宅侵入、强盗强奸)[11 年→8 年]。[8]

就案情来看,被撤销的原判决在量刑情节方面的把握是存在问题的。首先来看案例(1),虽然看不到判决全文,但在杀害亲生父亲(未经对方同意杀害对方且自杀)的案件中,被告人表示他认为自己与父亲是一体的,于是原判决就认为他放肆地将所有状况向有利于自己的一面解释,过度陷入了片面的亲子关系问题里。

再看案例(2)的判决,原判决认为不应该强调"偶发性"这一因素,但上诉审认为被告人的心理状态、动机形成过程等因素也是有讨论必要的,应该在一定程度上酌情考虑。关于饮酒的作用,原判决认为谈不上多大的影响,但上诉审认为酒精和安眠药共同作用后还是有相当程度影响的。

案例(3)的判决中,上诉审未把"不幸的成长历程"当作"一般情状"[9] 看待,而是将它

---

〔7〕 日本最高裁判所事務総局:「裁判員裁判実施状況の検証報告書」,2012 年,第 115 页。

〔8〕 [ ]内表示的是原判决的刑期和经上诉审判决后所减至的刑期。

〔9〕 "一般情状"(日语):被告人的年龄、性格、被害赔偿的有无、被告人的反省程度、改造可能性、再犯可能性等。

看作对犯罪动机形成、犯罪形态有直接影响的“犯情”,[10]是量刑判断上的重要因素,而原判决对这一点关注和评价过少。

案例(4)的情况是,发生强奸既遂2件,其余仅止于未遂和施暴,但原判决特别重视既遂结果,未提及既遂之外的结果,对以未遂终了的结果未予以评价,被认为是不合理的。

案例(5)中,被告人辩称自己是以猥亵为目的侵犯被害女性,没有偷盗贵重物品的打算,围绕这一点,原判决认为不值得做量刑上的考量,但上诉审认为这样的判断是不恰当的。

从大体上来看,原判决在上诉审中受到的严厉批判如下:

“对本应为被告人的利益而体察的一般情状,没有做出足够的评价,综合判断不合理。因而导致本案以被告人的行为责任为基础的量刑判断有误,不得不说量刑过重了。”[案例(2)的判决]

“虽然原判决的量刑时由裁判员审判量定的,但不得不承认这样的量刑超过了法定的合理幅度,过重了。”[案例(4)的判决]

这5个案件都如上述所言,刑期获得了实质的减少。原因在于,在上诉审的职业法官们看来,一审裁判员的量刑如“1项撤销”所规定的那样,脱离了一直以来的量刑相场,确实有纠正的必要。

(二)“2项撤销”的特征

总体以达成和解、被害者提出请愿书予以宽恕、由否认转为自白、深刻反省等因素为主,其中“达成和解”与“被害者请愿宽恕”并存的情形较常见,对第四点是作为补充性的内容进行考虑。

控诉审法官对裁判员一审量刑的审查方式需要遵循一定的原则,“一审若是有从国民中选任出的裁判员参与,则有罪无罪之判断和量刑判断中反映了国民的意见。控诉审中没有国民的参与,仅由职业法官进行审理并作出判断。本案目前量刑判断存在问题,如若法官凭个人的量刑感觉将国民参与并决定的量刑结果撤销,就会使国民的司法参与失去实质意义。因此我们应该认识到,控诉审在改变一审量刑结果时必须充分尊重裁判员审判含有国民意见这一事实”。[11]这也就意味着控诉审的宗旨是,只有在情状事实的认定存在明显的错误、偏见或歧视性判断等特别事由的情况下,才能对一审裁判员量刑结果予以撤销。

可见“2项撤销”的判断基准是,若原判决后发生的情况在原审中就提出是否会使量刑有不同的变化。由此,如赔偿额的追加也一样,取决于原审时是否已纳入可预见范围,如果已经预见,那么控诉审就没有必要撤销。

大体上来说,日本法院判决时对撤销理由有详细的介绍和叙述,这也反映出出于对裁判员审理量刑结果的尊重而在撤销时欲表现出谨慎郑重之感。

(三)裁判员审理死刑判决撤销案件

以下列举的两个案例皆经由同一位裁判长的审理。其一是“侵入住宅·强盗杀人案件”,被告人以抢夺财物为目的侵入被害者的住宅,用刀刺入熟睡中的被害人的颈部将其杀害。第一审的东京地方法院作出死刑判决。[12]该案件中的被告人曾因刺杀妻子、火烧女儿而服刑20年,一审判决中对这一前科的看待方式存在问题,判示提到“服刑期间,应该已经

---

〔10〕“犯情”(日语):犯罪行为的样态(是否有计划的、恶性程度)、犯罪动机、犯罪结果、共犯关系等。

〔11〕大阪高判2011年5月19日「判例タイムズ」,第1363号,第208页。

〔12〕东京地判2011年3月15日LEX/DB25501724。

对剥夺了2人生命的罪行、对生命的尊严进行了深刻的反思。然而出狱仅仅半年就实施了本案的犯罪,过于看轻了生命的价值,应当受到强烈的谴责。已有夺取2人生命的前科,却又犯下本案,在决定刑罚的时候应当重视这一点”。

东京高等法院撤销了上述第一审判决并改为无期徒刑。[13] 首先,通过对过去先例集的搜寻,可找到评价参考的信息。在考虑是否要选择适用死刑时,把作为一般情状的犯罪前科也纳入考量范畴,就一定要留意目前为止的判例中是否流露出相关的倾向。大部分出于对犯罪前科的重视而选择死刑适用的案件,都是由于杀人罪、强盗杀人罪等被判处无期徒刑者在假释期间再次犯下和前科相类似的罪行。从社会的角度看,本案被告人的前科是“無理心中”,[14]本案则是以利欲为目的的强盗杀人,很难认定两者之间有类似性,也很难认定被告人重复了类似性显著的重大犯罪而明显丧失了改过自新的可能性,若撇开前科不谈,本案难以适用死刑,因此东京高等法院在判示中明确表达了对一审过于重视前科的质疑。

庆应大学原田国男博士曾对此案发表看法,认为控诉审判决采取了2阶段考察方法,先讨论根据犯情是否能够适用死刑,然后讨论对一般情状的看法。[15] 控诉审调查了至今为止的案例,认为若被告人在强盗杀人前对杀害行为没有预谋,则不适用死刑,并且,犯罪手法不存在相似性,不能明确肯定被告人失去了改过迁善的可能性,因此回避了死刑适用。

第二个案例也是一个入室强盗杀人事件,被告人将时年21岁的女性捆绑住,夺走现金、信用卡等物品,并多次用刀刺向被害人的颈部和胸膛致其死亡,甚至于翌日再次进入被害人的公寓,为毁灭证据而放火焚烧被害人的尸体。此外,被告人还犯有住所侵入·盗窃案3起、住所侵入·强盗致伤案1起、住所侵入·强盗致伤·强盗强奸·监禁·盗窃案1起、强盗致伤案1起、住所侵入·强盗强奸未遂案1起,因此被合并起诉。第一审的千叶地方法院作出了死刑判决。[16]

但东京高等法院认为,该案被杀害的被害人仅有一人且没有预谋,没有被判决死刑的先例案件存在,至于其他的犯罪,从法定刑来看是不可能适用死刑的,因此撤销了一审判决改为无期徒刑。[17] 但是事实上,在考量是否适用死刑时,是可以将所有犯罪综合起来考虑的,[18]因此究竟能够在怎样的程度上予以考虑就是一个问题了,显然控诉审法官的判断基准和原审裁判员有很大不同。对于此案,日本犯罪被害者支援律师讨论会认为,“计划性”或“预谋”确实是导致刑罚变重的一个因素,但是过于放大评价这一点的话,就违背了国民的常识性感觉。“有些未遂犯罪也是无预谋的,本案中的被告人反复实施了住宅侵入、盗窃、抢劫、强奸、杀人、放火等犯罪,对一般国民来说是恐怖的存在”,因此,“本案机械性地将‘无预谋’和‘刑罚减轻因素’划等号,使得国民失去了对司法的信赖”。[19] 本文认为,由于2012年7月日本最高法院司法研修所研究报告对30年来法官审理的被判处死刑、无期徒刑的杀人·强盗杀人事件进行了调查,根据被害者的人数进行分类汇总并作了先例分析,因此相比一般国民的常识,东京高裁似乎更加重视研修所的专业意见。

---

[13] 东京高等法院2013年6月20日LEX/DB25501724。

[14] 被告人杀害了妻子和女儿且意图自杀。

[15] 原田国男:「裁判員裁判の量刑と控訴審」,法と心理学,2014,14,1,43-49。

[16] 千葉地判2011年6月30日LEX/DB25471822。

[17] 東京地判2013年10月8日LEX/DB25502257。

[18] 最決2007年3月22日刑集61卷2号81页。

[19] 参见日本犯罪被害者支援会网站:http://www.navs.jp/2013_10_24_1.html。

三、结语

反对实施日本裁判员制度的人们一直有个疑问,“让随机选出的裁判员来进行量刑,那么量刑结果会变得一团乱吧”。[20] 这种质疑的潜台词是,刑罚的加减取决于裁判员,犹如刑罚的程度取决于犯罪者自身的命运。确实,审判的公正性等同于审判的生命线,是最为重要的。然而通过前文对裁判员与法官量刑倾向的比较,可知裁判员的量刑倾向与法官的量刑幅度基本一致,没有出现畸轻畸重的情形,并未对审判的公正性造成威胁。关于裁判员审理时事实认定的争议,2012 年日本最高法院通过成田巧克力罐案件[21]的最终判决,强化了“经验法则・逻辑法则违反说”,[22]要求控诉审法官尽可能地尊重裁判员审理的判断,在撤销裁判员作出无罪判决时,应当以最慎重的态度进行考量。但是关于量刑问题目前还没有明确的意见,或许日本今后最高法院也会发出尊重裁判员量刑的判决。

当然,前文也提到,裁判员量刑有重罪趋重、轻罪趋轻的倾向。法官和裁判员的量刑意识在很多领域存在显著差异,[23]并且,在量刑的时候,有生以来第一次作量刑判断、没有任何对比性材料的裁判员的意见,可能会有一定的偏颇,当裁判员的量刑显著脱离了一直以来法官审理的量刑相场或者刑法的规定时,控诉审法官可以以量刑不当为由撤销原判予以纠正。可以说,裁判员的量刑工作一直在安定的正轨上进行着。

自 2010 年起,日本最高法院每年都在进行“日本裁判员制度运行的民意调查”,以 2016 年 1 月的调查报告[24](最新统计)为例,53.6% 的人觉得法院和司法离自己更近了,54.9% 的人认为审判结果更能反映出国民的感觉了,这一调查结果显示,日本裁判员制度运行以来已大致实现其立法本意,[25]裁判员的量刑结果也在一定程度上提高了公众的认同。

当下,司法民主是一个全球性的课题,日本裁判员制度的成功运作为其他国家提供了宝贵的经验,日本司法高度的职业化程度和独立程度使得国民的参与更具价值与意义,如田口守一教授所言,“普通市民与职业法律人在一起参与刑事司法的过程中,二者的接触得以扩大和深入,市民对司法的理解也就更加深刻,从而让司法过程从整体上更加公开公正、简明有序”。[26]

---

〔20〕 猪野亨、立松彰、新穂正俊:「マスコミが伝えない裁判員の真相」花伝社 2015 年,第 94 页。

〔21〕 2009 年 11 月,被告人携带含有 1 千克兴奋剂的巧克力罐从吉隆坡国际机场抵达成田国际机场,因违反兴奋剂取缔法和关税法而被逮捕、起诉。2010 年 6 月,千叶地方法院裁判员审理作出了第一个无罪判决,之后检察院针对裁判员的判决提起了控诉,控诉审撤销了一审的判决改判为徒刑 10 年、罚金 600 万日元,但最后日本最高法院否决了二审判决维持了一审的无罪判决,并表示若认为一审判决的事实认定有违逻辑法则、经验法则,则应该对违反之处进行具体的列举和说明。

〔22〕 日语为「経験則」「論理則」,即“经验法则”和“逻辑法则”。

〔23〕 前田雅英:「量刑に関する国民と法官の意識についての研究——殺人罪の事案を素材として—」司法研究報告書 57 輯 1 号。

〔24〕 http://www.saibanin.courts.go.jp/topics/09_12_05 - 10jissi_jyoukyou.html「裁判員制度の運用に関する意識調査」,2016 年 1 月 27 日至 2 月 14 日,随机抽取 2000 名 20 岁以上国民为调查对象,其中男性 965 人,女性 1035 人。

〔25〕 《日本裁判员法》第 1 条阐明:“于普通国民中抽选的裁判员与职业法官一同参加刑事审判程序,有利于加深国民对司法的理解,深化司法的民主基础,鉴于此,对于法院以及刑事诉讼法中涉及裁判员参与刑事审判的特则以及其他必要事项,本法特作如下规定。”

〔26〕 [日]田口守一:《日本裁判员制度的理论基础》,载《刑事司法研究》2008 年第 13 期,第 1 ~ 9 页。

【导师点评】

日本于六十年后重建陪审制,引领了东亚地区的陪审制改革,十年来相关论述颇为不少。但就这十余年日本陪审制(裁判员制度)实施的实证研究和分析,在中文文献中尚不多见。论文选题因此不无理论意义。就实践来说,2017年12月,我国的《人民陪审员法(草案)》正式提交全国人大常委会审议。该草案在原人民陪审员参加的三人合议庭的基础上增设了七人合议庭(由三名法官与四名人民陪审员组成),日本裁判员制度的影响显而易见。我国本轮人民陪审员制度改革始自2015年中央全面深化改革领导小组审议通过的《人民陪审员制度改革试点方案》,该试点方案与《人民陪审员法(草案)》着力解决的核心问题是长期以来我国人民陪审员制度实施中的“陪而不审、审而不议”问题,严格来说,我国目前的改革尚未深入讨论人民陪审员的量刑实证问题,该文对日本裁判员参与量刑的实证考察对我国相应制度的实践与研究的深入均具有一定的对照意义。该文通过一些实证数据说明日本裁判员的量刑倾向与法官的量刑幅度基本一致,并未对审判的公正性造成威胁,未经过专业训练的普通民众(裁判员)参与量刑提高了公众对司法的理解与认同,深化了司法的民主基础。但似仍有值得进一步讨论的空间,如裁判员的量刑与裁判员审判中法官说明之间的关联究竟如何?裁判员依赖于法官的说明,还是裁判员完全无视法官的说明独立量刑呢?在量刑评议中,法官意见对于裁判员的影响力究竟如何?考虑到东亚社会的一些传统因素,也许文中有关裁判员量刑的实证数据仍可有进一步补强或修正的余地。

(指导教师:陈　颐)

中国死刑史研究三十五年

宋伟哲*

改革开放以来,中国死刑史研究的成果汗牛充栋,取得了很大的成绩,也存在一些不足之处。近年来,学术史逐渐成为法学研究所重点关注的领域。目前,有关中国法律史的学术史研究成果数量不少,却缺乏部门法史的学术史成果。本文拟对改革开放以来中国死刑史的研究成果作一番学术史考察,梳理其学术研究的具体面貌,总结其研究的经验教训,来弥补部门法史学术史研究的不足,为今后的中国死刑史研究寻找一些新的突破口。

一、研究成果的主要内容

改革开放以来,中国死刑史的研究成果数量很多,研究面也非常广泛,特别是在以下几个方面的研究中取得了较为理想的成绩。

(一)弃市研究

这三十多年来中国死刑史研究争鸣之激烈,莫过于弃市刑研究。传统说法认为,弃市为斩刑。沈家本《历代刑法考》云:"秦汉弃市为何等? 刑书无明文,以汉法推之,当亦斩刑。魏、晋以下,弃市为绞刑。"[1]关于这一论述,程树德在《九朝律考》中就提出质疑,认为"其以绞为刑名,盖自北魏始"。[2] 近年来,不少学者对于弃市刑作了深入探讨。张建国的《秦汉弃市非斩刑辨》一文拉开了近年来对"弃市"刑问题争鸣的序幕。该文对沈家本、程树德的观点都持反对意见,他主要依据《后汉书·光武帝纪》《后汉书·章帝纪》中有关"殊死"的记载和《后汉书·吴祐传》的相关案例,得出了秦汉弃市是绞刑而非斩刑的论断。[3] 此文发表不久,牛继清则对这一观点撰文提出商榷。该文分为五部分,主要引用《史记》《战国策》《云梦秦简》《汉书》《三国志》等相关资料,以期证明秦时绞刑已经是一种单独的刑罚。[4] 接着,张建国再撰文与之商榷,对牛继清论文中的五个部分逐条作了批驳,认为牛文中最大的问题在于缺乏直接证据。[5]

张建国、牛继清对于弃市刑的争鸣各有千秋,问题在于双方都是依据传统史料进行考证,难以寻觅出能够直接说服对方的证据。不久之后,曹旅宁运用1986年甘肃省文物考古所在天水放马滩新出土的秦简资料,发表《从天水放马滩秦简看秦代的弃市》一文,为弃市刑的争鸣提供新鲜血液。此文结合出土史料,论据较为充分,证明弃市非斩刑,进而推测弃

---

* 宋伟哲,华东政法大学2017届法律史专业硕士研究生。

〔1〕(清)沈家本:《历代刑法考·刑法分考四》,中华书局1985年版,第139页。

〔2〕(清)程树德:《九朝律考·晋律考》,商务印书馆2010年版,第334页。

〔3〕参见张建国:《秦汉弃市非斩刑辨》,载《北京大学学报》(哲学社会科学版)1996年第5期。

〔4〕参见牛继清:《关于秦汉"弃市"的几个问题——兼与张建国先生商榷》,载《甘肃理论学刊》1997年第3期。

〔5〕参见张建国:《"弃市"刑有关问题的再商榷——答牛继清先生》,载《甘肃理论学刊》1998年第1期。

市为古代绞刑的遗留物。从论文发表的情况看,曹旅宁此文可以说暂时平息了关于“弃市”刑的争鸣,此后十余年间基本没有人再以“弃市”为主题撰写论文。

不过,最近一段时间,“弃市”之争鸣再起。先是连宏发表《两汉魏晋弃市刑考辨》一文,该文依然利用传统史料进行考证,认为弃市在汉代为斩刑,魏晋、隋唐后则改为绞刑。[6] 此后,宋杰发表《汉代“弃市”与“殊死”辨析》一文,质疑曹旅宁之观点,继续维护传统“弃市”斩首为刑的观点。他将此前张建国、曹旅宁等学者对“弃市”刑的观点概括为“秦汉弃市专用绞刑说”。宋杰此文对曹旅宁文之质疑集中在对放马滩秦简案例中“弃之于市”的理解上。曹旅宁认为,“弃市于市”可以理解为弃市。[7] 而宋杰则通过对该则史料的一系列考据,认为这则史料更应理解为丹在自尽后被官府弃尸于闹市,并不是死后再复活。[8] 总之,这段争鸣仍未有公论,通过现有材料很难考清原委,只能期待新材料的出现。

(二)就地正法研究

中国古代有死刑复核制度,这一制度在中国法制史上十分重要,是皇帝执掌全国最高司法权的象征之一。就地正法刑不须请示中央复核,直接将犯人在当地处死。这种刑罚本是古代个别特殊时期的权宜之策,而自太平天国起义爆发后,逐步沦为常刑。史载“惟就地正法一项,始自咸丰三年。时各省军兴,地方大吏,遇土匪窃发,往往先行正法,然后奏闻……沿及国变,而就地正法之制,讫未之能革”。[9] 正是由于就地正法刑与中国传统死刑复核制度相悖,故而该问题研究持续受到学界关注。这三十多年来对就地正法刑的研究主要集中在就地正法刑的产生时间上。

李贵连发表《晚清“就地正法”考》一文,根据北大图书馆所藏《刑部奏案》手稿本中的咸丰帝的一道谕旨推断出就地正法在咸丰三年(1853年)正式推广实行。[10] 不久,邱远猷撰《太平天国与晚清“就地正法”之制》一文,依据第一历史档案馆编《清政府镇压太平天国档案史料》等资料,认为就地正法刑实行时间始于金田起义(1851年),地点则是在广西省。[11]2004年,日本学者铃木秀光发表《清末就地正法考》一文,主要依据《福建台湾道杨廷桦奏为审明淡水匪凶连杀四命焚屋烧尸支解灭迹先将首凶要犯分别就地正法折》将就地正法刑起始时间推前至清代中叶。[12] 而王瑞成的《就地正法与清代刑事审判制度——从晚清就地正法之制的争论谈起》一文则对上述观点均持反对意见。他从《大清律集解附例》《大清律例》以及康熙、乾隆、嘉庆等皇帝的谕旨中搜集大量资料,将就地正法刑之存在与适用推至清朝前期。[13] 张本照的《论清代“就地正法”之制的产生时间》则认为应区别“就地正法”与晚清“就地正法”之制。“就地正法”本为军法,秦汉时期早已广泛应用,认为就地正法

---

〔6〕 参见连宏:《两汉魏晋弃市刑考辨》,载《兰州学刊》2012年第9期。

〔7〕 其实,曹旅宁也曾注意到“弃之于市”的解释问题,他在《从天水放马滩秦简看秦代的弃市》一文中也曾提到“弃之于市”解释的漏洞。他指出,“当然,‘弃之于市’也可以理解为丹以矢伤人后自刺,然后被弃于市示众。如同《左传·定公十四年》所载‘赵孟尸诸市’一样。但玩味上下文意,丹‘弃之于市’也可能就是受弃市之刑”。

〔8〕 参见宋杰:《汉代“弃市”与“殊死”辨析》,载《中国史研究》2016年第1期。

〔9〕 (清)赵尔巽等:《清史稿·刑法志二》,中华书局1976年版,第4202页。

〔10〕 参见李贵连:《晚清“就地正法”考》,载《中南政法学院学报》1994年第1期。

〔11〕 参见邱远猷:《太平天国与晚清“就地正法”之制》,载《近代史研究》1998年第2期。

〔12〕 参见[日]铃木秀光:《清末就地正法考》,东京大学东亚文化研究所编:《东洋文化研究所纪要》,第145册。

〔13〕 参见王瑞成:《就地正法与清代刑事审判制度——从晚清就地正法之制的争论谈起》,载《近代史研究》2005年第2期。

刑始终伴随着战争而广泛运用,没必要刻意纠结于其起始时间。[14]

还有一些成果对就地正法刑的其他方面做了研究,比如,娜鹤雅主要研究了就地正法刑的司法程序;[15]刘彦波将晚清就地正法刑之研究缩小至特定范围,对晚清两湖地区州县就地正法刑之分类、适用对象、司法程序等问题作了详细论述。[16] 刘伟同样考察了就地正法刑的司法程序问题。但是他的研究注意到了这一刑罚在晚清司法实践中是动态变化的,此文对这一变化作了进一步研究。[17] 张世明则用较长篇幅对就地正法刑作了详细阐述,特别在就地正法刑无法取消的原因、就地正法刑的合法性解读方面提出了很有价值的观点。[18]

(三)赐死刑研究

赐死刑是中国古代比较特殊的一种刑罚,它的适用对象一般为贵族和高级官员。瞿同祖认为这种刑罚"是最能保全贵族体面及尊严的办法,不令众庶见之"。[19] 不过长期以来,学界对此类问题的研究更多的是从贵族官员自杀的角度来审视,罕见专论赐死制度之作。[20] 直至许仲毅发表《赐死制度考论》一文,才对赐死制度之产生原因、时间、特征、影响等问题作了比较详尽的研究。特别是该文根据传统史料,推论商周时期很可能已经产生赐死制度,并认为这种制度盛行于秦汉。[21]

此后,宋杰的《汉代的秘密处决与政治暗杀——"隐诛"》一文则比较详细地考证了汉代赐死制度,认为汉代赐死有"明诏或明令赐死""谴责以暗示赐死""赐牛酒""诏诣廷尉四种",并且考据汉代史籍中常见之"忧死",或为在居处被迫自杀。[22] 赐死又称为"隐戮",宋杰的另一篇文章《"伏剑"与"欧刀"——东周秦汉"隐戮"行刑方式的演变》就重点考据了东周秦汉"隐戮"行刑方式的演变。[23] 刘庆《汉代赐死之法考论》一文的亮点则在于重点论述了贾谊与汉代赐死之法的联系。他认为贾生主张赐死刑对于汉代君臣关系产生了重大影响,是我国思想史上的一件大事。[24] 陈玺发表《唐代赐死制度之演进与适用》一文则弥补了唐代赐死制度的研究空白,并且其行文方式与此前宋杰、刘庆对汉代赐死之研究大为不同。陈文同样依靠传统史料,但却主要从法学的角度研究唐代赐死制度。他分别对唐代赐死刑之程序规则、实质规则、涉案罪名、制度特征等进行了详细考证,比较清晰地复原了唐代赐死刑之面貌,认为唐代赐死刑之演进与适用与唐代斩、绞死刑大为不同,它深受君主权威与政治斗争等因素影响,往往与法律规定出入很大。[25]

---

〔14〕 参见张本照:《论清代"就地正法"之制的产生时间》,载《历史档案》2016 年第 1 期。

〔15〕 参见娜鹤雅:《清末就地正法操作程序之考查》,载《清史研究》2008 年第 4 期。

〔16〕 参见刘彦波:《晚清两湖地区州县"就地正法"述论》,载《暨南学报》(哲学社会科学版)2012 年第 3 期。

〔17〕 参见刘伟:《晚清州县"就地正法"司法程序之再考察》,载《社会科学》2015 年第 7 期。

〔18〕 参见张世明:《清末就地正法制度研究》(上、下),载《政法论丛》2012 年第 1、2 期。

〔19〕 瞿同祖:《中国法律与中国社会》,中华书局 2005 年版,第 222 页。

〔20〕 具体可参见彭卫:《论汉代的自杀现象》,载《中国史研究》1995 年第 4 期;刘蓉:《论西汉的自杀现象》,载《晋阳学刊》2005 年第 1 期;张忠炜:《汉代特权群体因罪自杀问题再研究——从唐〈狱官令〉的一条令文谈起》,载《文史》2009 年第 3 期等,本文不再多述。

〔21〕 参见许仲毅:《赐死制度考论》,载《学术月刊》2003 年第 7 期。

〔22〕 参加宋杰:《汉代的秘密处决与政治暗杀——"隐诛"》,载《史学月刊》2013 年第 7 期。

〔23〕 参加宋杰:《"伏剑"与"欧刀"——东周秦汉"隐戮"行刑方式的演变》,载《中国史研究》2013 年第 2 期。

〔24〕 参见刘庆:《汉代赐死之法考论》,载《江西社会科学》2015 年第 8 期。

〔25〕 参见陈玺:《唐代赐死制度之演进与适用》,载《华东政法大学学报》2015 年第 4 期。

(四)死刑复核研究

中国传统法律的痕迹在当代中国法律中难觅踪影,死刑复核是为数不多依然保留着比较浓厚传统色彩的法律制度。同古代死刑的执行相比,古代死刑复核制度对当代法治建设的借鉴意义要大得多。因此,死刑复核成为这三十多年来中国死刑史研究的重要领域。不过,改革开放后的很长一段时间内,学术界对古代死刑复核研究关注度不高,比较成熟的成果只有肖胜喜的《略论我国古代死刑复核制度》。[26] 这篇文章对于中国古代死刑复核制度的历史沿革作了比较详细的论述,认为隋唐以前确有死刑复核制度,但具体产生之年代已不可考。同时,作者还指出恤刑慎罚和封建土地所有制分别为古代死刑复核制度产生之思想与经济基础。在此后的十多年里,法律史学界的死刑复核研究便归于沉寂,难觅公开发表的学术论文。

2002年,王立民发表《中国古代的死刑复核制度及其思想基础》一文,古代死刑复核问题又引起法史学人的重视,研究成果慢慢多了起来。这篇文章认为古代死刑复核曾作为一种措施在汉朝局部实行,作为一种制度则在南北朝时期已经确立,到唐朝则趋于完备并为后世王朝所沿用。作者还通过对其他古代东方国家法律的研究,提出"只有中国随着慎刑思想的产生和发展,死刑复核制度也产生和发展起来,并且都达到了较高的水准"。[27] 此后,研究古代死刑复核制度的文章逐渐变多,既有从整体上研究古代死刑复核之作,也有具体研究秋审等问题的成果。比较成熟的有《清朝死刑复核制度:秋审》[28]、《中国古代死刑复核制度的特点及其借鉴》[29]、《中国古代死刑复核程序的四个特点》[30]、《中国古代死刑复核制度的考察与借鉴》[31]、《中国古代死刑复奏制度的流变及其现代价值》[32]等,这些文章分别从不同的角度对古代死刑复核制度的利弊作了分析,从其研究也越来越明显地看出古今借鉴的目的。

长期以来,许多法律史研究成果并不关注现实法治问题,更缺乏与部门法学之间的互动,然而这些年的死刑复核史研究却不是如此。从论文发表的趋势看,这时期的死刑复核史研究与部门法研究遥相呼应。笔者在2017年6月1日以"死刑复核"为篇名关键词在CNKI数据库检索,发现这三十多年来中国大陆地区学术期刊共发表相关论文360余篇。其中,从2002年至2008年的短短七年即发表172篇,约占总数的49.2%。这七年正是法学界关于死刑复核问题争鸣最激烈的时间段,最终以最高人民法院收回死刑复核权而告终。而总览这三十多年来的死刑复核史研究成果可以发现,2002年至2008年也正是死刑复核史研究成果的高产期,这三十多年来约80%的死刑复核史成果诞生于此阶段。此前或此后,死刑复核史的成果则少之又少。

从研究质量上来说,这一时期所发表的论文研究水平也很高。其中,王立民所撰《中国古代的死刑复核制度及其思想基础》一文,使学界在探讨现实死刑复核问题时,重新重视起中国古代的死刑复核制度问题来。此后,死刑复核史文章逐渐变多,甚至连以部门法研究为

---

[26] 肖胜喜:《略论我国古代死刑复核制度》,载《法学研究》1988年第6期。
[27] 王立民:《中国古代的死刑复核制度及其思想基础》,载《政治与法律》2002年第6期。
[28] 王勇:《清朝死刑复核制度:秋审》,载《人民法院报》2003年5月19日。
[29] 周国均、巩富文:《中国古代死刑复核制度的特点及其借鉴》,载《中国法学》2005年第1期。
[30] 周国均:《中国古代死刑复核程序的四个特点》,载《检察日报》2005年1月14日。
[31] 陈高峰:《中国古代死刑复核制度的考察与借鉴》,载《内蒙古农业大学学报》(社会科学版)2007年第5期。
[32] 张明敏:《中国古代死刑复奏制度的流变及其现代价值》,载《中国刑事法杂志》2008年第2期。

主要领域的学者也开始在法学权威期刊上发表死刑复核史研究成果。比如,周国均、巩富文的《中国古代死刑复核制度的特点及其借鉴》发表于《中国法学》2005年第1期,这在三十多年来的法律史研究中并不常见。此外,这些成果在中国知网数据库的引用次数和下载次数要比一般的法律史论文高出许多,并得到了部门法研究的关注和引用。这些都从一个侧面反映了这一研究的成功之处。

除了上述研究之外,还有一些成果对以往一些特殊死刑的认识提出质疑。比如,高启安的《"醢"刑考辨:中国古代食人风习考察之二》[33]则对以往"醢"刑是将犯人剁成肉酱提出质疑,认为该刑应是将罪人剁成肉酱并吃掉,其惩罚意义主要在于"吃掉";王世华的《朱元璋惩贪"剥皮实草"质疑》则引用《嘉靖江阴县志》《弘治句容县志》《西湖游览志》等史料中关于明代官署、皮场庙的记载,认为明太祖惩贪并没有采用剥皮实草的酷刑等。[34]

二、研究存在的不足与解决路径

三十多年来的中国死刑史研究取得了很大的成就,比如,研究成果特别丰硕,培养了一支强大的研究队伍,对中国传统死刑制度有了更为深刻的认识等。但是就这一研究的未来发展而言,更应该看到目前的研究仍有许多不足之处。梳理以往研究中的成败得失,未来的中国死刑史研究可以在以下五个方面努力开拓,在研究对象和研究方法上积极求变。

(一)加强近古、近代死刑史的研究

这三十多年来的中国死刑史尽管研究面比较宽,但仍显得过于"厚古薄今"。从这些成果所涉及的朝代以及笔者前文所列的重点研究领域来看,这些年学界更重视对汉晋以前死刑的研究,对近古、近代时期死刑的研究则比较少,这一特点在考据类研究成果中显得尤为突出。当然,在许多中国法制史论著中,也有不少对唐以后朝代的死刑问题作了一些研究,但是这种研究往往并不是将死刑史问题作为唯一或主要研究对象,其研究深度有待加强。此外,在大数据时代,这种不将死刑作为研究主题的成果还不利于其他学者检索、学习其研究成果,容易造成学术资源浪费。

在以往的死刑史研究中,学者热衷于对汉晋以前死刑问题进行考据,学术争鸣也很激烈。然而通过这些年的研究,上古朝代有关死刑问题的传统史料几乎已被学界穷尽,许多问题或有定论,或因缺乏新出土文献佐证而停滞不前。即便是新出土材料,这一时期也主要是简牍、青铜铭文等。研究这些资料需要深厚的古文字学功底,而这恰恰是绝大部分法史学人不具备也很难在短时间内掌握的。而隋唐以后的中、近古史研究则不然,其史料数量较之此前朝代不可同日而语,特别是宋代以后的资料更是难以穷尽,即便是出土的如碑文、墓志铭等资料,其阅读也较之简牍、青铜铭文容易地多。这些都为深度研究提供了坚实基础。此前的学者比较忽视对中、近古时代的死刑史研究,今后的学者不妨在这方面多下一些功夫,既能弥补研究不足,又易取得较好的效果。

(二)加强中华人民共和国死刑史的研究

四十年来,中华人民共和国死刑史研究成果数量极少。早在20世纪末21世纪初,就有一些学者大声疾呼重视中华人民共和国法制史的研究,并对其研究的意义、可操作性以及目

[33] 高启安:《"醢"刑考辨:中国古代食人风习考察之二》,载《甘肃社会科学》1993年第4期。

[34] 参见王世华:《朱元璋惩贪"剥皮实草"质疑》,载《历史研究》1997年第2期。

前研究薄弱的原因等问题作了探讨。[35] 然而近年来,中华人民共和国法律史研究在整个中国法律史研究中仍然非常薄弱。[36] 其实,正如意大利历史学家克罗齐所说,“一切历史都是当代史”。不重视中华人民共和国死刑史的研究,就容易使人潜移默化地将中国古代、近代的死刑问题与当代死刑问题割裂开来。长此以往,许多问题就无法解释清楚,容易给今后的司法工作带来不便。中华人民共和国成立至今已经六十多年,这在时间上已经超越了许多古代王朝、时代,完全可以从法律史的视角来对其这段时期的死刑问题进行研究。

与其他中华人民共和国法制史的研究领域相比,中华人民共和国死刑史研究更有着得天独厚的条件,这里是一片学术富矿。尽管 1979 年才颁布《中华人民共和国刑法》,但是死刑自中华人民共和国成立以来一直在适用,各机关、单位保留了大量资料可供学者进行研究。这些资料相较于古代、近代的死刑史乃至其他法律史领域的资料,在数量、完整性、专业性、阅读难度等方面有着巨大优势,却还没有得到学术界的足够重视。由于中华人民共和国死刑史资料非常多,选题可以多样化,可大可小,还可以反映出区域法治、地方法制史等特色。同时,选题也要更多关注改革开放以后死刑史的研究,以历史眼光研究当代死刑问题,形成自己的研究特色。

以往,法理学、部门法学者是改革开放后法律问题的主要研究力量。其实,国内的法律史学者大多具有法学教育背景,对部门法并不陌生。最近,不少部门法学者纷纷开始尝试从“史”的角度对部门法进行研究,法律史学者也应对此作出积极互动。加强中华人民共和国死刑史的研究是增加与部门法研究互动的良好机遇,它容易发挥法律史学者兼具法学与史学功底的优势,也更容易取得佳绩。

(三)加强传统死刑制度中的法理研究

四十年来,中国死刑史的法理类研究成果在学术影响力方面比较成功,但在成果数量上相比于考据类研究还是显得较少,且主要集中在死刑复核史的领域内。其实,这三十多年的中国死刑史研究已经表明,法理类研究更能体现中国死刑史研究的法学特征。相对而言,这种研究更容易让中国死刑史的研究成果在法学学术期刊上发表,或以法学成果的方式出现在综合类期刊中,继而增强其在法学界产生影响,促进整个法律史学科的成长。法理类研究归根结底是法学化研究,它需要学者更多地采用法学方法研究死刑史问题,加强其与法理学、刑法学、刑事诉讼法学等学科之间的互动。欧根·埃利希认为,“法律史首先负有责任为法社会学提供资料。但是,此处所指的法律史不是法条史,不是法学文献学和法律教义史,而是法律制度史”。[37] 这里的法律制度史,很大程度上是一种说理研究的法律史。

在研究方法上,要运用批判性思维来思考,“必须力争以不偏不倚和毫无偏见的态度来对待和某情景有关的所有观点”。[38] 具体而言,一方面,正如钱穆先生所说,要“附随一种

---

〔35〕 具体可参见蒲坚、俞建平:《把研究的广角镜伸向新中国法制史》,载《法学研究》1988 年第 4 期;陈鹏生、王立民:《新中国法制史:21 世纪一个亟待开拓的中法史研究领域》,载《法学》2001 年第 2 期;王立民:《论重视新中国法制史教学》,载《上海交通大学学报》(哲学社会科学版)2002 年第 6 期等论著。

〔36〕 中国法学创新网的统计,2012—2014 年,中国法律史学科的 CLSCI 论文总数为 189 篇,而研究根据地及中华人民共和国成立后法律史的论文仅为 7 篇。参见中国法学创新网:http://www.lawinnovation.com/index.php/Home/So/art Index/id/11153.html,访问时间:2017 年 6 月 6 日。

〔37〕 [奥]欧根·埃利希:《法社会学原理》,舒国滢译,中国大百科全书出版社 2009 年版,第 525 页。

〔38〕 [美]保罗、埃尔德:《批判性思维:思维、沟通、写作、应变、解决问题的根》,乔苒、徐笑春译,新星出版社 2006 年版,第 13 页。

对其本国以往历史之温情与敬意”,[39]摘下中国古代死刑是“残酷、血腥”的有色眼镜,客观评价中国死刑史。另一方面,也不能盲目陷入复古潮流,要深入研究中国死刑史中不足的一面。有些研究为了突出“古为今用”,只谈历史上中有益的启示。其实,负面教训有时更能引起人们的警觉,更容易被重新认识和评估。“当历史上的那些传统的法律理念、价值被人们重新认识,并赋予了现代人的价值标准后,实际上它已经体现现代价值了。”[40]目前,许多死刑史问题在考据研究中已经斩获丰硕,却缺乏法理类研究的成果,不免有些可惜。今后,应当加强对中国死刑史的法理研究,扩大其学术影响力,努力为中国当代刑法制度建设提供有价值的历史借鉴。

(四)加强比较研究

四十年来,比较研究已逐渐成为中国法律史学重要的研究方法,中国死刑史比较研究的成果数量却不多,比较研究只在《清朝秋审与当前死刑复核程序的比较研究》《古典中国的死刑:一个文化史与思想史的考察》等少量成果中有所运用。其实,中国的死刑在数千年演进历程中变化非常大,包括立法、司法审判、执行方式等,不同时期差异很明显。同时,中国死刑史与世界各国死刑史也大不相同。对这些问题不作比较研究,就很难摸索出其变化、发展的特点与规律,也就很难对当代法治问题作出贡献。当然,这里的比较是指运用社会科学研究的方法进行比较,而非传统的历史学研究比较。“后者只是简单地描述历史事件,而前者则试图从这些事件中发现在不同条件下反复出现的共同模式。”[41]因此,在比较方法的运用上,要进行多样、深入比较,不能只作单纯的史实比较,例如,结构比较、功能比较、数量比较、原因比较、纵向比较、横向比较等。[42] 由于“历史比较研究属于定性的研究方法,很难将数据分析步骤一一列出”。[43] 因此在选题时,可以尝试选择重大问题、某个特殊结果问题、理论应用问题、重新解释或挑战旧的解释的问题、增强概念化与理论的建构问题等进行研究。[44]

在此前的研究中,已经有人用比较研究法取得了不错的效果。法国学者杰罗姆·布尔贡在《中国古代废除死刑论的得与失》一文中,就运用横向比较的方法,得出了中国古代在认识刑罚残酷性并积极改变和废除死刑的尝试等方面要早于西欧国家的结论,并根据其对历史规律的探索对废除死刑的可能性提出质疑。这种对中国古代死刑的积极评价与传统对中国死刑史的认识大为不同,其对死刑废除研究的启示也很大,是其他研究方法很难做到的。十八届四中全会通过的《中共中央关于全面推进依法治国若干重大问题的决定》中明确指出要“汲取中华法律文化精华”,而要想汲取中华法律文化之精华必须先对中法律文化有一个正确的认识。这种通过比较研究的方法得出的关于中国古代死刑的新认识无疑为传统法律文化在当代更好地发挥其价值提供理论支撑,这也从一个侧面反映比较研究对于死刑史研究的意义。

(五)加强实证研究

四十年来,中国死刑史研究很少用到实证研究方法。以往的研究以考据类和说理类研

〔39〕 钱穆:《国史大纲》,商务印书馆1994年版,第1页。

〔40〕 王申:《法律史研究中的法理意义》,载《华东政法学院学报》2006年第1期。

〔41〕 [美]艾尔·巴比:《社会研究方法》,李银河编译,四川人民出版社1987年版,第224页。

〔42〕 参见欧阳康、张明仓:《社会科学研究方法》,高等教育出版社2001年版,第210页。

〔43〕 [美]艾尔·巴比:《社会研究方法》,李银河编译,四川人民出版社1987年版,第243页。

〔44〕 参见李志、潘丽霞:《社会科学研究方法导论》,重庆大学出版社2012年版,第342页。

究居多,但这两种研究都有明显的缺点。考据类基本沿用传统史学研究方法进行,注重史料筛选、辨伪与运用,其缺点在于法学色彩不浓厚;说理类研究虽然注重古今借鉴,但易有"认识浅薄""空谈"之嫌。死刑史的实证研究则不然,它兼具考据、说理之长却又避开了两者之短。一方面,在资料筛选时,实证研究需要评估和解释历史数据——"首先,研究者必须判断一个文件或人工制品的可信度;其次,如果它确实是可信的,研究者需要评估它的意义"。[45] 这个过程并不简单,其本身就有传统考据学的色彩。另一方面,实证研究所得出的结论并不是无根空谈。它运用社会科学的方法,其结论建立在一系列科学数据分析的基础上。"由此人们可以得出经得住考验的、可靠的结论。这些结论或许在相当大的程度上具有普遍适用的效力。"[46] 这就比一般的研究结论更有说服力和实践意义。

比如,迪尔凯姆在研究自杀问题时,"把这个社会中较长时间里发生的自杀事实用曲线形式描绘出来,说明自杀现象在这个社会各个时期中的表现情况,然后按照地区、职业阶层、城乡类别、性别、年龄、婚姻状况进行分类,考察自杀事实在不同人口、不同地点、不同时间的各种反映"。[47] 事实证明,迪尔凯姆的这一方法对社会科学研究的发展产生了重大影响。近些年来,实证研究已经在中国的法学研究中被广泛运用,死刑研究中就有很多这类成果,中国死刑史的研究不应该落伍。事实上,迪尔凯姆《自杀论》成书于 1897 年,其研究主要是对 1841—1872 年的自杀问题,[48] 完全可以视为当时欧洲近现代法律史研究中的一部分。

中国死刑史上诸如法律文本、司法判例、死刑执行留有大量资料,这些都可以进行实证研究。近些年来,中国法律史古籍资料整理方面有大量的成果问世,[49] 中华人民共和国成立以来的法律文献更是浩如烟海,这些资料中保留了大量与死刑相关的法律文本与案例,完全具备进行实证研究的资料基础。目前的中国死刑史研究对这些资料的运用还不充分,这就为实证研究提供了坚实的基础和较大的发展空间。正如孔德所说,"真正的实证精神,主要在于为了预测而观察,根据自然规律普遍不变的信条,研究现状以便推断未来"。[50] 对传统死刑制度进行实证研究,有利于站在历史的高度全面掌握中国死刑发展变化的规律,得出更为科学的研究结论。它可以充分了解中国传统死刑文化,有助于弥补当代中国人心中的传统法律理念与现代法治理念之间的鸿沟。也只有这样,才能够增强法律史研究与部门法研究之间的联系,更大地体现中国死刑史研究的理论和实践价值。

死刑是法学研究中长盛不衰的课题。尽管越来越多的学者呼吁废除死刑,但是这必然是一个艰难的过程,其中最难逾越的障碍之一就是数千年来在广大中国民众心中遗传的中国传统法律文化基因。因此,中国死刑史在未来依然会受到学术界很高的关注,现实也需要对其进行更为深入的研究。改革开放三十多年来的中国死刑史研究表明,尽管这些年的努力已经取得了很大的成绩,但是仍有很大的空间急待开拓。中国法治建设需要法律史研究

---

〔45〕 [美]保罗 D. 利迪、珍妮·埃利斯、奥姆罗德:《实证研究计划与设计》,吴瑞林、史晓晨译,机械工业出版社 2015 年版,第 150 页。

〔46〕 [德]托马斯·莱赛尔:《法社会学导论》,高旭等译,上海人民出版社 2008 年版,第 7 页。

〔47〕 [法]埃米尔·迪尔凯姆:《社会学方法的规则》,胡伟译,华夏出版社 1999 年版,第 112 页。

〔48〕 参见[法]埃米尔·迪尔凯姆:《自杀论》,冯韵文译,商务印书馆 2005 年版,第 15 ~ 20 页。

〔49〕 比如,仅近些年公开整理出版的史料就有《古代折狱要览》《清代秋审文献》《清代成案选编》《中国古代地方法律文献》《历代珍稀司法文献》《中国珍稀法律典籍集成》《历代珍稀司法文献》等。此外,全国各地档案馆、图书馆、个人还有数量更为庞大的资料未被挖掘和整理。

〔50〕 [法]奥古斯特·孔德:《论实证精神》,黄建华译,商务印书馆 2001 年版,第 12 页。

更多地为当代法治建设提供历史借鉴。作为为数不多沿用至今的古代刑罚，中国死刑史的研究在这方面较之其他领域更具有优势。在未来，中国死刑史研究应该吸取以往研究的经验教训，在研究对象和研究方法上积极求变，充分发挥其学科优势，争取引领未来的中国法律史研究，服务当代法治建设，力争取得更大的成就。

【导师点评】

宋伟哲的《中国死刑史研究三十五年》一文以改革开放以来的中国死刑史研究为主题，既从一个角度对改革开放以来中国法学研究中的一个领域进行研究，反映这一研究中的成就；又对以后的相关研究提出建议，其学术价值十分明显。论文的结构逻辑性强，思路清晰，阅读起来很顺畅。文中的观点与史料结合较好，论从史出，论又指导史，以致论文的说服力也强。论文的一个重要亮点是对目前研究存在的不足与解决路径提出了自己的观点，创新十分突出，并为今后进行相关研究提供了建议。总之，这是一篇十分优秀的论文，有必要进行推荐。

（指导教师：王立民）

法律与金融

我国税收委托代征制度的法律问题研究

程　超*

委托代征作为一项重要的税款征收方式，其设计的初衷是为了缓解税收征管资源的短缺，提高税收征管的行政效率。随着当今社会发展，人口流动加快，税源管控也日趋复杂化，税收征管信息不对称和征管资源的有限性之间的矛盾不断加深。税务机关通过委托代征方式借助外部的力量来管控税源变化、补充税收征管手段，在我国实际的税收征收工作中发挥着不可替代的作用。随着我国政治体制改革的深入，委托代征制度呈现泛化式发展，如何厘清委托代征制度中的各项法律关系，保障委托代征实践工作的运行和发展，是摆在税务行政机构及立法机关面前的一项重要议题。

一、委托代征制度之概述

（一）委托代征的概念

根据我国税收征管体制，当前主要有两种税收征收方法：一是直接征收；二是委托代征。直接征收是税务机关依照相关法律规定代表国家直接向纳税人征收税款的行为，而委托代征则是指税务机关依照相关法律法规通过委托代征协议委托有关单位和人员征收税款的行为。

我国关于税收委托代征法律制度方面专章研究的著作比较少，一般仅在税收征管相关的著作中介绍税款征收手段时提及该制度，理论界也对该制度的概念作出很多归纳和总结。其中，徐孟州教授认为，委托代征是指税务机关根据相关法律规定，通过签订委托代征协议的方式，确定有关单位和人员通过协议约定的委托代征范围、权限及征收标准代替税务机关进行税收征收的一种征收方式。而对此陈少英教授认为，委托代征的目的就是为了加强税收管控、方便纳税，按照国家的相关法律法规，税务机关和有关单位和人员通过签订委托代征协议的方式对零星分散、异地缴纳的税款实行代征，并向代征人发给委托代征证书的一种征收方式。综观各位学者的观点以及税务实践碰到的问题，税收委托代征的范围一直是这些问题的关键所在，理论界也各说纷纭。

笔者认为，虽然委托代征在我国已经有一定的实践，但是我国当前并没有形成完善的委托代征法律体系和制度，税收委托代征应只局限于零星分散和异地缴纳的情形，不宜在相关法规或实践操作中肆意扩大税收委托代征事项及范围。且根据《税收征管法实施细则》及《委托代征管理办法》中对委托代征的相关界定及背后的理论探究，笔者认为，上文陈少英教授对此的总结较为全面、透彻，下文中也将对此分别展开论述。

（二）委托代征法律关系要素分析

根据相关法律规定，本文从以下三个方面对委托代征法律关系进行分析：

---

* 程超，华东政法大学2017届经济法学专业硕士研究生。

1. 委托代征法律关系的主体

从主体方面分析,委托代征法律关系法律主体包括委托方和受托方,两者在委托代征管理活动中,依据法律法规分别享有不同的权利和义务。委托方是指享有国家税收委托代征权利,并对受托方的代征行为进行相应管理与监督的国家税收征收机关,在我国主要包括税务部门和海关。受托方是委托代征法律关系主体中的另一方当事人。在我国,受托方可以是地方税务机构,也可以是社会团体或公民,抑或不拥有特定职权的其他行政机关。我国台湾地区学者柯格钟认为,无论是公权力之委托私人行使还是课税权限移转之委托或委办,均系代征义务人依法代替税务机关行使课税公权力之一方,其相对于纳税义务人或税捐债务人均具有相对较高的地位。[1]

2. 委托代征法律关系的客体

委托代征法律关系包括在税收征纳法律关系的范畴,受托方获得税务机关的税款征收权,所有的活动都围绕着征税活动开展。

一方面,委托代征法律关系的客体不包括罚款。根据我国税收法律法规规定,税务机关的权力非常广泛,不仅包括税务管理权、征收权、检查权,而且还包括处罚权、强制执行等。但是税务机关与受托人签订的代征协议所包含的权力仅包含税款征收权,不包含其他行政权力,受托方仅有按照协议的约定进行税款征收的权力。对于罚款等行政处罚权,受托方不得在税务机关未授权的前提下私自为之。

另一方面,滞纳金的范围有限。考虑到滞纳金具有一定的惩罚性且税务机关委托给受托方的权力只有税款征收权,根据依法行政和法律保留主义原则,委托代征过程中,滞纳金应该由税务机关直接收取,受托方无权收取滞纳金,但是如果因为受托方的责任,导致滞纳金的出现,受托方应该承担缴纳滞纳金的业务,可以在缴纳税款的同时缴纳滞纳金。

3. 委托代征法律关系的内容

当委托代征协议签订之后,税务机关所享有的权利应直接由委托代征协议来进行约定,且税务机关应享有主导性权利,例如对受托方征收行为进行指导与监督的权利等。同时,税务机关也应履行相关的义务,如对受托方的行为承担法律后果的义务,依法缔结协议的义务,以及按照约定支付赔偿金、补偿金等义务。对于受托方而言,其主要权利是依法获得相关报酬和获得赔偿或补偿的权利,其主要义务是在协议约定的范围内行使征税权并接受税务机关的监督和管理等。

二、我国税收委托代征制度的理论基础和现实动因

(一)我国税收委托代征制度的理论基础

1. 经济学基础

税收实际上是一种经济利益和可支配资源的转移,也是社会财富在国家和市场经济主体之间的再分配。[2] 根据信息不对称理论,在税收征管活动中,税务机关与纳税人或扣缴义务人之间会产生一种博弈关系,这种博弈关系具有活动性和非合作性,最大的原因就在于信息不对称的存在。[3] 在税收征管法律关系中存在两个不同利益主体,即税务机关和纳税

---

[1] 柯格钟:《税捐主体在两岸税捐稽征程序中的地位》,载《财税法论丛》(第 11 卷),法律出版社 2010 年版。

[2] Wells S C. State Tax Amnesty Programs on the Rebound. Journal of State Taxation, 2005, Vol. 20, No. 4, pp. 60 – 69.

[3] 张维迎:《博弈论与信息经济学》,上海人民出版社 2002 年版,第 397 ~ 400 页。

人,双方都希望获得自身最大化的利益。在税收征管过程中,税务部门一直处于信息劣势地位,受到税收征管制度的限制,税务部门很难掌握纳税人的真实情况,于是就出现了信息不对称现象,导致个税税款流失,正是基于上述原因,才产生了税收委托代征制度,通过代征人对纳税人的信息进行充分收集,从源头上掌握税源,解决整个税收征管过程中出现的问题。

2. 税法学基础

税收效率原则是税法的基本原则之一,在制定和运行的过程中,需要注重成本和效率。从实质意义上来说,它要求税法在权利义务和税收法律制度的设置中应以最小的成本取得最大的税收收入,并尽可能地降低税收对社会经济的负面影响。[4] 税务机关通过委托代征形式将部分分散或者异地的税收征缴工作委托给第三方执行,有利于降低其自身的行政成本,并相应提高税收行政效率。

根据比例原则理论,公法主体行使权力,有可能造成权力滥用,所以要在保护行政权力顺利实施和避免权力滥用之间实现平衡。[5] 作为比例原则在税法上的衍生,我国台湾学者黄茂荣先生认为税捐稽征经济原则是税法的基本原则之一。[6] 在行政资源有限的情况下,应税事实行为非常繁杂,具有多样性和反复性特征,在税务行政之效率及实用性的问题与量能课税原则之间的取舍,这无疑给比例原则的适用提供了空间。在实践中,为了提高行政效率,有可能存在某些课税原则退让,这样就会引发不同的价值之间的冲突,可以通过选择权、特殊个案等方法,解决这种冲突。[7]

(二)我国实行税收委托代征制度的现实动因

我国实质意义上的委托代征实践是随着中国的政治体制改革而展开的,但随着我国政治体制改革的深入以及经济水平的发展,我国税收委托代征的现实动因也呈现新的元素。具体而言,以下几个方面值得我们关注:

1. 税收行政事务增加的应对

我国改革开放以来一直致力于中国特色社会主义建设,从社会主义计划经济转变为社会主义市场经济,带动了社会和经济的活力,开创了中国特色社会主义经济、政治、文化及社会建设全面发展的新局面。根据瓦格纳法则,经济的快速发展,必然会导致行政事务的增加,在目前税收行政资源不足的情况下,这些矛盾也给税务机关税款征收工作带来了新的挑战。

2. 提高税收管理科学化的要求

为应对征纳双方之间信息不对称可能导致的税款流失,税务部门不得不增设多重程序来掌握纳税信息,但如此以往必然会造成征税成本的增加,不符合税收效率原则的实质精神。因此,就零星分散和异地缴纳的税款征收来讲,通过委托其他单位和人员来管理和征缴既可以提高税务机关对相关税源的监管,也有利于降低税务成本。

3. 提高纳税服务能力的要求

我国20世纪90年代开启的分税制改革经过二十多年的运行取得了明显成效,为繁荣

---

〔4〕 王鸿貌:《税法学的立场与理论》,中国税务出版社2008版,第40页。

〔5〕 陈新民:《行政法学总论》,载《行政法学研究》1998年第1期。

〔6〕 黄茂荣:《税法总论:法学方法与现代税法》(第一册增订二版),根植法学业书编辑室2005年版,第509、510页。

〔7〕 同上,第515页。

和发展社会主义市场经济发挥了重要作用,但目前税收征管体制中也存在职责不够清晰、执法不够统一、服务不够到位、办税不够便利等问题。而从许多西方国家的治理经验来看,我国税务机关应该顺应时代变化的要求,重新调整税务机关内部机构设置,提高纳税服务质量和能力,提高纳税人的遵从度。

三、我国税收委托代征法律制度的考察与审思

随着我国税收体制改革的不断深入,委托代征制度的适用范围越来越广,虽在实践中取得了巨大的成就,但理论界对此存在争议。本章对我国现行立法的规定进行了全面梳理,全面探讨了我国税收委托代征制度在实施过程中存在的各种问题,从中国语境方面对此进行研究。

(一)我国税收委托代征法律制度的政策变迁

2013年,国家税务总局为了加强对委托代征行为的管理,发布了《委托代征管理办法》,办法中对相关的概念、范围进行了明确规定。[8] 根据《税收征管法实施细则》关于方便纳税和税收控管的规定,只能在零星分散和异地缴纳的税款征收方面适用委托代征。

同时,我国发现税收"营改增"之前,我国关于委托代征相关的法律法规并不多。全国人大常委会于2015年对《税收征管法》进行了修订,在第29条、第78条中仅对委托代征主体及违规代征的处罚方式进行了概括性规定,这种规定缺乏可操作性,在实际工作中存在很多适用难题,《税收征管法实施细则》中也仅对委托代征的概念作了复述性规定,不足以解决征税机关在实际业务中接触的具体问题和困惑。

但在全面实施"营改增"之后,为保障该等工作的顺利开展,国家出台的一系列政策文件中多次规定了委托代征条款,并在《深化国税、地税征管体制改革方案》明确国税和地税部门之间可以基于降低成本和纳税便利的考虑来实施委托代征制度。委托代征已经成为税收的一种有效的辅助措施,在实践操作中的功能越来越彰显。

(二)我国税收委托代征法律制度的立法梳理

通过对我国税收法律法规的梳理,我国并没有专门的委托代征立法,只是散见于其他行政法规中,各种规范较为杂乱且不具有系统性,本节从两个方面对我国税收委托代征立法现状进行分析。

1. 我国税收委托代征的立法形式

涉及委托条款的规定主要体现在以下几方面:

(1)法律。委托代征在法律的规定,是我国税收委托代征法律规范中最有效的内容,当前委托代征条款散见于多部法律中,比如,《税收征管法》中对委托代征主体及违规代征的处罚方式进行了概括性规定。[9]

(2)行政法规。根据《税收征管法》的相关规定,国务院制定并发布了《税收征管法实施

---

[8] 《委托代征管理办法》第2条规定:"本办法所称委托代征是指税务机关根据《中华人民共和国税收征收管理法实施细则》有利于税收控管和方便纳税的要求,按照双方自愿、简便征收、强化管理、依法委托的原则和国家有关规定,委托有关单位和人员代征零星、分散和异地缴纳的税收的行为。"

[9] 《税收征管法》第29条规定:"除税务机关、税务人员以及经税务机关依照法律、行政法规委托的单位和人员外,任何单位和个人不得进行税款征收活动。"第78条规定:"未经税务机关依法委托征收税款的,责令退还收取的财物,依法给予行政处分或者行政处罚;致使他人合法权益受到损失的,依法承担赔偿责任;构成犯罪的,依法追究刑事责任。"

细则》,其中对委托代征的概念及要求作了概括性规定。[10]

(3)部门规章。《委托代征管理办法》中分别都对委托代征作了具体规定。[11]

(4)地方政府规章。我国各地地方政府也就规范委托代征行为出台了不少地方政府规章,以福建省为例,《福建省地方税款委托代征管理办法》中第1、2、6章分别对委托代征的概念、代征人的资格、委托代征的范围以及监督管理及责任约束措施进行了明确约定。

除了上述正式的立法形式外,还有大量规范性文件中存在委托代征的相关规定,如《国家税务总局关于营业税改征增值税委托地税机关代征税款和代开增值税发票的公告》等。

2. 我国当前委托代征立法的具体内容

委托代征立法从内容方面来看,主要涉及以下内容:

(1)关于委托代征的事项。根据我国《税收征管法实施细则》规定,委托代征适用于税源征零星分散和异地缴纳的情形,税务机关可以按照国家规定委托其他单位或个人代征该等税收。

(2)关于受委托人。我国目前的委托代征立法中关于受委托人的相关规定主要表现为如下几个方面:

第一,受委托人的资格。根据对我国《税收征管法实施细则》第44条规定的理解,单位和个人都有资格成为委托代征的受委托人。

第二,受委托人的条件。我国《税收征管法》及《税收征管法实施细则》并未对委托代征中受委托人的条件作出具体规定,而国家税务总局对此进行了相应规定,主要集中在以下方面:其一,须与纳税人具备某种联系;其二,须具备一定的资格或条件;其三,须有相应的人员、设备或能力。

第三,受委托人的地位。《委托代征管理办法》中明确指出了委托人只能在协议范围之内行使代征税款权力,如果引起争议或者法律纠纷,在诉讼过程中,税务机关为被告且承担相应的法律责任。

(3)关于委托代征程序:

第一,委托代征的形式。根据我国目前的规定,只有以书面形式签署委托代征协议,委托代征才具有法律意义,税务机关和代征人之间的关系才能成立,委托代征协议内容应包含委托依据、范围和期限、税种和税率、双方权利义务及违约责任等内容。委托代征协议自双方签字并加盖公章后生效。

第二,公告程序。税务机关在代征人签署委托代征协议后,应按期发放《委托代征证书》,并在相关区域的媒体上公告代征人的委托代征资格和委托代征协议的相关内容。

(4)其他规定:

第一,委托法定。《税收征管法》及《税收征管法实施细则》对委托关系进行了明确的规定,税务机关基于降低成本和纳税便利的考虑,可以通过第三方代为征收零星分散税收,或者异地缴纳税收。

---

〔10〕《税收征管法实施细则》第44条规定:“税务机关根据有利于税收控管和方便纳税的原则,可以按照国家有关规定委托有关单位和人员代征零星分散和异地缴纳的税收,并发给委托代征证书。受托单位和人员按照代征证书的要求,以税务机关的名义依法征收税款,纳税人不得拒绝;纳税人拒绝的,受托代征单位和人员应当及时报告税务机关。”

〔11〕如《船舶车船税委托代征管理办法》第2条规定:“本办法所称船舶车船税委托代征,是指税务机关根据有利于税收管理和方便纳税的原则,委托交通运输部门海事管理机构代为征收船舶车船税税款的行为。”

第二,一次委托。《委托代征管理办法》第9条作出明确规定,代证人只能亲自负责征税事项,不能把事项继续委托其他机构或者人员办理。

第三,对委托的监督及管理。《委托代征管理办法》第17条作出了明确性规定,税务机关除对代征人的具体工作进行定期检查外,还需对代征人进行定期的辅导和培训。

第四,法律责任。我国目前关于委托代征的相关法律法规文件对违反委托代征协议行为进行了规定,应该按照协议约定的处理办法,处理违背协议行为,税务机关承担对纳税人的责任,然后向代征人追究法律责任。

(三)我国税收委托代征法律制度的问题分析

1. 委托权限无边界,导致委托不当扩大

笔者在上文中深入分析了委托代征理论基础和现实动因,充分说明了税务机关自身能力有限,从节约成本、方便纳税人出发,可以通过委托其他单位或者个人征收部分税款,该理论具有可行性、现实性特征。但是,并不是任何行政行为都能够进行委托,除了考虑到委托成本之外,还要考虑到不具有特定权利的组织是否有行使权力的资格。同时,无边界地进行委托代征会造成税务机关的懒政和惰政,滋生不正之风,根据比例原则,部分公权力只能由行政机关行使,不能进行委托。

2. 委托程序规定粗疏,难保委托的正当实施

委托程序决定着委托代征的效用,我国委托代征委托程序不完善,存在不足:一方面,通过对相关法律法规的梳理,我国当前的法律法规和政策、管理办法等都没有对委托代征程序进行明确的规定,代征程序的混乱导致规范性和同一性的缺失,征管系统和征管程序无法实现有效融合。另一方面,委托代征程序缺少必要的控制机制。现有的立法规定比较笼统、操作性较差,除了缺乏系统性和监督控制机制外,还很难体现出公平竞争机制。

3. 委托代征责任不明确,导致税款流失风险加大

现行《税收征管法》虽然对委托代征中出现的问题进行了规定,但是规定的内容仅限于越权代征,对税款征收的相关内容并没有进行规定,一旦出现纠纷,就处于无法可依状态。[12] 此外,"营改增"之后,纳税人的增值税申报受理、评估和征收等工作暂时委托地税局办理,纳税人在涉税事项中,程序运行非常复杂,税款追征期间责任得明确规定,增值税征管流程被严重割裂,新的流程并没有公布。"营改增"之后,代征人实质上已经成为地税机关,因为并没有签署代征协议,如果在代征过程中出现税款流失现象,就无法追究当事人的责任,不利于双方的合作。

4. 救济渠道狭窄,当事人的权利缺乏足够保护

我国现行《税收征管法》第88条从原则性方面对发起的税务行政复议、刑事诉讼程序进行了规定,规定仅限于纳税人、扣缴义务人、纳税担保人,并没有涉及受托代征人。而且,即便代征人能够取得相应的法律救济,但是因为法规规定比较笼统,很难解决实际纠纷。另外,行政诉讼、行政复议都是单向性的救济方式,即非行政主体一方可依据法律规定向法定的行政复议机关申请行政复议,或向人民法院提起行政诉讼。然而,按照这样的方式,就注定了当事人中的税务机关无法通过行政复议或行政诉讼的手段获得法律救济。

四、我国税收委托代征制度的完善建议

税务机关的征管能力能够体现出一个国家税收治理能力,也是税务机关实施征税权的

〔12〕 赵世峰:《委托代征税款:呼唤税收立法保障》,载《中国税务》2006年第3期。

体现。和税款代扣代缴制度相比,我国当前的税收代征系统并不规范,需要从多方面加以完善。

（一）明确委托代征的范围

委托代征是一种间接的税收征收方式,通过第三方实现国家税收征缴,这种模式必定会造成国家控制力减弱,只有在制度和手段设计方面进一步完善,才能保证行政行为的正当性,才能加强对委托代征的管理。

根据重要性的阶层理论,把国家行政事务分为两部分:一是重要性比较强的核心职能。二是重要性一般的非核心职能。对前者来说,不能进行委托;对后者来说,可以通过委托的方式控制成本,提高效率。委托代征作为是行政委托的一种具体表现形式,上述理论在委托代征制度上同样可以适用,我们认为税收处罚权和税收强制执行权应属于税务机关的核心职能,该等权力应不得对外委托。另外,根据我国目前的相关法规规定,我国委托代征制度目前仅可适用于零星分散、异地征收的税收,但实践中屡屡出现突破上述规定的委托代征行为,对此我国立法机关应在法律层面对委托权限进一步加以厘定。

（二）构建委托代征的程序规则

制度的有效实施,必须有完善的程序规则进行保障。但由于我国法律规定的粗疏和不足,造成我国在实践中委托代征程序较为混乱。笔者认为,在启动委托代征程序时应注意如下步骤:

一是委托前评估。对委托代征的必要性进行全面的评估,判断委托代征政策和效能之间的关系,是否能够维护法律所要保护的法益,只有在全面评估得到肯定结果之后,才能启动下一步的程序。

二是公告及听取意见。为了推动委托代征的公开性和透明性,必须是事前公告程序、听取意见程序,也是实现行政民主化的基本路径,能够提高决策的正当性,同时还能够保证社会公众的知情权、参与权。

三是选取受委托人。在准备委托其他单位和个人征收税款时,税务机关应有一定的自由裁量权,可以借鉴行政委托相关的遴选程序,加强对申请人进行多方面的考察,特别是对专业技术、财务、持续服务、公平能力等方面进行详细的调查。受委托人范围确定之后,向社会公众公告名单,接受社会公众和其他部门的监督。

四是签订委托协议。我国委托代征协议的签订可以借鉴国外的先进模式,在委托机关内部成立委员会,对要约申请进行审议,然后提交给委托机关,委托机关对书面意见书进行全面审核,最终决定受委托人,并根据邀约的范围,和受委托人进行进一步的商定,最终签订委托协议。

五是公布与备案。在委托代征程序中,委托结果一经确定,应通过在政府部门的公报、网站、媒体等途径及时向社会公布。除了接受公众的监督之外,还需要向上级行政机关及时进行审报,接受上级部门的监督。

六是变更和注销。税务机关每年都应对委托代征进行审核,特别是审查代征人的代征范围、程序是否有超越权限、违规违章现象。在代征期限内,如果受托人未有效履行委托代征协议,或者年检不合格,就应该立即终止代征关系,并履行相关注销手续。

七是评估问效。委托方要加强对受托人的监督,及时了解委托代征的情况,每年对受托人进行检查,形成年度评价报告,并按照规定支付相应的手续费。

(三)细化委托代征的法律责任

一方面,法律法规应进一步细化并明确代征人的法律责任。如上文所述,《委托代征管理办法》在第22条中对代征人的法律责任进行了除外规定,即如果代征人在法定24小时之内,及时地把纳税人拒绝缴纳税款的情况向税务部门报告,那代征人就能够免于承担法律责任。但笔者认为这一规定较为不妥,因为存在代征人的错误或过失,导致税款没有及时进行缴纳,这种情况下代征人应该承担法律责任。所以笔者建议这一条款应该改为:"非因代征人责任未征或少征税款的,代征人将纳税人拒绝缴纳等情况自纳税人拒绝之时起24小时内报告税务机关,可以相应免除代征人的法律责任。"

另一方面,法律法规应赋予税务部门解约和追究法律责任的权力。按照行政法理论来讲,行政机关在行政合同法律关系中享有特殊的行政优益权。而委托代征作为行政委托的表现形式,税务机关作为委托人享有行政优益权,比如税务机构基于重大情势变更享有解除合同的权利,如果代征人不履行委托代征协议中的约定,应该及时解除合同,同时根据违约责任的大小通过诉讼程序追究法律责任,另外还具有对代征行为实施监督、管理、处罚等方面的权利。但是,上述内容均未在税收法律规定中得到明确,有待于我国《税收征管法》的进一步修订及完善。

(四)畅通委托代征协议的救济渠道

委托征收协议从性质上属于行政合同,符合行政法的调整和管理范畴,一旦出现协议纠纷,就应该按照行政法的相关规定实现救济,比如行政仲裁或者行政复议、诉讼。根据委托征收协议的内涵,具备民事合同的特征,也可以通过民事法律实现救济。

首先,对于委托征收协议的救济制度,除了通过协商、税务机关内部裁决与仲裁等方式解决相关协议纠纷外,还应重新对行政复议制度和行政诉讼制度进行构建,打破当前单向救济模式,建立起完善的双向性结构,这是委托征收协议救济应解决的首要问题。

其次,可以适用调解的方法解决委托征收协议中的纠纷。委托征收协议是税务机构和受托方在合意基础上形成的,可以适用调解解决纠纷。但是,委托征收协议的调解不能针对协议内容进行,特别是不能对税款进行调解,因为税款是国家法律明文规定的,在数量方面没有任何商量余地,只能针对除以以外的金钱债务进行调解,或者对和税款无关的条件进行调解。

最后,加强程序合法性的司法审查。在遵循税收利益优先原则的基础上,签订委托征收协议,法律应该提供更多的程序性义务,保障税务机关委托代征协议的顺利实施。法院应加强对程序合法性进行审查,防止出现程序风险,充分保护受托人的合法权益。

(五)深化国税、地税委托代征合作

国税和地税的合作,实现信息共享,才能推动委托代征的进一步完善。国税和地税机关应该抓住当前税制改革的契机,不断地优化业务平台,实现服务深度融合,实现执法资源有效整合,实现信息高度聚合。如果能够实现这一目标,就可以完全取消国税、地税之间委托代征的这种权宜性做法。但从当前的情况来看,应该及时地归纳总结税制改革的成果,不断完善国地税委托代征规程,进一步拓宽委托代征范围,建立起完善的信息共享系统,实现国税和地税之间信息共享。

然而,如前文所述,我国"营改增"后出台的一系列关于国税部门委托地税部门代征增值税的相关规范性文件,其中不乏与《税收征管法》及《委托代征管理办法》相冲突的规定,这些都需要未来在法律和法规层面完善顶层设计,在其内容上继续加以完善和细化。

【导师点评】

随着社会发展,人口流动加快,税源管控也日趋复杂化,税收征管信息不对称和征管资源的有限性之间的矛盾不断加深。税务机关通过委托代征方式借助外部的力量来管控税源变化、完善税收征管手段。如何厘清委托代征制度中的各项法律关系,保障委托代征实践工作的运行和发展,是摆在税务行政机构及立法机关面前的一项重要议题。作者以此为毕业论文选题,具有重大的理论意义和现实意义。

该文以问题为导向,探讨了委托代征的特征,分析了委托代征法律关系的相关要素,厘清了委托代征与源泉扣缴的区别,在此基础上,挖掘出我国实行委托代征制度的现实动因,并运用经济学和税法学理论予以论证;通过对我国关于委托代征的现行立法规定加以梳理,深入剖析当前我国税收委托代征制度存在的问题,从实体和程序等方面提出了完善我国委托代征制度的具体建议。

全文论点鲜明,论据可靠,论证有力,行文流畅,是一篇令我满意的硕士学位论文。

(指导教师:陈少英)

股东会决议瑕疵的类型分析

陈 茜*

《公司法》第22条的规定及司法解释四征求意见稿的出台，使我国股东会决议瑕疵的类型逐渐固定，我国立法在吸收大陆法系各国及地区立法例的同时，结合司法实践中的具体情形，对股东会决议瑕疵的类型进行了详细的规定，将股东会决议瑕疵的类型划分从“二分”转变为“四分”。[1] 然而，目前各国对于股东会决议瑕疵类型的划分各有不同，理论界对“二分法”与“三分法”仍旧争执不下，“四分法”也随之兴起，我国目前此种立法是否真的能够平衡各方利益，彰显股东会决议的实质和程序正义？

一、股东会决议瑕疵的既有类型

（一）股东会决议瑕疵类型的立法现状

从我国关于股东会决议瑕疵类型划分的立法规定来看，受德国、日本、韩国等大陆法系国家及我国台湾地区的影响颇深，然而，上述地区对于股东会决议瑕疵的分类有相似之处，也存在差异。

1. 我国股东会决议瑕疵类型的立法现状

我国2005年修订《公司法》时在总论第22条中引入了股东会决议瑕疵制度，采用“两分法”将股东会决议瑕疵类型分为决议无效和决议可撤销，规定内容违反法律、行政法规的决议无效，程序违反法律、行政法规、公司章程的，或者内容违反公司章程的决议可撤销。然而，该制度构建过于框架化，在司法适用过程中造成诸多不确定性，屡遭诟病。2016年4月12日，最高人民法院发布《关于适用〈中华人民共和国公司法〉若干问题的规定（四）》（征求意见稿）（以下简称《公司法司法解释四征求意见稿》），向社会公开征求意见。其将股东会决议瑕疵分为四种类型，即决议不存在、未形成有效决议、决议无效以及决议可撤销。[2]

2. 我国台湾地区及域外股东会决议瑕疵类型的立法现状

公司决议瑕疵制度为大陆法系国家公司立法独有，英美法系国家没有类似规定。大陆法系国家对公司决议瑕疵制度进行了明文规定，该制度始于德国，相继被日本、韩国及我国台湾地区借鉴。以上地区虽借鉴德国，但是也根据自身特色不断发展，基本形成了以下三种分类形式。

第一，“二分法”。目前采用此种分类方式的国家与地区主要有德国和我国台湾地区，然而，两者对于分类标准及具体适用情形各有侧重且不完全相同。德国《股份法》在第七部

---

* 陈茜，华东政法大学2017届经济法学专业硕士研究生。

〔1〕 原来“二分”是将股东会决议瑕疵分为决议无效和决议可撤销，现在“四分”是在决议无效和决议可撤销的基础上增加了决议不存在和未形成有效决议。

〔2〕《公司法司法解释四征求意见稿》第4～7条规定。

分规定了股东大会决议的无效与可撤销制度，以可撤销为确定决议瑕疵类型的原则，无效类型为例外。不同于德国立法，我国台湾地区按照决议的瑕疵对象分类，将决议程序存在瑕疵的情形归于可撤销，决议内容存在瑕疵的情形归于无效。[3]

第二，"三分法"。日本在借鉴德国立法的同时，逐渐发展出第三种类型的股东会决议瑕疵——决议不存在。其规定：若决议内容违反法律时，相关当事人可以请求法院确认决议无效。若召集程序或决议方法违反法令或公司章程，或者不公正时；决议内容违反公司章程时；决议存在特别利害关系者行使表决权，形成显著不当决议时，可以请求法院撤销决议。针对决议不存在的情形，立法没有明确规定，只是提出存在该种救济途径。[4]

第三，"四分法"。其为韩国在借鉴日本相关立法的基础上发展而来，《韩国商法典》第376—381条明确规定股东会决议瑕疵采用"四分法"，即决议不存在，不当决议可撤销、变更，决议可撤销及决议无效。[5]

（二）股东会决议瑕疵类型的理论纷争

关于股东会决议瑕疵的类型划分，不仅在各国立法例上存在区别，理论界也一直存在"二分法"与"三分法"之争，后续也出现一些认同"四分法"的观点，目前以赞同"三分法"为主流观点。

"二分法"是股东会决议瑕疵类型划分的起源，[6]其将股东会决议瑕疵分为决议可撤销和决议无效，除此之外不存在其他决议瑕疵的情形。其认为两种类型的划分已经涵盖所有股东会决议瑕疵的情形，能够有效地保护在资本多数决下股东的合法权益。

支持"二分法"的学者认为，该种分类方式简单明了，且在股东会决议的效力认定问题上，应采用"有效推定主义"，推定股东会决议实际存在。在该种前提下，区分决议的成立要件与生效要件没有实质意义，反而将简单问题复杂化。[7] 然而，在我国立法中，由于其粗放地将内容瑕疵归于无效事由，程序瑕疵归于可撤销事由，导致实践适用出现困难，被众多学者诟病。"三分法"就是在对"二分法"的质疑声中树立，逐渐发展成为目前主流观点。其补充增添了"决议不存在"类型，将"决议不存在"的瑕疵类型单独列出，不再认定为决议可撤销或者决议无效，解决了司法实践中对于伪造决议等情形的适用问题。

"三分法"的理论基础是法律行为论，其将股东会决议认定为法律行为，参照民法上的法律行为处理，将股东会决议行为分为成立要件与生效要件，若股东会决议瑕疵不满足成立要件，则认定为股东会决议不存在，若股东会决议已经成立，则从生效要件的角度将瑕疵的股东会决议分为无效和可撤销。有学者认为将股东会决议不存在单独提出，逻辑更加周延，符合法律行为的理论。[8] 此外，"二分法"不具有深刻的法理基础，在"二分法"的模式下，由于没有规定"决议不存在"类型，一般只能提起可撤销之诉，如此便会出现有悖法理的现

---

〔3〕 参见柯芳枝：《公司法论》，中国政法大学出版社2004年版，第237页。

〔4〕 参见［日］《日本公司法典》，崔延花译，中国政法大学出版社2006年版，第416、417页。

〔5〕 参见［韩］《最新韩国公司法及施行令》，王延川、刘卫锋编译，法律出版社2014年版，第75、76页；［韩］李哲松：《韩国公司法》，吴日焕译，中国政法大学出版社2000年版，第412～432页。

〔6〕 最早建立股东会决议瑕疵制度的德国便是采用的"二分法"，之后各国也是在德国"二分法"的基础上发展和创新。

〔7〕 参见石纪虎：《股东大会制度法理研究》，知识产权出版社2011年版，第259页。

〔8〕 参见李建伟：《论股东会决议可撤销的适用事由——基于司法适用立场的立法解释》，载《浙江社会科学》2009年第8期。

象,即一个本来就不存在的决议在被撤销之前竟然是有效的情形。[9]

然而,该种划分方式一味地参照民法上的法律行为理论,忽略了公司法的独特性。首先,股东会决议和法律行为存在本质的不同,法律行为注重个人自由和意思自治,但是股东会决议按照资本多数决原则决定公司事务,很可能股东个人意思和股东会决议最终结果不一致,公司少数派异议股东必须遵循基于多数股东意思形成的股东会决议。其次,法律行为的意思表示瑕疵,如重大误解、欺诈、胁迫等,并不适用于遵循资本多数决原则的股东会决议瑕疵。[10] 再次,即使将股东会决议认定为法律行为,其逻辑并不周延。从整个民法体系或者民法通则来说,成立和生效、未生效是两部分内容,在未生效里面,根据效力瑕疵的不同才区分为无效和可撤销,绝对无效和相对无效。最后,将股东会决议依照民事法律行为,区分成立要件和生效要件没有实际意义。有学者也提到,就判断规则而言,股东会决议的成立与生效之间并没有本质区别。[11] 此外,从各国立法规定来看,决议不存在和决议无效的法律效果,救济手段完全一样,将决议不存在单独划出,未免过于学究。

"四分法"较之"三分法"更加贯彻民法上的法律行为理论,其认为无论是二分还是三分都不能完全涵盖股东会决议的效力类型,应将法律行为理论完全适用于公司法的股东会决议效力类型中,分为成立与不成立、生效与未生效、可撤销与不可撤销以及有效和无效等四对范畴。[12] 然而,股东会决议不同于一般意义上的民事法律行为,其以资本多数决为表决原则,严格遵循法律规定的议事规则,蕴含着程序正义与实质正义,一味地将民法上的理论套用在股东会决议瑕疵制度上,只会适得其反。

综上所述,"二分法"分类明了却不能有效保护当事人权益,"三分法"及"四分法"规定详尽,却过于学究,忽略了商法的特征,下文将以股东会决议的性质为基础,研究股东会决议瑕疵的划分标准,分析不同股东会决议瑕疵类型适用的具体情形,既能够有效保护当事人权益又能符合实际,体现商法独特价值。

二、股东会决议的理论基础

(一)股东会决议的性质

目前对于股东会决议的性质认定没有立法规定或是通说,学界对此也提出了很多观点,主要有"意思表示形成说""法律行为说"。

首先,股东会决议不是意思表示形成。"意思表示形成说"强调股东会是公司内部机构,股东会决议是公司形成的内部意思,其只是公司实施外部行为的根据,对外并没有约束力,当该意思表示送达时,法律行为才成立。[13] 然而,该种学说存在以下两点漏洞,使得其难以自圆其说:其一,"意思形成说"忽略了股东作为独立的民事主体为意思表示的事实。股东会决议是各个股东通过自己意思表示所形成的决议,该决议对各个股东有约束力,而"意思形成说"忽略了股东会决议行为和表决人决议行为的区别。其二,如上所说,"意思形成说"难以解释股东会对内效力的来源,意思表示只是个人意思的自由表达,只有当该法律

---

〔9〕 钱玉林:《股东大会决议瑕疵研究》,法律出版社2005年版,第275页。

〔10〕 参见钱玉林:《论可撤销的股东大会决议》,载《法学》2006年第11期。

〔11〕 石纪虎:《股东大会制度法理研究》,知识产权出版社2011年版,第259页。

〔12〕 参见张旭荣:《法律行为视角下公司会议决议效力形态分析》,载《比较法研究》2013年第6期。

〔13〕 赞同"意思形成说"的学者有李哲松、陈醇等,具体参见[韩]李哲松:《韩国公司法》,吴日焕译,中国政法大学出版社2000年版,第383页;陈醇:《意思形成与意思表示的区别:决议的独立性初探》,载《比较法研究》2008年第6期。

行为成立生效后才会对相关主体产生法律效力,股东会决议对全体股东具有约束力,这并不是单单意思表示能够产生的。

其次,股东会决议不是一般意义上的法律行为。大部分学者赞同股东会决议行为属于法律行为,其认为公司属于团体法人,股东会决议往往也属于社团决议,股东参加股东会决议,对会议议案进行投票表决,并且该种行为对股东产生效力,应认定为法律行为。[14] 在本文第一章第二节对"三分法"进行辨析时,就曾经论述过股东会决议和法律行为的区别。法律行为基于当事人合意,而股东会决议按照多数决决定公司事务,两者存在本质的区别,将两者视同的观点不甚妥当。立法者应该充分发现股东会决议的特征,对决议行为进行恰当的规定。[15] 但是目前由于这部分制度的缺失,股东会决议可参照法律行为的理论,但是在具体制度构建方面应彰显自己的特色。

最后,股东会决议应是符合商法特征的特殊法律行为。如上所述,将股东会决议与法律行为等同,以民事法律行为理论进行类推适用,确实能够弥补立法在股东会决议方面的理论缺失,但是不能因此将股东会决议和民事法律行为一概而论,忽略了其内在的特殊性。股东会决议由公司法规定,其属于商法的体系范围,故相关制度的构建不应只依据民法法理及体系,而应站在商法的角度看待股东会决议的性质以及更深层次的股东会决议瑕疵制度构建。商法不同于民法,民法注重平等、公平,保障的是人格权,是最朴素的价值观,但是商法紧跟经济发展的步伐,更加注重鼓励交易,保证商事交易安全,提高商事交易效率,故商法体系下的股东会决议行为较之民事法律行为应该更多地从商事交易的角度出发。目前由于立法上缺失对决议行为的认定,股东会决议应在参照法律行为理论的基础上更加倾向于商法的价值,是符合商法特征的法律行为。

(二)股东会决议的效力

1. 内部效力

股东会决议以股东的意思表示为基础,经出席股东会,持有多数表决权的股东意思表示达成一致所形成。对于那些与股东会决议持一致意思表示的股东而言,该决议符合其内心的真实意愿,当然应该受决议约束,这是私法自治的应有之义;对于那些异议股东而言,股东在对公司投资时,就应该了解公司法及公司章程关于股东会决议的规定,参与表决行为本身已经表明其愿意依照规定遵循已生效的股东会决议;对于那些没有出席的股东,公司发布会议通知等一系列文件,告知其有权利参会,其基于自身考虑不参会,即视为放弃表决权,默认认可股东会决议的结果,当然应该受股东会决议的约束。

2. 外部效力

公司并非自然人,其作为一般民事主体与第三人进行交易时,需要通过法定代表人或授权人才能实施该种法律行为。如果公司没有对外实施法律行为,则股东会决议只是公司内部意思表示,不会对第三人产生效力。[16] 若股东会决议瑕疵使得股东会决议无效或撤销,

---

〔14〕 赞同"法律行为说"的学者有石纪虎、柯芳枝、钱玉林、王雷、李建伟等,具体参见石纪虎:《关于股东大会决议效力的探讨》,载《政治与法律》2009 年第 5 期;柯芳枝:《公司法论》,中国政法大学出版社 2004 年版,第 239 页;钱玉林:《"资本多数决"与瑕疵股东大会决议的效力——从计算法则的视角观察》,载《中国法学》2004 年第 6 期;王雷:《股东会决议行为瑕疵制度的解释与完善》,载《清华法学》2016 年第 5 期;李建伟:《论股东会决议可撤销的适用事由——基于司法适用立场的立法解释》,载《浙江社会科学》2009 年第 8 期。

〔15〕 参见叶林:《股东会会议决议形成制度》,载《法学杂志》2011 年第 10 期。

〔16〕 参见叶林:《股东会会议决议形成制度》,载《法学杂志》2011 年第 10 期。

其后果将导致公司内部意思归于无效,并不是否认基于该决议而对外行为的效力,故应按照民法上善意第三人等制度,对第三人进行保护。所以,有学者提出,在对待以瑕疵决议为基础的对外行为时,应该尊重已经发生的事实,承认该行为对善意第三人的法律效力。[17] 也有学者指出,股东会决议瑕疵之诉的判决应该对善意第三人没有溯及力,由此对公司及股东造成的损失应该由有过错的董事承担。[18]

有些股东会决议通过的事项需要前往登记机关办理变更登记,此时登记申请人只要按照登记机构的要求递交登记材料,登记机关作为政府服务机构有义务为公司办理登记变更手续,无正当理由不得拒绝办理登记,从这个角度而言,股东会决议对登记机关具有法律效力。

3. 推定有效

推定有效是私法行为的基本原理,即无法定程序推翻,私法行为均有效。[19] 《公司法司法解释四征求意见稿》第1条规定,相关主体可以提起请求确认决议有效之诉。这样规定是因为实践操作中,公司凭股东会决议去登记机构办理工商设立或变更登记时,存在登记机构认为该决议效力存在瑕疵不予办理的情形。

但是笔者认为,造成这类问题的原因不在于股东会决议瑕疵制度未规定完备,而在于登记机构未明确自身职责定位。登记机构作为政府服务机构,对递交上来的材料做形式审查,只要材料齐全合法合规,就应该办理登记,而不应将审核义务转由法院承担。此外,此类诉讼存在不确定性,将成为当事人利用该规则获取利益的手段,存在滥诉的风险,导致司法资源的浪费。[20] 故应该先推定股东会决议有效,若对决议效力有异议,利害关系人可以提起无效或者可撤销之诉,此时才轮到司法介入,作出无效或者可撤销的判断。

三、股东会决议瑕疵类型的分类标准

我国《公司法司法解释四征求意见稿》将股东会决议瑕疵分为四种类型,即决议不存在、未形成有效决议、决议无效以及决议可撤销。尽管该种分类十分详尽,但过于学究、形式化,其并未真正了解股东会决议出现瑕疵的根本原因,需要对股东会决议瑕疵类型重新划分,建立新的划分标准。

(一)无须另立未形成有效决议和决议不存在

《公司法司法解释四征求意见稿》较之《公司法》,增加了两种决议瑕疵类型,即决议不存在和未形成有效决议。

针对征求意见稿中规定的未形成有效决议的情形,并没有单独拎出,将其作为一个独立的股东会决议瑕疵类型的价值。[21] 首先,其规定的前三种情形本身就属于程序瑕疵,按照现行公司法可以归入决议可撤销的部分。其次,针对决议内容越权这一情形,股东会的职权范围部分由公司法规定,部分由公司章程规定,决议内容越权实质就是决议内容违反公司法或者公司章程。最后,《公司法司法解释四征求意见稿》中对于未形成有效决议和决议无效

---

〔17〕 参见钱玉林:《股东大会决议瑕疵的救济》,载《现代法学》2005年第3期。

〔18〕 参见李建伟:《公司决议效力瑕疵类型及其救济体系再构建——以股东大会决议可撤销为中心》,载王保树主编:《商事法论集》(总第15卷),法律出版社2009年版。

〔19〕 参见李志刚:《公司股东大会决议问题研究——团体法的视角》,中国法制出版社2012年版,第217页。

〔20〕 参见俞巍:《股东请求确认股东会有效的诉讼不宜受理》,载《法学》2008年第9期。

〔21〕 参见王雷:《股东会决议行为瑕疵制度的解释与完善》,载《清华法学》2016年第5期。但是,王雷认为应将决议不存在和未形成有效决议全部归于决议不存在。

两种股东会决议瑕疵两种形式的救济方式并没有任何差别，原告范围一致，法律后果一致。

是否将“决议不存在”确定为独立的股东会决议瑕疵类型，一直是“二分法”和“三分法”的争议焦点，在上文中也提到过“二分法”和“三分法”之争实质上就是对于决议存在严重程序瑕疵的情形如何进行有效救济的问题。如果依照我国程序瑕疵归于决议可撤销的规定，则将造成该种情形下当事人救济途径缺失，但是若严格按照法律行为理论，将其独立列出，却又过于学究。

首先，股东会决议一旦生成就应该推定其有效，无须起诉法院要求确认决议有效。决议不存在是十分极端的情形，在现实中，如果当事人要求起诉股东会决议不存在，肯定已经有一份虚假的股东会决议存在，否则该决议如何对他具有约束力，从而损害其利益？〔22〕其次，法律行为的成立与生效虽然可以在理论上进行逻辑划分，但在实践中，两者多数时候是同时进行的，难以将两者分开。例如，关于伪造合同的纠纷，司法实践中很少认定为合同不存在，一般均认定该合同无效。〔23〕民事法律行为尚且如此，带有商法色彩的股东会决议行为更应该从方便交易、提高效率的角度出发，对于已经存在股东会决议，从行为结果上评价其效力，将其分为决议可撤销和决议无效两种类型。最后，从救济手段上看，根据《公司法司法解释四征求意见稿》的规定，决议不存在与决议无效的救济手段相同，原告范围也相同。实质上，征求意见稿将股东会决议瑕疵划分为四类，但是只构建了两种救济方式：一种为可撤销之诉，限制原告范围，规定除斥期间；另一种则将其余三种情形均归于同一救济方式，原告范围相对扩大，且没有除斥期间的限制。故将决议不存在单独设立并无现实意义。

（二）以股东会决议存在为划分股东会决议瑕疵类型的前提

公司法属于商法的范畴，公司作为商主体，其决议行为应彰显商法独有价值。商法遵循“三原则”，即维护市场正常运行原则、提高商事交易效益原则、保障商事交易安全原则。〔24〕“二分法”中采用股东会决议推定有效主义，这一前提恰恰遵循商法基本原则，能够满足商法追求交易效率，保障交易安全的特征。推定有效即无法定程序推翻，私法行为均有效。若一项决议已经存在就应该先推定其有效，若对决议效力有异议，利害关系人可以提起无效或者可撤销之诉，此时才轮到司法介入，作出无效或者可撤销的判断。若在第三人与商主体进行交易或者登记机关进行登记时，还需实质审核决议各个环节是否真实有效，将增加交易成本与风险。应将公司决议存在作为划分公司决议瑕疵类型的前提，在已存在的公司决议基础上进行效力判断，将公司决议效力瑕疵类型分为无效和可撤销，这样不仅能够提高交易效率还能降低司法审判成本。〔25〕

（三）以平衡程序正义与实质正义为划分原则区分决议无效与决议可撤销

在理论上，股东会属于全体股东组成的意思表示机构，每个股东均对公司事项享有表决权，且应满足全体股东的意愿。但是实际操作中，每个股东都有不同的偏好，对于公司利益有不同的预期，若要满足全体股东的意愿，等同于每个股东享有一票否决权，这将会提高股东会决议的时间成本，并易于被利用，将其作为损害公司或者股东利益的工具。约翰·亚当

---

〔22〕参见俞巍：《股东请求确认股东会有效的诉讼不宜受理》，载《法学》2008 年第 9 期。

〔23〕参见武钦殿：《合同效力的研究与确认》，吉林人民出版社 2001 年版，第 320 页。

〔24〕顾功耘：《商法教程》，上海人民出版社、北京大学出版社 2011 年版，第 20 ~ 24 页。

〔25〕参见步兵、孟星宇：《股东会决议不存在探析——以〈公司法〉第 22 条为中心》，载《东南大学学报》（哲学社会科学版）第 16 卷第 2 期。

斯提出:“由于全体一致性是不可能的,并且共同的意见总是意味着多数人的赞同,因此不言而喻,少数人受到多数人的支配。”〔26〕我国的股东会决议采用资本多数决原则审议通过股东会议案,推定资本占多数的股东代表大多数人的利益,能够更好地作出决策。然而,资本多数决存在天生缺陷,这些缺陷将损害资本多数决下股东会决议的实质正义,如何对资本多数决原则进行有效补正呢?美国罗伯特将军曾提到,多数作决定,但应听取少数人的意见并且保障未出席成员的利益。〔27〕有学者明确指出:“程序是分析股东大会决议效力问题的核心,决议的公平、公正和效率,也要靠股东大会的程序性规范来保障。”〔28〕故在资本多数决的表决方式下,股东会决议的程序正义尤为重要,其保证公司全体股东平等地参与股东会决议的权利,大大增强了股东会决议实现实质正义的可能性,使得程序正义和实质正义在遵循资本多数决原则的基础上得到平衡。

我国立法缺乏对于股东程序性权利的保护,〔29〕一直只注重股东表决权的行使及决议内容的合法性,忽略了股东会决议议事规则及相关程序的重要性。资本多数决原则本质上便倾向于保护股东的表决权等实体正义,然而影响决议结果的并不仅仅只有表决权的行使,还包括规则及程序的运作,故立法也应对程序正义进行保障。如果股东的权利只有表决权,那么对于资本占少数的一方,即使拥有表决权,对于表决结果也起不到任何影响,股东会仍旧是大股东随心所欲的工具。唯有从程序上着手,遵循规范的召集程序和议事表决规则,才能实现程序正义,保护股东权益。在对股东会决议瑕疵类型进行划分时,应该以平衡程序正义和实质正义为原则,将程序瑕疵和内容瑕疵放在同一位置考量,依照同一标准进行分类。

(四)以瑕疵严重程度为划分标准区分决议无效与决议可撤销

如前所述,关于股东会决议瑕疵的类型划分,应该以股东会决议存在为前提将瑕疵类型分为决议无效和决议可撤销两类。但与我国《公司法》第22条所规定的情形不同,应该以平衡程序正义与实质正义为划分原则重新划分决议无效与决议可撤销适用的具体事由,将股东会决议的程序和内容放在同一位置考量,适用同一标准进行划分。

作为“二分法”的开山鼻祖,德国的股东会决议瑕疵制度经过不断的发展,已十分完善,值得我国借鉴。德国立法按照股东会决议瑕疵的严重程度进行分类,以可撤销为原则,无效为例外,对于无效事由明确列举,防止司法过度干预公司自治。德国此种立法模式蕴含的是对瑕疵严重程度,特别是对其所侵害利益的实质判断和救济。〔30〕因为股东会决议无效和股东会决议可撤销两者所反映的价值理念和立法精神不同,股东会决议无效制度的立法目的在于保障交易安全,侧重安全价值,而股东会决议可撤销制度的立法目的在于维护当事人意思自治,侧重效率价值。股东会决议无效制度由法律直接对该种瑕疵情形作出否定性评价,与当事人自身意志无关,对于原告范围及时限等较为宽松,而股东会决议的可撤销制度则给予受到损害的一方当事人补救的机会,但是要求当事人积极行使自己的权利,规定了除斥期间。只有股东会决议瑕疵严重才能适用股东会决议无效制度,一般瑕疵只适用决议可撤销

〔26〕[美]丹尼斯·C.缪勒:《公共选择理论》,中国社会科学出版社1999年版,第73页。

〔27〕[美]亨利·罗伯特:《罗伯特议事规则》,袁天鹏、孙涤译,格致出版社2015年版,第589页。

〔28〕李志刚:《公司股东大会决议问题研究——团体法的视角》,中国法制出版社2012年版,第122页。

〔29〕我国《公司法》第22条规定,默认程序瑕疵对相关当事人造成损害的严重程度低于内容违法,一律按照内容和程序的外观标准进行划分,将程序瑕疵归于可撤销,内容违法归于无效,忽略的程序正义的重要性,将导致当事人利益得不到有效保障。

〔30〕参见丁勇:《德国股东会决议瑕疵诉讼的发展及启示》,载《中德法学论坛》第12辑。

制度。

四、结语

民法和商法在发展的过程中相互交织,却又各有其独立价值。民法所建立的伦理规则使商业行为从野蛮生长走向有序竞争,商法保护营利、注重创新的经济规则响应时代召唤,促进商业行为自由发展。股东会决议瑕疵的类型划分作为商法范畴下小小的一部分,将两者之间的纠葛展现得淋漓尽致。由于缺失商事行为理论,目前股东会决议行为只能参照民事法律行为的法理逻辑,但是股东会决议行为并不等同于民事法律行为,其带有商法鼓励交易,保证商事交易安全,提高商事交易效率的价值,是具有商法特色的法律行为,一丝不苟地遵循民事法律行为的逻辑将决议瑕疵"四分"或"三分"有失偏颇,"两分"足矣。而资本多数决原则下的股东会决议需要立法更加注重对于股东程序性权的保护,对于整个股东会形成机制及规则的保障,将程序瑕疵和内容瑕疵放在同一位置考量,依照同一标准进行分类。故股东会决议瑕疵的类型划分应该采取"二分法",以股东会决议存在为划分前提,以平衡程序正义与实质正义为划分原则,依据股东会决议瑕疵的严重程度将其重新划分为决议无效与决议可撤销,无须另立决议不存在和未形成有效决议。

【导师点评】

该文紧跟我国立法动态,通过对《公司法》、公司法司法解释及征求意见稿中相关规定逐条分析,考察我国股东会决议瑕疵的类型划分及对应救济方式,并且结合了域外立法例及学界观点,全面收集了与题目相关的资料,结构完整,层次清楚,条理分明,语言通流畅。基于前期详实的规范分析,作者从商法独有的价值取向出发,提出应该重视股东会决议中的程序正义,以严重程度而非瑕疵对象为划分标准进行重新分类,提出在理论层面,应重视股东会决议中的程序正义,完善完善股东会决议理论;在实践层面,应使司法适用更加明晰,以提供有效救济,并且为以后修法进行铺垫。然而,该文系对现有制度进行重新分类,在制度构建方面仍存在逻辑不够严谨之处。

(指导教师:顾功耘)

上市公司章程反收购条款的合法性判断

时　昊*

上市公司设置反收购条款的目的在于防范公司被恶意收购，判断反收购条款合法性的关键在于公司章程自治的限度，以及与法律的强制性规定不一致时效力的判断。应当明确的是，我们所希望达到的上市公司治理效果，并不是要让所有上市公司都穿上监管层分发的"校服"，而是只要穿上得体、舒适、更重要的是合身的服装，在保持仪容仪表整洁的基础上，体现出各自的特性。因此，本文将结合上市公司自身的特点（如股权结构、盈利水平等）来具体分析当前上市公司章程反收购条款（以下简称反收购条款）的合法性。本文的论证逻辑为：详述反收购条款的监管实践及现有研究；探讨目前实践和理论中反收购条款的研究困境，提出本文的判断原则；具体分析反收购条款的合法性；提出符合我国实际的设置建议。

一、反收购条款的监管实践及现有研究

（一）反收购条款的监管实践

1. 爱使章程"不规范"

我国出现最早的反收购条款合法性争议案例是爱使章程。1998年，大港油田通过其下属三个关联企业通过二级市场收购爱使股份。在收购方大港油田意图控制爱使股份时，却因爱使股份章程中相关反收购条款而阻却了其入主爱使股份。其章程第67条规定，单独或者合并持有公司有表决权股份总数10%以上、持有时间半年以上的股东有权推派代表进入董事会和监事会。对照当时的相关规定，1993年《公司法》没有明文规定股东提案权；1997年《上市公司章程指引》（以下简称《章程指引》）规定，持股5%以上的股东即有权提出新的提案。

为此，双方产生较大争议，掀开了理论界和实务界的大讨论。最终，由中国证监会发函认定反收购条款"不规范"，并且以双方妥协而告终。然而，对于反收购条款是否合法这一问题，包括中国证监会在内的监管层至今未能作出认定，因此也就造成了近二十年来对此问题都没有一致的观点。

2. 2016年反收购条款监管实践

自爱使章程之争后，上市公司章程中仍经常出现反收购条款。时过境迁，反收购条款合法性判断的问题因宝万之争唤醒了实务界和理论界对此的集体思考。在实践中，上市公司希冀通过设置反收购条款防止控制权被迫转移的情况越发普遍。

2016年沪深证券交易所针对上市公司通过修改章程设置反收购条款而出具监管函23封，涉及21家上市公司。其中，上交所出具监管函6封；深交所出具监管函17封，包括主板

---

* 时昊，华东政法大学2017届法律专业硕士研究生。

市场8封，中小板市场7封，创业板市场2封[1]（见表1）。同时，据报道超过600家上市公司已有类似反收购条款。[2]

表1 沪深交易所出具监管函数量

<table>
<tr><td colspan="2">出具单位</td><td colspan="2">出具监管函数量（封）</td></tr>
<tr><td colspan="2">上海证券交易所</td><td colspan="2">6</td></tr>
<tr><td rowspan="3">深圳证券交易所</td><td>主板</td><td rowspan="3">17</td><td>8</td></tr>
<tr><td>中小板</td><td>7</td></tr>
<tr><td>创业板</td><td>2</td></tr>
</table>

（二）反收购条款的现有研究

目前，市场上常见的反收购条款主要有八类：恶意收购定义条；提高持股披露义务条款；反收购措施条款；降落伞条款；限制股东召集权、提案权和提名权条款；限制更换董事数量条款；限制董事资格条款；绝对多数条款。[3] 限于篇幅，本文只详细介绍下述三类条款。这三类条款是最为核心，也是最为复杂的限制股东权利的条款，是讨论反收购条款合法性问题无法避免的问题。

首先，应当明确收购的善恶之分。理论界严格区分“恶意收购”和“敌意收购”，认为前者是指公司管理层拒绝与收购者合作，对收购持反对或抗拒态度的收购；[4]后者指收购者意在收购完成后将公司资产变卖从而获得高额利润的收购行为。[5] 但实务界对两者概念多不加区分。在给出明确定义的情况下，实无区分两者的必要，故本文不区分两者概念。

其次，关于提高持股披露义务条款，是指将《证券法》规定的5%持股信息披露义务降低至3%（或其他特定比例），从而增加恶意收购者收购的成本。上市公司通常将该比例降低至3%的重要原因还在于，股东持股达3%即有权提出股东议案。因此，通过章程降低该持股比例，以便于向目标公司“报警”。该类条款在我国出现的时间较晚，目前相关研究较少。

再次，关于降落伞条款，是指章程规定公司被恶意收购时，若管理层（如董监高、特定职员等）被辞职，则公司需支付巨额的经济补偿金。该条款因存在不正当保障董事和高管利益，阻碍合理收购行为之嫌，故对其合法性尚存争议。反对观点认为不合法。[6] 降落伞条款设定初衷是为了保障董事和高管的利益，与《上市公司收购管理办法》（以下简称《收购办法》）规定的反收购不得侵犯目标公司和其他股东的合法权益不符，也与《证券法》鼓励并购

---

〔1〕 数据为笔者统计所得。

〔2〕 参见华生：《怎样建设一个强大的资本市场——我为什么不赞成大股东意见》，载 http://blog.caijing.com.cn/expert_article-151314-92847.shtml，最后访问时间：2017年3月8日。

〔3〕 参见时昊：《上市公司章程反收购条款的合法性研究》，华东政法大学2017年硕士学位论文。

〔4〕 参见周友苏主编：《新证券法论》，法律出版社2007年版，第301页；刘俊海：《现代公司法》，法律出版社2015年版，第737页；王军：《中国公司法》，高等教育出版社2015年版，第424页；郑云瑞：《公司法学》，北京大学出版社2016年版，第429页；汤欣、徐志展：《反收购措施的合法性检验》，载《清华法学》2008年第6期。

〔5〕 参见周友苏主编：《新证券法论》，法律出版社2007年版，第301页。

〔6〕 参见张敏聪：《全流通环境下的反收购策略》，载《资本市场》2006年第10期；钟洪明：《上市公司反收购中的章程应用及法律规制》，载《证券市场导报》2007年第5期；汤欣、徐志展：《反收购措施的合法性检验》，载《清华法学》2008年第6期。

的立法精神不符。同时,触发该条款将使公司支付巨额补偿金,促使管理层以牺牲股东利益为代价掘壕自保,[7]易导致管理者自我交易。支持观点的人认为,该条款是公司自治事项,只要法定机构决议通过,即使补偿金较高,也应认可其合法性。[8] 同时,该条款可以防止管理层“狗急跳墙”,与恶意收购者“玉石俱焚”,损害公司利益。[9] 该条款通常在理论上被证明为正当,而真正的问题是如何将解雇费限制在合理的额度之内。[10]

最后,关于限制股东召集权、提案权和提名权条款,其核心在于限制股东的提名权。通常,股东提名管理层是通过行使提案权的方式实现的,[11]其前提条件是拥有召集股东大会的权利。目前,普遍认为章程限制股东提名权的条款是不合法条款。[12] 股东提名董事的权利是选择管理者的权利,属于股东的固有权利,[13]如受到限制则属无效。具体而言,在法律没有对股东提案权的持股期限和持股比例做出任何自治性授权的情况下,如果章程提高持股比例(如提高至10%)和持股期限(如要求持股270日以上)来阻止收购行为,则侵害了股东提名权,即只要股东持股3%以上,均有权提出包括董事候选人在内的提案,而无需审查持股期限。[14] 亦有少数观点认为,该条款合法。[15] 提高股东提案的持股期限和持股比例,虽然剥夺了某些股东的提案权,但并未剥夺其选举权,并未违反公司法赋予股东选择管理者的权利。同时,所有投资者都可以通过法定途径查阅上市公司章程,知悉其内容,故其不能获得公司控制权的结果应由其自己承担。此外,因提名董事的权利与公司控制权关系紧密,其重要性明显高于一般股东提案,故建议立法另行增设股东提名董事的具体规则。[16]

从以上对反收购条款合法性的判断可以看出,目前对于公司章程反收购条款的合法性判断模糊不清,似乎从正反两方面都可以说得通的情况应当加以改变,因此应当通过立法[17]或司法加以明确。[18]

---

〔7〕 参见汤欣、徐志展:《反收购措施的合法性检验》,载《清华法学》2008年第6期。

〔8〕 参见伍坚:《黄金降落伞之问题研究》,载《河北法学》2011年第5期。

〔9〕 See William J Camey, Mergers and Acquisitions, Foundation Press(2000), pp. 121 – 125. 转引自汤欣、徐志展:《反收购措施的合法性检验》,载《清华法学》2008年第6期。

〔10〕 傅穹:《敌意收购的法律立场》,载《中国法学》2017年第3期。

〔11〕 《章程指引》(2016年修订)第82条第1款规定:“董事、监事候选人名单以提案的方式提请股东大会表决。”

〔12〕 参见吕红兵、徐晨:《大港油田收购爱使股份的操作实录与法理探析》,载《中国律师》1999年第6期;任自力:《中国证券市场违规要案点评》,法律出版社2002年版,第246页;钟洪明:《上市公司反收购中的章程应用及法律规制》,载《证券市场导报》2007年第5期;王建文、范健:《论我国反收购条款的规制限度》,载《河北法学》2007年第7期;张舫:《上市公司章程中董事选任条款的有效性分析》,载《法学》2009年第1期。刘俊海教授认为,“持股10%以上”的规定侵害了中小股东的权利,而“持股半年”和“不含代理权”的规定,则侵害了所有股东的权利,参见刘俊海:《现代公司法》,法律出版社2015年版,第740~741页。

〔13〕 固有权是指由公司法直接规定的,不得以公司章程或其他形式予以取消和限制的权利。参见周友苏:《新公司法论》,法律出版社2006年版,第233页。

〔14〕 参见汤欣、徐志展:《反收购措施的合法性检验》,载《清华法学》2008年第6期。

〔15〕 参见蒋大兴:《公司法的展开与评判——方法·判例·制度》,法律出版社2001年版,第315页。

〔16〕 伍坚:《论上市公司章程中反收购条款的法律效力》,载临风主编:《创新发展时期的法制探索》,法律出版社2016年版。

〔17〕 此处的立法,包括规章等规范性文件。

〔18〕 鉴于执行的依据在于法律的规定;对于执法效力的最终决断在于司法,因此,执法不是解决这一问题的有效途径。

二、反收购条款的研究困境和判断原则

(一)研究困境

1. 实践层面:两市存量反收购条款的合法性难以判断

包括公司法在内的法律具有不完备性[19]是共识。由于不同公司所处的环境,自身利益的追求以及经营方向的选择都有不同,因此,不可能希冀公司法面面俱到,公司法的不完备性是必然的。综观被监管的21家上市公司章程及对交易所的回复,其之所以试图新增反收购条款的原因在于公司法及其他法律法规均未对能否设置反收购条款及其合法性作出明确的规定,因此,认为基于公司自治的原则,公司设置反收购条款当属合法。换句话讲,正因为《公司法》的不完备性赋予了反收购条款存在的土壤。

目前,沪深证券交易所三千多家上市公司章程中存在的反收购条款数量庞大。在监管层没有明确反收购条款合法性的态度之前,如此数量的反收购条款究竟是否合法,其实处于悬而未决的困境,理论界对此也没有完全统一的观点来引导实践中反收购条款的设置。这就导致了上市公司无所适从的实践困境。在立法层面,无论是《收购办法》还是《章程指引》都没有提供一个减少合法性判断的示范文本。[20] 仅从交易所的态度来探析反收购条款的合法性问题,缺乏相应的法律依据。同时,目前监管层也没有明确的监管态度。

2. 理论层面:传统反收购条款合法性判断存在误区——未结合公司实际

综观现有对反收购条款合法性的讨论,仍站在整体的视角来讨论所有的上市公司情况。在讨论特定的反收购条款时,均“一刀切”式地从公司结构性规则的角度判断特定反收购条款的合法性问题,从而将讨论矛头指向反收购条款是否违反公司法强制性规定的问题,并借此讨论公司自治与法律强制性规定的范畴的问题。国内具有代表性的观点认为,上市公司作为公众公司,其分配性规则和一般的结构性规则,应当以赋权性和补充性为主,而核心的结构性规则和信义规则则以强制性为主。[21] 当然,也有观点认为,只要法律法规没有明确规定,公司章程就可以基于公司自治的原则自由设立反收购条款。

传统的判断思路“一刀切”式地认定反收购条款合法还是不合法,未能结合商事主体自身的特点,从而陷入了讨论反收购条款是否属于公司法强制性规定这样一种漫无边际,并且属于“仁者见仁智者见智”的利益衡量的“死循环”之中,无法得出结论。同时,基于相同的事由,不同的人可以得出截然相反的结论,致使合法性判断始终没有令人信服的结论,是被实践证明的研究误区。

(二)判断原则

1. 中立原则

恶意收购是否有助于提升上市公司治理,目前尚未形成统一的观点。从各国实践情况来看,恶意收购既可以提升公司治理,增加股东财富;也可能成为减损社会财富,摧毁上市公司的手段,因此立法应当对恶意收购保持中立。[22] 在立法上,我国《证券法》等法律制度倾向于鼓励上市公司收购活动的展开。[23] 这与我国立法设立之初,上市公司收购不活跃相

---

[19] 现实之中的任何法律都是不完备的。许成钢:《法律、执法与金融监管——介绍“法律的不完备性”理论》,载《经济社会体制比较》2001年第5期。

[20] 参见傅穹:《敌意收购的法律立场》,载《中国法学》2017年第3期。

[21] 罗培新:《公司法强制性于任意性边界之厘定:一个法理分析框架》,载《中国法学》2007年第4期。

[22] 傅穹:《敌意收购的法律立场》,载《中国法学》2017年第3期。

[23] 参见傅穹:《敌意收购的法律立场》,载《中国法学》2017年第3期。

关,立法者希冀通过立法相对宽松的态度,促使上市公司收购行为。但是,随着我国股权分置改革的顺利推进,股票进入了全流通的时代,已经具备了上市公司开展收购和反收购活动的基础;并且2015年下半年以来,由宝万之争所带动的上市公司收购活动此起彼伏,上市公司收购的市场基础已经建立,立法已经没有必要再对收购者施加额外的保护,而是应当以中立的原则对待收购者和反收购者。同时,合法性的判断也不能囿于两市现存的反收购条款。虽然两市目前存在大量的反收购条款,存在本身并不能证明其合法性。在监管层也没有明确监管态度以及法律没有明确授权的情况下,与《公司法》条款不一致的章程条款的效力何去何从,应由法院或仲裁机构予以(最终)确认。[24] 此外,监管层的问询并不意味着认可反收购条款的合法性。综合23封监管函的分析,监管函关注重点是上市公司修改公司章程的信息披露义务,而非合法性的审查,只要上市公司能够说明其增设反收购条款的合法性及合理性,就可以成功设置。

2. 商事行为法的判断原则

商法是组织法和行为法的结合。组织法解决的是商品交易的基础条件,需要强制性规定保证交易安全和交易秩序,是“准入门槛”的规定;行为法是为了适应千变万化的市场,最大限度地保证商事主体的意思自治,[25]从而保证交易的效率,体现的是“游戏规则”的规定。[26] 因此,商事组织法是通过严格的制度规定,保证商事主体的商事行为在制度的框架内进行;商事行为法是通过保障商事主体的意思自治,从而适应灵活多变的市场。

现代商法的本质是灵活性,这是分散主体决策,实现价值选择的需要。[27] 商事行为法正是实现商法这一本质特征的制度规范。上市公司作为现代市场经济中的商事主体的一类,其章程的修订属于商事行为法的范畴,应当体现商法灵活性的本质特征。

实践中的商事行为具有灵活性,上市公司的治理情况各有不同,对其章程中反收购条款的合法性判断应当结合立法精神、反收购条款设定的具体情况以及上市公司自身情况综合判断其合法性。从目前两市众多公司通过修改章程的方式新增反收购条款的情况来看,对反收购条款合法性的判断应当综合其股权结构、面临恶意收购时的抵御能力、大股东的持股情况、盈利水平和恶意收购对公司经营稳定性的影响等情况判断。其原因在于公司和证券法律制度作为商法的重要组成部分,需要适应市场经济的发展。在现实发生变化的情况下,“如果固守原有的商法规范,不仅不能促进经济生活的发展,反而导致商事交易受阻、市场秩序混乱”。[28]

3. “柔性条款”合法的原则

所谓柔性条款是指在公司章程中设置的反收购条款,其包含的内容有:(1)仅是公司为了满足自治的需要而增设的反收购条款,该类条款可能与《章程指引》不一致,但符合公司法和证券法的立法精神和立法理念;(2)仅是公司法或其他法律规范的重复或者进一步阐释的条款;(3)强化收购者信息披露义务的条款,该类条款可能与公司法的规定并不一致,并且涉及核心结构性规则,但是未限制股东权利,仅规定其加强信息披露义务,同时即使违

---

〔24〕 刘俊海:《现代公司法》,法律出版社2015年版,第142页。

〔25〕 因此,必然承认“协议就是法律”的原则。

〔26〕 参见徐学鹿:《论商法的基本特征》,载《法学杂志》1991年第3期;顾功耘主编:《商法教程》,北京大学出版社2006年版,第8页。

〔27〕 徐学鹿:《以科学发展观思考商法、民法的关系》,载《甘肃社会科学》2005年第4期。

〔28〕 顾功耘主编:《商法教程》,北京大学出版社2006年版,第8页。

反该等义务也仅对公司承担民事赔偿责任(同时有明确的计算标准),而不限制股东固有权利的条款。

笔者将该类条款定义为"柔性条款",这正是由于其特点所决定的。该类条款本身并无任何实质性的效力,并不违反法律的强制性规定,其最大的作用在于强化收购者的信息披露义务,体现为一种柔和的公司治理规则。基于公司自治的理念,在公司法规定之外,设置不具有实质性限制股东权利的柔性条款应当合法有效。因为该类条款并未限制股东权利,并且充分的信息披露行为有助于中小投资者保护其权益以及目标公司及其股东提前做好应对措施,提前展开磋商,完全有利于收购的进行,避免短期内对目标公司造成不必要的冲击,有利于对中小股东的保护。因此,该类条款当属合法。

三、反收购条款合法性的具体分析

(一)提高持股披露义务条款

所谓"台阶规则",是指任何人通过证券市场持有上市公司5%股份及其后每增减持5%股份都要向监管机构和公众履行信息披露义务,其目的是使包括公司管理层及股东在内的利益相关方及时了解收购者的持股情况,有效应对。然而,提高持股披露义务条款与台阶规则不同,其信息披露义务并非由法律规定,而是章程自治行为,履行信息披露义务的相对方为董事会,非监管层和社会公众。该类条款是一种新型的反收购条款,对此类条款的合法性判断应当考虑是否实质性地施加收购方强制性义务。

第一,单纯地提高持股披露义务条款当属合法。此类条款虽然降低了证券法规定的信息披露持股比例要求,增加了收购成本,但其成本明显低于维护上市公司治理稳定性的成本,也有利于管理层提前做好应对准备,有利于公司的持续稳定和对中小投资者的保护。当然,持股比例的降低标准也应当有所限制。参照实践做法,其比例设定在3%较为适宜:如果比例过低,则徒增收购成本,实属权利的滥用;股东只要持股达3%就可提出提案,故将披露比例降低至3%足以给目标公司"报警",无须再行降低比例。

第二,该条款下的强制性制裁措施则属不合法。部分强制性制裁措施,如通报期内,收购者不得再行买卖以及所持股份不享有表决权的规定,已经明显超出章程自治的范畴,系属在证券法的规定之外,强行增加收购者的法律责任,损害了收购者作为股东应该享有的权利。首先,证券市场是一个"法不禁止即可为"的公开流通市场,任何人都不得限制证券的买卖以及基于此而限制股东表决权。其次,证券法下5%持股信息披露义务的制裁措施是立法者平衡了收购者的收购利益和上市公司的稳定性后作出的规定。如果降低了这一比例并附加制裁措施,则是对现行证券法的规避,不正当增加收购者的责任,增加收购难度,不利于公司治理与对中小股东的保护。因此,在该条款下规定的任何强制性制裁措施都应当认定为不合法。

当然,如果在该条款下规定一些符合法律规定的,不涉及限制股东实体性权利的制裁措施,即所谓的柔性条款,[29]则应当认定为合法。如在章程中规定,收购者持股3%时未履行披露义务,则董事会及其他股东有权请求证监会等监管机关追究其法律责任。这本身是法律赋予私权利主体在任何情况下都享有的权利,因此章程进行提示的做法,当属合法行为。

综上所述,《证券法》所规定的5%的股东持股报告义务和处罚措施是在权衡各方利益

---

〔29〕 此处,柔性条款系指反收购条款的内容仅为收购者有信息披露义务,而不设置实质限制股东权利的条款(如不得买卖公司股票和限制表决权)。

的情况下规定的比例。如果上市公司随意降低该比例,则超越了章程自治的范畴,应当禁止;但上市公司仅降低5%的信息披露义务,则仍属章程自治的范畴,应当认定合法。

(二)"降落伞条款"

1. 原则本身合法

笔者认为,在一般情况下,关于"降落伞条款"会促使董事和高管向自己输送利益的推断缺乏事实依据,该类条款原则上当属合法。

首先,"降落伞条款"是目标公司在恶意收购的事前防御阶段所能采取的有效措施,能有效防范恶意收购者的入侵,维持目标公司的稳定。其设立初衷是阻却恶意收购者,使其明确知晓收购目标公司的难度和需要付出的代价,从而防止那些意图获取目标公司短期利益而非长期效益的收购者,有利于上市公司的稳定。

其次,"降落伞条款"是目标公司理性衡量后作出的决定,是公司的商业判断行为。判断该条款是否合理的依据在于目标公司在衡量恶意收购对公司经营造成的威胁以及公司为对抗恶意收购所能够付出的成本之后,确定是否有能力和有条件设置反收购条款,这完全属于目标公司的商业判断,不能因触发该条款后将导致目标公司付出巨额的补偿金,就认定该条款不合法,这不符合商业逻辑和惯例。试想,上市公司的资产数以十亿计,一旦被恶意收购,上述资产将面临流失的风险,而与此相比,所谓的巨额补偿金仅是冰川一角。两相权衡,公司设置降落伞条款是符合其经营目的的。因此,章程中规定反收购条款应当合法。

最后,域外立法也有类似的规定。美国对此的理论和实践都较为成熟,[30]公司有权对管理层设置反收购条款。[31] 在 International Ins. Co. v. Johns 案[32]中,法院对降落伞条款的司法审查标准进行了充分的论述。其认为,如果公司实施降落伞的目的是阻碍恶意收购,则需要采纳特拉华州法院所确立的审查标准,即1985年Unocal案[33]的标准。本案中,法院认为采用降落伞并非为了阻碍收购,故不采取优诺科标准来审核董事会决议。

2. 超出合理补偿范围的降落伞条款当属不合法

若降落伞条款规定的补偿数额较高,超出上市公司已有的能力,则无异于杀鸡取卵,置上市公司于死地,这并非理性(希望公司长远发发展的)和善意的股东所应有的行为。同时,也更能说明,此时的股东只是将公司作为一种谋取自身利益最大化的工具,意在挖空公司财富,保障自身利益。因此,过高的、超出合理范围的补偿数额应当认定为无效,其经济补偿的范围应当有一定限度,不能漫无边际,主要体现在涉及的人员范围和经济补偿金幅度方面。

一方面,能触发该条款的人员范围应当限于公司董监高以及其他对公司极为重要的人

---

[30] 根据《标准商事公司法》3.02(12)规定,任何公司可以为其部分或全部董事、经理及雇员支付年金并建立年金计划、年金信托、利润分享计划、股票奖励计划、股票期权计划以及其他的激励计划。

[31] 需要说明的是,国会却对降落伞条款作出了严格的限制条件。国会通过修订国内税收法规定,在降落伞的补偿总额达到受领人前五年平均应税所得的至少三倍时,公司在纳税时不得将超过的部分列为经营成本予以抵扣,且受领人将被课以20%的税收。

[32] International Ins. Co. v. Johns, 874 F. 2d 1447(11th Ci. 1989).

[33] Unocal Corpora - v. Mesa Petroleum Co.,该判例所确立的标准为:如果董事可以证明:(1)他们有合理由相信公司可能面临敌意收购且公司政策将因此受到威胁;(2)采取的防御策略与面临的威胁之间存在合理联系,商业判断原则就可以适用。

员，范围不宜过大。如果给公司绝大多数人员都设置恶意收购时的降落伞条款，实属权利的滥用，也不正当地阻碍了收购者的权利。另一方面，经济补偿金额应当适当。“降落伞条款”总计经济补偿金额应当在公司能够承受的合理范围，并且符合商业惯例。基于目前市场上设置降落伞的情况来看，不宜超过公司任职年限内税前薪酬总额的十倍，董事和高管还可以按照劳动合同的规定要求公司进行补偿。同时，目前成功设置降落伞条款的上市公司章程约定的经济补偿金额最高的为：解除每一位管理人员需要支付的补偿金额占上一年度归属于上市公司股东净利润 6.17%。[34] 其他的为：4.5%、4.2%、3.525%、3.25%、2.5%、1.138%。[35] 因此，综合来看，笔者认为，降落伞条款的经济补偿金额应当按照上一年度公司经营情况，平均解除每一位管理人员的补偿金额不得超过前三个会计年度平均归属于公司股东净利润的 3.5%。

综合目前设置降落伞条款的上市公司情况，还应当规定总计经济补偿的上限。监管层应当经过充分的调研和论证，合理设置降落伞条款的总计经济补偿上限。从而保障该条款不会被上市公司滥用，损害股东权益。

（三）限制股东召集权、提案权和提名权条款

该条款所限制的核心权利是股东的提名权。通过行使股东召集权和提案权，恶意收购者可以提案形式提名更换管理层，因此通过提高股东召集权和提案权所需的持股比例和增加持股时间可以限制股东提名权。

1. 提高股东持股比例当属不合法

首先，提高股东持股比例无端提高了公司法关于股东行使召集权和提案权的标准。根据公司法，连续 90 日以上持股 10% 以上的收购者即有权自行召集股东大会，提出提案提名董事会成员，撤换现任董事；持股 3% 至 10% 的收购者，也有权在股东大会提出更换董事会成员的提案。公司法并未赋予章程可以自行修改上述比例的权利，同时该规定涉及公司的结构性权利的分配，不得随意变更。[36] 这是立法者综合利益各方的权利后作出的比例规定，属于公司法的强制性规定，公司不得自行变更。其次，从立法精神上来看，股东召集权和提案权的持股比例设置是为了赋予小股东享有董事会成员的选任权和罢免权，从而将股东选择管理者的权利落到实处。如果提高法定持股比例的要求，将限制小股东提出自己候选人的权利。最后，公司法设置的股东持股比例要求是经过慎重考虑的。如果从鼓励股东积极参与公司治理以及便于股东行使选择管理者权利的角度，该比例越低越好；但是，如果该比例过低，又将导致股东滥用提案权。因此，立法者在平衡便于股东提出提案和防止股东权利滥用后，设定的比例，属于法律的强制性规定。因此，提高股东持股比例违反了公司法的强制性规定，当属不合法。

2. 提高或增加持股时间的合法性应结合公司的股权结构判断

对于提高股东召集权的持股时间及增加股东提案权的持股时间的要求的合法性，应当结合上市公司自身的股权结构，分情况进行判断。一方面，对于股权分散的上市公司，应当允许其提高或增加持股时间。该类上市公司的股权结构极不稳定，控股股东极易发生变更，

---

〔34〕 建研集团(10)。

〔35〕 良信电器(108)、世联行(97)、佰利联(111、139)、福星股份(10)、世联行(109)、金洲管道(10)。

〔36〕 参见[美]M. V. 爱森伯格：《公司法的结构》，陈开平译，载王保树主编：《商事法论集》(第 3 卷)，法律出版社 1999 年版，第 391 页。

易造成公司经营的不稳定性以及恶意收购者攫取公司短期利益的风险,也易引发公司股价的剧烈波动,不利于公司长远发展以及对中小投资者的保护。因此,通过提高股东召集权的持股时间和增加股东提案权的持股时间,可以鼓励投资者长期投资,让真正有意愿改善公司经营的股东持股。但设置的持股时间也不宜过长,否则会增加收购成本。综合目前两市修订情况,笔者认为,提高股东召集权的持股时间和增加股东提案权的持股时间不宜超过270天。另一方面,对股权非常集中的上市公司,不宜提高股东召集权的持股时间和增加股东提案权的持股时间。该类公司大股东已完全控制公司,如果再施以持股时间的条件,将导致收购完全不具可能,也将进一步引发大股东滥用权利和内部人控制的现象。因此,该种限制当属不合法。

3. 特殊事项提案条款原则上当属合法

该条款是指公司被恶意收购时,收购者向股东大会提出相关议案时,提交的资料不完整的,股东大会召集人可以要求提案人2日内完善后重新提出。其不合法的风险在于召集人收到股东提案后及时通知义务的履行。上市公司股东的情况各有差异,其提案质量的高低、表述方式的准确性以及提案的完整性都影响着股东大会的召开情况,直接影响到广大股东对提案的可理解性。出于这样的目的,董事会对提案的相关表述进行审核是其作为股东大会召集人的义务。这种条款当属合法,这是在法律授权的范围内,董事会为履行其职责所做的规定。审核提案信息的完整性和可理解性也是董事会作为一般情况下股东大会的召集人应当履行的职责,属于法律规定下的履职情况的体现,属于柔性条款。但是,附加过期不再受理的特殊提案条款当属不合法。如果在该条款中规定董事会过期不再受理相同提案,则属不合法。股东提案权是股东参与公司经营管理的权利,如前所述属于固有权利,在无法律规定的情况下,通过章程剥夺,系属权利的滥用,当属不合法。

综上,在上市公司章程中限制股东提名权的相关条款的合法性判断已经非常复杂,需要借助目标公司的股权结构和对股东权利的实质性限制程度等情况综合判断。

四、反收购条款合法性判断的建议与展望

(一)现行制度上的建议

从上述分析可以看出,反收购条款的合法性判断已经非常复杂,不能以“一刀切”的标准来认定,而应当引入商事行为法的视角进行灵活判断,应当结合自身的特点,分类进行予以分析和认定。

一方面,在未出台相关法律法规之前,对于反收购条款的监管仍应以信息披露为主,监管层不应当进行实质性的审查。同时,应当强化新增反收购条款的信息披露义务,监管层可要求上市公司逐条说明反收购条款修订的目的、与公司自身的情况是否符合、合法性分析以及对利益相关方的影响等。

另一方面,监管层应当建立案例指引。通过总结现有的监管函和上市公司回复函,探索建立反收购条款的案例指引。借此明确监管层的监管重点,让上市公司明确修订的可行性以及必要性,防止上市公司增设反收购条款的盲目性。

(二)未来制度的展望

近三年以来,上市公司收购活动已经异常活跃,相关的反收购市场已经逐步成熟。然而,对于反收购行为的规制,目前的《收购管理办法》仅有原则性规定,缺乏可操作性。因

此，应修订《收购管理办法》，专章规定反收购条款，引导上市公司反收购行为。[37]

首先，反收购条款章应当以商事行为法的视角，结合上市公司本身的特点判断反收购条款的合法性，应当详细规定上市公司制定反收购条款的股权结构、经营业绩、反收购条款对公司现在经营业绩的影响以及公司稳定性等情况。

其次，反收购条款章应当明确赋予监管部门对反收购条款合法性判断的决策权。反收购条款的合法性判断应当始于行政机关（包括证监会和交易所）的行政监管行为，以防新型反收购条款的合法性处于不明确的状态。

再次，反收购条款章可以探索对不同板块的上市公司规定不同的反收购条款设置要求。对于不同板块的上市公司，法律法规以及交易所自律规则都规定了不同的资格要求。因此，根据上市公司处于不同的板块，探索建立不同的反收购条款设置要求，严格主板市场的上市公司反收购条款设置的要求，相对放宽中小板的上市公司反收购条款的设置要求，进一步放宽创业板市场上市公司反收购条款的设置要求。

最后，反收购条款章应当确认柔性条款的合法性。虽然柔性条款在目前法律框架下已经是合法的条款，但是为了避免监管标准的不统一和上市公司理解的偏差，应当明确承认柔性条款的合法性。

【导师点评】

本文具有理论与深度。本文首先对目前反收购条款合法性问题的主要论文及文献进行梳理总计，总计35篇，归纳出目前我国学界对此问题的看法，在此基础上提出自己的观点。其次，本文所提出的判断反收购条款合法性"商事行为法判断原则"以及"柔性条款的合法性原则"，系作者根据商法基本理论的理解和解读所提出的观点，对理论界研究此类问题开创了研究的新路径。再次，全面梳理实务发展情况，本文通过对2016年上市公司因新增反收购条款而收到沪深交易所的23封监管函进行查询梳理，并对上市公司的回复函进行归纳，将常见的反收购条款进行类型化研究，系统梳理目前实务界对此问题的观点。最后，本文基于理论与实务提出自己的建议。通过系统梳理现有理论成果以及实务界的需求，本文提出反收购条款合法性判断的具体建议，具有极大的现实意义。

（指导教师：程金华）

[37] 与其耗费司法成本，对反收购措施的合法性进行个案判断，不如在《上市公司章程指引》或《收购管理办法》之中，列明可以上市公司选择的反收购条款的默认菜单。参见傅穹：《敌意收购的法律立场》，载《中国法学》2017年第3期。

国有企业竞争中立规则例外适用研究

万俊云*

社会是我们创造出来的，我们可以塑造各种制度，然而物质的和人的各种特性限制了我们对于制度的选择范围。[1] 一项制度的出台不是凭空产生的，必然是在一定制度环境的基础上通过对经验的总结而逐渐形塑出来的。竞争中立规则的直接目的在于消除国有企业相较私营企业而享有的净竞争优势，基于理想的市场经济环境而言，我们期待彻底地实现二者之间的公平竞争；然而，由于各种社会条件的限制或维护公共利益的需要，不得不在构建竞争中立规则的同时设置相应的例外适用条款。

一、竞争中立规则例外适用的缘起

（一）澳大利亚

1992 年 10 月，希尔墨教授（Prof. Frederick C. Hilmer）应澳大利亚总理的要求就国家竞争政策展开一项独立的调查，最终形成了著名的“希尔默报告”（Hilmer Report）。在衡量了市场竞争效率和社会公平目标之间可能存在的非正和博弈关系后，希尔墨教授提出了部分市场竞争行为不会带来经济效率的提高或者不得不以牺牲其他社会目标作为成本。[2] 因而，政府参与市场竞争应当在竞争效率和社会目标之间作出抉择，二者之间通常难以完全融合。

《澳大利亚竞争原则协定》明确指出，竞争中立政策的目的是消除因公有制实体参与重大商业活动而产生的资源配置扭曲现象，政府企业（Government businesses）不得因其公共部门所有权而享受任何净竞争优势。这些原则只适用于公有实体（publicly owned entities）的商业活动，并非针对这些实体非经营性、非营利性活动。[3] 可见，澳大利亚的竞争中立政策主要是从行为角度展开的，仅适用于公有实体参与市场竞争的商业活动，而将公有实体的非商业性、非营利性活动排除在适用范围之外。

（二）欧盟

《欧洲联盟运行条约》（the Treaty on the Functioning of the European Union）专门规范成员国之间超出本国范围的竞争行为。其中，第 106 条第 1 款明确规定《欧洲联盟运行条约》的竞争规则适用于国有企业和私营企业，并且成员国不得给予特殊待遇或专有权利，不得采取相反措施对抗本条约包含的规则；第 2 款则表明本条约的规则尤其是竞争规则不得在法律上或事实上阻碍或影响“受托经营具有普遍性经济利益的服务的企业”和“产生财政收入

---

* 万俊云，华东政法大学 2017 届经济法学专业硕士研究生。

〔1〕［美］米尔顿·弗里德曼、罗丝·弗里德曼：《自由选择》，张琦译，机械工业出版社 2008 年版，第 36 页。

〔2〕Frederick C. Hilmer, National Competition Policy Review Report, pp. 87 – 89.

〔3〕Australian, Competition Principles Agreement, as amended to 13 April 2007, clauses3(1).

的垄断企业"完成其具体的任务,也即为这两类企业排除适用该条约的竞争规则预留了回旋余地。[4] 为了确保竞争规则的执行,欧盟委员会可以在必要的情况下向成员国提供指导甚至是决定。

(三)国际组织

经济合作与发展组织(Organization for Economic Co-operation and Development,OECD)总结了 OECD 经济体未将国有企业适用竞争中立的主要原因:[5](1)国有企业具有公共服务的义务,尤其是在某些不适于竞争或私营企业不愿进入的领域;(2)国有企业可作为一种产业政策工具,"经济学教科书"认为国家干预经济以弥补市场失灵的缺陷;(3)国有企业可以保障财政收入,尤其利润丰厚的国有企业;(4)国有企业的政治经济性,出于利益集团或公众的压力,使政策制定者认为有必要保护国有经济。综上,许多国家实际上没有针对国有企业适用竞争中立,而且出于具体国情的限制难以在短期内对国有企业建立竞争中立的政策框架。此外,OECD 研究认为竞争中立仅适用于国有企业的具有商业性质的行为(Commercial nature of activity),负有社会目标的国有企业可能在零利润甚至是负利润的基础上提供特定公共服务,这类非营利行为应排除在竞争中立框架外。[6]

联合国贸易和发展会议(United Nations Conference on Trade and Development,UNCTAD)尽管并未形成系统性的竞争中立实施建议,[7] 但也认识到在妨碍实现重要的社会目标的情况下,竞争中立是不适当的,它们应该接受客观条件的决定。[8] 其实质是在竞争中立与重要社会目标冲突时的取舍,原则上竞争中立应让位于重要社会目标。

二、竞争中立规则例外的适用机制

竞争中立例外适用在有关国家已有所实践,且具有极大的现实需求。从跨太平洋伙伴关系协定(Trans-Pacific Partnership Agreement,TPP)谈判来看,其中有关竞争中立的分歧本质上源于各缔约方之间的国情差异,在短期内无法调和并达成一致意见,只有通过设置例外条款的途径来实现竞争中立在部分没有建立竞争中立规则的缔约方的妥协,同时,五年的再谈判期实质上充当了过渡期的角色。然而,问题的根源还在于完整地、系统地完善竞争中立规则的适用机制,包括例外条款的适用机制。

(一)竞争中立规则例外的适用范围

尽管国际上对竞争中立存在广泛的争议,但其在规范国内层面的国有企业和私营企业公平竞争的积极效果是值得肯定的。因而,对待竞争中立应持客观公正的态度,绝不能以西

---

[4] 胡改蓉:《竞争中立对我国国有企业的影响及法制应对》,载《法律科学》(西北政法大学学报)2014 年第 6 期。

[5] 参见 OECD 研究报告:《国有企业和竞争中立原则》(State-Owned Enterprises and the Principle of Competitive Neutrality,2009)、《竞争中立与国有企业》(Competitive Neutrality and State-Owned Enterprises,2011)、《关于竞争中立的国家实践》(National Practices Concerning Competitive Neutrality,2012)、《经合组织关于竞争中立的建议、准则和最佳做法简编》(A Compendium of OECD Recommendations,Guidelines and Best Practices Bearing on Competitive Neutrality,2012)等。

[6] Capobianco,A. and H. Christiansen(2011),Competitive Neutrality and State-Owned Enterprises:Challenges and Policy Options,OECD Corporate Governance Working Papers,No. 1,OECD Publishing,Paris,at http://dx.doi.org/10.1787/5kg9xfgjdhg6 – en.

[7] 参见《竞争中立及其在有关发展中国家中的应用》(Competitive neutrality and its application in selected developing countries)。

[8] UNCTAD,Competitive Neutrality,at http://unctad.org/en/Pages/DITC/CompetitionLaw/ResearchPartnership/Competitive-Neutrality.aspx,Feb. 27,2017.

方国家“阴谋论”的标签而完全排斥。基于此,应当严格规范竞争中立规则例外适用的法律要件,以使其例外适用的范围适应实践的发展。

1. TPP关于竞争中立规则适用范围的争论

竞争中立规则例外适用是建立在竞争中立规则的适用范围的基础上的,如果一个企业或一个行为不属于竞争中立的规制范围,也就谈不上所谓的例外适用了。目前关于竞争中立规则的适用范围是存在争议的。首先,澳大利亚主张将竞争中立的适用范围限定在国有企业的范畴。《竞争原则协定》第3(1)条以及《联邦竞争中立政策声明》(Commonwealth Competitive Neutrality Policy Statement)都强调了竞争中立针对的是因公有制因素而带来的竞争优势,因而,对于私营企业因政府行为所享有的竞争上的优势并不属于竞争中立的规制范围,但如果属于竞争法的范畴则可以由竞争法予以规范。其次,美国和OECD均主张竞争中立的适用范围涵括了传统的国有企业以及与政府相关联而享有特定竞争优势的私营企业。[9] TPP第17章并非纯粹的针对国有企业,它甚至将政府指定垄断中的私营垄断者涵括在内,将非歧视待遇和商业考虑、透明度等条款适用于私营垄断者。当前我国各地广泛开展政府和社会资本合作(Public-Private-Partnership,PPP)模式,而在采取使用者付费机制的PPP项目合同中通常会规定“唯一性条款”,[10]也即在项目期限内政府需承诺不批准与其相竞争的项目建设。美国的司法实践[11]也是将此特许经营行为纳入竞争中立的规制范畴的。

美国的考虑并非没有一定的道理。在国内层面,政府给予某些私营企业的特别待遇而形成的竞争上的优势,可以通过竞争法来规范,或者审查政府招标或作出类似决定时是否存在滥用职权的行为,或者调查政府及其官员是否接受私营企业的贿赂。而在国际层面,部分国家为支持本国的私营企业参与国际竞争而赋予的特别待遇却较难规制。但也有观点主张将竞争中立的适用范围限定在传统的国有企业范畴,理由有二:其一,国有企业的范围是明确的,不会模糊竞争中立的适用范围而导致适用过宽或过窄的情形;而政府赋予私营企业的优势更多的是从合同的角度进行的,尚未形成明确的认定标准;其二,竞争中立适用于国有企业尚存在不少争议点,没有必要扩大其适用范围而导致事态的复杂化。如果将私营企业纳入竞争中立规则的适用范围,则需重新考虑该规则所针对行为的共性,而不能仅仅建立在政府与国有企业关系的探讨上。

2. 我国竞争中立规则例外适用的可能性边界

竞争中立规则例外适用的可能性边界,建立在竞争中立规则可能适用的范围的基础上。竞争中立规则表面上指向国有企业,其实质指向政府行为。[12] 基于经济法的视角,国家干预、管理或协调经济生活的行为必然会对市场资源配置产生影响,因而,该类政府行为似乎都应纳入竞争中立规则的适用范围,进一步而言,竞争中立规则不仅适用于不同国有企业之间、国有企业和私营企业之间,还适用于私营企业与私营企业之间,特许经营即是典型例子。

---

〔9〕 参见应品广:《竞争中立与国有企业改革:最新进展与中国应对》,上海市社会科学界联合会学术年会,2014年。

〔10〕 参见财政部《PPP项目合同指南(试行)》,第63、123页。唯一性条款是PPP模式下高速公路项目中的重要条款。在合同谈判阶段社会资本通常会要求政府作出相关承诺,即承诺项目期限内不在项目附近兴建任何竞争性的道路。

〔11〕 详见MONTGOMERY COUNTY MARYLAND, Appellant, -against-METROMEDIA FIBER NETWORK, INC., Appellee, 326 B. R. 483; 2005 U. S. Dist. LEXIS 12559。

〔12〕 应品广:《全球经济治理中的竞争中立规则:挑战与对策》,载《中国价格监管与反垄断》2016年第1期。

无论是特许经营、PPP等政府与私营企业存在一定权利义务关系的经济活动中,都应当对其中的政府行为加以规范,使其不至于影响相关市场的公平竞争。因而,国有企业和与政府存在特定关系的私营企业都应当纳入竞争中立规则的可能适用范围,但后者的范围应当进行适当限制以避免泛化。政府出于产业发展的考虑而给予部分私营企业税收上的优惠或其他特别待遇,在一定范围内是合理的且应当免受竞争中立的规制;而针对特许经营或其他以合同、政策文件等形式明确与政府权利义务的私营企业则可尝试将其纳入竞争中立的适用范围,其认定的标准是明确的,并不会造成竞争中立适用上的模糊性。竞争中立规则的例外适用范围也应包括两部分:(1)国有企业;(2)因与政府的关系而享有特定竞争优势的私营企业。这类私营企业例外适用竞争中立应满足一定的条件:第一,私营企业通过符合法律法规的合同/政策文件等形式确立与政府的关系;第二,该关系的建立是为了实现公共目标;第三,该关系会对竞争造成一定的影响,但没有其他可行或适宜的方式。

(二)竞争中立规则例外适用的考量因素

法律秩序乃社会控制过程的一个方面,[13]完善的竞争中立规则对国际经济竞争中出现的对立和冲突加以调和及控制。我们应充分利用国际规则或者积极参与国际规则的制定而不是通过武力或贸易战来维持或改变国际经济秩序,应当积极探寻竞争中立规则例外适用的理论基石。

以下主要论述国有企业适用竞争中立规则例外的考量因素:

1. 部分国有企业或国有企业的部分行为具有公共性

尽管实践中政府出资设立国有企业的目的可能是出于保障财政收入的需要或其他目的而竞逐利润,但不可否认,国有企业之所以存在的一个重要原因是为了提供公共物品的需要。公共物品由国内外的私人企业、公共企业,或者由政府直接组织生产,取决于对不同的生产方式的效率计算。[14] 国有企业满足一定的条件可以成为组织公共物品生产的载体,且与政府、事业单位存在区别:政府主要通过行政命令的方式来展开组织运行;事业单位提供的服务或商品的收费通常是以成本耗费为基础确定的,而不像企业那样以供求关系来确定价格。[15] 国有企业在提供公共物品时主要是为了实现社会公共目标,而不可能完全按照市场化的要求去运行,此时无法对其严格适用竞争中立规则,甚至该公共物品的供给根本就不适用竞争。此外,为了不妨碍其提供公共物品的质量和效益,有必要对其实行竞争中立例外适用。

2. 国有企业存在竞争劣势

竞争劣势是因公共所有权的因素而导致国有企业相较私营企业所拥有的劣势。[16] 就我国而言,国有企业的竞争劣势主要来源于以下两方面:其一,我国出于保障国有资产保值增值的目的而对国有企业制定了严格的监管要求,国有企业经营中面临的“须经政府批准”的规定降低了企业自主经营权而可能导致其决策的非商业性;其二,国有企业通常严格遵守法律及行政法规中的就业、工资、劳资关系、退休金等相关规定,在国家法治健全的情形下国有企业并不会因为守法而招致“额外”的成本。值得注意的是,竞争中立并不意味要取消对

---

〔13〕 [美]罗斯科·庞德:《法律史解释》,邓正来译,中国法制出版社2002年版,第232页。

〔14〕 [美]詹姆斯·M.布坎南:《公共物品的需求与供给》,马珺译,上海人民出版社2009年版,第171页。

〔15〕 朱仁显主编:《公共事业管理概论》(第二版),中国人民大学出版社2009年版,第49~50页。

〔16〕 Local Government Regulation of Queensland 2012, p. 28.

国有企业的特殊监管要求,尤其是当这些监管是合适而且必要的时候。[17]

3. 竞争中立规则并不意味着实质公平

制度是为维护一定的秩序所依靠的各种禁止不可预见行为和机会主义行为的规则,其实质是人为制定的规则。[18] 制度并不是抽象的社会附属物,终究难以脱离"利益冲突基础上的特定社会环境"[19]而存在。竞争中立规则亦是适应当前国际经济秩序变化而导致的利益冲突的情形下应运而生的经济制度,其背后承载的是在这一变化中利益受损的国家或群体的利益。

然而,如同法律一样,竞争中立规则始终面临人类认识错误与滥用的危险。[20] 竞争中立规则的目标是实现国有企业与私营企业之间的公平竞争,通过消除国有企业的竞争优势而实现国际竞争的形式公平,但这是否就代表实质公平呢?答案显然是否定的。发达国家与发展中国家的经济发展程度差异甚大,二者的企业竞争本就面临着不公平的国际环境。因而,在有关竞争中立的国际统一规则制定时,有必要考虑部分国家的实际发展状况而设置例外条款。

(三)竞争中立规则例外适用的认定机制

竞争中立规则的例外适用对象的确定可通过以下三种方式:其一,通过法律法规或政策文件中规定的要件来确定;其二,通过制定正面或负面清单的方式加以列举;其三,综合运用上述两种方式来确定。以上方式各有利弊,国有企业数量少的国家可以采取第二种方式来明确,而对新兴经济体国家来说,因国有企业数量多、层级多而适宜采取第一种方式。

澳大利亚在竞争中立的适用判定方面有较为成熟的经验可供参考,其建立了重大性判定、成本收益衡量、公共利益测试等一系列制度来严格规范竞争中立的适用。如果某些国有企业或某些行为不符合特定要件,则被判定为不适用竞争中立或不要求采取竞争中立措施。

借鉴澳大利亚在适用竞争中立规则判定方面的经验,可总结出竞争中立规则例外适用的一般要件。

1. 方法:预期成本收益衡量

澳大利亚竞争中立的适用通常需要经过成本收益衡量的环节,其目的在于预估引入竞争中立措施后所产生的收益与成本。如果预期收益小于成本,则证明采取竞争中立措施是不适宜的;如果预期收益高于成本,则需要进入公共利益测试的环节。从实践的角度来说,预期成本收益衡量有助于判定竞争中立适用的效益,而且便于向政府及人民解释适用竞争中立与否的判定理由。事实上,仅考虑上述因素是完全不够的,不同行业、不同企业需要考虑的因素可能会有所变化。很多时候上述因素难以精准量化,只能进行预期的分析及评估。此外,实施竞争中立的对国有企业的影响是立竿见影的,但对市场的影响可能是一个长期的过程,此时的预期效益更加难以量化。而预期成本主要考量实施竞争中立后国有企业的交易成本以及法律法规修订的制度成本,而且在企业涉及承担公共目标的部分还需进行公共利益测试。

---

〔17〕 Competition Principles Agreement, clause 3(6).

〔18〕 [德]柯武刚、史漫飞:《制度经济学——社会秩序与公共政策》,韩朝华译,商务印书馆2000年版,第3页。

〔19〕 [苏联]帕舒卡尼斯:《法的一般理论与马克思主义》,杨昂、张玲玉译,中国法制出版社2008年版,第26页。

〔20〕 [德]魏德士:《法理学》,丁小春、吴越译,法律出版社2005年版,第2页。

2. 目的:公共利益

公共利益在法律上是一个不确定的概念,[21]它在不同的社会环境下呈现出不同的内涵。实践中对公共利益认定的泛化倾向导致了许多司法、执法上的不公正现象,比如政府为了商品房开发、旧城改造而强行征收居民房屋或集体用地,致使产生了一系列恶意侵犯公民财产权的违法行为,而这些都不能被称为法律上的公共利益。[22] 站在法律人的角度,要实现公共利益的法律化不应局限于仅仅从法律文本上对其概念的界定,而应侧重从法律操作层面实现公共利益的程序或模式。[23] 法律以国家强制力保障其实施,模糊的法律概念会导致执法、司法过程中的不具操作性或者适用的任意化,两种结果都与法治的理念背道而驰。

竞争中立中的公共利益测试是在竞争中立措施可能危及社会公共目标的实现时所采取的评判措施,其通常需考虑以下因素:(1)明确要实现的公共目标;(2)如果特定的竞争中立措施正在考虑实施,表明公共目标的实现将被破坏;(3)确定是否存在最佳可用的手段来实现整体的公共目标,包括替代方法的评价。其中,确定公共目标是具有严格要求的,需要提供相应的支持文件,包括但不限于部长及地方政府机构的陈述或官方政策文件。[24] 考虑到法治环境及行政体制上的差异,我国如采取公共利益测试,应借鉴澳大利亚界定公共利益的方式,但对支持文件的要求需更加严格并适当提升其效力等级为宜。我国的法治环境较为复杂以及各地方政府在执行国家统一法律法规中可能存在的偏差,导致实践中界定的公共利益出现差异甚至是冲突。因而,我国实践中界定公共利益的支持文件应限定在法律、行政法规的层面,各地方政府或立法机关可对法律、行政法规中公共利益加以细化。

公共利益测试的结果认定正在考虑实施的竞争中立措施会破坏公共目标的实现,且没有合理的替代方法时,应当停止或禁止竞争中立措施的适用。在国有企业分类改革彻底完成之前,我国许多国有企业兼具公益性和营利性双重属性,[25]其在承担一定的公共任务的同时也按照企业的逻辑追求自身利益最大化。因而,对待承担公共任务的国有企业必须考虑适用竞争中立是否会妨碍其公共目标的实现,可以划分为两类展开讨论:其一,纯公共企业。这类企业的存在只为提供公共产品,而不参与市场竞争实施营利性行为,原则上这一类企业纳入竞争中立规则例外适用的范围。其二,既承担公共任务也实施营利性行为的国有企业。对于这类国有企业,公共任务和营利性业务能够剥离并独立存续的,则应允许其分立成为两个独立的企业;如果公共任务和营利性业务紧密相连且无法剥离的,此时可区分行为适用竞争中立例外规则,同时,应当考虑适用透明度规则,针对两种性质的业务分别设立账户、独立核算,避免对公共任务的补贴对营利性业务部分形成竞争优势。

3. 证明责任:政府

澳大利亚对竞争中立的适用设置了事前测试程序(即预期成本收益衡量、公共利益测试)以及事后投诉机制(The complaints mechanism),均要求政府在相关程序中承担一定的证明责任。在公共利益测试环节,政府需要提供相应文件证明公共目标的合法性;在投诉机制中,政府需要配合生产力委员会(the Productivity Commission)的调查且需提供采取竞争

---

〔21〕 胡鸿高:《论公共利益的法律界定——从要素解释的路径》,载《中国法学》2008 年第 4 期。

〔22〕 参见梁慧星:《生活在民法中》(第二版),法律出版社 2010 年版,第 33 ~ 34 页。

〔23〕 倪斐:《公共利益法律化:理论、路径与制度完善》,载《法律科学》(西北政法大学学报)2009 年第 6 期。

〔24〕 Competitive Neutrality Policy Victoria 2000, Prepared by: The Department of Treasury and Finance.

〔25〕《国有经济法律制度研究》课题组:《国有经济发展中的重要法律问题研究》,载《法学》2004 年第 8 期。

中立措施符合竞争中立安排或不采取竞争中立的相关材料。我国如引入竞争中立投诉机制应当吸取澳大利亚的经验教训,完善其调查程序并缩短调查时间;同时须对政府的证明责任加以规范,使政府有效地参与到调查中,并积极提供相应材料以证明所采取的竞争中立措施符合安排。

三、竞争中立规则例外适用模式的域外考察及我国的选择

目前竞争中立规则的例外适用并未在有关国家形成体系化的论述,通常是从正面的角度去界定竞争中立的适用范围,这不可避免地因部分概念的准确界定而产生争议,如果能同时从竞争中立规则例外适用的角度来加以补充,则有助于明确竞争中立的适用及其例外的范围。

(一)行为例外模式

竞争中立适用中的行为例外以澳大利亚为典型。澳大利亚《联邦竞争中立政策声明》《竞争政策协定》中均含有将"竞争中立适用于公有实体的商业性行为"的表述,并明确非商业性、非营利性行为不适用竞争中立。

1. 行为例外的适用情形

国有企业承担公共任务可以有两种形式:其一是纯粹为实施公共任务而专门设立的国有企业;其二是在公共任务与商业性业务不可剥离的情形下,由同一国有企业同时实施两种不同性质的行为。针对前一种情形,原则上可将该国有企业整体实现竞争中立的例外适用;针对后一种情形,则需要考虑对承担公共任务的行为实施竞争中立例外适用以保障其功能的实现,同时还需要防止因对承担公共任务的行为的政府补贴等措施而使其在商业性行为上获得竞争优势。

从经济学的角度而言,商业性、营利性行为均是指通过市场运作追求利润的行为,用法律术语来表达可称之为"商行为",即商主体所从事的以营利为目的的经营行为,[26]该种行为应当具有反复性、计划性的特征。竞争中立适用中的"行为"也指的是企业的持续经营行为,企业偶然的非营利性行为如捐赠行为并不形成其非营利性业务。如果企业同时存在两种性质截然不同的商业性业务与非商业性业务,则在竞争中立的适用过程中可区分对待;此外,商业性行为要和政府或国有企业承担的监管和治理活动相区分。[27]

2. 行为例外须同时适用透明度法则

在国有企业同时承担公共任务与商业性行为的情形下,则需要参考欧盟的透明度指令(transparency directive)措施,要求该类企业的商业行为和非商业行为的账户需要分别设立,并分别进行独立核算,这两类账户的收支及其资金的具体使用方式都需要分别列明。相比将两种业务剥离的强拆分,这两类行为的会计核算分离可称为弱拆分,[28]弱拆分在得到有效执行的情形下,也能较好地规范两类行为的实施而不产生交叉影响。

但在实践操作过程中亦存在不少障碍。一是两类行为中共同使用的资源包括人力、物力成本如何分摊,其比例可能受到两类行为实施频繁度等其他因素的影响。二是企业法人

---

〔26〕 王保树:《商法总论》,清华大学出版社2007年版,第229页。

〔27〕 Local Government Victoria Department of Planning and Community Development, National Competition Policy and Local Government, Revised 2011, at http://www.dtpli.vic.gov.au/__data/assets/pdf_file/0007/264058/2011-National-Competition-Policy-and-Local-Govt-July11.pdf, Feb. 12, 2017.

〔28〕 张占江:《中国(上海)自贸试验区竞争中立制度承诺研究》,载《复旦学报》(社会科学版)2015年第1期。

拥有独立的财产权，并以其全部的财产对外承担责任。那在这类国有企业破产时，其破产财产的范围是否涵括两类账户的资金，是否还需进一步区分两类账户存在交叉使用的情形。对此，我国在引入透明度指令时，可以考虑从法律而不是其他层级的法规的角度对两类账户的性质作出规定，明确其在破产时的区分对待。

（二）主体例外模式

竞争中立适用中的主体例外是指将整个国有企业在竞争中立中排除其适用，常见在专门为承担公共任务而设立的国有企业中，此外，在澳大利亚的竞争中立规则中还存在“重大性”（significant）标准的判定，将不满足重大性标准的其他政府商业活动排除在竞争中立的适用。

1. 公共性国企例外

《欧盟运作条约》第 106 条第 1 款明确使用了“公共企业”的概念，但并没有就其定义作进一步展开。[29] 一般认为，公共企业的特征在于必须向社会提供公共产品或准公共产品，因而，将帮助政府完成公共职能的国有企业称为国有公共企业或公共性国企，能更好地体现这类国有企业的特殊性。[30]

公共性国企例外的根本目的在于维护特定的公共利益或社会目标，一旦对其采取竞争中立措施则会妨碍其功能的实现。事实上，因各个国家的具体环境不同而导致公共性国企的范围存在差异。这一差异的缩减首先需要各国进一步协商，使各国在竞争中立例外适用方面的分歧减少，但是也应认识到无法完全忽视各国的差异而使公共性国企的范围完全一致。因而，就一国国内而言，公共性国企例外是出于维护特定公共利益的目的而例外适用竞争中立的，这需要以法律作为依据，证明该“公共利益”在理论上及实践中的正当性。

当竞争中立可能对公共利益造成影响时，政府可以“公共利益”为由设置例外。这在事前可以通过部长级命令来实现或者事后证明其是正当的，政府对此负有举证责任。公共利益的范围可能包括但不限于：环境问题；社会福利和权益的考虑，包括社区服务的义务；职业健康与安全、劳资关系；经济和区域发展，包括就业和投资增长；消费者的利益，一般或一类消费者；澳大利亚企业的竞争力等。

由于澳大利亚的联邦制特性，各州之间的经济活动存在一定的差异。实践中，某一企业或业务可能在这个州作为商业性的国企而存在，而在另一个州是作为公共性国企甚至是政府部门。[31] 此外，没有绝对的判定公共利益的标准。以在线新闻服务及教育为例。澳大利亚广播公司在线新闻服务（the ABC's online news service）是以公共利益为由排除在竞争中立适用范围之外的，[32]其理由可总结为：其一，ABC 提供的在线新闻服务是免费的，从长远来看可以防止在线新闻收费模式的转变，从而保障公众获取最新资讯的权利；其二，目前许多新闻公司均提供在线新闻的服务，其速度甚至超过 ABC，然而其新闻却可能存在虚假性，而 ABC 则以政府信誉为基础保障公众准确、真实获取资讯的权利。

---

〔29〕 翟巍：《欧盟公共企业领域的反垄断法律制度》，载《法学》2014 年第 6 期。

〔30〕 张安毅：《论公益性国有企业概念的理论缺陷与公共企业制度的建立——以中国国企分类改革为背景》，载《东疆学刊》2014 年第 4 期。

〔31〕 Deborah Healey, Competition Law in Australia: implementing competitive neutrality to government businesses, at http://unctad.org/Sections/ditc_ccpb/docs/ditc_ccpb0038_Healey_en.pdf, Mar. 3, 2017.

〔32〕 Alexandra Merrett, Rachel Trindade, Has competitive neutrality run its course? the state of competition, Vol. 13, 2013.

2. 规模例外

《联邦竞争中立政策声明》中明确,所有按照商业化要求运作的国有企业及其子公司、其他股份有限贸易公司、所有指定业务单位都被视作满足重大性标准,而其他商业运作活动则需满足每年商业发票(commercial receipts)超过1000万元才在个案的基础上进行重大性评估。但在过渡阶段,竞争中立政策主要适用于重大性国有企业。此外,国家竞争委员会从业务规模来认定"重大性"是只注重形式且相对不灵活的措施,而应根据其在相关市场的影响或潜在影响为基础来认定。[33]

在每个州的竞争中立的政策声明的宽伞下,受影响的政府机构通常会制定自己的政策以反映其面临具体问题。维多利亚州的竞争中立政策仅适用于重大国有企业,其重大性评估主要是根据其所处的相关市场而言的。一方面,市场份额的大小:需要考虑其企业规模、销售数据及市场占比等因素,同时还要将其与同一市场中的其他私营企业竞争者进行比较。另一方面,对相关市场的影响:需要考察其对相关市场中竞争所产生的影响、业务增长的能力以及对价格的控制能力等因素。综合国有企业市场份额及对相关市场的影响两方面来开展"重大性"评估,较以企业收支规模的方式来说更为妥当。

澳大利亚的竞争中立政策是针对所有国有企业的商业性行为,以"重大性"来作为国有企业适用竞争中立的判定标准本质上只是一种过渡措施,而且无论以何种方式来判定"重大性"都可能使部分享有竞争优势的国有企业免于竞争中立的适用。

3. 层级例外

层级例外是指竞争中立规则针对某一层级的国有企业而产生的例外适用情形。实践中关于层级例外的焦点主要集中在中央国有企业和次中央国有企业的例外适用问题上。在TPP谈判中,美国主张将竞争中立的适用范围限定在中央国有企业的层面,这遭到了新加坡等国家的强烈反对,美国也因此被贴上了"阴谋论"的标签,而竞争中立规则也演变为美国为了保障自身利益削弱其他国家的企业竞争力的工具和手段。事实上,从竞争中立规则的国内起源来看,其并未将次中央国有企业排除在外,恰恰相反,其最重要的目的在于消除国内各政府层级的国有企业的竞争优势。《澳大利亚竞争原则协定》是联邦和州之间的协定,其中第7(1)条明确协定中包含的竞争中立规则适用于地方政府(Local Government)。

此外,TPP协定还对国有企业的范围作了限定,并非指一般的国家出资企业,而是指主要从事商业活动,并且满足直接持股50%及以上、实际控制50%以上表决权或拥有任命大多数董事会或其他同等管理机构成员的权利的国有企业。因而,没有达到TPP对国有企业要求的其他国有企业是不适用TPP中竞争例外规则。

(三)竞争中立规则例外适用模式在我国的选择

我国现行法律法规包括竞争法中没有确立竞争中立规则,而学界对其研究是建立在国际贸易协定尤其是TPP以及有关国家的实践的基础上。尽管部分研究取得了丰硕的成果,但竞争中立规则在我国的引入必须以我国的具体国情为出发点。例外适用是竞争中立规则的重要内容;采取不同的例外适用模式,竞争中立的适用范围会存在差异。

---

[33] Competitive neutrality Assessment of Governments' Progress in Implementing the National Competition Policy and Related Reforms, June 2001, at http://ncp.ncc.gov.au/docs/AST3As-005.pdf, Feb. 26, 2017.

1. 行为例外模式与主体例外模式的比较

行为例外模式适用于实施商业行为且承担公共任务的国有企业，它对国有企业实施行为的性质作了区分，并根据行为的性质来决定是否适用竞争中立规则。行为例外模式以澳大利亚的竞争中立实践为基础，国有企业非商业、非营利性行为不属于竞争中立的规制范畴。然而，一项行为是否营利可以从成本收益来判断，应否属于商业行为还应考虑是否存在实际或潜在的竞争对手。我国现行法律法规中还存在不少准入门槛，部分可以引入竞争的行业仍处于完全垄断或寡头垄断状态，这使得通过行为的性质来判断是否适用竞争中立存在一定的偏差。

主体例外模式是将国有企业作为一个整体完全例外适用竞争中立，该模式通常以一类具有相同属性的国有企业排除在竞争中立规则适用之外。主体例外模式与行为例外模式的区别在于认定是否适用竞争中立规则的根据不同，分别是区分行为、区分主体。两种模式也存在交叉之处，不开展商业行为的公共性国企既可以作为行为例外，也可以作为主体例外，但从实践角度来看，该类国企不需要适用透明度法则。

2. 我国竞争中立例外适用模式的选择

我国国企分类改革将国有企业划分为商业类和公益类，从《关于国有企业功能界定与分类的指导意见》的表述来看，公益类国企旨在“保障民生、服务社会、提供公共产品和服务”，理论上应当纳入竞争中立规则例外适用的范围。而商业类国企尤其是商业二类不仅从事商业性行为，可能还承担了部分公共任务。之所以出现商业性和公共性混合的国有企业，可从两个角度进行解释：其一，部分国有企业承担的公共任务与从事的商业性行为不可分割；其二，单独设置承担某项公共任务的国有企业不符合经济效益。

国有企业分类改革如能在实践中达到应有的效果，则竞争中立例外适用完全可以根据国企分类的结果来认定。公益类国企不适用竞争中立，而商业类国企则采取“行为例外模式”，其非商业、非营利性行为也不适用竞争中立。但该理论上的认定完全取决于国企分类能否按照预先设计的路径进行以及能否达到预期的效果。

四、结语

竞争中立规则从澳大利亚的国内改革走向区域性自由贸易协定，其实质是国有企业在与私营企业竞争时的享有的竞争优势受到越来越多的关注。但各国具体国情存在的差异导致竞争中立规则例外适用不可或缺。我国目前正在进行僵尸企业处置、国有企业分类改革、公平竞争审查等一系列改革举措，这在一定程度上为引入竞争中立措施奠定了基础。在考察了竞争中立域外实践后，笔者总结了竞争中立例外适用的两种主要模式：行为例外、主体例外。结合我国国有企业分类改革的现状，我国应对公益类国企主要适用主体例外模式，而对商业类国企适用行为例外模式。此外，我国还应积极完善竞争中立例外适用的法制建设，有效利用自贸区开展试点，积极参与竞争中立的国际规则制定。

【导师点评】

当前国际社会关于竞争中立的讨论较为激烈，竞争中立的例外适用是其中的重要内容。该文选题契合了当前实践发展的热点话题，敏锐地察觉到了竞争中立例外适用亟须开展理论研究的现实需求。该文作者通过阅读了大量国外关于竞争中立的研究文献，并结合我国的具体国情，着重探讨了竞争中立规则例外的适用机制，论述了影响竞争中立规则例外适用需考量的理论因素，包括国有企业的公共性、国有企业的竞争劣势、竞争中立规则的实质公平性等,提出了竞争中立规则例外适用的行为例外模式和主体例外模式划分,并认为我国应根据国企分类改革的具体实践来选择合适的模式,具有一定的理论创新性。然而,该文的研究基本依赖于国内外的现有文献资料,对于域外实践的理解与把握有所欠缺,值得在后续研究中加以强化。

(指导教师:顾功耘)

认缴登记制下股东出资责任的加速到期制度研究

王亚楠*

一、问题的提出

2013年《公司法》对资本制度进行了多项改革，对增强市场活力有积极意义，不仅降低了公司的设立门槛，强化了公司的自治权，也一定程度上避免了公权力对市场主体的过分干预。

然而，我国的信用状况不佳，又欠缺相应的担保机制，资本认缴制难免水土不服，其中对股东出资（本文主要探讨的是股东出资的期限）缺少必要的限制，在保护债权人的相应责任规范上有所缺失，由此带来一个司法适用难题：在非破产的场合下，能否裁判加速到期未届期的股东出资责任？

针对这一问题，纵然有司法实践，但仍存在很大的理论争议。学者从不同方向、不同利益形成了否定说、折衷说、肯定说。本文又从实践层面通过相关案例的检索分析，介绍在实务中法官针对股东出资责任加速到期的裁判适用；并对肯定说进行理论修正和补充，并从公司法、合同法和行政手段三个方面提出解决股东出资责任加速到期制度的路径选择，从私法和公法两个角度有效约束股东私人出资承诺的设定及履行。

二、股东出资责任加速到期的理论争议

在非破产场合下，未到期的股东出资义务可否加速到期？理论界和实务界形成了否定说、折衷说和肯定说，依据不同的学说，在实务裁判中可能会出现截然相反的结果，因而很有必要针对这一问题在裁判的法律适用上展开说理，以正本清源。以下逐一详细展开论述。

（一）出资未届期的股东不承担补充赔偿责任之立场

该观点认为：修法之后的注册资本由法定改为章定，而公司章程是在公司成立时股东制定的，在公司存续期间随时可以更改。这就意味着公司的注册资本已经失去了财产担保的意义，公司债权人要求公司股东承担公司债务责任的条件全部掌控在公司股东自己手里，甚至公司在运作过程中也可修改资本缴纳期限从而避免承担责任。但是这种波动性的确是法律所认可的，公司债权人对股东缴纳出资的请求倘若和章程规定的期限一致，则可以获得支持，否则其请求只能成为空谈。[1] 主张否定说者，所持理由如下。

1. 缺乏法律依据

第一，新《公司法》明确规定股东的出资不受期限限制，这意味着法律并未禁止当事人约定畸长的出资期限，法不禁止即自由，因此不能否认股东在公司章程约定的出资期限。第

---

* 王亚楠，华东政法大学2017届经济法学专业硕士研究生。

〔1〕 王东敏：《公司法资本制度修改对几类民商事案件的影响》，载《商事法律文件解读》（总第111辑），人民法院出版社2014年版，第120页。

二,2013 年《公司法》修改的一个亮点就是把由法定限制的出资期限改为股东自主约定,如果不承认股东约定的出资期限,岂不是法律赋予了人们权利又自我否定,有损法律的权威性。

笔者之见,不能因缺乏法律依据而回避此问题。本文所探讨的问题,正是因为欠缺必要的法律规定而给学界和实务界带来的不稳定影响,如果仅仅是因为缺乏法律依据来回应股东的出资责任的加速到期问题,何尝不是一种对股东责任的逃避,这既是对既有问题的回避,也无法令人信服。2013 年《公司法》修正案确立资本认缴制本意是出于推行鼓励投资创业,在规则构建与责任体系建设上存在疏忽与缺憾。[2] 而认缴制下股东出资责任的加速到期问题,正是其后的法律修订、法律释义或是司法解释将要完善的对象之所在。由此,缺乏法律依据不能成为解决问题的最终答案。相反,其更为探讨必要问题提供了空间。

2. 对现行法律的严格解释

通过严格解释《公司法》和《企业破产法》,通常情况下股东应按照其约定的出资期限进行出资,除非有特别情况出现,才会提前出资。依据现行法规定,这种例外情况便是公司进入破产程序或者解散清算程序,此时股东才会丧失期限利益,除此都未见股东出资强制性的加速到期的规定。此外,即便是可以在公司破产或清算程序之外,有股东出资加速到期之例,也应是出现股东自身违法、违约事实的条件下。如此,不能孤立地看待《公司法》第 13 条第 2 款规定的"股东以其认缴的出资额为限对公司承担责任",否则有误读法条之嫌。

笔者认为,对《公司法》第 13 条第 2 款的严格解释本身存疑,认缴制下股东约定的出资期限还未到,也就是未到履行义务的最后期限,那么要求其承担补充赔偿责任就无法律依据。但应注意的是,这一规则是建立在法定资本制有最长两年、五年的出资期限限制的前提下。因有法定的兜底条款,对债权人保护程度不足的问题并未凸显,但 2013 年废除了最长法定出资期限的时间要求,赋予股东自主约定的权利。至此,在缺乏这一前提条件下,是否能够继续依据此条款的文义解释,按照"不到期即无履行"的原则,笔者不禁提出疑问。

3. 债权公示的涉他效力

通说认为,债发生在特定的当事人之间,其义务主体是特定的;只需债务人履行债务,债权即可实现,故债权无需公示。但随着时代的变迁、社会的发展,法律学科的基础也在不断发展,在特定情况下,债权已打破相对性的限制,体现出绝对权的一些特征,尤其是对世效力,这时就有予以公示的需要。而经过公示的债权,就具有了一定程度上的涉他影响。这同样可以适用于股东出资期限。这就说明着包括债权人在内的第三人都负有一项消极义务,即主动积极查询可能与其发生交往关系的公司状态。

笔者认为,如若承认债权经公示即具有对抗第三人的效力,债权人应自担风险。但是,民法学说的主流观点仍质疑债权经公示即具有一定的涉他效力。他们坚持认为,债权作为请求权仅具有相对性,无排他效力。[3] 再则,依据《公司法》第 11 条的规定,公司章程仅对公司内部具有约束力,章程公示是履行法定公开之义务。运用到股东出资期限的问题上,由于债权公示后具有涉他效力的理论尚未立足,要求债权人尊重作为公司内部自治载体、股东契约文件的公司章程规定的出资期限,亦难以令人信服。

---

〔2〕 甘培忠:《2013 年公司法资本制度改革的迷乱与错愕——一只折断翅膀的法律小鸟》,载《企业与公司法学》2014 年第七版,前言。

〔3〕 王泽鉴:《债法原理》,北京大学出版社 2013 年版,第 60 页。

4. 存在其他救济路径

一是通过破产程序追索。债权人可以通过申请破产,通过破产程序追索股东缴付未到期的出资。当债务人进入破产程序后,则可根据《企业破产法》第35条的规定,[4]由管理人追缴股东认缴的全部出资额,此法可以作为允许出资"加速到期"的途径。

二是宽泛适用公司法人人格否认制度。适用公司法人人格否认制度追究未到期出资股东责任。股东的有限责任是公司法的基石,公司的股东不应对公司的行为和债务承担个人责任。[5] 然而股东如果约定不合理的过长的出资期限,且这部分出资额所占比例过大,违背了资本制度改革焕发市场活力的初衷。目的是利用公司人格和有限责任把投资风险降低到极限之下,把债权人置于被动地位,可以推定股东利用公司人格开展营业是欠缺诚意。[6] 在《公司法》看来,当公司对其资本规模的要求与其经营范围过于脱节,或者几乎难以化解公司可能遇到的风险危机时,我们就视其为一种商业投机行为,而非正常的商业行为。过长时间的出资期限推定为股东规避或转嫁商业风险的不良动机。现《公司法》对股东的出资行为约束较为宽松,更是加大了债权人实现债权的风险,利益的天平显然偏向股东一方,双方利益显著失衡,这是就需要通过司法裁判发挥其应有作用来寻求双方的利益平衡点。而公司法人人格否认制度就可当作这一重要尺度和手段用来平衡公司、股东和债权人之间的利益,不仅维护股东应有的有限责任,更是对其在特别情况下进行的一种修正,从而实现矫正的公平。

三是行使撤销权。通过行使撤销权,要求股东按原出资期限承担补充赔偿责任。需要注意的是,此种权利的行使适用于公司与股东出资期限的约定发生在债权成立之后。该观点援引的法条是2009年最高人民法院颁布的《公司法解释(二)》第18条。[7] 设想,如果在债权成立之前,公司与股东约定了一个较为合理的出资期限,债权人通过考察分析公司现有状况与公司发生交易。在债权成立之后,由于公司在存续期间有修改公司章程的权利,不排除公司修改章程延长股东出资时间。就可按照上述规定,视为股东"恶意延长到期债权的履行期",债权人可以通过行使撤销之诉来撤销上述合同。至此,我们可以看作是对此条的扩张解释。

笔者认为,此三种其他救济路径都难以解决根本问题。第一,破产清算制度会导致企业彻底退出市场的终局性结果,很有可能更加不利于公司、股东及债权人的利益。第二,破产原因的认定难以把握,在实践认定中存在很大的困难。在我国,公司法人人格否认制度引进时间较短、司法适用的裁判尺度也尚未明朗,审判实践中较为慎用这一制度。在由资本信用向资产信用转变的背景下,债权人更加关注公司资产的规模和稳定性,它是衡量企业对外承担责任的重要标杆,对如何认定公司存在未到期出资的法人人格否认之间的因果关系,也不能因此次公司法的修改而草率地放开适用条件。对于这种商业判断的问题,要求法官短时间内了解公司的内部情况做出准确判断非常困难,无论对法官的司法能力还是对债权人的

---

〔4〕 参见《企业破产法》第35条的规定:"人民法院受理破产申请后,债务人的出资人尚未完全履行出资义务的,管理人应当要求该出资人缴纳所认缴的出资,而不受出资期限的限制。"

〔5〕 俞巍、陈克:《公司资本登记制度改革后股东责任适法思路的变与不变》,载《法律适用》2014年第11期。

〔6〕 朱慈蕴:《公司法人格否认法理研究》,法律出版社1998年版,第56页。

〔7〕 参见《合同法解释(二)》第18条的规定:"债务人放弃其未到期的债权或者放弃债权担保,或者恶意延长到期债权的履行期,对债权人造成损害,债权人依照合同法第七十四条的规定提起撤销权诉讼的,人民法院应当支持。"

诉讼能力难免提出了挑战,无疑加大了诉讼的难度。[8]

(二)股东出资责任能否加速到期视具体情况而定之见解

该学说认为,按照现行法律规定,除非存在特殊情况,通常情况不允许按照《公司法解释(三)》第13条第2款的规定要求股东承担补充赔偿责任。针对例外情况,又存在两种不同学说。

1. 公司经营困难说

该观点认为,通常情况下,法院不支持债权人要求出资期限未届期的股东承担补充赔偿责任的诉讼请求,但在公司的经营情况发生恶化,已然无法偿付到期债务且资不抵债,任其发展公司的健康状况难以为继,更有可能趋向破产,如果此时股东提供的证据具有足够的证明力来证明公司已然存在资产不能冲抵债务的情形,那么法院据此支持债权人要求出资期限未届期的股东承担责任补充赔偿责任,从而避免股东出资期限到期或公司解散。

笔者之见,经营困难说在实践中认定困难。对于公司的实际经营状况,无论是债权人,还是法院在审判中都很难知晓,对于其经营困难的判定更是困难,况且在现实生活中更是存在随意拖欠债务但本身可以正常经营的"无赖公司"。此时在股东的出资期限和债权人保护利益中寻求合适的平衡点,更是难上加难。

2. 债权人区分说

该学说把公司债权人根据其对债务的形成是否由于自己的原因,划分为自愿债权人和非自愿债权人。前者主要包括交易债权人、债券债权人以及金融债权人等。后者一般指因侵权行为而产生的非自愿债权人。[9] 无疑,债权人作为公司法上的重要利益相关者,其利益理应得到保障,纵观其他国家公司法,更是仅把债权人视为唯一保护的非股东利益相关者。[10] 在法律制度层面,我国《公司法》中的信息披露制度、财产担保、会计核准、人格否认制度等都能体现对债权人利益的保护。此外,自愿债权人因己方意思表示与公司发生债权债务关系,也可通过判断债务人的债务实现风险提前做出安排。但是对于非自愿债权人来讲,只能依赖于现有法律制度的保护。在现实生活中,这部分债权人的人身和财产损失很容易因公司侵权等行为而难以受偿。因此,该学说认为,对于非自愿债权人来讲,不应要求其对公司信息有充分的了解,甚至是公司信息背后隐藏的风险,其有权要求未届期股东出资责任的加速到期,承担补充赔偿责任。

笔者认为,区别自愿与非自愿债权人之学说违背了最基本的债权平等理论。根据民法基本理论和主流观点,债权具有平等性,数个债权不论其发生先后,除非法律有特别规定,均以平等的地位并存。[11] 虽然公司的自愿债权人可以通过事先协商降低自己实现债权的风险,但不可否认的是自愿债权人并不能知晓所有的市场信息,在市场上仍然存在自愿债权人无法实现债权的风险。只部分承认非自愿债权人对股东出资加速到期的请求,有违债权平等原则。

(三)股东出资责任加速到期具有正当基础性之肯定立场

该学说认为,股东可以充分行使自治权利,对出资期限进行约定,并记载于公司章程,但

---

〔8〕 黄耀文:《认缴资本制度下的债权人利益保护》,载《政法论坛》2015年第1期。

〔9〕 岳卫峰:《公司非自愿债权人的法律保护》,载《法律适用》2012年第6期。

〔10〕 [美]莱纳·克拉克曼等:《公司法剖析:比较与功能视角》,刘俊海、徐海洋译,北京大学出版社2007年版,第83页。

〔11〕 王泽鉴:《债法原理》,北京大学出版社2013年版,第60页。

是如果公司处于不能清偿对外债务的情形，股东的期限利益应随即丧失，即使股东的出资期限尚未届期，也可以适用《公司法解释(三)》第13条第2款的规定，要求相应股东向债权人承担补充赔偿责任。主张肯定说的学者主要有以下具体理由：

1. 内部自治约定不能对抗外部第三人

出资义务是股东的法定义务，在公司成立时，股东之间达成的出资协议属于股东之间的内部约定，仅具有对内效力，不产生了对外约束力，不能对抗外部第三人。再则，记载于公司章程的股东之间协议，能够为外界所知悉，使公司交易方能够基于此与公司进行交易。包括第三人在内的交易相对人在知悉公司的状况时能够做出合理判断，对公司产生信任并与其发生交易，公司就应当具有相应的公信力，以其注册资本额对外承担责任，而不能仅仅使对外承担责任的额度限定在每个股东的实缴出资额。

2. 具有救济成本低、效益高之优势[12]

如上文所述，《企业破产法》第35条已经肯定了公司在破产场合下，出资人倘若尚未完全履行其义务，可以不受其出资期限的限制而提前缴纳认缴的出资额。然而公司破产并不是出资期限加速到期的充分必要条件。如若仅规定破产场合下的加速到期，那么就是限制债权人的选择，会使债权人迫不得已对公司提出破产申请，实务证明，一旦公司进入破产清算程序，成本太大，持续时间长，公司债权人的债权实现将是一个遥遥无期的过程，也会给公司、股东，甚至社会带来一定的损失。

3. 责任财产制度的内涵

责任财产制度，或者说资本担保责任论，该学说围绕《公司法》第3条第2款之规定，认为认缴制下的股东出资义务，可以看作是股东的责任担保义务，担保责任的范围即为股东的出资范围，这意味着对公司债权人更为严密的保护，一旦公司无法偿付到期债务，股东应在认缴限额内承担担保责任。[13] 再则从公司法人的角度思考，责任财产指任何法人应以公司全部财产承担全部债务，而公司的财产不限于公司现有的财产，还应包括股东未缴纳的注册资本。这与商事主体的理性预期相契合，同时能够达到保护债权人利益的目的。该学说认为，在债权人与股东之间隐藏着着一种隐性合同关系，担保合同中的担保财产为"股东的待缴资本额"，股东以其待缴资本额为限对公司债务承担担保责任。[14]

4. 订约权滥用之无效

该学说认为，如果股东约定畸长、甚至约定不明的出资期，是为订立权之滥用，应当予以否定。这是因为过长的出资履行期属于欠缺履行可能的合同，未免有钻法律漏洞之嫌。此外，《合同法》对长时契约的存续通常存在最长时间限定，例如在租赁合同中，由于租赁期太长并不利于当事人权利的实现，为了更有效地维护租赁合同双方当事人的权益，我国对租赁期限的最高期限约定为20年，对超过部分不予保护。我国台湾地区的"民法"亦规定租赁契约之期限不能超过20年，超过20年的，应缩短至20年。日本民法也规定，租赁契约的存续期间不得超过20年，超过20年的契约期的，也须缩短至20年。由此，根据我国法律设计思维、借鉴域外法律规定，能够推算解释成法律对长期合约的最高容忍期为20年。所以，不

---

〔12〕 赵旭东：《资本制度变革下的资本法律责任——公司法修改的理性解读》，载《法学研究》2014年第5期。

〔13〕 王涌：《论公司债权人对未实缴出资的股东的请求权》，载《公司法评论》2015年第25辑。

〔14〕 参见蒋建湘、李依伦：《授权资本制下的债权人利益均衡保护》，载《中国商法学研究会2014年年会论文集》，第175页。

考虑特别情况,超过20年的合同履行期限都属于订约权之滥用,法院不予支持。

三、股东出资责任加速到期的司法实践

新《公司法》在确立资本认缴制后,人民法院在审理民商事案件中涉及适用公司资本制度的规定时又会遇到新的问题,例如会催生催收公司资本纠纷案件、追究公司董监高等人员发行资本民事责任纠纷案件、因股权转让引发的缴纳资本义务纠纷等。针对本文论述的问题,对股东出资期限未届期或者约定不明,债权人请求未届期的股东承担公司债务纠纷案件也大大增多。对于股东出资责任能否加速到期,法院在裁判中没有统一的标准。

(一)支持股东出资责任的加速到期裁判

2015年5月25日,上海法院首例认缴出资案[15]作出一审判决,认缴登记制下股东的出资义务不是永久免除,只是暂缓缴纳,当公司的运营情况出现重大危机,公司及其债权人可以据此请求公司股东在未出资的本息范围内履行出资义务以缓解公司危机、清偿到期债务。该判决肯定了资本认缴制下未届期股东出资的加速到期,基于以下理由:

第一,要求出资期限未届的股东缴纳出资以承担责任,能够在保护债权人和公司股东利益中找到平衡点,契合新法立法追求。法官认为股东在享受认缴制延期缴纳出资的期限利益之时,也应承担相应的风险和责任。股东间关于出资的约定,可以认为是股东对债权人的一种承诺,基于此债权人就有一个合理的预期,任何承诺和预期都是建立在一定条件上的,如果这个条件发生变化,尤其是在公司发生重大变化、负有巨额到期债务的情况下,例如本案的债务总额高达已到期债务的20倍,公司股东凭借认缴制的期限利益就丧失了根本。

第二,责任财产制度之精髓在于民事主体对外承担债务须以其所有财产。援引《公司法》第3条第1款,[16]法官秉承着信任商事主体理性预期的原则,更加符合保护债权人利益的理念,理解为公司不仅要以现实所有的财产承担责任,在其现有资产不能够偿付债务,股东又存在认缴而未缴的情形,即承诺未来出资,应该要求股东提前履行出资义务以清偿对外债务。

笔者认为,法院支持未届期股东履行出资义务的一个很重要原因就是公司已经不能清偿对外债务,经营状况显著恶化。在2016年某公司诉公司债权人利益责任纠纷案[17]中,法院同样支持了债权人要求股东提前在未出资范围内对公司债务承担补充赔偿责任的诉求。被告公司章程约定,股东的出资应于2024年最后一天到位。2015年,该被告公司因(2015)杭经开商初字第134号民事判决书应支付本案原告相应款项及利息,但经申请执行,被告公司下面已经没有能够供执行的财产,遂执行终结。可见,虽然对股东的出资期限在公司章程中做了记载,但因为公司已然陷入无法偿付对外债务的境地,股东就不应享有因私法自治带来的期限利益。

(二)未支持股东出资责任加速到期的裁判

更多判例显示,在债权人对股东提前履行出资义务的诉讼请求,法院并未支持。在某某股东出资纠纷上诉案[18]中,上诉人请求法院确认,被上诉人未按公司章程约定实际履行出资义务,一审法院审理查明,由于公司章程未对股东的出资期限进行约定,上诉人对于被上

---

〔15〕　参见上海市普陀区人民法院民事判决书,(2014)普民二(商)初字第5182号。

〔16〕　参见《公司法》第3条第1款的规定:"公司以其全部财产对公司的债务承担责任。"

〔17〕　参见杭州市富阳区人民法院民事判决书,(2016)浙0111民初第1150号。

〔18〕　参见广东省广州市中级人民法院民事裁定书,(2017)粤01民终448号。

诉人逾期出资的诉讼请求因缺乏事实和法律依据，一审法院依法不予支持。若上诉人认为在被上诉人认缴出资额起至实际缴足出资额止的期间内存在利益损失，上诉人可以另寻其他途径解决。二审法院裁定撤销原判决，驳回起诉，认为上诉人在一审起诉请求确认两被上诉人没有按照公司章程实际履行股东出资义务系要求确认某个事实客观存在，而非确认之诉的某种法律关系，该主张不具有法律上的诉争性，不属于法院受理审查的案件范围。

在某公司诉某股东出资纠纷案[19]中，法院认为，被告作为原告公司股东，有缴纳出资额的义务。但按公司章程规定，股东出资额在2054年3月31日前缴纳，故被告的出资期限至今尚未届满。原告要求被告全面履行出资义务，无事实依据，不予支持。

在某公司诉某股东出资纠纷案[20]中，公司章程约定的出资期限为2025年12月31日前。原告提供公司对外拖欠工人工资、货款、租金和水电费等款项证明公司经营困难，要求被告提前履行出资义务，法院认为因被告的出资期限未届满，并且缺乏公司经营困难的证明力度，不予支持原告主张。

总结以上判例，可以得出法院不支持股东出资责任加速到期主要基于以下理由。

第一，认为新《公司法》缺少支持债权人要求未届期股东承担补充赔偿责任的依据。

第二，如前文所述，公司经营困难难以认定，从上述案例可以看出，除非是有强有力的证据证明公司已经陷入经营困难的境地，如果仅仅是举证公司拖欠工资、相关费用等，其证明力较弱，法院一般不予以采纳。

笔者之见，一般在审判实践中为了维持公司运营的稳定性，法官可以主动向股东阐释说明倘若不履行出资义务的不利后果，公司股东如果可以充分预见此种法律后果仍不提前履行义务，那么可以通过破产的途径淘汰信用较差的公司，是公司债权人利益得以保障的终极路径。

四、股东出资责任加速到期的理论修正

对于上述肯定说的大部分论证理由，笔者基本赞同，并从以下方面对肯定股东出资责任的加速到期这一观点进行论证。

（一）权利义务对等性的内在要求

民商法的精髓历来是权利与义务的对等，利益与风险的协调统一，出资的认缴既产生现实的权利，也就理应伴随着相应的出资义务。[21] 权利与义务的对等性依旧是他们之间最基础的关系形式。[22] 在股东对出资约定这一现象上，权利与义务依旧是相应的。新法废除了最低注册资本的要求、取消了对股东出资期限的限制，这些措施降低了设立公司的门槛、鼓励了创业行为，节省了公司设立之初和存续的成本，同时也赋予了股东前期投资、后期补充资本的自由，股东在一定程度上享受到了新法赋予的时间资金成本优势。同样，股东当然应承担与这部分利益对应的义务，至少股东要确保不能危害到公司债权人的利益，不能导致公司成为其转移风险的对象。

（二）权利必须善意行使之原则

股东在约定资本的认缴期限时，必须善意地行使订立契约之权利。这需要权利人在对

---

〔19〕 参见浙江省兰溪市人民法院民事判决书，(2016)浙0781民初2489号。

〔20〕 参见广东省东莞市第二人民法院民事判决书，(2015)东二法民二初字第171号。

〔21〕 梁慧星：《民法总论》，法律出版社2011年版，第81页。

〔22〕 王文东：《论权利和义务关系的对等性与非对等性》，载《首都师范大学学报》(社会科学版)2007年第5期。

债务债权进行设定时,要考虑是否可能履行,是否具有应有的功能,是否符合其追求的社会目的,是以,在行使权利的整个过程都应该切合设定的目的,如果与该目的背道而驰,即为滥用。[23] 此外,从商法的效率原则考虑,为了更快地使双方交易确定,它需要商事交易应尽可能地迅速执行。畸长的出资期限显然不切合商法追求的此种效率精神。

(三)未履行义务的实用制度价值

遵循破产法思路,我们可以在《破产法》中找到支持股东出资责任加速到期的法律依据,即公司进入破产程序中,那么在破产程序之前是否同样适用,要求股东在个别清偿中提前履行其出资义务呢?倘若股东只要履行自己本该履行但未届期的出资义务,就足以偿付公司的债务,拯救公司于危机之中,又怎会导致公司破产呢?事实是,当公司面临破产,相比已经无实际价值的现金对价而言,还未缴纳的资本也许比实缴资本,更加能够为债权人提供有力的保障。[24] 换言之,法律义务在义务人尚未履行时更具有实用的制度价值。

五、股东出资责任加速到期的规范路径

此次修法,缺乏必要的公开、也未广泛收集学界的建议,确立的认缴登记制并非适合中国制度环境的最佳资本制,由此产生了诸如像本文探讨的股东出资责任加速到期等一系列问题,公司法学者甚至一度"集体抑郁",但是认缴登记制在实践中也有其不可忽视的积极一面。例如,废除了注册资本最低限制,前所未有地激发了企业的设立动力,新企业数量空前增长;侧面有力地推动了劳动就业,一定程度上缓解了就业压力;在政府简政放权,走服务型政府的政策背景下,有利于政府职能的转变,同时也是深化改革的需要。由此,笔者就现行的认缴登记制下股东出资责任的加速到期制度提出以下几点路径。

(一)适用《合同法》规范之路径

在认缴制下,改变了股东在公司设立之初就要实缴出资这一行为,但是需要投资人对是否实缴出资、何时缴纳等问题进行自主约定,这背后隐藏着一种合同行为,股东对出资的约定必然要达到合同法的规定。可见,对于股东的出资承诺及其之后履行,合同法起到一种事实上的监管效果。

1. 股东出资应遵循合同法之原则

合同自由原则是《合同法》的基本原则之一,新《公司法》废除了两年和五年的最长出资期限,赋予了股东关于出资制度的更多自治权,但是合同自由是有限制的自由,不是绝对的,这意味着股东的出资履行期之设定也是有限制的。合同正义原则要求合理分配合同之负担,其有多方面显现,[25] 遵循合同正义的一个很重要体现就是确保可以实际履行合同约定之义务。其作为《合同法》的又一基本原则,合同自由原则一定与其相互协同、彼此补充,才能更多地体现合同法的功能内涵。对于合同立法以及其解释适用都应该遵从并考虑这两种原则,才能平衡各方的利益。

2. 股东出资责任可适用《合同法》之代位权制度

我国《合同法》第 73 条第 1 款[26] 关于代位求偿权的规定,可以作为公司债权人对未履

---

[23] [法]雅克·盖斯旦等:《法国民法总论》,陈鹏等译,法律出版社 2004 年,第 125 页。

[24] 傅穹:《重思公司资本制原理》,法律出版社 2004 年版,第 106 页。

[25] 崔建远:《合同法》,北京大学出版社 2013 年第 2 版,第 65 页。

[26] 参见《合同法》第 73 条第 1 款的规定:"因债务人怠于行使其到期债权,对债权人造成损害的,债权人可以向人民法院请求以自己的名义代位行使债务人的债权,但该债权属于债务人自身债务的除外。"

行出资义务股东的直接请求权之理论基础。[27] 根据公司章程中对股东出资的数额、方式和期限的规定，股东（次债务人）对公司存在缴付出资的义务，因此公司（债务人）对股东享有要求其缴付出资的请求权。如果股东届期未履行出资义务，并且公司也未要求股东承担法律责任，则公司债权人有权利用合同法中代位权制度向法院提起诉讼，以自己的名义请求公司股东承担法律责任。当然公司债权人在适用这一制度时有其特殊安排，由于篇幅原因，在此不展开论证。总体而言，公司债权人直接请求权的成立只需两个构成要件：一是公司未向债权人履行到期债务；二是股东未向公司履行出资义务，无论该义务是否到期，是否为金钱债务等等。因此，公司债务人通过行使代位权，可加速股东出资责任的加速到期。

（二）适用《公司法》规范之路径

1. 在公司法中明确规定股东出资责任的加速到期制度

2013 年《公司法》修正案确立认缴登记制后，极大地便利了股东自由投资和公司设立门槛，然而却使得股东出资责任的加速到期问题更加凸显，而现行法律又缺少相关的明确法律规定，债权人保护相应的配套机制不完备，那么为更好地解决本文所探讨的问题，首要任务就是在公司法中明确规定未实缴股东出资的加速到期。这样不仅能够指导实务裁判，也使法律规范体系也趋于成熟和完善。

2. 解释适用《公司法》第 3 条第 2 款

对于本文类似问题，我国台湾地区公司法学者提到，他们适用我国台湾地区"公司法"第 139 条来解决，规定"认股人有照所填认股书缴纳股款之义务"。如此一来，不论股东约定的出资期限届期与否，都具有向公司债权人承担补充赔偿责任之义务。我国台湾地区学者建议我们效仿其解释适用法律的方法，法院可以援引我国《公司法》第 3 条第 2 款规定，按文义解释"股东以其认缴的出资额""股东以其认购的股份"，而不作届期与否的区分，只要属于股东认缴的出资额或认购的股份，股东就在这个额度范围内对公司的债务承担责任。

3. 扩张解释《公司法解释（三）》第 13 条第 2 款

《公司法解释（三）》第 13 条第 2 款规定，在公司不能清偿对外债务的前提下，公司股东在未出资的本息范围内承担补充赔偿责任，能够扩大解释为包括认缴而未缴、但出资期限未届期的股东。

（三）适用行政手段之路径

除了上述合同法、公司法的规范路径，行政机关还可运用行政性的手段监督管理股东出资行为。采取公法的方法进行有效的行政监管，能够在某种意义上弥补私法的局限。

一方面，登记机关可以公开披露股东出资协议的内容，引导当事人理性约定出资期限及切实履行承诺。另一方面，推进企业征信评级系统，对于股东的出资承诺及其履行情况进行评级。

【导师点评】

王亚楠同学法学理论功底扎实、学习成绩优秀。她不仅勤于思考、观察问题敏锐，还具有擅长分析、研究和解决问题的能力和水平。这篇硕士毕业论文得到一致好评，就已经能够说明她除了具有良好的理论素养外，还能理论联系实际、真正地做到学以致用。

在围绕股东出资责任加速到期的法律适用这一问题上，她以多个案例为切入点，对我国

---

〔27〕 周珺：《论公司债权人对未履行出资义务股东的直接请求权》，载《政治与法律》2016 年第 5 期。

公司立法精神、法律价值取向、法律解释进行思考和评析,以案释法,并借助案例帮助理解规则的适用,达到了相当高的水准。这也是该论文的一大亮点。

在理论层面,她能运用自己所学的知识,正确地归纳和梳理我国学界三种不同的观点,并对这些见解展开一定的分析和客观的评述。最后,在支持肯定说的前提下,她还能对该学说的完善做出理论上的修正和补充,并从公司法、合同法和行政手段三个方面提出解决股东出资责任加速到期制度的路径选择。因为创新点多,所以给论文增色不少。

(指导教师:李伟群)

刑律适用

从平义解释到体系解释:刑法解释方法的再限定

王　潜*

一、追问“实质”立场:刑法解释理念的再反思

(一)合一与分离:法律文本与法律规范的关系演变

在法理学中,法律文本和法律规范之间的关系是最为经典的话题之一。从形式上看,法律规范是隐含在法律文本背后的国家命令、社会合约等内容,而法律文本则是法律规范的承载方式。而法理学所关注的问题则是:第一,法律文本和法律规范是否等同;第二,在法律文本之外,是否还存在其他的法律规范承载主体。

在概念法学时期,法典被视为法律规范充分且唯一的表达形式,“法典所内含的体系可以为法官寻求法律资料提供用之不竭的资源”,并且“应当拒绝法官的独立判断,因为法官要像运用数学公式那样理解法律概念”。[1] 概念法学所倡导的文本与规范合一论着重于强调法的确定性与可预见性,它意图实现本体意义上的法律之治。但是,从法的实践性上看,一方面,在语词表述上,法律文字是否总是清晰明确是令人质疑的[2];另一方面,随着时代的发展,人们的行动呈现多样化特征,原有法律难以完全涵盖全新的社会生活,法律文本的滞后性和不周延性极易形成法律漏洞。

如此一来,概念法学所主张的法典封闭性被击破。有论者提出:“法律是目的的载体,是被社会力量所拟制的现象。”[3]随后,法典背后的社会功能和价值追求开始受到更高的关注。在法律解释中,法律文本和法律规范开始出现二元分立,法律目的等要素成为补充法律文本、宣示法律规范的第二种载体。[4] 在刑法语境下,文本与规范的二元分割也得到了学者的认可。例如,有论者认为,整个法律适用解释就是达致实质正义的过程,应当在解释中将刑法正当与公正——刑法的价值追求——作为第一要务。[5] 在上述观点看来,法律解释所探讨的不仅是法典语义的明确性,还包括在语义以外寻求和正义相关联的补充要素。在操作中,法典的语义就失去了终局性意义,而必须让位于更高层面的价值判断。

具体操作上,论者开始尝试用价值判断填充罪刑法定原则,从而把罪刑法定原则区分为

---

* 王潜,华东政法大学 2017 届刑法学专业硕士研究生。

〔1〕 R. Titiriga, *The"Jurisprudence of Interests"(Interessenjurisprudenz) from Germany*: *History*, Accomplishments, Evaluation, Social Science Electronic Publishing, 2012, p. 57.

〔2〕 例如,哈特所主张的语词“开放性特征”已经成为解释学上的共识,从语词核心语义向外辐射时,语词会变得越发不清晰,无法准确反映其所指涉的含义。See H. L. A Hart, *The Concept of Law*, Oxford University Press, 1961, p. 123.

〔3〕 L. Fuller, *The Morality of Law*, Yale University Press, 1964, p. 145.

〔4〕 参见[德]魏德士:《法理学》,丁晓春、吴越译,法律出版社 2005 年版,第 305 页。

〔5〕 参见徐岱:《刑法解释学的基础理论构建》,法律出版社 2010 年版,第 53 页。

形式侧面和实质侧面,并将法益保护、禁止处罚不当罚行为等理念纳入法定主义之中。[6]论者希望以价值判断为桥梁,意图将法益保护、刑法目的等作为和法律文本相平行的规范载体,而沟通不同载体的媒介,就是刑法解释。

(二)承接与变异:“实质违法性”的方法论考察

“文本—规范”分离理论在刑法解释理念层面体现,就是实质解释理念的生成;究其本质,则是刑法人出于对法律文本的怀疑主义而对法律进行实质化探索。而在更为微观的层面,这种理念表现为“实质违法性”理论的不断兴起。

在当前的刑法理论和实务操作中,形式与实质的双面结构被引入了罪刑法定原则。在犯罪判断上,除了在构成要件该当性的层面进行事实性的分析,罪刑法定原则还应对行为的违法性进行判断。在违法性判断中,司法者不仅应当从形式上判断法律内容,还需要从实质上判断行为的法益侵害性。这种判断模式实际上是对三阶层犯罪论体系中“实质违法性”的承接。它之所以引起论者的极大兴趣,是因为在外观上,它所表达的法益保护原则和我国刑事政策中打击犯罪的政治诉求相趋同。

不过,值得注意的是,大陆法系的“实质违法性”具有两个特征:第一,实质违法性判断是在行为符合构成要件之后进行的;第二,实质违法性所承担的是“出罪”功能,即将符合构成要件但不具备法益侵害性的行为从刑法评价中剔除出去。

但是,在我国当前的刑法解释学中,“实质违法性”的判断序位和功能却悄然发生了变化。

第一,就判断序位而言,实质违法性判断被提至构成要件之前。法律解释原本发生在三段论推理之前,是确定法律(大前提)含义的一项活动。而解释实质化发展,就是在判断构成要件内容之前,先确定行为是否具有“法益侵害性”和“可谴责性”,然后再通过解释方法,“使行为的违法性和有责性达到值得科处刑罚的程度”。

第二,就实际功能而言,实质违法性被作为扩张犯罪圈的技术手段。论者提出,“行为的处罚必要性越高,将其解释为犯罪的可能性越大”。这样,对法条的理解就成为以“正义、善恶、爱憎等‘心术’标准替代法律的规范要求和评价标准”。[7]

笔者认为,将实质违法性判断提前至构成要件判断之前,并且赋予其“入罪”功能,实际上是对“实质违法性”的人为变异。尽管论者强调个案裁判中对法益的保护,强调刑法适用的公正后果,但是在实际解释效果上,却展现出实质判断对形式逻辑的侵略与突破。在定罪逻辑中,有论者总结道,“全部司法解释活动从头到尾只能是一个‘有中找有’,而不能‘无中生有’的过程”。[8]

事实上,将实质违法性判断引入刑法解释,可以看出论者对刑法公正的急切追求。但是,其操作过程是否是真的符合公正原则,是令人质疑的。

(三)自由与秩序:“实质”立场的公正性追问

将刑法解释的视角从文本规范转移至实质正义,其在技术上采纳的是“后果导向”模

---

〔6〕参见[日]山口厚:《刑法总论》,付立庆译,中国人民大学出版社2011年版,第17~22页。

〔7〕杨兴培:《刑法实质解释论和形式解释论的透析与批评》,载《法学家》2013年第1期。

〔8〕杨兴培:《检视罪刑法定原则在当前中国的命运境遇——兼论中国刑法理论的危机到来》,载《华东政法大学学报》2010年第1期。

式,即“在合乎法目的范围中去思考和检验法解释的效果”。[9] 论者相信,司法人员并非机械的法律适用机器,其在司法活动中也享有追求公正的权力。而刑法的“不公正”,则体现为文本语义和实质价值上的不和谐,又形成了“法律漏洞”。

因此,实质精神的功能就不仅仅是说明法律条文的语义,还包括填补立法漏洞,实现刑罚处罚上的“公正性”。对此,笔者认为,法律上的“公正”是法理学中的永恒话题;至于终极的“公正”概念,本文无意探讨。但是就刑法而言,立法明确性、保护法益、保护人权、严格依法办案、平等适用法律、罪刑均衡等所有关于秩序与自由的要素都是刑法公正的组成要素。刑法公正又可以划分为立法层面的公正和司法层面的公正。毫无疑问,立法最为偏好论者所主张的“实质正义”——在民主立法程序中对社会行为进行价值判断,并通过立法技术将价值判断转化为法律文本。

对司法者来说,“当这种实质理性在立法中被确认的时候,它就转化为形式理性”。[10] 司法机关是国民意志的执行机关,维护立法的权威性和安定性,是司法公正的应有内涵之一。而当前的刑法解释观点,却将法律安定性和法益保护原则推向了矛盾的极端。笔者认为不然。一方面,“真正出现刑法漏洞的情况并不像有的办案人员想象的那么严重”;[11] 并且,社会问题的出现,往往是和政治、经济、文化等多个方面相联系的,刑法只是社会治理的最后手段,不能一出现社会问题,就将其归结为“刑法的漏洞”。另一方面,即使刑法出现了个别疏漏,[12] 但由于刑法文本具有封闭性,它对司法者“严格依法办案”提出了极高的要求。因此,在对文本规范的遵循中,法官只能依法裁判,而不能裁判法律,在司法视野中,刑法并不存在所谓的法律漏洞。[13]

这样看来,对“法益保护”的强调,只看到了刑法公正的一个要素,但是对于刑法背后的法律安定性、自由保障以及司法权,却出现了不同程度的忽视。在裁判效果上,“只追求更高的善法,却不遵循现有的法律,这无疑是欠缺信服力的”。[14]

因此,笔者认为,司法者所享有权力资源是有限的,欲通过解释的方法来实现立法层面的“公正”追求,显然是能力不足的。正如学者所言,“刑法解释只能是技术意义上解释而不是进行立法补充规定,所以刑法解释必须对现有法律保持谦逊和尊重的态度”。[15]

二、回归本文规范:刑法解释操作的再审视

(一)结构划分:刑法文本的功能探视

如果说,“实质”的刑法精神在宏观层面存在公正性不足的缺陷,那么在更为微观的层面,它们也同样和罪刑法定主义背道而驰,尽管实质的罪刑法定主义正在努力寻求的是形式逻辑和价值判断之间的“和合”。

在刑法发达史中,对秩序与法益的保护始终是刑法产生的直接动因——国家制定刑罚

---

〔9〕 姜涛:《后果考察与刑法目的解释》,载《政法论坛》2014年第4期。

〔10〕 陈兴良:《刑事法治论》,中国人民大学出版社2007年版,第4页。

〔11〕 王瑞君:《罪刑法定的实现:法律方法论角度的研究》,北京大学出版社2010年版,第111页。

〔12〕 在立法时,为防范可能出现的处罚不当的后果,立法者在《刑法》中专门规定了但书条款、免予刑事处罚条款、法定量刑幅度以下的减轻刑罚条款;同时,在《刑事诉讼法》中,立法者也专门设定了撤销案件条款、不起诉条款。这些法律规定,都可以成为司法者应对刑法疏漏的法律资源。

〔13〕 参见陈兴良:《刑法的价值构造》,中国人民大学出版社2006年版,第290页。

〔14〕 陈金钊:《实质法治思维路径的风险及其矫正》,载《清华法学》2012年第4期。

〔15〕 杨兴培:《反思与批评——中国刑法的理论与实践》,北京大学出版社2013年版,第142页。

法规的必要性,是以对刑法所具有的一般性机能寄予期望为前提的,而这种机能,就是惩罚犯罪、制止犯罪。[16] 而罪刑法定原则并非是刑法的固有特征;它是在社会治理法治化背景下附加给刑法的一种原则。概言之,古今中外,刑法无不是作为惩罚法和保护法出现。但是,为了避免刑法成为司法者肆意宣泄伦理情绪的工具,而造成矫枉过正的恶果,[17] 立法者在法益保护之外,又为刑法添加了"人权保障"的限制。

哈特的"功能结构"理论对此有精辟的阐述:法律的功能结构可分为"基础性规则"(Primary Rules)和"第二性规则"(Secondary Rules)。其中,基础性规则指的是法律的"行为规范"功能,即法律首先向特定人群规定了一定的行为准则,并要求他们遵照这一标准行动。[18] 而"第二性规则"指的是法律的"裁判规范"功能。根据哈特的观点,法律首先面对的并不是专业的司法裁判者,而是普通国民;法律功能的发生源于对国民行为的规制,而司法裁判的结果则是对行为规范的确认。这种功能分层理论的方法论意义在于,法律人对法律文本的解读不能仅立足于裁判的视角,而更应当关注国民对法律的认知。否则,即使在个案裁判中实现了某种道德判断上的适正性,但国民对此根本没有认知的可能,那么法律意图规范社会行动的目的也最终不会实现。即使在崇尚"法官造法"的英美法系,也确立了刑法"模糊即无效规则"(Void for Vagueness)。[19] 更进一步说,司法活动首要考量的问题不是裁判公正与否,而是法律人对法律的解读能否保持在国民的认知范围之内。

从这个角度看,刑法解释的应然基础就在于法律文本,刑法解释的目标就在于探明刑法文本的语义,并且保证这种语义是在国民的一般性认知之内。但是,当前我国《刑法》所提倡的解释方法是否符合这一要求,是值得商榷的。

(二)逻辑含混:文义解释与体系解释的困境

一般认为,文义解释与体系解释是紧密围绕法律文本展开,它们在捍卫权力制衡、维护法律安定性、规范司法权行使等方面具有积极影响。但是,在笔者看来,当前文义解释和体系解释在论证逻辑上均存在一定的矛盾和不自洽,并直接导致司法操作上的缺陷。

1."文义"的解释学定位

解释学认为,对法条的理解总是通过阅读文字语义开始,应当"把对文义的探求作为解释的起点和终点"。[20] 在逻辑判断上,文义解释的启动原因在于法律文字的语义不清,文义解释的最终目标在于阐明语词文义,而文义解释的论点依据又在于语词文义。这样,文义解释就成为以"解释目标"论证"解释方法",以"文义"推导"文义"的法律方法。

这无疑令人深思:"文义"到底是解释依据,还是解释结论?

事实上,文义解释所暴露出的逻辑不自洽问题,将直接导致论证标准的丧失——解释者将首先站在本人的立场上,预先提出一个"文义",再用它来阐明待解释的"文义"。这样,解释学原本预想的语词文义的共识性和客观性特征就难以实现,解释操作反而变得因人而异,增加了语词含义的不确定性。从预测可能性的角度看,文义解释的最大困境在于,它并没有回答"文义"的标准是什么。因此在解释学中就出现了以"通常含义""专门含义""不能拘

---

〔16〕 参见[日]西园春夫:《刑法的根基与哲学》,顾肖荣等译,上海三联书店出版社1991年版,第30页。

〔17〕 参见[日]松原芳博:《刑法总论重要问题》,王昭武译,中国政法大学2015年版,第35页。

〔18〕 See H. L. A Hart, The Concept of Law, Oxford University Press, 1961, p. 21.

〔19〕 Richard G. Singer, John Q la Fond, Criminal Law, China Fangzheng Press, 2003, p. 8.

〔20〕 陈金钊:《文义解释:法律方法的优位选择》,载《文史哲》2005年第6期。

泥于字面含义”等观点来理解“文义”,这无疑削弱了国民对语词含义的预见能力。

2.“体系”的范围界定

体系解释的操作原理在于将法律语词至于某种语境之下,通过和上下文的对比、归类,从而确定文字的语义,并实现法律秩序的统一。然而,关于体系素材的范围和限度问题,解释学中仍存在较大的争议。

例如,就解释素材的范围而言,有观点认为,刑法本身具有完整的权利义务体系,体系解释仅需在刑法内部进行。但是,如果完全排斥参考其他部门法的规定,则可能造成法制不和谐的后果。另外,亦有观点认为,如果刑法和其他部门法所调整的是相同行为时,刑法解释结论应当和前置法的判断保持完全一致。但是,各部门法的法律功能和对行为的着眼点并不相同,如果追求刑事判决和前置法判决的一致性,有时会导致极不合理的后果。甚至,有的观点还认为,体系解释素材还包括更为宏观的政治美德,因为“对法律的理解无论是在深度上还是广度上,都是政治性的”。[21] 根据该观点,体系解释的素材不仅包括法律因素,还包括法律以外的诸如法律目的、道德评价、社会民意等要素。通过对体系要素的梳理,我们会发现,体系素材范围选择和论证思路的不同,将直接导致法律适用后果的不同,这也极易导致超出国民预测可能性的结论。

(三)功能不足:历史解释与目的解释的困境

历史解释和目的解释都属于在法律之外寻求解释依据,它们允许对法条背后的立法价值、法律目的进行推测。这两种解释都需要解释者结合立法资料,对立法原意或目的做出判断。然而,也正是因为融入了解释者个人的价值判断,相关解释方法也引起了解释学的疑问:以解释者个人的价值判断为依据,所推导出解释结论,能否保持在国民对刑法文本的理解范围内,从而维护刑法的行为规范功能?

从浅层的角度看,解释者将立法资料作为论理依据,通过追溯立法当时的情景,推测出立法者规定某个语词的真实用意。但法条的形成却是各方利益博弈、妥协的结果。立法过程需要融合不同利益代表的谈判、争辩,才能最终形成合一的结论。如果解释者要真切地把握立法意图,就需要全面收集立法资料,最大化地还原历史情境。但是,受司法资源限制,法官不可能完整收集立法资料,更不可能全面考察民主立法的动态过程。

而更为深层的问题在于,在解释素材的选择上,论者直接将法价值作为了解释依据。但问题是,刑法所保护的价值是多样的,甚至是相互冲突的。例如,在我国《刑法》第1条明示的立法目的中,保护法益和保障人权都是立法的目的。这两个目的孰先孰后,是否也有效力位阶?“由于上述两个方面经常存在冲突,故二者关系的需要协调,从而保持两者平衡。”[22]但是,如何协调与均衡不同立法目的之间的关系,论者并没有给出答案。事实上,不同的立法目的所体现的是立法论中的利益衡量,它不仅考虑了个案中的被害人和被告人的利益保护,还考虑了法律对全部“潜在被害人”和“潜在被告人”的保护,甚至还考虑了刑法对国家的利益保护。在进行价值判断时,只有像立法者那样全面衡量利益要素,并经过动态的立法讨论,才能真正探寻到法律目的。但是,由于法律资源和结构的限制,司法者不可能像立法者那样周详地考虑。

这样,解释者原本希望通过回溯立法历史或审阅立法资料来探寻到法律原意、目的,以

[21] Ronald Dworkin, Law as Interpretation, Texas Law Review, 1982, p. 527.

[22] 张明楷:《刑法分则的解释原理》,中国人民大学出版社2010年版,第35页。

此对法律进行客观解读;但是在实际操作上,却是司法者先抛开法律文本而考虑“当罚性”问题,并预想出一个“合理”的裁判结论,再用它来变更法条的内容。这实际上是以司法权的行使变更了法条明文规定的内容,当法条语义已经清晰明确时,再从裁判立场,以价值判断来变更法律内容,无疑会损害法律的安定性,甚至可能导致国民对刑法本文的不信任。因此,在保障“预测可能性”和避免“解释随意性”的刑法功能实现中,这两种解释方法显然也是能力不足的。

三、从平义到体系:刑法解释方法的再限定

笔者认为,根据前文论述,在当前的解释方法中只有“文义解释”和“体系解释”与法律条文语义紧密关联,并且是在刑法文本内寻求解释素材,从而符合罪刑法定原则的要求。而“历史解释”“目的解释”则是将刑法典以外的要素作为解释依据,甚至在方法论上出现替换刑法文本的后果,这显然是和罪刑法定原则相违背的。

在刑法解释学中,应当将解释方法限定为“文义解释”和“体系解释”。不过,这两种解释方法是否逻辑完善、其操作规则是否清晰,也是令人质疑的。因此,在明晰了解释立场等观念问题后,本节将着重探讨刑法解释方案的实际操作问题。

(一)语义共识性:刑法平义解释探析

从更为宏观的层面看,“法治”之所以可以被证立,就是因为法律文本是由一种共识性的语言所书写的,这种语义不是某一个法律人所偏重的含义,而是能被全部国民所理解的含义。这种语义从终局的角度看,可以称作“文义”。不过,从解释的角度看,我们一定是先通过探寻某种语义依据,才能发现最终的文义;而这种语义素材则是建立在国民的共识性语言规则之上(agreed-upon semantic canons)的。[23] 在方法论中,这种共识性的素材可以称为“平义”(plain meaning),而相应的语义解释方法,也可以称为“平义解释”,即针对法律用语而言,按照该用语最平白的字义进行解释。[24] 对平义解释的探索,可以回溯到霍姆斯的论点:“我们所探寻的不是作者想说的,而是在使用这些语词的环境下,一个普通说英语者口中的这些词将具有什么含义。”[25]

就平义解释的操作方法而言,笔者认为,当前刑法理论对自然犯和行政犯的分类对平义解释具有操作层面的影响——它们和国民的伦理观念、认知能力以及特定犯罪构成要件范围之间发生不同关系。

对自然犯而言,其通常和国民的道德伦理意识发生直接且稳定的联系,是国民共识中的社会现象。国民对此类犯罪认知表现为对行为模式的认知与对恶害结果的认知。这样,通俗性、日常性和经验性就成为立法语词的最大特征,即使国民没有受过专门的法律训练,通过阅读此类法律语词,也可以对法律产生共鸣。因此,对于自然犯的理解,解释者应当遵循一种经验上的日常语用标准即一般性平义,而不宜对语词过度解释,从而保证法律解释和国民认知的良性互动。

就行政犯而言,从语言学的角度看,人类社会从最初的生存模式,逐步发展出多样的社会事务,从而又具体细化为专门的社会活动领域,这样,人类社会的通用语言就发生了改革,除了日常性用语,专门领域的语言也开始填充人类生活。例如,在经济领域的法律调整中,

---

〔23〕 See Kavanaugh B. M. , Fixing Statutory Interpretation, Harvard Law Review, 2016, p. 2119.

〔24〕 参见张明楷:《刑法学》,法律出版社2011年版,第44页。

〔25〕 OW Holmes, The Theory of Legal Interpretation, Harvard Law Review, 1899, p. 417.

立法者必须充分运用专门的词汇来表述某一类经济现象。对于刑法来说,行政犯的产生源于行为对前置行政法义务的违背,在构成要件的设计上,刑事立法亦会采纳相关领域的专门词汇。对于发生在专门领域的行政犯来说,对法律语词的理解必须结合行业特征和前置法义务进行解读。

当然,有论者可能质疑,既然行政犯的立法语词是专门性用语,并且此类语词也超出了日常语用范围,那么还能否将其命名为"平义"?笔者认为,答案显然是肯定的。因为从调整范围来看,行政法和行政刑法所针对的对象都是从事特殊行业的人,对他们来说,认知行业用语,遵循行政法义务,是开展相关活动的应然前提。既然相关语词相对于特定行业来说,已经被赋予约定成俗的意义,那么在法律对其进行调整时,我们完全可以称其为"专门性平义"。

据此,在法律语词文义进行解释时,解释者应当根据犯罪的自然犯属性或行政犯属性,从一般性平义或专门性平义中确定语词含义。

(二)功能补足:刑法体系解释探析

受语言文字开放性的影响,法律语词所指涉的对象并非总是明确的。甚至,有些法律概念的语义范围太过宽泛,以至于超越了普通国民和法律人的经验判断能力。此时平义解释无法发挥作用,法律人只能在法律文本内探寻其他的解释依据。

从法律本身的特性出发,立法既讲求经验,也讲求逻辑:一方面,法律实践和全部社会成员之间产生互动,讲求某一文化环境中的共识性;另一方面,法典本身也是自在的逻辑体系,法律原则和法律规则并非随意摆设,而是按照一定规律制定、排列、组合。这样,除了经验性语言判断之外,法的逻辑体系也能为人们解读法律带来启发。在方法论上,法律人可以根据单个语词或条文所处的"语境",依据逻辑体系的一致性而作出解释,这种方法被称为"体系解释"。

就体系解释的具体操作而言,其所遵循的原则在于,运用比对、归类的方法对待明确的法律语词和其他语词的关系进行探讨:其一,当概念相异时,法律语词的解释结论必然不得同一;其二,当概念相似时,对法律语词的判断应当注意区分相同点与不同点,从而划定语词的指涉范围;[26]其三,当概念相同时,对构成要件的判断必然一致。而这一操作的核心在于,解释者必须划定体系解释的素材范围。

德国学者魏德士对法律体系的层级进行了划分:体系解释包含内部体系和外部体系,其中内部体系指的是由"相同价值结构所形成的法律内部秩序",外部体系则是"对法律材料进行形式上的划分(例如,拥有各自部分领域的民法、公法和刑法)"。[27] 据此,我们可以判断,在刑法典中寻求解释依据,无疑属于"内部的"体系解释素材。对此,我们又可以进一步追问:其他部门法能否为刑法解释提供体系素材(外部素材)?

---

〔26〕 例如,"胁迫"是抢劫罪和敲诈勒索罪都具有的犯罪形态,但是,从两罪在类罪名的序位上看,抢劫罪位于侵犯财产类犯罪之首,它的危害程度明显重于敲诈勒索罪:行为人完全压制了被害人的心理,除了交付财物,被害人别无选择。因此,抢劫罪的胁迫,必须是恶害程度较高的暴力威胁。相比之下,敲诈勒索罪的危害程度相对较低,其在于给被害人施加心理上的压力,但又尚未完全压制被害人,被害人仍有选择是否交付财物的空间。因此,敲诈勒索罪的胁迫可以是程度较低的暴力胁迫,也可以是非暴力胁迫。如不作此限定,就会导致抢劫罪和敲诈勒索罪共享同一构成要件要素,既不利于司法区分此罪彼罪,也会造成刑法各罪体系序位的混乱。

〔27〕 参见[德]魏德士:《法理学》,丁晓春、吴越译,法律出版社2005年版,第321页。

笔者认为,从法律调整的社会关系上看,只要行为具有严重的社会危害性,就可能会被纳入刑事立法的视线,刑法调整对象的范围比任何一个部门法都要广泛。从包容性上看,当其他部门法没有能力对危害行为充分评价时,刑法就会“接力”,将这部分行为纳入刑罚的考评中。因此,刑法也被称为其他部门法的“保障法”。[28] 这样,其他部门法和刑法就会产生如下交集:其一,数个部门法规定了相同或相似模式的行为,例如民法中规定了“欺诈”,“胁迫”,而刑法中也有“诈骗”“威胁”等表述;其二,出于立法经济的原则,刑法直接援引了前置法的概念,对罪状进行了类型化的表述,例如,“走私”的界定就需要结合《海关法》的内容来判断,医生资格就需要结合《执业医师法》来判断;其三,刑法规定了空白罪状,直接将前置法律纳入构成要件范围,如“违反国家规定”等表述。

这样,在进行体系解释时,司法者的目光也必须穿梭于刑法和其他部门法之间,坚持并把握犯罪的“二次违法性”特征。但是,对于法律文本之外的法价值而言,笔者认为,受罪刑法定原则的约束,刑法解释应当遵循合法性和正当性原则。而法价值则是规范以外的要素,且具有判断上的随意性,因此和罪刑法定原则相违背。刑法体系解释的素材只能限定在规范性法律文件内部。

(三)有利于被告人:解释不能时的法律适用思路

如果说,法律解释的目标在于明确条文语义,那么可以想象,在成文法体制下,立法中极有可能存在过于模糊的语词,以至于使用平义解释、体系解释的方法仍不得探明语义,这样刑法就出现了“法律存疑”的现象。

例如,在《刑法修正案(九)》生效前,“强奸后迫使卖淫”是《刑法》第385条的法定加重情节。那么,对于使用暴力手段“鸡奸”男性,从而迫使其卖淫的,是否符合该加重情节?这就涉及对“强奸”一词的解释问题。

从平义解释的角度看,随着同性平权运动的发展,同性之间的特殊关系也开始逐步被社会科学所关注,并且在一定的社会文化中得到了认同。在对“强奸”一词的理解中,人们极易产生认知层面的分歧。从体系解释的角度看,与性侵男性有关的素材仅有强制猥亵、侮辱罪,而它本身也无法说明强制“鸡奸”行为是否构成“强奸”。

对于这种极端状况,有论者提出,法律存疑本身并不当然适用“存疑有利于被告人原则”,法官仍应依一般的法律解释原则消除疑问。[29] 但是,笔者认为,刑法条文之所以存在疑问,恰恰是因为刑法解释无法确证法律语词的边缘语义,那么此时又如何继续解释?这种破解思路显然不具备可操作性,否则就会形成法律解释中的循环论证,甚至最后极易演变为话语权争夺,而这又和刑事法治不相符合。

在笔者看来,当语词含义极端不清晰时,法律解释是无能为力的。对这一问题的解决,应当重新回归刑法的行为规范特征:既然刑法的首要功能是规范国民行为,那么对法条的理解与阐释必须建立在“共识”的基础上。而在法条含义尚未明确之前,争议事实处于“既不能排除有罪、又不能排除无罪”的境地——争议事实“不能被百分之百确定有罪”。在罪刑法定视域下,定罪活动的所遵循的原则乃是“法无明文规定不为罪”;而“存疑法律”所对应的事实显然不在法律的“明文规定”之中,即属于法无明文规定的情况,因此裁判者应当宣告行为无罪。与之相同,英美刑法理论也主张,对于极端的法律存疑应当适用“宽容原则”

[28] 赵秉志、袁彬:《刑法与其他部门法的关系调适》,载《法学》2013年第9期。

[29] 张明楷:《“存疑时有利于被告人”原则的适用界限》,载《吉林师范大学社会科学学报》2002年第1期。

(The Rule Of Lenity),而不能让被告人承担立法缺陷的后果。[30]

【导师点评】

刑法学的本体就是刑法解释学,刑事司法的基本操作方式就是解释刑法和运用刑法,刑法的生命就是在于通过刑法的解释,让其文本内容不断地被付诸实践。如果说刑法一经制定就以固定的"死的"文本形式存在于客观世界之中,那么刑法解释就是以不断激活的方式让刑法获得生命的活力重新"活转来"。刑法学硕士研究生王潜所撰写的硕士学位论文《从平义解释到体系解释:刑法解释方法的再限定》,以刑法解释为核心,以探究刑法解释理念和刑法解释方法为两个基本维度,以理论研究应当要指导实践、服务实践、规范实践的求学、求真、求实的为学精神,对我国当前刑法解释理论进行了探视与反思。在刑法解释理念层面,本文结合法理学中法律文本和法律关系的理论演变,深入探析了我国刑法解释"实质化"的发生动因,并结合大陆法系犯罪论体系中"违法性"要素的特征,对我国刑法解释"实质化"倾向提出了深刻的反思与批评。本文对刑法制度的发生机理以及刑法公正性的判断标准进行了深入探讨,精准地分析了罪刑法定原则的法治意义以及刑法文本的应有功能,旗帜鲜明地反对将罪刑法定原则解读为"包含实质侧面",并且重申了规范判断在先、价值评判在后的刑法适用思路。同时,对于刑法解释的具体操作,本文结合刑法的行为规范功能以及罪刑法定原则所要求的条文内涵可预测性,对当前刑法解释学所倡导的文义解释、体系解释、历史解释和目的解释等解释方法进行了全面分析,并从内部逻辑的自洽性、解释素材的确定性、价值判断的合法性等角度,对每一种解释方法存在的缺陷进行了反思,并以文本规范为核心,重新确立了平义解释、体系解释的操作规则;同时对于穷尽解释方法仍无法探明文本语义的情况,本文明确提出了"法律存疑"应适用"有利于被告人原则"的法律适用原理,并进行了周延论证。本文选题虽为刑法理论的经典问题之一,但在观点论证上,本文能够结合法理学的一般原理、刑法的发生机理及不同法系的制度特征,努力从更深、更广、更远的视角提出了新观点、做出了新论证、形成了新理念,从而成为一篇具有观点新颖、理论自洽、理念证成的专业学术论文;同时,除了理念重塑外,本文亦注重刑法解释的操作性问题,从微观的层面完善刑法解释的适用规则,尝试构建更合乎刑事法治的解释路径,努力地展示了刑法学研究的理论魅力与实践品格,不失为一篇理论与实践相结合的好论文。作为王潜的指导老师,初读论文就喜上眉梢,再读论文仍满意称是。听闻能够入选文集,欣然命笔,阅读心得,传至笔端,点评自成。快哉!

(指导教师:杨兴培)

---

〔30〕 See Richard G. Singer, John Q la Fond, *Criminal Law*, China Fangzheng Press, 2003, p. 8.

我国《刑法》第 13 条“但书”规定的司法适用探究

蔡松怡*

刑法学界一般认为我国《刑法》第 13 条是关于犯罪概念的规定，即什么是犯罪。其后半段的“但是情节显著轻微危害不大的，不认为是犯罪”就是我们通常所称的“但书”规定。理论界关于我国《刑法》第 13 条“但书”规定的理解和具体适用始终存在争议。本文将减少对理论分歧的探讨，而将重心更多地放在“但书”规定的司法适用上，期望通过本文能为司法实践规范化适用“但书”规定提出建议。

一、“但书”规定的概述

（一）“但书”规定在司法适用现状中的整体样态

“但书”规定是一个极具争议的条款，但现实是司法实践并未因其争论不乏而将其搁置一旁。本文将先对“但书”规定在司法适用现状中的整体样态进行展示，以此为切入点再对“但书”规定所涉及相关问题予以讨论。

笔者通过在中国裁判文书网和北大法宝网上搜索关键字“情节显著轻微危害不大”获取案例。通过筛除其中因为关键字重合而实为“犯罪情节轻微”的案件以及引用《刑法》第 13 条全部条文的法院判例，最终择取了有关“但书”规定的 180 个法院判例。此言“有关”是指被告人或其辩护人以“情节显著轻微危害不大”为辩护理由请求法院判处被告人无罪。那么以 180 个法院判例为样本首先来一窥“但书”规定在司法适用中的整体样态。

笔者经过分类归纳，将 180 个案例按照其所属的类罪名进行了划分，将其中出现频率高（8 个以上）的个罪名定为高频罪名，大致的情况如表 1 所描述。

表 1

所属类罪名	个数	比例	高频罪名
危害公共安全罪	15	8.33%	危险驾驶罪
破坏社会主义市场经济秩序罪	12	6.67%	
侵犯公民人身权利、民主权利罪	36	20%	故意伤害罪、非法拘禁罪、非法侵入住宅罪
侵犯财产罪	24	13.33%	盗窃罪
妨害社会管理秩序罪	71	39.44%	妨害公务罪、第 280 条、寻衅滋事罪
贪污贿赂罪	9	5%	
渎职罪	13	7.22%	

* 蔡松怡，华东政法大学 2017 届刑法学专业硕士研究生。

(二)“但书”规定的内涵

在一窥“但书”规定在司法适用现状中的整体样态后,有必要溯本回源对何为“但书”规定做一番陈述。这也是为后文奠定基础而必须予以阐述的一个问题。

1. 对“情节显著轻微”的分析

对于“情节显著轻微”的分析应一剖为二:一为“情节”,二为修饰其的“显著轻微”。有一种观点认为:“但书中‘情节’一词的含义仅表明犯罪人及其主观恶性程度的事实或情状。”〔1〕而另一种观点则认为“情节”是指除客观损害结果外影响行为社会危害程度的各种情况,如行为的方法、手段、时间、地点,行为人的动机、目的、一贯表现等。〔2〕笔者支持后一种观点,因为犯罪的成立要件和考量因素本身既包括客观因素也包括主观因素,有些要素甚至兼具主客观方面的特征和属性,但它们都与“情节”的认定息息相关。因此,“但书”规定中的“情节”应当兼备评价行为人和行为两个方面的因素,其中对于行为人的评价主要是对其主观恶性的评价,正如第一种观点所言的表明犯罪人及其主观恶性程度的事实或情状;对于客观行为的评价则更侧重于对行为社会危害性的评价。

显著轻微是“但书”规定中对情节的修饰,也是定量要素。从现行的刑法条文以及司法解释上看,对情节严重、情节特别严重的情形作出列举是常态,情节显著轻微、情节轻微、情节较轻三者却唯有依靠法官的自由裁量权来进行定夺。我们必须加强对“显著轻微”具体表现的量化表述和客观认定,才能解决“显著轻微”内容的模糊性、不确定性所引致的评价随意性与主观性问题。那么首先要通过司法实践不断地积累经验,归纳出某些无论是对立法者、司法者还是普通民众来说都是易于接纳和感知的情节,而后通过司法解释等合法合理的渠道将其逐渐固定成型,从而实现法定化与规范化,保障认定的准确性和公正性。

2. 对“危害不大”的分析

通常来说,“但书”规定中的“危害不大”指的是行为所造成的客观危害结果不大,但也有学者认为“危害”是包括主观与客观的综合指标,其中主观包括罪过、主观恶性、人身危险性;客观包括行为及其危害结果等。〔3〕笔者认为这种观点是不妥的,因为该观点对“危害”的理解显然过于“大包大揽”,与情节显著轻微并列便形成了一种不必要的重复,所以应当将这里的危害限于客观危害结果。

至于情节显著轻微与危害不大两者的关系,学者观点大都认为两词是并列关系,而非递进或者因果关系,两者互相补充、相辅相成,缺一不可。“但书”规定的适用条件是一个整体,二者必须同时具备,情节显著轻微危害不大是一种综合性的判断,不能仅凭具备单一的指标就得出结论。例如,根据《最高人民法院关于审理未成年人刑事案件具体应用法律若干问题的解释》第7条的规定,〔4〕适用“但书”规定需要具备以下四个条件:行为人须是已满十四周岁不满十六周岁的未成年人;行为人的抢劫行为只能使用轻微暴力或者威胁;所劫取财物数量不大;未造成相应危害后果。其中第二、三项是对情节显著轻微的具体描述,第

---

〔1〕罗峰、杨树文:《刑法平衡机制》,载梁根林、张立宇编:《刑事一体化的本体展开》,法律出版社2003年版,第96、97页。

〔2〕储槐植、张永红:《善待社会危害性观念——从我国刑法第13条但书说起》,载《法学研究》2002年第3期。

〔3〕张小虎:《人身危险性与客观社会危害显著轻微的非罪思辨》,载《中外法学》2000年第4期。

〔4〕《最高人民法院关于审理未成年人刑事案件具体应用法律若干问题的解释》第7条规定:已满十四周岁不满十六周岁的人使用轻微暴力或者威胁,强行索要其他未成年人随身携带的生活、学习用品或者钱财数量不大,且未造成被害人轻微伤以上或者不敢正常到校学习、生活等危害后果的,不认为是犯罪。

四项是对危害不大的具体描述。因此,对于适用“但书”规定来说,情节显著轻微与危害不大必须同时具备。

3. 对“不认为是犯罪”的理解

行为满足“情节显著轻微危害不大”条件,即可得出结论——“不认为是犯罪”。不认为是犯罪其本质意义即不是犯罪,然而有观点将不认为是犯罪理解为不以犯罪论处,意思是行为仍然构成犯罪,只是不以犯罪处理而已。[5] 这种理解显然是不对的,正如高铭暄教授就从刑法数次修正稿的表述中得出:“‘但书’的任务是从原则上划分罪与非罪的界限,而不是划分论处不论处的界限,否则与第32条(注:现为第37条)就不好区分了。”[6]《刑法》第37条规定:“对于犯罪情节轻微不需要判处刑罚的,可以免予刑事处罚。”几字之差,含义却相差甚远。“不认为是犯罪”是从入罪定性上界定什么不是犯罪,即某种行为不属于刑法规制的范畴,可交由其他部门法进行处置。而“可以免予刑事处罚”则是出于刑事政策的考虑,在量刑处置上界定其没有必要予以刑罚处罚,本质上属于已然的犯罪范畴,只是不以刑罚处罚。

二、“但书”规定在司法适用过程中的争议问题

(一)“但书”规定的适用主体

1. 侦查机关、检察机关、审判机关皆为适用主体

刑事案件的办理流程一般需要经过立案侦查、审查起诉和审判三个阶段,在这三个阶段都存在适用“但书”规定的可能性。

首先,侦查机关可以是“但书”规定的适用主体。根据我国《刑事诉讼法》第110条的规定以及第15条的规定,[7]如果侦查机关决定立案,需要同时满足两个条件:一是必须存在犯罪事实,二是需要追究刑事责任。因此在刑事案件侦办过程中,侦查机关有可能适用“但书”规定对某一行为人及其行为不进行立案处理,实质就是认定为不是犯罪。

其次,检察机关可以是“但书”规定的适用主体。在此着重讨论检察机关作为公诉机关在审查起诉阶段适用“但书”规定的具体程序。根据《刑事诉讼法》第173条第1款以及第15条的规定,[8]在符合“但书”规定适用的情形下,该类案件属于绝对不起诉。因此,检察机关在审查起诉时,如果发现行为人的行为符合《刑法》第13条的“但书”规定,应当直接作出不起诉决定,对于自侦案件则可以退回侦查部门建议撤销案件,从而终结刑事诉讼程序。

最后,审判机关可以是“但书”规定的适用主体,也是最主要的适用主体。法院享有对案件的终局处理权,是对刑事案件进行最后把关的一道防线。无论案件是属于自诉的还是公诉的,人民法院都有权根据具体情形,在符合“但书”规定两个条件时适用“但书”规定,认

---

[5] 参见马克昌:《犯罪通论》,武汉大学出版社1999年版,第31页。

[6] 高铭暄:《中华人民共和国刑法的孕育诞生和发展完善》,北京大学出版社2012年版,第21页。

[7] 《刑事诉讼法》第110条规定:“人民法院、人民检察院或者公安机关对于报案、控告、举报和自首的材料,应当按照管辖范围,迅速进行审查,认为有犯罪事实需要追究刑事责任的时候,应当立案;认为没有犯罪事实,或者犯罪事实显著轻微,不需要追究刑事责任的时候,不予立案,并且将不立案的原因通知控告人。控告人如果不服,可以申请复议。”《刑事诉讼法》第15条规定:“有下列情形之一的,不追究刑事责任,已经追究的,应当撤销案件,或者不起诉,或者终止审理,或者宣告无罪:(一)情节显著轻微、危害不大,不认为是犯罪的……”

[8] 《刑事诉讼法》第173条规定:“犯罪嫌疑人没有犯罪事实,或者有本法第十五条规定的情形之一的,人民检察院应当作出不起诉决定……”

定行为人实行的行为不是犯罪。

2. 对部分质疑的回应

有质疑者认为“但书”规定这种不认为是犯罪的认定,不仅限于人民法院的认定,也包括侦查机关认为“情节显著轻微”而不予立案或者中止侦查以及人民检察院不起诉。多个司法机关行使这一权力会使这一规定的执行具有更大的随意性。[9]

笔者认为以现今刑事程序的透明度和规范度来看,上述的隐忧是可以大大减轻的。根据《刑事诉讼法》的规定,各个机关依据“但书”规定而做出的处理,实则是受层层把关的,并不是一笔“糊涂账”。《刑事诉讼法》第110条规定表明对于不服不立案的控告人而言,其可以通过申请复议进行“监督”。第111条规定表明人民检察院对公安机关的不立案可以进行一次审核。[10] 第175条规定表明公安机关对于检察机关不起诉的案子也有监督、复议、复核的权利。[11] 第176条规定表明对于不起诉的案子被害人的权利也有所保障。[12]

(二)“但书”规定的适用范围

立法者在设立刑法分则规定的大多数罪状时,根据情况的不同,将“数额较大”“情节恶劣”“后果严重”等罪量要素规定为犯罪构成的成立要件。而“但书”规定中“情节显著轻微危害不大”又是在刑法总则中对罪量因素的设定。那么,在我国刑事立法分别在总则和分则中规定了罪量要素的模式下,对于“但书”的适用范围产生分歧自然是不可避免。对此,有必要针对三种最容易引起争议的类型进行分析探讨,包括情节犯、数额犯和抽象危险犯 。

1. 情节犯能否适用的探讨

情节犯是学理上的一种划分类型,刑法分则明文规定“情节恶劣”“情节较重”“情节严重”才构成犯罪的,通常被称为情节犯。针对这类犯罪是否还有适用“但书”规定的空间,形成了两种观点。

有观点认为,“但书”规定对情节犯不具有适用的可能性。因为既然立法将“情节较重”“情节严重”规定为某些行为构成犯罪的必备要件,即是考虑到这些行为如果只是情节较轻或者情节显著轻微,社会危害性就不大,自然就不必把它们作为犯罪处理。因此,对于情节犯而言,要么情节较轻或显著轻微不构成犯罪,要么情节较重或情节严重构成犯罪,不存在构成犯罪而又情节显著轻微的情形。[13]

相反的观点认为,“但书”规定对于情节犯依然有适用的可能性。有学者认为:“虽然刑

---

〔9〕 参见王尚新:《关于刑法情节显著轻微规定的思考》,载《法学研究》2001年第5期。

〔10〕 《刑事诉讼法》第111条规定:“人民检察院认为公安机关对应当立案侦查的案件而不立案侦查的,或者被害人认为公安机关对应当立案侦查的案件而不立案侦查,向人民检察院提出的,人民检察院应当要求公关说明不立案的理由。人民检察院认为公安机关不立案理由不能成立的,应当通知公安机关立案,公安机关接到通知后应当立案。”

〔11〕 《刑事诉讼法》第175条规定:“对于公安机关移送起诉的案件,人民检察院决定不起诉的,应当将不起诉决定书送达公安机关。公安机关认为不起诉的决定有错误的时候,可以要求复议,如果意见不被接受,可以向上一级人民检察院提请复核。”

〔12〕 《刑事诉讼法》第176条规定:“对于有被害人的案件,决定不起诉的,人民检察院应当将不起诉决定书送达被害人。被害人如果不服,可以自收到决定书后七日以内向上一级人民检察院申诉,请求提起公诉。人民检察院应当将复查决定告知被害人。对人民检察院维持不起诉决定的,被害人可以向人民法院起诉。被害人也可以不经申诉,直接向人民法院起诉。人民法院受理案件后,人民检察院应当将有关案件材料移送人民法院。”

〔13〕 张永红:《刑法第13条但书的适用范围》,载《黑龙江省政法管理干部学院学报》2006年第6期。

法分则中情节犯的犯罪构成中所规定的'情节'也对行为的社会危害性、行为人的人身危险性的有无及其程度有影响,并进而影响定罪与量刑,但其属于狭义上的情节,有必要将其与'但书'规定中的'情节'作出区分。若非如此,刑法总则'但书'规定中的'情节'会因为范围过于狭窄而失去普遍适用性,与此同时,犯罪构成要件中规定的'情节'也会因被广义的情节所包容而丧失其特定性。"[14]

笔者认为情节犯依然存在但书适用的可能性。在此,有必要再次追述一下"但书"规定中"情节"的含义。笔者认可"但书"规定中的"情节"应该是指除客观损害结果外影响行为社会危害程度的各种情况,如行为的方法、手段、时间、地点,行为人的动机、目的、一贯表现等。其涵摄范围应广于刑法分则中某一个罪名所规定的情节范围。例如,根据刑法和相关司法解释的规定,背信运用受托财产罪中规定的"情节"主要是指背信运用受托财产的数额和次数。过失泄露国家秘密罪中规定的"情节"主要指犯罪对象的性质、行为的方法。因而,即使刑法分则中规定的情节犯具备了构成要件所规定的较重、严重或恶劣的情节,也完全可能由于其他情节显著轻微而符合"但书"规定,从而不构成犯罪。

2. 数额犯能否适用的探讨

就数额犯而言,同样存在截然相反的观点。数额犯不能适用"但书"规定的观点认为:"通过多年来累积的司法经验,刑法对许多罪的定罪量刑数额都作了具体的规定。达到数额的就应定罪判刑,数额不够的才是'情节显著轻微危害不大',否则数额的规定就丧失了它的意义。不能在定罪数额之上,以总则具有普遍适用性为理由,将刚刚达到数额或者仅超过数额一点的,作为'情节显著轻微'对待。"[15]数额犯能够适用"但书"规定的观点则认为:"立法者虽将总则'但书'规定中的'情节'具体化为'数额',但如果仅将有无达到刑法分则条文具体规定的数额为唯一标准,而不对所有能够影响行为的社会危害性、行为人的人身危险性及其程度,并进而影响定罪和量刑的事实情况综合加以考虑,则不可避免地会将'情节显著轻微危害不大'的行为划入犯罪圈。"[16]

笔者认可数额犯可以适用"但书"规定的观点。一方面我们承认数额的确是一个临界点,不达到法定数额一定是被认可为"情节显著轻微危害不大"。例如,(2014)滕刑初字第448号王绪浩涉嫌掩饰、隐瞒犯罪所得罪一案,法院就是以被告人掩饰、隐瞒犯罪所得数额未到达当地标准5000元,属于"情节显著轻微危害不大"而判处其无罪。但是如果仅以具体数额为唯一标准,而不再考虑其他对定罪和量刑有影响的情况,就可能出现将属于"情节显著轻微危害不大"的行为纳入犯罪圈的情形。另一方面可以看到相关的司法解释也体现了这个倾向。以盗窃罪为例,2006年1月23日施行的《最高人民法院关于审理未成年人刑事案件具体应用法律若干问题的解释》第9条规定:已满十六周岁不满十八周岁的人实施盗窃行为未超过三次,盗窃数额虽已达到"数额较大"标准,但案发后能如实供述全部盗窃事实并积极退赃,且具有系又聋又哑的人或者盲人;在共同盗窃中起次要或者辅助作用,或者被胁迫;其他轻微情节的三种情形之一的,可以认定为"情节显著轻微危害不大",不认为是

---

〔14〕 刘宪权、周舟:《刑法第13条"但书"条款司法适用相关问题研究——兼论醉驾应否一律入罪》,载《现代法学》2011年第6期。

〔15〕 参见王尚新:《关于刑法情节显著轻微规定的思考》,载《法学研究》2001年第5期。

〔16〕 阎二鹏:《论但书规制下的罪量要素的体系性定位——以扒窃型盗窃罪的规范解释为例》,载《政治与法律》2013年第4期。

犯罪。换言之,数额并非盗窃罪成立与否的唯一“罪量要素”,在数额之外仍要综合考虑所有影响行为的社会危害性、行为人的人身危险性程度的其他“情节”。因此,在分则明确规定“数额”即所谓的数额犯中,数额都只是影响行为是否成立犯罪的“情节”之一,不能由此排斥“但书”规定的适用。

3. 抽象危险犯能否适用的探讨

自《刑法修正案(八)》新设危险驾驶罪以来理论上就争议不断,而对于其中“醉驾”这一属于抽象危险犯的行为是否一定入罪,以及有无适用“但书”规定的余地也是争议很大。那么笔者就以“醉驾”行为展开对抽象危险犯能否适用“但书”规定的探讨。

肯定说认为“但书”规定仍应适用于危险驾驶罪。抽象危险行为产生的现实危害对社会而言是一种客观存在,故对于抽象危险型犯罪,所要惩罚的是这类行为而不是这类行为已经造成的社会危害结果。话虽如此,它依然具有极大的盖然性。司法实践表明,不是发生在任何时间、任何地点的醉驾行为都具有危害社会的可能。对发生在特殊的时间、地点,不具有社会危害性的醉驾行为一律入刑,是对现代刑法谦抑性原则的违背。〔17〕

否定说强调“但书”规定在危险驾驶罪中没有适用的余地,主要理由是认为危险驾驶罪在设定条文时已考虑了《刑法》第13条的规定。例如,戴玉忠认为:“《刑法修正案(八)》明确规定‘在道路上醉酒驾驶机动车的’构成犯罪,就是立法认为醉酒驾车不是‘情节显著轻微危害不大的’行为。”〔18〕

关于抽象危险犯的研究也是浩如烟海,笔者无法着墨过多,仅能就与“但书”规定适用相关的抽象危险犯做出一点阐析。我国对犯罪和一般违法行为有所区分,如若要构成犯罪,那么其中的违法必须达到刑法可罚的程度。因此可以认为在抽象危险犯的场合,即便行为人实施了符合构成要件的行为,也有可能出现没有法益侵害危险而不构成犯罪的情形;或者即便出现了法益侵害,也可能完全没有达到刑法要求的“严重程度”。抽象危险犯场合法益侵害的危险具有一般性、类型化特征的同时,也具有被反证、推翻的例外。故以醉驾型危险驾驶罪为例,虽然不能否认一般情况下,只要行为人醉酒驾驶机动车在道路上行驶,就具有了严重社会危害性,从而排除“但书”规定的适用。但由于存在例外情况,这也便使得“但书”规定在抽象危险犯中具有了适用的余地。

三、“但书”规定在司法实践中的具体运用

(一)“但书”规定在具体运用过程中存在的问题

通过归纳分析笔者所收集的180个判例,可以看出“但书”规定在具体适用过程中的确还存在不少问题,主要可以归纳为三点。当然其中也存在不少说理清晰、易于服人的判决书,所以在行文中笔者将两者相对比,且望将来的判决书能够择善而从。

1. 作为辩护理由表述不清、前后矛盾

在民主法治时代,辩护人的声音越来越被重视,尤其如果是在为被告人做一场无罪辩护,结果很可能是达到“起死回生”之效 。辩护人应该最大限度地保障被告人的利益,用严丝合缝的辩护材料去说服法官,然而在笔者收集的判决书中,却看见了辩护理由表述不清、前后矛盾的问题。例如,在练某等诈骗案中,辩护理由甚是混乱:第一点承认被告人练某是从犯,同意按照起诉书从轻处罚;第二点写道被告人练某对于涉案咖啡厅实施违法犯罪行为

〔17〕 焦运虎:《情节显著轻微危害性不大的醉驾应不认为是犯罪》,载《中国检察官》2012年第7期。

〔18〕 戴玉忠:《醉酒驾车犯罪相关法律规定的理解与适用》,载《检察日报》2011年6月20日,第3版。

不知情,也未参与犯罪所得收益的分配,故被告人在本案中的情节显著轻微,危害不大,依法可以不认为是犯罪;第三点陈述被告人不懂法,文化水平低,身体不好,显然是一些希望法院酌情从轻的情节;第四点认为练某认罪悔罪态度良好,没有其他犯罪前科;最后结论认为法院应判处其免予刑事处罚。[19] 在判决书中,也有遵循逻辑结构的辩护词。例如,在卢惠琴、王一伟、王雪萍犯帮助伪造证据案中,辩护理由为:卢惠琴的行为不构成犯罪。卢惠琴有帮助伪造的行为,其目的是促使当事人尽快离婚,并没有帮助当事人逃避应当承担的法律责任,且其也没有加害他人的意图。当事人也没有实施指使、授意被告人的行为,其行为更没有造成严重的损害后果,没有达到情节严重的刑事犯罪程度。而马强当时确有外伤而造成感音神经性耳聋,其病情客观存在,右耳鼓膜穿孔与感音神经性耳聋都是轻伤,不会造成错案追究的问题。故被告人卢慧琴的行为情节显著轻微、危害不大,应当依法宣告无罪。[20] 其辩护理由采取总分总结构,在中间的论据中对哪些情况属于情节显著轻微,哪些情况证明危害不大都作出了说明。

2. 法官裁判理由缺乏论理过程

当欲援引"但书"规定作为出罪依据时,法官或辩护人都有必要将其背后的理由予以清楚地说明,尤其法官的裁判理由作为判决书中最关键的部分,更需要有充分的论理过程。例如,陈志华非法拘禁、故意伤害一案中,二审法院在判决书中写道:上诉人陈志华虽对被害人华某某实施了非法拘禁行为,鉴于其情节显著轻微,其行为不构成非法拘禁罪。[21] 虽然从案件来看,被告人是用红领巾将被害人的双手反绑在铁柱上,直至被害人的母亲赶来才将其解开,前后持续了几分钟。以此判断,法院适用"但书"规定判处无罪也无不妥,但是法官却没有结合案件说明什么是情节显著轻微,危害不大又体现在哪里,显然是说理不够的表现。"但书"规定本身的模糊性容易造成实践中的混乱,因此适用者应清楚地说明是基于何种理由适用"但书"规定,才能尽量避免这种状况的发生。当然在收集的法院判例中,也不乏做出清晰说明的判决书。比如,在刘某某非法侵入住宅一案中,法院的裁判理由写道:虽然被害人邱某明知康某与被告人刘某某系夫妻关系,仍与康某非法同居,在起因上有一定的过错,被告人刘某某完全可以依法追究被害人邱某与康某的相关责任。但被告人刘某某等人夜深人静之时未经房屋所有权人或使用权人同意强行破门而入,又将该房内的物品砸坏,损失达6000余元,还对邱某等人进行殴打、威胁、恐吓,造成邱某轻微伤,严重影响了他人正常生活,远远超过了自救行为应有的限度,其行为符合非法侵入住宅罪的构成要件。被告人刘某某有权采取合法的措施维护自身的合法权益,但不能因此而采取违法行为破坏他人正常的生活安宁。因而不采纳辩护人以"但书"规定为由认为被告人无罪的意见。[22] 理据充分,逻辑清晰,也不乏用情动人。

3. "但书"规定的错用与滥用

从裁判文书中还可以看出,"但书"规定存在错用与滥用的现象。在行为本该出罪但是并不应该依据"但书"规定出罪的场合,属于"但书"规定的错用,在行为本不该出罪,但是仍

---

〔19〕 参见陈某甲、黄某、张某、陈某乙、练某等诈骗案,案件号:(2014)穗云法刑初字第2223号。

〔20〕 参见卢惠琴、王一伟、王雪萍犯帮助伪造证据案,案件号:(2010)麦刑初字第187号。

〔21〕 参见陈志华非法拘禁、故意伤害案,案件号:(2004)穗中法刑一终字第293号。

〔22〕 参见刘某某非法侵入住宅案,案件号:(2011)雨刑初字第229号。

然依据“但书”规定出罪的场合，属于“但书”规定的滥用。[23] 例如，王某盗窃案中，法院对检察院所指控的某一节盗窃事实认定为无罪，其理由是：被告人王某并未进入户内，其开锁被发现后即逃走，属情节显著轻微危害不大，可以不认为是犯罪。[24] 但是根据《最高人民法院、最高人民检察院关于办理盗窃刑事案件适用法律若干问题的解释》第12条的规定，盗窃未遂的处罚范围只限于情节严重的三种类型，根据这一规定将本案中的盗窃未遂行为出罪是完全可以的，此处援引“但书”规定就属于“但书”规定的错用。再如，在胡楚俊等虚报注册资本、合同诈骗案中，二审裁判理由写道：行为人胡楚俊在唐楚棋虚报注册资本第二次登记时，只是表示同意，没有实施具体行为且其是公司的小股东没有决策权，故其情节显著轻微危害不大，依据《刑法》第13条规定可不认为是犯罪。[25] 在本案中，被告人胡楚俊的行为可归于在共同犯罪中起作用较小的类型，依据适用《刑法》第27条关于从犯的规定，可以对行为人免除处罚。如果本案中行为人与主犯确实已经构成共同犯罪关系，就不宜直接适用“但书”规定 对其出罪。这属于“但书”规定的滥用 。

（二）以个罪名为分析范本

行文至此，笔者觉得有必要以所收集的司法判例中出现的高频罪名作为分析范本，探讨在何种情形下能够适用“但书”规定，以期对司法实践有所裨益。

1. 危险驾驶罪

酒驾型危险驾驶罪属于抽象危险犯，笔者在上文中已经认可其具有适用“但书”规定的可能性。另外，浙江省新近公布的《关于办理“醉驾”案件的会议纪要》（2017年1月17日印发）也明确指出：“惩治‘醉驾’犯罪，要坚持宽严相济刑事政策……构成犯罪的，应予入罪；对符合《刑法》第13条规定可以不作为犯罪处理的，不认为是犯罪。”那么究竟何种情形才属于“情节显著轻微危害不大”呢？笔者认为结合法院的裁判理由，可以从三个维度来衡量：一是从量上看，被告人的血液酒精含量应只能略高于标准，在90毫克/100毫升以下。二是从情节上看，一般存在几种情况：第一，行为人醉酒后驾驶的时间和距离都很短，即从一般人的经验判断上来看几无发生交通事故的可能性，比如只是为了挪动车位而以低速驾车。第二，行为人凌晨时分在人迹罕至的地方低速短暂行驶。第三，行为人饮酒后意识到不该立即驾车，在休息数小时或隔夜后继续驾车，酒精含量依旧超标。以上几种情况可认为是情节显著轻微。三是从危害结果上看，没有导致交通事故的发生或者仅造成特别轻微财产损失或者人身伤害。从《刑事审判参考》上两个典型案例（唐浩彬危险驾驶案：《刑事审判参考》第94期，895号；吴晓明危险驾驶案：《刑事审判参考》第94期，896号）来看，也是持类似观点。

2. 故意伤害罪

在行为人的行为已经造成对方轻伤，已然达到故意伤害罪的入罪标准后，何种情形符合“但书”规定的要求，可以认定为无罪呢？从笔者整理的裁判要点中，可以看出法官通常会考虑三点：一为是否是民间纠纷所引致的；二为是否双方都有过错，属于互相伤害；三为伤害的方式，比如是扭打、推搡或者是使用器械。笔者认为结合法院的裁判理由，可以把符合以下情形的认定为“情节显著轻微危害不大”。其一，案件系民间纠纷所引致，包括婚姻家庭

---

〔23〕 王华伟：《中国刑法第13条但书实证研究——基于120份判决书的理论反思》，载《法学家》2015年第6期。

〔24〕 参见王某盗窃案，案件号：（2014）大刑二终字第465号。

〔25〕 参见胡楚俊等虚报注册资本、合同诈骗案，案件号：（2011）永中刑二终字第123号。

关系或邻里关系等。其二,应双方都具有过错,且互相伤害的程度大体一致。其三,伤害的方式应多为身体纠缠,如扭打、推搡而不应该使用器械去击打重要部位。

3. 非法拘禁罪

非法拘禁罪是典型的继续犯,行为的危害程度与所持续时间的长短有直接的关系。是否属于"情节显著轻微危害不大"的情形,应综合考虑拘禁行为的持续时间、手段、动机、危害程度、后果等多方面的因素。从整理的裁判理由中也可以看出法官是遵循此条思路。那么,笔者认为非法拘禁罪可以适用"但书"规定也需符合三个条件。其一,时间短暂。根据2006年7月26日《最高人民检察院关于渎职侵权案件立案标准的规定》中规定:国家机关工作人员利用职权非法剥夺他人人身自由24小时以上的应予立案。因此针对普通群体的非法拘禁行为,也应限于24小时以上方为妥当。其二,殴打侮辱情节轻微。例如只是打一记耳光,以不构成轻微伤为限。其三,行为动机不恶劣,事出有因。

4. 非法侵入住宅罪

立法者出于保护住宅权背后的利益——居住者生活的平稳与安定而设立了非法侵入住宅罪,可见其不仅是为了保护外在的住宅权形式。所以笔者综合整理的裁判理由,认为符合以下情形的可以认定为符合"但书"规定而不构成非法侵入住宅罪。其一,出于解决纠纷的初始目的进入住宅;其二,没有采取随意辱骂、殴打、毁坏财物的过激方式;其三,次数少,没有经过较长时间仍拒不退出的。这三个条件可以看做是对"情节显著轻微"的限定,而危害不大则体现在行为人非法侵入住宅的行为没有一定程度地侵犯到居住人的隐私权以及生活的平稳与安宁。

5. 妨害公务罪

在妨害公务罪的前三款规定中,均将"暴力、威胁"方法作为妨害公务罪的客观构成要件,但是对"暴力、威胁"所要达到的程度却没有明确规定。从笔者所整理的案例中呈现的案件来看,行为人的行为包括暴力威胁、辱骂、肢体接触未致轻微伤、致轻微伤、围困警员或警车。根据学术界观点,妨害公务罪的"暴力、威胁"程度存有抽象危险犯说、具体危险犯说及实害犯说的争论。笔者认为应当坚持具体危险的程度要求,这样一方面可以维护公务活动顺利进行,另一方面,对于轻微妨害公务行为也可采取"但书"规定予以出罪。笔者认为符合下列条件的妨害公务行为属于"情节显著轻微危害不大":其一,一般性质的抗拒、推搡、不具备人身攻击性的辱骂;其二,暴力行为没有造成轻微伤及以上后果;其三,围困警员、警车没有造成群众围观、交通阻塞,现场公共秩序严重混乱的情况;其四,若有故意损毁公务人员执行公务过程中使用的专用车辆以及必要装备的情况,造成的经济损失不大(各省市可采不同标准)。

6.《刑法》第280条

《刑法》第280条根据犯罪对象可以细分为三种罪名,包括伪造、变造、买卖国家机关公文、证件、印章罪;盗窃、抢夺、毁灭国家机关公文、证件、印章罪;伪造公司、企业、事业单位、人民团体印章罪;伪造、变造居民身份证罪。从笔者所整理的案例的案件事实和裁判理由结合看来,数量、次数以及用途是法官会着重予以考虑的点。所以笔者认为在《刑法》第280条中,符合"情节显著轻微危害不大"的情形,应该满足以下条件。其一,数量不超过三。一方面是参照《关于办理与盗窃、抢劫、诈骗、抢夺机动车相关刑事案件具体应用法律若干问题的解释》第2条规定的数量,另一方面有个别地方例如《温州市公检法联席会议纪要(2005)389号》中即规定"伪造、变造、买卖国家机关公文、证件、印章数量达三个以上的,依照《刑法》第280条第1款定罪处罚”,也具有参考价值。其二,次数不应该超过一次,否则主观恶性程度将大大加强。其三,从用途来看,假证件不能用来牟利以及实施违法犯罪活动。另外假证件上所具有的信息身份都应是本人的,与此同时又满足上述三个条件,则可以认定为“情节显著轻微危害不大”。

7. 寻衅滋事罪

寻衅滋事罪属于情节犯,前三款规定都以“情节恶劣”“情节严重”作为入罪的标准。从笔者所整理的案例来看,即使辩护人试图以“但书”规定为被告人出罪,但是从案件来看,行为人的行为皆是符合《关于办理寻衅滋事刑事案件适用法律若干问题的解释》(以下简称《解释》)中规定的情形。当然司法实践中,存在对指控的部分犯罪事实认定为“情节显著轻微危害不大”,比如被告人对四辆过路的火车索要带路费共20元。[26] 至于寻衅滋事罪第四项在公共场所起哄闹事,造成公共场所秩序严重混乱的,《解释》里已经说明应当根据公共场所的性质、公共活动的重要程度、公共场所的人数、起哄闹事的时间、公共场所受影响的范围与程度等因素来综合判断。可以看出,寻衅滋事罪适用“但书”规定的空间是比较小的,但正如上文所述,情节犯依然有适用“但书”规定的可能。针对前三项可以综合寻事滋事犯意的提起情况、行为的强制程度(比如强拿硬要对方拒绝就作罢)、索要的财产数额(比如极其小额)来判断,第四项可以根据司法解释列举的条件来综合考量。

【导师点评】

《我国〈刑法〉第13条“但书”规定的司法适用探究》一文着眼于“但书”规定的司法适用问题,与司法实践紧密相关,但也不乏对理论问题的探讨,全篇文章完成度高。首先,论文选题切入点新。“但书”规定的研究由来已久,以此为选题并非有新意,然而该文的切入点却是新的,以“但书”规定的司法适用情况作为研究方向令人耳目一新。其次,论文内容翔实有逻辑。“但书”规定争议颇多,也有很多学者大家对此问题进行写作,初期不免担忧该文的写作难度以及内容上会泛泛而谈。成稿后发觉文章作者收集了大量的裁判案例做研究,对“但书”规定在司法适用中的整体样态、争议问题、具体运用都做了全面分析,尤其是最后一部分以七个“高频”罪名作为分析范本,探讨在何种情形下能够适用“但书”规定是全篇文章的精华所在,对司法实践有一定的借鉴作用。另外,该篇文章行文并非教科书式的“大包大揽”,带着问题意识层层递进,是一篇逻辑清晰的文章。最后,论文语言简洁凝练。该篇文章杜绝了口语化的写作语言,较为简洁凝练地把问题表述清楚,全篇通读下来不会让人产生“云里雾里”的困惑感。但是文章的理论部分缺乏自身的独特见解,基本是在他人观点上的延伸;案例材料还不够丰富,可以进行更多的拓展收集。

(指导教师:毛玲玲)

---

〔26〕 参见刘守战等寻衅滋事案,案件号:(2011)台刑初字第159号。

量刑反制定罪的反思与罪刑关系

陈　希*

随着现代社会的不断发展、犯罪形式的不断多样化，犯罪行为也在不断地更新，司法活动中难免遇到一些疑难案件，比如许霆盗窃案、王力军“玉米案”、赵春华气枪案，这些案件在社会舆论的高度关注和发酵之下，无不体现着罪刑失衡的问题。在这样的背景下很多学者就提出了“量刑反制理论”“以刑制罪理论”“变换罪名理论”，这些理论有个最大的共同点——由量刑的合理性反推定罪的合理性。很多持类似观点的学者认为，罪刑法定理念的最终落脚点在于实现罪刑均衡，甚至认为罪刑相适应原则应当取代罪刑法定原则成为刑法的根本原则。在定罪和量刑的正向制约关系的基本内涵之外，出于对量刑的合理性的审慎考虑，能否寻求一条量刑反制定罪的逆向路径，从而穿越罪刑关系的“卡夫丁大峡谷”，为司法实践开阔一片新的天地？“量刑反制理论”“以刑制罪理论”“变换罪名理论”便是这样一个大胆的思考和理论。

一、量刑反制定罪的理论纷争

《刑法》第61条明确规定：“对于犯罪分子决定刑罚的时候，应当根据犯罪的事实，犯罪的性质、情节和对于社会的危害程度，依照本法的有关规定判处。”在我国这便是被大众普遍认知的“以事实为依据，以法律为准绳”的法条阐述，有的学者把他称为量刑的根据，也有的学者称为量刑的基本原则。[1] 然而近年来很多学者纷纷提出了量刑反制定罪的各种理论，这些观点有“以刑制罪论”“量刑反制定罪论”“变换罪名论”“刑罚决定犯罪论”等等。仅仅就罪刑的这种所谓的逆向关系的学说可谓百家争鸣。

（一）量刑对定罪的决定论

根据马克思主义哲学，事物之间是普遍联系的，这种联系的本身就包含了决定性和从属性。就定罪与量刑而言，显然决定论者将量刑的重要性普遍置于更高的地位。

在刑法理论界，早在20世纪末就有学者对现行的罪刑关系提出了质疑，从实用主义哲学出发，不断探求罪刑关系的发展，提出了刑罚决定犯罪的刑罚观。冯亚东教授早在1999年就提出了“立法者以刑罚的制裁手段去评价危害行为，才从危害行为中分离出了法律上的犯罪概念，在刑法规范中从根本上说是先有刑罚后有犯罪”。[2] 冯亚东教授紧紧抓住了

---

* 陈希，华东政法大学2017届刑法学专业硕士研究生。

〔1〕 例如，马克昌、胡学相等学者称之为量刑原则，而莫洪宪、王良顺等学者则将其称为量刑的根据。参见莫洪宪、叶小琴：《量刑根据论——对〈刑法〉第61条的解读》，载《江西公安专科学校学报》2003年第2期；参见王良顺：《论量刑根据——兼及〈刑法〉第六十一条的完善》，载《法学家》2009年第5期；胡学相：《论我国刑法中的量刑原则的重构》，载《法学评论》2005年第1期。

〔2〕 冯亚东：《理性主义与刑法模式》，中国政法大学出版社1999年版，第138页。

犯罪的特征——应受刑事处罚性,从这一特征出发,冯亚东教授进一步指出"在影响立法的诸多方面因素中,最具有本质意义(所有犯罪均必须考虑)的是应受刑法处罚性——凡是应当受到刑罚处罚的危害行为均应视为犯罪追究刑事责任……以刑定罪的刑事规律由此初见端倪"。[3] 任彦君教授虽然在论述的过程中认为刑罚对定罪具有一定的制约作用,但其认为在刑事疑难案件的审理过程中应当运用"由刑而罪"的思路,"由刑而罪"是指法官在对行为人是否定罪、定何等罪名、罪数情况之前,为了实现量刑公正的目的,首先从犯罪行为的社会危害性程度上加以考虑,再运用罪刑均衡原则在可能的几个罪名中作出一个最为妥适的选择。其观点的最大特点是,在疑难案件中先考虑是否入刑,再以量刑公正为依据选择罪名。[4] 在对于罪刑关系的理解上,定罪决定量刑论者力图克服传统理论的"僵化",阮齐林教授就提出了案件最终能够得到公平公正的处理才是法律所追求的最终目的,定什么样的罪名、这样的定罪究竟符合不符合我们的理解都不是我们所关心的,提出了"法律规定具有有效性并且符合立法者真实意图是解释法律的基点。在法律尚未修改之前,至少我们应当在现行立法框架内作出解释、达成共识"。[5] 除此之外,高艳东教授以许霆案为契机,阐述了民众常识性的"公正量刑优先"与学者专业性的"准确量刑优先"间的冲突,由此认为对于每一个被告人而言,定罪仅仅是为了选择罪名,这并非刑法的根本意义,正确地判断罪名只不过是为了最终的准确量刑所服务的,所以为了避免量刑失当的出现,可以适度地变换罪名。[6]

(二)量刑对定罪的制约论

与前述的量刑决定定罪论者相同的是,量刑制约定罪论者也都认为传统的罪刑关系、单一的社会治理模式已经不能满足日益发展的社会需求,当定罪与量刑的关系停留于先前的模式,将会导致滞后于社会的需要,这不但损害了社会对于公平正义的需求,还会破坏法治信仰的形成。然而两者十分显著的"分水岭"在于,量刑决定定罪论者主张刑罚的公正性是刑法的首要特征,认为以刑罚的公正性来选择罪名是更妥适之举。这在一些学者看来是没有把握好度,导致了过犹不及,使理论在性质上产生了天壤之别。

理论界较早提出量刑制约定罪观点的是梁根林教授,梁教授提出,"刑从(已然的)罪生、刑须制(未然的)罪"本是罪与刑的正向制约关系的体现,但这并非罪刑关系的全部排他内涵,然而在这种基本的罪刑的制约关系内涵之外,在一些疑难案件之中,不能再仅仅拘泥于罪刑的正向制约关系,应当更多立足于逆向考虑,亦即立足于量刑的妥当性考虑而在教义学允许的多种可能选择之间选择一个对应的妥当的法条与构成要件予以解释与适用,从而形成量刑反制定罪的逆向路径。[7] 值得一提的是,由于许霆案的出现,很多学者纷纷以此为契机,在2008年许霆案落下帷幕之后,对于罪刑关系也开展了一场大讨论,其中赵运锋教授在以刑制罪的问题上进行过多次的探讨和研究。赵教授认为,量刑制约定罪作为一种司法的思维方式,正是适应了司法哲学发展的要求,同时他也承认量刑制约定罪的观点很有可能会对罪刑法定原则、立法民主原则以及公民的权利产生新的影响,所以务必谨慎对待。[8]

---

[3] 冯亚东:《罪行关系的反思与重构——兼谈罚金刑在中国现阶段的适用》,载《中国社会科学》2006年第5期。

[4] 参见任彦君:《论逆向定罪机制在刑事疑难案件审判中的适用》,载《法商研究》2013年第5期。

[5] 阮齐林:《绑架罪的法定刑对绑架罪的制约》,载《法学研究》2002年第2期。

[6] 参见高艳东:《量刑与定罪互动论——为了量刑公正可变换罪名》,载《现代法学》2009年第5期。

[7] 梁根林:《许霆案的规范与法理分析》,载《中外法学》2009年第1期。

[8] 参见赵运锋:《能或不能:以刑制罪理论之反思》,载《甘肃政法学院学报》2014年第1期。

在对待量刑反制定罪这个问题上,劳东燕教授表现出了同样的慎重:"刑罚反制承认法定刑会影响、制约对相应犯罪构成要件的解释,但绝不认同解释者在解释时任意突破犯罪构成的制约,为获得量刑公正而不惜摆脱刑法教义学束缚的做法。"[9]可以说在刑法教义学的层面上,量刑制约定罪论者比起量刑决定犯罪论者不约而同地表现出了审慎态度,因为他们清楚地明白量刑对定罪新的关系的构建很有可能对罪刑法定原则提出挑战。

(三)量刑反制定罪思维模式的特点

尽管上述各种观点在称谓上有所不同,但不难发现它们也有共通之处,即都是为了避免在刑事疑难案件的审判过程中出现量刑失衡,主张对量刑进行优先考虑,再选择罪名,相对而言更加强调量刑对于个案的重要性。一言以蔽之,量刑反制定罪的思维模式通常可以理解为:当一个案件发生后,对于行为人的行为罪与非罪或者此罪与彼罪产生分歧时,不再简单地沿用先前传统的先定罪后量刑的思维模式,而是反向行之,首先把行为的社会危害性纳入考量范围之内,参考刑罚的轻重,从而选择与之最接近的罪名。

虽然笔者并不完全赞同量刑反制定罪的思维模式,但也不能否认量刑反制定罪的思维模式有其本身的时代特点和社会需求。量刑反制定罪的思维模式主要有以下特点:第一,提出量刑反制定罪的思维模式,在司法实践中更好地满足了公众期待的需要,公众对于司法判决的认同感将有助于公众对法律的信仰,从而更好地建设法治社会;第二,量刑反制定罪的思维模式是刑法理论对司法实践需求的回应;第三,量刑反制定罪的思维模式的提出体现了刑法学术界对于刑罚与犯罪之间相互协调、相互适应的高度关注;第四,量刑反制定罪的思维模式是刑法学术界对于理论在新时代、新社会背景下的不断探索和挑战。

二、量刑反制定罪思维模式的批判与思考

最近几年,随着刑法理论界对罪刑关系研究的不断深入,"量刑反制定罪论"者如雨后般春笋涌现出来,大多论者的观点的提出都以许霆案为契机,伴随着近年来在社会舆论上引发热烈关注的一些案件,比如王力军"玉米案"、赵春华案,这些案件被高度关注起初都是源于对罪刑失衡的控诉。然而司法实践中,在寻求罪行均衡的同时,对于犯罪构成的定型性我们也应当尤为重视,我们也不应当忽视量刑反制定罪的思维模式存在诸多的不足。

一直以来,定罪和量刑的关系都是定罪具有决定性,而量刑具有从属性。既然定罪决定量刑,那么在具体的司法实践中就必须遵循从犯罪到量刑的逻辑顺序,刑罚裁量的根本依据应当是罪名的确定,如果在定罪之前优先考虑了量刑,而不是定罪,这无疑是一种价值先行的思维模式,缺乏规范体系制约的价值不是刑事法治的本质追求。正如有些学者所言:"定罪量刑时,司法人员必须遵守先定罪、后量刑的时间顺序规则,不能把量刑提到定罪之前。否则后果不堪设想。"[10]

(一)犯罪特征与量刑的根基

根据我国刑法通说观点,依据《刑法》第13条对于犯罪的定义的文字表述,通常认为犯罪具有三大特征,即社会危害性、刑事违法性、应受刑罚处罚性,并且通说还认为社会危害性是犯罪的本质特征。一般来说根据辩证唯物主义的观点,所谓事物的本质特征需要满足几个方面的要求:第一,它是能够被人们的感官直觉所把握,表现出事物的根本特点;第二,通

[9] 劳东燕:《刑事政策与刑法解释中的价值判断——兼论解释论上的"以刑制罪"现象》,载《政法论坛》2012年第4期。

[10] 王勇:《定罪导论》,中国人民大学出版社1990年版,第263页。

过他能够了解事物的本质属性;第三,本质特征是区分与其他事物的标志。应当说,严重的社会危害性,是犯罪的本质特征,之所以行为能够被评价为犯罪,其根本原因在于该行为严重危及了统治秩序和阶级利益。然而早在20世纪,陈忠林教授就一度认为应受刑罚处罚性才是犯罪的本质特征,其主要理由是应受刑罚处罚性体现了犯罪和其他危害行为之间的内部联系,同时应受刑罚惩罚性也变现了行为严重的危害性,应受刑罚惩罚性更能为人们的直觉所把握。近年来,很多学者所主张的量刑反制定罪观点,其本质就是强调应受刑罚处罚性应当作为犯罪的本质特征,过分重视刑罚在犯罪体系中的作用。

有些学者将定罪与量刑的问题,形容成古老的拜占庭式的“先有鸡,还是先有蛋”的问题。这些论者在做这样的比喻的时候显然是忽视了一个客观事实的存在,定罪具有决定性,量刑对于定罪具有从属性。从严格的逻辑意义上来讲,如果量刑对于定罪能够产生决定关系或者制约关系,则这个命题成立的前提条件以量刑的独立存在为前提,倘若量刑依附于定罪,那定罪与量刑之间存在的是正向的制约关系,所以量刑决定定罪或者制约定罪的思维模式要得到证成,量刑独立于定罪的命题就首先需要得到证成。笔者认为,在正式探讨定罪与量刑的逻辑关系之前,我们有必要对于量刑的根据做一些探讨。

由于刑罚的执行小则涉及人的财产和自由,大则涉及人的生命权,所以司法实践活动中量刑的公正与否直接丈量着法治社会的高度,也直接体现着当代刑法的价值取向。

显然,量刑反制定罪思维模式下的量刑,缺少了其本身独立存在的根基,因为量刑是在规范体系下的价值判断,游离于规则体系外的量刑将没有路径可以选择,“量刑独立存在的根基”问题是量刑决定量刑思维模式论者都将无法回避的重要课题。在司法实践中,审理一个疑难复杂案件,直接将逻辑搁置在一边,凭借着直观的经验和对行为人的社会危害性进行“认真”地估算,从而得出一个刑罚,然后再找寻一个最为合适的罪名,我们所需要的罪刑均衡绝对不是在这样的思维模式下的产物,如果这样的思维模式是值得首肯的,那么还煞有介事地划分不同刑种和刑档有何意义和作用?[11]正如张明楷教授所指出的,对于犯罪人究竟判处几年徒刑合适,是不可能仅仅凭借对案件的基本情况的了解就得出结论的,很有可能被告人在法庭上的一句陈述、一个举动就可能影响到法官对于最后量刑的判断,所以作为我们身处法庭千里之外的旁观者,我们是没有办法得出犯罪人究竟会判处几年徒刑公正的结论的。[12] 量刑反制定罪的思维模式在一定程度上削弱了罪名在刑法中的意义,同时更是弱化了犯罪构成对于刑法的定型意义,直接将刑罚的合理性置于首位,不得不说这样的刑法思维模式很容易导致刑法变成弹性的执法工具,在这种司法干预和民意的裹挟之下,准确定罪的司法路径将变得举步维艰。

(二)定罪与量刑逻辑关系的展开

1. 定罪与量刑的正向时空关系

定罪与量刑作为司法实践活动中最为重要的环节,其本身在运作的过程中无疑需要运用法治思维。从犯罪的流程来看,行为人基于主观恶性支配行为,在行为的作用下产生危害结果,行为是结果发生的原因,决定着结果的发生,而结果不可能反过来决定行为本身的危害性程度。[13] 在传统的法理学中,我们通常认同这样的逻辑,法律规范是大前提,每一个具

---

〔11〕 参见《西方法律思想史资料选编》,北京大学出版社1983年版,第424页。

〔12〕 参见张明楷:《许霆案的刑法学分析》,载《中外法学》2009年第1期。

〔13〕 孙万怀:《有毒有害食品犯罪中的量刑反制思维应当摒弃》,载《人民检察》2012年第19期。

体的案件则是小前提,案件的最后判决是结论,当适用法律的机关准确地和正确地把法律规范适用于一定的具体情况,即按照三段论的逻辑进行推演,才能获得与法治原则相符合的结论。[14] 定罪决定量刑是罪刑法定原则的核心内涵,也是刑事法治的必然要求。

然而量刑反制定罪论者的逻辑起点却有所不同,他们通过片面解读贝卡利亚描述刑罚是“易感触的力量”(motivi sensibili),从而夸大刑罚在逻辑中的重要作用。“刑事责任才是最具有实质意义的刑法结论,也是被告人和民众关注的核心;如果根据犯罪构成判断出的罪名会使量刑明显失衡,就应适度变换罪名以实现量刑公正,让罪名为公正的刑事责任让路,不能把准判断罪名作为司法的重心。”[15] 有的论者为了证明刑的重要性,举以这样的案例:甲在雇主乙处工作,雇主乙一直拖欠甲 2000 元工资,甲在几次向乙讨要薪资未果的情况下,绑架了雇主乙的儿子,并向雇主要求加倍偿还工资 4000 元。论者认为对于甲的行为究竟是适用《刑法》第 238 条还是《刑法》第 239 条之规定,其最终的结果将相去甚远,是有期徒刑 3 年和 10 年的区别,然而语言本身又是具有局限性,法条的阐述不能穷尽所有的社会行为,人们对于法条的理解又将各有不同,法官理解的差异就将导致个人截然不同的牢狱之灾。[16] 然而,笔者认为,在上述的案例当中恰恰说明了在司法实践中准确定罪对于行为人的重要意义,如果在现有的刑法体系下完全不能实现这样的此罪与彼罪的区分,那是立法的落后与不足,在现有的刑法体系下完全可以区分这两种不同情形的时候。根据《最高人民法院关于对为索取法律不予保护的债务非法拘禁他人行为如何定罪问题的解释》,行为人为索取高利贷、赌债等法律不予保护的债务,非法扣押、非法拘禁他人的,依照《刑法》第 238 条规定定罪处罚。通常而言区分非法拘禁罪和绑架罪要注意在两方面审查:第一,审查行为人与被害人之间是否存在债权债务关系;第二,审查行为人的主观故意和目的。显然通过现行的刑法体系和司法解释完全可以区分这两种罪的边界,从而更加规范地量刑,以便更好地实现罪刑均衡。相反,在量刑反制定罪论者的逻辑中,首先用一个失去规范的价值判断——社会危害性(且不论前述所言的量刑独立存在并无依据)评价了一个行为,这样的评价使得行为人几乎丧失了为自己辩驳的机会,然后在众多的刑法罪名中寻找最适合的一款,这样的逻辑岂不是与之主张的量刑均衡南辕北辙吗?试问量刑反制定罪论者所言的“量刑均衡”是纯粹的价值判断,还是规范框架下的逐步推导?

梁根林教授认为,用“试错”功能来描述量刑对定罪的反制作用是比较形象与贴切的,量刑反制定罪相当于数学中的“验算”,当我们运用某种算术技巧获得一个结果值时,往往会凭借以往经验或者某种推导方式去“验算”结果值是否有明显异常,如若有异常就应当从头再算一次,或者干脆换一种与原先不同的算术技巧,却不是仅凭感觉而随意添上一个自以为合适的结果值。这里的“算术技巧”好比定罪规则,“验算”好比量刑的妥当性考虑,它是一种以犯罪特征、刑罚目的为依据的量刑妥善性考虑,“结果值”好比刑罚量。“验算”的功能仅在于当发现结果异常时的重新反思并选择另一种“运算技巧”。[17] 有些学者也认为,这样的“验算”不会逾越犯罪构成,进行得出一个不受规则约束的“结果值”,“验算”不能替

---

〔14〕 参见[苏]C. C. 阿列克谢耶夫:《法的一般理论》(下册),黄良平、丁文琪译,法律出版社 1991 年版,第 729 页。

〔15〕 参见高艳东:《从盗窃到侵占:许霆案的法理与规范分析》,载《中外法学》2008 年第 3 期。

〔16〕 裘霞、李佑喜:《论以刑制罪及司法运用》,载《华东刑事司法评论》(第六卷)。

〔17〕 梁根林:《许霆案的规范与法理分析》,载《中外法学》2009 年第 1 期。

代"演算",演算仅仅能成为批判性的参考工具。[18] 笔者对于这个比喻十分感兴趣,所以不妨把这样的比喻更加生动地展现出来,方便一窥究竟。我们假设有题:甲工厂一共有水泥100吨,乙工厂需要从甲厂购买这100吨水泥,甲厂只有一辆运输车,且每次最多只能运输10吨,问甲厂至少需要运输多少次送完这100吨水泥?应该说这是十分简单的数学问题,只要将100吨水泥除以最大运输量10吨,就可以得出问题答案,即最少需要10次。为了能够确保演算的准确性,我们进行"验算"。这次我们用不同的算术技巧进行推导,用加法来计次,寻找答案,过程是10加10加10,如此反复相加,最终得出结论仍然是最少需要运输10次。在同样一道简单的数学问题中,即使采用不同的算术技巧,不论是除法还是加法(即采用不同的定罪规则),最终得到的结果是一致的。然而在量刑反制定罪思维模式下,基于凭空出现一个他们认为可能本着应当更加高效环保的原则,认为得出的结果值10次是不合理的,运输5次是更加符合经济社会发展的要求的。不过,困难之处在于,在现行的题干之下似乎无论如何变换"算术技巧"都不能得出5次这样经济高效的结果了。所以唯有去改变题干的信息来反过来迎合5次的结果需求,而这题干本身就是构成要件的定型性。试问这题干的信息都被更改了,最后得出来的"结果值"还会是符合要求的吗?题干中被限重车载10吨的卡车司机,估计在论者的要求改运20吨之后亦是无比惶恐地危险驾驶了。

笔者认为,量刑反制定罪论者扭曲了定罪与量刑之间应然的时空逻辑关系。在量刑反制定罪的思维模式下,对最终的量刑公正始终找不到一个有力的抓手,使得整个思维模式犹如空中楼阁。在现有的刑法体系内,每一个具体罪名都是无数个案的类型化概括和基础,而这种罪名成为刑法条文的一部分,从而自然地引导出法定刑的配置,这就成了严格规则主义不可逾越的重要组成部分。同时,这也是法条主义和罪刑法定原则的应有之义,所以即使量刑反制定罪论者出于"平衡"罪刑关系的良善动机,为了克服刑法本身对于个罪在量刑上的设置的不足,进而追求所谓的"个案的正义",也不能脱离案件的基本事实而选择罪名的适用或者人为地降低刑罚的档次,此种做法伤害了刑罚的根基,同时还有损刑事诉讼活动的公信力。每一个犯罪构成都来源于对截然不同的犯罪事实的提炼和抽象总结,因此不同的犯罪构成必然应当与不同的罪名互相对应。仅仅出于量刑的目的而要更换罪名,这是对于整个案件事实的否定,使定罪与量刑的逻辑关系都产生了根本性的错位。[19] 在司法实践活动中,我们不能以任何理由和借口去破坏"游戏规则",遵循定罪与量刑的正向的时空逻辑关系就无疑是其中的一个重要规则。

2. 量刑反制定罪思维与有罪推定

有罪推定是指在未经司法程序最终确认为有罪之前,司法工作人员就对犯罪嫌疑人或者被告人作出有罪之认定,继而围绕着"有罪""定罪"为中心开展侦查、询问、起诉、审判等一系列明显带有主观色彩的刑事活动。在心理学上,有一个概念叫作"沉锚效应",这也是我们常说的思维惯性或者是思维陷入。当人们在思考一些复杂的问题的时候,会有意或者无意地根据先前的思考作出判断,也可以说,我们的思维常常受到我们的第一印象左右,第一印象会像锚一样沉入海底,固定住我们的思维。这种沉锚效应具体到司法实践活动中就是我们所说的有罪推定。最通常的普通民众的有罪推定的思维就是:"这个人要是没有犯罪,警察怎么会抓他呢?"然而正是在这样的思维模式下,司法实践中造就了很多冤假错案,

---

〔18〕 胡荷佳:《量刑反制定罪刍议》,华东政法大学2015年硕士学位论文。

〔19〕 曹坚:《"以量刑调节定罪"现象应当杜绝》,载《检察日报》2009年12月21日。

比如佘祥林案、[20]赵作海案[21]无疑都是有罪推定思维模式的受害者,倘若不是让人匪夷所思的"亡者归来",很难去预想如今这些当事人的悲惨命运。相反,无罪推定原则是一项被现代法治国家承认和广泛接受的重要原则,同样也是被国际公约所确认和保护的一项基本人权。无罪推定原则最早被意大利启蒙思想家贝卡利亚提出:"在法官判决之前,一个人是不能称成为罪犯的。只要还不能断定他已经侵犯了给予他公共保护的契约,社会就不能取消对他的公共保护";"如果犯罪是不肯定的,就不应折磨一个无辜者,因为,在法律看来,他的罪行并没有得到证实。"[22]显而易见的是有罪推定与刑事法治理念是相悖的,有罪推定在司法实践活动中剥夺了犯罪嫌疑人或者被告人无罪的可能,使其一开始就陷入完全的被动之中。

量刑反制定罪思维模式的目的正当性并不能代表其手段的正当性,不难发现量刑反制定罪思维模式与有罪推定有着一些相似之处。这种思维模式整体上遵循的是这样的路径:法官首先从总体上判断是否对犯罪分子要判处刑罚或者应该判处多重的刑罚,之后再在刑法条文中寻找与之最为匹配的罪名,在此基础上展开刑法学教义分析和论证。当我们重新审视这一过程,我们不难发现,这样的论证不再是刑法的教义学的分析过程,而是在实用主义的指导下对于行为的强行解读和证成。尽管论者也一再强调说,这样的做法仅仅适用于司法实践中的疑难案件,在大多数情况下我们仍然需要按照传统的三段论的模式进行定罪量刑,但定罪与量刑一旦脱离了"游戏规则"的指导,定罪量刑所仰仗的就要么是法官的个人经验,或者就是民粹主义,即使具体个案获得了妥善的处理,这样的"妥善处理"也是无章可循的,想要司法者做到前后一致的一种总体的系统良好后果,无疑是十分困难的一件事情。[23]

3. 定罪与量刑位阶关系的展开

定罪与量刑的关系在三阶层的犯罪构成理论体系下,定罪的优先性在位阶上应当高于量刑的合理性。位阶关系是指不同事物在客观位置上的安排,由此形成的事物之间的内在的逻辑关系。量刑反制定罪思维模式表现了在疑难案件中司法积极能动主义的倾向,这样的思维模式下所暴露的倾向是与强调消极主义刑罚权的理念相悖的。

犯罪成立的要件是刑法条文所规定的,在这个层面上我国传统的四要件犯罪构成的理论与德日的三阶层犯罪构成理论并没有太多的差异,但两者在犯罪构成的要件之间是否具有位阶性的问题上存在不同观点。三阶层理论下的犯罪论体系的位阶关系使得犯罪构成的各个要件之间不再是简单的耦合式存在,而是成为一种对司法实践活动具有积极指导意义

---

〔20〕 1994年1月2日,佘妻张在玉因患精神病走失失踪,张的家人怀疑张在玉被丈夫杀害。同年4月28日,佘祥林因涉嫌杀人被批捕,后被原荆州地区中级人民法院一审被判处死刑,剥夺政治权利终身。后因行政区划变更,佘祥林一案移送京山县公安局,经京山县人民法院和荆门市中级人民法院审理。1998年9月22日,佘祥林被判处15年有期徒刑。2005年3月28日,佘妻张在玉突然从山东回到京山。4月13日,京山县人民法院经重新开庭审理,宣判佘祥林无罪。2005年9月2日佘祥林领取70余万元国家赔偿。

〔21〕 赵作海,男,1952年出生。河南省商丘市柘城县老王集乡赵楼村人,被称作河南版"佘祥林"。1999年因同村赵振晌失踪后发现一具无头尸体而被拘留,2002年商丘市中级人民法院以故意杀人罪判处死刑,缓期二年执行。2010年4月30日,"被害人"赵振晌回到村中,2010年5月9日,河南省高级人民法院召开新闻发布会,认定赵作海故意杀人案系一起错案,宣告赵作海无罪,同时启动责任追究机制。赵作海以公民代理人的身份重新出现在公众视野。

〔22〕 [意]贝卡利亚:《论犯罪与刑罚》,黄风译,北京大学出版社2013版,第36页。

〔23〕 朱苏力:《法条主义、民意与难办案件》,载《中外法学》2009年第1期。

的思维模式。

日本学者西田典之对于三阶层的犯罪构成理论的作用做了详尽的描述，他认为要确保法官在裁判时作出的判决是准确、适当的，构成要件的位阶顺序从该当性到违法性，再到有责性这样的位阶顺序是具有其本身的特殊意义的。从本质上来讲，具体行为是否该当于可罚性行为类型这一构成要件的该当性的判断，具有明确性、形式性，在此处对犯罪构成加以限定，纵然接下来还需要对违法性和有责性进行进一步的判断，这样也不会使处罚的范围扩大；对于违法性的判断则是一种实质性判断，原则上这种判断是基于客观性要素的判断，而有责性考虑的是人的主观性要素，因而判断的时候包含了不确定的因素。在这样的背景之下，犯罪论体系通过阶层式的深入，即由形式性的考察进入实质性的考察、从客观要素的考察进入主观要素的考察。通过严格控制法官的思考过程，进而将法官的裁判限定在适当、正确的轨道之内。[24]

量刑反制定罪的思维模式，为了实现个案的量刑均衡，将量刑的合理性置于了更高的地位，这无疑破坏了定罪与量刑之间应有的位阶关系，而且这种思维模式很容易重新走上“社会危害性定罪”的老路。社会危害性定罪的观点通常把犯罪构成本身看成是一种社会危害性的体现，在这一点上必须指出其错误所在。例如，《刑法》设立了隐瞒境外存款罪，这种隐瞒不报的行为，一方面可能对财产的真实来源进行隐瞒，另一方面也是对公务人员的职务廉洁性打上了污点。因此，我们可以很自然地说这种行为具有社会危害性，刑法通过价值选择和价值判断设立了这一犯罪构成。但是，在目前的司法实践中却很少有对此类行为的裁判。纵使是没有构成犯罪的事实，也不能完全否认犯罪构成的法律规定存在的事实。但不能连具有社会危害性的事实尚未出现，就认为犯罪构成本身具有社会危害性，从而臆断地把客观的事实等同于主观的法律规定，这也是这种错误认识的根源所在。[25]

在成文法的体系之下，有一点是毋庸置疑的，刑法的规范一旦被正式确定，规范条文本身就成为了法官的裁判依据，人民对于刑事法律的认同感和敬畏感，通过更好地强调这种规范的权威性和平等性，在实践中不断地被提升和加强，这是刑法教义学的应有之义。[26] 所以不难看出，改变罪名的做法违反了罪刑法定，破坏了构成要件的定型性。这种量刑反制定罪的思维模式将赋予法官极大的自由裁量权，在司法实践中更是让当事人忍受“欲加之罪，何患无辞”的痛苦，是对刑事法治的破坏。[27]

即此，量刑反制定罪论者提出了根本的诉求，“定罪正确并不能导致量刑公正”，力求所谓的“量刑公正”。笔者在此难免有一个困惑，倘若“定罪正确并不能导致量刑公正”，那难道在定罪都不正确的情况下反而能寻求所谓的“量刑公正”？答案显然是值得深思的。尽管量刑反制定罪思维模式有很多鲜明的特点，并且很多持量刑反制定罪观点的学者均一再强调，刑罚反制罪名只能在依照寻常的法律推理无法得出结论的特殊案件、疑难案件中适用。然而对于案件是否是疑难的判断本身就是一种疑难，这样又如何在具体案件中对量刑反制定罪思维加以运用。而一旦由罪生刑的木桶出现了刑罚反制的这块“短板”，就更不能

---

〔24〕 参见[日]西田典之：《日本刑法总论》，刘明祥、王昭武译，中国人民大学出版社2007年版，第45页。

〔25〕 杨兴培：《犯罪构成原论》，北京大学出版社2014版，第147页。

〔26〕 许德风：《论法教义学与价值判断》，载《中外法学》2008年第2期。

〔27〕 孙万怀：《刑事政策合法性的历史》，法律出版社2016版，第615～621页。

保证司法公正不会被无视、被规避、被践踏,[28]决定法治高度的往往是这块最短的木板。在笔者否定量刑反制定罪思维模式的前提之下,为了寻求量刑的公正,需要更多地在罪刑法定的框架下寻求路径。

三、余论

随着社会的不断发展,人类的生活方式也在不断更新,法律如果没能及时进行调整,就很难适应当下的变化,然而“法律不是嘲笑的对象”,立法的相对滞后性是不可回避的现实,这也直接使得司法活动中出现了很多疑难案件,使定罪量刑陷入困境。

刑事政策对于刑法规范具有积极意义。一方面,刑事政策可以成为对法律规范的一种合理矫正;另一方面,刑事政策是刑事活动的主导性要求,这主要表现在以下几个维度:(1)刑事政策为刑事法律制定提供了依据,将刑事政策的内容转化为刑事法律规范,在刑法中直接加以体现;(2)刑事政策对于量刑权的规制有直接意义,刑事政策为资源的配置与分配提供了基本的标准和依据。[29] 刑事政策的价值无疑在于针对各种对立、分立的力量博弈中,建立起一种相对更加平衡的标准体系,这样的价值导向无疑为罪刑均衡的实现找到了更好的出路。

在国家刑事立法权和刑事司法权运作的过程中,人们往往更容易关注到正当性和合法性的内容。正当性和合法性固然是重要的约束,作为人格化的权力同样需要满足一定的道德要求。因为作为刑事政策主导权力本身的认知具有局限性,以及刑罚权所针对的特定对象,决定了宽容成为其道德约束的重要内容。[30]

在一个现代民主的社会,对人最大的尊重是一项基本要求,这种尊重显然在人的价值体系里出于中心位置。而人道主义的主张就必然要求尊重人的尊严,不使犯罪行为人感到羞耻,禁止任何残忍的、非人道的、有辱人格的对待。在众多的刑事政策中,给予这样的一种尊重是一项重要的或者说是处于超然地位的决定和决策。[31]

公正、公平和平等是法律所追求的价值,而这样的追求也必定隐含一个残酷的事实——不公平、不公正、不平等的存在。这样的不公平、不公正、不平等产生的很大一个原因是有强势一方在天平的另一端占据了位置,为了更好实现天平两端的平衡,对于弱势者的保护、给予一定的权利的补足就是必要且正当的。所以,从这个角度上,公正、平等、公平是对强者的要求,人道是对弱者的支援。刑事被告人在国家的刑罚权面前显然是弱者,赋予其人道的考虑才能更加实现天平两端的均衡。

不可否认,通过刑法规范和法律解释的角度能够从刑法学的角度,对罪刑均衡加以控制,然而刑罚的具体执行和其轻重的问题也是犯罪学和社会学所研究的重要课题,在西方一些国家,他们丰富的具体的执行刑罚的方式使得罪与刑的天平一端的砝码变得更为丰富起来,这无疑也为更好地实现罪刑均衡创造了有利的条件,本文限于学科特点和研究的局限之处,只能在刑法之一隅寥寥数言,对于更好地实现罪与刑的平衡问题将是一个漫长而艰巨的问题。

---

[28] 杨兴培、田然:《刑法介入刑民交叉案件的条件——以犯罪的二次违法性理论为切入点》,载《人民检察》2015年第15期。

[29] 参见孙万怀:《刑事政策合法性的历史》,法律出版社2016年版,第16页。

[30] 参见孙万怀:《刑事政策合法性的历史》,法律出版社2016年版,第225页。

[31] [意]胡塞·刘易斯·德拉奎斯塔:《遵循人道主义原则的刑法(尤其是死刑、无期徒刑和长期监禁刑)》,载《“第五届当代刑法国际论坛”论文集》(2013年)。

【导师点评】

在目前学术界有越来越多的学者试图通过自己的研究证明量刑对于定罪层面有影响和作用时,本文力图求证"定罪具有决定性,而量刑具有从属性",不断通过科学和规范刑法立法理念,注重罪刑法定下的刑法解释是解决司法实践中疑难问题的根本之策。目前国内对于罪刑关系的研究陷入了单向的僵局,所以在越来越多学说涌现之时有必要对罪刑关系做一个界定和梳理,在罪刑关系的问题上也将是未来一段时间内值得被更加深刻去研究的方向所在。同时,"量刑反制问题研究"也被列入了《2014 年度国家社会科学基金项目课题指南(法学)》之中,足以显现对这个问题进行研究的现实价值和重要意义。

本文的主要创新之处在于:一是对于现有的量刑反制定罪的各种观点进行了分类整合,使得本来略显凌乱的理论纷争变得清晰并有了一定的脉络;二是十分系统并且详尽地探讨了罪与刑的关系,无论是从逻辑上还是从位阶上,或者是从刑法的基本原则上;三是为了更好地寻求罪刑均衡的平衡点,力求在刑法的涵盖范围内,通过刑法规范和法律解释实现罪刑均衡。同时囿于学科本身,在罪刑问题上探讨略显单薄,因为很显然刑罚的问题不仅仅是刑法问题,而且也是犯罪学和社会学的问题。

(指导教师:孙万怀)

论帮助信息网络犯罪活动罪

李苗苗*

互联网的飞速发展为社会、经济、生活带来翻天覆地的改变,影响着日常的生活方式和社会思维。同时,许多借助网络隐蔽性、便捷性而实施的犯罪层出不穷,这就要求立法和司法界重视网络服务提供者在网络犯罪中所扮演的角色,及时就网络发展下出现的新问题作出调整。《刑法修正案(九)》新设帮助信息网络犯罪活动罪,对网络服务提供者在网络犯罪活动中给予的技术支持以及帮助行为进行了明确规定。笔者拟从主观归责依据和客观归责依据两个层面来厘清帮助信息网络犯罪活动罪在刑事法实务中的入罪路径。

一、帮助信息网络犯罪活动罪的客观归责依据

在帮助信息网络犯罪活动罪的构成要件分析中,网络服务提供者提供技术支持、帮助的行为是否承担刑事责任,对于主观构成要件的依赖性比较高,而主观层面的证明压力也比较大。尤其是在认可对"明知"的刑事推定的基础上,存在对该罪入罪范围不正当扩大的可能,也会导致司法实务中存在一定的法律风险。因此笔者认为,应当根据是否制造法律所禁止的风险为核心确定帮助信息网络犯罪活动罪的客观基础,这就要求网络服务提供者的技术支持、帮助行为与网络犯罪行为人的实行行为之间存在必要的因果关系。

(一)因果关系的判断

帮助信息网络犯罪活动罪当中对于网络服务提供者为网络犯罪行为人所提供的技术支持、帮助等行为以及网络犯罪行为人的实行行为之间的因果关系的判断在实践中的部分情形是比较明确的。譬如,行为人在境外设置赌博网站服务器接收投注,境内网络服务提供者为其提供网站运营管理、资金支付等技术支持与帮助的情况下,帮助行为与实行行为的因果关系一目了然。[1] 再如,具备分享功能的云存储服务,如百度云盘、360 云盘等,在运营过程中一直面临着涉嫌侵犯知识产权、传播淫秽物品等的指控,平台方也据此开展了多次的整治活动。究其原因,在信息交互的过程中,数据的传送通过用户间的分享,然而这种上传、下载、共享是通过该平台提供的技术服务的,一旦出现涉嫌侵犯知识产权、涉嫌传播淫秽物品等的行为,必然无法回避二者之间的因果关系,如此一来,平台便有可能构成对应犯罪或构成帮助信息网络犯罪活动罪。这种简单直接的因果关系认定在司法实践中是比较常见的,除此以外,还有许多带有互联网发展印记和"不断创新"的帮助行为,探求其与网络犯罪实行行为的因果关系,就需要抽丝剥茧,发现行为的实质。

网络服务提供者的技术支持、帮助行为在网络犯罪的过程中应处于无可替代的位置,也

---

* 李苗苗,华东政法大学 2017 届刑法学专业硕士研究生。

〔1〕 参见严俊伟:《全国最大网络赌博案在穗宣判》,载《深圳特区报》2014 年 7 月 4 日,第 A13 版。

即对于网络犯罪的实行行为而言,必须借助特定的网络技术服务来实现。这种特定的网络技术服务使得网络犯罪的行为人,在单个实行行为的过程中,无法利用其他网络技术支持来实现自己的犯罪目的,只能依赖于网络服务提供者的技术服务。如果该技术服务可以被替代或者其他市场参与者可以提供同类同质的技术服务,那么对于网络服务提供者技术支持、帮助行为与网络犯罪实行行为之间的因果关系就难以认定。就如同在电信诈骗的过程中,我们无法要求中国移动、中国联通、中国电信等电信服务提供商承担一定的刑事责任,因为两者之间既不存在刑法上的因果关系也不存在普通人认知上的因果关系。电信通讯技术作为普遍的技术服务无差异地面向所有群体,而这种技术服务被犯罪活动利用也是社会的固有风险。倘若如百度云存储,在上传、下载、共享的过程中无须依赖"百度云"平台所提供的技术支持,可以借助市面上普遍的、开放的技术实现,那么也可以排除二者之间的因果关系。但是,在当下的互联网商业模式的发展下,这种技术开放显然不利于各个云存储服务提供者自身的经营,因而也仅具有设想的意味。笔者想要借此说明的是,在网络技术支持、帮助行为与网络犯罪实行行为因果关系的判断过程中,对于网络服务提供者所提供技术服务的特殊性应予以认定,以保证本罪的客观归责基础。

(二)正当业务抗辩

在帮助信息网络犯罪活动罪入罪化的过程中,刑法学界对于将作为"中立的帮助行为"的网络技术服务纳入刑事法评价范畴大多保持限制和严格入罪的态度。《刑法修正案(九)》的规定确立了刑事规范对于"帮助行为正犯化"的态度,将原本可能属于中立的帮助行为或者说中立的业务行为的网络技术支持服务进行刑法评价。笔者在前文已述及网络技术支持等帮助行为在网络犯罪过程中的可罚性,因此入罪化是必要且合理的。同时,在网络服务提供者的帮助行为正犯化的立法背景下,我们也应当对本罪的构成要件解读保持谨慎态度,对于该罪在客观归责要素方面需要更加严格入罪路径,同时从宽出罪路径,以防止犯罪圈的过度扩大。在确定网络服务提供者的技术支持、帮助行为与网络犯罪的实行行为之间因果关系的基础上,是否可以从客观归责的角度,将"正当业务抗辩"作为该罪的一条出罪路径?

所谓"正当业务抗辩",即在司法层面以正当业务行为作为网络服务提供者构建一个刑事违法性阻却机制,以使网络服务提供者的网络技术服务等被他人利用实施犯罪活动时,能够以正当的业务行为作为抗辩理由,阻却刑事违法性。[2] 笔者认为,在我国刑法理论和实务中并未有正当业务行为作为违法性阻却事由的存在空间,正当的业务行为无法作为独立的抗辩理由存在。但是在帮助信息网络犯罪活动罪的认定过程中,客观构成要件的评价实则已经对正当的业务行为进行了排除。在确认信息网络犯罪活动帮助行为与网络犯罪之间的因果关系时,对于技术服务行为的提供方式、操作形式以及与实行行为之间的具体关系进行评估,对于日常所认可的、正常的业务行为,即使造成了法律上的风险,但这种风险在法律所容忍或接纳的限度内,因此可以通过客观归责,在因果关系评估的过程中可以予以排除。

对于正当业务的抗辩,从网络服务提供者不同的业务类型和范畴的角度来审视,在"设备供应商—基础网络运营商—内容收集者和生产者—业务提供者—用户"的互联网服务产业链中,网络服务提供者依据其在产业链中的不同位置为用户提供差异化的、正常的业务服

[2] 参见刘宪权:《论信息网络技术滥用行为的刑事责任——刑法修正案(九)相关条款的理解与适用》,载《政法论坛》2015年第6期。

务。在网络犯罪的实行过程中,对于网络服务提供者的技术支持、帮助行为正当性的评价还是要根据互联网监管的相关规范,结合刑事司法解释对业务行为的具体规定予以认定。互联网服务产业链中不同位置的网络服务提供者提出正常业务行为作为抗辩理由时,因其业务类型和范畴的不同,带来的法律风险程度也不同,在客观构成要件的认定中,更是要根据业务行为的客观情况或业务的类型化范畴予以业务正当性的判断。这就要求对于网络服务提供者构建一套完整的职业规则、业务规范,以互联网行政法律规范的形式确定网络信息服务活动的依据、规则和边界,以使在进行业务行为判断时,据以明确法律允许的风险和不正当业务行为之间的边界。据此,可以确立互联网监管和行业自律的"先头军"作用,保障刑法作为社会规范的最后一道屏障的谦抑性。

二、帮助信息网络犯罪活动罪的主观归责依据

(一)"明知"的理解与认定

帮助信息网络犯罪活动罪将传统的共犯行为通过独立罪名的方式正犯化,在主观构成要件层面即跳出原有共同犯罪的理论框架,网络服务提供者与网络犯罪实施者无须达成严格的意思联络或共同的犯罪故意。但是,对于网络服务提供者而言,仍要求对提供技术支持、帮助的对象利用相关技术条件实施犯罪这一事实需要明知。换言之,只有网络服务提供者在对"他人利用信息网络实施犯罪"主观明知条件下,网络服务提供者提供技术支持、帮助的行为才能够被刑法评价为是"帮助信息网络犯罪活动罪",而如何认识与解读"明知"就显得格外重要。

如前所述,帮助信息网络犯罪活动罪中,网络服务提供者需要承担刑事责任的主观基础为"明知他人利用信息网络实施犯罪",因此,从构成要件的角度需要对明知的程度及明知的对象进行予以明晰。

1. 明知的对象

从刑法规范的角度,明知的对象即"他人利用信息网络实施犯罪",网络服务提供者必须对自己提供技术支持与帮助的对象所实施的行为有一定的主观认知,而从文义解释的角度出发,这种主观认知的对象必须是他人利用信息网络实施的犯罪行为。帮助信息网络犯罪活动罪指向的利用信息网络实施犯罪的行为,实质上就是传统意义上的网络工具犯罪。[3] 网络工具犯罪在刑事法规范上表现为,《刑法》第287条及全国人大常委会《关于维护互联网安全的决定》中规定的利用互联网技术实施的诈骗、盗窃、贪污、挪用公款、窃取国家秘密、侵犯知识产权、侵犯个人隐私或者其他犯罪,几乎涵盖了所有的犯罪形式。[4] 而对于所谓的利用信息网络实施的犯罪行为的程度认定,有学者主张,应当严格解释为符合刑法分则犯罪构成的、应被认定为相应罪名的犯罪行为。[5] 从严格入罪门槛、避免过度扩大该罪边界的角度来讲,这种主张具有高度的合理性,也符合文义解释的基本要求。因为如果放宽"明知"的对象门槛,对"他人利用信息网络实施犯罪"的内容作扩大化解释,将对网络服务提供方附加过分的审查义务,导致过分扩大犯罪圈的后果。事实上,网络服务提供者尽到《刑法》第286条之一拒不履行网络安全管理义务罪中所对应的网络安全管理的义务即可,

---

〔3〕 参见孙春雨等:《计算机与网络犯罪专题整理》,中国人民公安大学出版社2007年版,第37页。

〔4〕 参见孙景仙、安永勇:《网络犯罪研究》,知识产权出版社2006年版,第186页。

〔5〕 参见刘宪权:《论信息网络技术滥用行为的刑事责任——刑法修正案(九)相关条款的理解与适用》,载《政法论坛》2015年第6期。

无须过分审查,现实语境下,网络服务提供者对互联网环境下大量的用户行为也不可能做到事事审查。在互联网创新发展的过程中,降低行为人主观要素的认定标准显然不利于互联网的良性、长远发展,也有悖于该罪对互联网活力创新的保护及打击网络犯罪并重的初衷。

但仍需要注意的是,不同于其他罪名在“明知”的对象上具有客观性,本罪中网络服务提供者的“明知”对象具有主观性、间接性的特征。[6] “明知”的对象是他人的行为,也即对于网络服务提供者而言,需要在提供技术支持和服务的过程中,保持对服务对象行为的一个刑法价值判断,这显然是不现实的。刑法的价值判断本身是法官的职责,对于行为人而言,我们无法要求其具备法律工作者一样的刑法素养。另外一个层面,帮助信息网络犯罪活动罪的入罪化,本身也是未来应对传统共犯理论下对于网络犯罪帮助行为刑事责任认定的困境,实践中存在大量的实施网络犯罪的行为主体可能永远无法在实体上被认定为犯罪或在程序上无法被刑事处罚的情形,导致共犯从属性下网络犯罪帮助行为的刑法规制空白。然而,如果坚持通过严格解释将明知的对象限于刑法意义上的犯罪行为,势必又将陷入正犯无法归罪则帮助行为无法认定的窠臼。

笔者认为,我们无法要求网络服务提供者对用户行为进行刑法价值判断,也无法使网络服务提供者负担过高的审查和注意义务,对明知对象的确认要在这个两难境地中寻求合理平衡。帮助信息网络犯罪活动罪是对原有共犯理论的突破,然而帮助行为的正犯化实际上破解的是共犯理论下的共同故意或者说是共同的意思联络的认定,对于提供技术支持和帮助的行为,实际上仍是从属于实行行为的。换言之,网络服务提供者和网络犯罪实施者共同的行为结构中,弱化了二者的意思联络过程,就行为而言,实施的相关网络犯罪行为仍是实行行为,技术支持等行为客观上仍为帮助行为。只不过这种帮助行为作为独立罪名下,构成该罪犯罪构成的实行行为。那么对于实践中普遍的网络犯罪与网络技术支持行为分离的情况,一则,要以帮助行为共犯化为理论支点,破除共同意思联络的限制,对于互联网下的实行行为和帮助行为进行特殊理解;二则,承认网络技术支持等行为的帮助属性,在帮助犯的刑法解释框架下予以刑事责任风险的分析;三则,在实践认定的过程中,坚持主观认知对象内容实质上的严格解释和形式上的独立认定,即帮助行为并未实质介入实行性犯罪的构成要件行为,而是以物质上的助力或精神上的助念来帮助他人实施犯罪,利用信息网络所实施的相关犯罪需具有严格的犯罪属性,从而其帮助行为据此进行刑事归责。

2. 明知的认定标准

在刑事法律规范中,关于“明知”的认定一向是司法中的一大难题。刑法及诸多司法解释中关于“明知”的认定也没有一个统一的标准,各个涉及不同罪名的司法解释在对“明知”的解读中各自为政。从体系解释的角度而言,“明知”在早期的刑事法规范中一般被认定为是“知道或应当知道”,概括笼统操作性差,于实践认定并无标准性的指导,理论上也不够严谨。对于明知认定的一般原则,2009 年《洗钱罪司法解释》第 1 条给出了详尽的规定,[7] 此后的司法解释中也强调了对行为人“明知”的认定要坚持主客观相结合。如《2016 年最高人民法院、最高人民检察院、公安部关于办理电信网络诈骗等刑事案件适用法律若干问题的意见》明确规定就网络服务提供者帮助行为的主观认定中需结合行为人认知能力、经历、行为手段、获利情况、曾受处罚情况等主客观要素综合分析。这种趋势对于我们把握帮助信息网

---

〔6〕 参见花岳亮:《帮助信息网络犯罪活动罪中“明知”的理解适用》,载《网络犯罪研究》2016 年第 2 期。

〔7〕 该司法解释率先规定对于明知认定需要充分考虑主客观因素,不再纯粹解读为“知道或应当知道”。

络犯罪活动罪的"明知"的认定有指导作用。[8]

帮助信息网络犯罪活动罪作为扩大犯罪圈的"帮助行为正犯化"的罪名,在对"明知"的理解上就更要保持一种谨慎克制,以免该罪被扩大适用,成为互联网空间下的口袋罪。司法实践中对于"明知"认定的关键就是证明提供技术支持、帮助的网络服务提供者对于他人利用信息网络实施犯罪有确定的认知——确实且充分地认识到他人利用信息网络实施犯罪,以符合明知的刑事实体标准。[9] 这种确知的认定,一方面来源于网络服务提供者明确供述或同案犯的供认,以确定行为人对于他人利用信息网络实施犯罪的主观认知,另一方面则依赖于对帮助行为的客观性的分析,即根据外部行为的明显犯罪性与帮助行为的相当关联性进行司法判定。

在司法实践中,对于网络服务提供者本人及其同案犯而言,主动供述对于他人利用信息网络实施犯罪存在明确认识是相当困难的,行为人很少能告知他人自己的主观性认知,即使主动供述或直接告知他人,也需根据事实和证据来相应地判断行为人所言是否真实。从犯罪心理学的角度出发,行为人在进行供述的过程中,更加倾向于美化自己的行为,换言之,让行为人主动承认对自己不利的指控是十分困难的,这种无法取得必要证据、无法证明案件事实的情形的证明困难普遍存在于对"明知"的主观认定中。[10] 因此,需要对"明知"的认定构建一个客观性的证明路径,也即以"外部行为的明显犯罪性与帮助行为的相当关联性"来确认相关核心标准。

笔者认为,对于"明知"的客观认定,分为两个维度:其一,对于网络犯罪的实行行为,需要有明确的犯罪性,这种犯罪性不要求切实符合刑法意义上的犯罪构成要件,而是需要在正常的网络服务提供者的判断标准下,具有显而易见的犯罪特征的行为。这样就使得网络服务提供者无需对实行行为进行刑法价值判断,同时也使得网络服务提供者尽到一定的、区别于普通人的注意义务。其二,对于帮助行为与网络犯罪实行行为之间的关联关系,这就要求网络服务提供者所提供的技术支持和帮助能够达到一种具有相当性的客观联系,也即网络服务提供者为网络犯罪提供的技术支持、帮助具有关键的助力作用,而并非一般意义上的通过网络技术服务所创造社会经济价值的过程。譬如在快播案中,直接制作、传播淫秽色情信息的行为人,利用快播平台的技术特征,大量传播淫秽色情信息,吸引用户浏览、下载、上传、共享,在这个过程中,传播淫秽色情信息的行为人实施犯罪行为依赖的就是快播的技术支持。[11] 快播通过 P2P 技术、QVOD 网络等构建数据服务器,将淫秽信息存储在自己的服务中,实际上将自己的网络技术服务变形成了淫秽信息输出的中转,这种行为只有社会危害性而无社会价值创造,应当认为具有相当的关联性。再譬如,"轻松筹"等众筹平台作为网络商业模式的革新,无差别地为用户提供众筹服务,并对发布求助的用户相关信息进行一定的披露,其对于捐助活动进行互联网中介服务与技术支持,在行为人利用平台进行诈骗的过程中,除非有直接证据显示平台未尽合理审查义务或与诈骗人存在通谋,否则不宜认定平台的

---

〔8〕 参见郭旨龙:《论信息时代犯罪主观罪过的认定——兼论网络共犯的"通谋"与"明知"》,载《西部法学评论》2015 年第 1 期。

〔9〕 刘宪权:《论信息网络技术滥用行为的刑事责任——刑法修正案(九)相关条款的理解与适用》,载《政法论坛》2015 年第 6 期。

〔10〕 参见褚福民:《证明困难的解决模式——毒品犯罪明知为例的分析》,载《当代法学》2010 年第 2 期。

〔11〕 参见毛玲玲:《传播淫秽物品罪中"传播"行为的性质认定——"快播案"相关问题的刑事法理评析》,载《东方法学》2016 年第 2 期。

技术服务与行为人网络诈骗行为之间存在相当的关联性。这也是为了将日常典型、合法的技术行为能够尽量区分于网络犯罪的帮助行为，以有效避免对于互联网领域技术帮助行为刑法规制边界的过分扩大和对网络技术发展行为的过度约束。

（二）“明知”的刑事推定及限度

虽然对于“明知”的理解与认定作了一定了探讨，但是必须承认的是在司法实践中，对行为人主观目的的认定，由于技术的局限性，刑事司法过程中无法像对客观行为还原那样进行精密、科学的取证之后得出经得起考验的结论，因而对于明知的认定仍存在极大的证明困难。即使是所谓客观化核心标准的判断，也存在一定的障碍。这就需要我们在缺乏有效的供述和直接的证据的情况下，通过“应知”的刑事推定来确定“明知”，通过对客观行为的观察和相关证据进行推断，结论上虽有或然性，但实践中已经形成有效推理路径。如在“快播案”中，北京市海淀区人民法院认为，明知完全可以基于行为人的特定身份、职业、经验等推定。[12]

1.“明知”推定的“大于半数规则”

在当前的技术环境中，通过网络信息等电子证据进行网络服务提供者是否应知他人利用信息网络实施犯罪的判断，是完全可以通过内容的典型性和数量的规模性来进行推定的。假定当通过客观证据与外部行为观察，发现信息网络业务行为具有帮助实施犯罪的怀疑达到相当程度时，“信息网络技术助力行为会具有促进犯罪事实的实质风险”将成为一种合理预期。对于中性业务行为的服务对象及其合法性状态，行为人必须承担主动查询义务或者审慎判断义务。在不采取任何犯罪风险防护措施的情况下，行为人不能主张信赖原则而任意向他人提供信息网络技术服务。[13] 而这种判断或推定，依赖于一个合理的量化标准。当下我国互联网相关立法并未对网络服务提供者具体的审查义务范畴进行具体的规定，因而笔者认为适用“大于半数规则”来推定网络服务提供者对犯罪行为的“应知”较为合理，具有一定的科学性。在“大于半数规则”的刑事推定中，司法机关可以根据网络服务提供者所提供的技术支持、帮助行为所对应的在合法服务与犯罪活动之间的比例关系，来推定网络服务提供者的主观认知。当相关网络数据表明，网络技术服务对象利用信息网络实施犯罪活动比例超过半数的，应推定网络服务提供者应当知道或有理由怀疑其业务对象利用信息网络实施犯罪而仍提供相应技术支持和帮助。而在此种推定的思路下，也存在为行为人出罪的空间，即行为人反驳只要达到合理程度即可否认“明知”的存在。[14]

2.行为反证下的“明知”推定

行为反证是司法实践中对于行为人行为的分析而反向推导出行为人的主观意志的推定方法，这是司法工作人员行使自由裁量权的一种方式。网络服务提供者在提供广告推广、支付结算等帮助，以及网络接入、网络存储、通讯传输、服务器托管等技术支持的行为中都有一定的技术规范予以约束，因此在帮助信息网络犯罪活动罪中，网络服务提供者对于他人利用网络信息技术实施犯罪的主观认知，可以通过网络服务提供者的部分行为予以证明。

---

〔12〕 参见北京市海淀区人民法院（2015）年海刑初字第512号刑事判决书。

〔13〕 参见刘宪权：《论信息网络技术滥用行为的刑事责任——刑法修正案（九）相关条款的理解与适用》，载《政法论坛》2015年第6期。

〔14〕 刘科：《帮助信息网络犯罪活动罪探析——以为网络知识产权犯罪活动提供帮助的犯罪行为为视角》，载《知识产权》2015年第12期。

具体而言,以下类型的行为对于网络服务提供者的“明知”有推定的效应:其一,网络技术服务的对象曾因涉嫌网络违法犯罪被行政处罚或刑事处罚,而网络服务提供者在此之后并未采取补救措施,继续提供网络技术服务的。其二,网络犯罪中的受害人已向网络服务提供者告知其服务对象实施侵犯相关权益的行为的,多见于网络侵犯知识产权犯罪、网络诈骗罪等。如我国台湾地区学者所言,ISP自行得知或收到通知后,并没有立即停止用户连接服务或移除该资讯的消极行为,则ISP构成帮助犯。[15] 其三,网络服务提供者有关闭用户举报通道、废弃用户举报机制等行为的,此类行为代表的是网络服务提供者弱化了自我审查平台和用户反馈机制,对于可能存在的网络犯罪行为有明确认知并持放任态度。其四,网络服务提供者采用技术手段,对网络信息进行碎片化技术处理的,可以认定是存在逃避文件合法性审查的情况,以此推定其有明确的认知。碎片化的技术处理在正常的网络信息服务的过程中并不常见,多用于隐匿文件的真实信息,据此可以推定网络服务提供者对于相关文件违法性的认知。除此之外,在互联网语境下仍可能存在或涌现出新的技术手段或行为模式,这就需要在常见的行为反证的基础上,把握互联网技术规范、操作规程等对网络服务提供者的约束,以此来通过主客观相一致的原则认定行为人的主观认知。

三、结语

帮助信息网络犯罪活动罪的确立,从主客观相一致的角度构建了网络服务提供者帮助行为的责任体系,这一刑事责任体系的构筑显露出立法过程中对于帮助行为正犯化的趋向,无疑是重刑主义的体现。虽然我们认可这种入罪化对于网络犯罪的打击以及构建清朗网络空间大有裨益,然而对于立法上的重刑主义倾向,我们也需要保持一定的理性,尤其是在对帮助信息网络犯罪活动罪的构成要件析解的过程中,坚持主客观一致,对实务中的适用路径予以指导,以期达到规制信息网络犯罪与保护信息网络技术创新的“双赢”模式。

【导师点评】

李苗苗同学的论文《论帮助信息网络犯罪活动罪》选题恰当,这个罪名是刑法修正案新增加的罪名,在法律适用上有很多新问题需要深入研究,该选题具有较为重大的理论意义和实践价值。全文通过对因果关系的分析以及明知的判断,遵循从客观到主观的认定。观点明确,具有合理性。全文逻辑清晰,论证充分,结构合理,引证规范,资料翔实,结论具有很强的司法实践操作性。

(指导教师:李　翔)

[15] 黄惠婷:《帮助犯之帮助行为——兼谈网络服务提供者之刑责》,载《台湾中原财经法学》2000年第5期。

信息网络犯罪帮助行为的刑事责任

王　杰*

帮助信息网络犯罪活动罪没有特定保护的法益，公共秩序不应成为本罪理所当然的保护法益。借由《刑法》第287条之体系解释及共同犯罪法理，应按照体系解释及共同犯罪理论判断帮助信息网络犯罪活动的法益。应否定因本罪惹起的“帮助行为正犯化”（或称“共犯正犯化”）趋势，进而主张“从犯的主犯化”；通过检讨《刑法修正案（九）》所构建的网络犯罪帮助行为的责任模式，能够更加明确帮助信息网络犯罪活动罪的责任内容。

一、信息网络犯罪帮助行为的刑事责任根据

（一）信息网络犯罪帮助行为应受刑罚处罚性的内在诉求

“规定以明知他人利用信息网络实施犯罪构成犯罪的主观要件，以提供信息网络技术支持、帮助为构成犯罪的客观要件，并以这些构成要件为核心完成了信息网络服务者帮助犯正犯化的规范建构，从而有效地超越了在传统共犯结构下分析业务行为刑事归责的局限性。”[1]社会危害性是衡量行为犯罪与否的根本出发点，“概言之，行为之所以被立法者认定具有刑事违法性，正是因为该行为的社会危害性经过立法者的选择过滤被认定达到了应受刑罚处罚性的程度；行为之所以被司法者认定为犯罪，只能是因为该行为具有立法者通过罪刑规定所宣示的刑事违法性”。[2] 应受刑罚处罚越迫切的行为社会危害性越严重，作为罪名处理的迫切性就越强烈。从这个角度理解帮助信息网络犯罪活动罪的具体内涵、法定刑设置与处断选择规定时，可以发现本罪体现了罪刑相适的刑法原则。

本文认为，帮助信息网络犯罪活动罪是基于现实之中信息网络不法现象日益猖獗现象而采取的无奈措施。从共同犯罪的视角审视，为信息网络犯罪行为所提供的技术支持与帮助是共同犯罪的一部分，在定性上属不法行为无虞。刑事立法中违法行为的犯罪化、轻罪行为的重罪化均能被理解为行为应受处罚程度的加剧。“受刑罚处罚性”直接体现着对罪行道义上的报应，而“应”则蕴含着提请司法机关在罪刑认定上务必采取审慎心证的要求，具体到帮助信息网络犯罪活动罪中，本罪的设立体现了报应，而第3款则要求司法者在认定行为是构成本罪还是同时触犯处罚较重的其他罪行时应谨慎。

在立法者看来，帮助信息网络犯罪活动罪中的技术支持与帮助已非现实世界中共同犯罪帮助行为的危险性所能企及，专门对之进行规制正是注意到了帮助行为异变之后应受刑罚处罚性的增强。据本罪后文提出的“从犯主犯化”的论点，帮助信息网络犯罪活动犯罪评

---

* 王杰，华东政法大学2017届刑法学专业硕士研究生。

〔1〕 刘宪权：《论信息网络技术滥用行为的刑事责任——〈刑法修正案（九）〉相关条款的理解与适用》，载《政法论坛》2015年第6期，第97页。

〔2〕 王昭武：《犯罪的本质特征与但书的机能及其适用》，载《法学家》2014年第4期，第68页。

价中的应受刑罚处罚程度至少不低于从犯。从本罪的刑罚设置来看，本罪的刑种从自由劳苦与经济压力两个角度处罚触犯本罪的罪犯，罚金刑以金钱报应行为人实施本罪的逐利主观，自由刑则隔断罪犯再实施本罪的时空条件。尽管本罪总体上属于轻罪，但本罪拒绝了带有自由属性的管制，已经表现出基于"受刑罚处罚"不予帮助信息网络犯罪活动者自由的底线。本罪应受刑罚处罚性在强调报应的同时，在"应"的层面赋予了司法者极大的自由裁量权，使司法者能够在本罪与可供选择的重罪之中心证何者更重。本罪第3款虽规定从一重罪，但此种从一重罪的规定旨在实现严厉处罚下的罪刑相适原则，重罚的根据并非来自罪名本身而是来自于行为本身较重的刑事责任。这是为了避免帮助信息网络犯罪活动罪在适用法条竞合"特殊法优于一般法"原则时可能给罪犯带来无根据的量刑利益。

(二)区分共犯制的动摇："共犯正犯化"说的否定

作为"共犯正犯化"前提的区分共犯制是德日刑法共同犯罪理论的主流观点，在我国刑法学界影响深远。基于限制正犯的立场，山口厚教授认为共犯规定系将处罚扩张到构成要件该当事实周边行为的扩张事由。[3] 比照《日本刑法》第61条之规定"教唆他人实行犯罪的，处正犯之刑"、第62条之规定"帮助正犯的，是从犯"、第63条之规定"从犯之刑，按照正犯之刑予以减轻"等，[4]可知区分共犯制下的共犯形态均以正犯为逻辑起点。"为此，认为正犯概念存在不依存于共犯概念的、积极且限定之实质的'限缩的正犯概念'，就应成为正犯、共犯论的原点"，[5]也唯有先确证了正犯，才能够认定共犯的存在。故正犯与共犯是决定与被决定的关系。由于"从犯之刑，按照正犯之刑予以减轻"，共犯在刑事责任也轻于其所从属的正犯。但是共犯的罪责是否真如区分共犯制所强调的轻于正犯？我国台湾地区学者黄荣坚将正犯鉴别理论归纳为如下四种类型：(1)形式客观理论认为亲自实施不法构成要件之人为正犯；(2)实质客观理论认为对不法事实起支配作用的是正犯，非支配人员为共犯，Roxin教授更是将其发展为行为支配、意志支配与机能支配的精分类型；(3)极端主观理论认为正犯与共犯之区别在于有无"正犯意志"；(4)客观化的主观理论则认为坚持"正犯意志"的前提下对该意志进行客观判断。[6] 正犯鉴别理论从形式判断向实质判断的转变已经注意到共同犯罪幕后策划支配者的刑事责任完全可能重于实行正犯。实质客观说中"行为支配""意思支配""功能支配"所映托的正犯特征系犯罪人在共同犯罪中地位的增加，可以想见，随着正犯判断标准的抽象化与实质化，共犯与正犯的界限越来越模糊。换言之，作为共犯的帮助者与教唆者的罪责完全可能重于正犯。

区分共犯制是德日刑法共同犯罪刑法条文规范分析的产物，但对我国《刑法》中共同犯罪的规定进行规范分析并不能得出区分共犯制的结论；相反，能发现我国刑法共同犯罪更接近于单一正犯制，也即参与犯罪并对法益侵害惹起有贡献之人，均应被视为犯罪人。我国《刑法》第25条第1款规定"共同犯罪是指二人以上共同故意犯罪"、第26条第1款规定"组织、领导犯罪集团进行犯罪活动的或者在共同犯罪中起主要作用的，是主犯"、第27条规定"在共同犯罪中起次要或者辅助作用的，是从犯"、第28条规定"对于被胁迫参加犯罪的，应当按照他的犯罪情节减轻处罚或者免除处罚"、第29条第1款规定"教唆他人犯罪的，

---

〔3〕 参见[日]山口厚：《刑法总论》，付立庆译，中国人民大学出版社2011年版，第293页。

〔4〕 参见[日]松原芳博：《刑法总论重要问题》，王昭武译，中国政法大学出版社2014年版，第277页。

〔5〕 [日]松原芳博：《刑法总论重要问题》，王昭武译，中国政法大学出版社2014年版，第279～280页。

〔6〕 参见黄荣坚：《基础刑法学》(下)，中国人民大学出版社2009年版，第512～513页。

应当按照他在共同犯罪中所起的作用处罚”。概言之,我国对诸共同犯罪参与者的认定并非以正犯为逻辑起点,而是以共同犯罪作为逻辑起点,在确定共同犯罪后比较诸参与者在共同犯罪中的作用大小,考虑从犯、胁从犯的刑事责任减轻再对各参与者进行处断。因此,无论是主犯、从犯、胁从犯还是教唆犯,[7]四者相互之间均无决定与被决定的关系,而是以作用大小为区分标准共生在共同犯罪之中。如果一定要从逻辑上说谁决定谁的话,是“共同犯罪”决定了主犯、从犯、胁从犯与教唆犯。中文语言习惯中共犯更近于“共同犯罪人”的略称,“相反,用‘共犯’一词专指教唆犯与帮助犯,而把共同正犯排除于‘共犯’一词的意思范围之外,在语意上反而难以理解”。[8] 将共同犯罪作为刑法对法益侵害复数参与者的上位概念时,无论是实行者抑或是谋划者,诸犯罪参与者之所以受罚乃是因为其行为加功了共同犯罪对法益的侵害。理论上正犯(间接正犯)的不法性要高于教唆犯、帮助犯的不法性,但实际情况中正犯理论可能无法解决罪刑相适的问题,例如完全刑事责任能力人甲乙练习射击时,甲发现二人的共同仇敌丙在前方,就要求乙射杀丙。但乙以为前方只是动物,遂开枪射杀丙。在发生死亡结果的情形下,甲不具有利用乙不知情行为的意思,难以构成杀人罪的间接正犯,只能降格为教唆;乙又没有杀人的故意,只能按过失致人死亡处理或者意外事件,那么甲就成为了过失致人死亡罪的教唆犯。甲具有杀意,客观上又借他人之手杀人既遂,却至多按低不法形态的过失致人死亡罪的教唆犯处理,罪刑失衡。区分共犯制严守狭义正犯概念,在难以处理正犯、帮助犯、教唆犯、间接正犯等处罚矛盾之时,便对正犯概念进行扩容,使学者发出“以致正犯、实质正犯、间接正犯、扩张正犯、限制正犯、单独正犯、直接正犯、过失正犯、共同过失正犯等一系列的名词、词汇都开始登堂入室,简直已经形成了一个庞大的‘正犯’家族”[9]之感慨。

我国刑法规范没有“共犯正犯化”的根基,却有“共犯正犯化”的结论,这实在是匪夷所思。之所以处罚实施信息网络犯罪行为的帮助者,并非因为该帮助行为成为正犯行为,而是帮助行为本就是值得处罚的犯罪行为。在日新月异的网络刑事犯罪中,立法者认为某些信息网络犯罪帮助行为的社会危害性激增,次要与辅助已不足以评价帮助行为在犯罪之中的作用。帮助者在犯意上能独立于被帮助者,犯罪行为之间的配合亦难以称为亦步亦趋,以往被评价为从犯的帮助者大有向主犯靠近的趋势。犯罪特征中严重的社会危害性与应受刑罚处罚性具有密切的关联。《刑法》将某种犯罪参与形式以罪文的形式向国民宣告,乃是认为该参与形式应受刑罚处罚。“共犯正犯化”不应当作为对我国《刑法》帮助型犯罪的解释路径。《刑法修正案(九)》所增设的帮助信息网络犯罪活动罪所演绎的立法倾向,是对作为犯罪共动现象的共同犯罪帮助形式的罪名强调;至于立法倾向与趋势,与其说是“共犯正犯化”,不如说是“从犯主犯化”。“从犯主犯化”的具体讨论将在下文展开。

(三)帮助行为正犯化的适当评价:“从犯主犯化”说的选择

《刑法修正案(九)》的官方解读指出:“一些犯罪以利益链为脉络,逐渐形成比较完整的产业链,犯罪的实行行为被分为若干个环节,由不同人员完成,分工细致,相互紧密联系,又

---

〔7〕 如果坚定地从法条的术语出发,也可以认为我国共同犯罪者的法定分类中并没有胁从犯。可以将《刑法》第28条“对于被胁迫参加犯罪的,应当按照他的犯罪情节减轻处罚或者免除处罚”解释为因胁迫而参加犯罪的量刑指引。

〔8〕 黄荣坚:《基础刑法学》(下),人民大学出版社2009年版,第491页。

〔9〕 杨兴培:《共同犯罪的正犯、帮助犯理论的反思与批判》,载《法治研究》2012年第8期,第68页。

带有独立性,一定意义上不同于传统共犯的特征;从犯罪的组织结构来看,网络犯罪的帮助行为相较于传统的帮助行为,其对于完成犯罪起着越来越大的决定性作用,社会危害性凸显,有的如果全案衡量,甚至超过实行行为。"[10] 仅从上文解读中即可了解现在信息网络犯罪帮助行为对犯罪完成起着越来越大的作用。但如果认为本罪属于"共犯正犯化",无论怎么说都显得操之过急。刑法是正义的文字表述,但对任何法条的解释与任何体系的构建,无论这种解释、体系多么精密、精巧,都应当以本国刑法固有的术语进行,在被叹为刑法黑暗之章的共同犯罪中,这种解释底线尤为重要。"在刑法上对于共同犯罪人进行怎样的分类,这是由一国的刑法传承所决定的并与其刑法文化相联系的。"[11] 正犯与共犯是德日刑法依照其自身条文规范分析所得出的适正结论,但我国刑法既然规定共同犯罪参与形式为主犯、从犯、胁从犯与教唆犯,即便借鉴德日刑法的共同犯罪理论,也应当以能否将解释结论还原到以主犯、从犯、胁从犯与教唆犯所构建的共同犯罪体系作为检验的标准。

本文认为,"共犯正犯化"现象的产生系套用德日刑法理论的结果。胡适先生在《少年中国之精神》一文中提出科学方法的要点在于注重事实、注重假设、注重证实,本文首先反对帮助信息网络犯罪活动罪是帮助行为的正犯化的观点,其次反对帮助信息网络犯罪活动罪属于量刑规则的观点。共同犯罪是我国刑法中众犯罪参与者的公约数,参与者在共同犯罪中的作用大小是各参与者罪行轻重的比较尺度。我国刑法中的主犯、从犯、胁从犯、教唆犯并不具有"正犯—共犯"一般决定与被决定的关系;在发生了法益侵害的场合,主犯、从犯、胁从犯、教唆犯均是对自己行为招致的结果答责。"共犯正犯化"认为帮助信息网络犯罪活动罪的客观要件是正犯行为的结论,不能匹配本罪所处的《刑法》第287条的体系位置,也无法说明帮助信息网络犯罪活动罪所侵犯的法益该如何判断。本罪罪名的设置可以在一定程度上被认为是实质违法观从法益保护向规范违反进行了转变,刑法基本立场从结果无价值向行为无价值进行了转变的结果。张明楷教授是帮助信息网络犯罪活动罪属于量刑规则的坚定支持者,其认为:"……帮助犯没有被提升为正犯,帮助犯仍然是帮助犯,只是因为分则条文对其规定了独立的法定刑,而不再适用刑法总则关于帮助犯(从犯)的处罚规定的情形。"[12] 本文反对量刑规则,认为量刑规则与帮助信息网络犯罪活动罪在宏观上就存在如下矛盾之处:第一,量刑规则是对行为刑罚进行的价值中立的静态判断,而帮助信息网络犯罪活动罪借助"明知""他人利用信息网络实施犯罪""情节严重"等要素对行为是否构成犯罪以及如何处断进行形式与实质相统一的动态判断;第二,2015年11月1日实施的《关于执行〈中华人民共和国刑法〉确定罪名的补充规定(六)》[以下简称《罪名规定(六)》]将《刑法》第287条之二罪名确定为"帮助信息网络犯罪活动罪"。有专属的罪名,且设定犯罪所必要的刑罚种类与幅度明确,罪状中不缺乏犯罪构成的要素,没有理由认为帮助信息网络犯罪活动罪只是纯粹的量刑规则。[13] 概言之,量刑规则说仅仅注意到了本罪在刑罚设置上的旨趣,但如盲人摸象般并未窥见本罪在犯罪构成等角度带来的变化。

至此,应当阐释本文所主张的"从犯主犯化"。本文认为,"从犯主犯化"系指原可判定

---

〔10〕 臧铁伟:《中华人民共和国刑法修正案(九)解读》,中国法制出版社2015年版,第206页。

〔11〕 杨兴培:《共同犯罪的正犯、帮助犯理论的反思与批评》,载《法治研究》2012年第8期,第66页。

〔12〕 张明楷:《论帮助信息网络犯罪活动罪》,载《政治与法律》2016年第2期,第5页。

〔13〕 反对量刑规则说的其他理由,可参见聂立泽、胡洋:《帮助信息网络犯罪活动罪的规范属性及司法适用》,载《上海政法学院学报》(法治论丛)2017年第1期,第1~11页;赵运锋:《帮助信息网络犯罪活动罪的立法依据与法理分析》,载《上海政法学院学报》(法治论丛)2017年第1期,第20~29页。

为从犯的行为因受到更为彻底的否定，实现罪刑相适的紧迫性随着从犯行为社会危害性的上升而上升，在认定与处断上有向主犯靠近的趋势。司法人员据此被赋予不对行为人适用从犯量刑从宽的权力。“从犯主犯化”展示了对共同犯罪在事实确认和法律评价方面新的思路。从事实层面来看，被帮助者的行为如同一个水波纹，相对应的帮助者的行为是另外一个水波纹。当二者形成共振时，二者行为的社会危害性百分比会相应地变化。“从犯主犯化”认为此时帮助者的作用被放大了。对帮助者进行再帮助或者再教唆的人的行为是另外一个水波纹，和其所帮助的对象交织并共振。由于其离最终被帮助的对象有距离，故其情节轻重并不能一刀切。帮助者与被帮助者、主犯与从犯之间的关系相互影响但不相互决定。本文所主张的“从犯主犯化”认为刑法罪状所表述的是犯罪类型。以故意杀人罪为例，故意杀人罪中的“杀人”，除包括杀人的积极举动外，也包括教唆杀人、帮助杀人等杀人的参与，利用他人杀人、亲手杀人、教唆杀人、帮助杀人这些情形均被《刑法》第232条故意杀人罪规制。故帮助信息网络犯罪活动罪的独立规定系对共同犯罪之中犯罪帮助参与形式的强调，反而能够提请裁判人员注意行为的样态、区分行为人的罪过、衡量社会危害性的大小与应受刑罚处罚的程度，以做到适正的量刑。“从犯主犯化”能够发挥效用的情形并不广泛，既然运用“从犯”与“主犯”的术语，必定意味着这种解释立场仅在共同犯罪类型的罪名之间成立，如《刑法》第358条组织卖淫罪与协助组织卖淫罪。

张明楷教授将“共犯正犯化”是否彻底的检验标准总结为以下几点：其一，从定罪角度来说，成立帮助犯不再以正犯实施构成要件行为为前提；其二，从量刑角度来看，正犯化的帮助犯不再享有刑法总则共同犯罪中从犯“应当从轻、减轻或者免除处罚”的利益；其三，对已正犯化的帮助行为进行的教唆、帮助追究共犯责任。[14] 在《刑法修正案(九)》生效后较早适用“帮助信息网络犯罪活动罪”的刘某甲、苏某甲犯诈骗罪一案中，[15] 本案证人刘某乙、苏某乙为本案罪犯刘某甲、苏某甲所招募，且在对诈骗有认识的情况下向诈骗人员进行网站链接推广、资金结算等帮助，但二人的诉讼地位并未非共犯而是证人。如果认为本罪属于“共犯正犯化”，法院对该二人否认其犯罪参与的立场便于法于理均无根据。基于“从犯主犯化”的观点，刘某甲、苏某甲的行为与被帮助的网络诈骗者形成共同犯罪，对二人的刑事处罚系对共同犯罪中帮助形态的强烈否定。二人所招募的证人刘某乙、苏某乙的行为系对刘某甲、苏某甲的再帮助，对于共同犯罪中帮助者的再帮助者，由于距离造成实害的实行行为距离过远，司法者可以酌定其情节显著轻微、危害不大。因此，在网络犯罪事实固定与证据收集难度增加之际，“从犯主犯化”在拓展司法人员的自由裁量权方面比起量刑规则能够更好地解决现实之中犯罪圈宽窄的把握问题。信息网络犯罪帮助行为对法益的直接侵害尚有一段距离，帮助信息网络犯罪活动罪对法益的侵害又无法脱离共同犯罪单独判断，本罪构成要件中的技术支持与帮助也只有在共同犯罪的语境之中才具有意义。如果将本罪视为

---

〔14〕 参见张明楷：《论帮助信息网络犯罪活动罪》，载《政治与法律》2016年第2期，第3~4页。

〔15〕 本案案情大致为，2014年11月26日，被告人苏某甲注册厦门通满弘网络科技有限公司，2014年12月5日，被告人刘某甲注册厦门亿先文化传媒有限公司。至2015年3月中旬，被告人刘某甲、苏某甲先后利用该两家公司，搭建网上销售话费充值卡、游戏点卡的卡号卡密交易网站“迎客松”“绿色商城”，并建成支付宝等支付方式借口，明知兼职刷信誉返佣金的诈骗人员诱骗被害人依照链接进入网站购买充值卡后，卡号卡密会被窃取并被销赃获利，仍为网络诈骗人员提供帮助。在诈骗罪共犯与帮助信息网络犯罪活动罪的选择中，依照从旧兼从轻原则被认定为帮助信息网络犯罪活动罪。参见江西省吉安县人民法院(2015)吉刑初字第204号刑事判决书。

"主犯化"不会影响触犯本罪的行为人与共同犯罪中被帮助的其他行为人行为的共案评价,仅在定罪之际视罪刑相适需要变换罪名即可,对帮助者进行再帮助与教唆者的可罚性可以另行判断;[16]对罪责如在三年有期徒刑之下的行为人,在适用本罪之际因其"主犯化"可选择不再适用"应当从轻、减轻或者免除处罚"的规定以示惩戒;对之再帮助、教唆的行为主体视情节轻重、视社会危害性的大小进一步判断是否应给予刑事处罚;对符合本罪第3款规定能够择一重罪处断的罪行,可大方以重罪的从犯乃至以主犯论处。以上均是回归至单一正犯制共同犯罪体系所作出的判断结论。无论怎么说本罪都不可能是"共犯正犯化"的表现。"从犯主犯化"可以将对信息网络犯罪帮助者进行再帮助的主体不作为犯罪处理,但"共犯正犯化"必定认为信息网络犯罪帮助者的再帮助者构成犯罪。

二、信息网络犯罪帮助行为的刑事责任模式

(一)信息网络犯罪帮助行为刑事责任模式的检讨

共犯责任[17]是信息网络共同犯罪帮助者刑事责任的传统模式。信息网络共同犯罪是共同犯罪从现实空间移转到网络空间后的产物,除了取证与认定的压力、行为社会危害性与应受刑罚处罚性激增之外,犯罪的本体并未发生任何变化。网络犯罪帮助行为的共犯责任模式至少表现为片面共犯。赞成"共犯正犯化"的观点认为共犯责任不足以评价信息网络共同犯罪现象,我国刑法实际上存在正犯责任。[18] 此类论点的规范依据可见诸《关于办理利用互联网、移动通讯终端、声讯台制作、复制、出版、贩卖、传播淫秽电子信息刑事案件具体应用法律若干问题的解释(二)》[以下简称《淫秽电子信息解释(二)》]第3条至第6条[19]等规定与解释,论者认为这些解释中的"以传播淫秽物品罪定罪处罚"或者"以传播淫秽物品牟利罪定罪处罚"的规定为正犯责任提供了法律渊源。除司法解释正当化"共犯正犯化"外,《刑法》条文之中也存在"共犯正犯化"的表现,如《刑法》第358条的协助组织卖淫罪以专款规定协助组织卖淫罪的正犯性。"即使实施诈骗的人没有抓获,全案没有破获,但是有

---

[16] 这便涉及对可罚的帮助行为教唆与帮助的处罚根据讨论的问题,本文不予展开。

[17] 采取区分共犯制立场的学者往往将共犯责任理解为狭义的共犯的责任,即以教唆犯或帮助犯等狭义共犯名目处罚共案人,但本文采单一正犯制立场,认为共犯责任应理解为共同犯罪的责任,并在共同犯罪责任的语境中使用"共犯责任"一词。

[18] 参见涂龙科:《网络服务提供者的刑事责任模式及其关系辨析》,载《政治与法律》2016年第4期,第109页;刘宪权:《论信息网络技术滥用行为的刑事责任——〈刑法修正案(九)〉相关条款的理解与适用》,载《政法论丛》2015年第6期,第96~99页;车浩:《刑事立法的法教义学反思——基于〈刑法修正案(九)〉的分析》,载《法学》2015年第10期,第12~13页。

[19] 《淫秽电子信息解释(二)》第3条规定:"利用互联网建立主要用于传播淫秽电子信息的群组,成员达三十人以上或者造成严重后果的,对建立者、管理者和主要传播者,依照刑法第三百六十四条第一款的规定,以传播淫秽物品罪定罪处罚。"第4条规定:"以牟利为目的,网站建立者、直接负责的管理员明知他人制作、复制、出版、贩卖、传播的是淫秽电子信息,允许或放任他人在自己所有、管理的网站或者网页上发布,具有下列情形之一的,依照刑法第三百六十三条第一款的规定,以传播淫秽物品牟利罪定罪处罚:……"第5条规定:"网站建立者、直接负责的管理员明知他人制作、复制、出版、贩卖、传播的是淫秽电子信息,允许或者放任他人在自己所有、管理的网站或网页上发布,具有下列情形之一的,依照刑法第三百六十四条第一款的规定,以传播淫秽物品罪定罪处罚:……"第6条规定:"电信业务经营者、互联网信息服务提供者明知是淫秽网站,为其提供互联网接入、服务器托管、网络存储空间、通讯传输通道、代收服务费等活动,并收取服务费,具有下列情形之一的,对直接负责的主管人员和其他直接责任人员,依照刑法第三百六十三条第一款的规定,以传播淫秽物品牟利罪定罪处罚:……"

足够证据证明这个人实施了帮助行为,也可以对他独立定罪。”[20]这样的权威解读亦能支持帮助信息网络犯罪活动罪系“共犯正犯化”的表现。

除共犯责任与正犯责任外,《刑法修正案(九)》提出了另外一种规制信息网络犯罪帮助行为的方式,即《刑法》第286条之一规定的拒不履行信息网络安全管理义务罪。由于被针对的主体是网络服务提供者,故有观点将此责任模式称为拒不履行法定义务责任。[21] 亦有观点经过进一步的考察认为该罪系不纯正不作为犯罪。[22] 该罪要求网络服务提供者违反法律、行政法规规定的信息网络安全管理义务,经有关管理部门责令改正而拒不履行,并造成违法信息大量传播,或用户信息泄露、造成严重后果,或致使刑事案件证据灭失、情节严重,或其他严重情节。该罪主体虽被设定为网络服务提供者,但法条并未对网络服务提供者进行限制,因此可以认为但凡有能力提供网络服务,或者开展网络平台的运营的主体,均可取得网络服务提供者的地位。拒不履行信息网络安全管理义务罪的本体行为是作为义务的违反,而作为义务的界限由行为人参与的案情、所违反的法律、行政法规所圈定。这种不作为犯罪的模式,绕开了规制网络犯罪无法确定具体受众,也难以查证行为人行为时犯意的证据困境,实为《刑法修正案(九)》别具一格的规制方式。

(二)信息网络犯罪帮助行为刑事责任模式的选择

基于“从犯主犯化”的论点,本文反对帮助行为的正犯责任。《淫秽电子信息解释(二)》中“以传播淫秽物品罪定罪处罚”“以传播淫秽物品牟利罪定罪处罚”的规定,均肯定了被规制行为共同犯罪的参与性,因此此种表述与该解释第7条中“以制作、复制、出版、贩卖、传播淫秽物品牟利罪的共同犯罪处罚”并没有实质上的区别,仅是文义表述上存在差异。“专有罪名体系中,帮助信息网络犯罪活动罪属于兜底性罪名,在整个网络帮助行为罪名体系中起到严密刑事法网、避免放纵具有严重危害性的帮助行为的功能。”[23]“共犯正犯化”虽意在截堵犯罪,但正犯责任却有着扩大处罚的危险,在我国刑法共同犯罪体系中亦缺乏规范支持。因此规制信息网络犯罪帮助行为的适格刑事责任模式应落于共同犯罪责任模式与不作为犯罪责任模式之间。

共犯责任潜在而广泛,是网络共同犯罪规制的首选责任模式。判断共犯责任与不作为犯罪两种模式之间的差异,首先要对拒不履行信息网络安全管理义务罪进行规范考察。拒不履行信息网络安全管理义务罪被规定于《刑法》第286条之一,与其同处一条的《刑法》第286条则为破坏计算机信息系统罪,表现为以积极的作为破坏计算机信息系统功能。拒不履行信息网络安全管理义务罪违反作为义务、拒不履行职责且造成严重后果,不能嵌套“从犯主犯化”的解释路径。从拒不履行信息网络安全管理义务罪的犯罪构成来看,拒不履行与拒不改正已经从主客观两方面核定了行为人行为的当罚性与罪过。[24] 该罪的处罚根据

---

〔20〕 张晓娜:《法工委解读〈刑法修正案(九)〉涉网络条款》,载 http://www.npc.gov.cn/npc/fzgzwyh/2015-11/18/content_1952070.htm,最后访问时间:2016年7月23日。

〔21〕 参见涂龙科:《网络服务提供者的刑事责任模式及其关系辨析》,载《政治与法律》2016年第4期,第109~110页。

〔22〕 参见敬力嘉:《论拒不履行网络安全管理义务罪——以网络中介服务者的刑事责任为中心展开》,载《政治与法律》2017年第1期,第50~65页。

〔23〕 于志刚:《网络空间中犯罪帮助行为的制裁体系与完善思路》,载《中国法学》2016年第2期,第15页。

〔24〕 参见赵秉志、刘志伟、袁彬:《关于〈中华人民共和国刑法修正案(九)〉新增及修改罪名的意见》,载《法学杂志》2015年第10期,第6页。

并非行为人先前对于信息网络安全管理义务的拒不履行,而在于行政告知后造成了严重的后果的不作为。将惹起作为义务的不法侵害仅视为先前行为而不作为犯罪,对网络服务提供者此种定性上的利益应被视为立法上的优待。要求监管部门责令前置的规定为锁定行为主体的犯罪主观服务,“实际上,要证明网络服务提供者‘明知’,只需证明行政主管机关有效告知即可,而不需要网络服务提供者在告知后‘仍然实施上述行为’”。[25] 行为主体对责令的拒绝确证了故意,这消解了适用帮助信息网络犯罪活动罪需要积极证成犯罪嫌疑人具有“明知”的技术障碍。

两种责任模式最主要的区别在于证明方式与证明成本的不同。不作为犯罪责任通过转变处罚根据、转变行为人犯罪主观证明的路径,绕开了证明网络服务提供者行为时犯意的困境,使致使违法信息大量传播、致使用户信息泄露造成严重后果、致使刑事案件证据灭失情节严重的不法现象能够迅速得到刑法上的处理。三年有期徒刑的法定刑上限规定牺牲了行为主体单独犯该罪时可能科处的重刑,以此换取行为人犯罪的坐实,从这个角度来看,该罪所设置的刑罚像是一种交易与妥协;但该罪第3款的从重罪规定又使触犯拒不履行信息网络安全管理义务罪的行为人触犯他罪时丧失了判处轻罪的刑罚利益。结合两处可知主导该罪的刑罚立场在不同的场合并不相同。

共犯责任与不作为犯罪责任没有高下之分,皆是实现罪刑相适原则的路径,司法者可视情形选择论证成本相对较低的责任模式规制不法行为人的罪行。就帮助信息网络犯罪活动罪与拒不履行信息网络安全管理义务罪的关系而言,本文认为有两处问题值得讨论:第一,当行为人的行为既符合帮助信息网络犯罪活动罪又符合拒不履行信息网络安全管理义务罪时,应当如何选择?第二,当行为人构成拒不履行信息网络安全管理义务罪时,为其提供网络技术支持或帮助的主体的罪名又该如何选择?就第一个问题而言,由于被规制的行为为共同犯罪一部分,因此需判断帮助信息网络犯罪活动罪、拒不履行信息网络安全管理义务罪与共犯责任何者更重。帮助信息网络犯罪活动罪与拒不履行信息网络安全管理义务罪均规定了构成其他犯罪时择重罪论处,表明二罪均受罪刑相适原则指导。行为罪责在三年有期徒刑之下时如何选择罪名是本问题的核心。本文认为,就三年有期徒刑以下的刑事责任的行为而言,帮助信息网络犯罪活动罪与拒不履行信息网络安全管理义务罪罪量上大体相近,由于证成犯罪的路径与论述成本二罪并不相同,故应以实现罪刑相适为目标,灵活选择罪名进行规制。就第二个问题而言,本文认为应当对帮助信息网络犯罪活动罪的适用采取审慎的态度。由于单处拒不履行信息网络安全管理义务罪与帮助信息网络犯罪活动罪时的刑罚上限均为三年有期徒刑,对帮助者即便适用拒不履行信息网络安全管理义务罪的共犯责任在结果上没有特别的区别,因此没有必要刻意地改换罪名。如果对帮助者适用帮助信息网络犯罪活动罪则需另外证成“情节严重”,虚增证明成本,故以拒不履行信息网络安全管理义务罪的共犯论处即可。

【导师点评】

帮助信息网络犯罪活动罪所规制的对象是信息网络犯罪的帮助行为,王杰的论文成果紧扣“犯罪是行为”的刑法命题,对帮助信息网络犯罪活动罪设立引发的共犯立法现象进行讨论时,对以德日区分共犯制为基础的“共犯正犯化”理论予以客观评判,提出了“从犯主犯

[25] 涂龙科:《网络服务提供者的刑事责任模式及其关系辨析》,载《政治与法律》2016年第4期,第111页。

化”的解释路径。其以“从犯主犯化”演绎出解释结论也可圈可点，与我国现行《刑法》的规定较为贴合，具有可操作性。同时，通过辨析构成要件与犯罪类型之间的区别与联系，主张刑法分则规定的罪名系犯罪类型而非狭义的构成要件（实行行为），借此以罪名囊括各种犯罪形式的参与，能够在理论上与其“从犯主犯化”呼应。论文成果第一部分研究信息网络犯罪帮助行为的责任本体，第二部分研究信息网络犯罪帮助行为的归责路径，二者具有逻辑上的连贯性、脉络分明。但不足之处在于其对“从犯主犯化”所能演绎出的规则仍是原则性的把握，并未做到精细的区分，在责任选择时可以增加对司法者选择适用罪名（归责路径）的考量因素的讨论，再加改进。但瑕不掩瑜，这是一篇具有较高学术创新价值和实践意义的好文章。

（指导教师：张　勇）

刑事非法证据当庭裁决程序研究

陈玲玉*

一、刑事非法证据当庭裁决程序基本理论问题概述

(一)刑事非法证据当庭裁决的内涵

就“刑事非法证据当庭裁决”这一提法而言,目前,我国立法上并没有确立相关制度,学术界也并未就相关问题进行专门的讨论,但就探讨问题之需要,笔者试从刑事审判活动基本规律出发,对上述提法做出解释。刑事非法证据当庭裁决是指:在刑事审判中,人民法院就证据合法性问题产生的争议,经控辩双方举证、质证后,当庭予以裁决的诉讼活动。

要准确把握上述内涵,还有两个问题需要做出解释:一是“非法证据”的界定。笔者认为,由于刑事非法证据当庭裁决是在非法证据排除的程序实施性规则基础之上提出的,因此,此处“非法证据”与非法证据排除规则中的“非法证据”在范围界定上应当保持一致:仅指狭义上的违反法定程序、以侵犯被取证人合法权益的手段收集的证据,泛化“非法证据”的范围,会削弱刑事非法证据当庭裁决解决问题的针对性。二是对“当庭”的理解。笔者认为,就裁决时机而言,“当庭”应当指开庭后闭庭前这段时间,证据合法性裁决只要是完成在开庭中而不是闭庭后、法庭上而不是法庭外,就符合“当庭”的要求。

(二)刑事非法证据当庭裁决程序的属性

法院就证据合法性问题做出裁决的过程属于典型的程序性裁判活动。其本质是在控辩双方的参与下,法官就程序性申请是否成立的问题举行的专门的听审活动。[1] 程序性裁判在广义上可以泛指所有由司法裁判机构为解决程序性问题所进行的程序活动,而本文所讨论的实际上是一种狭义的程序性裁判活动,仅指在刑事审判过程中,针对侦查人员是否违反诉讼程序、有无侵犯公民权利的问题,由法院所做的专门性裁判活动。[2] 这一程序性裁判活动具有中止正在进行的实体性审判程序的功能,即待法庭将该问题审查完毕之后,才可以继续进行实体审判活动。

(三)刑事非法证据当庭裁决程序的特征

第一,程序的当场性。这是指非法证据排除申请的初步审查、证据调查与认证等证据合法性审查过程,应当公开进行,裁决结果和理由应当场宣告。这一特性极大地改变了以往证据认证神秘化的问题,增强了案件的透明度,[3] 从而有助于保障司法公正。

第二,程序的参与性。这强化了当事人地位和作用,强调其在裁判制作过程中始终在

---

* 陈玲玉,华东政法大学2017届刑事诉讼法学专业硕士研究生。

〔1〕 陈瑞华:《程序性制裁制度研究》,载《中外法学》2003年第4期。

〔2〕 陈瑞华:《审判之中的审判——程序性裁判之初步研究》,载《中外法学》2004年第3期。

〔3〕 陈瑞华:《程序正义论——从刑事审判角度的分析》,载《中外法学》1997年第2期。

场,适时地知悉证据的采纳情况,使他们有根据具体证据采纳情况采取相应的诉讼策略和攻防手段的现实可能性,从而保证其有充分的机会参与法庭裁判的制作过程,向法庭提出更有针对性的意见和主张,并直接对裁判结果的形成起到有效的影响和作用。

第三,程序的自治性。“程序自治”强调法庭对证据审查的独立性和自治性,即要求法官的裁判结论必须以控辩双方在法庭上提出的有效证据、意见、主张为根据,建立在其通过法庭形成的理性认识基础上,而不受其他在法庭审判之外所形成的预断、偏见或者干扰等因素的影响,从而保证该证据审查程序对相关裁决结果的形成具有唯一的决定作用。

第四,程序的及时性。对证据合法性的裁决应要求其在案件实体审理进行之前及时终结,这种及时性能够确保对证据证明能力的判断在实体案件审理之前有一个定论,以确保程序公正在证据的审查和认定中发挥实质性的作用,可以避免对证据的审查中程序与实体不分,也是保障非法证据排除规则背后程序价值实现的内在要求。

二、国内外刑事非法证据裁决程序的理论及实践探索

(一)国内刑事非法证据裁决程序的实践情况考察

目前,我国非法证据排除规则的适用还未形成一种稳定的程序模式。实践中主要存在三种程序模式。[4] 最常见的是庭后排除,即法官倾向于在庭审结束后对相关证据合法性进行非公开的调查,然后作出判断;[5]也存在部分案件中,法官会在庭前会议阶段对证据进行一定调查,并作出结论性判断;此外,还有的法官会在庭审过程中处理证据合法性问题。由此可以看出,我国审判实践中关于非法证据排除程序上的运作上,可谓是“乱象丛生”,加之相关立法对此问题语焉不详,导致庭审中对非法证据的裁决出现做法混乱、程序实体不分等许多不规范的、甚至违背刑事诉讼法法理的状况。实践中这一系列问题的产生与非法证据排除规则,特别是相关程序运作机制的设计和实施问题直接相关,与此同时,也说明了目前我国非法证据排除规则尚未达到立法预期。

(二)域外证据采纳模式分析及启示

大陆法系国家的证据采纳模式。大陆法系采用的是纠问式的审判方式,其采证模式为“总括式”,并不强制要求当庭进行采证。[6] 在此模式的主导下,法官不会对证据能力的认定与证明力的认定做出严格的程序上的区分,而是统一使用自由心证原则,将两个问题合并处理。在具体的认证方式上,法官倾向于在开庭审理前对案件进行实体审查,在庭审过程中只调查证据问题,对证据的认定则在庭审评议阶段秘密完成,而非当庭作出裁断。

英美法系国家的证据采纳模式。英美法系实行对抗式的审判方式,其采证方式称为“分离式”,要求法官当庭采证。该模式下,法官对证据的可采性负责,再由陪审团根据已被采纳的证据进行案件事实的判断,因此,法庭证据调查和证据采纳环节分开进行,并作严格区分。[7] 在此模式中,证据的采纳主要发生在以下两个阶段:一是在证据调查之前,法官通过对当事人的申请进行审查判断来决定是否采纳证据;二是在证据调查阶段,如果出现需要法官判断证据的可采性的情况,则让陪审团暂时退庭,由法官当庭决断。并且,在此过程中,

---

〔4〕 贾志强:《非法证据排除规则的中国路径——以审判阶段非法供述排除为视角的分析》,载《广州大学学报》2014 年第 5 期。

〔5〕 陈卫东、程雷等:《“两个证据规定”实施情况调研报告——侧重于三项规定的研究》,载《证据科学》2012 年第 1 期。

〔6〕 樊崇义:《刑事诉讼法专论》,中国方正出版社 1998 年版,第 433 页。

〔7〕 樊崇义:《刑事诉讼法专论》,中国方正出版社 1998 年版,第 435 页。

证据是否具有可采性是一个严格的法律问题,由证据规则事先予以规定,这就严格限制了法官的自由裁量权,同时也为法官如何行事指明了方向,使对抗式下的法官能够在控辩双方的激烈斗争中迅速做出反应,适应这种高强度、技术性的审判方式。

(三)由"总括式"到"分离式"的转变带给我国的启示

"二战"后,联合国对战败国的托管对其刑事诉讼制度产生了不同程度的影响,[8]尤其是日本和意大利等国家,其审判模式逐渐由职权主义的纠问式转向当事人主义的对抗式,相应地,采证模式也实现了从"总括式"到"分离式"的转变,在此过程中,两国都确立了一定的证据规则。在证据的取舍上日本采取了法定规则与自由裁量相结合的方式,而意大利也对如何进行证据采纳作出了明确规定,基本与日本类似,在方便法官当庭采证的同时,限制法官的自由裁量权。

早在20世纪末,我国庭审方式的改革方向就趋向于重视控辩双方在庭审中的作用,加强庭审功能的发挥,[9]并借鉴国外尤其是英美法系国家对抗式审判的先进经验,从而建立起一种类似于日本和意大利式的混合式审判模式。而在此过程中,证据采纳模式上之所以未能适时发生相应的变动,笔者认为,主要原因在于证据规则建立未能跟上改革的步伐,两者的脱节使证据采纳模式的改革无法与审判模式的转变同步进行。但不可否认的是,我国证据采纳模式改革的基本方向同样是从"总括式"走向"分离式"的,日本和意大利两国相关的变革和演进过程已为我国提供了可资借鉴的成功经验,特别是在我国法治社会不断发展、证据规则体系不断完善的新时代背景下,我国的非法证据排除规则更有理由和基础朝着现代化、科学化方向不断演进。

三、我国实现刑事非法证据当庭裁决的制约因素及可行性思考

(一)我国实现刑事非法证据当庭裁决的制约因素

近年来,我国司法实务界对非法证据问题的重视程度越来越高,但在程序的具体运作中还未形成完整的程序性裁判机制,因此,在实践中要实现非法证据排除的当庭裁决也有一定的阻力。究其原因是多方面的:

第一,传统诉讼价值观的影响。我国刑事诉讼偏于职权主义,长久以来,一直信奉"客观真实"的理念,特别是在处理实体公正与程序公正的关系上,强调对事实真相的追求而产生的实体公正的偏重仍然存在。[10] 这使法官基于对实体公正的追求,对排除非法证据产生拖延,更倾向于综合全案情况决定相关证据是否予以采纳。

第二,当前司法体制的制约。从宏观角度来看,人大监督、政法委的领导以及地方行政机关对法院人、财、物的控制会在一定程度上干扰法院对案件的审理;从法院内部来看,审判委员会的指示直接影响法官独立裁决。除此之外,法院与警检机关长期合作所形成的良好关系,使其在对侦控方辛苦收集提交的证据进行排除时更是有所顾虑。由此可见,司法实践中法官会基于内外压力、纵横关系等因素无法当庭认定证据能力。

第三,现行证据制度的影响。目前,我国立法上对非法证据排除程序规定粗疏,这导致法官在实务中缺乏具体的操作准则,随意性较强;且立法上对庭前会议的功能仅定位在解情况、听取意见上,因而未能对庭前准备程序的功能进行充分利用,使其无法对当庭裁决的顺

---

[8] 宋世杰等:《外国刑事诉讼法比较研究》,中国法制出版社2006年版,第74页。

[9] 胡康生等:《中华人民共和国刑事诉讼法释义》,法律出版社1996年版,第345页。

[10] 葛玲:《论刑事证据排除》,中国人民公安大学出版社2011年版,第220页。

利进行起到实质性的帮助作用;除此之外,我国相互印证的司法证明模式以及案件事实认定中排除合理怀疑的最高证明标准,都对证据的充分性提出了较高的要求。而要求法官对非法证据当庭、先行进行排除,客观上限制了证据的数量,阻断了法官综合证据之间的相互印证关系对事实进行认定后再做出决定的机会,因此在实践中的实施比较困难。

(二)我国实现刑事非法证据当庭裁决的可行性分析

第一,程序公正司法观念的形成。程序正义观念的形成一方面可推进实体正义的实现,另一方面可使那些直接受法庭裁判结果影响的人的人格尊严得到承认和尊重,从而真正地拥有独立的诉讼主体地位。[11] 在我国,刑事诉讼法各界已经意识到,我国传统法律文化存在重查明事实真相,轻维护程序公正;重证据真实性,轻证据合法性;重惩罚犯罪,轻保障人权的三种错误倾向,[12]这严重制约了刑事诉讼法的现代化之路。随着法治社会的进步,诉讼活动中程序法价值深入人心,当事人对公权力规范运作、恪守程序法制理念的呼声越来越高。相信我国在程序公正司法观念不断深化的背景下,以非法证据排除规则的确立为契机,程序公正之路的探索必将助力于其程序上的不断发展和完善。

第二,审判中心主义诉讼体制的构建。在诉讼活动中坚持以审判为中心,要求发挥庭审的实质性和决定性作用,强调事实认定在法庭,证据认证在法庭,实现法庭审理对整个诉讼活动的统领作用,并通过法院权威的提升,保证判决的终局性。[13] 党的十八届四中全会提出了以审判为中心的司法改革方向,这一重大决策符合我国现阶段法制现代化的发展方向和诉讼规律,是加强人权司法保障、破解制约刑事司法公正突出问题的必由之路,[14]为非法证据当庭裁决的开展和实施提供了良好的制度环境。

第三,司法队伍专业素质的提升。近年来,随着我国法治建设的深入,着力建设一支公正廉洁、政治坚定、能力过硬的高素质司法队伍成为了提升司法公信力、确保司法公正的必然要求。在此背景下,一系列举措如法官遴选制度、员额制改革等为我国司法队伍专业素质的提升提供了有利契机和强大促力。由此可见,无论是从当前法治社会的背景上看,还是从一系列的举措和激励机制上看,我国司法队伍的专业化建设已具备了强大的后劲,而这将成为推动刑事非法证据当庭裁决程序有效运转的强大动力。

四、我国刑事非法证据当庭裁决的程序探索与设计

我国刑事审判制度的改革目标是有效解决司法实践中存在的各类问题,并向保障实体公正、程序正义的方向努力。[15] 而要切实将此目标落实,必须及时提出针对性的解决方案,否则,我国刑事审判的整体面目将很难得到实质性的改善。

(一)刑事非法证据当庭裁决程序相关原则论证

第一,程序法定原则。遵循程序法定原则包括两个方面的内涵:其一是立法要求,即刑事非法证据当庭裁决的适用程序应当由法律事先明确规定,避免留有过大随意处置的余地或因法律规定粗疏而生歧义;其二是司法要求,即排除非法证据在实践中应按法定程序进行,凡是突破法定程序的审判行为均属于法律禁止之列。

---

〔11〕 陈瑞华:《刑事审判原理论》,北京大学出版社 1997 年版,第 73 页。

〔12〕 郭志媛:《非法证据排除规则实施研讨会综述》,载《人民法院报》2013 年 12 月 4 日,第 009 版。

〔13〕 樊崇义、张中:《论以审判为中心的诉讼制度改革》,载《中州学刊》2015 年第 1 期,第 58 页。

〔14〕 沈德咏:《论以审判为中心的诉讼制度改革》,载《中国法学》2015 年第 3 期,第 5 页。

〔15〕 陈瑞华:《评刑事诉讼法修正案草案对审判程序的改革方案》,载《法学》2011 年第 11 期。

第二,直接审理原则。该原则强调司法的亲历性,要求参加审判的法官与当事人和证人等在法庭上直接接触,亲自参与控辩双方针对侦查人员取证的合法性进行的当庭质证和辩论;同时,它保证对证据合法性审理的法官与裁判法官的一致性,最大限度地减少其他因素对审判的干扰,发挥法官断案独立性。

第三,审判公开原则。该原则具体而言包括两面的内容:一是证据审查过程公开,包括证据的提出、双方当事人的质证、辩论等过程一律在法庭上公开进行;二是裁决结果公开,即法庭应当就证据合法性问题的判断在法庭上公开进行表态,并阐述理由。由此促使当事人充分参与诉讼,为其在法庭辩论中充分发挥当事人的主观能动性提供程序保障。

第四,程序优先审查原则。在这一原则的约束下,法庭对侦查人员收集证据行为合法性的审查具有中止实体性裁判程序的效力,对于非法证据的排除不仅在时间上优先于实体性裁判活动,并且直接影响着法庭随后调查的证据范围。

(二)刑事非法证据当庭裁决的运行程序

在对该程序进行设想之前,需要明确的是,其在实务中的运用只会出现在普通程序中,而非简易程序、速裁程序等刑事简化程序中。在刑事审判中,法庭对证据合法性的裁决需经历初审和主审两个阶段:

初审阶段即法庭对辩方提出的关于排除非法证据的申请进行初步审查的阶段。在此阶段,要求辩方提供能够说明侦查人员实施非法取证的事实细节的相关线索或材料。此时,有两种情形:如果辩方未提供相关线索或材料,或其已提供,但不能使法官对控方取证行为的合法性产生相应疑问,则法庭的处理方式是当庭驳回辩方排除非法证据的申请,并说明情况和理由;若法庭审查辩方提供的线索或材料后,对控方取证合法性产生了怀疑,则宣布启动非法证据排除正式调查程序,进入主审阶段。

在主审阶段中,法庭会对控方取证合法性问题进行审查,经过举证、质证,若公诉人确实提供了充分证据,使法庭排除了侦查人员非法取证的"合理怀疑",此时,法庭的处理方式与初步审查阶段即驳回非法证据的情况类似,即当庭宣布认可该证据的证据能力;而如果经查证属实,侦查机关确实采用非法手段获取言词证据,或者其收集的实物证据违反法定程序、可能严重影响司法公正又不能予以补正或做出合理解释,或存在由于控方无法对证据收集的合法性进行有力证明而承担证明责任上的不利后果的,法庭应当当庭作出排除该证据的裁决。

初审阶段的裁决是主审阶段裁决的必经阶段,前者决定了是否启动后者;主审阶段的裁决是初审阶段裁决的发展和延续,其对经历初审阶段确定进入正式调查程序的非法证据进行进一步举证、质证,最终确定其证据能力。两个阶段的裁决均应当场进行。

(三)刑事非法证据的裁判形式

作为对非法证据排除程序运行结果的固定,刑事证据合法性的判定应以何种形式做出直接关系到当庭裁决是否落实以及事后权利救济的实现,[16]这也是在本论题的讨论过程中不可回避的问题。

在刑事审判过程中,关于非法证据排除有两个阶段需要法庭作出裁量:一是是否启动正式审查程序;二是是否对合法性有争议的证据予以排除。两阶段都涉及法庭裁决形式的问题。基于对节约诉讼资源以及非法证据排除程序兼容性等问题的考虑,笔者认为,较为适宜

---

〔16〕 高咏、杨震:《一审程序中非法证据排除问题的裁判方式》,载《中国刑事法杂志》2014年第3期。

的办法是采用口头结合书面的形式，即先以口头方式当场宣告结果并说明理由，由书记员记录于庭审笔录中，最终，此部分内容由法官在裁判文书中作为必要内容中予以详述。因为从理论上讲，非法证据排除程序是一种可优先于实体问题得以审查的前置性程序，因此相应地，其审查结果也可以先于实体问题做出；同时，考虑到我国并没有类似英美法系中"中间上诉"程序的规定，庭审过程中采用"书面裁定"的方式无法赋予当事人程序性上诉的权利，还有可能增加庭审负累；而"决定"虽然专门用于解决诉讼程序问题，但一经作出和宣布，则立即发生法律效力，不允许上诉或抗诉，这对于涉及当事人重大权益的证据能力问题来说显然也是不合理的。因此，相比之下，采用口头结合书面的方式能很好地避免以上弊端，更具实质性意义。

此外，法官还应在刑事裁判文书中明确表述相关事项。裁判文书的说理部分应优先对非法证据排除程序的结果和理由予以论证，其次才能展开对案件事实的说理论证。对此，笔者建议可在说理部分单设程序问题处理意见一节，专项表述非法证据排除程序的处理结果及理由。

五、刑事非法证据当庭裁决程序实施机制构想

"法的生命在于实施"，构建起完善的非法证据排除程序规则并不意味着其就能得到很好的落实，因此，在刑事非法证据当庭裁决程序运行之初，必须合理界定其价值目标、破解该程序运行中的难点问题，以着手完善相关配套措施，这也是保证其在实务中能够得到落实的关键所在。

（一）完善实体构成性规则

非法证据排除规则是一项实践性很强的规定，要达到这一目的，必须有程序规则的支撑。完善实体构成性规则可有效地提高法官对证据能力的把握程度，[17]减少其在裁判中适用法律的困难，有利于程序运转顺利进行。然而目前，我国非法证据排除规则的实体规定仍存在许多问题，如非法言词证据的认定标准不明确，存在许多不易识别的模糊地带、非法实物证据的排除范围在实践中难以准确把握等，具体条文尚待由"粗放型"向"细密型"转化。

（二）开拓庭前会议对证据能力裁决的准备功能

2012 年新《刑事诉讼法》将庭前会议制度定位为程序性事项的准备程序，[18]改变了以往将所有问题都集中于庭审中解决的审判模式，[19]客观上为非法证据排除当庭裁决的实现提供了重要保障。

从当庭裁决程序运行的视角，发挥好庭前会议的准备功能还应注意以下几方面：第一，法庭通过了解情况、听取控辩双方的意见，确定争点、记入笔录，并督促控辩双方视各自情况进行证据的补充准备；第二，涉及侦查人员、证人、鉴定人等出庭的，提前确定拟出庭人员名单；第三，通过了解控辩双方掌握证据的基本情况，确定是否需要以庭外调查的方式调取控辩双方都不便调取的证据材料；第四，赋予庭前会议已协商确定的事项以法律约束力，在正式庭审中就相关问题不再赘述，减少不必要的程序重复。以上，笔者建议应由最高人民法院

〔17〕 "实体构成性规则"即非法证据的种类、范围、排除后果等具有实体性内容的规则，与规定非法证据排除的启动方式、裁判方式、证明责任分配等程序机制"程序实施性规则"相对应。参见陈瑞华：《非法证据排除规则的中国模式》，载《中国法学》2010 年第 6 期。

〔18〕 叶青：《庭前会议中非法证据的处理》，载《国家检察官学院学报》2014 年第 4 期。

〔19〕 韩红兴：《刑事公诉案件庭前程序研究》，中国人民大学 2006 年博士学位论文，第 164 页。

会同有关机关作出相关司法解释予以明确。

(三)强化证据合法性争议的证明手段

第一,增强讯问时全程录音录像制度的普及。目前,虽然新《刑事诉讼法》有对可能判处无期徒刑以上刑罚的案件应当进行录音、录像的规定,但对其他案件仅规定了侦查机关"可以"录音录像,这非但不是对于现有留存侦查成果手段的肯定,反而为更多的案件不进行录音录像提供了法律上的依据;此外,侦查人员和录音录像的技术人员未做分离也导致该制度不能完全保证客观、真实地记录讯问过程。因此,笔者建议该制度不应仅仅局限于可能被判处无期徒刑以上的刑罚的案件,且应将该制度向全国各级看守所普及,对经济落后的特殊地区,先采取简易录音录像的方式逐步推进;同时,要求侦查人员和录制人员作出分离,以保证录音录像内容的客观性和完整性。

第二,提高侦查人员出庭作证率。实践中,在大多数的非法证据排除程序当中,侦查人员通过向法庭提交"情况说明"的方式来对相关证据能力问题进行澄清已然成为常态。[20]如果将这样的声明作为直接判定侦查人员取证行为合法性的根据,则无异于默认侦查人员可以自证其行为合法,有损案件裁判公正性,因此,对不出庭的侦查人员设置相应地程序性制裁措施至关重要。

(四)提高审判队伍业务素质

刑事证据能力的裁决是一个专业性较强的活动,强调其当庭进行,要求法官在短时间内将证据合法性问题进行梳理,这需要法官具有扎实的法律功底和审判经验,较强的组织庭审能力和裁决水平,[21]否则,即使做到了当庭裁决,其得出结论的正确性也无法得以保障。笔者认为,提高提高审判队伍业务素质可从以下几个方面入手:

第一,完善法官录用机制。扩大从执业律师和法学教授等其他法律职业共同体成员中遴选的范围,在严格执行司法人员选任条件的基础上,建立健全司法人员遴选制度,[22]以此从源头上优化我国司法队伍的整体素质和水平。第二,增强法官业务素质。可以引入第三方独立培训机制,客观分析我国当前司法工作存在的不足,并加以提高,以使其在具体程序运作中实现质量高、速度快的裁决。第三,提高法官思想认识水平。逐步改变其以往"客观真实"的观念所带来的对实体公正的偏重,加强对证据能力的关注,强调非法证据排除对于避免冤假错案、遏制刑讯逼供,保障人权的重要价值。

此外,在提高审判队伍业务素质的同时,还需完善法官办案质量考评机制,如优化司法工作人员考核模式、取消有罪判决率等,弱化审判机关打击犯罪的观念性因素,打破公、检、法三机关互相配合的体制,从而真正调动司法机关工作人员的积极性,为其适用非法证据排除规则排除相关证据提供有力的制度支撑。[23]

结　语

刑事非法证据当庭裁决的提出以非法证据排除程序的优化为初衷,是我国当前"以审判为中心"的司法改革方向下庭审方式改革的必然趋势,同时,也是我国非法证据排除规则体系完善和发展的需要。然而,任何制度的建立都不是一蹴而就的,特别是在程序推进之

---

[20] 陈瑞华:《非法证据排除程序再讨论》,载《法学研究》2014年第2期。

[21] 徐建新:《论刑事审判中的当庭认证》,载《浙江省政法管理干部学院学报》1999年第3期。

[22] 叶青:《以审判为中心的诉讼制度改革之若干思考》,载《法学》2015年第7期。

[23] 左卫民:《"热"与"冷":非法证据排除规则适用的实证研究》,载《法商研究》2015年第3期。

初，不能急于求成，切忌因盲目追求当庭裁决而忽视了办案质量。在这个过程中，我们必须植根于当前的审判实践，在不违背审判规律的前提下，用理论指导实践，再辅之以完善的配套措施，实现该程序价值和功能的有效发挥。否则，其负面影响必然会不断“吞噬”其正面效应，进而引发程序性制裁的虚化结果，最终可能产生“播下龙种，却收获跳蚤”的结果。

虽然本文的研究不能保证穷尽审判实践中的一切问题，但笔者坚信，只要牢牢以非法证据排除规则的价值目标为指引，突破非法证据当庭裁决程序在运行中的困境，并辅之以相关配套措施，该程序就一定能在审判实践中焕发其内在生命力，发挥出其应有的价值功能。

【导师点评】

我国刑事诉讼虽然已经确立了非法证据排除规则，但非法证据排除究竟采用书面裁判排除还是当庭排除，这个问题在学界存在理论上的争议，而实务部门在实践操作中的做法也不一致。因此，本篇论文的选题契合了当前我国刑事司法领域的热点课题，具有理论和实践的双重研究价值。

本课题主要采理论分析法，同时结合了相关制度的历史沿革和域外相关立法及司法经验的比较研究，并进一步论证其制度运行的制约因素及可行性，从而立论肯定我国非法证据当庭裁决制度存在的合理性。

论文还在此基础上就我国非法证据排除当庭裁决的程序设计提出了较为系统的设想，从裁决的程序到裁决的形式，均提出了具有一定主见的构划，比如提出了初审和主审两个不同程序的安排；而在裁决形式上，作者提出了口头结合书面的方式。从程序设计上来说，整个制度的设计具有一定的可操作性，程序设计较为合理。

论文在最后一部分还就我国非法证据的当庭裁决提出了较为系统的机制设想，从完善非法证据排除的实体性构成规则到庭前会议对非法证据排除功能的进一步开拓，从强化证据合法性证明规则的制定到审判队伍业务素质的提升，论文就整个程序提出了更为完整的规划方案。

论文格式规范，行文流畅，文献收集和引用恰当，论证逻辑和论述体系合理。论文观点具有一定的独创性，相关成果体现作者较为扎实的科研能力和创新意识。

（指导教师：孙剑明）

民商论丛

论侵权法过错责任领域中与有过失规则之适用

郑　艳*

一、提出问题

侵权法上与有过失指受害人对于损害之发生或扩大也存在过错的,则可减轻或者免除造成损害的另一方当事人的损害赔偿责任,其是侵权法上一项重要制度。我国《民法通则》第131条,《侵权责任法》第26条、第27条,最高人民法院的相关司法解释以及一些单行法共同构建了我国侵权法上与有过失规则的总体框架。纵观与有过失规则发展的历史脉络,可知与有过失规则系民法公平正义原则的产物,其系通过平等对待加害人与受害人以实现受害人权益保护与加害人行为自由之间的平衡。故加害人责任制度和与有过失规则之间具有对称性,包括责任成立与责任分担两个阶段。然就过错责任之构成要件与责任分担,我国学者争议较多,尚未形成一致意见,若不对之加以分析阐述以明确之,则亦难明确与有过失之具体适用规则。故,笔者将于下文分析我国侵权法上过错责任之构成要件及责任分担,并在此基础上比照分析侵权法上与有过失规则在过错责任领域内的具体适用规则。

二、与有过失的成立

(一)过错责任领域侵权责任的构成要件

1. 我国侵权责任构成要件的三要件说与四要件说之争

在我国,就侵权责任的构成要件来说,主要有三要件说和四要件说之争。三要件说主张侵权责任的构成要件为损害事实、过错和因果关系三个要件;[1]四要件说则认为违法性、损害事实、因果关系以及主观过错为侵权责任的构成要件。[2]两种学说的主要争论焦点就在于违法性是否为侵权责任的独立构成要件以及过错与违法性之间的关系。笔者将于下文通过比较法来探讨违法性与过错这两个概念,进而分析我国过错侵权责任的构成要件问题。

2. 德国法上之违法性与过错

对违法性的要求是以《德国民法典》为代表的侵权行为立法模式所特有的要件。《德国民法典》的三个小的基本条款,即《德国民法典》第823条第1款(侵害他人绝对权利),第2款(违反以保护他人为目的的法律)以及第826条(故意违背善良风俗而加损害于他人)代表了三种不同类型的违法性。同时根据现行德国侵权法的学说,侵权行为由构成要件、违法性和有责性(过错)三个层面构成,此即德国侵权行为法三阶层结构。在三种违法性中,违反以保护他人为目的的法律和故意违背善良风俗而加损害于他人明显为行为导向的违法性,存有争议的是侵害他人绝对权益这一类行为违法性之判断,先后有结果不法说与行为不

---

* 郑艳,华东政法大学2017届民商法学专业硕士研究生。

〔1〕 参见王利明:《侵权行为法归责原则研究》,中国政法大学出版社2004年版,第460、461页。

〔2〕 参见杨立新等:《侵权行为法》,中国法制出版社2008年版,第139页。

法说两种理论。[3]

结果不法说为《德国民法典》对其第823条第1款违法性判断的传统观念,即只要行为导致该条款所规定的法益或权利遭到侵害,则推定该行为具有违法性,仅在存在正当防卫、紧急避险、被害人同意等违法阻却事由情况下才不具有违法性。行为违法说认为行为在不符合社会活动上一般注意义务时才具有违法性,若行为符合社会活动上一般注意义务,即使行为与绝对权等法益遭受损害具有因果关系,该行为亦合法。德国学术界现今的主流观点以是否有对行为义务的违反为违法性有无的判断标准。

就过失来说,《德国民法典》第276条第2款规定:"疏于交易上必要的注意义务的人,即系有过失地实施行为。"[4]故其过失之判断系以行为是否符合交易上安全义务为标准。结合上述关于德国行为不法说的发展,可以发现,不法性的判断标准与过失的判断标准趋同,违法性与过失阶层的区分亦变得模糊。故而在20世纪80年代,有德国学者主张建立统一的违法性与过错阶层,认为过失概念应归结为客观的行为义务的违反,如此行为义务的违反和过失就是同一的。

3. 在欧洲总体层面上对违法性与过错的观点

就违法性来说,奥地利学者考茨欧(Koziol)领导的"欧洲侵权行为法小组"对奥地利、法国、英国、瑞士等9个国家的相关制度进行比较法研究,发现大多数国家除了在违法性是否具备须依托行为加以判断外,在其他违法性问题上所持的观点差别都相当大,如违法性的含义,违法性判定的标准、是否严格区分违法性与过错等,无法通过比较法研究归纳出有关违法性的任何原则。[5] 故而该小组在编著《欧洲侵权法原则》时没有就违法性进行规定,而暂时将违法性相关的规定归于"抗辩"一编。就过错来说,该小组认为过错是纯粹客观的,是对"必须的行为标准"的背离。[6]

4. 小结

综上,笔者认为是否将违法性作为侵权责任的构成要件问题与一国的法律传统以及实体法密切联系,如在德国,不法性之所以能够作为侵权责任的构成要件,《德国民法典》的规定是重要原因。此外,就现今多数的欧洲国家来说,过错与违法性的判断标准渐趋重合,故而无须将过错与违法性均作为侵权责任的构成要件,将二者的融合体或者二者之一作为侵权责任的构成要件已成为多数国家的主流观点。至于过错来说,笔者较为赞同"欧洲侵权行为法小组"的观点,即仍沿用过错概念,该过错概念既包括客观化的过错含义亦包括严格意义上过错之含义。

从我国侵权法来说,实体法上并无"不法"这一术语。我国的《侵权责任法》第6条是过错责任领域的一般性规定。全国人大常委会法制工作委员会对该条作出了说明,其认为在过错责任原则制度下,行为人满足以下四个条件,则应承担侵权责任:其一,行为人实施了某一行为;其二,行为人行为时有过错;其三,受害人的民事权益受到损害;其四,行为人的行为

---

[3] 参见李昊:《德国侵权行为违法性理论的变迁——兼论我国侵权行为构成的应然结构》,载田士永等主编:《中德私法研究》(2007年·总第3卷),北京大学出版社2007年版,第3~8页。

[4] 陈卫佐译注:《德国民法典》,法律出版社2015年版,第93页。

[5] 参见[奥]H. 考茨欧主编:《侵权法的统一:违法性》,张家勇译,法律出版社2009年版,第170、171页。

[6] 参见欧洲侵权法小组编著:《欧洲侵权法原则:文本与评注》,于敏、谢鸿飞译,法律出版社2009年版,第174、175页。

与受害人的损害之间有因果关系。[7] 分析以上要件，显而易见，第一个要件，即所谓的行为要件，其实是没有必要的，因为侵权责任构成要件的作用在于将侵权行为通过确定若干特征从而使其能够与合法行为相区分，行为要件没有描述与适法行为相区别的任何特征，故而，没有将其作为侵权责任构成要件之一。对于其中的过错，全国人大常委会法制工作委员会认为应分为故意与过失，同时对于过失的判断应以客观标准判断之，即通过判断行为人是否违反法律、行政法规明确规定的义务及一个合理人的注意义务来判断过失之有无，此种过失判断方式与欧洲多数国家的过失判断方式相一致。故我国立法机关对于过错侵权责任的构成要件也是坚持三要件说，即从过错、损害事实以及过错与损害事实之间的因果关系判断是否成立侵权。

（二）与有过失的构成要件分析

1. 中国现行法所构筑的与有过失规则

在我国侵权法领域，就与有过失规则进行一般性规定的法条有：《民法通则》第 131 条、《人身损害赔偿解释》第 2 条以及《侵权责任法》第 26 条。结合这三条规定，我国侵权法上的与有过失规则可概括为受害人对同一损害之发生或扩大与有过错的，可以减轻或者免除侵权人的损害赔偿责任。同时结合《侵权责任法》第 27 条及全国人大常委会法制工作委员会民法室的相关说明，[8] 受害人对损害之发生或扩大有故意，同时侵权人对损害的发生有故意或重大过失的，侵权人仍须承担侵权损害赔偿责任，不过其赔偿责任可予以减轻。

从这些规定来看，我国现行法上的与有过失规则较为明确，但在具体适用中，在与有过失的构成要件为何以及如何在加害人与损害人之间分配损害两个问题仍存有争议。就这两个问题来说，笔者认为首先要厘清第一个问题，而该问题能够得以解决的关键在于与有过失规则的法理基础，即公平正义。根据该原则，在构建与适用与有规则过程中须平等对待侵权纠纷中的受害人与加害人双方，故受害人与有过失制度与加害人侵权责任制度有对称性，与有过失规则中亦有侵权损害事实、过错行为以及因果关系这三个过错责任的一般构成要件或者类似的对应物。对于损害结果以及受害人过错须与损害结果有因果关系两个条件，无论是学术界还是实务界基本没有什么争议，均是按照侵害人责任中损害结果以及因果关系存在之确定方法去判断，无进一步探讨的意义。但对于与有过失规则中“过失”之认定，学界莫衷一是。故而，笔者将于下文对之进行分析。

2. 与有过失规则中“过失”之认定

首先，法律并非放任受害人有损自身权益之行为。多数学者认为：法律并未加诸受害人不得损害自己权益之义务，[9] 个体对于自身权益的不关心，任由损害发生或扩大，不会导致法律对其进行否定评价，所谓后果充其量就是受害人自己承受不利益。而在同时有受害人与有过失与加害人过失存在情况下，法律同样对受害人之过失不做评价，但是由于受害人过失实际上参与了损害之发生与扩大，为了维护实质正义，只能根据诚信原则让受害人承担部分损失。笔者不赞同上述观点，理由有以下几点。其一，在只有受害人过错情况下，法律不

---

〔7〕 参见全国人大常委会法制工作委员会民法室编著：《〈中华人民共和国侵权责任法〉条文说明、立法理由及相关规定》，北京大学出版社 2010 年版，第 20～24 页。

〔8〕 《侵权责任法》第 27 条规定：“损害是因受害人故意造成的，行为人不承担责任。”从全国人大常委会法制工作委员会对该法条所作的说明来看，该条仅适用于受害人故意的行为是其损害发生的唯一原因这一情形。

〔9〕 参见欧洲侵权法小组编著：《欧洲侵权法原则：文本与译注》，于敏、谢鸿飞译，法律出版社 2009 年版，第 186～187 页。

是放任受害人对自身利益的不关心,而是在该种情形下法律没有介入的必要。仅受害人对损害之发生或扩大有过失,也仅有受害人受有损失,受害人只能自担损失,此是不言自明的道理。法律介入的目的就是为了定分止争,此无纠纷之存在,自然无须法律之介入,但是此并不表明法律对受害人不关心自身权益或者疏忽的行为是肯定的或放任的。其二,在有加害人过错参与损害之发生情形中,基于侵权法的规则,加害人过错行为与损害结果之发生具有因果关系,故而须承担侵权损害赔偿责任。此时,是受害人自担损失,还是仅由加害人承担全部损害之赔偿责任,答案就不再是不言自明了,纠纷由此产生。在此种情形中,前述观点主张以诚信原则作为减免加害人损害赔偿责任的理论依据,而实际操作上还是将加害人过错与受害人过失进行衡量,同时考量原因力等因素以确定加害人与受害人各自承担的损害数额。此种方式实际上还是对受害人过错与加害人过错予以同等对待,以评价加害人过错的标准去评价受害人过失。故而笔者认为对于受害人过失,法律并非是持放任态度。

其次,与有过失中的"过失"与侵权人责任中的过失一样,均是行为对"行为标准"的偏离。对于与有过失中的"过失",引起学者讨论的是该"过失"与侵权人责任中侵权人过失的关系,大致有以下三种观点。第一种观点认为侵权人之过失不同于受害人过失,前者以侵权人违反法律上不得侵害他人权益之义务为前提,为固有意义之过失;后者则是以受害人违反对自己利益之维护照顾义务为前提,系对自己之过失或者非固有意义之过失。〔10〕第二种观点则认为与有过失规则中之"过失"既包含固有意义上之过失亦包含非固有意义上之过失。当损害事故无其他加害人时,受害人若对损害之发生或扩大与有过失,则该过失为非固有意义上之过失;当损害事故有其他加害人时,受害人之与有过失就包含固有意义上之过失,原因在于在该种情形下,被害人具有防止危害自己之行为发生之义务,若没有防止,则构成对其他加害人权益之侵害。〔11〕第三种观点认为与有过失中的"过失"仅指对己过失,即非固有意义上之过失。在现实生活中,受害人所违反的义务有很多兼具保护受害人与受害人之外利益的功能,如很多道路交通法规,违反这些义务不仅可能侵害受害人自身的权益,还可能侵害他人之权益,但是就受害人是否构成与有过失来说,仅受害人对己过失才有意义,因为在该种情形下他人之权益并没有遭受侵害或者不在讨论的范围之内。〔12〕综观以上观点,可以发现第一种观点仅是从损害结果角度去分析侵权人过失与受害人过失的差别。第二种观点则是试图去扩展与有过失中"过失"之范畴,使其亦具有固有意义上过失之含义,从而合理化与有过失规则在以不法性为构成要件之侵权责任框架下能减轻侵权人责任之观点。〔13〕第三种观点则是从与有过失情形中受害人所违反的义务本身以及与有过失情形下损害结果两方面,进一步探求对适用与有过失规则有意义的"过失"为何的问题。上述观点

〔10〕参见陈聪富:《过失相抵之法理基础及其适用范围》,载王洪亮等主编:《中德私法研究》(2008年·总第4卷),北京大学出版社2008年版,第4页。

〔11〕参见陈聪富:《过失相抵之法理基础及其适用范围》,载王洪亮等主编:《中德私法研究》(2008年·总第4卷),北京大学出版社2008年版,第15、34页。

〔12〕参见张谷:《作为自己责任的与有过失——从结构对称性角度所作的评论》,载王洪亮等主编:《中德私法研究》(2008年·总第4卷),北京大学出版社2008年版,第44页。

〔13〕持有该观点的学者认为,将受害人过失界定为非固有意义上的过失,意味着受害人仅是对自己利益维护、照顾不周,法律并未将此维护、照顾不周纳入其调整范围,对受害人来说其也就无所谓违反法律义务之说了。而与有过失规则又恰恰对受害人的与有过失进行调整,此明显与前述非固有意义上过失之说法存在矛盾之处。

虽均抓住了与有过失的一些特点，但笔者认为均未抓住与有过失中"过失"的本质，与有过失中的"过失"与加害人的过错有共同点，亦有不同点。两者的共同点在于，在权益侵害可能性上，侵权人过错与受害人过错存在相似性，即两者均有可能侵害自身或者自身以外他人之权益，不同点在于所致之侵害结果发生处之不同，侵权人责任总是表现为侵害人之过失行为致侵权人自身以外之人权益受损，而适用与有过失之情形总是表现为受害人自己之过失致自己权益受损，而该损害结果发生于谁处具有巧合性，不能作为区分两者之标准。综上，笔者认为侵权人过失与受害人过失实际上并无实质的差别，当然此并不否定两者可能存在一些细微的差异。

最后，与有过失规则用以判定"过失"存在之行为标准同于侵权人责任中过错之判断标准。在侵权人责任中，是以法律规定以及理性人之注意义务来判断过失之有无，即若一致损行为偏离法律规定的行为标准或者通过理性人之注意义务而确定的行为标准，则做出该行为之行为人即有过错。那么，在与有过失规则中，该"过失"存在的判断标准为何？对此，有的学者认为判断受害人是否具有过失的标准为合理人标准，即在特定情况下一个合理的人对于自己利益所应有的注意程度，但该合理人标准低于用以判断加害人是否具有过失的合理人标准。[14] 有的学者主张受害人过失之判断应采主观标准。[15] 还有学者认为该行为标准为不真正义务，[16] 而该不真正义务要比照"行为不法说"加以确定。[17] 对以上三种观点，笔者均不予赞同。其一，加害人过错的确定是以处于加害人状态的合理、谨慎之人在该种情形下会采取的行为为标准，这与受害人过失确定的标准，即处于受害人状态的合理、谨慎之人会采取的行为，是没有可比性的，所以也就无所谓受害人过错之合理人标准应低于加害人过错之合理人标准之说。其二，主观标准说以受害人主观上是否有过错来判断过失之有无，无可操作性。其三，不真正义务是相对义务而言，其与义务的主要区别在于，法律让负担不真正义务的人自己决定是否履行不真正义务，同时相对方不享有履行不真正义务的请求权。[18] 在侵权法领域内，无论是受害人还是加害人，虽然其根据法律规定等负有一定的义务，但是任何一方均无权主张另一方履行这些义务，义务之履行与否，完全取决于受害人或者加害人自己。故而在侵权法领域内，至少在损害发生之前，无论是加害人所负有的义务还是受害人所负有的义务均是不真正义务。提出第三种观点的学者将受害人之过失认定为不真正过失，而将加害人之过失认定为真正过失，是对不真正义务这一概念的误用。

综上所述，与有过失规则中的"过失"的判定标准应与侵权责任中过错之判定标准一致，在法律、行政法规有明确规定时，以该法律、行政法规所规定的行为标准为判断标准；在无法律、行政法规可依时，以一个处于受害人状态的合理、谨慎之人可以期待的作为和不作为为判断标准，此外在确定此判断标准时，还需考虑"所涉的受保护利益的性质和价值，活动的危险性行为人可被期待的专业知识，损害的可预见性，关系人之间的亲密性或特殊信赖

---

〔14〕 参见程啸：《论侵权行为法上的过失相抵制度》，载《清华法学》2005 年第 1 期。

〔15〕 See Michael D. Bayles: *Principles of Law*, p. 226. 转引自朱卫国：《过失相抵论》，载梁慧星主编：《民商法论丛》（第四卷），法律出版社 1996 年版，第 418 页。

〔16〕 在此处"不真正义务"指受害人对自己不利益的防免，而真正义务则是针对他人利益的保全或达成。

〔17〕 参见张谷：《作为自己责任的与有过失——从结构对称性角度所作的评论》，载王洪亮等主编：《中德私法研究》（2008 年 · 总第 4 卷），北京大学出版社 2008 年版，第 45 ~ 48 页。

〔18〕 参见［德］迪尔克 · 罗歇尔德斯：《德国债法总论》，沈小军、张金海译，中国人民大学出版社 2014 年版，第 10 页。

关系以及预防措施或其他替代方法的可获得性及其费用等”。[19]

三、与有过失中的责任分担

(一)多数人侵权和与有过失中的责任分担

1. 多数人侵权概述

通说认为,数人因过错(故意或过失)而致同一损害,则其对全部损害承担连带责任。[20] 其理由有以下两点:其一,数人均有过错,且该过错对于同一损害之发生均有因果关系,在此种情形中若减轻侵权人对受害人所应负之损害赔偿责任,即让各侵权人承担按份责任,会出现一个人被判决承担较低程度的责任仅是因为另一个人也实施了错误行为,此种观点明显是站不住脚的;其二,连带责任的设置使受害人所得到的赔偿以其所受的损失为限,避免产生不当得利问题。同时,为避免任一加害人不当得利,在诸加害人间又设有内部求偿权制度,而内部求偿权之行使可追偿回的数额取决于法院对数侵权人责任之分配。此时法院对于数侵权人责任之分配就显得至关重要。在数人侵权纠纷中,法院通常会根据确定每一个加害人造成损害之范围或者过错程度的各种相关因素,如可预见性,因果关系,预防或者替代措施可获得性或费用等,以综合考虑,最终确定各侵权人之间的责任范围,[21] 甚至有时还会考虑侵权人的经济状况,是否购买保险等情况。

此外,共同侵权、共同危险行为中的数侵权人亦须承担连带责任,但是它们采取连带责任形态的理论基础不同于上文所述之竞合加害人连带责任之理论基础。对于共同故意侵权来说,协助者、共谋者等与其他实行者被看作是一个整体,只要可认定该整体中的一人与损害有因果关系,则该整体中的所有人均需对受害人所遭受的全部损害承担责任。而对于共同危险行为来说,不能确定哪一个危险行为人导致损害,若依旧按照单独侵权中必要因果关系之判定标准,则受害人将不能获得赔偿。出于有利于受害人之原则,将数个危险行为人看作一个整体,排除了具体危险行为人与损害之间因果关系要件之证明,从而使受害人能够获得损害赔偿。

2. 我国《侵权责任法》上数人侵权责任分担形态

在我国过错责任领域中,数人侵权情形下的责任分担形态有连带责任形态,按份责任形态以及补充责任形态三种。其中,共同故意侵权行为,[22] 共同危险行为,客观关联且均单独

---

〔19〕 欧洲侵权法小组编著:《欧洲侵权法原则:文本与评注》,于敏、谢鸿飞译,法律出版社2009年版,第7、117页。

〔20〕 参见[德]迪尔克·罗歇尔德斯:《德国债法总论》,沈小军、张金海译,中国人民大学出版社2014年版,第73页;欧洲侵权法小组:《文本与评注》,于敏、谢鸿飞译,法律出版社2009年版,第200页。虽然我国《侵权责任法》第12条规定为按份责任,但是笔者赞同孙维飞教授的观点,即我国《侵权责任法》第12条的规定不符合单独侵权之基本逻辑,若要背离单独侵权之基本逻辑,则须进一步阐述其理由。参见孙维飞:《单独侵权视角下的共同侵权制度探析》,载《华东政法大学学报》2010年第3期。在我国《侵权责任法》第12条之规定尚不足以支撑其合理性的理论情形下,笔者亦赞同采连带责任说。此外,除了连带责任与按份责任外,针对数人侵权责任分担问题,我国还有不真正连带责任和补充责任两种。

〔21〕 在确定侵权人之间的责任分担比例问题上,学者们的主要争议在于应如何对待过错程度与因果关系在此过程中所起的作用。有的认为应该主要考虑过错程度,同时兼顾因果关系,有的则认为应主要考虑因果关系,适当兼顾过错程度。参见张新宝、明俊:《侵权法上的原因力理论研究》,载《中国法学》2005年第2期。但是在确定责任分担比例上区别对待过错程度与因果关系是否有实践意义尚有待进一步探讨。

〔22〕 对于所谓“共同过失”案型之处理是否同于共同故意侵权,适用《侵权责任法》第8条之问题,笔者认为不应依共同故意之规定处理之,而是直接按照数人过失造成同一损害之规则来处理。参见孙维飞:《单独侵权视角下的共同侵权制度探析》,载《华东政法大学学报》2010年第3期。

足以导致全部损害之侵权行为为连带责任形态，而客观关联但均不能单独足以造成全部损害之数侵权行为为按份责任形态，违反安全保障义务之违反者与实施侵权行为之第三人，劳务派遣单位与用工单位，幼儿园、学校等教育机构与实施侵权行为之第三人为补充责任形态。

对于上述我国数人侵权责任形态之设定，笔者认为有以下不合理之处。其一，数人侵权造成同一损害情形中数侵权人按份承担损害赔偿责任并不合理。我国《侵权责任法》第12条的规定可能是为了避免在数侵权人过错程度相差悬殊情况下某些过错程度低的侵权人承担过重的责任，但是实际上，按份责任之适用是将某个或者某些侵权人无力偿债的风险分配给了没有过错的受害人，此将使受害人所处的地位劣于单独侵权中的受害人。其二，补充责任形态并非是其适用领域最佳选择。在我国，补充责任形态主要有两个特点：第一，第三人的侵权责任与补充责任人的补充责任有先后顺序，首先是第三人就受害人的损害承担赔偿责任，在无法找到第三人或者第三人无资力承担全部侵权损害赔偿责任时，受害人才可主张由补充责任人承担侵权责任；第二，补充责任人所承担的补充责任是相应的补充责任，对于第三人未承担侵权责任，并非均由补充责任人承担，补充责任人仅承担与自己过错程度相适应的侵权责任。[23] 然而在实务中，并非所有案件中的第三人的过错程度均高于补充责任人的过错程度，一味地按照补充责任的思路来处理涉及安全保障义务的案件极为不周全。故而笔者认为，在过错责任领域中，我国现今侵权法上责任分担采按份责任形态与补充责任形态之领域应采连带责任才合乎民法基本理论，即全部赔偿与过错责任。

3. 小结

综上所述，笔者认为过错责任领域内数人侵权中数侵权人的责任分担规则应为以下几点：第一，数人侵权领域，数侵权人之间的责任分担形态应以连带责任形态为原则；第二，共同故意侵权，共同危险行为以及数加害人侵权行为竞合造成同一损害虽均是连带责任形态，但是之所以采连带责任形态之理论基础并不同，不可不加区别地以同一规则规定之；第三，我国《侵权责任法》第12条所规定的按份责任形态与《侵权责任法》第37条、第40条规定的补充责任形态欠缺理论自足性，故而不足采，应加以完善，适用连带责任形态。

通过文章之前部分对与有过失规则构成要件的分析，可知在与有过失规则中，受害人类似于被当做加害人来处理，故而受害人与有过失类似于数人侵权，数人侵权中数侵权人间责任分担之规则可类比适用于受害人与有过失情形下的受害人与加害人之间。笔者将于下文就加害人为一人（简单类型）及加害人为多人（复杂类型）两种不同情况下与有过失受害人与加害人之间的责任分担进行分析。

（二）简单类型中责任比例之确定

在加害人为一人时，一旦受害人被确定为对自己所受损害之发生或扩大有过失，受害人这一角色则即具有双重性，既是受害人，又是“加害人”。其“加害人”之身份使受害人即使在加害人成立侵权后仍不能确定自己是否可以获得赔偿以及可以获得多少赔偿，而要经过与数人侵权中确定各侵权人责任比例一样之过程才能确定能否可以获得赔偿以及可以获得多少赔偿。法官通过将加害人以及受害人的行为与一般合理、谨慎之人的行为的比较以及受害人与加害人行为的比较，以确定加害人过错的程度以及行为对损害发生的原因力大小，

---

〔23〕 参见全国人大常委会法制工作委员会民法室编著：《〈中华人民共和国侵权责任法〉条文说明、立法理由及相关规定》，北京大学出版社2010年版，第160～161页。

最终综合过错程度,原因力等因素确定受害人与侵权人之所需承担的责任比例。

(三)复杂类型中责任比例之确定

在加害人为多人时,责任比例之确定所考虑之因素与上述简单类型所考虑之因素无异,与上述简单类型不同的是如何对各因素进行比较。在简单类型中,由于受害人与加害人均是单数,故而对各种确定责任因素之比较除了与一般合理、谨慎之人进行比较之外,就是加害人与受害人进行比较,比较之后确定的各自应负担的责任数额相加就是受害人所遭受的全部损害。在复杂类型中就不是如此简单了。由于侵权人为数人,所以可比较的对象就不具唯一性,受害人A不再只能与加害人B进行比较,其还能与加害人C进行比较,责任比例之确定可以是将受害人A、加害人B、加害人C进行综合比较以确定责任比例,还可以是将受害人A与加害人B、加害人C进行比较,确定受害人A与加害人B、加害人C之间的责任比例分担。此外,还可以变化出多种其他的责任比例确定模式。比较对象的不同,所确定的责任比例势必也会有所不同。故而在复杂类型中,一个重要问题就是需要确定何种比较模式可以合理地确定相关各方之间的责任比例,实现相关各方利益之平衡。此外,在数人侵权中,按照通说,各侵权人就受害人之全部损害承担连带责任,故而此类型中,还涉及各侵权人是否还须像在数人侵权中一样,对受害人承担连带责任之问题。笔者将于下文根据数侵权人是否可以被看作一个整体具体分析与有过失复杂类型中的分配比例确定之规则。

1. 数侵权人可以被看作一个整体

根据上文的分析,共同故意侵权中的数个侵权人以及共同危险行为中的数个危险行为人均被看作一个整体。但是,该两个整体的过错程度的认定方式是不一样的。前者中数个侵权人所实施的行为并非一致,可能都参与实施了侵权行为,亦可能有的只参与了侵权行为的谋划阶段或者仅是协助侵权行为实施者,但是由于整体中的侵权人均有实施侵权行为以侵害受害人权益之目的,数个侵权人被抽象为一个整体,该整体中所有侵权人之过错整合为整体之过错,而待确定整个整体之过错程度后,该过错程度即为每个共同故意侵权人的过错程度。在共同危险行为中,数个危险行为人的过错程度相当,实际上也仅有部分或者一个危险行为人肇致了损害,故而共同危险行为中侵权人过错程度之认定仅通过分析某一个危险行为人之过错程度即可认定,任一危险行为人之过错程度即共同为该整体的过错程度。

在此种情形中,若受害人对损害之发生或扩大与有过失的,则法院通过受害人之行为(作为或不作为)与数共同故意侵权人或者数危险行为人所组成的整体与一般合理、谨慎之人的比较以及受害人与数共同故意侵权人或者数危险行为人所组成的整体的比较确定各自的过错程度与原因力大小,之后再根据各自的过错程度与原因力大小确定受害人与数侵权人所组成之整体的责任数额。在数侵权人内部,无论是共同故意侵权还是共同危险行为,各个侵权人之过错侵权人之过错程度与整体之其他侵权人之过错程度及原因力大小一致,故而应平均分担整体所应负担之损害赔偿责任,若其中有侵权人无力承担其所应承担之损害赔偿责任,则应当由整体中的其他共同侵权人承担无力偿债人之剩余损害赔偿责任数额,原因在于一整体中数侵权人过错程度与原因力大小本身等同于整体之过错程度与原因力大小一致,数侵权人本应就整体所负之损害赔偿份额向受害人承担侵权责任,只是为了避免受害人获得超过其损害范围之赔偿。

2. 数侵权人不能被看作一个整体

若数侵权人不属于上述共同故意侵权或者共同过失侵权,但是数侵权人均因过错而致受害人遭受同一损害,且受害人对该损害之发生或扩大与有过失,则法院应将数侵权人与受害人分别同合理、谨慎之一般人进行比较，同时将数侵权人与受害人以具体侵权案件为限，通过从该具体案件整体出发，比较各个侵权人与受害人之过错程度与原因力大小，最终确定各个侵权人与受害人之过错程度。通过此种方式比较确定的各方的责任份额之和即为受害人所遭受的全部损害。假设侵权人A、B因过失肇致受害人C遭受50万元的损害，根据上述方式确定A、B、C的责任比例为2∶2∶1，则A所应承担的责任份额为20万元，B为20万元，C为10万元。至于数侵权人是否须在扣除掉受害人应负担之份额范围内承担连带责任问题，笔者认为无需承担连带责任，即数侵权人应按照责任比例对受害人承担按份责任。理由在于：在数侵权人不能被看作是一个整体之情形中，受害人均有权要求数侵权人承担全部损害之赔偿责任，同样作为“加害人”的受害人自己按照此规则亦应对全部损害承担赔偿责任。而在损害分担阶段，由于受害人不能置身事外，故其能请求之损害赔偿责任应当在经过责任分担阶段之后才能确定。在责任分担阶段，受害人是以“加害人”之身份出现，故而其与其他侵权人根据各自的过错程度与原因力大小确定应承担之责任份额，若有任一侵权人之资力不足偿债或者不知去向，则该不能受偿之部分应按照数侵权人以及受害人之间的责任比例进行分配。换言之，本小节情形中侵权人对受害人既不承担传统的连带责任，亦不承担传统的按份责任，而是将受害人不能受偿之部分根据其他有资力之侵权人与受害人人之责任分担比例进行重新分配，此即为有学者所述之“结合再分配之按份责任”。[24]

【导师点评】

侵权责任中的与有过失（过失相抵）规则是民法理论上的一个重大疑难问题。具体而言，涉及与有过失的适用范围，即是否适用于所有的特殊侵权责任，与有过失的构成要件，与有过失中过失的认定标准及其与加害人过失的关系，多数加害人及多数受害人情形中与有过失规则的适用，不完全行为能力人可否构成与有过失等具体问题。我国民法学界对这些问题虽有研究，但尚有诸多不明之处。实践中对这些具体问题的处理也多有分歧，法院裁判并不统一，对民法理论提出严峻挑战。该论文对上述问题予以研究，选题具有重大学术价值与实践意义。论文对相关学说的梳理细致，参考文献详实，通过考察相关问题在司法实践中的判例，总结实务观点，立足于民法基本原理予以分析与评价，提出自己的观点并加以论证。语言表述流畅，概念精确，思路清晰，结构严谨，论证充分，格式规范。该论文最突出的优点是脉络清晰，理论基础扎实，与司法实践结合密切，观点鲜明，针对性强，研究成果对我国相关法律解释与司法实践具有较大的参考价值，体现出作者具备很强的学术创新意识与研究能力。

（指导教师：杨代雄）

〔24〕 参见李中原：《论与有过失前提下多数侵权责任的评估和分担模式》，载《法商研究》2016年第1期。

论个人财产婚后形态转化收益

邬演嘉*

一、问题的提出

在探讨个人财产婚后收益的归属问题时，现有文献多以“个人财产婚后孳息”“个人财产婚后投资收益”“个人财产婚后增值”为视角展开研究。[1] 鲜有文献对“个人财产婚后形态转化收益”进行专门研究。[2] 即使提及这一概念，一般也停留在“个人财产婚后发生形态转化所得收益为一方个人财产”的论述，且多在“物权变动与婚姻法适用”主题下讨论。[3] 未见有将“个人财产婚后形态转化收益”作为“收益”的单独一类加以研究，表明学界未将“个人财产婚后形态转化收益”作为“个人财产婚后收益”的一个类型。一方面，这是受到目前学界通行的个人财产婚后收益三分法，即“孳息”“投资收益”“增值”三分法的影响；[4] 另一方面，更重要的是，学界认为“个人财产婚后形态转化收益为个人财产”不言自明，[5]

---

* 邬演嘉，华东政法大学2017届民商法学专业硕士研究生。

[1] 有以“个人财产婚后收益”为题，在其下分别讨论不同子类型收益的归属，如裴桦：《论夫妻一方婚前财产于婚后所生利益的归属》，载《当代法学》第22卷第5期；范李瑛：《夫妻一方婚前财产婚后收益的归属》，载《烟台大学学报》（哲学社会科学版）2005年第5期。亦有具体的以“孳息”或“增值”为研究对象的论文，如许莉：《夫妻个人财产婚后所生孳息之归属》，载《法学》2010年第12期；贺剑：《理论在司法实践中的影响——以关于夫妻个人财产婚后孳息归属的司法实践为中心》，载《法制与社会发展》2014年第3期；贺剑：《夫妻个人财产的婚后增值归属——兼论我国婚后所得共同制的精神》，载《法学家》2015年第4期。

[2] 少见的以“个人财产婚后形态转化收益归属”为切入点的文献为，汪静：《婚前个人财产形态变化后归属之认定》，浙江大学2016年硕士专业学位论文。

[3] 参见裴桦：《夫妻共同财产制研究》，法律出版社2009年版，第86、87、117页；《民事审判指导与参考》（总第56辑），人民法院出版社2014年版，第120、123页。且一般以个人房屋的形态转化为例。参见许莉：《夫妻财产归属之法律适用》，载《法学》2007年第12期，第50页；田韶华：《婚姻领域内物权变动的法律适用》，载《法学》2009年第3期，第119页；范李瑛：《物权变动模式与夫妻财产归属——兼论物权法在夫妻财产所有关系中适用的几个问题》，载《烟台大学学报》（哲学社会科学版）2010年第2期，第41页。

[4] 依据我国学者的考证，“孳息”“投资收益”“增值”三分法由裴桦教授在2008年提出。参见贺剑：《理论在司法实践中的影响——以关于夫妻个人财产婚后孳息归属的司法实践为中心》，载《法制与社会发展》2014年第3期，第135页。提出这一分类的论文为，裴桦：《论夫妻一方婚前财产于婚后所生利益的归属》，载《当代法学》第22卷第5期。

[5] “立法者和我国学界多认为此种收益构成个人财产不言自明”，参见裴桦：《夫妻共同财产制研究》，法律出版社2009年版，第117页。

如有学者将其表述为"万变不离其宗"。[6] 这一论断在司法实务中也得到广泛的采纳。[7]

然则,通说观点三分法是否包含了个人财产婚后收益的全部类型,且科学合理?与此同时,个人财产婚后发生形态转化而取得的财产为一方个人财产(以下简称形态转化规则),是否当真不言自明?

就后者而言,以"一方以个人所有的金钱在婚后购买彩票,彩票开奖后中得巨额奖金"(以下简称彩票案B)为例,婚后取得的彩票为一方个人所有金钱的转化,而奖金亦由彩票转化而来,故而奖金当然构成一方个人所有金钱的"财产形态转化"。然而,主流观点却认为,此处的奖金扣除购买彩票的本金部分而产生的收益应当作为夫妻共同财产。[8] 据此,形态转化规则并未得到遵守。又如更为常见的婚后以一方个人财产购买上市公司股票,则股票亦为一方个人财产的"形态转化",但由此产生的收益却并非归夫妻一方所有,而作为夫妻共同财产。[9] 综上,个人财产婚后形态转化所得是否当然作为夫妻一方财产,已有可疑之处。

下文首先对个人财产婚后收益的通说观点"三分法"进行评述,其后再对"不言自明"的形态转化规则进行重新审视,在此基础上,论证"个人财产婚后形态转化收益"作为"个人财产婚后收益"一种独立类型的可能性及必要性,并从法律解释学的角度加以支撑。本文旨在为"个人财产婚后收益"的研究提供一种新的分类思路。

二、个人财产婚后收益三分法:存在的问题及其危害

(一)通说观点三分法存在的问题

笔者认为,作为学界通说的三分法主要存在两个问题:第一是不周延性,即其未能包含个人财产婚后收益的所有外延;第二是三分法下的子项存在"子项相容"的问题,[10] 即三种类型在外延上存在交叉。以下分述之。

1. 周延性的违反

"孳息""投资收益""增值"三分法之所以存在不周延性,主要原因在于其忽视了个人财产在婚后发生形态转化,即使不符合上述三种类型,亦可能构成婚后收益。本文在此以"一方以个人财产在婚前购买彩票,婚后彩票开奖而中得巨额奖金"(彩票案A)为例加以论述。

---

[6] "夫妻婚前以个人财产出资购买的房屋,尽管货币和房屋所体现的财产形态不同,但依法理,形态转化后的财产与原财产主体应当同一,即所谓'万变不离其宗'。"范李瑛:《物权变动模式与夫妻财产归属——兼论物权法在夫妻财产所有关系中适用的几个问题》,载《烟台大学学报》(哲学社会科学版)2010年第2期,第41页。

[7] 《上海市高级人民法院关于适用最高人民法院婚姻法司法解释(二)若干问题的解答(一)》第1条第4项:"当事人以个人财产购买了房产、股票、债券、基金、黄金或古董等财产,在婚姻关系存续期间,因市场行情变化抛售后产生的增值部分,由于这些财产本身仅是个人财产的形态变化,性质上仍为个人所有之财产,抛售后的增值是基于原物交换价值的上升所致,仍应依原物所有权归属为个人所有。"并请参见《民事审判指导与参考》(总第53辑),人民法院出版社2013年版,第142~145页;《民事审判指导与参考》(总第45辑),人民法院出版社2011年版,第72页。

[8] 参见裴桦:《夫妻共同财产制研究》,法律出版社2009年版,第70、98页。个人财产在婚后购买彩票中奖所得为夫妻共同财产,也是司法实践中的主流观点,参见吴晓芳编:《婚姻家庭继承案件裁判要点与观点》,法律出版社2016年版,第56页。

[9] "一方婚前用个人财产购买股票、基金等,如果婚姻关系存续期间进行了交易,其收益应认定为夫妻共同财产。"吴晓芳编:《婚姻家庭继承案件裁判要点与观点》,法律出版社2016年版,第56页。

[10] 关于子项相容概念,参见南开大学哲学系逻辑学教研室编:《逻辑学基础教程》,南开大学出版社2008年版,第42页。

首先,应当肯定的是,婚前彩票在婚后转化为奖金,在价值上有所增加,因而在彩票案 A 中,奖金减去购买彩票的个人财产本金,剩余部分的资金构成一方个人财产婚后“收益”。[11]

其次,可以认定的是,彩票案 A 中所获得的婚后奖金[12]并非投资收益。原因有以下几方面:其一,收益取得的时间不符合“投资”时间的界定。虽然,《婚姻法司法解释二》第 11 条第 1 项[13]并未明确投资行为发生的时间,但在主流学说以“协力标准”界定“投资收益”归属的背景下,[14]宜认定投资行为必须发生在婚后。[15] 而彩票案中彩票的购买发生在婚前,在婚后未发生投资行为,因而彩票收益难以构成“投资收益”。其二,依据“三分法”提出者的概念界定,“投资收益”必须与企业相关,其他“投资行为”引起的收益则不属之。[16] 由于彩票收益与企业无涉,因而无法构成“投资收益”。其三,鉴于裴桦教授提出的投资收益概念过于狭窄,在三分法实际运用时,学者对“投资收益”的界定已经有所发展,认为其可以包含“间接投资”,[17]但同时仍强调收益来自于“市场变化”,因而彩票案 A 中的收益并不符合修正后的“投资收益”文义。其四,司法实务界倾向于认为彩票案 A 中的收益为个人财产,[18]因而彩票案 A 中的收益在现行法上亦不可能符合《婚姻法司法解释二》第 11 条第 1 项“投资收益”的文义,否则收益即为共同共有。综上,无论依据学理上的“投资收益”,还是依据现行法上的“投资收益”,彩票案 A 中的奖金均不构成“投资收益”。

最后,彩票案 A 中的奖金也不是孳息和增值。奖金不是孳息的原因在于,孳息的产生以不影响原物的性能为前提,而彩票奖金在产生的同时作为“原物”的彩票所有权消灭。[19]

---

〔11〕 或有观点认为,彩票虽未兑现,但彩票的客观价值与奖金相同。为了避免这种争论,本文将彩票案 A 的开奖行为设置为发生在婚后,则彩票的客观价值显然是在开奖后确定的。虽然彩票的中奖概率可以是客观存在的,但就特定的彩票而言,在开奖前,并无法确知彩票是否与奖金相关联。彩票在开奖前因是否中奖不确定,因而交换价值小,通常情况下等于购买这张彩票的对价。据此,在彩票案 A 中,彩票本身的客观价值在开奖前极小,与奖金本身不可同日而语,彩票在婚后中得巨额奖金,显然发生婚后的收益。

〔12〕 严格地讲,收益应当为奖金减去本金,但为了讨论问题的方便,在此假设本金比例很小,不值一提,而忽略之,将奖金直接作为“收益”。

〔13〕 《婚姻法司法解释二》第 11 条规定:“婚姻关系存续期间,下列财产属于婚姻法第十七条规定的‘其他应当归共同所有的财产’:(一)一方以个人财产投资取得的收益。……”

〔14〕 参见邬演嘉:《论夫妻个人财产婚后收益之归属——兼论我国的婚后所得共同制》,华东政法大学 2017 年硕士学位论文,第 38 ~ 39 页。

〔15〕 有学者认为,婚前所购买的股票在婚后所产生的收益亦属于投资收益。参见范李瑛:《夫妻一方婚前财产婚后收益的归属》,载《烟台大学学报》(哲学社会科学版)2005 年第 10 期,第 399 页。但这与径行承认投资行为亦可发生于婚前仍存在区别。盖在此种情况下,可认为婚后对股票的保有行为亦为投资行为的一种,因为保有行为也蕴含了投资决策。而在彩票案 A 中,则保有彩票的行为与上述股票的保有行为存在本质区别,即彩票一般不发生流转问题,彩票的保有行为难以具有“投资决策”的内涵。

〔16〕 “广义的投资除狭义外,还包括将货币投放在某些产品上以获得增值,如房地产投资、黄金投资、股东投资、银行理财投资等……这里所使用的投资仅指狭义上的投资。”裴桦:《夫妻共同财产制研究》,法律出版社 2009 年版,第 158 页。

〔17〕 李世刚:《夫妻一方婚前财产的婚后收益归属问题研究》,载《暨南学报》(哲学社会科学版)2016 年第 6 期;江滢:《论个人财产婚后收益之归属认定》,载《政治与法律》2014 年第 4 期。

〔18〕 《上海市高级人民法院关于离婚案件有关财产房屋若干问题处理意见讨论纪要》第 16 条规定:“婚前一方所购的‘彩票’,婚后中奖的属购票人的婚前财产。”

〔19〕 彩票中奖所得的获得以彩票所有权的丧失为前提,而孳息的产生以不影响原物的性能为前提。参见隋彭生:《天然孳息的属性和归属》,载《西南政法大学学报》2009 年第 2 期。

奖金不是增值的原因在于，增值是权利价值的增加，增值的部分没有成为独立的物。但奖金（减去本金）并非是权利价值的增加，事实上，作为“权利”的彩票所有权随着奖金的取得而消灭，此时婚后收益（奖金减去本金）存在于新物即奖金上。可以看到，“原权利”（彩票）没发生增值，因为其已经消灭，“新权利”（奖金）也没有发生增值，因为奖金的客观价值本就如此。且彩票案A中的婚后收益（奖金减去本金）与“原权利”（彩票）相分离。综上，彩票案A中的奖金并非孳息，也并非增值。

通过上文分析可知，彩票案A中婚后获得的奖金减去本金的部分确实是个人财产产生于婚后的“收益”。但其即非“孳息”，也非“投资收益”，更非“增值”。“三分法”无法对此种类型的收益进行涵射，显然存在不周延性。

2. “子项相容”问题

除了“不周延性”的问题外，通说观点“三分法”由于未遵循“划分标准同一性”，[20]“孳息”“投资收益”“增值”三个类型之间还存在“子项相容”的问题，即概念的外延之间存在相互交叉。

“三分法”中的“子项相容”问题表现为两个方面。其一是“孳息”与“投资收益”之间的“子项相容”。举例而言，如个人所有的房屋在婚后产生的租金收益既可以认定为法定孳息，又可以认定为投资收益。[21] 其二是“投资收益”与“增值”之间的“子项相容”。举例而言，以婚前个人财产在婚后入股有限责任公司并参与公司经营，因经营得当，股权价值上升，[22]股权价值的这一上升是直接投资所产生的收益，且价值的上升发生在婚后，因而构成“投资收益”；而其表现为股权价值的上升，当然也构成“增值”。再如，以个人财产在婚后买入上市公司股票，而股票价值上涨产生收益，此种收益构成“投资收益”，而股票价值之上涨，当然也符合“增值”。

（二）通说观点三分法带来的危害

1. 对“收益”外延的不周延认识及其危害

“三分法”的不周延性和子项相容问题影响了学界对“个人财产婚后收益”类型的认识以及对“收益”概念的整体把握，因而存在两个后果。其一，为了填补三分法不周延的漏洞，教条化了“形态转化规则”，将“万变不离其宗”作为民法基本原理。笔者认为，在我国未对形态转化规则作出明确规定的情况下，脱离《婚姻法司法解释二》第11条第1项以及《婚姻法司法解释三》第5条的规定，依据所谓“基本原理”以界定个人财产形态转化收益的归属，[23]在方法论上实为不妥，并容易造成误断。详细分析，见本文第三部分的论述。其二，因忽略了个人财产形态转化收益，以三分法为基础而得出的研究结论存在体系上的矛盾。

---

〔20〕 关于划分标准同一性，参见南开大学哲学系逻辑学教研室编：《逻辑学基础教程》（第2版），南开大学出版社2008年版，第41页。

〔21〕 参见贺剑：《理论在司法实践中的影响——以关于夫妻个人财产婚后孳息归属的司法实践为中心》，载《法制与社会发展》2014年第3期。

〔22〕 公司因盈利而资产增加，而股权为公司的所有者权益，股权对应比例的公司资产当然也增加，股权的价值因而上升。

〔23〕 “本案中李某在婚后用出售自己婚前房产所得资金购买诉争房屋，不能机械地认为该房屋系婚后购买就属于夫妻共同财产，还要审查购买房屋的资金来源。根据民法的基本原理，货币形式和其他财产形态之间的转化并不改变所有权的性质。”《民事审判指导与参考》（总第56辑），人民法院出版社2014年版，第120页。

如有学者一方面认为,判断个人财产婚后收益归属的标准在于夫妻协力,[24]另一方面在判断与"夫妻协力"无关的婚后个人财产彩票中奖收益归属时,又提出"夫妻同命运"的法谚,[25]而将其确定为夫妻共同财产。

2. 引发语词之争

如上所述,通说观点存在子项相容的问题。在通说观点提出后,为了解决通说观点"三分法"存在的"子项相容"问题,学界做了许多努力。为了克服"孳息"与"投资收益"之间的"子项相容",有观点认为,孳息与投资收益的最大区别在于,后者带有风险性、不确定性和主观性。[26] 而增值、孳息与投资收益的区别则在于,前者没有成为独立的物,而后者与原物是分离的。[27]

但此种努力显然是徒劳的,原因在于,三分法作为一种学理分类,其分类本身并不与法律效果相联系。例如,一方在婚后以个人财产进行股票投资行为而获得的收益依据三分法当然是"投资收益",但在判断其归属时,仍然要区分收益是由"市场行情变化"引起还是"一方的投资经营行为"引起。[28] 而既然"孳息""投资收益""增值"三个概念不与收益归属相联系,那么其内涵不受立法价值的限制。据此,不同的学者可以对三者的内涵外延进行不同的理解。例如,有学者认为"投资收益"必须与企业相关,[29]而有的学者则认为,实物投资(如房地产、黄金投资)收益也构成"投资收益"。[30] 事实上,在"孳息""投资收益""增值"的界定上投注越多努力,则三者之间的内涵外延越模糊。盖不同的学说观点会引发激烈的语词之争,而使后来的研究者无所适从。

此外,上述消除"子项相容"的努力,也未必是成功的。举例而言,天然孳息的获得显然在有时候也具有"风险性",但其当然构成孳息的一种,而并非排他地属于投资收益;反过来,投资收益有时也不具有"风险性",如个人房屋在婚后出租获得的租金。[31] 再如,投资收益也可能不与原物相分离,如以一方个人财产在婚后购买股票,尚未卖出,但股票价格大幅上涨。[32]

综上所述,企图消除通说观点"三分法"子项相容问题的努力是徒劳无功的,反而引发语词之争,不当地吸引了研究者的注意力,极大地阻碍了研究工作的进一步开展。

---

〔24〕 参见裴桦:《夫妻共同财产制研究》,法律出版社2009年版,第167页。

〔25〕 裴桦:《夫妻共同财产制研究》,法律出版社2009年版,第98页。

〔26〕 吴晓芳编:《婚姻家庭继承案件裁判要点与观点》,法律出版社2016年版,第58页。相似见解,参见江滢:《论个人财产婚后收益之归属认定》,载《政治与法律》2014年第4期;《民事审判指导与参考》(总第56辑),人民法院出版社2014年版,第121页。

〔27〕 参见裴桦:《夫妻共同财产制研究》,法律出版社2009年版,第159页;江滢:《论个人财产婚后收益之归属认定》,载《政治与法律》2014年第4期;王冶英、牛姝君:《浅议婚前财产及其于婚后所生利益的归属》,载《潍坊教育学院学报》第23卷第5期。

〔28〕 参见裴桦:《夫妻共同财产制研究》,法律出版社2009年版,第168页。

〔29〕 裴桦:《夫妻共同财产制研究》,法律出版社2009年版,第158页。

〔30〕 江滢:《论个人财产婚后收益之归属认定》,载《政治与法律》2014年第4期。

〔31〕 "一方个人所有的房屋婚后用于出租,其租金收入属于经营性收入。"吴晓芳编:《婚姻家庭继承案件裁判要点与观点》,法律出版社2016年版,第59页。

〔32〕 从最高院的相关论述中可以推知其认为此种情况下产生的股票收益为"投资收益"。参见《民事审判指导与参考》(总第57辑),人民法院出版社2014年版,第144~148页。更明确的认同,参见(2014)青民一(民)初字第1799号判决。

3. 通说观点对法律适用所造成的不良影响

通说观点"三分法"最早是作为"学理分类"提出的。[33] 但《婚姻法司法解释三》第5条的制定在很大程度上采取了通说观点。[34] 自此以后,通说观点"三分法"的学理研究常常跟现行法的解释适用交错在一起。当然,"投资收益"概念在实证法上的使用,是早于通说观点"三分法"的提出的。[35] 但学界及司法实践在通说观点"三分法"类型清晰界定方面作出的尝试,显然已经影响到了个人财产婚后收益规范的正确理解适用。

如有学者在对现行法规范的适用范围进行界定时,[36]认为婚后发生财产形态转化所生收益,构成"投资收益";婚前发生财产形态转化而婚后产生收益,构成"增值"。[37] 这实际上是企图通过对"投资"内涵的文义界定,来限缩《婚姻法司法解释二》第11条第1项的适用范围,即认为婚后对财产的保有行为不是"投资"行为,由此产生的收益(价值上升)不是"投资收益",而是"增值"。与这一解释类似的还有,银行存款是法定孳息,故而应当作为一方个人财产。[38]

但上述法律解释并不具有说服力。原因在于,无论是限缩解释、扩张解释还是文义解释,其在法律解释学上的作用仅在于提示法律解释的方向,而不足以作为解释结论的足够支撑。

就上述学者对"投资行为"的界定而言,其实际需要解释的是,在婚后同样蕴含有投资决策的保有行为为何在,或者不在《婚姻法司法解释二》第11条第1项的立法意旨范围内。在未对上述实质问题作出回应的前提下,恣意地将保有行为排除出11条第1项的文义,不具有法律解释学上的说服力。

再以上述"银行存款"为例,由于我国《婚姻法司法解释二》规定"投资收益"为共同财产,《婚姻法司法解释三》规定"孳息"为个人财产。因而这里实际上需要解释的是,为何"银行存款"构成"孳息"而非"投资收益"。仅仅以"银行存款"构成"法定孳息"为由而主张其应当适用"孳息"的法律规范是不够的。也可以反过来认为婚后在银行以个人财产进行存款所生利益构成"投资收益",因而其不是"法定孳息"。[39]

笔者认为,法律规范的适用范围是由立法目的(客观目的)决定的,法律规范所使用文

---

[33] 证据是,裴桦一方面认为股票收益(间接投资收益)是"投资收益"的一种,另一方面又认为其原则上应当作为个人财产。可见其并没有把"投资收益"类型与《婚姻法司法解释二》第11条第1项(投资收益共同共有)相联系。参见裴桦:《夫妻共同财产制研究》,法律出版社2009年版,第158页;裴桦:《论夫妻一方婚前财产于婚后所生利益的归属》,载《当代法学》2008年第5期。更为直接的证据是,裴桦"三分法"提出的时间(2008年)要早于《婚姻法司法解释三》颁布的时间(2011年),而孳息和自然增值作为法律规范的构成要件,是在《婚姻法司法解释三》颁布时第一次得到明确的。

[34] 参见最高人民法院民事审判第一庭编:《最高人民法院婚姻法司法解释(三)理解与适用》(第2版),人民法院出版社2015年版,第96页。

[35] 《婚姻法司法解释二》第11条第1项是关于"投资收益"共同共有的规定,而该司法解释于2004年生效,裴桦"三分法"提出的时间则在2008年。

[36] 即对《婚姻法司法解释二》第11条第1项"投资收益"共同共有以及《婚姻法司法解释三》第5条"自然增值"归一方所有,两个规范进行法律解释时。

[37] 丁镜:《个人财产婚后"增值收益"的调整疑难及规则重构》,载《学术交流》2012年10月。

[38] 最高人民法院民事审判第一庭编:《最高人民法院婚姻法司法解释(三)理解与适用》(第2版),人民法院出版社2015年版,第16页。

[39] 事实上也确实如此。在判断同样作为法定孳息的个人房屋婚后租金归属时,最高院认为租金收益为"投资收益",而非"法定孳息"。吴晓芳编:《婚姻家庭继承案件裁判要点与观点》,法律出版社2016年版,第59页。

义的内涵外延的作用仅在于对立法目的进行提示。准此而言,尝试确定文义的内涵,而界定法律规范的适用范围,是本末倒置,且容易以自己的价值判断替代立法者的价值判断。

上述解释企图通过“孳息”“投资收益”“增值”概念的准确界定来完成法律解释,其思考路径显然受到“学理分类”不清晰性的影响,是学界为了消除通说观点“三分法”子项相容问题作出的努力在法律适用上的延伸。可以看到,通说观点存在的“子项相容”问题已经影响到了法律适用,使法律解释偏离具有实质解释力的体系解释和目的解释,而影响了解释结论的正确性。

(三)总结

综上,通说观点“三分法”存在的不周延性,划分标准不同一性以及子项相容问题不仅影响了学界对“个人财产婚后收益”类型周延性的考察,也使学界的研究结论发生偏差,并引发语词之争,甚至还影响了法律规范的解释适用。

鉴于作为学界通说的“三分法”存在诸多缺陷和危害,笔者认为通说观点“三分法”作为一种学理分类应当予以废弃。

三、个人财产形态转化:含义、比较法考察

(一)形态转化规则的含义

如上所述,形态转化规则认为,个人财产在婚后发生财产形态的转化,并不能影响对财产归属的认定。[40] 接下来的问题在于,如何认定婚后所得与个人财产之间的形态转化关系。如上所述,有观点认为形态转化规则属于民法上的基本原理。[41] 诚然,在民法上存在与形态转化规则类似的概念,典型的如担保物权中的物上代位性:即在担保期间,担保财产毁损、灭失或被征收时,担保物权人对由此产生的保险金、赔偿金或者补偿金仍具有优先受偿权。[42] 据此,担保物权的客体发生“形态转化”,并不会影响担保物权的存在。但形态转化规则在民法学上并非“不言自明”,如在确定不当得利的返还范围时,通说并未将得利受领人处分不当得利客体而得到的交易对价视作该客体的“形态转化”而将其纳入得利的返还范围。[43] 又如,夫妻一方的婚前债权在婚后转化为物权,也并不一定遵守形态转化规则,例如婚前一方签订房屋买卖合同,在婚后通过按揭方式以共同财产偿还房贷,并在婚后取得房屋所有权证的情况,虽然买卖合同由夫妻一方在婚前签订,但司法实务中仍倾向于认为婚后取得的房屋为夫妻共同共有。[44]

据此,形态转化规则显然并非民法上的基本原理,而是婚姻法的特别规定。而依据我国学者的介绍,形态转化规则实际上借鉴了比较法、尤其是美国法的规定。具体而言,在仅有一方个人财产参与形态转化时,借鉴了美国法上的“溯源理论”,即“婚姻期间所得财产应推定为婚姻财产,但如配偶一方能够举证证明该财产系以其个人财产的交换所得,法院即可认定该财产属于个人财产”。[45] 而在个人财产和共同财产同时参与形态转化时,则借鉴美国

---

〔40〕 参见田韶华:《婚姻领域内物权变动的法律适用》,载《法学》2009年第3期;许莉:《夫妻财产归属之法律适用》,载《法学》2007年第12期。

〔41〕 《民事审判指导与参考》(总第56辑),人民法院出版社2014年版,120页。

〔42〕 《中华人民共和国物权法》第174条。

〔43〕 参见王泽鉴:《不当得利》(第2版),北京大学出版社2015年版,第252~255页。

〔44〕 《民事审判指导与参考》(总第45辑),人民法院出版社2011年版,第67页。

〔45〕 参见许莉:《夫妻财产归属之法律适用》,载《法学》2007年第12期;夏吟兰:《美国现代婚姻家庭制度》,中国政法大学出版社1999年版,第243页。

法上的"资金来源理论",即"一方配偶所贡献的非婚姻财产可以根据非婚姻财产在全部投资中的比例获得利益"。[46]

需注意的是,"资金来源理论"或"溯源理论"并不能解释婚姻法上全部的"形态转化"现象。与上述"个人财产的替代"有所不同,还有第二类被婚姻法学界承认的形态转化。如婚前取得的继承权在婚后转化为财产所有权,仍为个人财产;[47]又如合同债权(合同对价已经付清)在婚后转化为物的所有权,亦构成个人财产的形态转化,而属于夫妻一方个人财产。[48]

综上所述,婚姻法学界主要是在美国法的溯源理论和资金来源理论的基础上理解形态转化规则的。就笔者看来,目前学界对形态转化规则的研究至少存在以下几方面不足。其一是形态转化规则的理论基础未统一的说明,在实际认定时较为随意。其二是何谓"交换所得"边界不清,举例而言,在婚后夫妻一方基于情谊与好友互赠礼物,是否符合溯源理论中的"交换所得",而适用形态转化规则?其三是,在共同财产同时参与"形态转化"过程时,转化后的财产是否仍适用形态转化规则,抑或个人财产只能在离婚时获得对于夫妻共同体的补偿债权?[49]其四是形态转化规则是否正确地借鉴了比较法的规定?

(二)形态转化规则:比较法上的考察

如上所述,我国学者对于形态转化规则的确信,是建立在比较法考察的基础上的。有学者指出,夫妻一方个人财产的替代物仍是个人财产,是"德国、意大利、埃塞俄比亚、美国、菲律宾等国法律的明确规定"。[50]那么,形态转化规则是否在比较法上不言自明呢?以下结合德国、美国、意大利的相关法律加以分析。

首先,就德国民法而言,其第1418条第2款第3项确实规定了保留财产的形态转化仍为一方的保留财产。[51]但一方面,这一条的体系位置处于"约定财产制"下的"财产一般共同制",且作为第3款前提条件的保留财产依据第1418条第1款和第2款亦主要源自夫妻双方的约定或第三人的意愿。可见,形态转化规则的效力主要来源于意思自治,而并非是个人财产权保护的必然推论。另一方面,从德国的法定净益分配制来看,德国虽然将婚前个人财产和婚后取得的个人财产计入初始财产(不参与离婚时的净益分配),但其价值以法定财产制开始时或财产获得时为准据。[52]这也就意味着,在离婚时个人财产产生的任何增值,

---

〔46〕 参见裴桦:《夫妻共同财产制研究》,法律出版社2009年版,第86页;夏吟兰:《美国现代婚姻家庭制度》,中国政法大学出版社1999年版,第240~241页。

〔47〕 余延满:《亲属法原论》,法律出版社2007年版,第264~265页。

〔48〕 参见裴桦:《夫妻共同财产制研究》,法律出版社2009年版,第86~87页。

〔49〕 转化后的财产此时仍属于个人财产抑或个人财产仅能向配偶一方主张补偿性的债权,以及补偿性的债权数额如何计算,仍有进一步研究的余地。相关文献,参见贺剑:《离婚时按揭房屋的增值分配:以瑞士法为中心》,载《政治与法律》2014年第10期;《民事审判指导与参考》总第45辑,人民法院出版社2011年版,第64、73页。

〔50〕 裴桦:《夫妻共同财产制研究》,法律出版社2009年版,第85页。

〔51〕 《德国民法典》第1418条第2款规定:"保留财产是具有下列情形的财产:第3项 配偶一方因属于其保留财产的权利,或作为对属于保留财产的标的的毁坏、损坏或侵夺的赔偿,或因与保留财产有关的法律行为而取得的标的"。陈卫佐:《德国民法典》(第4版),法律出版社2015年版,第453页。与此同时,保留财产的代位物、孳息(包括天然孳息以及法定孳息),亦属于保留财产。

〔52〕 参见杜景林、卢谌:《德国民法典——全条文注释》(下册),中国政法大学出版社2015年版,第917页。

均属于净益分配的范围。[53] 据此,在财产发生增值时,形态转化所得的价值并不必然归一方所有。而形态转化所得在所有权上仍归属于夫妻一方,则是净益分配制的当然之意。[54] 综上,德国法并不认为形态转化规则"不言自明"。

其次,《美国统一婚姻财产法》第四节 g 款第 2 项虽然规定,"以配偶一方个人财产的收益或交换所取得财产"为个人财产,但 g 款第 3 项紧接着即规定,本法第 14 节另有规定的,一方个人财产的增值可能属于夫妻共同财产。而第 14 节 b 款又规定,配偶对一方个人财产的增值有实质贡献的,将产生婚姻财产。[55] 美国在司法实践中,则更进一步认为,配偶通过间接贡献即可分享一方个人财产在婚后产生的增值。[56] 由此可见,在美国法下,一方个人财产在婚后发生形态转化,在转化所得发生收益的情况下,收益部分的价值是否当然仍归属于个人,已不无疑问。况且,美国法在离婚财产分割时采"公平分割",若一个州采纳《统一结婚离婚法》第 307 条的第一种选择,则即使为夫妻一方的个人财产,在离婚时亦可参加"公平分割"。[57] 综上,即使在私权神圣的美国,形态转化规则亦并非"不言自明"。

最后,《意大利民法典》第 179 条 f 项规定了个人财产在婚后发生形态转化仍为个人财产,但在个人财产进行转化时,必须在购置文件中明确载明是以个人财产进行购置。[58] 而根据同法第 2647 条的规定,根据第 179 条 f 项规定取得的个人财产,应当登记。[59] 关于这一点,法国法的规定与其相似,依据《法国民法典》第 1434 条,个人财产在婚后发生形态转化仍为个人财产,但必须在取得财产的证书内作出声明。[60]

综上所述,比较法上对于形态转化规则的态度各有不同,即使仅有一方财产参与形态转化,也并非意味着转化后的财产的价值完全可以为夫妻一方享有。依据德国的净益分配制,形态转化如发生增益,原则上由夫妻双方共享;依据美国法,则在一般情况下,需视配偶对于这部分增益的发生,有无间接贡献的存在;而在意大利和法国,在作出明确声明的情况下,则增益归属于夫妻一方。而在一方财产和共同财产同时参与形态转化的情况下,则不仅是转化后财产的价值归属,甚至转化后财产的所有权归属亦会发生变化。如依据《法国民法典》

---

[53] 这也是德国法与瑞士法在财产分割上的一个重大区别。依据学者的介绍,瑞士法认为婚前个人财产的自然增值归个人所有,而德国则认为其亦应当为夫妻共享。相关介绍参见贺剑:《论婚姻法回归民法的基本思路——以法定夫妻财产制为重点》,载《中外法学》2014 年第 6 期,第 1509 页。

[54] 《德国民法典》第 1363 条第 2 款规定:"夫的财产和妻的财产不成为配偶双方的共同财产;前半句的规定也适用于配偶一方在结婚后所取得的财产。但财产增加额共同制终止的,配偶双方在婚姻存续期间所取得的财产增加额被加以均衡。"陈卫佐:《德国民法典》(第 4 版),法律出版社 2015 年版,第 443 页。

[55] See Uniform Marital Property Act(1983)。

[56] 贺剑:《理论在司法实践中的影响——以关于夫妻个人财产婚后孳息归属的司法实践为中心》,载《法制与社会发展》2014 年第 3 期,第 137 ~ 138 页。

[57] [美]哈里·D. 格劳斯等:《美国家庭法精要》,陈苇等译,中国政法大学出版社 2010 年版,第 217 页。

[58] 《意大利民法典》第 179 条规定:"下列物品不构成夫妻共同财产,属于夫妻个人所有:……f) 在购置文件(参阅 2647 条)中明确载明是用转让或交换本条所列个人财产获得的价金购置的物品。"

[59] 《意大利民法典》第 2647 条第 1 款规定:"……根据第 179 条 C、D、E 和 F 项的规定取得由夫妻双方分别承担的家庭财产基金中的个人财产,属于夫妻一方的、非共有财产中的个人财产或者不再属于共同财产的个人财产的文件,应当登记。"

[60] 《法国民法典》第 1434 条规定:"只要夫妻一方在取得财产时,声明取得此项财产的款项是用其自有金钱支付,或者是用转让某项自有财产所得的金钱支付,并且认为这相当于对款项的使用或者再使用时,即可视该一方配偶在对财产进行了使用或者再使用。如在取得财产的证书内无此项声明,只有经夫妻双方同意的情况下,始发生使用或再使用并且仅在夫妻相互之间产生效力。"

第1436条,若在形态转化过程中,共有财产所负担的比例较大时,则形态转化所得财产为夫妻共同财产。[61] 据此,笔者认为形态转化规则并非个人财产权保护的必然推论,而与一国的文化传统、民众价值观念、实证法规定有关。

四、个人财产形态转化:现行法下的教义学解释

如上所述,学界之所以未将个人财产婚后形态转化收益作为个人财产婚后收益的一种类型,原因之一在于学界习惯了"孳息""增值""投资收益"三分法;原因之二则在于个人财产在婚后发生形态转化仍为个人财产不言自明。而上述分析已经表明,通说三分法存在严重缺陷,且形态转化规则并非当然之理。据此,个人财产婚后形态转化收益在我国法下应当具有何种体系地位,有重新审视的必要。与通说观点有所不同,笔者认为在对个人财产婚后收益进行分类时,应采"个人财产婚后孳息""个人财产婚后增值""个人财产形态转化收益"三分法,即笔者认为"个人财产形态转化收益"应当取代"投资收益"独立地作为个人财产婚后收益的一种类型,理由如下:

(一)正当性论证

第一,如上文所指出的,个人财产在婚后发生形态转化,所得收益并不严格遵守"转化后财产仍为个人财产的教义",如一方在婚后以个人财产购买上市公司股票,或购买彩票,所得增值及奖金收益均可能依据《婚姻法司法解释二》投资收益的规定而作为夫妻共同财产。[62]

第二,个人财产在婚后发生形态转化,必然发生婚后收益,理应作为一种个人财产婚后收益类型。[63] 通说认为,个人财产在婚后发生形态转化,不产生《婚姻法》第17条意义上的婚后所得。[64] 本文对此持否定态度,盖从《婚姻法》第17条的文义出发,由于转化财产的取得时间发生在婚后,将"转化后财产"作为"婚后收益(所得)"并无文义上的障碍。准此而言,少数说的观点具有一定的合理性。[65]

第三,将"个人财产婚后形态转化收益"作为一种"个人财产婚后收益"的类型进行研究,并不意味着转化后财产由此就必然成为夫妻共同财产。依据本文观点,"个人财产婚后形态转化收益"是否作为个人财产由"投资收益"的适用范围(即《婚姻法司法解释二》第11条第1项)[66] 及《婚姻法》第18条第1项"一方的婚前财产"的适用范围共同决定。在不构

---

〔61〕《法国民法典》第1436条规定:"在取得某项财产的价金与费用超出使用或再使用的款额时,对超出的部分,共同财产有权获得补偿;但是,如共同财产所负担的数额超过取得财产的一方配偶所付出的数额时,取得的财产应当归入共同财产,不过,对该配偶应给予补偿。"

〔62〕参见吴晓芳编:《婚姻家庭继承案件裁判要点与观点》,法律出版社2016年版,第56页。

〔63〕笔者认为,个人财产在婚后发生形态转化,无论其价值是否有所增加,转化后财产均应作为婚后收益。

〔64〕参见许莉编:《婚姻家庭继承法学》,北京大学出版社2006年版,第84页。相同见解,参见马忆南编:《婚姻家庭继承法学》,北京大学出版社2007年版,第102页;《民事审判指导与参考》(总第45辑),人民法院出版社2011年版,第65页。

〔65〕少数说认为,个人财产在婚后发生形态转化,因转化后的财产取得时间在婚后,构成婚后所得。代表学者为王利明。参见裴桦:《夫妻共同财产制研究》,法律出版社2009年版,第117页;《民事审判指导与参考》(总第56辑),人民法院出版社2014年版,第120页;《民事审判指导与参考》(总第45辑),人民法院出版社2011年版,第72页。笔者对"个人财产婚后发生形态转化,转化后财产构成婚后所得"表示赞同,但不同意少数说进一步得出的"个人财产在婚后发生形态转化,转化后财产因构成婚后所得而为夫妻共同财产"的结论。

〔66〕笔者认为个人财产在婚后发生形态变化原则上为个人财产,但如该方在进行形态变化时具有投资目的,则此种个人财产的形态变化构成投资收益,而为共同财产。当然,如何界定"投资行为"是一个难题。

成"投资收益"时,"个人财产婚后形态转化收益"依据《婚姻法》第18条第1项为个人财产。在解释论上,笔者认为,首先应当承认"个人财产婚后形态转化收益"构成婚后所得(收益),而受《婚姻法》第17条、第18条规制。[67] 然后进一步判断其是否符合《婚姻法司法解释二》第11条第1项。最后,如其不构成投资收益,则依据《婚姻法》第18条第1项,将认定为其一方个人财产。[68] 若在教义学上否认"个人财产婚后形态转化收益"为《婚姻法》第17条的"婚后所得",则无疑剥夺了其适用《婚姻法》第17条、第18条的可能,而作为第17条、第18条解释规范的《婚姻法司法解释二》第11条第1项亦无适用余地。如此,则"个人财产婚后发生形态转化收益"一律无法构成共同财产,显然不合理。

第四,《婚姻法司法解释三》第5条规定一方个人财产在婚后所生自然增值为个人财产,但学界一致认为个人财产在婚后所生增值为个人财产婚后收益的一个类型。没有理由因为个人财产在婚后发生形态转化原则上为一方个人财产,而认为其没有必要作为收益的一种加以讨论。

(二)可能遭遇的反驳

或有观点可能认为,将可能成为共同财产的形态转化收益全部纳入"投资收益"概念即可解决三分法的不周延问题。承认形态转化收益为"个人财产婚后收益"的一种没有必要。

对此笔者认为,将"个人财产形态转化收益"借助"投资收益"进行限缩并不妥当。这主要是由于我国学者倾向于认为形态转化规则不言自明。在此种背景下,"投资收益"概念的外延在很大程度上取决于判断者如何把握"不言自明"的形态转化规则。而在援引"形态转化规则"时,判断者的价值判断很可能更多地建立在"常识"[69]的基础上,而并非从《婚姻法司法解释二》第11条第1项的立法目的出发。在"常识"出现错误的情况下,可能成为共同财产的"个人财产形态转化收益"甚至将被剥夺适用《婚姻法司法解释二》第11条第1项的机会,盖其不被认为是"个人财产的婚后收益"。

相较于此种做法,本文首先将一切个人财产婚后形态转化所得都作为婚后收益,其后再依据《婚姻法司法解释二》第11条第1项的立法目的判断其是否构成"投资收益"更具合理性。盖如此,个人财产形态转化收益的归属完全取决于《婚姻法司法解释二》第11条第1项的立法目的,而不受"常识"影响,有助于减少其判断结论的主观性。

结　语

与通说观点"孳息""增值""投资收益"三分法有所不同,笔者认为应当将个人财产婚

---

[67] 《婚姻法》第17条规定:"夫妻在婚姻关系存续期间所得的下列财产,归夫妻共同所有",因而并不意味着一个收益构成婚后所得,即为共同财产。婚后收益构成共同财产,还需要排除其符合《婚姻法》第18条个人财产的除外规定。

[68] 在解释论上,《婚姻法》第18条第1项可以作为个人财产形态转化收益原则上仍为个人财产的法律依据。这是因为《婚姻法》第17条规定,夫妻关系存续期间的财产归共同共有,从文义来看已经排除了婚前个人财产为夫妻共同共有的可能性。因此,扩张《婚姻法》18条第1项的文义,使之包含"个人财产形态转化收益亦为个人财产",这项规定才具有实际意义。况且,这一解释亦符合我国《婚姻法》保护个人财产权的立法意旨。盖否则婚后个人财产权的行使将受到不当的限制。相似见解,参见许莉:《夫妻财产归属之法律适用》,载《法学》2007年第12期。但需要提请注意的是,形态转化所得在我国法上可能作为个人财产,并不意味着形态转化规则不言自明,盖其根据《婚姻法司法解释二》第11条第1项亦可能为"共同财产"。有观点认为,"'财产形态的转化'实际并非一个法律概念,而是法院为解决相关疑难问题在实务中所创设"。似存在误会。参见国家法官学院编:《全国专家型法官司法意见精粹·婚姻家庭与继承卷》,中国法制出版社2007年版,第289页。

[69] 即对个人财产形态转化收益归属判断的常识性认识。

后收益分为“个人财产婚后孳息”、“个人财产婚后增值”以及“个人财产形态转化收益”三类，即以“个人财产形态转化收益”替代“投资收益”。理由有以下三方面，其一，通说观点三分法存在不周延性和子项相容等问题，容易引发语词之争并对法律适用造成不良影响。其二，从比较法上来看，形态转化规则并非不言自明。个人财产在婚后发生形态转化，其所有权之归属，以及其价值之归属，均存在研讨的余地。其三，本文所提倡的“新三分法”在外延上更为周延。盖个人财产在婚后仅可能表现为两种状态，即发生形态的转化，或没有发生形态的转化。个人财产在婚后发生形态转化，因转化后财产的取得时间在婚后，依据本文观点，构成“个人财产婚后形态转化收益”。而个人财产形态没有发生转化，则其本身不构成婚后收益，盖其取得时间在婚前。在此种情况下，个人财产仅可能在两种情况下发生婚后收益，即其本身价值上涨，或在个人财产之外出现新的利益。前者即“增值”，后者即“孳息”。“新三分法”亦不存在子项相容的问题。[70]

【导师点评】

我国《婚姻法》第18条虽然明确规定，一方的婚前财产为一方个人财产。但婚前财产在婚后可能发生形态转化。在现实生活中，形态发生转化后的财产常常引发归属上的争议，典型的如房屋产权纠纷。我国婚姻法并未明确规定单纯的个人财产形态转化是否影响财产的性质，从保护个人财产处分权的角度出发，学界一般认为个人财产在婚后发生单纯的形态转化，仍为个人财产。但这一论断并非没有例外，而需以不满足《婚姻法司法解释二》关于“投资收益”的规制为前提。由于“投资收益”的界定在司法实践中存在较大争议，再加上“孳息”“增值”“投资收益”在概念上的相互交叉，三分法难以准确地涵盖个人财产婚后收益的全部类型，类型划分上也不准确。

本文对“三分法”进行了反思，在此基础上探讨了将个人财产形态转化收益作为一种独立分类的可能性，并以个人财产婚后形态是否转化为标准，将婚后收益区分为不转化而增值、不转化产生新物、转化收益三种情况。“新三分法”相较于“孳息”“增值”“投资收益”的分类，更加周延合理，具有一定的参考性。

（指导教师：许　莉）

---

〔70〕 详细介绍见邬演嘉：《论夫妻个人财产婚后收益之归属——兼论我国的婚后所得共同制》，华东政法大学2017年硕士学位论文，第25页。

预约合同的识别、效力与违约救济问题研究

朱　培*

一、问题的提出

我国现行《合同法》并未直接规定对预约的规制。我国司法解释曾经三次触及预约制度，分别承认了预约的概念及其违约后果并确立了疑约从本规则。《最高人民法院公报》也先后公布了5个公报案例，就预约合同相关问题进行阐述，然而前后判决之间存在很大的分歧，不免给司法实践带来疑惑。

总而言之，预约制度面临的是多个连环扣式的问题群：预约与不具有效力的缔约前文件如何区分？预约与本约如何区分？上述两个问题的回答关涉预约构成要件的判断。预约的违约救济究竟是导向强制缔结本约抑或是导向损害赔偿？损害赔偿的范围究竟是履行利益抑或是信赖利益？如果导向信赖利益其与缔约过失责任有何区别？如果导向履行利益其与本约的违约又有何区别？立约定金的适用需要具备什么条件？上述问题的回答关涉预约裁判标准的统一性问题。

《买卖合同司法解释》第2条中将买卖合同预约定义为：约定在将来一定期限内订立买卖合同的合同。所需说明的是在我国预约所能涵盖的范围较窄，首先对于不具有拘束力的谈判文件不属于预约，如认购书、预订书、意向书、备忘录、条款书等；其次，附条件的合同在我国属于本约，也不属于预约合同的范畴；最后，由于我国学者认为预约合同的当事人和本约合同的当事人应当保持同一性，[1]因而对于域外承认的第三人预约合同在我国也不属于预约合同的范畴。

二、狭义说下的预约

（一）狭义说下预约的适用情形

德国最初学说认为预约之功能在于即便是缔结本约仍存在障碍，也能对缔约双方产生约束。当事人之所以先订立预约而不直接缔结本约的原因在于存在某些事实上或者法律上的障碍，使订立本约存在障碍，即预约是缔约双方被动妥协的缔约选择。

一是在实践合同除缔约人意思表示一致外，尚需实践行为才能成立合同。因本约以实践行为为其成立要件，为了将实践本约中的合意从本约中分离以拘束双方，在实践合同成立前拘束双方，使不会因为实践行为未履行，导致合同不成立从而约定的违约责任无从适用。[2]

---

* 朱培，华东政法大学2017届民商法学专业硕士研究生。

〔1〕 参见戴修瓒：《民法债编总论》，三民书局1995年版，第36页。

〔2〕 参见王泽鉴：《债法原理》，北京大学出版社2009年版，第97～99页。如我国台湾地区“民法”债编修订，明确规定使用借贷的预约及消费借贷的预约，以缓和其本约的要物性。

二是在约定要式合同及有待行政机关批准后生效的合同，本约虽须要式或经批准生效，预约却无须以要式或批准而缔结生效。

三是在对物权变动采意思主义的法国和意大利，由于买卖合同一经订立，就产生物权变动的效果，因此预约的使用起到了阻却标的物所有权一经合意即变动物权的效果，从而缓和了意思主义变动物权所带来的弊端。[3]

就狭义说下的预约而言，其使用的目的并不在于就本约的未定事项继续磋商，而在于缓和前述某些事实上或者法律上的障碍。

（二）狭义说下预约与本约的区分

1. 狭义说下预约的成立要件

预约成立的一般要件须符合两个构成要件：其一为双方愿意受拘束继续协商缔结本约。其二为预约的内容须包含本约中相当的确定内容。预约和本约既然均为合同，就需要有受拘束之意思表示。[4] 就内容的确定性要件而言，[5]预约的内容必须与本约相差无异，以便能被强制履行。因而在内容不完整时不仅不能认定为预约，反而应该认定预约不成立。

2. 任意规范及补充的合同解释的可适用性

狭义说下的预约，双方合意并无问题，仅因要式、批准要求等客观事实或法律上的障碍导致订立本约存在障碍。在狭义说下，排除了双方明示对本约的具体内容的确定预留进一步协商的情形。预约合同的成立只需要就本约的必要之点具有相当的确定性即为已足。于此预约对本约约定事项出现漏洞的情形，首先应当由任意规范加以补充。如无任意规范可参照适用时，应依照补充的合同解释方法，填补合同漏洞。[6]

3. 狭义说下"疑约从本"的必然性

关于预约与本约的区分上，虽名为预约，但是如果不存在直接订立本约事实上或法律上的障碍，法律就不允许当事人绕弯路缔结预约。因而合同虽然名为预约，但也只能被认定为本约也就不难理解。如果订立的预约和它所追求的本约在意思表示的根本内容上并无二致，也无其他订立本约的障碍，显然也就没有认定一个独立于本约的预约的可能和实益了。

（三）狭义说下的预约的效力

在狭义说下，当事人缔结有效预约后，预约对缔约方产生效力，缔约方须承担最终缔结本约的义务。就此而言：本约的缔结系基于预约的约定。而违反缔结本约的后果的强制缔结本约也是基于预约中双方的真意所做的安排，其强制执行恰恰是对意思自治的尊重，同时也是遵循诚实信用原则的要求。

---

〔3〕 See R. Speciali, Il Vorvertrag nell' ambito delle nuove tendenze in materia di formazione progressive del contratto, in Riv. dir. Civ. ,1986, I, p. 51s. 2. 陆青：《〈买卖合同司法解释〉第 2 条评析》，载《法学家》2013 年第 3 期。

〔4〕 关于预约与缔约前文件的区分，具体参见本文第一章第三节部分的论述。

〔5〕 就预约合同的"内容确定性"要件而言，学说上存在争论。广义说认为"内容确定性"系指双方明确约束对方当事人与自己进行磋商之意思；狭义说认为"内容确定性"系指两个层次：第一层次双方明确约束对方当事人与自己进行磋商缔结本约之意思；第二层次对本约中的必要条款在预约中须达成合意。此处是在狭义说的立场下使用"内容确定性"之概念。具体论述参见本文"广义说下预约合同内容确定性要件之检讨"部分的论述。

〔6〕 参见王泽鉴：《债法原理》，北京大学出版社 2009 年版，第 170 ~ 172 页。

(四)我国未经批准与未履行要式行为合同效力之检视

1.未履行约定要式的合同

对于一些内容与本约中内容几乎无异的预约,如果缔约双方约定需要按照一定形式在某日之前另行按预约中的内容另行签订本约的约定。在我国,通说将这一情形下的合同认定为"尚未成立之合同"。[7] 其源于我国《合同法》第36条的规定。对该条文作反对解释可以得出如下结论:当事人未按约定书面形式订立合同且均未履行主要义务的,合同不成立。[8] 但是也有学者认为,关于书面合同的形式化要求约定是当事人能够主观控制的。于此情形,一方不按照约定形式签订本约的,属于违反预约义务,此时强制缔约并未违反意思自治原则,相反补足缔约人合意所欠缺的形式要求,能防止背信弃义的行为。[9] 认定为预约的好处是合同中约定的意定违约条款得以适用,受害人得免于证明缔约过失责任的构成要件,毕竟缔约过失中的善意磋商标准是模糊和难以证明的。

2.待批准生效的合同

在我国关于须批准生效的合同,我国采纳的是双轨制的做法,即在审理外商投资企业合同纠纷中,合同未经批准而被认定未生效的,不影响合同中当事人履行报批义务条款及因该报批义务而设定的相关条款的效力。[10] 而除此之外的须批准生效合同的规则是:在一审法庭辩论终结前当事人仍未办理批准手续的,或者仍未办理批准、登记等手续的,人民法院应当认定该合同未生效;[11] 依照法律、行政法规的规定经批准或者登记才能生效的合同成立后,有义务办理申请批准或者申请登记等手续的一方当事人未按照法律规定或者合同约定办理申请批准或者未申请登记的,属于《合同法》第42条第3项规定的"其他违背诚实信用原则的行为",人民法院可以根据案件的具体情况和相对人的请求,判决相对人自己办理有关手续;对方当事人对由此产生的费用和给相对人造成的实际损失,应当承担损害赔偿责任。[12]

三、广义说下的预约

(一)广义说下预约的适用情形

随着时代的发展,对于直接缔结本约并不存在问题,在仅就本约部分内容谈妥时,为固定谈判成果而缔结预约,同时约定未决事项继续进行磋商,笔者将这类称为磋商类预约合同。"磋商类预约合同"作为交易催生的产物,笔者认为应当返归其产生之交易生活本身检视其扩张的妥适性和必要性为宜,而不应画地为牢将"磋商类预约合同"放入"狭义说预约"所构建的制度体系中进行检视,这只会造成烦恼。

(二)广义说下预约与本约之区分

1.广义说下预约的内容确定性要件[13]

一是学界之观点。关于预约成立的内容的确定性要件究竟是何含义在理论界存在两种

---

[7] 参见韩世远:《合同法总论》(第三版),法律出版社2011年版,第120页。相同观点参见杨代雄:《合同的形式瑕疵及其补正——〈合同法〉第36条的解释与完善》,载《上海财经大学学报》2011年第6期。

[8] 参见杨代雄:《合同的形式瑕疵及其补正——〈合同法〉第36条的解释与完善》,载《上海财经大学学报》2011年第6期;胡康生主编:《中华人民共和国合同法释义》2009年版,第68页。

[9] 参见刘承韪:《预约合同层次论》,载《法学论坛》2013年第6期。

[10] 参见《关于审理外商投资企业纠纷案件若干问题的规定(一)》(法释〔2010〕9号)第1条。

[11] 参见《合同法司法解释(一)》(法释〔1999〕19号)第9条。

[12] 参见《合同法司法解释(二)》(法释〔2009〕5号)第8条。

[13] 因受拘束的要件在本文第一章第三节部分,已有论述,在此仅论述"内容的确定性"要件。

观点:一种观点认为预约合同成立要件中的“内容确定性”要件指向的不应是本约合同中的必要条款的确定性,而应当指的是当事人是否存在确定的为将来缔结本约的意思。[14] 也就是说,只要能约束对方当事人与自己进行磋商就符合其缔结预约的目的,就是一种典型的预约。[15] 而另一种观点认为内容确定的含义有两层含义:其一是双方愿意受预约拘束缔结本约;其二是预约的内容须包含本约中相当的确定的内容。此两种对“内容确定性”要件标准的区别将会带来对预约范围认定的巨大差异。在缔约双方愿意受拘束继续善意磋商本约的必要条款并约定在排他期内退出磋商方约定违约责任之情形,[16] 在第一种学说下,预约条款成立生效,一方违约时得适用意定的违约责任条款;在第二种学说下,因本约必要条款在预约中未达成,其不满足预约的内容明确性要件,而预约不成立。第二种观点实则未考虑“磋商类预约合同”在交易中产生的背景,即仅为排除第三人干扰固定部分谈判成果之消极功能,而仍将其纳入“狭义说预约合同”所框定的“内容确定性”要件中,难谓妥当。

二是笔者之观点。在预约制度的原型“狭义说预约合同”之下,内容确定性具有两层含义:其一是双方愿意受拘束继续协商缔结本约;其二是预约的内容须包含本约中相当的确定内容。而所谓预约的“内容确定性”要件,是在第二层含义上使用的。“磋商类预约合同”就其构成要件而言,当事人明确约定愿意受拘束继续协商缔结本约并且极有可能约定了不协商的法律后果。就此来说,合同成立生效。但是当我们将“磋商类预约合同”纳入狭义说下为我们构建的预约的构成要件中进行检视时,我们却发现“磋商类预约合同”因为双方对本约中相当之内容保留了主观意思可能变化的余地,使“磋商类预约合同”难以满足狭义说预约合同的“内容确定性”要件,导致预约合同根本就因欠缺内容确定性而合同不成立。而为了修正在“磋商类预约合同”中得出这一相互矛盾的结论,我们就不得不降低预约的“内容确定性要件”。在笔者看来,双方的观点完全正确,原因在于主张降低“内容确定性”要件的学者系基于“磋商类预约合同”的立场上;而主张预约内容须达到与本约一样确定性方能符合“内容确定性”要件要求的学者系基于“狭义说预约合同”的立场。准此以言,双方实在两个不同层面上谈论预约合同的“内容确定性”要件。通过笔者的分析,我们可以清晰地看出,所谓放松预约的第二层次“内容确定性要件”实际上针对的是“磋商类预约合同”,对于预约合同产生原型的“狭义说预约”第二层次的“内容确定性”要件的明确性要求并未放松。

2. 任意规范及补充的合同解释和“疑约从本”规则的妥适性检讨

疑约从本系源于狭义说下预约与本约之区分观点。笔者认为在将“磋商类预约合同”纳入预约的范畴内后,对“磋商类预约合同”机械地适用狭义说的“疑约从本”规则,其妥适性值得检讨。

既然缔约方在预约中表明了就其余内容继续协商的立场,已经表明双方对本约尚未达成合意。在此情形下,适用“疑约从本”规则的后果是合同被认定为本约,对于其余未为合意部分适用任意规范及补充的合同解释规则,这无异于法院越俎代庖补充缔约方的意思,实

---

〔14〕 参见陆青:《〈买卖合同司法解释〉第2条评析》,载《法学家》2013年第3期。

〔15〕 参见韩强:《论预约的效力与形态》,载《华东政法学院学报》2003年第1期。“成都讯捷通讯连锁有限公司与四川蜀都实业有限责任公司、四川友利投资控股股份有限公司房屋买卖合同纠纷再审民事判决书(2013)民提字第90号民事判决书”,《最高人民法院公报》2015年第1期。就司法实践而言最高人民法院在成都讯捷案中表达了类似观点“仅表达了当事人之间有将来订立本约的意思即可,至于本约规定什么内容可留待以后磋商决定”。

〔16〕 实践中常用的排他期内《约束性条款书》。

际上是违背了当事人的意思自治。

(三)广义说下预约的效力

1.现行观点之总结

就我国而言,由于立法及司法解释对于预约合同的效力尚无定论,司法实践中对于预约合同的效力的认定可谓是众说纷纭,处理极其不一致。关于预约合同的效力,目前主要存在以下几种观点:善意磋商效力说、强制缔约效力说、折中效力说。

第一种,善意磋商效力说。系指预约合同对缔约方仅具有约束双方进行磋商的效力,只要双方在预约缔结后善意诚信地尽到磋商义务,即使没有最终缔结达成本约,也不属于违约行为。当然该说之下的预约效力极其微弱,善意缔约的标准流于形式且标准模糊,违约方只要敷衍与对方磋商,嗣后不与对方达成合意即可。

第二种,强制缔约效力说。系指当事人缔结有效预约后,预约对缔约方产生效力,缔约方须承担两项重要义务——首先双方须就达成本约继续善意进行磋商,其次双方必须最终达成本约。相较于善意磋商说而言,强制缔约效力说具有更强的效力。目前,德国及我国台湾地区主流学说均主张预约具有强制缔约效力,对预约效力采强制缔约效力说的好处在于促使双方更加谨慎的缔结预约,可以避免善意磋商说下预约的磋商效力流于形式所带来的空洞效力。《买卖合同司法解释》起草小组的官方意见倾向于强制缔结本约效力。当然,反对者认为强制缔约效力说虽然使得本约的最终缔结得到了较强的保障,但是却剥夺了当事人对本约协商的意思自治。[17]

第三种,折中效力说——预约的类型化"善意磋商说"与"强制缔约说"是两种针锋相对的学说,分别处于两个极端。基于此,学者们认为对预约合同的效力不能一概而论,应对预约在类型化基础上分别定其效力——即折中说。韩强教授认为预约依其是否具备未来本约的主要条款为标准,分别确定其不同效力。如果预约并不含本约的主要条款,表明缔约双方就本约的主要内容尚未形成合意,于此情形采纳"善意磋商说"较为合理。[18] 对此大多数学者对此持反对意见,他们认为不符合预约的成立要件。而对于缔约方在预约中就未来本约的主要条款达成合意的,由于预约客观上已经包含了本约的主要条款,本约根据这些主要条款已经成立,对于具备这些特征的预约,其效力宜采"强制缔约说"。[19] 而合同的主要条款按照韩强教授当时的观点指的是足以使合同成立的条款,而不同类型的合同其主要条款也不一样。刘承韪教授将预约合同按照其内容的确定程度将预约分为三个层次:简单预约、典型预约和完整预约。预约中包含了当事人、标的和数量三个必备要素,对于合同的其他主要条款并无涉及的为"简单预约"。预约中对当事人、标的、数量和价格四个核心条款以及部分主要条款达成了合意的为"典型预约"。这两类预约的效力宜采"强制磋商说"。"完整预约"是指预约的内容接近本约,只是因为一些法律的特殊要求才无法签署本约。对"完整

---

〔17〕 Freitag,"Specific performance"und"causa - Lehre"uber alles im Recht des Vorvertrags,Acp 207(2007),S.303.转引自汤文平:《论预约在法教义学体系中的地位以类型序列之建构为基础》,载《中外法学》2014年第4期。

〔18〕 参见韩强:《论预约的效力与形态》,载《华东政法学院学报》2003年第1期;采相同观点的白玉:《预约合同的法理及其应用》,载《东岳论丛》2009年第7期。简陋的预约仅表达进一步磋商的意向,只能约束对方当事人来与自己进行磋商就符合订立预约的目的,此外其客观上也不足以使双方直接订立本约,磋商是必不可少的环节,因此采"善意磋商说"已经足够且合理。

〔19〕 参见韩强:《论预约的效力与形态》,载《华东政法学院学报》2003年第1期。

预约"强制缔约更有利于保护相对人间的信赖。[20]

2. 现行观点之检讨

在解释预约合同效力之时就应当依合同文本中当事人所表现出来的真意决定其效力。笔者认为,对于预约效力的区分不能依照现行折中说的观点,依条款的完备程度来机械区分其效力。按照笔者对预约之界分,对于"狭义说预约合同"而言,当事人选择缔结预约而非本约的原因系源于事实或法律上之障碍,在主观上合意已经达成且并无分歧,因而就该类预约而言,其"强制缔约效力"符合当事人的真意。对于"磋商类预约合同"而言,当事人选择缔结预约的原因是为了当事人根据本约最终缔结前的相关情事变化,作出相关变化。[21] 这就意味着双方对本约尚未达成合意。即使在预约中所记载的本约的内容在客观上已经趋于完备,但是缔约双方仍然有可能借缔结预约而为正式缔结本约前的客观情事或主观意思的可能变化留有余地。准此以言对于"磋商类预约合同"其合同效力只能是善意磋商效力。

四、预约的违约责任

(一)预约的违约责任与缔约过失责任

缔约过失责任与预约违约责任相比较而言存在以下两点弱势:(1)在举证责任上:缔约过失责任需要举证证明恶意磋商,而这十分困难;而在预约违约责任只要证明一方未缔约即可适用意定的违约责任;(2)救济完善程度:缔约过失责任仅能获得损害赔偿,而不能诉请实际履行要求缔结本约。就此而言,虽然缔约过失责任和预约的违约责任均课以缔约人以诚信磋商义务,但是预约合同尤其是"磋商类预约合同"使磋商义务得到了强化,对于违约后果的约定使得当事人付出的磋商成本得到弥补,总之相较于缔约过失责任,使得就本约进入磋商阶段的缔结双方获得更加全面的救济与便利。

(二)实际履行——强制缔结本约

关于强制缔结本约能否成为违反预约合同的责任承担方式,理论上存在很大的争议。

1. 狭义说下的强制缔约

依德国通说,预约中给付的内容是缔结本约,也就是一个意思表示。若债务人拒绝作出缔结本约的意思,一方得诉请履行,法院应先要求债务人作出缔结本约的意思表示,债务人作出拒绝缔结本约的意思表示,得由法院以判决的生效代替债务人意思表示的作出。[22] 狭义说下,当事人因客观上的事实或法律障碍无法缔结本约的情形下退而求其次选择缔结预约,以判决强制缔约为其违约后果,实则并未充分考虑日后缔约方可就任何债权合同缔结预约之情形,但是对于特定类型案件判决实际履行——强制缔结本约确实有其合理性。

2. 广义说下的强制缔约

在广义说下预约效力部分,笔者已经详细介绍分析了国内学者单纯按照预约内容的完备程度将预约合同的效力区分为两类:"强制缔约效力"和"善意磋商效力"。韩强教授认为对于缔约方已经包含了本约主要条款的预约效力上宜采强制缔约效力;还有学者借鉴英美

---

〔20〕 参见刘承韪:《预约合同层次论》,载《法学论坛》2013 年第 6 期。

〔21〕 参见汤文平:《论预约在法教义学体系中的地位以类型序列之建构为基础》,载《中外法学》2014 年第 4 期。

〔22〕 参见王泽鉴:《债法原理》,北京大学出版社 2009 年版,第 117 页。

法的经验认为“包含主要条款的预约”属于预约中得被实际履行强制缔约的预约。[23] 此种仅依客观条款的完备性程度为判断得否强制缔约的唯一标准,而忽略当事人真意的做法的妥当性存疑。[24]

3. 对预约强制缔约效力之检视

广义说下,仅依条款的完备程度而定得否适用强制缔约,而忽视当事人主观留待磋商之意图的做法,因其剥夺当事人的意思自治而受到批评。笔者认为,“狭义说预约合同”,当事人选择缔结预约而非本约的原因系源于事实或法律上之障碍,在主观上合意已经达成且并无分歧,该类预约得适用强制缔约。对于“磋商类预约合同”,当事人根据本约最终缔结前的相关情事变化,作出相关变化。因而,准此以言对于“磋商类预约合同”不能适用强制缔约。

(三)损害赔偿

1. 现行观点之梳理

关于预约的违约损害赔偿,首先要解决的是违反预约的损害赔偿,赔偿的到底是信赖利益抑或是履行利益?到底是预约的信赖利益或履行利益抑或是本约的信赖利益或履行利益?其损害赔偿范围为何?

就德国、瑞士和我国台湾地区而言,违反预约损害赔偿的范围相当于是本约所能获得的履行利益。[25] 虽有学者反对,认为预约的损害赔偿范围不应根据预定的本约而请求可预期利益,但实为极少数观点。[26]

就我国而言,对于预约的损害赔偿问题,我国学者存在较大分歧。《买卖合同司法解释》第2条虽然承认违反预约合同的得请求损害赔偿,但是对于违反预约合同后损害赔偿范围究竟为何?法律上未予以明确。[27]

2. 笔者之观点

笔者认为对于预约的违约损害赔偿的赔偿范围究竟为何,不宜一概而论,宜区别如下情况进行处理:

第一,就“狭义说的预约”,若缔约人已经在预约中将本约中必要条款详细约定且不得存在就未决事项继续协商之保留意思。此时,当事人对本约的合意实则已经达成,订立预约只为克服法律或事实上之障碍。此时一方违约不缔结本约的,为诉讼经济的目的,另一方可以合并请求订立本约并请求履行本约。[28] 对于漏洞得适用任意规范及补充的合同解释进行漏洞填补。若一方拒绝履行本约义务的,当事人的诉请损害赔偿。一方不依预约缔结本

---

〔23〕 参见彭插三、杨璐:《预约合同效力分析——商品房买卖合同效力争议问题》,载《判解研究》2005年第1辑,第113页。

〔24〕 参见叶新民:《预约效力的十字路口》,载《月旦裁判时报》2012年第18期。黄淑丹:《论预约的违约损害赔偿范围——以预约效力的弹性化认定为中心》,载《研究生法学》第30卷第1期。

〔25〕 参见“最高法院”2011年度台上字第294号判决。吴从周:《论预约:探寻德国法之发展并综合分析台湾最高法院相关判决》,载《台大法学论丛》第42卷。

〔26〕 参见王泽鉴:《债法原理》,北京大学出版社2009年版,第118页。

〔27〕 参见耿利航:《预约合同效力和违约救济的实证考察与应然路径》,载《法学研究》2016年第5期。最高人民法院民事审判第一庭编著:《最高人民法院关于买卖合同司法解释理解与适用》,人民法院出版社2012年版,第62页。相同观点参见韩世远:《合同法总论》,法律出版社2004年版,第165页。我国法院实践中不倾向于赔偿履行利益,而倾向于赔偿信赖利益。

〔28〕 参见王泽鉴:《债法原理》,北京大学出版社2009年版,第118页。

约时,另一方仅得请求对方履行缔结本约的义务,尚不得依预定的本约内容,请求赔偿其履行利益。[29] 因此,就"狭义说的预约"其损害赔偿其实并不存在,违约方虽然违反了缔结本约之义务。然经由强制缔结本约之诉请实际上已经转换为对本约义务不履行的问题。此时,非违约方主张的实则是本约的履行利益。

第二,就"磋商类预约合同"作如下区分:约定就本约的必要条款继续善意磋商且双方已经签字盖章,但未约定违约条款。此时从对本约的内容磋商的程度来看,难谓达到一定双方需高度信赖,就未约定违约责任条款而言,双方难谓有受拘束之意思,此时应将该文件视为缔约前文件,且也难以构成缔约过失责任。就该情形而言,无损害赔偿之适用。若缔约双方仅欲以预约临时拘束继续协商本约,对本约的主要内容尚未达成合意或虽对本约的必要之点达成合意但就非必要之点尚未达成合意,且约定了磋商违约条款的,表现为违约金、分手费等。此时通过违约条款足以说明双方愿意就磋商受到约束,通过对违约金的约定已然可以推断出当事人排除了强制缔约的适用,此时非违约方得向违约方主张违约金,当然此时对于违约金过高的,违约方可以根据《合同法》第 114 条第 2 款后段[30]之规定主张司法酌减。能否酌减在于约定违约金是否符合《合同法司法解释(二)》第 29 条第 2 款之规定。笔者以为此处作为酌减计算基准的"损失"仅限于"实际损失",而不能包含非财产损害或因果关系较远的不可赔损害。[31] 原因在于,对于"磋商类预约合同"既然双方约定继续磋商就意味着双方在主观上都保留了回旋的余地。双方缔结此类预约合同的目的之一在于克服缔约过失责任之不足,即对于正常退出磋商前的成本不赔偿。将缔约过失责任约定化。就磋商类预约合同违约责任而言,其履行利益难以计算;而磋商类预约合同的磋商阶段同时也是本约的缔约前阶段,如此对于磋商阶段一方的信赖利益,即谈判成本是容易计算的。这样我们就把难以计算的预约的履行利益转化成就本约谈判所花费的成本。以此为基准判断预约的违约金数额是否符合酌减的规定。就不成立预约合同的磋商文件,得检验是否构成缔约过失责任,就其损害赔偿的范围而言,此时若一方违反继续协商的义务,则他方仅得请求信赖利益损害赔偿,盖此一预约因欠缺确定性而无法履行,自无法计算履行利益。

第三,混合之情形。如确因客观事实或法律障碍而无法直接缔结本约,此时双方就主要条款达成合意,就非必要条款尚未达成合意的。此时需要结合当事人一方是否已经履行了主要义务进行判断。如果一方当事人已经履行了本约的主要义务且对方接受的;此时应当由法官进行漏洞填补,判决缔结本约。如已确实不能履行本约的,此时,应当判决赔偿履行利益。盖在此时,本约也不会因为欠缺确定性而无法确定履行的内容,双方也已经达到高度

---

〔29〕 参见王泽鉴:《债法原理》,北京大学出版社 2009 年版,第 118 页。

〔30〕 《合同法》第 114 条第 2 款后段规定:"约定的违约金过分高于造成的损失的,当事人可以请求人民法院或者仲裁机构予以适当减少。"

〔31〕 不同观点参见姚明斌:《违约金司法酌减的规范构成》,载《法学》2014 年第 1 期。学者姚明斌认为:"第 113 条第 2 款'造成的损失'系指违约所造成的包括预期利益在内的损失,且不以可预见范围为限,盖覆盖非财产损害或因果关系较远的不可赔损害正是违约金制度的优势。"笔者赞同姚老师的观点,只是在预约合同处笔者以为有所不妥。

信赖之程度。[32] 如果一方当事人尚未履行本约的主要义务的;此时应仅赔偿信赖利益损失并酌情赔偿机会利益损失。[33]

(四)定金责任之检讨

《担保法司法解释》第115条学说上认为该条系关于立约定金之规定,目的在于担保当事人将来正式缔约,当事人如果拒绝缔约,即可适用定金罚则。[34] 就此而言,笔者认为立约定金合同也是一种预约。

对此笔者认为应区别以下情形分别处理:

第一,对于"狭义说预约合同",若存在立约定金条款,此时得适用第115条之规定,同时对于第121条的适用也不存在困难。当然如果双方约定了立约定金,也就意味着排除了强制缔约的适用。

第二,对于"磋商类预约合同",若存在立约定金条款,此时总的原则是根据预约条款中就本约内容约定的完备程度,区分以下情况分别处理:

(1)若预约合同中就本约合同中就当事人、标的、数量和价格达成合意,就其他条款尚未达成合意留待继续磋商的,一方违约的得适用第115条的定金罚则并受到第121条20%的限制。

(2)若预约合同中就本约合同中就当事人、标的、数量达成合意,虽未就价格及其他条款达成合意留待继续磋商的,但是定金明显不会超过本约标的价格的,[35]一方违约的得适用第115条的定金罚则并受到第121条20%的限制。

(3)如果预约只是订立本约的初步意向,尚未就本约的必要条款达成合意,一方违约得适用第115条的定金罚则,相对方可举证证明对方的信赖损失为基准主张定金不得超过信赖利益损害的30%。

(4)如果未缔结本约是由于不可归责于当事人的事由所造成,此时不能适用定金罚则。[36] 对此规则存疑的是,按照第115条定金罚则的适用并不以"不可归责于当事人"为定金罚则的免责事由。仅在《商品房买卖司法解释》第4条后段规定:"因不可归责于当事人双方的事由,导致商品房买卖合同未能订立的,出卖人应当将定金返还买受人。"就此而言能否将该规则适用于整个预约合同领域,笔者认为可以。唯在解释上"不可归责于当事人"

---

〔32〕 参见李冬:《预约合同制度要义与立法构建》,载《求索》2012年第9期。在陈敏诉正达公司案中,二审法院认为,依预约合同已经能够判断合同履行后的预期利益,且陈勇敏已支付了全部房屋价款的百分之五十,在此情形下应赔偿转售可得利润损失532493.15元。就此案而言,通过陈勇敏支付的金额,我们可以看出,房地产商运用预约合同让买方提前交付部分或全部款项作为融资手段缓解了自己的房地产开发的资金压力,就此而言判决赔偿履行利益,也有助于杜绝房地产商的在房屋建成时一房二卖的违约行为。

〔33〕 参见《仲崇清诉上海市金轩大邸房地产项目开发有限公司合同纠纷案》,载《最高人民法院公报》2008年第4期。

〔34〕 参见曹士兵:《中国担保制度与担保方法》,中国法制出版社2014年版,第404页。仲崇清诉上海市金轩大邸房地产项目开发有限公司合同纠纷案中,原告仅支付了2000元的意向金,并未支付房款,就此而言可以说信赖缔结本约的程度偏低,二审法院认为因预约合同与本约存在法律性质上的差异,因而不得主张差价赔偿请求,但是原告可以主张信赖利益损失,而机会丧失如何赔偿需要考量缔结本约的概率的大小和本约最终可确定的内容。

〔35〕 比如,开发商与消费者达成商品房买卖预约,约定定金1万元,虽未就价款达成合意。但就整个市场放假而言,1万元明显不会超过房屋价款标的的20%。

〔36〕 高圣平:《担保法论》,法律出版社2009年版,第614页。

的情形仅能涵盖情势变更、不可抗力等情形，而不能涵盖双方未合意之情形。对于双方未合意的，应当按照约定适用定金。

（5）当然，立约定金数额除了受到第121条20%的限制外，是否应受到不得超过实际损害30%即违约金的司法酌减规则的限制？第115条、第116条和第117条分别规定了“立约定金”“成约定金”和“解约定金”。立约定金作为缔约义务之履行担保，实则预约意义上的违约定金。[37] 而且在约定违约定金和过分高于违约损害的情况下，若不允许对违约定金类推适用酌减，债权人极可能通过选择适用定金罚则规避酌减，进而获得不合理的超额赔偿。同时对于交易数额极大而实际损害极小的情形，满足20%限额的违约定金却可能远远超过实际损害。[38] 因而，笔者认为在立约定金有适用《合同法司法解释（二）》第29条司法酌减的可能性和必要性。其酌减基础应以预约合同的损害为基准，因其计算存在困难，得将其视为本约的磋商的成本为基础进行酌减。

五、结语

笔者以预约的发展史为分析主线，在兼对各家学说进行梳理的基础上初步就整个预约制度提出自己的主张。首先，对于狭义说预约合同，其构成要件中的内容确定性要件须具备两个层次，即缔结本约和具备本约的必要条款，一方拒绝履行时得请求强制缔结本约，法院得于存疑时适用“疑约从本”和漏洞填补，其违反预约的履行利益损害赔偿相当于本约的履行利益损害赔偿；其次，广义说的预约中纳入了基于合同自由和克服缔约过失责任不足的“磋商类预约合同”，就此类磋商类文件而言，笔者认为如果没有对磋商无法缔结本约的违约金、分手费或定金的约定，因欠缺受拘束之意思，不得认定为预约，没有违约约定的受害方仅得举证交易阶段成熟和信赖程度较高而主张缔约过失责任。对于“磋商类预约合同”的内容确定性要件仅表达双方愿意继续受拘束磋商既为已足。虽然在笔者的观点下，磋商类预约合同不得主张强制缔约，原告也不存在证明法定损害赔偿的问题，但是被告违约方在认为违约金、定金过高而主张进行司法酌减时，就涉及计算作为酌减基础的实际损害的问题。笔者认为，“磋商类预约合同”的履行利益难以计算，而磋商类预约合同订立前后又都属于本约的磋商阶段，准此以言违约方可以证明对方的信赖利益损失为基准主张酌减。就此而言，法定损害赔偿的计算仍有其意义。然有人提出疑问，依笔者之观点，似乎对于笔者所界定之“磋商类预约合同”并无认定其为预约之必要，盖将此合同认定为当事人就债之内容与违约责任有所安排之无名合同即可。对于此观点，笔者赞同之。唯磋商类预约合同对于固定交易谈判结果和克服缔约过失责任之重要功能已于现代商业社会中所普遍接受运用，于此不妨将之作为典型预约合同，使之法律地位更加明确化，以免被误以为确定性不足而被认定为合同不成立。[39]

---

〔37〕 戴孟勇：《惩罚性违约金、违约金责任与定金》，载崔建远主编：《民法九人行》（第2卷），金桥文化出版（香港）有限公司2004年版，第184页。

〔38〕 姚明斌：《论定金与违约金的适用关系——以〈合同法〉第116条的实务疑点为中心》，载《法学》2015年第10期。

〔39〕 参见《宜宾市聚祥瑞物业管理有限责任公司与万基世房屋租赁合同纠纷二审民事判决书》四川省宜宾市中级人民法院（2016）川15民终2101号民事判决书。该案中，万基世交纳定金时其预选的房屋尚在修建中，双方未对房屋租赁费等协议的主要条款达成一致，故房屋租赁合同未实际成立。

【导师点评】

预约作为缓和缔约磋商过程日益复杂化和缔约过失责任等制度缺陷的工具,有其重要的实践价值,但我国《买卖合同司法解释》第2条、《担保法司法解释》第115条和《商品房买卖司法解释》第4条、第5条的条文规范过于简略,并未明确预约的构成要件及其详细的法律后果,对该制度的体系定位也有待明确;就目前的司法实践而言也是百家争鸣,尚未见对制度之整体进行梳理。因此,本文研究预约制度,不论于理论还是实践都有着重要的意义,具体而言:对现行通说关于这两类预约合同适用同一构成要件提出了挑战,厘清了学界和实务界对于预约构成要件的争论。关于预约的效力,通过对单一说和内容决定说的检讨,提出内容决定说对磋商类预约合同适用的不妥当性,提出对预约合同效力的判断应当依当事人的主观意思判断之,而不能仅依客观内容决定。本文具体论述了对狭义说下预约合同具有强制缔约效力,而对磋商类预约合同不具有强制缔约效力的原因,从而对实务判断何种预约具有强制缔约效力有一定意义。关于预约的违约责任,现行论著多是个案化的分析,而缺少体系化的梳理。作者在梳理前人观点的基础上,按照自己的分类,对预约的违约损害赔偿的计算、违约金酌减的计算基准、定金责任及其限制等问题进行了全面的检讨与论述。

(指导教师:韩　强)

商标反向混淆损害赔偿研究

上官凯云*

一、导言

近年来,“新百伦”“非诚勿扰”等反向混淆案件由于涉案方的知名度以及巨额赔偿也在社会中引起了较高的关注度。商标是一种市场标识,代表的是一种市场格局或者对市场格局的划分,除了视觉上看是由文字、图形等构成的一种符号,更重要的是标志背后凝结的实际使用者的商誉。[1] 在大部分商标侵权案件中往往是侵权人利用在先商标使用人的商誉,在相同或类似的商品或服务上使用与其相同或相近似的标志造成公众的误认。但在某些情形下,在先使用的商标权人在市场竞争中处于弱势地位,而在后的商标使用人在同一市场上处于相对强势地位。此时,在后商标使用人的使用行为就可能会让消费者误认为在先商标使用人提供的商品或服务来源于在后商标使用人,从而导致一种“反向”的混淆。[2] 我国商标法保护商标注册人的合法利益,但在反向混淆的情形下,侵权人在后使用却能抢先占领市场必定也进行了巨大的投入,采取“一刀切”的方式认定侵权是否符合市场的经济效益规则?正向混淆案件中适用的损害赔偿标准能否直接适用于反向混淆案件中?如何平衡商标权人、消费者以及侵权人三者的利益?这一系列问题都有较大的研究空间。

二、商标反向混淆损害赔偿的现状及问题

商标反向混淆(Reverse Confusion)不是传统商标法中的概念,各国法律最初都没有对反向混淆的概念有相关规定。这一概念由美国首次提出,最早可以追溯到 1918 年美国霍姆斯法官在 International News Service v. Associated Press 一案中首次提出了这一概念,尽管当时尚未被称为“反向混淆”。[3] 霍姆斯法官在该案的反对意见中提及:“通常情况下是被告仿冒原告的产品,但是在相反的情况下也会导致同样的结果,即被告通过某种文字或行为来暗示原告的产品来源于被告。”[4] 该意见在当时并没有引起法院的注意,直到 1968 年发生的“野马(Mustang)”案在判决中明确提出“反向混淆”,才将这一概念带入公众的视野。

(一)我国商标反向混淆损害赔偿的现状

确定商标反向混淆的损害赔偿额是反向混淆案件审理的一大难题,也是目前争议较大的问题之一。笔者统计从 2002 年到 2016 年判决损害赔偿的反向混淆案件并对法院判决依

---

* 上官凯云,华东政法大学 2017 届知识产权专业硕士研究生。

〔1〕 孔祥俊:《商标法适用的基本问题》,中国法制出版社 2012 年版,第 110 页。

〔2〕 李明德:《美国商标法的反向混淆》,载《中华商标》2002 年第 6 期。

〔3〕 See Deborah F. Buckman, J. D., Reverse Confusion Doctrine Under Lanham Trademark Act, 187 A. L. R. Fed. 271, § 2[a].

〔4〕 See International News Service v. Associated Press, 248 U. S. 215(1918), p. 247.

据整理分析发现,法院在反向混淆案件的损害赔偿额的认定以法定赔偿为主。由于反向混淆案件的特殊性,不难发现在采取被告获利为基础时,赔偿额动辄百万元甚至上千万元,且二审改判率较高,分析各个法院判决赔偿的依据可以发现目前实践中反向混淆赔偿额认定的现状如下:

1.法定赔偿成为主要适用的赔偿标准

由于知识产权的无形性以及举证困难,法定赔偿在商标反向混淆案件中占有较高的比重。本次统计的发生损害赔偿的反向混淆侵权案件共10件,其中以法定赔偿为最终赔偿额计算标准的有9件,甚至有数据表明在整个商标侵权案件的损害赔偿中,法定赔偿占有高达97.63%的比例。[5]

大量适用法定赔偿容易导致商标损害赔偿标准不一,从而产生同案不同判的情形,不利于司法的稳定性。此外,从现有的法定赔偿案件分析发现,法官在认定赔偿数额时,对法定赔偿的适用有包含惩罚性的意思,侵权人的主观过错也成为法官在裁量法定赔偿额时的一大考量因素,使法定赔偿在实务中兼具了补偿性和惩罚性的双重特质。[6]

2.损害赔偿数额认定因素模糊

大量使用法定赔偿作为损害赔偿数额计算的标准直接导致在赔偿数额认定过程中的考量因素模糊。法院通常在分析被告侵权行为以及原告所受损害后,总结性地根据原告的损失、被告侵权时间、主观因素等类似表达得出赔偿数额,缺乏对该数额的计算过程以及具体考量因素的分析。同时,对补偿性赔偿以及惩罚性赔偿也糅杂在酌定数额中,难以对将来的类似案件提供可参考的标准。

(二)我国商标反向混淆损害赔偿标准的适用问题

目前我国的商标损害赔偿额标准主要依据新《商标法》第63条之规定以及《最高人民法院关于审理商标民事纠纷案件适用法律若干问题的解释》第15条[7]、第16条[8]的规定。从上述法条中规定的原告损失的计算方法来看,显然只考虑了正向混淆的情形,因此可以说目前的相关规定主要是在以正向混淆为主要侵权行为的环境下制定的。该标准在适用于反向混淆侵权案件时难以避免以下问题。

1.以原告损失为计算基础的传统做法不适用于反向混淆

原告抽象性损失难以量化。商标反向混淆案件中原告损害的抽象性导致损失计算难以量化。在不考虑侵权人恶意的情形下,无论是英美法系还是大陆法系,侵权的损害赔偿都是以填补权利人的损害为目的的。在正向混淆案件中,权利人尽管也存在一部分商誉等较为抽象的损失,但大部分损失都能够通过产品销量一定程度上量化,从账面上得以体现。而由于反向混淆案件的特殊性,原告所受的损害实质上是商标与识别功能之间联系的割裂、对市场控制的丧失以及对该商标上所承载的发展商誉以及企业信誉期望的丧失,其销售额有时

[5] 参见中南财经政法大学知识产权研究中心:《知识产权损害赔偿案例实证研究报告》,2012年8月,第18页。

[6] 参见钱玉文、李安琪:《论商标法中惩罚性赔偿制度的适用——以商标法第63条为中心》,载《知识产权》2016年第9期。

[7] 《最高人民法院关于审理商标民事纠纷案件适用法律若干问题的解释》第15条规定,可以根据权利人因侵权所造成商品销售减少量或者侵权商品销售量与该注册商标商品的单位利润乘积计算损失。

[8] 《商标案件适用法律若干问题的解释》第16条规定,人民法院在确定赔偿数额时,应当考虑侵权行为的性质、期间、后果,商标的声誉,商标使用许可费的数额,商标使用许可的种类、时间、范围及制止侵权行为的合理开支等因素综合确定。

反而因为混淆而上升。受损利益的抽象性直接导致原告在主张赔偿时的举证困难,单纯从账面上的计算很难反映原告的损失。例如,在"中凯"商标反向混淆侵权一案中,法院认为"音像制品的市场及其利润取决于包括所承载的作品本身的受众范围等因素,也决定了'中凯'字号对消费者选择的影响力有限,原告并未获得版权作品的著作权人及邻接权人的经销授权,并无资格在作品的利润中分割获利,因此被告的侵权行为并没有给原告造成直接现实的损失"。[9] 法院没有考虑原告与商标之间的联系被割裂这一抽象的损失。

2. 以被告获利为计算基础不适用于反向混淆

被告获利不完全是因使用侵权商标所得,无法代表商标权人的损失。在反向混淆案件中,在后使用者往往是具有一定知名度的大企业,除了商标本身的价值以外,更多的是被告在产品设计、宣传销售渠道以及自己影响力上的优势,因此,侵权人的销售额并不完全是侵权商标带来的。[10] 商标的损害赔偿应当要最终弥补商标权人的损失。在正向混淆案件中,被告获利之所以能够作为衡量损害赔偿的标准,主要是因为其"搭便车"的行为使原告市场份额受到排挤从而产生损失。但在反向混淆案件中,仅有极少部分的消费者会将知名被告的商品误认为来源于原告。因此,被告的利润只能说明其强大的销售能力以及企业知名度和良好商誉,并不能代表原告的损失。[11]

3. 法定赔偿为基础不适用于反向混淆案件

知识产权的无形性特征导致在实践中对损害及赔偿都很难准确计算,权利人举证难度大。法定赔偿的制度实质上对于知识产权权利难以估值、获利难以计算等问题采取的一种简化赔偿计算方式的制度,对权利人而言是极为有利的。[12] 然而,这并不意味着立法鼓励权利人采用法定赔偿的方式来计算损失。由于法定赔偿中法官的自由裁量权比较大,容易产生类似的案件在不同的法院中判决结果差异大的情况,不利于树立司法权威。[13] 因此,将法定赔偿纳入商标法规定之后,最高院也曾指示各级法院在认定损害赔偿时尽量避免适用法定赔偿。[14] 此外,根据新《商标法》中规定的计算损害赔偿的顺序来看,法定赔偿作为最后一种计算方式也是立法在最大程度上降低案件审判的不稳定性。反向混淆案件中在后使用人往往财大气粗,而法定赔偿有最高赔偿额300万元的限定,如果法院判决的赔偿额不能起到任何警示作用可能会导致大企业肆意抢夺小企业的标志,从而影响立法目的的实现。

三、商标反向混淆案件损害赔偿的特殊性分析

认定损害时,很容易根据传统的正向混淆侵权,从是否"搭便车"的角度去认定损害,从而导致忽略了反向混淆在侵权案件中产生损害结果。损害赔偿应当以损害为基础,因此,分辨反向混淆案件与正向混淆的区别,明确反向混淆造成的具体损害对确定合理的损害赔偿标准具有必要性。

---

[9] "中凯"案,(2009)浙知终字第98号。

[10] 参见王娜、程丽元:《商标反向混淆的认定及解决——由深圳唯冠、苹果IPAD商标引发的思考》,载《中华商标》2013年第12期。

[11] See Leah L. Scholer, Righting the Wrong in Reverse Confusion, 2004, 55 *Hastings L. J.* 737, p. 759.

[12] 参见宋健:《知识产权损害赔偿问题探讨——以实证分析为视角》,载《知识产权》2016年第5期。

[13] 参见孙那:《我国新〈商标法〉下商标侵权案件损害赔偿的司法适用》,载《科技与法律》2014年第5期。

[14] 参见《最高人民法院关于当前经济形势下知识产权审判服务大局若干问题的意见》,载《司法业务文选》2009年第23期。

(一)损害在先商标使用人的利益

1. 割裂商标权人与商标的联系,排挤市场发展空间

商标反向混淆的损害之一为使在先商标使用人丧失了其对商标的控制权,降低了商标的价值和企业的信誉,阻碍了其进入市场发展的可能性。[15] 商标反向混淆案件中,在后使用人往往已经具有较高的市场占有率,其侵权通常是因为该标志符合其市场计划。被告希望通过使用原告的商标来建立自己的商誉,从而覆盖原来存在商誉。

在“蓝色风暴”案中,法院对原告因侵权产生的损失进行了详细的解释,在此案中原告百事可乐公司通过高密度的宣传活动,使“蓝色风暴”商标具有很强的识别度,当原告在自己的产品上使用自己合法注册的“蓝色风暴”商标时,消费者往往会将其与百事可乐公司相联系,误认为原告生产的“蓝色风暴”产品与百事可乐公司有关,使其注册的“蓝色风暴”商标与原告之间的关联被割裂。“蓝色风暴”注册商标将失去其基本的识别功能,原告寄予“蓝色风暴”商标谋求市场声誉,拓展企业发展空间,塑造良好企业品牌价值的期望将受到抑制。[16] 又如在“红盖头”一案中,法院提到“被告开发‘白水杜康红盖头酒’的目的就是开发婚宴市场,使用商品名称中包含‘红盖头’具有一定的合理性”。[17] 由此可见,反向混淆侵权中,商标权人丧失了其商标指示商品或服务来源的功能,同时,相关公众对商品或服务来源产生误认或混淆与否的判断,除了现实的误认也应当包括误认的可能性。[18] 尽管在短期内来看,原告的产品可能会因为被告的宣传而提高知名度进而增加销量,但是长期来看,原告此时的销售是建立在与被告混淆的基础上进行的,而控制市场的是被告,反而不利于原告的长期发展。注册商标权利和商标价值无法充分体现,不仅给原告造成短期内难以消除的巨大经济损失,也会挫伤商标权人通过提升商品和服务的质量来增加商标商誉的积极性。[19]

2. 影响商标权人的声誉

首先,在商标反向混淆案件中,由于在后使用人的声誉往往高于在先使用人,消费者发生误认时通常容易认为是小企业(商标权人)仿冒大企业的商标,从而使小企业背上仿冒他人商标的恶名。[20] 其次,在后使用人如果有任何影响声誉的事件或行为发生,也会不可避免地直接影响商标权人,从而使商标权人在市场中处于被动的状态。[21] 最后,尽管被告知名度极高,但基于企业文化等各类原因,并非所有的原告都愿意“搭便车”。例如,在 Pump 一案中,原告是一个地区的小乐队,倡导使用药物之外的积极健康的自我调节的生活方式,而被告则是一个全国知名乐队,其奉行的理念为放纵使用药物。尽管知名的被告使用原告商标作为名称后会使原告专辑销量增加,但由于乐队文化因素,原告并不愿意消费者将其与被告联系。[22]

(二)不利于商标法注册取得制度的稳定性

我国《商标法》规定商标以注册取得制为主,使用取得制为辅。在反向混淆的案件中,

---

〔15〕 参见王蕊:《论商标的反向混淆行为》,安徽大学2015年硕士学位论文,第5页。

〔16〕 “蓝色风暴”案:浙江高院(2007)浙民三终字第74号。

〔17〕 “红盖头”案:重庆市高级人民法院(2011)渝高法民终字第280号。

〔18〕 “蓝色风暴”案:浙江高院(2007)浙民三终字第74号。

〔19〕 “新百伦”案件:广东高院(2015)粤高法民三终字第444号。

〔20〕 葛璐萍:《商标侵权中“反向混淆”》,上海海事大学2007年硕士学位论文,第10页。

〔21〕 参见刘雯:《美国反向混淆理论及对我国的借鉴》,华东政法大学2008年硕士学位论文,第11页。

〔22〕 See Pump, Inc. v. Collons Management, Inc. 746 F. Supp. 1159(1990).

原告已经获得了注册商标所有权，被告是在没有任何权属的情况下进行商标使用，并且通过大量的宣传和营销活动造成其是商标所有权人的假象，最终导致消费者将该商标与被告相联系。如果不对反向混淆侵权行为加以禁止，就无法规制大企业利用其规模优势强行霸占小企业的商标的行为，不利于商标注册取得制度的稳定性。[23]

四、合理许可费作为损害赔偿额认定标准的可行性

损害赔偿应该以弥补损害为目的，在明确反向混淆造成的具体损害后，需要反过来分析目前适用的损害赔偿计算标准是否能够满足案件的需求。根据《商标法》第 63 条规定，法院在认定损害赔偿时应当穷尽原告损失和被告获利两种计算方法。这一赔偿计算规则主要是在正向混淆侵权的环境下作出的。尽管新商标法将合理许可费的倍数作为损害赔偿的一种计算方法进行了明文规定，但在司法实践中由于缺乏适用经验，各个法院仍然习惯于在原有的赔偿标准上计算损失。经过上文的分析，笔者认为在反向混淆案件中，适用许可费的倍数来确定损害赔偿可以很好地缓解大量适用法定赔偿的现状。

（一）合理许可费适用于反向混淆案件的合理性

反向混淆案件的特殊性决定了其在认定损害赔偿时难以计算原告的损失，而被告获利又存在极大的不确定因素，这也导致了在司法实践中法院大量采用法定赔偿的方式来计算损害赔偿。而合理许可费的倍数作为损害赔偿计算标准能够体现反向混淆案件的特征，量化原告抽象的损失，同时也降低了双方的交易成本。

1. 合理许可费能够体现反向混淆侵权损失

以许可费作为损害赔偿的计算标准实际上将诉争商标在被告侵权中发挥的价值进行了提炼。从这一角度来看反向混淆案件，被告实际上是未经原告许可强制使用了商标，并利用该商标为自己创造价值。尽管被告的销售中包含许多其他因素的影响，但许可费所反映的肯定是商标所发挥的作用及相应价值。许可费能同时体现原告的损失，即许可费的收入以及被告的获利——未经许可使用商标的不当得利。[24]

2. 合理许可费能够避免赔偿额重复计算

由于反向混淆案件中原告损失较为抽象，法院在计算损害赔偿额时通常要考虑多方面因素进行综合认定。在评估原告商誉的损失时，通常会对商标权人的销售市场受到的影响进行评估，因此不应当再次将原告的市场份额损失列为所谓单独的损失进行二次计算。

3. 合理许可费符合法经济学效率

根据科斯定理原理，双方自愿发生的交易下对资源的重新配置能够满足交易双方的需求时，只要不存在高交易成本，双方都会理性地追求自身利益最大化。此时，无论在先的法律权利规定如何，双方的交易都能实现效率最高。在反向混淆案件中，通过协商从而达成自愿发生的交易无疑是最有效率的方法，法律制度的设计和运用应当有助于这种协商的实现。[25] 当双方无法达成一致意见而需要法院进行裁决时，法院认定赔偿额的标准也应当以实现双方利益最大化为基准。许可费在谈判时通常会考虑商标在市场中发挥的价值从而协商出对双方最为有力的许可费，尽管在侵权案件中的许可费还要考虑原告被迫许可以及市场竞争等因素，但许可费作为衡量商标价值最直观的方法之一是减低交易成本较为有效的

---

〔23〕 参见刘洋：《从“恒大”之争看商标反向混淆》，载《中华商标》2015 年第 3 期。

〔24〕 See Leah L. Scholer, Righting the Wrong in Reverse Confusion, 2004, 55 *Hastings L. J.* 737, p. 747.

〔25〕 参见彭学龙：《“蓝色风暴”考量“反向混淆”》，载《中华商标》2006 年第 11 期。

一种方法。

(二)许可费作为赔偿计算标准在美国的实践

美国作为反向混淆的起源地,在长期的实践中积累了丰富的经验,部分典型反向混淆案件中均采用了合理许可费作为损害赔偿的计算标准,分析美国反向混淆案件的赔偿标准情况有利于完善我国反向混淆案件的损害赔偿标准。

1. 合理许可费的确定:Sands案

美国没有将"合理的许可费"像我国一样单独列为一种损害赔偿的计算方式,但美国法中的实践通常认可参照合理许可费计算赔偿额。[26] 在Sands案中,原告Sands, Taylor & Wood(以下简称STW)拥有注册商标"Thirst - Aid",1984年STW起诉被告Quaker在Gratorade产品的广告宣传中使用了其注册商标。[27] 地区法院判决Quaker将其使用"Thirst - Aid"期间销售产品所得利润的10%认定为侵权商标对产品的贡献(约2473万美元)赔偿给STW,以及律师费及判决前利息。[28] Quaker上诉后,上诉法院就赔偿数额的计算问题发回重审。地区法院为了确定合理的许可费,假设了一个关于Thirst - Aid商标许可的谈判。法院考虑了以下几个因素:第一,STW以往的许可行为;第二,侵权行为发生前,被告产品销售并不景气;第三,相对于其他营销方案,被告更倾向使用商标;第四,原告提出的许可费率,即侵权发生第一年为1%,随后每年均为0.5%。考虑了各个因素后法院最终采取了STW提出的许可费率,运用于Quaker侵权期间的Gratorade产品销售额后计算出的许可费约为1032万美元。

在确定合理的许可费数额后法院还考虑了赔偿的威慑作用,即如果侵权者需要支付的费用仅仅是一个非侵权者本来就应该支付的正常许可费,那么对于侵权者来说并没有造成任何损失反而因此获利了。[29] 同时被告知晓并恶意地侵犯原告的商标,持续侵权长达5年时间。因此,法院为了威慑诸如被告的侵权行为,增加了一倍的合理许可费,将判决数额由1032万美元翻倍至2065万美元,同时还判决被告支付40万美元的律师费。

2. 合理许可费的考量因素:A&H案

在旷日持久的A&H诉Victory Secret's(以下简称VS)的案件中,地区法院在认定合理许可费时参照了Georgia - Pacific专利侵权案中总结的15个用于判定合理许可费因素。[30]

---

〔26〕 See William O. Kerr, Richard B. Troxel, *Calculating Intellectual Property Damages*, §2:11.

〔27〕 See Sands, Taylor & Wood v. The Quaker Oats Co., 18 U.S.P.Q.2d 1457, 1990 WL 251914(N.D.Ill. 1990).

〔28〕 See Sands, Taylor & Wood Co. v. The Quaker Oats Co. 978 F.2d 947, p.964.

〔29〕 See Panduit Corp. v. Stahlin[Bros.] Fire Works 575 F.2d 1152, (6th Cir. 1978) p.1158.

〔30〕 (1)权利人基于涉案专利获得的许可费;(2)被许可人为其他与涉案专类近似的专利所花费的许可费;(3)许可的性质和范围:是否独占许可,在使用地区或产品销售对象中是否有限制条件;(4)许可人通过许可或以特定条件来维持其独占地位的政策和营销方案;(5)许可人与被许可人的关系,是否为竞争者等;(6)销售专利产品对被许可人其他非专利产品销售的促进作用;(7)专利权的持续期间与许可的持续期间;(8)该专利所覆盖产品的盈利率、商业成功度以及受欢迎程度;(9)专利产品相对于旧设备的实用性和优势;(10)专利发明的性质,专利方案的商业实施特征,使用该发明者所获利益;(11)侵权人使用涉案发明的程度及相关证据;(12)在特定行业或相关类似行业,使用该发明或类似发明所支付的对价占销售额的比例;(13)侵权人的可实现利润中可归因于涉案发明的部分,该部分利润应当与那些非因专利技术、制造供求关系、商业风险等产生的利润区分开来;(14)专家的证词(15)假设许可人和被许可人自愿达成协议,在侵权开始之前可能协商一致的许可费数额;See, Georgia - Pacific Grop. V. U.S. Plywood Corp., 318 F. Supp. 1116, 166 U.S.P.Q. 235 (S.D.N.Y., May 28, 1970)(NO. CIV. 99 - 195)。

法院在听取双方证词并考虑一系列因素后认为采取合理的许可费是合适的。为确保合理的许可费与被侵害的权利存在合理的联系，法院考虑了被告对利润的预期以及原告因被告将"The Miracle Bra"使用在泳装产品上产生的混淆而应当获得的补偿，并提出以下考虑因素：(1)许可人在其先前的许可中收取的许可费率；(2)被许可人之前支付的许可费的费率；(3)许可人的许可政策；(4)侵权使用的性质和范围；(5)涉案商标对侵权人的特殊价值；(6)侵权人使用行为的获利率；(7)是否有可行的替代方案；(8)专家证人的意见；(9)许可人和被许可人在自愿协商的情形下可能达成合意的数额。原告的专家计算出6%的合理许可费，但法院考虑到被告侵权使用的有限性，〔31〕最终认定合理的许可费为4%。〔32〕

五、完善我国商标反向混淆损害赔偿标准的建议

结合反向混淆案件的特征以及损害赔偿的填补原则，适用合理许可费的倍数作为反向混淆案件损害赔偿的计算标准是较为合理的。目前我国《商标法》第63条规定了可以依据合理许可费的倍数作为损害赔偿的计算标准，但在实践中由于适用顺序的限制以及经验的缺乏，该计算标准仍然很少被真正适用于商标侵权案件中。因此，结合对国内外案例的分析，总结合理许可费倍数的计算考量因素将有利于今后司法实践中对该标准的适用。

（一）商标损害赔偿计算顺序的突破

我国目前的立法规定了在认定商标损害赔偿计算方法的顺位。在合理许可费的倍数能够较全面地体现反向混淆案件中的损害的情况下，计算方法的顺位会使法院没有直接依据。德国、美国等欧美国家在适用知识产权损害赔偿时均没有设定计算顺序，且该顺序的设置并没有证明在计算损害赔偿时更利于填平。〔33〕尽管目前司法实践中已有打破这一顺位的案例，仍然建议将来能够在立法上提现。

（二）以合理许可费倍数作为反向混淆损害计算方式

《商标法》第63条规定可以参考许可费的合理倍数计算损害赔偿额。经上文对美国适用合理许可费的案件进行分析后，笔者对判断赔偿额的影响因素分为合理许可费数额的影响因素以及合理倍数的影响因素进行分析。

1. 许可费数额认定的考量因素

最高人民法院在2009年发布的知识产权审判若干问题的报告中提出在以许可费作为损害赔偿认定标准时应当充分考虑正常许可与侵权实施在实施方式、时间和规模等方面的区别。〔34〕结合上文的分析笔者总结出以下四个影响因素：

第一，原告过往的许可。

在STW诉Quaker案中，原告STW曾经将商标许可给一家名为Pet的公司，该公司使用许可商标进行产品试销，尽管许可期限很短，Pet公司也没有继续许可经营，但该次许可证明了STW的商标Thirst－Aid在对市场营销的帮助力度，该次许可费也成了法院判决损害赔

---

〔31〕 被告在文胸产品上拥有商标"The Miracle Bra"并在市场上较为成功，被告将该商标拓展到泳装产品能够销售成功也是借力于其文胸产品前期的成功市场。

〔32〕 See A&H Sportswear, Inc., Maintream Swimsuit, Inc. v. Victoria's Secret Stores, Inc. Victoria's Secret Catalogue, Inc. 967 F. Supp. 1457(E. D. Pa., Jun 27 1997)(NO. CIV. A. 94－7408).

〔33〕 参见吴汉东：《知识产权侵权诉讼中的过错责任推定与赔偿数额认定——以举证责任规则为视角》，载《法学评论》2014年第5期。

〔34〕 参见《最高人民法院关于当前经济形势下知识产权审判服务大局若干问题的意见》，载《司法业务文选》2009年第23期。

偿金额的一个重要依据。[35]

第二,涉诉商标或类似商标的市场许可费。

合理的许可费这一损害赔偿计算规则是由专利法中引进的,因此在如何确定相关市场许可费的标准上可以参考借鉴专利法中的规则。有学者提出对于既定的许可费应当符合以下标准:(1)发生在诉讼前;(2)有一定数量的被许可人支付,以表明该许可费是合理的;(3)双方自愿地而非受到诉讼威胁所达成的;(4)许可的使用行为是类似的。这一规则主要是为了避免所参照的许可费具有偶然性从而失去合理性。

在大部分实践情况中可能不存在权利人既定的许可费,此时行业中使用的涉案商标或类似商标所支付的对价或占销售额的比例也可以作为判定合理许可费的参考。例如,在 STW 诉 Quaker 一案中,法院接受了原告提出的许可费率,尽管该许可费率高于原告在先的许可费率,但其财务数据证明该许可费低于行业中类似商标许可协议中的许可费率。

第三,原被告之间是否为竞争关系。

通常来说竞争者之间很少互相许可商标,被告在相同产品上使用与原告相类似的商标会导致原告丧失自身产品与被告产品的识别功能以及对产品声誉的控制。因此,若原被告为竞争关系时,假设的许可费应该要高于普通关系下的许可费数额。[36]

第四,涉诉商标对侵权人的价值。

涉诉商标对侵权人的价值可以从两个方面来看:一方面是商标本身的价值。对于那些具有一定指向性但又极具创意的商标往往能让人眼前一亮,加之商标的特征符合产品所需要宣扬的特质以及市场需求,这样的商标通常更容易被消费者关注从而获得市场的成功。例如在“红盖头”商标侵权案件中,被告杜康公司的新产品主要针对婚宴市场,而“红盖头”一词是代表婚礼喜庆装饰的通用词汇,但在酒类业务中又具有一定的创新性,因此该商标对于被告开发婚宴市场而言是具有一定价值的。[37] 类似的为美国的“野马”案,原告的注册商标与被告开发的越野车新产品极为匹配,也正因为这一原因,被告无视了原告的在先商标而大肆宣传。在反向混淆案件中,侵权人并不是为了攀附商标权人的商誉,其冒着侵权的风险使用他人商标,最为主要的原因之一就是该商标有利于其开发的市场。商标的价值可以通过侵权人从涉案商标中的获利进行衡量。此外,商标的价值不仅仅体现在侵权人的获利中,侵权人节约的成本也是一种不当得利。结合市场特征选择、设计具有吸引力的商标是侵权人本应当支付的成本。

另一方面是侵权人对涉诉商标的需求程度。在 STW 诉 Quaker 案中,法院就曾说明判定合理的许可费应当考虑侵权人对涉案商标的需求。该案中,根据当时的消费者测评,Quaker 对涉案商标的需求程度较高,这也是法院支持原告高许可费的原因之一。[38] 在 A&H 一案中,被告 VS 的 The Miracle Bra 系列泳装占其泳装销售总额的三分之一,停止使用涉诉商标将会对被告整个泳装业务产生极大的冲击,此时被告是愿意支付更高额的许可费的。

---

〔35〕 Sands, Taylor & Wood v. The Quaker Oats Co. ,34 F. 3d 1340, (7th Cir. 1994) p. 1343.

〔36〕 See Chisum on patens, 20. 03[2][a](Mattew Bender &Colopany, Ine. ,2002). 转引自和育东:《美国专利侵权救济制度研究》,中国政法大学 2008 年博士学位论文,第 104 页。

〔37〕 参见“红盖头”案:(2011)渝高法民终字第 280 号。

〔38〕 Sands, Taylor & Wood v. The Quaker Oats Co. ,34 F. 3d 1340, (7th Cir. 1994) p. 1343.

2. 合理倍数的考量因素

值得注意的是,许可费的倍数作为损害赔偿与惩罚性赔偿并不能等同。许可费的倍数是衡量原告损失的一种计算方法,其本质是为了弥补正常计算出的许可费无法弥补原告损失以及损失计算不确定的风险下采取的措施,仍然是属于补偿性的赔偿。而惩罚性赔偿是根据《商标法》第63条的规定:"恶意侵权的,可以在按照上述方法确定数额的一倍以上三倍以下确定赔偿数额",建立在弥补损失的赔偿额之上对被告恶意侵权行为进行惩罚以警示后人。因此,从被告恶意的角度来看惩罚性赔偿的主观恶意要比合理许可费倍数中考虑的要更加严重得多。且从另一角度来看,如果侵权人支付的许可费与非侵权人支付的正常许可费相差无几,侵权人违法成本过低也无法体现立法禁止侵权的目的。认定许可费的倍数可以考虑以下几个因素:

第一,是否主观善意。

若有证据能够证明侵权人在使用商标前进行了必要的检索并在使用过程中没有收到商标权人的律师函或其他告知侵权行为的通知,那么应当认为侵权人主观是善意的。但应当注意的是在反向混淆案件中,被告往往在经济规模和市场份额中都具有较强的实力,产品或服务的发布均面向全国甚至全球,其对于知识产权的审慎义务相比于普通小规模的企业应当更高。

当侵权人主观善意时在认定损害赔偿金额时应当注重弥补权利人的损失,降低侵权人承担的在衡量权利人损失时因难以量化所带来的风险。这也能够避免反向混淆案件中实力较为弱小的企业在发现侵权时不及时制止,等侵权人大量投入市场后又主张侵权趁机敲诈高额赔偿的行为。

第二,是否主观恶意。

正向混淆案件中是否"搭便车"是证明利用原告良好声誉的主观意图。但反向混淆的情况下,被告使用原告的商标是因为该标志符合被告的市场营销计划,而非搭便车。〔39〕因此,正向混淆案件中对恶意的认定标准与反向混淆案件存在一定的区别。在"卡斯特"商标侵权一案中法院也特别指出,被告作为全球知名的葡萄酒商,难以认定其使用"卡斯特"标志是为了搭便车,本案不同于一般的商标侵权纠纷,在判定赔偿数额时应当着重考虑被诉侵权人的使用方式等是否具有主观恶意。〔40〕

首先,是否存在撤销或无效在先商标或注册近似商标未果行为。当侵权人曾经向工商局申请撤销或无效涉诉商标时,至少可以证明被告在使用侵权商标前或使用时已经知晓原告的在先注册事实,并预估到了自己继续使用可能会造成侵权的风险。"新百伦"商标侵权案中,被告 New Balance 公司曾经尝试撤销原告的"百伦"商标但遭遇了商标局的驳回。这一行为均被作为法院认定故意侵权的依据,并在作出判决时予以考量。

其次,是否曾收到原告的律师函。通常原告在发现被告侵权行为时都会发律师函进行警告要求停止侵权。如果原告能够证明其曾经向被告发出警告函但被告仍然持续侵权的,通常会认定为被告具有主观恶意。例如,在 BigO 案中,在被告新产品上线后一个月就发现了原告的注册商标,并在随后接到了要求停止使用的律师函,但其仍然无视对方商标权利而继续使用。

---

〔39〕 See Leah L. Scholer, Righting the Wrong in Reverse Confusion, 2004, 55 *Hastings L. J.* 737, p. 749.

〔40〕 "卡斯特"案,最高院(2014)民提字第25号。

第三,在后使用人扩张市场的方式。

相比于通过“突击”式对市场进行广告营销轰炸的方式占领市场而言,经过长期的使用逐渐扩大市场的方式能够使被告在侵权赔偿中具有一定优势。[41] 被告扩张市场的方式将会影响原告未来在相关市场中发展的空间,也就直接影响了被告侵权行为与原告造成的损害的关联。在 BigO 案中,被告在面向全国观众的 ABC 电台“周一足球之夜”发布了含有侵权商标的广告,并在一年期间花费了将近 1000 万美元的广告费。在如此强势的市场扩张方式下使得原告的商标很快在市场中被淹没,产生反向混淆。在“蓝色风暴”一案中也发生了类似的情形,被告百事可乐公司先后推出了多次主题促销活动,将“蓝色风暴”作为 2005 年的主体在各大媒体中均进行了报道。法院在判决中就将百事公司的宣传力度与原告市场空间受排挤相关联并作为判断原告损失的考量因素之一。

第四,商标权人对商标的使用。

如果商标权人获得商标注册后没有进行使用,那么该标志尚未发挥识别功能,商标权人开发潜在市场的期待值较低,更换商标成本较低,此时已经获得一定知名度的被告的利益不能被完全忽视。且商标法设立之初就是为了推动市场良性发展,保护商标权人建立商品或服务与来源的联系,若商标权人尚未开始使用,这一利益获得保护的价值也就更低了。

六、结论

我国目前商标损害赔偿的相关立法主要是在正向混淆侵权的环境下做出的,实际上反向混淆为混淆的一种形式仍然能够适用现行商标法的相关规定,但在损害赔偿计算的标准上与传统正向混淆应当有所区别。合理许可费体现了商标的价值,在反向混淆这类销售额受多方因素影响的案件,适用合理许可费的倍数能够较合理地弥补商标权人的损失,平衡各方利益,从而一定程度上缓解我国商标赔偿大量适用法定赔偿的现状。

【导师点评】

商标反向混淆是今年来讨论比较热门的一个话题,由于“新百伦”“非诚勿扰”等反向混淆案件由于涉案方的知名度以及巨额赔偿也在社会中引起了较高的关注度。此前对反向混淆的理论研究主要停留在反向混淆概念的引入介绍以及侵权的正当性分析。针对损害赔偿的分析较少,且主要集中在对“新百伦”案件的分析,少有系统分析的理论研究。目前我国在商标损害赔偿额标准主要依据新《商标法》第 63 条的规定以及《最高人民法院关于审理商标民事纠纷案件适用法律若干问题的解释》第 15 条、第 16 条的规定。从上述法条中规定的原告损失的计算方法来看显然只考虑了正向混淆的情形,因此可以说目前的相关规定主要是在以正向混淆为主要侵权行为的环境下制定的。反向混淆因其侵权目的、侵权过程中产生损害的不同及涉诉双方实力的悬殊使得这一类型的案件在认定侵权行为以及损害赔偿时具有了一定的特殊性。本文通过对损害的分析入手,对比传统商标侵权行为和反向混淆案件侵权对商标权人产生损害的不同,并在这一基础上,结合美国相关司法判例,提出了适用合理许可费的倍数作为反向混淆案件损害赔偿计算标准并分析了可行性。同时,对确定合理许可费的倍数的考量因素也进行了逐一分析,为今后理论研究和司法实践中类似案件提供参考。本文在硕士学位论文的基础上,对各个部分进行了精选,提炼主要观点及论述部分,着重对现在商标损害赔偿案件大量采用法定赔偿的环境下,从商标反向混淆损害赔偿的

[41] See Brent Folsom, Reverse Confusion: Fundamental and Limits, (2001) 12 *J. Contemp. Legal Issues* 258, p. 261.

角度切入，通过进一步明晰合理许可费倍数的考量因素及适用可行性，来分析在类似于反向混淆这样对商标价值剥离比较明显的案件，可以通过提高合理许可使用费作为赔偿依据的方式来减缓大量适用法定赔偿的局面。

（指导教师：王莲峰）

论禁止规避技术措施与合理使用制度冲突的解决

黄朝玮*

一、合理使用制度与技术措施的冲突

合理使用制度一直以来都是版权法的核心要素之一,其在传统著作权体系中维系着著作权人利益和使用者权益之间的平衡,防止了垄断的发生。合理使用通过限制排他性的著作财产权,让使用者能够越过权利人的许可而自由利用作品,以此降低公众利用信息的成本。[1]

然而,数字时代的技术进步使复制的成本大大降低,版权侵权行为也在一夜之间四处泛滥。技术进步已经大大减小了大量制作复制件的难度,并且也促进了网络材料的散播。这带来了极大的便利,但同时也使盗版肆意传播。[2] 立法者意识到,若要在数字时代维护著作权人的利益,仅仅通过著作权人自力救济的模式将难以为继,法律必须对技术性手段提供保护。

基于国际条约的要求,我国《信息网络传播权保护条例》(以下简称《条例》)第4条第2款对技术措施提供了全面的保护:"任何组织或者个人不得故意避开或者破坏技术措施,不得故意制造、进口或者向公众提供主要用于避开或者破坏技术措施的装置或者部件,不得故意为他人避开或者破坏技术措施提供技术服务。但是,法律、行政法规规定可以避开的除外。"根据规定,行为人不仅不得"避开或者破坏"技术措施,还不得"制造、进口或者向公众提供"破坏装置,亦不得为破坏技术措施"提供技术服务"。

但是,版权法律所带来的强有力保障却在无形之中影响了合理使用制度的适用。由于技术措施无法辨认规避者的真实目的是否为合理使用,而是一视同仁地阻碍所有未经许可的"接触"或"使用"。即使行为人出于合理的意图而进行规避,其行为也会违反禁止规避的相关规定。这便导致法律在保障权利人合法利益的同时阻碍了合理使用的实现,上述禁止性规定便与合理使用制度产生了冲突。

二、技术措施的分类及冲突的拆解

根据我国《条例》第26条第2款的定义,[3]"接触控制措施"和"版权保护措施"在我国

---

* 黄朝玮,华东政法大学2017届知识产权专业硕士研究生。

[1] 参见熊琦:《论著作权合理使用制度的适用范围》,载《法学家》2011年第1期。

[2] See Jennifer Newton, Note, Global Solutions to Prevent Copyright Infringement of Music Over the Internet: The Need to Supplement the WIPO Internet Treaties with Self-Imposed Mandates, 12 Ind. Int1 & Comp. L. Rev. 125, 125(2001).

[3] 《信息网络传播权保护条例》第26条第2款规定:"技术措施,是指用于防止、限制未经权利人许可浏览、欣赏作品、表演、录音录像制品的或者通过信息网络向公众提供作品、表演、录音录像制品的有效技术、装置或者部件。"

同时受到保护。其中,“接触控制措施”是指用于防止他人未经许可浏览、欣赏作品或运行计算机软件的技术措施;“版权保护措施”是指用于防止他人未经许可对作品进行复制、改编、信息网络传播等受著作权人享有的专有权利控制之行为的技术措施。

针对技术措施,行为人可能有两种行为模式,而这两种模式对版权法利益平衡所造成的危害也大不相同。根据《条例》的相关规定,我国对这两种行为模式均予以禁止,最大限度地保障了版权人的利益。

第一种是直接规避技术措施的行为。该行为模式是指行为人通过特定的手段直接避开或破坏设置于作品之上的技术措施,使技术措施失去其原本应该产生的效果。例如,针对试用期到期后无法正常运行的 Office 软件,某技术高手通过更改特定程序的设置,“骗过”Office软件的验证系统,使其误以为该技术高手的 Office 软件已经输入过正确的序列号,从而允许其不受时间限制地使用 Office 软件的全部功能。在此情况下,技术高手便自行规避了 Office 软件中的“接触控制措施”。

第二种是提供规避技术措施手段的行为。该行为模式下的行为人不再满足于避开或破坏技术措施后供自己使用,而是将规避技术措施的手段公之于众,或者为其他用户提供规避服务。在此情况下,普通用户也能够通过下载相关软件或者向技术高手寻求帮助而使得自己软件中的技术措施被破解,使版权人的利益受到极大的侵害。DMCA 的立法者也曾认为:“禁止提供规避手段的规定禁止的是什么?它针对的不是那些亲自闯入其他人控制领域的人,而是针对那些促进了这一过程的人——即那些提供了攻城器或石弩,设计精致的进攻策略并逐步促进对要塞的渗透的人。”〔4〕

通过对比可以发现,上述两种行为模式对版权人利益的威胁程度有很大差异。对于第一种行为,其产生的危害仅仅是规避者自身对版权人利益的侵害。并且,该行为模式也要求规避者拥有较高的技术水平,对于普通用户而言往往较难实现。相反,第二种行为则将危害的范围大面积扩大。通过下载“傻瓜版破解补丁”或者寻求他人帮助,不特定公众均可以“间接地”破解技术措施。显然,提供规避技术措施手段的行为危害性极高,若不加以抑制,极有可能对著作权人的合法利益造成难以估量的损害。

三、降低保护水平以允许直接规避技术措施

过于严苛的法律规定导致合理使用的适用面临无法突破的障碍。在法律禁止直接规避行为的情况下,即使行为人出于合理的目的进行了规避,也会因为违反了法律的规定而无法实现其目的。又由于技术措施自身尚未智能到能够辨别基于侵权目的的规避和基于合理使用目的的规避,其“非此即彼”的适用效果往往会将非法规避者和合理使用者一概拒之门外。在此情况下,上述冲突只能通过符合我国需求的机制从法律的角度加以解决。

(一)现有应对禁止直接规避所致冲突的策略及评述

以美国为代表的国家采用定期公布例外机制解决上述冲突,该机制规定由特定机构根据冲突的剧烈程度定期公布例外。具体而言,在制定 DMCA 的过程中,美国国会众议院商业委员会(以下简称商业委员会)建议在 DMCA 中增加一个“故障防护机制”,即定期公布例外情形以适应社会发展对利益平衡带来的影响。〔5〕根据上述规则,在 2000 年至 2015 年

---

〔4〕 See House of Representatives Report 105 - 551, Part 2, 105th Congress, 2nd Session, at 17(1998).

〔5〕 See House of Representatives Report 105 - 551, Part 2, 105th Congress, 2nd Session, at 36(1998).

的15年期间内,美国国会图书馆先后6次公布了不适用禁止规避技术措施相关规定的例外情形,为合理使用的适用留下了空间。[6]

但是,定期公布例外机制在试图重新平衡版权人利益和使用者权益的同时,也存在一定的缺陷。首先,该机制要求提议人主动提出并负担极高的举证义务。商业委员会要求禁止规避技术措施的规定对特定类型版权作品的负面影响必须是明确、可验证、可衡量,而非很小的影响,否则禁止性规定将继续适用。[7] 并且,该等不利影响不得属于一种可预见性的影响,而必须是切实已发生的影响。美国国会图书馆就曾在报告中以"申请者提出的理由主要以预期不利影响为主,并未提供明确具体且有说服力的证据以支持公布例外"为理由拒绝公布被提议的例外情形。[8] 上述制定规则意味着例外情形在最终公布前需面临极其严格的审核,使真正能够响应使用者诉求而公布的例外情形变得凤毛麟角。

其次,该机制所公布的例外情形不能完全等同于合理使用。可以发现,针对禁止规避条款的免责情况与合理使用的具体适用情况并非一一对应。[9] 例如,与刷机和越狱相关的免责情况显然是出于商业考量而非合理地利用作品本身。另外,"保存过时计算机程序和视频游戏版本的例外"和"对视频游戏进行安全测试的例外"等情形还涵盖了对适用主体的要求,一般行为人自始便不具有适用该等例外情形的资格。这样的偏差也使定期公布例外机制对适用合理使用制度的帮助大打折扣。

最后,该机制只能针对直接规避的情形。根据DMCA的规定及美国国会图书馆所公布的例外清单,上述情形仅仅是针对直接规避行为的例外,基于例外情形所规定的目的向他人提供规避手段的行为仍旧会违反禁止性规定。换言之,除开例外情形难以公布的前提之外,即使对于业已公布的例外情形,使用者还必须具备一定程度的计算机能力方可从中获益。对于无技术无工具的消费者而言,这样的例外情形无异于空头支票。

(二)我国可采取不禁止直接规避行为的策略

本文认为,即使对直接规避行为不提供保护,也不会严重侵害权利人的利益。其原因在于,对技术措施的直接规避要求行为人自身具备相当高的专业素养,要普通使用者轻而易举地自行破坏技术措施无异于天方夜谭。与放宽直接规避行为相对应,法律应更多地关注提供规避手段的行为,因为提供行为往往是使规避得以实施的原因所在,是整个不当行为链条的源头。

我国及其他国家现行著作权法律法规中与技术措施相关的规定主要来源于WCT[10]

---

[6] See Library of Congress, Exemption to Prohibition on Circumvention of Copyright Protection Systems for Access Control Technologies, 65 FR 64556(2000), 68 FR 62011(2003), 71 FR 68472(2006), 75 FR 43825(2010), 77 FR 65260(2012) and 80 FR 65944(2015).

[7] See House of Representatives Report 105 – 551, Part 2, 105th Congress, 2nd Session, at 37 – 38(1998).

[8] See Library of Congress, Exemption to Prohibition on Circumvention of Copyright Protection Systems for Access Control Technologies, 77 FR 65260, at 65274(2012).

[9] See June M. Besek, The Scope of the Prohibition on Circumvention of Technological Measures: Exceptions, *National Reporter for USA*, ALAI – USA, 2001, p. 11.

[10] WCT第11条"关于技术措施的义务"规定:"缔约各方应规定适当的法律保护和有效的法律补救办法,制止规避由作者为行使本条约或《伯尔尼公约》所规定的权利而使用的、对就其作品进行未经该有关作者许可或未由法律准许的行为加以约束的有效技术措施。"

和 WPPT,[11]两者均要求缔约国承担相应的义务。值得一提的是,WCT 和 WPPT 中的相关条款在最终版本前曾经仅涉及进口、制造、散发等提供行为,而未涵盖规避行为。[12] 此外,《基础提案》第 13 条之注释进一步说明:"缔约国可以在避免立法规定不合理地阻碍合法使用公有领域作品的前提下,自行设计本条规定的条款的准确适用范围。"[13]与此类似,关于 WPPT 的《基础提案》第 22 条及相关注释与 WCT 的相关提案体现出了类似的逻辑。[14]

实践中,新西兰《版权法》仅禁止提供规避技术措施的手段,而对自行规避技术措施持容忍态度。[15] 而《日本著作权法》[16]、澳大利亚《2000 年数字议程法案》[17]也对此持同样态度。

事实上,在不禁止直接规避行为的情况下,只要严格禁止提供规避手段的行为即可从源头上防止损害权利人利益的情况发生。多数人均会缺乏必要的专业技术,如果不能获得相关的工具或服务,他们并不能为了实现"合理使用"而自行规避。[18] 对于那些有能力自行规避的人来说,破解后对技术措施所保护的作品或其他内容实施的后续行为本身即会受到《著作权法》的控制。在不构成合理使用或缺乏其他法定理由的情况下,直接规避技术措施后对失去保护的作品或其他内容进行复制、传播显然会侵害权利人的利益。美国国会报告就曾对美国允许行为人自行规避"版权保护措施"的原因作出解释:"法律早已对特定行为予以禁止,所以不需要专门禁止这一措施的新规定。"[19]

综上本文认为,鉴于我国仍属于发展中国家,没有必要以最严格的标准执行 WCT 和 WPPT 等国际条约所施加的义务,我国完全可以采取不禁止直接规避行为的策略。若该策

---

〔11〕 WPPT 第 18 条"关于技术措施的义务"规定:"缔约各方应规定适当的法律保护和有效的法律补救办法,制止规避由表演者或录音制品制作者为行使本条约所规定的权利而使用的、对就其表演或录音制品进行未经该有关表演者或录音制品制作者许可、或未由法律准许的行为加以约束的有效技术措施。"

〔12〕 See WIPO, Doc. CRNR/DC/4, Basic Proposal for the Substantive Provisions of the Treaty on Certain Questions Concerning the Protection of Literary and Artistic Works to be considered by the Diplomatic Conference (1996), Article 13.

〔13〕 在通过外交会议进行磋商过程中,专家委员会起草的《基础提案》第 13 条曾规定:"(1)缔约各方应将进口、制造或散发用于破坏技术措施保护的设备的行为,以及提供、实施能够达到相同效果的任何服务的行为认定为违法,只要行为人明知或有合理理由应知该等设备或服务将会被用来,或在使用过程中会构成在未经权利人许可或法律授权的情况下行使本条约规定的权利;(2)缔约各方应就第(1)款中规定的违法行为提供适当且有效的救济措施。"See WIPO, Doc. CRNR/DC/4, Basic Proposal for the Substantive Provisions of the Treaty on Certain Questions Concerning the Protection of Literary and Artistic Works to be considered by the Diplomatic Conference (1996), Notes on Article 13, 13.05.

〔14〕 See WIPO, Doc. CRNR/DC/5, Basic Proposal for the Substantive Provisions of the Treaty for the Protection of the Rights of Performers and Producers of Phonograms to be considered by the Diplomatic Conference (1996), Article 22 and relevant Notes.

〔15〕 Article 226A of the New Zealand Copyright Act.

〔16〕 Article 120bis (i) and (ii) of Copyright Law of Japan, Copyright Research and Information Center, at http://www.cric.or.jp/english/clj/cl8.html, Oct. 26, 2017,其规定的"与技术措施相关的受禁止行为"包括:(1)制造、进口、销售、散发、出租、许诺销售、许诺出租或者以其他方式宣传推销规避设备;(2)向他人提供用于规避或协助规避技术措施的服务;(3)公开能够规避或协助规避技术措施的信息三类。

〔17〕 其第 116A 条仅禁止行为人在未取得作品或其他内容版权人允许或独占许可的情况下制造、销售或出租、散发、公开展示、基于上述目的而进口、通过网络提供、通过促销来宣传推广用以规避技术措施的设备。

〔18〕 参见王迁:《论禁止规避技术措施的范围》,载《法学家》2016 年第 6 期。

〔19〕 See Senate Report 105 - 190, 105th Congress, 2nd Session, at 12 (1998).

略最终得以适用,直接规避所造成的冲突将迎刃而解。该策略能够以对权利人损害最小的代价,为合理使用制度的适用换来大量空间。

四、设立新机制以允许向特定个人提供规避手段

仅仅通过直接规避行为方面的例外,仍旧会使得大部分潜在的合理使用人缺乏用以实现这一权益的技术手段,除非禁止提供规避手段的条款也被修改。[20] 然而,由于提供规避手段的对象具有不确定性,提供者难以控制规避手段的后续利用方式,因此各国均禁止提供规避技术措施的手段这一行为,而这也极大地压缩了作品或其他智力成果被合理使用的机会。本文认为,欧洲国家采用的“行政机关主导模式”解决方案存在一定的弊端,使其预期效果大打折扣,而澳大利亚曾经采用的“向提供者提交声明模式”则有其可借鉴之处。

(一)摒弃现有域外实践经验的不足之处

欧盟要求成员国一方面为技术措施提供法律庇护,另一方面确保行为人能够从合理使用中获益。在权利人未能主动提供协助或与相关当事人无法达成有效协议时,《欧盟版权指令》要求成员国进行干涉,以确保合理使用的实现。[21]

但上述规则以强制的协商程序为前提,即当禁止提供规避手段的规定与合理使用的适用产生冲突时,作品的使用者必须先行和权利人协商,以期由权利人向其提供帮助。而当事人之间进行上述协商程序是转而寻求行政机关帮助的必要前提。本文认为,通过前置协商程序完全解决冲突的情形极其有限,大多情况下当事人均要再次回归到行政机关以提出申诉或提请调解,而这也是“行政机关主导模式”的最大弊端。显然,效果平平的强制前置协商程序无故拖延了整个流程的时限,不符合数字时代的精神。对意思自治的尊重值得肯定,但若将所谓的“意思自治”强制放在最终救济手段之前,则反而有过犹不及之嫌。本文并不排斥双方自行协商,但认为不应对此作强制要求。

从实践的角度来看,具有合理使用需求的使用者可能数以千计,而设置技术措施的权利人往往人数有限。此时,基数的巨大悬殊无疑会给权利人带来极大的负担。倘若权利人对每个合理使用者的请求都必须及时回应,恐怕权利人自身便将无暇继续开展新的创作。

同时,即使没有强制协商程序,以英国提请申诉[22]和意大利申请调解[23]为代表的行政机关主导模式仍旧存在弊端。具体而言,是否可以合法地向使用者提供规避手段以使其进行合理使用需要一个判断过程,而是否可以最终成型却需要由行政机关来判断。这就带来了两个难以避免的问题:第一,最终决策存在不确定性,行政机关的自由裁量权使得使用者无法确知其申请最终是否能够成功,时间和精力上的付出往往可能因程序或证据的瑕疵而付诸东流;第二,决策程序意味着需要消耗必要的工作时间,可能导致最终经批准的合理使用对使用者的价值大打折扣。

对此问题,澳大利亚的相关规定值得我国在进行适当的调整后加以运用。根据《2000年数字议程法案》的相关规定,只有“有资格的人”才可能获取相关的规避设备或服务,从而

[20] See Robert C. Denicola, Access Controls, Rights Protection, and Circumvention: Interpreting the Digital Millennium Copyright Act to Preserve Noninfringing Use, 31 Colum. J. L. & Arts 209, 217 – 218 (2007 – 2008).

[21] Article 6(4) of the Directive 2001/29/EC of the European Parliament and of the Council of 22 May 2001 on the Harmonization of Certain Aspects of Copyright and Related Rights in the Information Society.

[22] Article 296ZE(2) and 296ZE(3) of the UK Copyright, Designs and Patents Act 1988.

[23] Article 71 quinquies(1) of Italian Copyright Statue, Unofficial Draft English Version, at http://portal.unesco.org/culture/en/files/30289/11419173013it_copyright_2003_en.pdf/it_copyright_2003_en.pdf, Oct. 26, 2017.

将提供规避手段的对象限定在特定个人,避免了规避工具在网络中大量传播。同时,《2000年数字议程法案》还规定了严格的适用情形,并要求"有资格的人"提供内容详尽的声明,以确保规避工具不被滥用或二次流通。在这样的机制下,提供者只会在明确相关个人符合"有资格的人"的条件时才会向其提供规避设备或服务,从而将提供的对象限定为特定个人。[24]

(二)采用适合我国的行政机关辅助模式

在澳大利亚模式的基础上,本文建议的行政机关辅助模式与其存在一个核心的差异,即要求行政机关介入。根据澳大利亚模式,相关声明由使用者向规避手段提供者出具,在使用者滥用规避工具或服务的情况下,规避手段提供者的提供行为亦可依据该等声明而免责。本文认为,由使用者和提供者自行决定的形式不符合我国的需求。

首先,提供者自身未必具备判断特定行为或目的是否符合合理使用的能力。其完全可能被使用者提供的声明的外观所蒙骗,进而在无意识的情况下间接地"帮助"行为人违反了禁止规避技术措施的相关规定。其次,基于我国人口众多、整体版权意识尚有待提高的现状,无行政机关介入的模式极有可能导致规避手段被滥用的可能,甚至可能出现使用者和提供者合谋以侵害权利人利益的可能性。最后,具备直接规避技术措施能力的人毕竟不在多数,盲目寻找反而可能导致使用者的诉求无人响应的后果。在无行政机关辅助的模式下,使用者必须满足三个前提条件方可提交相关声明以获得规避手段。第一,其必须知晓有人能够帮助其进行规避的能力;第二,其必须知悉该人的具体联系方式;第三,其必须获得该人的同意以向其提供。显然,这样的条件完全可能导致使用者将大量的时间耗费在确定提供者之上,合理使用的效果仍旧会面临打折的风险。

据此,本文建议摒弃欧洲国家的申诉或调解,采用澳大利亚的提交声明模式,并要求行政机关介入。但是,该模式不以行政机关为主导,而是由行政机关提供辅助。具体来说,权利人应当在设置技术措施之后,向行政机关备案规避该等技术措施的手段,并留存其身份及联系信息。同时,具备自行规避技术措施能力的行为人亦可向行政机关备案规避设置于特定作品之上的技术措施的手段,并留存其身份及联系信息。行政机关在完成上述备案后,应进行核验,并将通过核验的信息进行公示。另外,由使用者向特定的行政机关提交其意图进行合理使用的声明,载明其个人身份及联系信息、申请规避的对象、申请规避的理由及法律依据以及其不会滥用该等手段的承诺。在行政机关收到相关声明后,在较短的工作日内对联系信息的真实性进行初步核验,并对使用者说明的原因是否符合法律的规定进行判断。只要该等声明符合形式上的要件,且其理由构成合理使用,行政机关便可直接向使用者提供规避技术措施的工具或服务。

行政机关辅助模式的另一个优点在于可以有效防止允许向特定个人提供规避技术手段的例外情形被滥用。在行政机关辅助模式下,由于提供者自身不直接与使用者进行接触,而只是向行政机关留存了相关规避手段,提供者将没有滥用提供机会的可能性,亦无须面临因错误提供规避手段而违反法律规定的风险。

对于使用者,其主要存在两种潜在的违法可能性。第一,在接受了规避手段并获取了解除技术措施的作品后,不按声明中载明的用途或超出该等用途的范围使用作品;第二,在接受了帮助之后另行向其他人提供二次帮助。但是,这两种行为分别可以被著作权人的专有

〔24〕 Article 116A(3),(4) and(4A) of the Copyright Amendment(Digital Agenda) Act 2000.

权利以及禁止提供规避手段的规定所控制,不会导致权利人遭受严重侵害。更为重要的是,在发生纠纷时,使用者向行政机关留存的声明亦可作为对其进行行政处罚或追究民事责任的依据,从而在一定程度上减轻了权利救济时的举证义务。

五、结语

在数字时代,技术措施从技术层面为权利人提供了良好的保护,防止其作品被大面积复制及传播,而著作权法律的相关规定又从法律层面上强化了上述保护。然而,过于强势的法律保护却在另一方面极大地压缩了合理使用制度的适用可能性,导致任何意图进行合理使用而进行规避的人均会因为违反禁止规避的相关法律法规而构成违法,两者之间的冲突便由此产生。

对于"接触控制措施"和"版权保护措施"这两类技术措施,我国同时禁止对其进行的直接规避行为以及提供规避手段的行为,为技术措施提供了最高水平的保护,甚至比诸多除欧盟外其他国家的规定还要严格。过于严格的保护亦在某种程度上加深了上述冲突。事实上,两类技术措施本身的性质即存在较大的差异,而直接规避行为和提供规避手段行为对版权人利益的危害程度也大相径庭。

针对直接规避行为,由于其本身存在的技术门槛,并非所有的行为人均有能力自行规避,使得这一行为对权利人造成的危害较小。事实上,即使不禁止直接规避"版权保护措施",行为人对作品进行的不构成合理使用的利用仍旧会受到权利人专有权利的限制。结合我国的现实情况,本文建议不禁止对权利人利益危害较小的直接规避行为,整体上降低对技术措施的保护水平,为合理使用的适用留下空间。

针对提供规避手段的行为,由于规避手段的泛滥会造成极其恶劣的公共利益损害,我国应该和其他各国一样继续禁止这一行为。另外,由于仅在直接规避上打开了口子,行为人仍旧会囿于技术水平对规避可能性的影响,不足以解决冲突。即使规避行为本身可能是合法的,广大普通用户将可能因为无法获取该等规避手段而需要专家的帮助以行使他们的权利。[25] 据此,本文建议在禁止向不特定公众提供的同时,采用行政机关辅助模式,允许向特定行为人提供规避手段。

鉴于《著作权法(修订草案送审稿)》(以下简称《送审稿》)为技术措施单列一章,[26] 将对技术措施的保护由条例上升至法律,并将"技术措施"改称为"技术保护措施",本文也将以《送审稿》的相关规定为基础提出立法建议。

在禁止直接规避行为方面,建议将《送审稿》第69条第2款修改为:

> "未经许可,任何组织或者个人不得故意避开或者破坏技术保护措施,不得故意制造、进口或者向公众提供主要用于避开或者破坏技术保护措施的装置或者部件,不得故意为他人避开或者破坏技术保护措施提供技术或者服务,但是法律、行政法规另有规定的除外。"[27]

---

〔25〕 See Haimo Schack, Anti – Circumvention Measures and Restrictions in Licensing Contracts as Instruments for Preventing Competition and Fair Use, 2002 U. Ill. J. L. Tech. & Poly 321, 325(2002).

〔26〕《著作权法(修订草案送审稿)》增设第六章"技术保护措施和权利管理信息",专门规定了与技术措施相关的内容。

〔27〕 具体而言,删去"不得故意避开或者破坏技术保护措施"的规定,不再禁止直接规避技术措施的行为,而仅禁止提供规避手段的行为。

在行政机关辅助模式方面，建议在《送审稿》第六章中增加两条，分别规定备案机制以及提供机制：

“第X条 权利人在对其作品、表演、录音制品或者广播电视节目设置技术保护措施后，应当向著作权行政管理部门备案规避该等技术保护措施的手段，或备案其作品、表演、录音制品或者广播电视节目未设置技术保护措施的版本，并留存其身份及联系信息。

自行规避技术保护措施的个人，可以向著作权行政管理部门备案规避本条第一款所述技术保护措施的手段，并留存其身份及联系信息。

著作权行政管理部门在收到本条第一款、第二款的备案申请后，应对上述规避技术保护措施的手段、未设置技术保护措施的版本、身份及联系信息进行核验，通过核验的，予以备案。著作权行政管理部门应定期公示所有通过备案的信息所对应的作品、表演、录音制品或者广播电视节目的名单。”[28]

“第Y条 任何个人均可向著作权行政管理部门提交一份书面声明，载明以下内容，以申请获取根据第X条备案的规避技术保护措施的手段或未设置技术保护措施的版本：

(1)申请人的身份及联系信息；

(2)申请规避技术保护措施的作品、表演、录音制品或者广播电视节目的名称；

(3)申请规避技术保护措施的正当理由及其在《著作权法》或相关法律法规中的依据；

(4)经过申请人签字或盖章的，关于申请人不会滥用规避技术保护措施的手段或未设置技术保护措施的版本的承诺书。

著作权行政管理部门应在收到本条第一款中的声明的3个工作日内，对声明的形式及内容进行核查。认为形式符合要求且理由正当的，向申请人提供规避技术保护措施的手段或未设置技术保护措施的版本，并留存相关声明；认为形式不符合要求或理由不正当的，应书面通知申请人并载明原因。

申请人根据本条第一款提交的，著作权行政管理部门根据本条第二款留存的声明，在著作权行政、司法活动中应当作为认定事实的根据。”[29]

【导师点评】

在数字时代，版权人将技术措施作为权利保护手段的情形屡见不鲜，各国法律也为技术措施提供了充分的保护。本文注意到了版权保护技术措施所带来的负面影响，也即因技术措施的中立性所带来的合理使用制度难以实现的问题。在剖析了不同种类的技术措施以及不同水平的保护标准之后，本文也就禁止规避技术措施与合理使用制度冲突的解决方案进行了有益的探索，具有一定的理论和实践价值。

---

〔28〕 具体而言，本条为备案机制，要求权利人并鼓励规避者进行备案，并由著作权行政管理部门定期公示经过核验的备案信息。

〔29〕 具体而言，本条为提供机制，包括提交的声明所应满足的形式要件，以及著作权行政管理部门的处理方式。同时，本条还规定了该等声明在行政、司法活动中的证明效力。

本文对美国、澳大利亚、日本等著作权法立法技术较为先进的国家的法律规定、实践探索和学者观点均有深入的研究,体现出作者在研究生期间具有良好的阅读习惯和学术积累。同时,在分析研究各国法律规定时,作者也能够从立法过程中的政府文件、国际条约的订立过程等资料中探索立法者的本意,做到了追根溯源。

结论方面,作者将禁止直接规避技术措施和禁止提供规避技术措施的手段这两类目前均为法律禁止的行为进行区分,根据其对权利人的危害程度分别提出了两类解决方案。对于前者,作者基于国际条约的立法本意以及我国的实际情况,提出了“不禁止直接规避行为”的解决方案;对于后者,作者在比较、评析各国方案后,以澳大利亚曾使用的方案为蓝本,提出了“行政机关辅助模式”的解决方案,两方案均具有一定的理论基础和实践可行性。

(指导教师:王　迁)

跨境争议

《诱拐公约》返还儿童申请程序中的抗辩事由研究

李尔菲*

国际私法上所称儿童诱拐，指的是未经有权监护儿童的人的同意或合法授权，将儿童单方带离或者滞留的情形；如果儿童被迁移出一国国界，那就构成国际儿童诱拐（International Child Abduction）。在国际社会的实践中，国际儿童民事诱拐现象非常严重，因此国际社会也非常重视并尝试解决该类问题。海牙《国际诱拐儿童民事方面的公约》（以下简称《诱拐公约》）正是诞生于这样的背景下，设计了一种快速返还机制使儿童及时、迅速回到其熟悉的生活环境，试图解决非法儿童诱拐现象；同时，该机制不仅设计了强制交还儿童的原则，同时又规定了交还儿童义务的例外情形，即返还儿童申请程序中的抗辩事由。

根据抗辩事由的性质和适用的优先程序，笔者将抗辩事由分为程序性抗辩与实体性抗辩。程序性抗辩是指针对《诱拐公约》的适用问题而提出的抗辩，包括第3条、第4条和第35条。实体性抗辩是指在确定《诱拐公约》适用后，《诱拐公约》基于案件的实体情形而列举的返还儿童的例外规定，包括第12条、第13条，以及第20条的兜底性规定。

一、被申请人的程序性抗辩事由

（一）《诱拐公约》第3条设立的抗辩事由

《诱拐公约》第3条[1]确定了“对儿童的非法转移或滞留”的范畴。换言之，若被申请人的行为并不构成对儿童的非法转移或滞留，则《诱拐公约》不得适用。

1. 不构成对儿童的非法转移或滞留的抗辩的具体分析

《诱拐公约》第3条确立了构成非法转移或滞留的两个标准：一是申请人享有对儿童的监护权；二是申请人已经行使或即将行使该监护权。该双重标准也给被申请人提供了至少2种具体抗辩：（1）申请人不享有对儿童的监护权；（2）尽管申请人享有对儿童的监护权，但在“诱拐行为”发生时，申请人并未行使、也并不打算行使该权利。换言之——申请人放弃行使该监护权。抗辩（2）将于下文《诱拐公约》第13条单独讨论，本部分只讨论抗辩事由（1）的情形。

根据第3条文本规定，判断是否享有监护权所依据的是“儿童惯常居住地国法”。《诱拐公约》没有将“儿童惯常居住地国法”局限为法律，而是在本条第3款采取非穷尽的方式，

---

* 李尔菲，华东政法大学2017届国际法学专业硕士研究生。

[1] 《诱拐公约》第3条规定：“在下列情形下，对儿童的转移或滞留被视为非法：（一）转移或滞留侵犯了在该转移或滞留行为发生前依儿童惯常居住地国法已赋予某人、某机构或者任何其他团体联合或单独行使的监护权；并且（二）在转移或滞留时，实际上已共同或单独地行使上述监护权，或若非该转移或滞留行为发生，则将行使此项权利。上述第一款提及的监护权，可特别地因法律实践、司法或行政裁决以及依该国法律具有法律效力的协议而产生。”

列举了可能的依据为:“法律实践、司法或行政裁决以及依该国法律具有法律效力的协议”。

2. 享有探视权的父母一方对儿童的离境否决权是否构成监护权

《诱拐公约》明确规定非法迁移或滞留缔约国儿童的行为在侵犯“监护权”时才适用公约的规定,而只是侵犯“探视权”的行为则不认为是《诱拐公约》下的非法诱拐行为。但是,当享有探视权的一方同时享有对子女的离境否决权[2]时,是否适用《诱拐公约》在实践中存在较大的争议。

根据美国最高院 Abbott v. Abbott 的裁决,笔者认为同时享有“离境否决权”与“探视权”可以构成《诱拐公约》下的“监护权”。在 Abbott 一案中,孩子的父母在英格兰结婚,父亲为英国人,母亲为美国人,双方婚后前往美国工作并诞生一子。而后,父母带儿子搬到智利,并于次年开始分居,并进行离婚诉讼。智利法院将孩子的日常照顾的权利与监护权判给了母亲,并赋予父亲以探视权。根据智利《1947年未成年人法》第49条规定,享有探视权的父母一方同时享有对儿童离境的否决权。在智利法院的离婚诉讼即将结束时,母亲未经父亲或智利法院的同意,擅自将10岁的孩子带往美国。父亲通过私家侦探找寻到了母子的踪迹,而后提起返还儿童的申请。[3] 该案一直上诉至美国最高法院,最终以6:3的多数意见支持了父亲对儿童离境的否决权产生了监护权的效果。

(二)《诱拐公约》第4条和第35条设立的抗辩事由

1.《诱拐公约》第4条设立的抗辩事由

对于被申请人来说,《诱拐公约》第4条[4]项下的抗辩为:(a)儿童并不惯常居住于任何缔约国内(往往是请求国);或(b)儿童的年龄已经超过十六周岁。

关于抗辩(a),理解该抗辩最重要的莫过于定义何为《诱拐公约》下的“惯常居住地”。《诱拐公约》在订立时未能给“惯常居住地”做出统一的定义,就美国而言,法院有三种考察方式:第一种是主要以儿童为中心,儿童经常居住在何处该地即为“惯常居住地”。[5] 第二种考察方式则主要以儿童的父母的意图为中心,若父母没有共同意图将儿童转移至新“惯常居住地”的情况下,现有的惯常居所则会保留,即使孩子已经远离该缔约国很长时间。代表性案例如 Tsarbopoulos v. Tsarbopoulos 一案,本案中,儿童原先惯常居住在美国,后来在希腊生活了27个月,法院仍然认为美国是儿童的“惯常居住地”,因为转移到希腊并非父母的合意。[6] 第三种则是折中考察,即综合考虑儿童的现实情况与父母的意图。[7]

关于抗辩(b),应当注意,若未满16周岁的儿童依照属人法享有选择其居所的权利,则《诱拐公约》在执行时也应当予以承认。注意判断儿童年龄的时间节点指的是提起返还申请的日期。

---

[2] 国际家庭法下的离境否决权(ne exeat right)指的是:在父母婚姻关系破裂后,父母一方带离儿童到另外一个管辖区域之前需征得父母另一方的同意。一国法律或法院的命令均可以对父母一方的监护权或探视权加以限制,而这种离境否决权就是限制的方式之一。

[3] Abbott v. Abbott, 130 S. Ct. 1983, 1985 - 87 (2010).

[4] 《诱拐公约》第4条规定:“本公约应适用于在侵犯监护权或探视权的行为发生前,惯常居住于某一缔约国的所有儿童。本公约在儿童年满十六周岁时停止适用。”

[5] Friedrich v. Friedrich, 983 F. 2d 1396, 125 ALR Fed. 703 (6th Cir. 1993).

[6] Tsarbopoulos v. Tsarbopoulos, 176 F. Supp. 2d 1045 (E. D. Wash. 2001).

[7] Feder v. Evans - Feder, 63 F. 3d 217 (3d Cir. 1995).

2.《诱拐公约》第 35 条设立的抗辩事由

《诱拐公约》第 35 条[8]提供给被申请人的一个抗辩事由为:尽管有非法转移或扣留行为,但是该行为发生时《诱拐公约》还未在加入国生效。该规定符合法不溯及既往的一般原则。事实上,在草拟《诱拐公约》第 38 条时,就有提议赋予《诱拐公约》以追溯力,但最终并未得到采纳。

二、被申请人的实体性抗辩事由

(一)《诱拐公约》第 12 条设立的抗辩事由

《诱拐公约》第 12 条[9]给予了被申请人的抗辩为:在返还程序启动时,非法转移期或滞留期已超过一年,且被诱拐儿童已转居新环境——简称为"转居"抗辩事由,其背后的逻辑是当一名儿童已经适应新的环境时,强迫其返还可能使儿童更加沮丧、进一步恶化由于改变居住环境所带来的伤害。

1. 超过一年的期限具体分析

如何在儿童遭受非法滞留的情形下确定一年期限的起算点,实践中,美国法院的判例形成了三种并存的意见:第一种意见是起算点自申请人得知被申请人拒绝归还儿童的意愿时开始计算。在 Gonzalez v. Nazor Lurashi 一案中,联邦行政司法官针对将儿童返还到阿根廷的申请,判定母亲(申请人)早在 2003 年 3 月就意识到父亲(被申请人)不打算将儿童返还,因此从 2003 年 3 月起算,母亲在 2004 年 4 月 1 日的申请已经超过了 1 年的期限。[10] 第二种意见是当申请人与被申请人约定了归还日期且已逾期仍然未归还时,以约定的归还日期为起算点。[11] 在 Demaj v. Sakaj 一案中,法院认为,即使一开始的转移儿童行为是双方合意的行为,但当儿童应当被予以归还至监护人,或有监护权的一方拒绝延长儿童在其惯常居所之外的地点继续逗留时,该行为转为违法。[12] 第三种起算的情况是原本不具有监护权的父母开始主张监护权时如何计算 1 年的期限。在 Zuker v. Andrews 一案中,法院认为非法滞留的起算点为原先不具有监护权的一方父母清楚表达其意图主张对儿童监护的权利之时起。[13]

另外,对该起算点日期的计算不仅包括申请人明知儿童被非法转移或滞留的情形,还包括申请人应当知道儿童被非法转移或滞留时起算(如内华达州的 Giles v. Bravo 一案和华盛顿特区的 Muhlenkamp v. Blizzard 一案)[14]。

---

[8] 《诱拐公约》第 35 条第 1 款规定:"本公约在缔约国间的适用,仅限于其已在这些国家生效后所发生的非法转移或扣留行为。"根据《诱拐公约》第 38 条,公约在加入国的生效时间为"在其交存加入书后第三个自然月的第一天"。

[9] 《诱拐公约》第 12 条规定:"如果依第三条规定,某一儿童已被认为非法转移或滞留,并且如果在该儿童所在国的司法或行政机关启动有关程序之日时,非法转移或滞留的期间未满一年,司法或行政机关应迅速作出交还该儿童的裁定。即使交还程序是在前款所规定的非法转移或滞留期间已满一年后开始,司法或行政机关也应裁定交还该儿童,除非该儿童被证明现已转居于新环境。被请求国的司法或行政机关如有理由相信该儿童已被转移至其他国家,可以停止交还程序或者驳回请求交还儿童的申请。"

[10] Gonzalez v. Nazor Lurashi, 2004 WL 1202729 (D. P. R. 2004).

[11] Falk v. Sinclair, 692 F. Supp. 2d 147 (D. Me. 2010).

[12] Demaj v. Sakaj, 2013 WL 1131418 (D. Conn. 2013) (unreported opinion).

[13] Zuker v. Andrews, 2 F. Supp. 2d 134 (D. Mass. 1998).

[14] Giles v. Bravo, 2012 WL 704910 (D. Nev. 2012) (unreported opinion); Muhlenkamp v. Blizzard, 521 F. Supp. 2d 1140 (E. D. Wash. 2007).

2. 被诱拐儿童已转居新环境的具体分析

尽管《诱拐公约》本身并未对“转居”下定义，普遍的观点是：不能仅根据时间长短来判断儿童是否转居；司法机关或行政机关并不是来判断儿童在哪一个居所居住得最好，而是判断儿童是否已经适应新环境，即遣送回国是否有悖于儿童的最佳利益（如 In re Filipczak 一案〔15〕）。

2014 年美国最高院在审理 Lozano v. Alvarez 一案中对“转居”进行了比较权威的解释。在该案中，美国最高法院的法官认为：“转居”应当指儿童已经与其新的环境建立起重大的情感和生理联系，并且这种联系展现出一种安全、稳定、持久的状态。这种联系需有证据证明，或至少有可以推论的证据表明返还儿童可能会导致有害的后果。〔16〕

根据美国联邦法院以及州法院判定儿童确已“转居”的判例，被申请人可以在如下方面进行举证，支持其“转居”抗辩事由，分别为：儿童的年龄、儿童在新环境居住的稳定性与时间长短、儿童是否连续性地上学或者参加日托、儿童是否在新环境有朋友和亲属、儿童参与社区活动和课外活动的情况、被申请人的工作和收入稳定性，和被申请人与儿童的移民身份。这些因素在 2016 年美国第五巡回法庭审理的 Hernandez v. Garcia Pena 一案中被加以申明。〔17〕

特别需要声明的是，在申请之日和非法诱拐行为发生之日之间的时间间隔超过 1 年时，即使儿童已经完全转居于新的环境，法院依然有裁量性的权力来要求返还儿童。在 Lozano v. Alvarez 一案中，法院认为，第 12 条允许，而非要求，司法机关或行政机关拒绝裁定返还儿童。〔18〕

（二）《诱拐公约》第 13 条设立的抗辩事由

笔者将第 13 条〔19〕第 1 款所衍生的被申请人的抗辩事由分为：未实际行使监护权的抗辩、事先同意的抗辩、事后默许的抗辩；将第 13 条第 2 款所衍生的抗辩事由称为重大危险的

---

〔15〕 In re Filipczak, 513 Fed. Appx. 16 (2d Cir. 2013). 本案中，初审地区法院认为：《诱拐公约》允许法院通过判断儿童的福祉的整体情况来判断儿童是否构成第 12 条项下的“转居”；被申请人若想满足其举证责任证明儿童确已“转居”，则必须有实质性的证据证明儿童与被转居国（该案为美国）有着重大联系。通过对整体情况的判断，法院拒绝了被申请方认为美国比儿童之前的惯常居住国波兰有着更紧密的联系的抗辩事由；美国第二巡回法院在上诉中维持原判，并重申：判断儿童是否转居的标准并非比较儿童在哪一个国家或地区适应得更好，而是判断儿童是否已经适应新的环境，返还儿童是否违背儿童的最佳利益。

〔16〕 In re Robinson, 983 F. Supp. 1339 (D. Colo. 1997); Anderson v. Acree, 250 F. Supp. 2d 876 (S. D. Ohio 2002); Giles v. Bravo, 2012 WL 704910 (D. Nev. 2012); Aranda v. Serna, 911 F. Supp. 2d 601 (M. D. Tenn. 2013).

〔17〕 Hernandez v. Garcia Pena, 820 F. 3d 782 (5th Cir. 2016).

〔18〕 Lozano v. Alvarez, 697 F. 3d 41, 86 A. L. R. Fed. 2d 619 (2d Cir. 2012), certiorari granted in part, 133 S. Ct. 2851, 186 L. Ed. 2d 907 (2013) and aff'd on other grounds, 134 S. Ct. 1224 (2014).

〔19〕 《诱拐公约》第 13 条规定：“尽管有前条的规定，但如果反对交还儿童的个人、机构或其他团体能证明存在下列事实，被请求国的司法或行政机关则无义务作出交还该儿童的裁定：

（一）对该儿童有人身看护权的个人、机构或其他团体在转移或滞留行为发生时，并未实际行使此种监护权，或已同意或事后默认该转移或滞留行为；或者

（二）交还儿童将存在使该儿童遭受生理或心理上的伤害，或致其处于无法忍受的境地的重大危险。

如果发现该儿童拒绝被交还，并且其年龄和成熟程度均已达到应对其意见予以考虑的程度，司法及行政机关也可作出拒绝交还该儿童的裁定。

在审查本条所指情形时，司法或行政机关应考虑该儿童惯常居住地国的中央机关或其他主管机关提供的有关该儿童的社会背景资料。”

抗辩;将第13条第3款所衍生的抗辩事由称为儿童反对的抗辩。

1. 未实际行使监护权的抗辩

《诱拐公约》并没有对“实际行使监护权”的“实际行使”进行定义,具体何种情形构成“实际行使”将由缔约国来制订,一般交由法官在个案中予以具体分析。在美国第六巡回法院审理的 Friedrich v. Friedrich 一案中,法院设立了一个较低的“实际行使监护权”的判定标准:在不存在惯常居住地法院裁决的情况下,只要父母一方以任何方式与子女保持或试图保持经常性联系,就实际行使了监护权。该案中由于父亲一直与子女和妻子保持着联系,因此不得认定父亲放弃了自己的父权(监护权)。[20]

需注意的是,如果因为儿童被转移导致申请人的监护权自开始就无法行使,则应当认定监护权被视为自始已经行使。

2. 事先同意的抗辩

美国法院往往从三个角度来判断“事先同意”的抗辩是否成立,分别为:申请人的行动或言语;[21]被申请人的行动或言语;[22]以及申请人和被申请人之间达成的关于儿童的监护和居所的协议。[23]

申请人的言行举止自然可以证明其存在“事先同意”,这点就不在此赘述。同时,法院在判断是否存在“事先同意”时也会参考被申请人的言行举止。美国第九巡回法院在 Gonzalez – Caballero v. Mena 一案中,除了考量母亲(申请人)的言行举止外,也考虑了父亲(被申请人)的言辞和行为。法院指出,父亲在母亲来美国时为其提供住所表明他并不畏惧母亲,而如果他有非法转移或滞留的行为的话,父亲应该会畏惧母亲来美国。[24]

如果申请人和被申请人之间达成过关于儿童的监护和居所的协议,则易于证明“事先同意”是否存在。第二巡回法院在 Pignoloni v. Gallagher 中裁决驳回父亲(申请人)请求返还儿童的申请正是基于一份与母亲(被申请人)之前达成的分居协议。在该案中,父亲和母亲在意大利协商了一份分居协议并被意大利法院所认可和接受。该协议的一个条款明确表明,一旦父亲没有支付配偶赡养费或儿童抚养费,那么他授予母亲转移儿童的权利。巡回法院确认,尽管父亲在初审法院作出裁定之前,在意大利的法院获得了单方监护权,这样并不能改变法院查明父亲“事先同意”该具有法律效力的分居协议的结果。仅根据分居协议,法院认定父亲“事先同意”了母亲转移儿童的行为,母亲的“事先同意”的抗辩成立。[25]

3. 事后默许的抗辩

一方面,如何定义“默许”。与“事先同意”不同,“事后默许”通常需要被申请人证明申请人具有符合必要形式的行为或言语,例如在司法程序中作证,或申请人的令人信服的放弃

---

〔20〕 Friedrich v. Friedrich, 983 F. 2d 1396 (6th Cir. 1993).

〔21〕 In re Kim, 404 F. Supp. 2d 495 (S. D. N. Y. 2005); Larbie v. Larbie, 690 F. 3d 295 (5th Cir. 2012), cert. denied, 133 S. Ct. 1455, 185 L. Ed. 2d 361 (2013); Cascio v. Pace, 992 F. Supp. 2d 856 (N. D. Ill. 2014); Gonzalez – Caballero v. Mena, 251 F. 3d 789 (9th Cir. 2001).

〔22〕 Gonzalez – Caballero v. Mena, 251 F. 3d 789 (9th Cir. 2001).

〔23〕 Pignoloni v. Gallagher, 555 Fed. Appx. 112 (2d Cir. 2014); In re Kim, 404 F. Supp. 2d 495 (S. D. N. Y. 2005); Bowen v. Bowen, 2014 WL 2154905 (W. D. Pa. 2014).

〔24〕 Gonzalez – Caballero v. Mena, 251 F. 3d 789 (9th Cir. 2001).

〔25〕 Pignoloni v. Gallagher, 555 Fed. Appx. 112 (2d Cir. 2014).

监护权利的书面宣告,或申请人在必要长度的时间内持续一致的允许的态度。[26] 如果监护权受到侵犯的申请人接受了这种"诱拐"行为造成的新状态,即便其随后要求返还儿童,法院也可以对该请求不予支持。并且,在儿童被诱拐之前,监护人无须知晓其在《诱拐公约》项下的权利,只要申请人意识到这种诱拐行为的非法性即可。[27]

另一方面,判断"事后默许"的抗辩是否成立的因素。法院在认可"事后默许"的抗辩时一般考察两个角度:一是申请人的行为或言语;[28] 二是申请人和被申请人之间达成的关于儿童的监护和居所的协议。[29] 在 Ostevoll v. Ostevoll 一案中,法院通过如下细节裁定居住在挪威的父亲(申请人)对于母亲(被申请人)将儿童滞留在美国持有一个持续的默许的态度:第一,父亲的诉讼行为毫无计划且拖拖沓沓,与其说是寻求儿童的返还,更像是为了引起母亲的烦恼;第二,父亲并未展开任何努力试图联系上儿童,无论是当面还是通过电话的形式;第三,父亲并未在挪威或美国的任何法院发起监护权或探视权的诉讼;第四,对母亲的离婚诉讼不予理睬也不作任何形式的抗辩。[30] 而在 Culculoglu v. Culculoglu 一案中,母亲把儿童带离加拿大并居住在内华达州。父亲在几个月后提起了返还儿童的申请,可是又撤回了申请,并书面同意儿童继续在内华达居住几个礼拜。当父亲第二次提起返还儿童的申请时,法院认为之前的书面同意是一份清晰明了的书面证据,证明父亲已经事后默许了儿童在新的环境继续生活,尽管父亲在第二次申请中陈述其一直希望儿童返回加拿大永久定居。[31]

4. 重大危险的抗辩

首先,如何定义"重大危险"?

"重大危险的抗辩"经常被提起,但是美国法院很少认可这种《诱拐公约》下的重大危险能够被证明。美国第六巡回法院在 Friedrich v. Friedrich 一案中列举了其认为的两种构成重大危险的情形:第一,返还将会使儿童在监护争议解决前处于迫近的危险之中,例如将儿童返还至发生战争、饥荒或者疫病的区域;第二,如果存在严重的虐待或疏忽、或者存在超乎寻常的感情依赖的情况,儿童惯常居住地国法院无论因何种原因缺乏能力或不愿给儿童提供足够的保护。[32] 在 Friedrich v. Friedrich 的判决做出后,不少法院都会依据第二种标准要求被申请人证明儿童惯常居住地的法院不能对儿童提供适当保护来证明存在重大危险。但是,美国第十一巡回法院有不同的观点,其在 Baran v. Beaty 中指出:无论是《诱拐公约》本身还是其评注都没有讨论是否需要证明儿童惯常居住地的法院必须具有保护儿童不受伤害的能力。换言之,一旦证明有严重虐待或忽视、或者存在强烈感情依赖的情况,法院就可以认

---

〔26〕 Darin v. Olivero – Huffman, 746 F. 3d 1 (1st Cir. 2014); Friedrich v. Friedrich, 78 F. 3d 1060, 1996 FED App. 0085P(6th Cir. 1996).

〔27〕 Re A. Z. (A Minor) (Abduction: Acquiescence) [1993] 1 FLR 682 at 686; W. V. W. (Child Abduction: Acquiescence) [1993] 2 FLR 211 at 217.

〔28〕 Ostevoll v. Ostevoll, 2000 WL 1611123 (S. D. Ohio 2000); Giles v. Bravo, 2012 WL 704910 (D. Nev. 2012); Bustamente v. Serrano – Figueroa, 207 F. Supp. 2d 1205 (D. Colo. 2002).

〔29〕 Culculoglu v. Culculoglu, 2013 WL 4045905 (D. Nev. 2013); Bowen v. Bowen, 2014 WL 2154905 (W. D. Pa. 2014).

〔30〕 Ostevoll v. Ostevoll, 2000 WL 1611123 (S. D. Ohio 2000).

〔31〕 Culculoglu v. Culculoglu, 2013 WL 4045905 (D. Nev. 2013).

〔32〕 Friedrich v. Friedrich, 78 F. 3d 1060, 1996 FED App. 0085P(6th Cir. 1996).

定存在重大危险。[33] 该观点也被美国最高法院在 Abbott v. Abbott 中以断言(dicta)(又称"附带意见")的形式予以认可。尽管断言并不具有案例法的拘束力,但由于是美国最高院做出的意见,因此学者的普遍意见是法院会针对儿童被返还的综合情况来判断返还是否合适,而不仅仅是看其他国家的法律制度能否给予儿童保护。

其次,如何认定"将儿童置于身体伤害与心理伤害或其他无法忍受的境地"?

笔者认为"将儿童置于身体伤害与心理伤害或其他无法忍受的境地"是对"重大危险"的解释和补充说明,而非衍生出一种新的抗辩事由。

实践当中,援用"身体伤害"的案例较少,这是因为"重大危险"的判断标准很高。支持出现"身体伤害"的案件里,儿童往往遭受了特别严重,乃至负有刑事责任的侵犯;相比而言,在大量案件中,被申请人援引"返还可能造成心理伤害"来进行抗辩,但是得到支持的主张也并不多;至于"无法忍受的境地",由于缺乏一个普遍的标准,加之其存在有一种兜底的性质,法院难以明确其概念。

最后,"重大危险"的抗辩可能包括的情形。

由于构成"重大危险"的理由多种多样且每个案例都可能有其独特性,因此很难总结出法院重点考察的要件。但是,现有的案例可以为被申请人在使用"重大危险"的抗辩时提供辩护思路。

当被申请人可以证明如下单个或多个情形存在时,法院可能拒绝返还儿童:惯常居所所在国的法律制度不能就监护权的实质问题作出裁判,或其法律制度不能对儿童提供保护;[34] 儿童在惯常居住地所在国的生活条件十分恶劣;[35] 因申请人的原因(例如养育儿童的方式不当、[36] 存在酗酒或吸毒的行为、[37] 存在精神疾病、[38] 虐待儿童、[39] 性虐待儿童、[40] 威胁谋杀或伤害儿童、[41] 虐待被申请人、[42] 暴力倾向[43])导致的重大危险;因儿童的原因[例如已适应新环境且返回会造成难以适应的问题、[44] 返回后将与被申请人或兄弟姐妹分离、[45] 儿童需要继续医疗而返还地不具备条件、[46] 儿童患有 PTSD(即创伤后精神紧

---

[33] Baran v. Beaty, 526 F. 3d 1340, 1347(11th Cir. 2008).

[34] Blondin v. Dubois, 238 F. 3d 153(2d Cir. 2001); In re Application of Adan, 437 F. 3d 381(3d Cir. 2006).

[35] Wilchynski v. Wilchynski, 2010 WL 1068070(S. D. Miss. 2010)(unpublished opinion); Kofler v. Kofler, 2007 WL 2081712(W. D. Ark. 2007)(unpublished opinion).

[36] Didur v. Viger, 392 F. Supp. 2d 1268(D. Kan. 2005), judgment rev'd and remanded on other grounds, 197 Fed. Appx. 749(10th Cir. 2006).

[37] Didur v. Viger, 392 F. Supp. 2d 1268(D. Kan. 2005), judgment rev'd and remanded on other grounds, 197 Fed. Appx. 749(10th Cir. 2006); Baran v. Beaty, 526 F. 3d 1340(11th Cir. 2008).

[38] Didur v. Viger, 392 F. Supp. 2d 1268(D. Kan. 2005), judgment rev'd and remanded on other grounds, 197 Fed. Appx. 749(10th Cir. 2006).

[39] Van De Sande v. Van De Sande, 431 F. 3d 567(7th Cir. 2005).

[40] Danaipour v. McLarey, 386 F. 3d 289, 65 Fed. R. Evid. Serv. 615(1st Cir. 2004).

[41] Van De Sande v. Van De Sande, 431 F. 3d 567(7th Cir. 2005); Baran v. Beaty, 526 F. 3d 1340(11th Cir. 2008).

[42] Abbott v. Abbott, 130 S. Ct. 1983, 176 L. Ed. 2d 789(2010).

[43] Walsh v. Walsh, 221 F. 3d 204(1st Cir. 2000).

[44] Blondin v. Dubois, 238 F. 3d 153(2d Cir. 2001).

[45] Elyashiv v. Elyashiv, 353 F. Supp. 2d 394(E. D. N. Y. 2005); Miltiadous v. Tetervak, 686 F. Supp. 2d 544(E. D. Pa. 2010).

[46] Didur v. Viger, 392 F. Supp. 2d 1268(D. Kan. 2005).

张性精神障碍)且返还可能导致病情复发或加重的情形[47]。

值得指出的是,即使被申请人证明了上述某项或者多项情形存在,也无法保证法院接受“重大危险”的抗辩。即使该抗辩被接受,即认定重大危险是存在的,有关司法机关或行政机关也有权自由裁量是否返还儿童。

5. 儿童反对返还的抗辩

按照《诱拐公约》条文规定,并根据优势证据标准,如果被申请人证明儿童反对被返还,并且儿童年龄合适、心智成熟,法院可以做出拒绝返还儿童的裁定。该抗辩事由符合当代家庭法中儿童的意见应当予以考虑的做法,在儿童最佳利益原则的指导下,由法院对儿童最佳利益进行判断,而非对儿童的意见全盘接受或全盘否定。

一方面,如何判断儿童年龄合适、心智成熟?

法院在面对“儿童反对返还”的抗辩事由时,首先关注的就是反对意见是否是儿童真实的意见,客观标准就是儿童的年龄和成熟程度。由于《诱拐公约》并未指出具体的年龄标准,加之心智成熟也没有特定的标准,因此需要司法机关或行政机关裁量。实践当中,法官一般采取的措施是对儿童进行面试,面试的方法有当庭面试、面对摄像机面试,或者由儿童福利机构的工作人员或专业心理咨询人士予以面试。法院也会参考专业人士与心理学家的意见。

在《诱拐公约》未能确认一个“起始年龄”作为判断标准时,有些法院认为对低于一定年龄的儿童的意见不予采纳。大部分案例中儿童的年龄都在 10 岁至 14 岁。[48] 但在 Raijmakers – Eghaghe v. Haro 一案中,法院考虑了年仅 8 岁的儿童的意见。[49] 但是,尽管该案中法院将年龄界限突破到 8 岁,法院依然运用其自由裁量权裁定返还儿童。

就儿童成熟与否而言,法院的意见就更加难以统一。不同法院采取了不同的办法来试图衡量儿童的成熟程度:有的法院重点考察儿童的理解能力,[50] 有的法院听取心理学者和咨询人员的意见,[51] 有的法院则干脆由法官自行决定。[52]

总的来说,法院更倾向于对儿童“年龄合适、心智成熟”进行狭义解释。在 England v. England 一案中,上诉法院重申了严格适用儿童反对返还的抗辩的一般原则。[53]

另一方面,儿童的反对须为有效反对。

在判断儿童的反对返还的意见是否有效时,法官可以根据其主观上的判断,并结合先例和儿童的证词来综合考虑。法官往往需要考虑这三个问题:第一,儿童究竟是反对被送回原惯常居住地,还是反对跟随申请人生活;第二,儿童究竟是反对返还,还是只是一个愿望(如希望父母团聚);第三,反对意见究竟是儿童的意见,还是仅仅是附随被申请人的意见?

针对第一个问题,美国的判例没有一个统一的答案。在 Norden – Powers v. Beveridge 一案中,法院否定了儿童做出的反对返还的意见,因为儿童只是反对与申请人一起居住,而并

[47] Blondin v. Dubois, 238 F. 3d 153 (2d Cir. 2001).

[48] See generally McManus v. McManus, 354 F. Supp. 2d 62 (D. Mass. 2005); See Simcox v. Simcox, 499 F. Supp. 2d 946 (N. D. Ohio 2007), rev'd and remanded, 511 F. 3d 594, 2007 FED App. 0502P (6th Cir. 2007).

[49] Raijmakers – Eghaghe v. Haro, 131 F. Supp. 2d 953.

[50] See In re Interest of Zarate, 1996 WL 734613 (N. D. Ill. 1996).

[51] See, e. g. Ostevoll v. Ostevoll, 2000 WL 1611123, p. 17, (S. D. Ohio 2000).

[52] See e. g. England v. England, 234 F. 3d 268 (5th Cir. 2000).

[53] See e. g. England v. England, 234 F. 3d 268 (5th Cir. 2000).

没有对原惯常居住地持反对意见。[54] 在其他案件中,法院否定儿童的反对意见的理由是儿童缺乏反对与申请人一起居住的意愿。换言之,从美国的案例无法得出,究竟法院是只关注儿童是否反对惯常居住地,还是只关注儿童是否反对与申请人居住,还是二者均需要考察。

针对第二个问题,儿童反对被返还的意见也必须区别于儿童的愿望,并且这种意图要比愿望的程度要更加强烈,仅仅希望家庭团聚而反对被返还是不够的。[55] 在 In re Nicholson 一案中,法院不认为该案中 10 岁的儿童的反对是有效的,因为儿童只是"希望家庭可以完好无损"、不想要离开父母任何一方或者居住的房屋。[56]

针对第三点,儿童反对的意见不能来自于申请人的教唆或不正当影响。在 In re Robinson 一案中,法院认为父母不可能完全不对儿童的意见产生影响,因此问题的关键在于这种影响是不是不正当的。在本案中,母亲(被申请人)聘用了一位顾问来证明儿童反对被返还。在顾问的帮助下,儿童给法院写了一封信,信中有"就是因为我喜欢这里,并且我已经定居在这里"。[57] 法院认为,一位 10 岁的儿童并不能理解"定居"这一法律概念,因此使用该词语证明儿童受到了顾问和母亲的不当影响。

事实上,自《诱拐公约》生效后,儿童在《诱拐公约》建立的返还机制中的意见越来越受到重视。部分学者认为,对"儿童反对返还"的抗辩也应当在原先严格解释的基础上有所变化,反映出国际法的发展趋势。[58]

(三)《诱拐公约》第 20 条设立的抗辩事由

《诱拐公约》第 20 条[59]规定的立法背景是基于国际法中的公共秩序保留原则(又称公共政策原则),即缔约国若根据《诱拐公约》第 20 条以外的规定得出应当返还儿童的裁定,而该裁定的后果会与本国的公共秩序相抵触,法院可以援用公共秩序保留条款(第 20 条)排除公约的适用,进而拒绝返还儿童。

在 Hazbun Escaf v. Rodriquez 一案中,法院首先综合考虑了所有证据得出儿童被非法"诱拐"的结论。紧接着,法院分析了儿童应该被返还,除非有合适的抗辩事由。在确定重大危险的抗辩不适用于本案之后,法院认为被申请人需要通过明确和令人信服的证据证明子女被返还到哥伦比亚(原惯常居住地国)将违反美国有关保护人权和基本自由的基本原则。法院进一步论述,违反儿童的人权和自由的抗辩极少被法院所采纳,并且其含义也并非清晰明了;同时,本抗辩应当被严格解释和使用——在某些极少数的情况下,返还儿童会完全震惊法院的良知,或违反正当程序原则。[60] 在本案中,由于当事人与法院都没有发现任何相关证据,因此《诱拐公约》第 20 条不适用。

---

[54] Norden - Powers v. Beveridge, 125 F. Supp. 2d 634.

[55] See Haimdas v. Haimdas, 720 F. Supp. 2d 183 (E. D. N. Y. 2010), judgment aff'd, 401 Fed. Appx. 567 (2d Cir. 2010).

[56] In re Nicholson, 1997 WL 446432, 446435 (1997).

[57] "... just that I like it here and I'm settled in, yeah." See In re Robinson, 983 F. Supp. 1339, 1343 (D. Colo. 1997).

[58] See Paul R. Beaumont & Peter E. Mceleavy, The Hague Convention On International Child Abduction, Oxford University Press (1999), p. 177.

[59] 《诱拐公约》第 20 条规定:"如果被请求国关于保护人权和基本自由的基本原则禁止依照第十二条规定作出交还儿童的裁定,则被请求国可以拒绝作出该裁定。"

[60] Virginia. Hazbun Escaf v. Rodriquez, 200 F. Supp. 2d 603 (E. D. Va. 2002), aff'd, 52 Fed. Appx. 207 (4th Cir. 2002).

三、结语

在《诱拐公约》设立的返还儿童机制下,被申请人所享有的抗辩事由散落于整个公约的条文中:基于第3条的“申请人不享有对儿童的监护权”的抗辩;基于第4条的“儿童并不惯常居住于任何缔约国内”的抗辩和“儿童的年龄已经超过十六周岁”的抗辩;基于第12条的“转居”抗辩;基于第13条的“未实际行使监护权”的抗辩、“事先同意”的抗辩、“事后默许”的抗辩、“重大危险”的抗辩和“儿童反对”的抗辩;基于第20条的“违反儿童的人权和自由”的抗辩;以及基于第35条的“《诱拐公约》未在加入国生效”的抗辩。总之,《诱拐公约》不仅设计了强制交还儿童的一般制度,同时又规定了交还儿童义务的例外情形,通过赋予被申请人有限的抗辩事由,保护了儿童的最佳利益。

【导师点评】

海牙《国际诱拐儿童民事方面的公约》作为海牙国际私法会议的产物,在应对国际诱拐问题上取得了重大的成就。自《诱拐公约》被讨论和通过以来,国外学者已进行了大量讨论;但是,我国的研究和讨论起步较晚,直到近十年来,与《诱拐公约》相关的研究才越来越受到重视,对它的讨论也逐渐增多。尽管目前中国尚未加入《诱拐公约》,但是发生在中国或涉及中国儿童的国际儿童诱拐案件也不在少数。因此,本文对《诱拐公约》的相关制度进行分析和讨论,可以补充和完善我国学者在该领域的研究,也可以帮助立法者判断是否作出加入《诱拐公约》的决定,对中国如何解决儿童诱拐问题也具有一定的参考价值。

另外,本文选择了《诱拐公约》在美国的司法判例作为素材,讨论《诱拐公约》下被申请人的抗辩事由,是比较好的切入点。由于美国是普通法系国家,《诱拐公约》在美国生效的时间较长,因此该《诱拐公约》的执行和运作已经在美国积累了大量司法实践,基于被申请人的抗辩而判断是否做出返还儿童决定的实践与案例也应当十分丰富。通过对美国大量的司法实践的分析,有助于理解被申请人在《诱拐公约》项下所享有的抗辩的种类、要件和难点。

(指导教师:李伟芳)

《蒙特利尔公约》第五管辖权的法律适用问题研究

李荣锦*

国际航空事故第五管辖权(以下简称第五管辖权)从字面来看是一种代称,意指第五种管辖权,其本身并没有明确的定义,但在国际航空法领域,第五管辖权被赋予了特定的意义。

一、国际航空事故第五管辖权概述

(一)1929年《华沙公约》中规定的四类管辖权

《华沙公约》[1]第28条第1款[2]规定了四种管辖权,分别为:(1)承运人住所地;(2)承运人主要营业所所在地;(3)订立合同的承运人机构所在地;(4)目的地。(上述四种管辖权统称为"前四种管辖权"。)

(二)1971年《危地马拉议定书》的管辖权规定

1971年3月8日签订于危地马拉城的《修改经一九五五年九月二十八日在海牙签订的议定书修正的一九二九年十月十二日在华沙签订的统一国际航空运输某些规则的公约的议定书》(以下简称《危地马拉议定书》)[3]首次对《华沙公约》规定的管辖权作出了修改,其第12条[4]规定了旅客可以在"住所或永久居所的缔约国内"起诉。

(三)IATA责任体制中的相关规定

为了更好地规范国际航空承运人的责任,平衡航空承运人与旅客之间的利益,国际航空运输协会(以下简称"IATA")起草制定了多个法律文件以此来加以规范,并形成了IATA责任体制。[5] 其中,1995年《国际航空运输协会(IATA)关于旅客责任的承运人间协议》(又称《吉隆坡协议》,以下简称"IIA")和1996年《关于实施国际航空运输协会(IATA)承运人间协议的措施的协议》(以下简称"MIA")对争议发生时的适用法律问题作出了相应的规

---

* 李荣锦,华东政法大学2017届国际法学专业硕士研究生。

[1] 2013年3月18日至22日召开的第六次世界范围航空运输会议在国际民航组织总部蒙特利尔举行,会议公布了《华沙公约》的缔约国数量,截至2013年3月1日,共有152个国家或地区加入了《华沙公约》。

[2] 《华沙公约》第28条第1款规定:"有关赔偿的诉讼,应该按原告的意愿,在一个缔约国的领土内,向承运人住所地或其总管理处所在地或签订契约的机构所在地法院提出,或向目的地法院提出。"

[3] Protocol to Amend the Convention for the Unification of Certain Rules Relating to International Carriage by Air, Signed at Warsaw on 12 October 1929, as Amended by the Protocol Done at the Hague on 28 September 1955.

[4] 《危地马拉议定书》第12条规定:"对于旅客因死亡、身体损害、延误以及行李因毁、遗失、损坏或延误而产生的损失,责任诉讼可向本条第一款所列的法院之一提起,或者在旅客有住所或永久居所的缔约国内,向在法院辖区内承运人设有机构的该法院提起。"

[5] 王德辉:《〈蒙特利尔公约〉下的赔偿责任体系及相关问题》,载《太平洋学报》2006年第5期。

定。IIA 第1条和随后的 MIA 第2条第1款都规定了在适用法律上积极向航空旅客靠拢。[6] 可以看出上述两个协议并没有对国际航空旅客的管辖权直接作出规定,主要是由于国际航空运输协会并非政府间国际组织,所起草制定的协议仅仅是为了使承运人本身更好地自我约束。

(四)《蒙特利尔公约》中规定的第五管辖权

1999年5月28日,由国际民用航空组织(以下简称ICAO)起草的《蒙特利尔公约》正式签订,但这并不代表"华沙体制"[7]就此终结,相反,由此迈入了一个新的阶段。[8]《蒙特利尔公约》特别添加了第五种管辖权,除了公约第33条第2款规定的内容外,第33条第3款还对第2款的个别用词进行了解释和限定。[9] 上述条款赋予了受害旅客选择的权利,当满足规定的条件时,旅客可以在自己的主要且永久居所地所在国提起诉讼。

二、第五管辖权的适用条件

(一)前提条件是国际航空运输

1.一般情形下国际运输的认定

当争议一方当事人向法院提起航空领域的诉讼时,法院在决定是否适用第五管辖权时首先要考虑的是《蒙特利尔公约》是否可以适用,而决定《蒙特利尔公约》可以适用最重要的条件就是争议属于国际航空运输。[10] 为了避免出现解释歧义,《蒙特利尔公约》第1条第2款还对"国际运输"本身作了定义,[11]概括而言有如下三种情形:

第一种是运输的出发地和目的地分别在两个不同的当事国领土内,此种情形也是最常见的一种国际运输形式。第二种是运输的出发地和目的地虽然都是位于同一个当事国的领土内,但在另一当事国领土内有一个约定的经停地点。第三种是运输的出发地和目的地都

---

〔6〕 IIA 第1条规定:"对于旅客遭受华沙公约第十七条所指的死亡、受伤或其他身体伤害提出的索赔,采取行动放弃该公约第二十二条第一款关于可恢复可赔偿的损失规定的责任限额,以使支付的赔偿金额可以援引旅客住所地法确定和获得。"MIA 第2条第1款规定:"此类索赔的支付赔偿金额可参照旅客住所地或永久居所地法确定。"

〔7〕 "华沙体制"包括1929年《华沙条约》、1955年《海牙议定书》、1961年《瓜达拉哈拉公约》、1971年《危地马拉议定书》、1975年《修改1929年10月12日在华沙签订的统一国际航空运输某些规则的公约的第一号附加议定书》、1975年《修改经1955年9月28日在海牙签订的议定书修正的1929年10月12日在华沙签订的统一国际航空运输某些规则的公约的第二号附加议定书》、1975年《修改经1955年9月28日在海牙签订的议定书和1971年3月8日在危地马拉城签订的议定书修正的1929年10月12日在华沙签订的统一国际航空运输某些规则的公约的第三号附加议定书》、1975年《修改经1955年9月28日在海牙签订的议定书修正的1929年10月12日在华沙签订的统一国际航空运输某些规则的公约的第四号议定书》。

〔8〕 《蒙特利尔公约》并未完全取代《华沙公约》,如果缔约双方均未《蒙特利尔公约》当事国,则《蒙特利尔公约》优先适用,否则华沙体制相关的法律仍然有效。参见金秋:《国际空难赔偿法律适用及管辖权冲突问题探析》,载《延边大学学报》(社会科学版)2013年第5期。

〔9〕 《蒙特利尔公约》第33条第3款规定:"就第二款而言,(一)'商务协议'系指承运人之间就其提供联营旅客航空运输业务而订立的协议,但代理协议除外;(二)'主要且永久居所'系指事故发生时旅客的那一个固定和永久的居住地。在此方面,旅客的国籍不得作为决定性的因素。"

〔10〕 《蒙特利尔公约》第1条第1款就规定:"本公约适用于所有以航空器运送人员、行李或者货物而收取报酬的国际运输。"

〔11〕 《蒙特利尔公约》第1条第2款规定:"就本公约而言,国际运输系指根据当事人的约定,不论在运输中有无间断或者转运,其出发地点和目的地点是在两个当事国的领土内,或者在一个当事国的领土内,而在另一国的领土内有一个约定的经停地点的任何运输,即使该国为非当事国。就本公约而言,在一个当事国的领土内两个地点之间的运输,而在另一国的领土内没有约定的经停地点的,不是国际运输。"

位于同一个当事国的领土内，但在另一非当事国领土内有一个约定的经停地点。[12]

2. 特殊情形下国际运输的认定

在实践中，美国法院在认定国际航空运输的成立条件时会充分考虑到旅客的意图，但运输合同的当事人合意的客观标识必须是明确清晰、未有歧义的，否则法院不会将当事人的主观意图作为证据。[13] 在克鲁格诉美国联合航空公司[14]案中，法院在审理后得出了相应结论，即使旅客声称其意图将两段旅程作为一个完整的航班，但由于并没有在机票或是运输合同中清楚地表明，因此国内机票对应的国内运输部分不属于《蒙特利尔公约》的调整范围。可以看出，虽然美国法院在认定国际运输时虽然会考虑旅客的主观意图，但必须在机票或者其与承运人的合意中清楚地表明，否则对于在国内运输中造成的损失，并不能够适用第五管辖权。

（二）仅适用于死亡或伤害产生的损失

1. 对于伤害的理解

通常来讲，一般的身体物理伤害可以触发第五管辖权的适用，但旅客是否可以运用第五管辖权进行精神损害的索赔便是值得研究的问题。在 Ehrlich v. American Airlines, Inc.[15]案中，美国政府作为法庭之友参与了该案，并对精神损害是否应该赔偿发表了意见，即"允许赔偿因在事故中遭受人身伤害所产生的精神创伤或伤害，例如疼痛和痛苦等。"[16]最终法院也认定了此种意见，因此，单纯的或单独的精神创伤或伤害不能得到支持。就当前的情况来看，在第五管辖权的运用中，旅客因身体伤害而提起精神损害索赔得到支持的可能性较大，但单纯的或单独的精神损害无法得到法院的支持。

2. 事故并不必然导致死亡或者伤害

公约第 17 条中规定的"事故"一词早在《华沙公约》中就已经达成了共识。在蒙特利尔大会上，大会压倒性多数同意在《蒙特利尔公约》第 17 条中保留"事故"一词。[17] 可以看出，公约规定第 33 条管辖权的目的就是解决国际航空事故，因此公约第 33 条规定的五种管辖权都适用于"事故"本身。但是只有因旅客死亡或者伤害产生的损失才能触发第五管辖权的适用，因此，"事故"并不必然导致第五管辖权的适用，只有此种"事故"引发了旅客的死亡或者身体伤害的情形时，才能引起第五管辖权的适用。

（三）起诉地点是航空受害旅客的主要且永久居所指向地

这一要件是适用第五管辖权的核心，也是国际航空旅客在适用第五管辖权选择法院时最重要的依据。为此《蒙特利尔公约》第 33 条第 3 款第 2 项[18]很好地解释了何为"主要且

---

〔12〕 董念清：《航空法判例与学理研究》，群众出版社 2001 年版，第 35 页。

〔13〕 ［美］乔治·汤普金斯：《从美国法院时间看国际航空运输责任规则的适用与发展》，法律出版社 2014 年版，第 76 页。

〔14〕 Kurger v. United Air Lines, Inc., 32 Avi. 15, 703 (N. D. Calif. 2007).

〔15〕 Ehrlich v. American Airlines, Inc., 360 F. 3d 366 (2nd Cir. 2004).

〔16〕 "In its amicus brief, the government advances an interpretation of Article 17 that allows for recovery of damages arising out of a bodily injury sustained in an accident including any mental injuries that may arise from that bodily injury, such as pain and suffering." See 360 Federal Reporter, 3d Series, cited as 360 F. 3d 366 (2nd Cir. 2004), p. 400.

〔17〕 ICAO Doc. 9775 – DC/2, Warsaw Conference Preparatory Material, vol. III, pp. 169 – 170.

〔18〕 《蒙特利尔公约》第 33 条第 3 款第 2 项作出了规定："'主要且永久居所'系指事故发生时旅客的那一个固定和永久的居住地。在此方面，旅客的国籍不得作为决定性的因素。"

永久居所”,在适用时应当着重证明以下三点:

1. 是主要且永久居所而不是住所

布莱克法律词典将住所定义为:“一个人实际在场并且该人视为家庭的地方;一个人的真实、固定、主要和永久的家,即使该人目前在其他地方,他也打算重新返回并留下。”[19]事实上,对于住所的理解,英美法系和传统的大陆法系国家存在不同之处。在英美法系中,住所与人的身份关系密切联系,因此并不存在一个人拥有两个以上住所的情况,主要且永久居所与英美法上的“住所”一词很接近。相反,在诸如德国等大陆法系国家中,特别是在德国民法中可能会因具有均等的生活重心而出现多重住所的现象。[20] 与住所不同,居所[21]通常包含了临时居所和惯常居所,特别是惯常居所这一概念更加强调一个人在一定时间内的生活重心地。

国际航空旅客事故发生时的主要且永久居所有且只有一个,无论是英美法系国家还是大陆法系国家对此均无异议。同时,居所的含义要比住所更加广泛,因为住所更加强调“家”的概念,在进行判定时,根据“事故发生时”、“主要”、“固定”和“永久”等限定因素选择居所时要比住所更加地灵活,因此选择主要且永久居所避免了通常将住所与国籍相联系的情况出现。第五管辖权本身强调的是平衡好旅客和承运人的利益,特别是弱者利益的保护,并不能单纯地将国籍作为选择要素,否则会使第五管辖权的存在意义大打折扣。

2. 对于指向地点的理解

主要且永久居所指向的“法院地”究竟是一个国家还是国家内的某个地区,《蒙特利尔公约》本身对此并没有明确的说明。其实这一问题在《华沙公约》制定四个管辖权之初就已经存在了争论,同时各个国家的司法判例对于此问题的认识也存在不同。法国法院对于“地”的解释比较严格,在司法实践中更多地将“法院地”解释为国内的某一地区甚至是某一机场。[22] 相比法国,目前,美国的法官更多地将第五管辖权解释为指向某个特定的国家而非地区。作者认为,由于目前各个国家对此解释不统一,当前最好的方式是按照签订《蒙特利尔公约》当事国目的和整个公约体系进行解释,即第五管辖权主要且永久居所地认定为国家较为合适。

3. 对当事人意图的理解

在 Hornsby v. Lufthansa German Airlines[23]案中,法院的法官还将当事人的意图作为了参考依据。法官参考了美国普通法上对“住所”一词的理解,以及对《蒙特利尔公约》制定目的的解读,确立了在判定主要且永久居所时根据当事人的主观意图的标准,即事故发生时无论当事人身在何处,只要具有返回美国的意图,美国法院就具有管辖权。可以肯定的是,由于美国是判例法国家,因此法官确立的当事人主观意图标准将对美国以后的司法实践具有指导作用。

---

〔19〕 “The place at which a person has been physically present and that the person regards as home; a person's true, fixed, principal, and permanent home, to which that person intends to return and remain even though currently residing elsewhere.” See Black's Law Dictionary, p. 558 (9th edition 2009).

〔20〕 李永军、王伟伟:《民法上的住所制度考》,载《政法论坛》2009 年第 6 期,第 52 ~ 53 页。

〔21〕 居所是指一个人在一定时间内居住的处所。

〔22〕 赵维田:《国际航空法》,社会科学文献出版社 2000 年版,第 356 页。

〔23〕 Hornsby v. Lufthansa German Airlines, 593 F. Supp. 2d 1132 (C. D. Cal. 2009).

（四）承运人在该地具有一定的经营活动

该适用条件概括了三层含义：第一，承运人可以使用自己的或通过租赁、借用、联营等其他形式使用他人航空器，但该航空器必须在“主要且永久居所”指向的当事国领土内始发或到达，作为航行的起点或是终点。第二，公约为了减少争议还对“商务协议”进行了定义。第33条第3款第1项规定：“‘商务协议’系指承运人之间就其提供联营旅客航空运输业务而订立的协议，但代理协议除外。”第三，此适用条件的后半句规定了：“在该国领土内该承运人通过其本人或者与其有商务协议的另一承运人租赁或者所有的处所从事其旅客航空运输经营。”在这里的“处所”就是指承运人的经营场所，此种经营场所可以是自己所有或者租赁的，可以是代码共享和航空联盟的其他方所有或者租赁的。[24]

以上三点必须同时满足才能适用第五管辖权，因此我们可以将此适用条件总结为：承运人在该地具有一定的经营活动。

除了强制适用性以外，公约规定的第五管辖权还具有排他适用性的特点。《蒙特利尔公约》第29条中规定，“不论其根据如何”，其背后的根据就是公约具有“独占性”，[25]即不允许当事国的国内法院利用“识别”将公约规定的事项转化为国内法规定的事项。[26] 可以说公约的强制适用性和排他适用性在解决航空事故的初次管辖权时排除了国内法的适用，相对各个当事国的国内法，公约的规定优先适用。

三、第五管辖权与不方便法院原则的共同适用

（一）第五管辖权与不方便法院原则共同适用所产生的问题

国际航空运输赔偿案件的本质是希望通过诉讼，赔偿航空受害者的损失，但由于各个国家赔偿数额的计算标准不一致，很可能出现所谓的“同命不同价”的现象。这就造成了许多航空受害者希望能够在赔偿标准较高的国家进行诉讼，以期获得更高的赔偿金额。但是此类赔偿标准较高的国家，例如美国等创造性地设置了不方便法院原则，将会对本国和外国原告给予不同的尊重。因此，这将造成在空难诉讼中美国法院不再是非美国居民热切期望的起诉地了。[27] 有的学者也将此种状况称为“漫游的美国人”。[28]

（二）第五管辖权与不方便法院原则在实践中的适用

在 Pierre - Louis v. Newvac Corp.[29]案中，第十一巡回法庭首次决定《蒙特利尔公约》第五管辖权并不排斥不方便法院原则并进行了解释。[30] 法院在审理后认为此案最大的难点就在于是否可以针对第五管辖权适用不方便法院原则，最终法院认为可以适用并列举出了以下几点理由：首先，不方便法院原则，是根据美国法院防止当事人挑选法院的需要，在充分考虑私人和公共利益的基础上，证明拥有一个可以充分替代的法院。其次，法院认为驳回任

---

〔24〕 王瀚、孙玉超：《航空运输承运人责任制度的发展与创新》，载《法治论丛》2006年第1期。

〔25〕 郑派：《国际航空旅客运输承运人责任研究》，华东政法大学2015年博士学位论文，第74页。

〔26〕 关于对排他适用性的解释目前有三种学说，包括诉由转化说、诉由规则转化说、诉由竟合剥离说。参见郑派：《国际航空旅客运输承运人责任研究》，华东政法大学2015年博士学位论文，第76～78页。

〔27〕 Allan I. Mendelsohn, The United States and the European Union in International Aviation, *Issues in Aviation Law and Policy*, Vol. 5, 2008, p. 13248.

〔28〕 周亚光：《不方便法院说在〈蒙特利尔公约〉下的适用——一个条约法的视角》，载《北京理工大学学报》（社会科学版）2013年第6期。

〔29〕 Pierre - Louis v. Newvac Corp. 584 F. 3d 1052 (11th Cir. 2009).

〔30〕 Paula Knippa and Diane M. Meyers, Recent Developments in Aviation and Space Law, *Tort Trial & Insurance Practice Law Journal*, Winter 2010, p. 215.

何一个公约第33条指定的管辖法院似乎不会破坏《蒙特利尔公约》的起草者打算在旅客和航空公司利益之间达成的平衡。再次,不方便法院原则鼓励统一实施赔偿责任制度和结果的一致性,因为它便于单一国家因同一空中灾害而产生的多重诉讼。最后,美国法院一直认为将不方便法院原则作为程序工具,不影响实体权利。[31]

于是法院结合了上述意见,并进行了详细的分析和阐述后决定在第五管辖权下完全可以适用不方便法院原则,并将此案驳回。同时在分析适用针对第五管辖权的不方便法院原则的标准时,法院在Piper Aircraft Co. v. Reyno案的基础上也有所发展。法院认为必须满足:(1)存在一个充分可替代的法院;(2)私人利益和公共利益都支持将案件驳回;(3)原告在可替代法院起诉时不会不方便或受到歧视;(4)所选择的替代法院必须是公约第33条所规定的管辖法院。[32]

如果说Pierre – Louis v. Newvac Corp.案开启了序幕,那么In re Air Crash over the Mid-Atlantic[33]案则是两者共同适用的进一步完善和融合,该案概括起来有以下特点:首先,法院在分析该案时逐渐摆脱了不方便法院原则所固有的弊端,即法院不再以当事人的国籍作为给予尊重的依据。其次,法院在第五管辖权所赋予原告选择的权利和不方便法院原则排除原告挑选法院之间作出了平衡。最后,法院更加注重公共利益的分析。在这方面,法院的做法表明法官的自由裁量权得到了一定限制,也就是说,在第五管辖权下的不方便法院原则不再单纯依靠公约和起草者的意图进行解释,而是根据实际情况作出比较和分析。

可以说,此案也标志着今后法院在适用不方便法院原则时,将会越来越多地将第五管辖权的标准作为重要参考依据,也可以预计,今后会有越来越多的案件对两者的适用作出解释,以期达到两者所共同适用的目的。

(三)第五管辖权与不方便法院原则在适用上的冲突

上文中已经说道,有学者称不方便法院原则与第五管辖权的结合适用就是为了保护"漫游的美国人",以此达到美国支持且不断适用两者的目的。不可否认的是,在制定第五管辖权与适用时,美国等支持的国家确实将其作为目的之一,并且在不方便法院原则的司法实践中也存在给予本国公民更多尊重的做法。但是近些年来,美国的司法实践中已经出现了不再以国籍作为依据的案例。

第五管辖权和不方便法院原则从实质公平和普遍适用的角度来看,两者的结合并不会导致"漫游的美国人"现象的发生。虽然从各国的法院判例来看,美国相对于其他国家对于两者的适用更为娴熟和广泛,但这并不意味着第五管辖权就偏向于美国。恰恰相反,第五管辖权是为保护航空受害旅客而设立,并不是单纯为一个国家而制定的。无论是第五管辖权的单独适用还是与不方便法院原则的结合适用,这一根本目的不会改变。如果每个国家都能够对第五管辖权有充分的认识,并且在其本国的法律体系中规定相关的制度,那么第五管辖权将会充分发挥其有利作用,更好地保护航空受害旅客的利益。

---

[31] Jason P. Brown, Storm Brewing, How Rejections by Foreign Courts of Forum Non Conveniens Dismissals by U. S. Courts May Disrupt International Efforts to Achieve Uniformity and Predictability in Jurisdictional Rules, *Issues in Aviation Law and Policy*, Vol. 12, 2013, pp. 629 – 630.

[32] Allan I. Mendelsohn, Carlos J. Ruiz, The United States Vs. France: *Article 33 of the Montreal Convention and* the Doctrine of Forum Non Conveniens, *Journal of Air Law and Commerce*, Vol. 77, 2012, p. 473.

[33] In re Air Crash over the Mid – Atlantic on June 1, 2009, 760 F. Supp. 2d 832(N. D. Cal. Oct. 4, 2010).

四、第五管辖权在我国的适用

(一)我国目前关于航空管辖权的法律体系现状

1. 国际法层面

从国际层面来看,我国先后加入了《华沙公约》、《海牙议定书》[34]和《蒙特利尔公约》,特别是《蒙特利尔公约》于会议通过的当天就开放供各个国家签署,我国等52个国家于会议当天就在公约上签字。[35] 2003年9月5日,美国成为第30个批准该公约的当事国,因此《蒙特利尔公约》于2003年正式生效。[36] 我国第十届全国人大常委会第十四次会议于2005年2月28日审议批准了该公约。2005年7月31日,对我国正式生效。[37]

2. 国内法层面

我国国内法中直接对航空旅客管辖权问题明确作出规定的是《中华人民共和国民事诉讼法》(以下简称《民事诉讼法》),其中针对航空旅客的管辖权分为两部分进行规定。[38]《民事诉讼法》将航空旅客管辖权分为了两类:一类是航空受害旅客可以依据航空运输合同提起诉讼,此时航空器始发地、目的地或被告住所地法院具有管辖权;另一类是航空受害旅客可以依据侵权行为提起诉讼,此时事故发生地、航空器最先降落地或被告住所地法院具有管辖权。

2016年《中华人民共和国民用航空法征求意见稿》对我国的《中华人民共和国民用航空法》(以下简称《民用航空法》)相关内容进行了大规模的修改。[39] 但是此次的修订并没有涉及管辖权的相关内容,依然规定了国际条约与《民用航空法》冲突时,国际条约优先适用。[40] 对于我国来讲,一方面,《蒙特利尔公约》并不是调整国与国之间关系的条约,而是调整私人领域的条约;另一方面,从我国国内法的表述来看,国际条约相对国内相关法律的层级更高。[41] 因此,我国对《蒙特利尔公约》的条款是接受的,其中包括了第五管辖权,并且此条规定表明我国的法院也是可以直接适用第五管辖权的,并没有进行再次的转化。

3. 现阶段理论上如何适用第五管辖权

我国2015年2月4日正式实施《最高人民法院关于适用〈中华人民共和国民事诉讼法〉

---

[34] 全称为《修改1929年10月12日在华沙签订的统一国际航空运输某些规则的公约的议定书》,1955年9月28日签订于海牙。1975年8月20日中华人民共和国政府向波兰政府交存批准书,同年11月18日对我国生效。

[35] 孟庆芬:《〈统一国际航空运输某些规则的公约〉及其对中国民航业的影响》,载《中国民用航空》2005年第51期,第12页。

[36] 《蒙特利尔公约》第53条第6款规定:"本公约应当于第三十份批准书、接受书、核准书或者加入书交存保存人后的第六十天在交存这些文件的国家之间生效。"

[37] 龙翼飞、韩钧:《蒙特利尔公约对于我国航空运输合同法律制度构建之影响—兼论明确我国大陆与港澳台间航空运输合同法律制度的紧迫性和必要性》,载《法学家》2006年第6期。

[38] 《民事诉讼法》第27条规定:"因铁路、公路、水上、航空运输和联合运输合同纠纷提起的诉讼,由运输始发地、目的地或者被告住所地人民法院管辖。"另外,第29条规定:"因铁路、公路、水上和航空事故请求损害赔偿提起的诉讼,由事故发生地或者车辆、船舶最先到达地、航空器最先降落地或者被告住所地人民法院管辖。"

[39] 张卫华:《对民用航空法修订征求意见稿的若干修改意见——以国际民用航空安保条约为视角》,载《北京航空航天大学学报》(社会科学版)2017年第1期。

[40] 《中华人民共和国民用航空法征求意见稿》第184条规定:"中华人民共和国缔结或者参加的国际条约同本法有不同规定的,适用国际条约的规定;但是,中华人民共和国声明保留的条款除外。"

[41] 《中华人民共和国民法通则》第142条第2款规定:"中华人民共和国缔结或者参加的国际条约同中华人民共和国的民事法律有不同规定的,适用国际条约的规定,但中华人民共和国声明保留的条款除外。"

的解释》,其中第532条对我国的不方便法院原则规定了具体的适用条件。[42] 这是我国首次以司法解释的形式对不方便法院原则进行了法律意义上的明确规定,虽然规定本身依然存在较多的问题和争议,[43] 但是在我国的司法实践中已经出现了法院适用不方便法院原则进行审理的案件,可见在我国适用不方便法院原则,从理论和实践上来看都已不存在障碍。

从理论上讲,根据上述规定可知,在一起涉及第五管辖权的国际航空运输事故中,我国法院要判定是否对该案件具有管辖权需要分为三步:第一步,当事人利用第五管辖权提起诉讼需要完全符合《蒙特利尔公约》的适用条件,由于公约本身排除保留,因此第五管辖权的适用条件必须全部符合。第二步,如果我国法院认为该案符合第五管辖权的适用条件,那么我国就对该案具有管辖权,此时法院还需考虑是否应该适用不方便法院原则。[44] 如果我国法院发现审理该案时显著不方便且别国法院有更方便的法院时,我国法院可以考虑适用不方便法院原则驳回原告的诉讼请求或中止诉讼。第三步,如果该案件符合第五管辖权的适用条件并且没有适用不方便法院原则,那么法院此时会根据《民事诉讼法》第27条或第29条的相关规定进行判定是否该法院具有管辖权。另外,还要考虑是否会出现级别管辖、地域管辖和专属管辖等情形,如果该法院最终认为对该案具有管辖权,那么法院会依照我国的《民事诉讼法》等相关法律进行审理。

(二)我国在适用第五管辖权时存在的不足

1. 国内立法与国际公约缺乏有效衔接

我国的国内立法要与《蒙特利尔公约》有效衔接必须做到以下两点:第一,国内立法必须明确诉讼程序。公约第33条第4款要求"诉讼程序适用受理法院的法律",因此国内立法必须对于诉讼程序加以规定和完善,做到国内的程序法与国际公约有效衔接。第二,国内立法必须明确具体的一个法院具有管辖权。

反观我国国内立法,在公约的吸收和转化上显得较为保守,特别是在第五管辖权方面。虽然我国的《民事诉讼法》对于航空管辖权的国内部分作出了规定,但其规定的管辖权依然遵循了"原告就被告"的原则,与《蒙特利尔公约》所体现出的保护航空受害旅客的价值取向是不符的。在一定程度上来说,我国的国内立法与国际公约缺乏有效的衔接。

2. 实践中对适用第五管辖权过于谨慎

2008年3月29日,一架由泰国国际航空大众有限公司(以下简称泰航)经营的北京飞往泰国的航班发生了意外,中国籍老人马美兰在飞机颠簸的过程中受伤,造成脚踝严重骨折并进行了手术治疗。虽然泰航赔偿了部分医疗费用,但远远没有达到受害旅客的预期,因此

---

〔42〕《最高人民法院关于适用〈中华人民共和国民事诉讼法〉的解释》第532条规定:"涉外民事案件同时符合下列情形的,人民法院可以裁定驳回原告的起诉,告知其向更方便的外国法院提起诉讼:(一)被告提出案件应由更方便外国法院管辖的请求,或者提出管辖异议;(二)当事人之间不存在选择中华人民共和国法院管辖的协议;(三)案件不属于中华人民共和国法院专属管辖;(四)案件不涉及中华人民共和国国家、公民、法人或者其他组织的利益;(五)案件争议的主要事实不是发生在中华人民共和国境内,且案件不适用中华人民共和国法律,人民法院审理案件在认定事实和适用法律方面存在重大困难;(六)外国法院对案件享有管辖权,且审理该案件更加方便。"

〔43〕例如,司法解释的位阶较低,不能完全排除我国法院享有受诉案件管辖权的全部情况等。参见李佳佳:《论我国不方便法院原则的立法缺陷及完善——〈关于适用中华人民共和国民事诉讼法的解释〉第532条解析》,载《中州大学学报》2016年第2期。

〔44〕张望平:《论国际航空旅客运输案件中的不方便法院原则》,载《中国国际法学会2016年学术年会论文集》2016年5月,第2200页。

马美兰将泰航诉至北京市东城区法院。[45]

该案在审理的过程中，法官没有案例可以参考，同时又涉及国际法的相关问题，因此在管辖权的问题上过于谨慎，以至于难以跨出实质性的一步。其后，在该案的研讨会上，对于中国是否具有管辖权也分为了两种观点：一种观点认为该案发生时的泰国并非公约当事国，要求泰航依据公约赔偿难度过高；另一种观点则认为泰航由于在其官网上同意适用《华沙公约》和《蒙特利尔公约》，而《蒙特利尔公约》本身属于国际私法上调整的民商事关系，因此泰航可以与航空旅客约定同意适用公约。同时依据公约本身的规定，中国对该案完全符合管辖权的适用条件。但最终法院主要考虑到了航空公司的"国籍"因素，以"没有管辖权"驳回了原告的起诉。[46]

从该案的审理结果可以看出，我国法院对于航空旅客受害案件的态度过于谨慎。笔者认为，根据该案的现有事实来看，是符合《蒙特利尔公约》规定的第五管辖权的适用条件的，无需考虑承运人的"国籍"因素，这也符合了公约本身制定的目的，即为保护航空旅客应有的利益迈出了实质性的一步。

3. 缺乏涉港、澳、台航空管辖权的相关规定

2004 年我国加入《蒙特利尔公约》之前，澳门特别行政区曾表示希望中国在加入公约时对澳门特别行政区适用，而香港特别行政区在当时的答复中表示还不能确定完成立法工作的时间，希望能够暂缓适用。[47] 因此，我国在加入公约时明确表示暂不适用于中华人民共和国香港特别行政区。2006 年 9 月 7 日，国务院同意全国人民代表大会常务委员会于 2005 年 2 月 28 日决定批准的《蒙特利尔公约》适用于香港特别行政区。[48] 至此，我国香港和澳门地区全部适用《蒙特利尔公约》，但对于具体如何适用的问题，我国的民航法律规范并没有给出明确的规定。

由于目前我国的国内立法并没有做出具体的安排，可以参照 2000 年 2 月 2 日中国民用航空总局与香港特别行政区政府经济局签署的《内地与香港特别行政区间航空运输安排》的规定。[49] 因此，对于我国大陆地区与香港地区的管辖权问题，在实践中可以适用《蒙特利尔公约》的规定。澳门地区的适用方式也可以参照香港地区得以适用。[50] 笔者认为此种方式是目前较为稳妥的一种方式，具有一定的可行性，但从长远来看，依然需要制定相关的配套法律法规，对具体如何操作进一步作出规定。

如果说对于涉港、澳地区的航空管辖权问题还有参考依据可以适用，那么对于大陆与台湾地区的航空管辖权而言，既没有国内法予以规定，也没有区际安排可以参考。但是，随着大陆与台湾地区经济贸易往来和交流的日益频繁，航空损害事故的数量也会逐渐提升，这就

---

〔45〕 邓益辉：《〈蒙特利尔公约〉第一案管辖权之争》，载《民主与法制时报》2010 年 8 月 2 日，第 A09 版。

〔46〕 邓益辉：《〈蒙特利尔公约〉第一案管辖权之争》，载《民主与法制时报》2010 年 8 月 2 日，第 A09 版。

〔47〕 林燕平：《民用航空侵权的法律适用及〈蒙特利尔公约〉对中国的影响》，载《华东政法学院学报》2006 年第 6 期。

〔48〕《国务院关于决定〈统一国际航空运输某些规则的公约〉适用于香港特别行政区的批复》（国函〔2006〕92 号）。

〔49〕《内地与香港特别行政区间航空运输安排》第 1 条规定："内地与香港间的航空运输性质为特殊管理的国内航空运输，参照国际航空运输管理。"

〔50〕 龙翼飞、韩钧：《蒙特利尔公约对于我国航空运输合同法律制度构建之影响——兼论明确我国大陆与港澳台间航空运输合同法律制度的紧迫性和必要性》，载《法学家》2006 年第 6 期。

迫切需要我国与台湾地区对于航空管辖权问题进行协商,并达成区际安排。

(三)完善我国关于航空管辖权法律体系的举措

1. 坚持正确的立法价值取向

要使国内立法与国际公约有效衔接,首先必须在立法的价值取向上做到航空主管机关、航空承运人与旅客的相互平衡,要以正义的价值观寻求三者之间的平衡点。其次,着重保护相对处于弱势的航空旅客,特别是在第五管辖权以及赔偿标准问题上给予充分的重视。最后,随着我国经济的发展,居民收入和消费水平的提升,航空旅客的主要且永久居所地可能会发生变化,这需要我们坚持效率原则,寻求符合我国国情的判断依据,方便航空旅客进行诉讼。总之,坚持正确的价值取向是首要因素,在此基础之上才能逐步完善我国的航空立法工作。

2. 完善我国《民用航空法》及配套法律法规的建议

如果说坚持正确的价值取向是前提,那么对于我国《民用航空法》的完善则是具体的实施。虽然我国 2016 年对《民用航空法》进行了修改,但始终未涉及管辖权的问题,特别是以航空旅客为主导的管辖权并未在我国的国内法中有所体现。因此,作者认为,《民用航空法》在适当时机再次修改时,可以参考《蒙特利尔公约》的制定模式,以专章的形式将航空旅客的住所地管辖权或是以旅客为主导其他管辖权予以补充,形成以《民事诉讼法》为主要判断依据,以《民用航空法》为补充的立法形式。这样做的优点就是在不打破原有诉讼法立法体例的基础上,对航空旅客予以侧重保护,并且与公约形成了有效衔接,方便航空旅客进行诉讼。

3. 积极并合理运用第五管辖权

积极并合理地运用第五管辖权是当下应对挑战的主要方式。其一,要深刻理解公约本身所规定的适用条件,培养专门的航空法律人才对相关问题进行探究,在遇到案例时立足我国法律并参考国外法院解释进行判定;其二,对《蒙特利尔公约》给予充分的重视,特别是航空承运人应当恪守公约所规定的义务,同时向航空旅客履行相应的告知义务,只有在此种压力下才能逐渐培养起我国航空承运人的竞争优势;其三,摆正心态,积极面对第五管辖权本身所带来的冲击,并合理利用,使之成为保护我国航空旅客和促进承运人发展的有力武器。

【导师点评】

本文以《蒙特利尔公约》第五项管辖权为核心,重点探讨第五管辖权的适用问题,该选题兼具理论与实证价值。本文在写作过程中,参阅了大量的文献材料、美国的司法判例,全文论证充分有据,问题分析透彻,尤其是第三部分第五管辖权与不方便法院原则的共同适用,是本文的亮点。本校国际法学院郑派博士对本文的修改提出了有价值的意见,对此表示由衷的感谢!

(指导教师:李伟芳)

《欧盟破产条例》的改革及其对中国的启示

周宵祥*

2002 年《欧盟破产条例》(以下简称旧条例)在风雨飘摇的世界经济体系中施行了十余年,取得了良好的效果。但在日新月异的复杂环境下,也逐渐显露出应对全新跨境破产挑战的疲态。新《欧盟破产条例》(以下简称新条例)在 2017 年正式生效,它在旧条例的基础上进行了大刀阔斧的改革,正如陈夏红教授所言,这一改革颇具现代特色。[1] 新条例是欧盟跨境破产立法最先进的成果,反映了跨境破产立法最前沿的思想,代表了当今跨境破产立法的最高水平,对我国有重要的借鉴价值。

一、新《欧盟破产条例》的改革要点

(一)适度扩张及限制适用范围,进一步明确肯定性和否定性适用条件

关于肯定性适用条件,旧条例涉及的主要条文是正文第 1 条第 1 款,还包括前言第 9 条、第 14 条。新条例的相关条文是正文第 1 条第 1 款,还有前言第 7 条至 17 条(第 8 条、第 13 条除外)、第 25 条。

对比新旧条例正文第 1 条可以发现:首先,新条例在"集体程序"前加上了"公开(public)"的限定要求。结合新条例前言第 9 条的规定,笔者认为这是在强调未在附件一列明的破产程序不适用新条例。其次,结合新条例前言第 10 条的规定,新条例增加了临时性破产程序,同时将可能促使企业重生的拯救、重整等纳入条例的目的范围。最后,新条例为了促成债权人与债务人的谈判还增加了对个人执行程序采取临时性中止程序。

此外,新条例前言第 7 条规定了新条例与《欧洲议会和欧洲理事会关于民商事案件管辖权和判决执行的第 1215/2012 号条例》适用的协调配合。前言第 11 条规定新条例可适用于个体债权人执行程序的临时中止程序。前言第 12 条规定新条例可适用于程序启动的公告程序。前言第 14 条规定新条例应覆盖于尽可能多的债权人。前言第 15 条规定新条例应适用于某些特定时期的临时性或过渡性程序。前言第 16 条规定新条例应适用于以破产法律为基础的程序。前言第 17 条规定新条例应适用于因债务人面临非资金困难情形所启动的程序。

关于否定性适用条件,新条例同样排除了保险、信贷、投资公司等破产程序的适用。此外,新条例前言第 13 条还排除适用某些涉密破产程序。

(二)完善主从破产程序,进一步明确"主要利益中心""营业机构"等管辖标准

旧条例的相关条文主要为正文第 3 条、正文第三章,还包括前言第 11 条至第 22 条。新

---

* 周宵祥,华东政法大学 2017 届国际法学专业硕士研究生。

[1] 陈夏红:《欧盟新跨境破产体系的守成和创新》,载《中国政法大学学报》2016 年第 4 期。

条例的相关条文主要为正文第3条,其余为前言第22条至第65条(第29条除外)。

根据新条例正文第3条,“主要利益中心”概念的界定须满足两个条件,即既是进行日常管理的地方,又是能为第三方确定的地方。对公司或法人,一般是注册办公地;对个人独立经营的,一般是主要营业机构所在地;其他个人的,一般是惯常居所地。需要注意的是上述主要利益中心的确定并未考虑故意转移地点的情况,故是可推翻的。

新条例前言第28条规定在判断债务人主要利益中心是否能由第三方确定时,要着重考量债权人权益。新条例前言第30条规定要求相关法院仔细评定债务人的主要利益中心是否真实,不真实的可以推翻。新条例前言第31条强调了挑选法院的时限要求,包括3个月和6个月。现实中转移“主要利益中心地”与挑选法院的现象屡见不鲜。相较于旧条例,新条例放松了对挑选法院的限制,不是所有的法院选择都会被禁止,新条例只是明确禁止滥用和欺诈性挑选法院,这是出于何种考量呢?企业的趋利性决定了它会为了更优质的市场环境、更优厚的利润空间和更小的成本消耗等费尽心思,所以一个企业才能出于更优惠的税收政策和市场条件、规避最低注册资本等转移其主要利益中心地。企业的这种做法已经获得了欧洲法院的承认,它被认为是自由设立权(freedom of establishment)的理性运用。[2] 此外,在不违背主债权人意志的前提下,转换“主要利益中心地”获得更好的破产保护以方便公司重整,法院也认可了这种做法的合理性。[3] 新条例前言第32条、第33条规定分别强调了提出管辖权异议的可能性和法院的不启动义务。新条例前言第34条赋予债权人反对启动破产程序的救济途径。

新条例前言第35条是新增条款,新条例规定,“破产程序已在其境内启动的成员国法院,对任何直接从破产程序中产生并且与破产程序密切相关的诉讼也具有管辖权。这些诉讼包括避开其他成员国被告的诉讼和避开有关破产程序中产生的义务的诉讼,比如先行支付程序费用。相反,为了履行先于启动破产程序前债务人订立的合同义务的诉讼不是直接从破产程序中产生的诉讼。这样的诉讼由其他一般民商法诉讼产生的,如果他认为将这一诉讼提交至该法院更加有效,那么破产执业人可以将这两种诉讼合并提交被告所在地法院。例如,破产执业人希望将由于破产法引起的负责人责任的诉讼和由于公司法或一般侵权法引起的诉讼合并”。[4]

关于“营业机构”的概念,新条例第2条第10款也新增了三个月的时间限制。

1. 确立企业集团破产程序,强调合作与协调

企业集团破产程序作为新条例的全新内容,相关条文主要为正文第56条至第77条,还包括前言51条至第62条等。

关于企业集团破产程序的管辖权,有学者提出将企业集团作为一个整体选择主要利益中心以实现统一管辖。但问题在于如果允许法官寻找企业集团的主要利益中心地,那么挑

〔2〕 CFEU, C-217/97, judgment of 9.3.1999, Centros Ltd. 转引自熊伟杰:《我国跨境破产法律制度的完善——以对欧盟法的借鉴为中心》,西南政法大学2015年硕士学位论文,第30页。

〔3〕 European commission, Proposal for a Regulation of the European Parliament and of the Council amending Council Regulation (EC) No 1346/2000 on insolvency proceedings, Strasbourg, 12.12.2012 COM(2012) 744 final, Section 3.4.1.2, p.20.

〔4〕 Rec. 35, Regulation No. 2015/848.

选法院的现象就不可避免，债权人的合理预期利益更加无法保证。[5] 新条例出于保护子企业债权人的目的采取了分别破产制度，但同时强调各个破产程序之间的协调与合作，新条例还专门规定了企业集团不同成员的破产程序之间的协调机制。

新条例第五章分两部分对企业集团破产程序予以介绍。第一部分是合作与交流制度，包括破产执业人之间、法院之间、破产执业人和法院之间的合作与交流。第二部分是协调制度，又包括程序、一般条款。需要提醒的是，上述合作与交流、协调制度只适用于涉及同一企业集团的不同企业在不止一个成员国实施的破产程序，并且在满足一定条件的前提下成员国可以制定有助于实施上述制度的补充国内规则。[6]

关于破产执业人之间的合作与交流，新条例规定破产执业人之间的合作可以采取任意形式，包括达成协议或草案。新条例进一步规定了破产执业人为了达成上述合作可以采取的措施，诸如全部或部分破产执业人同意赋予某一破产执业人额外权力或同意分配任务等。[7]

关于法院之间的合作与交流，新条例规定法院可以采取他们认为合适的任何措施，特别包括破产执业人选任上的协调、以合适的任何方式进行信息交流、对企业集团成员事务及资产的监督和管理进行协调等，而且法院可以为此适当地任命独立的个体或团体执行上述命令。此外，新条例还规定法院或法院任命的代表法院的个人或团体还可以相互直接交流、寻求信息和帮助。[8]

关于破产执业人和法院之间的合作交流，新条例规定破产执业人可以向法院寻求信息和帮助。这一合作并不会引发利益冲突且不会违反适用的相关规则。[9]

新条例第五章第一部分还单独规定了企业集团破产中破产执业人的权力，企业集团破产程序中破产执业人应该能够知晓同一集团其他成员启动的程序、一定条件下能够要求其他成员暂停破产程序中资产变现的措施、能够对企业集团破产程序进行协调。[10]

第二部分是协调制度，包括协调程序、一般条款。企业集团破产程序的协调程序的出发点是促进破产程序的有效管理和提高集团重整的可能性以期对债权人发挥积极作用，同时确保尊重集团成员的独立法人资格。[11]

关于协调程序的申请，新条例规定企业集团破产程序中的破产执业人能够申请启动集团协调程序，申请应具体说明协调的基本要素。但是，破产程序适用的法律所属国会要求破产执业人做出这样的申请之前要获得必要的授权。[12]

关于协调程序的法院选择，若在不同法院存在数个申请，根据优先原则，除了最先受理的法院以外，其他法院都应当拒绝实施管辖。[13] 但是新条例同时规定，若集团成员破产程

---

[5] Irit Mevorach, Towards a Consensus on the Treatment of Multinational Enterprise Groups in Insolvency, *Cardozo Journal of International & Comarative Law*, Vol. 18, 2010, p. 395.

[6] Rec. 61 & Rec. 62, Regulation No. 2015/848.

[7] Art. 56, Regulation No. 2015/848.

[8] Art. 57, Regulation No. 2015/848.

[9] Art. 58, Regulation No. 2015/848.

[10] Art. 59 & Art. 60, Regulation No. 2015/848.

[11] Rec. 54 & Rec. 57, Regulation No. 2015/848.

[12] Rec. 55 & Art. 61, Regulation No. 2015/848.

[13] Art. 62, Regulation No. 2015/848.

序中三分之二以上破产执业人认为另一享有管辖权的成员国法院是启动集团协调程序的最适当法院时,则该法院应该享有排他性管辖权。新条例还规定法院收到申请后,应尽快通知所有破产执业人并确认收讫,法院还应给予相关破产执业人陈述意见的机会。[14]

关于协调程序的性质,参与协调程序是自愿的。破产执业人可以一开始不加入协调程序,也可以在启动后满足一定条件时请求加入。[15] 破产执业人不参与协调程序的后果便是协调程序排除了该破产执业人的破产程序,且协调程序启动法院及协调员的权力对该破产执业人均无约束力,该破产执业人也不承担协调程序的费用。[16]

前面说到协调程序是否参与要看破产执业人的意愿,同样破产执业人的异议权也应被视为是对破产执业人意愿的尊重。新条例设定了一个异议期限,期限内满足必要条件破产执业人可以就其主持的企业集团成员破产程序是否应被纳入协调程序、协调员本身的选定向协调程序管辖的法院表达异议。[17] 破产执业人提出异议的后果便是该破产执业人主持的破产程序应被排除集团协调程序,协调程序及协调员对该成员无约束力且该成员无需分担协调程序费用。[18] 另外,在破产执行人对拟设的协调员有异议但对加入协调程序无异议时,法院可以否定该协调员并且请反对的破产执业人提交一份新的申请。[19] 在上述异议权之外,新条例又赋予破产执业人相应的自主权。新条例应为未参与协调程序的成员准备备用方案,为其参与集团有序重整提供一条途径。[20]

关于协调程序的启动,新条例规定当异议期满后并符合一定条件时,应当启动协调程序并通知参与的破产执业人和协调员。协调程序的管辖法院有权任命协调员、确定协调大纲、确定预算成本和集团各成员的分摊份额。[21]

关于协调程序的执行,破产执业人在进行其破产程序时应当考虑协调计划和协调员的建议,但这并不代表破产执业人有全部或部分遵循他们的义务,当破产执业人不遵循这些时须要报告理由。[22]

关于协调员,新条例对协调员的资质提出了要求,例如协调员需要具备担任一国破产执业人的资格,且他不能与集团成员、债权人等有利益冲突。[23] 新条例也具体规定了协调员的权利和职责,例如确定对破产程序协调行为的建议并列出大纲、提出集团协调计划。协调员还可以参与集团成员的破产程序、调解成员破产执业人间的纠纷等。[24] 新条例还分别对协调员的使用语言、协调员与破产执业人的合作、协调员的解除和薪酬作出了规定。[25]

协调程序的成本和费用受到严格的限制和约束,新条例规定协调程序的成本必须是合理且适当的,这些成本也应在集团成员之间得到平衡分配,并且符合协调程序启动成员国的

---

〔14〕 Art. 63&66, Regulation No. 2015/848.
〔15〕 Rec. 56& Art. 59, Regulation No. 2015/848.
〔16〕 Art. 65, Regulation No. 2015/848.
〔17〕 Art. 64, Regulation No. 2015/848.
〔18〕 Art. 65, Regulation No. 2015/848.
〔19〕 Art. 67, Regulation No. 2015/848.
〔20〕 Rec. 60, Regulation No. 2015/848.
〔21〕 Art. 68, Regulation No. 2015/848.
〔22〕 Art. 70, Regulation No. 2015/848.
〔23〕 Art. 71, Regulation No. 2015/848.
〔24〕 Art. 72, Regulation No. 2015/848.
〔25〕 Art. 73 – 77, Regulation No. 2015/848.

国内法。破产执业人还应该有从协调程序的早期阶段控制成本的可能性。当协调程序的成本超出预计成本10%时,增加费用应得到协调程序启动国法院的授权并听取破产执业人的意见。[26] 另外,协调员在完成任务后应当提交一份关于协调程序开支及分摊比例情况的声明给每个破产执业人及协调程序管辖法院,破产执业人都可以提出异议。[27] 这一切都是为了保证协调程序的优势不被其成本抵消。

2. 建立互联互通的欧盟破产登记簿,突出信息公开和共享

欧盟各成员国原有的破产登记簿形形色色、自成一家,这势必增加跨境破产程序之间发生冲突的概率。新条例要求建立互联互通的登记簿有助于提高欧盟跨境破产程序的透明度和公开性,从而减少信息不对称和不公开造成的摩擦,保证破产程序的有效运行。从债务人角度,这也有助于提高达成统一解决方案的概率,体现了公司拯救的思想。[28]

新条例涉及的条文主要为正文第24条至第30条、第78条至第83条、第87条,还包括前言第75条至第80条。新条例要求成员国应先在其国内建立并维持一个或多个破产登记簿,成员国有义务在启动破产程序之后尽快在国内破产登记簿上发布相关信息并对其他成员国公开这些信息,然后欧盟通过建立欧洲电子司法门户网站(European e – Justice Portal)等措施将这些破产登记簿联系起来并提供一个查询信息的统一入口,这构成了欧盟破产登记簿的完整系统,该系统应在2019年6月26日之前建成。[29]

关于信息公开的标准和种类,新条例规定了信息公开的最少数量标准,采取的方式是在赋予某些信息强制公开性的同时不排除成员国发布更多信息的权利。[30] 新条例将债务人分为两类:一类是公司或法人,另一类是个人。对这两类债务人分别规定了信息公开的标准。此外需要认清的是,对于未从事独立经营或专业活动的个人债务人,成员国对他们破产程序的信息没有强制公开的义务,个别债权人获得他们的信息也需要额外的条件。[31]

关于欧盟破产登记簿建立、维持和以后更新的成本和费用,新条例规定这些成本将由欧盟的一般预算资金承担,而且每个成员国应承担本国建立破产登记簿及与欧洲电子司法门户完整互联的成本。查询信息一般情形下也不应对查询人收费。[32]

欧盟破产登记簿涉及相当多的隐私数据,而数据安全一直是欧洲极为关切的部分,故欧盟破产登记簿的数据保护至关重要。新条例涉及的相关条文为正文第78条至第83条,还包括前言第83条、第84条。它对欧盟破产登记簿潜在的数据安全问题作出了防范。新条例同样遵守《欧盟基本权利宪章》中关于个人信息保护等有关条款和原则,《欧洲理事会和议会第95/46/EC指令》和《欧洲议会和理事会第45/2001号条例》同样适用于本条例框架内的个人数据处理。[33] 根据新条例,每个成员国都有责任采取行动对数据安全予以保护,例如,采取相关技术措施、保证数据的及时更新、赋予数据当事人删去数据的权利。[34] 新条

---

〔26〕 Rec. 58&59, Regulation No. 2015/848.

〔27〕 Art. 77, Regulation No. 2015/848.

〔28〕 Pál Szirányi, EU – wide Interconnection of Insolvency Registers, Era Forum, Vol. 16, 2015, p. 219.

〔29〕 Rec75. 76& Art. 24. 25. 82. 83. 87, Regulation No. 2015/848.

〔30〕 Rec. 77, Regulation No. 2015/848.

〔31〕 Rec79. 80& Art. 24, Regulation No. 2015/848.

〔32〕 Art. 26. 27, Regulation No. 2015/848.

〔33〕 Rec. 83&84, Regulation No. 2015/848.

〔34〕 Art. 79, Regulation No. 2015/848.

例还对欧盟委员会的相关责任作了说明,例如,采取采取必要政策和技术解决方案、通知数据主体使用其信息的目的。[35]

二、完善我国跨境破产法律制度

(一)我国跨境破产立法现状

2006 年《中华人民共和国企业破产法》(以下简称《破产法》)出台之前我国在跨境破产立法方面捉襟见肘,立法上的缺位导致了司法实践上的错位。《破产法》的出台缓解了跨境破产立法不力的尴尬局面,但并没有得到实质改观。

1. 跨境破产的管辖权和法律适用

在管辖权方面,《破产法》第 3 条明文指出破产债务人住所地法院对其享有管辖权,这与 2002 年《最高人民法院关于审理企业破产案件若干问题的规定》(以下简称 2000 年司法解释)第 1 条如出一辙。该司法解释第 1 条还将主要办事机构所在地推定为债务人住所地,注册地法院在无办事机构时享有管辖权。但它们都没有进一步明确判定债务人主要办事机构所在地的标准,例如何为办事机构?达到怎样的程度可以被认定为是主要的办事机构?虽然后续立法例如《中华人民共和国公司法》一直反复强调主要办事机构对判断住所地的重要性,但同样未指明主要办事机构所在地的定义及确定标准。

笔者认为,《破产法》第 3 条仅确定了针对国内破产案件我国明确以住所地确定管辖法院的标准。这一条文并未涉及跨境破产的国际管辖权标准,实践中一般参照适用,例如只有债权人为外国人且主要办事机构和注册地均在我国境内的简单情况。但这种住所地的标准并不能满足我国法院对某些复杂跨境破产案件的管辖愿望,例如跨国公司无论是主要办事机构还是注册地均不在我国但在我国有大量业务经营的情况,更何况债务人很容易通过规避住所地标准摆脱我国法院的管辖。在无锡尚德破产案件中,我国法院就因此放弃了对作为无锡尚德股东的 BVI 尚德主张破产管辖权。[36]

我国跨境破产的域外效力既包括我国破产程序是否具有域外效力,也包括境外破产程序在我国是否有效两个问题。对于第一个疑问,《破产法》第 5 条第 1 款作出了解答。笔者认为,这一条款明确指出,我国的破产程序具有域外效力。由此上溯至 2002 年司法解释,该司法解释第 73 条第 4 款同样说明了我国破产程序的域外效力。对于第二个疑问,《破产法》虽并未直接予以明示,但根据《破产法》第 5 条第 2 款可以合理推断出一定条件下境外破产程序在我国是有效的,这些条件包括存在互惠原则、不违背社会公共利益等。故有条件的对境外破产判决予以承认与执行,就说明一定意义上可以认为境外破产程序在我国是有效的。

从字面上解读,立法者以理想的普及主义的观念规定了我国破产程序的域外效力,又以修正的普及主义观念承认了境外破产程序在我国的效力。也应看到,《破产法》对跨境破产的域外效力仅仅作了原则性的规定,缺乏具有可操作性的细则指引,例如境外破产管理人在我国处于何种地位,是否有权介入破产程序,它的权利范围有多大,这给法院在司法中的实务带来诸多困扰。

在法律适用方面,《中华人民共和国涉外民事关系法律适用法》第 2 条指出最密切联系法律适用的前提是该法及其他法律对相关法律关系的适用没有规定。当前形势下,目前,由于我国在涉外破产的法律适用上没有作出其他的具体规定,最密切联系原则就成了涉外破

---

〔35〕 Art. 80 & 81, Regulation No. 2015/848.

〔36〕 杨立:《跨境破产法律制度研究》,吉林大学 2014 年博士学位论文,第 23 页。

产法律适用的唯一依据。

2. 跨境破产程序的承认与执行

如前所述,《破产法》第5条第2款规定表明了我国对境外破产程序在国内效力问题上的态度。笔者认为,这一规定对境外破产判决的承认与执行要求非常严格,设置了严密的前置条件。

从客观条件上讲,要求依据条约或者根据互惠原则。条约要求方面,截至目前在任何有关跨境破产的双边或多边条约中并没有看到中国的积极参与和响应。互惠要求方面,我国的司法实践倾向于采取严格的实质互惠,即只有存在外国承认或执行过我国的破产程序的先例下,才认定存在互惠关系。满足上述要求的情形凤毛麟角,客观条件的严格可见一斑。从主观判断上讲,要求承认与执行不违反我国的主权、不损害公共利益、本国债权人利益等,这种立法表述过于简单。[37] 判断达到怎样的程度和标准才是违反和损害也很模糊,这就赋予法官在此问题决断上的极大裁量权,这必然会加剧适用不一致情况的出现。因公共利益产生的纠纷就已数见不鲜,太子奶破产案件中,当地政府把破产引起的可能诱发社会不稳定性因素的一系列职工就业安置问题划归公共利益进行考量。试想,若是对任何此类职工问题都出于维稳而扩大解读,那么任何破产案件都会影响公共利益。[38]

总的来讲,虽然这一规定限制了较为严格的条件,但毕竟改变了曾经实践中对境外破产判决一律不予承认与执行的狭隘保守的地域主义观念。另外,这一规定过于严格甚至苛刻,同时缺少具体的细则指引,例如提出承认与执行外国法院判决申请的主体、期间,以及法院审查的期间。这无疑会给司法实践增加额外负担。

(二)新《欧盟破产条例》的启发意义

1. 以主从破产程序为框架,重塑管辖权标准

新旧《欧盟破产条例》所采取的主从破产程序模式有效地减少了管辖权冲突的情况,突出了原则性和灵活性结合的特点。我国采取主从破产程序的好处在于能够妥善处理平行破产程序,本质上维持了各国管辖权的平衡。主从破产程序也体现了管辖权的让渡,为之后的国际合作与交流奠定了基础。

旧条例以主要利益中心为标准确定主要破产程序的管辖权,以营业机构为标准确定从属破产程序的管辖权,新条例肯定并强化了这一标准。笔者认为我们应当在跨境破产管辖权标准中确立主要利益中心和营业机构的地位,这也更契合公司的经济实质和发展战略。新旧《欧盟破产条例》在域外效力的问题上的态度也是一致的。我国在引入主从破产程序之后,赋予主从破产程序不同的域外效力是当然之举。

引入主从破产程序并不能一劳永逸地避免管辖权冲突。因此在重塑管辖标准之外,还要实现管辖权的自我限制并主动对外合作,只有如此才能共同实现利益最大化。

2. 以共赢为宗旨,加强跨境破产的交流与合作

封闭固守只能两败俱伤,交流合作才能共进共赢。我国应当在破产执业人之间、法院之间以及破产执业人与法院之间等主体之间开展全方位多领域的交流与合作。

---

〔37〕 Steven J. Arsenault, Leaping over The Great Wall: Examining Cross - border Insolvency in China under the Chinese Corporate Bankruptcy Law, *Indiana International & Comparative Law Review*, Vol. 21, 2011, p. 22.

〔38〕 李曙光、王佐发:《中国〈破产法〉实施三年的实证分析——立法预期与司法实践的差距及其解决路径》,载《中国政法大学学报》2011年第2期。

交流与合作的方式五花八门。例如信息交流,实现信息的互通有无是一切的前提。达成跨境破产协议也是一种有效途径,特别在不具备条约基础的情形下,破产执业人等据此可以灵活处置和弥补立法与司法中的实质沟壑。再比如协调审理活动,典型情况就是进行联合审理,审理中一国法院有权和另一程序中的破产执业人、债权人和法院直接沟通。

3. 细化标准和配套措施,完善跨境破产程序的承认与执行

中国的跨境破产程序已有得到了美国明确承认和执行的先例。2013 年,尖山光电股份有限公司(以下简称尖山光电)在我国进入破产司法程序。尖山光电在美国留存 1.5 亿元人民币的光伏资产。2014 年 8 月,美国当地法院很快承认了我国法院的破产裁定,这为我国管理人顺利处置债务人美国的资产铺平了道路。[39]

如前文所述,中国在跨境破产上的保守态度使明确承认境外破产程序的情况鲜有耳闻。武汉市中级法院 2014 年的一份判决显示,它承认德国法院的破产程序,但并非依据《破产法》。[40]

我国在引入主从破产程序后,要立足于全球视野,强化合作意识,以务实求真的态度区别对待承认与执行。对于主要破产程序,我国应以开放包容的姿态给予最大限度的配合。针对从属破产程序,我国有必要结合客观情况和实际需求,适时适当地进行更深入的考察,再由法官对最终是否承认与执行盖棺定论。

关于承认与执行前置的审查,我国在主客观条件上的限制异常苛刻。一方面,我国并未对互惠原则作出明确规定,且严格的实质互惠的原则并不符合国际立法趋势。[41] 近年来国际社会上出现了对互惠原则予以软化的一种处理方法,推定互惠就是其中的典型。推定互惠指出若不存在拒绝承认的先例即推定为存在互惠关系。[42] 这些对明确存在互惠关系的判断依据和标准提出了方向性的要求。另一方面,在主权、国家安全和公共利益,即公共秩序的判断上,我国也不统一,存在分歧。有观点认为,只有判决的内容有损于承认国的公共秩序,承认国有权拒绝承认和执行。也有观点认为,只要该判决依据的外国法律本身存在不妥,即可明确拒绝。笔者认为,我国应当明确以第一种观点为准,这有利于防止公共秩序的滥用,对推动跨境破产合作发挥正面影响。

另外,当前我国对于境外破产判决的承认与执行采取的这种原则不承认不执行,符合条件承认或执行的模式有悖于国际主流,不利于国际合作。笔者认为,可以采取列举的方式明确规定不予承认境外破产判决的情形,这样既能体现司法主权,又能促进国际合作。

在相关配套措施上,拥有一套指引具体明确、流程清晰简要、可操作性高效的业务规则是不可或缺的,例如申请承认与执行的主体和期限、法院审查的期间、推定互惠关系的举证责任。

4. 引入协调制度,建立跨境企业集团破产程序

我国目前的《破产法》等都没有对跨境企业集团破产做出足够的规制,完善跨境企业集团破产立法迫在眉睫。

---

〔39〕 石静遐、黄圆圆:《中美跨界破产合作里程碑——“尖山光电案”评析》,载《法律适用·司法案例》2017 年第 4 期。

〔40〕 石静遐、黄圆圆:《跨界破产中的承认与救济制度——基于“韩进破产案”的观察与分析》,载《中国人民大学学报》2017 年第 2 期。

〔41〕 郑维炜:《中国应对跨境破产法律问题的策略选择》,载《当代法学》2012 年第 1 期。

〔42〕 杜涛:《互惠原则与外国法院判决的承认与执行》,载《环球法律评论》2007 年第 1 期。

关于企业集团破产管辖权的标准,理论上存在独立实体原则与单一企业原则两种态度和主张。欧盟新条例规定对企业集团中的每一家企业单独启动一项破产程序,由各自主要利益中心地法院管辖,这是独立实体原则在欧盟的最新运用。笔者认为我国当前也应如此。

独立实体原则主张下,所有成员并不被当做一个高度统一的整体对待,而是成员各自独立,无论是组织结构还是责任落实,故母企业对子企业的责任是有限的。在管辖权的确定上即要求由各成员企业的主要利益中心地法院分别管辖。单一企业原则与独立实体原则主张恰好相反,它认为成员间千丝万缕的关系使他们联系为一个密不可分的整体。在管辖权的确定上即要求由集团主要利益中心地一个法院管辖。前者体现了对企业独立人格的尊重,劣势在于忽视了企业集团内各企业的实质联系,经济上不合理,也不利于实现破产公平。后者的优势在于能够减少破产财务和时间等成本的消耗,并大大提升成员全部资产的价值,也为集团统一开展重整扫清了障碍。既然单一企业原则更为契合或理想,为何欧盟新条例又放弃了这一选择呢?笔者认为之所以选择独立实体原则源于对单一企业原则实现的现实阻力的担忧。首先,企业集团并非法律概念,确定集团主要利益中心需要对企业集团的概念予以厘清,但这是相当复杂的。其次,需要确定判断主要利益中心地位于何处的因素,而这些因素繁杂,给确定主要利益中心地所需的时间成本提出了极高的要求。最后,要在全球范围内的相关国家获得对集团主要利益中心地的一致认可和肯定更是难上加难。

值得注意的是,无论是独立实体原则,还是单一企业原则,它们都是处理跨境企业集团破产的重要手段,要灵活运用,不能偏废。有些集团企业整合了成员企业,成员之间无论是对内的人财管理,还是对外的近期经营和战略发展都存在高度的相似性和一致性,资产分布高度集中,此时运用单一企业原则处置破产问题是不二选择。有些企业集团虽然在外人看来是同一的,但成员间实际上无论是业务范围还是组织结构并不搭边,资产分布也星罗棋布,此时独立实体原则无疑是最实用的。

协调制度的设立是新条例的创新举措之一,也是我国应当借鉴的地方。我国也应当对协调制度的申请要求、性质、法院选择、启动和执行等作出明确规定,对协调员的资质要求、权利和义务等作出详细规定。协调制度是加强合作与交流的要求在企业集团破产领域内的直观体现,据此解决企业集团跨国破产案件既照顾到了各国的私利考量,又预见到了共商共议带来的共同利益,易为各国接受,可以期待其在未来发挥更重要的作用。

【导师点评】

进入21世纪以来,欧盟颁布了一系列国际私法领域的条例,形成了一个崭新的法律部门欧盟国际私法,2002年《欧盟破产条例》以及新《欧盟破产条例》是其重要代表。本文以比较的方式,着重对新《欧盟破产条例》的改革内容进行了分析,以期对我国跨境破产立法提出针对性建议。整篇文章平实又不缺亮点,视角新颖,论据充实,逻辑严谨。字里行间可以看出作者的用心,尤其是对新条例的翻译上,作者花了不少工夫做了详细的工作,这是很难得的。总的来说,这是一篇高质量、有价值的论文。

（指导教师:杜　涛）

国际法视角下的药品试验数据保护研究

马晓媛*

药品试验数据指在新药研发的多个阶段获取的试验信息和数据。这些数据是医疗卫生管理机构分析和评估新药上市申请的依据,用以决定是否给予某一药品投放市场用于治疗特定疾病的许可。对于制药企业来说,药品试验数据是申请上市许可的重要资料,对产品进入市场和企业收益具有重要价值。药品试验数据保护制度则是指医疗卫生管理机构通过赋予原研药公司为申请上市许可所提交的试验数据一定期限的独占权,防止这些数据被他人不正当地商业利用,从而补偿原研药公司为获取药品试验数据所投入的大量时间和经济成本的一项制度。在独占保护期限届满后,其他仿制药公司方可依赖或使用原研药公司的试验数据为其仿制药品申请上市许可。

药品试验数据保护制度早先起源于美国国内药品管理法规,迄今只有三十余年的发展历史,对于其在知识产权领域内的保护与限制的争议从未停止。[1] 这一制度以药品研发过程中产生的特定数据资料作为保护对象,作为智慧成果的体现,其非物质性特征符合知识产权的客体属性,应当受到保护。[2] 就实践而言,美国、欧盟、日本为代表的发达国家通常主张严格的数据保护,主张赋予药品试验数据持有人一定年限的市场独占权,并且要求在此前间内,仿制药商不得依赖这些数据提出上市声明,而政府部门也不得依赖这些数据进行仿制药上市申请的审批工作。[3] 而以印度、阿根廷、古巴等为代表的发展中国家则不同意对试验数据进行独占保护,由于本国药物研发创新能力有限,而仿制药需求市场较大,一般仅同意以商业秘密形式保护试验数据。[4] 从国际法视角来看,《与贸易有关的知识产权协定》(Agreement on Trade - Related Aspects of Intellectual Property Rights, TRIPS)第 39.3 条要求世界贸易组织(World Trade Organization, WTO)成员国对药品试验数据进行保护,但对保护模式没有明确具体的规定。因而,WTO 成员方通常以本国国情和药品研发水平为基础,对药品试验数据的保护模式做出差异性的选择。

一、TRIPs 第 39.3 条对药品试验数据保护的规定

TRIPs 是目前药品试验数据保护最重要的国际性立法,其第 39.3 条一般被认为是确立

---

* 马晓媛,华东政法大学 2017 届国际法学专业硕士研究生。

〔1〕 Garth Boehm, et al, Development of the Generic Drug Industry in the US after The Hatch - Waxman Act of 1984, *Acta Pharmaceutica Sinica*, September 2013, pp. 297 - 311.

〔2〕 吴汉东:《知识产权保护论》,载《法学研究》2000 年第 1 期。

〔3〕 冯洁菡:《TRIPS 协议下对药品试验数据的保护及限制——以国际法和比较法为视角》,载《武大国际法评论》(第十一卷),武汉大学出版社 2009 年版,第 125 页。

〔4〕 IFPMA, Data Exclusivity: Encouraging Development of New Medicines, at http://www.ifpma.org/wp-content/uploads/2016/01/IFPMA_2011_Data_Exclusivity__En_Web.pdf, March13, 2017, p. 11.

药品试验数据保护国际性标准的最先立法。根据该条款规定:当成员以要求提交未披露过的试验数据或其他数据作为批准使用了新的化学成分的药品或农用化工产品上市的条件时,如果该数据的原创活动包含了相当的努力,则该成员应对此数据提供保护,以防止不正当的商业使用。同时,除非出于保护公众的需要,或者除非已采取措施保证该数据受到保护免于不正当商业使用,否则成员应保护该数据以防其被泄露。[5] 对成员方来说,TRIPS 第 39.3 条所设立的最低保护标准为其在制定国内相关立法时提供了一定的弹性选择空间,该条款允许成员方以任何方式履行此项义务,并没有做出统一的专有权形式的保护要求。

(一)TRIPs 第 39.3 条下药品试验数据获得保护的基本要件

TRIPs 第 39.3 条对试验数据保护的适用条件、对象、保护方式和成员方义务等提供了框架性的规定,但由于条款语言和定义存在一定模糊性,这为成员国实施此项制度提供了较大的灵活处理空间。根据规定,申请保护的"试验数据"应当符合以下五项基本条件。

1. 提交数据是政府部门的要求

TRIPs 第 39.3 条适用的前提数据的提交为政府部门的要求,也就是说,试验数据的提交要求由政府部门明文规定。如果政府部门没有此项要求,依据法律法规,药品上市的申请人免于提交数据的,例如可以依赖另一地区已申请注册的事实来确定数据保护,则不适用此项规定。此外,获保护的试验数据仅限于为获取审批所必需的范围。申请人自愿提交或者超出审批要求范围提交的数据,并不属于 TRIPs 第 39.3 条的保护范围。

2. 数据是为获得药品上市许可而依法收集、并提交的

TRIPs 第 39.3 条的保护对象指与人类或动植物健康相关,对环境有影响且具有效果的医药用或农用化工产品相关的科学健康和安全测试的试验数据结果。这些试验数据结果的收集和提交以获取上市许可为目的。除试验数据外,这一制度的保护对象还包括试验相关的其他数据,如药品生产、包装方式和条件有关的数据,但同样以获取上市许可必要为限度。

3. 数据须处于"未披露"的状态

根据 TRIPs 第 39.3 条要求所提交申请上市审批的数据必须是未曾披露的信息,且存在法律保护的需求。换言之,公开状态的数据信息并不是受保护的对象,权利人不得主张限制第三人对数据信息的利用。作为 TRIPs 对药品试验数据保护的客观要求,申请人对提交审批的试验数据保密状态和未披露状态的声明通常是政府部门进行审查的项目之一。

4. 数据须针对"新化学成分"

其中关于含有"新化学成分"的药品的具体定义和范围,TRIPs 第 39.3 条也未曾明确界定,这也是成员国在制定国内法的弹性选择空间之一。其中关于"新"的争议存在于地域范围、适用理解等方面。前者比如新化学成分的首次批准上市是某一成员国内的首次上市批准还是世界范围内的首次上市批准;后者比如新化学成分的"新"这一要求是指专利申请的"新颖性"还是仅指注册的时间顺序的靠前。"新化学成分"的理解和认定在多个成员国的实际操作中存在多样化的形式,如美国和欧盟认定新化学成分的标准即药品是否获得监管

---

[5] TRIPs 第 39.3 条原文:Members, when requiring, as a condition of approving the marketing of pharmaceutical or of agricultural chemical products which utilize new chemical entities, the submission of undisclosed test or other data, the origination of which involves a considerable effort, shall protect such data against unfair commercial use. In addition, Members shall protect such data against disclosure, except where necessary to protect the public, or unless steps are taken to ensure that the data are protected against unfair commercial use。

部门颁布的上市许可。[6]

5.数据的取得须包含相当的努力

由于TRIPs第39.3条所要求的试验数据并非通过发明或创造取得,而是通过临床试验等方式取得,因此TRIPs没有制定相应的实体标准,而是较为笼统地要求试验数据的取得需包含相当的努力。对于这一要求中"相当"和"努力"的定义和程度要求同样存在模糊与歧义,给成员国的立法保留了解释和灵活适用的空间。

(二)TRIPs第39.3条下成员方的义务分析

除药品试验数据受保护的基本条件外,TRIPs第39.3条还对成员方提出了两项义务。一是保护试验数据以防止不公平的商业使用,二是保护试验数据以防止被披露。但同时TRIPs也提出了一项例外,即如果存在必需保护公共利益的情形,成员方政府可以公开数据使用,但前提是保证数据不会受到不公平的商业使用。作为一种较新颖的知识产权保护方式,TRIPs仅规定了对药品试验数据的一般性保护义务,成员方政府在具体实施时可以自行调整适用,如履行义务所采取的保护方式及保护时间的期限选择等。

1.防止不公平商业使用

TRIPs第39.3条要求国家药品监管部门需要保证被申请人所提交的试验数据在未披露的状态下免于不公平地商业使用。在成员方实践中,"不公平商业使用"的理解和实施主要体现为数据独占保护和反不正当竞争保护这两种模式。前一模式以欧美为代表,通过提供一定期限的专有使用权来防止对试验数据的不公平商业使用。这些国家通过国内法禁止未经授权的第三人使用数据,并倾向于将第39.3条解释为,在特定保护期内受保护的药品试验数据不得为竞争者所使用,该期限届满后,仿制药商方可依赖原研药厂商的试验数据申请上市。反不正当竞争保护模式则主要为药物研发创新能力相对较弱的发展中国家所推行,如巴西、阿根廷等。支持反不正当竞争保护的观点认为,TRIPs第39.3条所述"未披露信息"的知识产权保护框架,与反不正当竞争法框架下的商业秘密保护存在一致性,不应赋予专有权排他保护。[7] 政府依赖已获批准的原研药试验数据来审核仿制药申请的行为也不会被视为不公平使用。不公平商业使用仅限于竞争者通过欺诈、窃取等不正当手段获取数据,并以这些数据来提交上市申请等特定的情形。

2.保护试验数据不被披露

TRIPs第39.3条对试验数据免于披露的保护义务类似于对商业秘密的保护,是药品试验数据保护的最低标准,在成员方的观点和实施中并不存在太大的争议和矛盾。"披露"可理解为政府部门不能随意使用和处置通过行政申请流程所掌握的数据,如政府工作人员不应出于故意或因为疏忽泄露药品试验数据。值得注意的是,第39.3条并未规定试验数据保护的固定期限,对数据的保护可以在未披露的前提下一直持续。结合成员方实践来看,这一保护期限通常为5至10年,具体年限选择会考虑试验数据的创新程度与企业投入等因素。

此外,基于TRIPs第39.3条要求,不披露试验数据也存在例外情形,如出于保护公众的必要目的,政府部门可以选择披露数据,例外的具体情形和标准可由成员方自行进行解释。

---

[6] Meitinger Ingo, Implementation of Test Data Protection According to Article 39.3 Trips, *The Journal of World Intellectual Property*, March 2005, pp. 123 – 139.

[7] IFPMA, Data Exclusivity: Encouraging Development of New Medicines, at http://www.ifpma.org/wp-content/uploads/2016/01/IFPMA_2011_Data_Exclusivity__En_Web.pdf, March13, 2017, p. 11.

有观点认为，此项例外实施需经过一项“必要性测试”，成员方政府在援引此项例外时应当承担证明必要性的责任，否则其主张公共需要披露试验数据的行为会受到质疑和挑战。[8] 也有观点认为，根据此项公共需求例外所披露的试验数据的程度应以仿制药品为获得强制许可为限，尤其是这项强制许可关系到公众健康的需求，并需以此为由来对抗市场垄断的行为的情形发生时。[9] 在实施过程中，由于药品的生命关联性，将“保护公众”解释为“保护公众健康”是一种常见的做法，如《多哈宣言》中规定成员有权颁布强制许可的情形包括引发公共健康危机的传染病暴发等情形，[10] 还包括对公众健康造成极大危害的严重药品不良反应事件等。[11]

二、区域贸易协定中的药品试验数据保护规定

（一）北美自由贸易协定

美国、加拿大、墨西哥签署于1994年生效的《北美自由贸易协定》（North American Free Trade Agreement，NAFTA）率先将知识产权保护标准的谈判纳入区域性贸易协定，被视为TRIPs中药品试验数据保护制度的参考性基础。NAFTA第1711条所规定的数据专有权保护模式同TRIPs相近，主要体现为以下五项基本条件：（1）保护对象：处于未披露状态的试验数据和其他数据，含有新化学成分，且提交的目的在于申请上市；（2）保护条件：为获得上市许可而提交，且包含新化学成分，并投入相当程度的努力，且处于未披露的状态；（3）缔约方的保护义务：防止不正当的商业使用以及防止数据被披露；（4）保护期限：自获得上市许可之日起最低5年；（5）保护要求：在保护期内，政府部门均不能依赖这些数据批准其他主体的上市申请。[12]

此外，NAFTA并未禁止任何缔约方通过简易申请程序批准仿制药申请人以提交生物等效性试验成果的形式申请上市许可。[13] 但这一条款没有明确此类生物等效性试验是否可以在5年的独占保护期内进行。从条款的立法目的上来理解，NAFTA应倾向于在5年数据保护期限届满后才可进行生物等效性试验。但这一理解与1999年发生的拜耳诉加拿大案并不相同。[14] 该案争议焦点在于政府药品监管部门通过对比原研药商提交的试验数据来审查后续申请者提交的仿制药申请是否构成“依赖”。加拿大国内法院认为，如果政府部门没有实质审查或直接依赖原研药品的未披露试验数据，则不构成NAFTA第1711条第6款下的“依赖”。这一解释在当时使加拿大的仿制药上市申请几乎不受5年保护期限制，受到

---

〔8〕 Owoeye Olasupo, Data Exclusivity and Public Health Under the TRIPS Agreement, *Journal of Law, Information & Science*, April 2014, pp. 106 – 133.

〔9〕 Lorna Dwyer, Patent Protection and Access to Medicine: The Colombia and Peruvian Trade Promotion Agreements, *Law & Business Review of the Americas*, 2007, p. 825.

〔10〕 Article 2.2 of Declaration on the Trips Agreement and Public Health, at http://www.who.int/medicines/areas/policy/tripshealth.pdf? ua = 1, March13, 2017.

〔11〕 [美]菲利普.希尔茨：《保护公众健康：美国食品药品百年监管历程》，中国水利水电出版社2006年版，第94页。

〔12〕 North American Free Trade Agreement(NAFTA), at https://www.nafta – sec – alena.org/Home/Legal – Texts/North – American – Free – Trade – Agreement? mvid = 1&secid = b6e715c1 – ec07 – 4c96 – b18e – d762b2ebe511#A1711, March13, 2017.

〔13〕 Article 1711.6 of NAFTA, at https://www.nafta – sec – alena.org/Home/Legal – Texts/North – American – Free – Trade – Agreement? mvid = 1&secid = b6e715c1 – ec07 – 4c96 – b18e – d762b2ebe511#A1711, March13, 2017.

〔14〕 Bayer Inc. v. Canada(Attorney General), 1999 CanLJI 8099(F.C.A.).

了加拿大国内仿制药商的欢迎,却也导致了加拿大与美国、欧盟等在知识产权保护上的贸易摩擦。这一情况在2004年加拿大修订了《食品与药品条例》后发生了变化,这一修订认为拜耳案的判决意见和观点对药品试验数据的保护并不充分,并明确规定了政府部门在8年的数据独占保护期间内不得审批后续任何仿制药申请。[15]

在TRIPs签订前,NAFTA是唯一具体规定了药品试验数据知识产权条款的贸易协定,对TRIPs的立法逻辑和制度设计具有比较明显的影响。尽管其作为区域性国际条约约束范围有限,但它的签订使缔约国意识到药品试验数据保护不仅是知识产权保护的一部分,更是自由贸易的一部分。

(二)中美洲自由贸易协定

2005年,美国与中美洲五国(尼加拉瓜、洪都拉斯、萨尔瓦多、危地马拉、哥斯达黎加)以及多米尼加共和国签署中美洲自由贸易协定(U.S. – Dominican Republic – Central America Free Trade Agreement,CAFTA – DR)。[16] 这一协定在第15章知识产权部分纳入了药品试验数据的排他性保护标准。这一协定下,药品试验数据的保护对象为处于未披露状态下为申请上市而提交来证明原研药安全性和有效性的数据。缔约国的保护义务则包括在一定期间内,在未经原始数据提交人允许时,不能依赖原始数据提交人的数据,或依赖原研药品的上市许可来进行后续仿制药的审核批准,但也允许保护公众所必需的例外存在。另外,保护期限与NAFTA一致,同样为至少5年。[17]

从条文规定来看,CAFTA – DR制定的保护标准明显高于NAFTA和TRIPs。CAFTA – DR严禁对试验数据各种形式的依赖,包括保护期内禁止仿制药企依赖原研药数据开展生物等效性试验,还包括禁止缔约国政府依赖原研药数据开展审批等。原研药获得数据专有权后,在法定期间内可以对抗任何未经其同意的使用和依赖,但在保护公众所必需的情况下,也存在允许披露的例外情形,但缔约方仍应保护这部分被披露的信息以防止其被不正当地使用。[18]

此外,CAFTA – DR对原研药在另一国已获批准的上市申请与缔约国本国境内的上市申请的关系也作出了规定。根据第15条第10款第(1)项(b),原研药获得某一缔约国境内许可后,其他缔约国不得依据先前在该国获得的上市许可,或依据为在其他缔约国提交的上市许可审批信息来提出申请,但原研药必须在获得另一国上市许可5年内向缔约国提出上市申请,也即原研药在缔约国境内可享有5年的优先数据保护期。在保护期内,任何仿制药的上市申请均无法得到批准,原研药此时享有排他性的垄断权利。这一规定极大地限制了仿制药生产企业参与市场竞争,实际上可能会影响缔约国国民对廉价药品的获取。

(三)其他双边或区域性自由贸易协定

以各类自由贸易协定(Free Trade Agreement,FTA)为基础的双边贸易自由化和区域贸

---

[15] Article C.08.004.1(3)(b) of Food and Drug Regulations, at http://laws – lois.justice.gc.ca/PDF/C.R.C.,_c._870.pdf, March13, 2017.

[16] U.S. – Dominican Republic – Central America Free Trade Agreement (CAFTA), at https://ustr.gov/trade – agreements/free – trade – agreements/cafta – dr – dominican – republic – central – america – fta/final – text, March13, 2017.

[17] Article 15.1.1.(a) of CAFTA, at https://ustr.gov/trade – agreements/free – trade – agreements/cafta – dr – dominican – republic – central – america – fta/final – text, March13, 2017.

[18] Article 15.10.1.(d) of CAFTA, at https://ustr.gov/trade – agreements/free – trade – agreements/cafta – dr – dominican – republic – central – america – fta/final – text, March13, 2017.

易一体化的发展，是世界贸易体系中越来越明显的趋势。知识产权保护条款在FTA中的体现逐渐增多，尤其在TRIPs生效后，药品试验数据越来越多地被纳入FTA的知识产权保护条款中。[19]

1.美国签订的FTA中的药品试验数据独占保护条款

从20世纪90年代开始，美国积极向发展中国家推广药品试验数据保护体系，通过双边或多边性贸易谈判推广高于TRIPs要求的保护标准，也被称为TRIPs－PLUS标准。截止2017年3月，美国与20个国家签订了FTA。[20] 除澳大利亚、加拿大、新加坡等少数发达国家外，参与此类FTA多为发展中国家，如巴林、智利、哥伦比亚、约旦等。这些FTA中均规定了涉及药品试验数据的保护性条款。这些条款的表述和要求比较接近，但在具体要求仍会存在一些差别。

从保护期限来看，除美国与约旦FTA没有具体规定试验数据保护期限以外，其他FTA基本采取了5年左右的数据保护期，比如美国与新加坡FTA、[21]美国与智利FTA。[22] 从保护条件来看，近三分之一FTA将"含有新化学成分"或"新药"作为受保护试验数据的对象条件，如美国与智利FTA。[23] 另外一部分FTA则将保护条件扩大到"药品的新适应症和新用途"，这部分数据可额外获得3年独占保护期，以美国与约旦FTA、[24]美国与阿曼FTA等为代表。[25] 此外，多数FTA都纳入了防止试验数据国际依赖的规定，原研药在其他国家未获得上市申请提交的数据在缔约方境内仍可以受到一定程度的保护，缔约方必须保护这些数据不被不正当使用，如美国与摩洛哥FTA。[26] TRIPs生效后，美国通过签订双边或区域贸易协定的方式对药品试验数据保护制度的推广取得明显的效果。尤其与美国签订FTA的拉美、中东和亚洲地区的部分发展中国家，在履行FTA条款的过程中，将数据独占保护制度引入本国法律法规，有效地推行了对药品试验数据的专有权保护。

2.欧洲自由贸易联盟贸易协定中的药品试验数据保护制度

欧洲自由贸易联盟(European Free Trade Association，EFTA)成立于1960年，是《建立欧洲自由贸易联盟公约》下为降低区内贸易关税而设立的区域自由贸易组织，包括冰岛、列支

---

〔19〕 Ruse－Khan，Henning Grosse，The International Law Relation between TRIPS and Subsequent TRIPS－PLUS Free Trade Agreements：Towards Safeguarding TRIPS Flexibilities，J. Intell. Prop. L，2010，pp. 325－365.

〔20〕 关于美国与其他国家签订FTA情况的介绍，参见https：//ustr. gov/trade－agreements/free－trade－agreements，最后访问日期：2017年3月15日。

〔21〕 Article 16. 8. 2 of United States－Singapore Free Trade Agreement，at https：//ustr. gov/sites/default/files/uploads/agreements/fta/singapore/asset_upload_file708_4036. pdf，March 15，2017.

〔22〕 Article 17. 10 of United States－Chile Free Trade Agreement，at https：//ustr. gov/sites/default/files/uploads/agreements/fta/chile/asset_upload_file912_4011. pdf，March 15，2017.

〔23〕 Article 17. 10. 1 of United States－Chile Free Trade Agreement，at https：//ustr. gov/sites/default/files/uploads/agreements/fta/chile/asset_upload_file912_4011. pdf，March 15，2017.

〔24〕 Article 4. 22 of United States－Jordan Free Trade Agreement，at https：//ustr. gov/sites/default/files/Jordan%20FTA. pdf，March 15，2017.

〔25〕 Article 15. 9. 2(a) of United States－Oman Free Trade Agreements，at https：//ustr. gov/sites/default/files/uploads/agreements/fta/oman/asset_upload_file715_8809. pdf，March 15，2017.

〔26〕 Article 15. 10. 3 of United States－Morocco Free Trade Agreement，at https：//ustr. gov/trade－agreements/free－trade－agreements/morocco－fta，March15，2017.

敦士登、挪威和瑞士四个成员国。[27] EFTA 在双边或多边贸易体系中对药品试验数据保护制度的推广持相对积极的态度,在 TRIPs 基础上致力于推动试验数据保护制度在其他国家的建立和发展。以瑞士为例,作为制药产业世界领先的国家,其境内拥有罗氏和诺华这样的制药巨头,也拥有诸多中小型化工制药和生物制药公司,是全球药品创新研发重地,基于国家产业安排和经济利益,瑞士格外注重药品知识产权保护。截至 2017 年 3 月,EFTA 与 38 个国家或地区签订了 27 项 FTA,将药品试验数据保护作为知识产权条款的一部分纳入协定。[28] 实践中,EFTA 与埃及、[29] 黎巴嫩[30] 等国家签订的贸易协定明确规定了保护期限要求,也有部分协定参考 TRIPs 表述,在条文中规定"对未披露信息的保护与 TRIPs 第 39.3 条一致"。但也存在一部分协定仅要求缔约双方对未披露信息的保护应"充分而有效"情形,例如 EFTA 与马其顿、[31] 摩洛哥[32] 签订的 FTA。

三、对中国现行药品试验数据立法和发展趋势的分析及建议

(一)我国药品试验数据保护的基本法律规定

2001 年前,中国的药品管理法规并未对药品试验数据保护作出规定。与大多数 WTO 成员类似,加入 WTO 之后,我国开始重视对药品试验数据的保护,通过法律法规和制度的制定,完成了对 TRIPs 第 39.3 条,及《中国入世报告》第 284 段"知识产权制度"的国内法转化。[33] 相关规定主要包括 2002 年制定的《药品管理法实施条例》以及 2007 年颁布《药品注册管理办法》。根据规定,我国药品试验数据保护对象为"国家对获得生产或者是销售含有新型化学成分药品许可的生产者或者是销售者提交的自行取得且未披露的试验数据和其他数据"。这一规定符合 TRIPs 第 39.3 条"未披露的""含有新化学成分"的最低标准,但未对新药的新适应症、新给药途径等补充申请加以保护,体现出我国倾向于将试验数据作为具有商业秘密性质的信息并采取反不正当竞争保护的模式选择。[34] 与此同时,我国立法所规定的 6 年保护期高于 TRIPs 的最低 5 年的要求,在保护期内对使用受保护的药品试验数据进行其他药品注册申请的,不予批准,但允许他人提交自行获取的数据进行注册申请。此外,2007 年《药品注册管理办法》第 19 条规定,对于他人已获得中国专利权的药品,申请人可以在该药品专利期满前 2 年内提出注册申请,但对于该药品处于排他数据保护期内是否可以提出注册申请没有规定。

---

〔27〕 European Free Trade Association, at http://www.efta.int/about-efta/european-free-trade-association, March 15, 2017.

〔28〕 EFTA 与其他国家地区的自由贸易协定签订情况,资料来源:http://www.efta.int/free-trade/free-trade-agreements,最后访问日期:2017 年 3 月 5 日。

〔29〕 Article 3(e) of EFTA - Egypt Free Trade Agreement, at http://www.efta.int/free-trade/free-trade-agreements/egypt, March 15, 2017.

〔30〕 Article 4 of Annex V of EFTA - Lebanon Free Trade Agreement, at http://www.efta.int/free-trade/free-trade-agreements/lebanon, March 15, 2017.

〔31〕 Article 3 of Annex V of EFTA - Macedonia Free Trade Agreement, at http://www.efta.int/free-trade/free-trade-agreements/macedonia, Mar 13, 2017.

〔32〕 Article 3 of Annex V of EFTA - Morocco Free Trade Agreement, at http://www.efta.int/free-trade/free-trade-agreements/morocco, Mar 13, 2017.

〔33〕 Report of the Working Party on the Accession of China, at https://www.wto.org/english/thewto_e/acc_e/a1_chine_e.htm, Mar 13, 2017.

〔34〕 梁志文:《药品数据的公开与专有权保护》,载《法学》2013 年第 9 期。

就保护例外而言,《药品管理法实施条例》第35条规定在公共利益需要和已采取措施确保该类数据不会被不正当地进行商业利用的情形下可以披露申请人所提交的药品试验数据。如前所述,我国药品试验数据制度基本遵循了TRIPs第39.3条的规定,并在此基础上延长了试验数据保护期,但我国相关立法并未涉及试验数据提交人需证明数据的获得需要通过"相当的努力"等要求,此类法规在我国的适用也存在一些问题。例如,如何定义"新型化学成分"药品等条款的解释与说明问题;6年的数据保护期的选择依据;如有任何不当披露的情况或者数据的泄露,数据提交人可以通过何种渠道申请救济。从目前立法分析,我国药品试验数据保护符合TRIPs规定的最低标准,仍有一定程度的弹性解释和修改的空间,尚不属于扩张性保护的范围。

（二）《药品注册管理办法》修订与化学药品注册分类改革所体现的立法发展趋势

1. 2016年《药品注册管理办法(修订稿)》征求意见(以下简称征求意见稿)

2016年7月,国家食品药品监督管理总局办公厅公开征求《药品注册管理办法(修订稿)》意见。现行《药品注册管理办法》自2007年修订以来暂无变动,此次征求意见稿引发了实务界较多讨论。征求意见稿对包括药品临床试验申请、新药上市、注册延期等各环节在内的新药注册流程作出了较大调整,将原本由省级药品部门承担的临床试验及药品上市申请的职能交还给国家食品药品监督管理总局(China Food and Drug Administration,CFDA)负责,不再分类规定新药的注册流程,并删除了现行《药品注册管理办法》中"仿制药及进口药的申报与审批"的章节,取消仿制药和进口药的上市申请专门规定。

值得注意的是,2007年《药品注册管理办法》第20条对药品试验数据保护的规定在这次征求意见稿中并没有保留,仅在征求意见稿第17条规定:"食品药品监管部门、相关单位以及参与药品注册工作的人员,对申请人提交的技术秘密和数据负有保密义务",并在第66条要求,"申请药品上市许可的研究资料和数据可以来源于符合我国法规和相关国际通行原则的研究机构或者实验室,并符合相应评价原则和指南的要求。使用的研究资料和数据非申请人所有的,应当提供研究资料和数据所有者许可使用的证明文件。"也就是说,此次征求意见稿并没有对药品注册申请人所提交用于注册的药品试验数据的保护作出明确的关于保护方式或期限的规定,仅要求监管部门及人员对相关技术秘密和数据负保密义务,并没有对原有的药品试验数据保护制定更多要求。事实上,这一征求意见稿并非最终确定的法律修订稿,仍有可能在后期对条文规定进行较大的调整。

2. 2016年化学药品注册分类改革方案

2016年3月,CFDA发布《关于发布化学药品注册分类改革工作方案的公告》(2016年第51号),对2007年版《药品注册管理法》中的化学药品注册分类重新作出调整,并对新药和仿制药定义范围进行了修改。这次调整将化学药品新注册分为5类,依次为境内外均未上市的创新药、境内外均未上市的改良型新药、境内申请人仿制境外上市但境内未上市原研药品的药品、境内申请人仿制已在境内上市原研药品的药品、境外上市的药品申请在境内上市。[35] 此方案在第3类药品注册类别中对原研药品作出了明确的定义,即指境内外首次获准上市,且具有完整和充分的安全性、有效性数据作为上市依据的药品。此次分类调整以临床价值和临床优势作为注册分类的重要指标,并对新药根据不同注册分类设置了3至5年

[35] 分类详细标准参见《总局关于发布化学药品注册分类改革工作方案的公告(2016年第51号)》,资料来源:http://www.sda.gov.cn/WS01/CL0087/146140.html,最后访问日期:2017年3月5日。

的新药监测期。

3. 前述立法修订对药品试验数据保护制度的影响分析

《药品注册管理办法》征求意见稿显示,CFDA 将承担临床试验申请及药品上市注册的审批,并不再分类规定新药的注册流程,将"仿制药及进口药的申报与审批"纳入药品上市许可的有关章节,调整药品注册上市流程,显然将对与药品注册密切关联的试验数据保护制度产生影响。目前发布的化学药品注册分类改革方案将分类调整为创新药、改良型新药、仿制药三类,体现出与国际标准同步的趋势。本次药品注册分类改革主要对两类药品的分类进行了改革,其中一项是1类新药。在此次改革中,新药的定义发生了明显改变,其定义"未在中国境内外上市销售的药品",指全球范围内仅在中国首先注册审评的药品,而非此前"未在国内上市销售的药品"的定义。这一项改革缩小了新药的范围,使得认定标准从"国内新"变为了"全球新"。另外一项是3类仿制药,明确定义为"仿制境外上市但境内未上市原研药的药品",包括"具有与原研药品相同的活性成分、剂型、规格、适应证、给药途径和用法用量的原料药及其制剂"。这一项改革扩大了仿制药的定义范围,也意味着对研发难度的要求明显提高。

对于药品试验数据制度来说,此次化学药品分类改革对1类创新药和3类及4类仿制药的影响会比较大。就1类创新药而言,其应属于目前在我国受到试验数据保护的对象,即使用"新化学成分"的药品。试验数据保护制度的执行将赋予1类创新药品6年的数据保护期,从而有效保护此类创新药品上市后的市场利益,起到激励研发创新的作用。就3类仿制药而言,其虽然不属于试验数据保护对象,但仍受到原研药的试验数据保护的影响。若国外制药企业研发的原研药首先在中国注册进入市场,即可作为新药享有6年数据保护期,在此期间,4类仿制药的注册申请将受到限制。如果原研药在国外先行注册上市,则因新药定义的全球范围内首先上市的要求而不具有试验数据保护的对象资格。这种情况下,3类仿制药可以在不受试验数据保护制度的限制下申请上市。基于目前我国制药产业以仿制药品的生产为主导的现实,这在一定程度上会减少国内仿制药的上市障碍,实际上促进了国内仿制药产业的发展。

(三)完善我国药品试验数据保护制度的结论与建议

就我国目前的制药产业现状而言,在国际医药市场中,我国仍以原料药出口为主,药品研发能力与欧盟等制药强国相比存在一些差距。[36] 由于制剂水平的相对落后,我国制剂出口的品种和金额在国际市场中的比重都比较有限,部分仿制药的质量和治疗效果与原研药相比存在较大差距。我国药品的研发创新能力的提升,仍需要较长时间的发展与投入。因此,严格的药品试验数据保护机制可能对国内制药企业发展、药品定价、公众药品支付能力等产生消极的影响,但从履行 TRIPs 的知识产权保护义务以及长远发展的角度来看,合理设置试验数据保护方式制度,结合未来制药产业的发展方向,在鼓励新药创新的同时,审慎利用原研药数据,同样可以实现平衡药品创新和社会公共利益的目的,在发挥试验数据激励药品研发效果的同时,也减少其对公共健康的不利影响。

鉴于我国目前以仿制药生产为主的产业发展现状,我国立法不应对药品试验数据采取过高标准的保护,由于目前处于调整化学药品注册分类和药品定价等多项制度修订时期,可

[36] 陈敬、陈昌雄、史录文:《我国药物创新战略背景下数据保护制度的政策选择》,载《中国新药杂志》2012年第21卷第20期。

以逐渐整合药品试验数据的保护立法及政策、药品注册信息以及相应的专利和试验数据保护权利信息,建立多层次、有针对性的药品试验数据保护制度。首先,基于我国仿制药为主的产业现状,药品试验数据制度的完善可以从细化保护规定,对“新型化学成分”的含义进行限缩解释,例如排除药品的新剂型、新适应症和新给药途径等数据保护权利,缩小排他性数据保护的药品范围,鼓励提升仿制药质量。其次,针对儿科用药和罕见病用药等不同药品类型,细化有针对性的试验数据保护期限,对于相关药品的研发也具有引导和鼓励的作用。另外,在国内立法中细化 TRIPs 第 39.3 条确立的保护公共健康的例外和保证药品试验数据在免受不正当商业使用的前提下披露试验数据的例外来增加我国国民健康权的保障,从而使药品试验数据保护这一制度发挥其应有的作用。

【导师点评】

TRIPs 协定中所规定的药品试验数据保护制度是一种较为新颖的知识产权保护体系,论文以国际法为视角,着眼于具体条约规则中的试验数据保护规定,探讨了这一制度在国际法下的基本要求和义务设定。本文以 TRIPs 协定所确立的试验数据保护义务为基础,进一步研究了 TRIPs 协定生效后此项制度的发展趋势,并能够结合我国近期立法修订和药品注册分类制度改革的现状梳理分析我国按照入世承诺所建立并调整的药品试验数据保护制度,在结论中提出我国现有制度的完善应着眼于产业发展现状,鼓励创新的同时,需加强公共健康的保障。

文章作为学位论文的一部分,结构独立完整,很好地展示了论文核心内容与观点,具有代表性和创新性。文章研究对象关系行业实践中药品医疗创新面临的突出问题,与社会现实密切相关,选题新颖,富有创见,具有重要的研究价值。文章十分注重分析解读国际法规则,在论述制度构成时对国际法规则进行了细致的考察和分析,并能在 TRIPs 研究基础上进一步拓宽研究范围和深度,具有较强的理论意义,符合实践的需求。尽管作者缺少医药相关的学科背景,选题的研究写作过程中也曾遇到疑问和阻碍,但作者能够紧扣国际法这一研究视角,挖掘这一制度中的法律问题,通过资料查阅和不断思考,最终形成学位论文成果,作为导师,为作者完成此份高质量硕士学位论文成果感到欣慰。

（指导教师:刘晓红）

民用无人机相关法律问题研究

赵智娟*

民用无人机作为一个新兴事物其法律属性如何？应如何对其进行有效规制和监管以减少或避免其对传统民用航空业以及对地面第三人人身财产安全的不利影响？其在传统民用航空法律体系中处于何种地位？如何将民用无人机作为一个法律概念更好地融入民用航空法现有的制度与实践中？这些都是需要研究和解决的问题。

一、民用无人机的概念界定

（一）我国相关法律文件中对于民用无人机的定义

民用无人机，根据中国民用航空局2015年12月出台的《轻小无人机运行规定（试行）》和2016年7月出台的《民用无人机驾驶员管理规定》中的释义，是民用无人驾驶航空器（UA，Unmanned Aircraft）的简称，是指由控制站管理（包括远程操纵或自主飞行）的航空器，也称远程驾驶航空器（RPA：Remotely Piloted Aircraft）。[1]

而根据中国民用航空局空管办于2016年9月21日最新发布的《民用无人驾驶航空器系统空中交通管理办法》[2]的规定，民用无人驾驶航空器是指“没有机载驾驶员操作的民用航空器”。可以看出，《交通管理办法》中民用无人机的概念相较于上述两个文件中的定义有了进一步扩充。

从法律效力上来看，上述几份文件均属于民航局发布的咨询通告，因而在法律性质上均属于行政规范性文件。[3] 合法有效的行政规范性文件，可以作为行政主体实施具体行政行为的依据，可以作为行政相对人的行为标准和规则，甚至可以作为司法裁判的理由和证据。[4] 因此，在目前我国民用航空法和民航局的部门规章中尚未对民用无人机的概念进行

---

* 赵智娟，华东政法大学2017届国际法学专业硕士研究生。

〔1〕 定义参见《轻小无人机运行规定（试行）》（AC－91－FS－2015－31），中国民用航空局飞行标准司2015年12月29日发布，载http://www.caac.gov.cn/XXGK/XXGK/GFXWJ/201601/t20160113_26519.html，最后访问日期：2017年2月25日；《民用无人机驾驶员管理规定》（AC－61－FS－2016－20R1），中国民用航空局飞行标准司2016年7月11日发布，载http://wenku.baidu.com/view/6d6bc300b42acfc789eb172ded630b1c59ee9bfc.html，最后访问日期：2017年2月27日。

〔2〕 中国民用航空局空管行业管理办公室：《民用无人驾驶航空器系统空中交通管理办法》（MD－TM－2016－004），载http://www.caac.gov.cn/XXGK/XXGK/GFXWJ/201610/t20161008_40016.html，最后访问日期：2017年2月27日。

〔3〕 “行政规范性文件，是指行政主体为实施法律和执行政策，在法定权限内制定的除行政立法以外的决定、命令等普遍性行为规则的总称，俗称‘红头文件’。它在法律文件中表现为‘行政措施’‘决定’‘命令’‘公告’‘通告’或‘报告’‘会议纪要‘通知’等。”载姜明安编：《行政法与行政诉讼法》（第六版），北京大学出版社、高等教育出版社2015年版，第174页。

〔4〕 姜明安编：《行政法与行政诉讼法》（第六版），北京大学出版社、高等教育出版社2015年版，第176～178页。

规定的情况下,上述文件中的定义具有一定法律效力和参考价值。

(二)国际民航组织相关法律文件中对于民用无人机的定义

2011 年,国际民用航空组织(International Civil Aviation Organization,ICAO)发布了《无人机系统(UAS)手册》,[5]对于与民用无人机相关的国际民航组织出台的法律框架、无人机的定性、与无人机相关的法律问题、无人机的运行及人员资质等问题作了系统阐述,以期为成员国的国内立法提供指导性意见。《无人机系统(UAS)手册》在其前言中表明国际民航组织在无人机航空领域的目标在于致力于通过标准和建议措施(SARPs)、空中航行服务支持程序(PANS)和指导材料来为无人机的系统运行提供如同有人驾驶航空器的运行一样安全、和谐和无缝的基本国际监管框架。而该手册则是实现这一目标的第一步。[6] 因此,通过以上表述来看,该手册在性质上属于国际民航组织发布的国际标准建议与措施(SARPs)。这种国际标准和建议措施的法律性质可以被描述成"理想的指导材料"或"一厢情愿的想法",[7]即"这些国际标准和建议措施从性质上来说属于'软法',对各成员国没有强制执行力,只具有建议作用,成员国完全可以制定不同于国际标准和建议措施的标准,只是需要立即将这种差别通知 ICAO"。[8] 因此,国际民航组织制定的这一手册,虽然对我国没有强制性约束力,但是作为其为统一无人机领域国际标准和为各国提供指导意见的努力,相关概念和制度构建值得我国借鉴。而《无人机系统(UAS)手册》中同样使用了"Unmanned Aircraft"这样的表述,并且将其定义为"没有机载驾驶员操作的航空器"。[9]

二、民用无人机的法律属性

(一)航空器的定义

1919 年《巴黎公约》对于航空器的定义表述为:"航空器是大气层中靠空气反作用力作支撑的任何器械。"[10]这个定义含义很宽泛,其既包括重于空气的飞机、飞船、滑翔机、直升飞机,也包含轻于空气的氢气球,其关键在于该器械有无升力。[11] 这一定义在 1944 年《芝加哥公约》附件 7 中得到了延续性规定。在公约附件中,"航空器"被定义为"可以在大气中从空气的反作用获得支撑的任何机器"。1967 年,国际民航组织对《芝加哥公约》附件 7 中"航空器"的定义作了新的修改,变为"可以在大气中从空气的反作用,而不是从空气对地面的反作用获得支撑的任何机器",从而在航空器的范围中排除了气垫船、气垫车。

---

[5] Unmanned Aircraft Systems(UAS),ICAO,Cir328AN/190。

[6] 原文为:"The goal of ICAO in addressing unmanned aviation is to provide the fundamental international regulatory framework through Standards and Recommended Practices(SARPs),with supporting Procedures for Air Navigation Services(PANS)and guidance material,to underpin routine operation of UAS throughout the world in a safe,harmonized and seamless manner comparable to that of manned operations. This circular is the first step in reaching that goal."

[7] Michael Milde,Aviation safety oversight:audits and the law,Ann. Air & Sp. L. ,2001(26):pp. 165 - 178.

[8] 杨万柳:《国际航空排放全球治理的国际视域——以国际民航组织为中心》,载《北京理工大学学报》(社会科学版)2015 年第 4 期。

[9] 参见 Unmanned Aircraft Systems(UAS),ICAO,Cir328AN/190,Glossary 部分。原文为:"Unmanned aircraft. An aircraft which is intended to operate with no pilot on board."

[10] 原文为:"Le mot aéronef désigne tout appareil pouvant se soutenir dans l′ atmosphere grâce aux reactions de l′ air."

[11] 赵维田:《国际航空法》,社会科学文献出版社 2000 年版,第 57 页。

我国于1946年加入《芝加哥公约》,[12]是此公约的缔约国之一。《维也纳条约法公约》第27条明文规定:"各国不得援引国内法规定为理由而不履行条约。"因此,约定或条约必须遵守的原则可以说各国公认的一项原则。[13] 遵守《芝加哥公约》中的相关规定是我国的一项条约法义务。关于国际公约与国内法的关系问题,是一个传统而经典的国际法实践和理论问题。从我国对于已参加的国际公约的适用实践来看,主要存在以下三种做法:第一,对于国际公约进行重述以融合在国内的相应法律规定当中。如我国《海商法》第九章关于海难救助的规定基本上是对于我国所加入的《1989年国际救助公约》的重述。通过《海商法》的再次规定,达到了我国参加的国际公约与我国国内法律规定相一致的目的。第二,通过我国有关部门明确发布通知的方式表明我国加入了某一公约并应履行相应的公约义务。如2015年8月31日我国交通运输部在其官网上发布我国于2015年8月29日正式加入《2006年海事劳工公约》,并且承诺相关部门正在着力推动我国全面履约。[14] 这就以官方发文的方式承认公约在我国的直接适用效力。第三,虽然我国已经批准加入某国际公约,但是相关部门并未明确表态,这时需要根据对已有的国内法律规定进行解释而加以适用。这在最高人民法院于2012年出台的关于《涉外民事关系法律适用法》的司法解释中有所体现。[15] 正是出于我国实践中的不同做法,国际法学界对于我国加入的国际公约的适用问题也存在许多不同的观点和流派。一方面,在一国加入的国际公约在其国内的适用方式问题上,一种观点认为条约必须经转化才能成为国内法;另一种观点则认为条约无须转化即可直接纳入国内法。[16] 笔者更倾向于第二种观点,认为我国加入的国际公约可以直接纳入国内法予以适用,即国际公约与国内法的关系是"倾向于直接纳入的方法"。[17] 另一方面,在一国加入的国际公约与其国内法律制度的优先效力问题上,我国加入的国际公约应当优先于国内的相关法律制度进行适用。这在我国的相关法律法规中可以找到佐证。我国《民法通则》第142条规定:"中华人民共和国缔结或者参加的国际条约同中华人民共和国的民事法律有不同规定的,适用国际条约的规定,但中华人民共和国声明保留的条款除外。"这条规定表明我国加入的国际公约应当优先于国内的相关法律制度而加以适用。值得一提的是,最新通过的《中华人民共和国民法总则》(以下简称《民法总则》)[18]将这一条删去了。但是笔者认为,这一做法将不会影响这一规定在我国实践中继续沿用的效力。一方面,从《民法总则》与《民法通则》的关系上来看,由于《民法总则》中并未规定其生效将导致《民法通则》的废止,因而《民法通则》的规定在总则生效之后仍将有效存续。当然,根据新法优先于旧法的原则,当涉及两部法律中规定有冲突之时,《民法总则》较《民法通则》具有优先效力。因此,《民法通则》第142条在《民法总则》于2017年10月1日生效之后仍然具有法律效力。

---

〔12〕 参见《中国民用航空局"芝加哥公约简介"》,载 http://www.caac.gov.cn/website/old/L1/L5/L5_1/,最后访问时间:2017年2月7日。

〔13〕 董国路:《国际法在中国的适用》,载《武汉大学学报》(社会科学版)2002年第3期。

〔14〕 参见中华人民共和国交通运输部:《我国正式批准加入海事劳工公约》,载 http://www.mot.gov.cn/zxft2016/2006nhshlggy/xiangguanziliao/201602/t20160215_1988402.html,最后访问时间:2017年4月22日。

〔15〕 参见《最高人民法院关于适用〈中华人民共和国涉外民事关系法律适用法〉若干问题的解释(一)》(法释〔2012〕24号)第4条。

〔16〕 王铁崖:《国际法》,法律出版社1995年版,第426页。

〔17〕 王铁崖:《国际法》,法律出版社1995年版,第426页。

〔18〕 《中华人民共和国民法总则》于2017年3月15日中华人民共和国第十二届全国人民代表大会第五次会议通过,于2017年10月1日正式生效。

并且,就国际条约与国内法关系的优先适用问题,我国《民用航空法》《海商法》《票据法》等特别法律规定中也引用了《民法通则》第142条的规定和原则。[19] 并且,《涉外民事关系法律适用法》的司法解释中第4条[20]进一步确认了上述法律规定中的这一"优先适用国际条约"[21]的原则,即"除我国声明保留的条款以外,凡中国缔结或者参加的国际条约可作为中国国内法的一部分直接予以适用,且当条约与国内法的规定不一致时,条约处于优先地位,适用条约规定而不适用与之不一致的国内法规定"。[22] 根据这一原则,笔者认为我国参加的国际公约构成我国国内法的一部分。[23] 因此,《芝加哥公约》中的相关内容也应当视作我国国内法来看待,并且其效力优先于国内法律文件而适用。因而此公约中关于航空器的定义以及后续探讨的与该公约相关的一系列问题,也同样适用于我国。

除此之外,从我国国内出台的各级法律文件来看,《民用航空法》并未对航空器的定义作出规定,但在民用航空法规、行政规章中对航空器进行了定义,这些定义基本和1967年国际民用航空组织的定义相同。[24] 例如,1998年《民用航空器国籍登记规定》第2条规定:"本规定所称航空器是指任何能够凭借空气的反作用力获得在大气中的支承力并由所载人员驾驶的飞行器械,包括固定翼航空器、旋翼航空器、载人气球、飞艇以及民航局认定的其他飞行器械"。民航局于2004年5月26日发布的《民用航空使用空域办法》附件1"定义"中规定:"航空器,能从空气的反作用力而不是从空气对地面的反作用,在大气中获得支撑的任何机器"。

(二)无人机属于航空器的范畴

在航空器定义的演变历程中,无人机是否涵盖在其范围之中?从历史解释的角度来看,1929年6月15日在巴黎签订的修订《巴黎公约》的议定书[25]对《巴黎公约》第15条的相关部分进行了如下修改:"任何缔约国无人驾驶而能飞行的航空器,未经另一缔约国特许,不得无人驾驶地在该国领土上空飞行。"[26]该条文于1933年5月17日正式生效。自此开始,无人驾驶航空器就一直是国际民用航空法律框架的一部分。[27] 因此可见,将无人机涵盖在

---

〔19〕 参见《民用航空法》第184条,《海商法》第268条,《票据法》第95条。

〔20〕 《涉外民事关系法律适用法司法解释(一)》第4条规定:"涉外民事关系的法律适用涉及适用国际条约的,人民法院应当根据《民法通则》第一百四十二条第二款以及《票据法》第九十五条第一款、《海商法》第二百六十八条第一款、《民用航空法》第一百八十四条第一款等法律规定予以适用,但知识产权领域的国际条约已经转化或者需要转化为国内法律的除外。"

〔21〕 陈治东、吴佳华:《论〈联合国国际货物销售合同公约〉在中国的适用——兼评我国〈民法通则〉第142条》,载《法学》2004年第10期。

〔22〕 董国路:《国际法在中国的适用》,载《武汉大学学报》(社会科学版)2002年第3期。

〔23〕 Peter Winship, The Scope of the Vienna Convention on International Sales Contracts, Ch. 1 of, International Sales: the United Nations Convention on Contracts for the International Sale of Goods, Nina M. Galston & Hans Smit, eds., New York: M. Bender (1984), pp. 35-36.

〔24〕 董杜骄、顾琳华编:《航空法教程》,对外经济贸易大学出版社2007年版,第17页。

〔25〕 全称为《关于修订1919年10月13日的〈关于空中航行管理的公约〉第三条、第五条、第七条、第十五条、第三十四条、第三十七条、第四十条、第四十一条和第四十二条及最后条款的议定书》。

〔26〕 原文为:"No aircraft of a contracting State capable of being flown without a pilot shall, except by special authorization, fly without a pilot over the territory of another contracting State."

〔27〕 国际民用航空组织法律委员会:《研究与遥控驾驶航空器相关的法律问题》(LC/36-WP/2-4),国际民用航空组织第36届会议工作文件,载 http://www.icao.int/Meetings/LC36/Working%20Papers/LC%2036%20-%20WP%202-4.zh.pdf,最后访问日期:2017年2月27日。

航空器的概念之下的规定由来已久。目前,最新修订的《芝加哥公约》附件7中明确了遥控驾驶航空器(RPA)就是一种无人驾驶航空器,[28]并且所有无人(无驾驶员)驾驶航空器,不论是否遥控、完全自主或二者兼而有之,都需要符合《芝加哥公约》第8条的规定。[29]《芝加哥公约》第8条是关于无人驾驶航空器(Pilotless Aircraft)的规定。[30]

从文义解释的角度来看,无论是公约的英文原文还是中文翻译,均将无人机定义在航空器的范畴之内。因此,无人机可以确认属于《芝加哥公约》体系之下的航空器的范畴。鉴于《芝加哥公约》的相关规定可以等同于我国国内法来看待,从我国国内法的角度来看,无人机也可以确认为属于航空器的范畴。并且,目前实践中也有相关的法律文件对于无人机的这一属性进行了确认,如为了配合2017年全国"两会"的顺利召开,北京市公安局发布了《关于加强北京地区"低慢小"航空器管理工作的通告》的通知,[31]其中明确指出了无人机属于航空器的一种。[32]

三、民用无人机驾驶员资质管理

(一)民用无人机驾驶员资质管理的规定

1.《芝加哥公约》及其附件中对驾驶员资质管理的规定

《芝加哥公约》中关于人员执照的规定主要体现在第32条和第33条。其中,第32条是关于航空器配备人员的资质和执照的规定,第33条是关于各国应对其他国的相关证书及执照予以承认的规定。这里所述的航空器驾驶员的概念是否包含《芝加哥公约》第8条规定的无人驾驶航空器的相关操作人员,还是仅仅局限在有人驾驶航空器的范畴?根据国际民航组织相关文件的表述,"无人驾驶航空器"是指没有《芝加哥公约》第32条含义所理解的"驾驶员",即在航空器上操作的驾驶员而飞行的航空器。[33]因此第32条的规定并不涉及民用无人机。进而公约第33条各缔约国对于证书和执照进行相互认可的要求,相应地也没有扩展到民用无人机驾驶员领域。

为了弥补这一理解上的缺陷,从而确保民用无人机操作人员同样具有公约所涵盖的对于民用无人驾驶航空器运行的相关胜任能力,国际民航组织于2012年组织修订了《芝加哥公约》附件2(第43次修订),以便用符合附件1(人员执照的颁发)的方式,包含一项要求颁发遥控驾驶员执照的标准。[34]但是根据《遥控驾驶航空器系统手册》的相关表述,这些认

---

[28] 参见《国际民用航空公约》附件7:《航空器国籍和登记标志》(2012年第六版),第2页。

[29] 参见《国际民用航空公约》附件7:《航空器国籍和登记标志》(2012年第六版),第2页。

[30] 《芝加哥公约》第8条规定:"任何无人驾驶而能飞行的航空器,未经一缔约国特许并遵照此项特许的条件,不得无人驾驶而在该国领土上空飞行。缔约各国承允对此项无人驾驶的航空器在向民用航空器开放的地区内的飞行加以管制,以免危及民用航空器。"

[31] 来源于《北京市旅游发展委员会关于转发北京市公安局〈关于加强北京地区"低慢小"航空器管理工作的通告〉的通知》,载 http://www.bjta.gov.cn/xxgk/tzgg/389051.htm,最后访问日期:2017年3月2日。

[32] 原文为:"'低慢小'航空器是指飞行高度低、飞行速度慢、雷达反射面积小的航空器具,主要包括轻型和超轻型飞机(轻型和超轻型直升机)滑翔机、三角翼、动力三角翼、载人气球(热气球)、飞艇、滑翔伞、动力滑翔伞、无人机、航空模型、无人驾驶自由气球、系留气球等12类"。

[33] 参见《遥控驾驶航空器系统(RPAS)手册》,国际民航组织 Doc 10019 AN/507号文件,2015年第一版,第1.3.10段;国际民用航空组织法律委员会:《研究与遥控驾驶航空器相关的法律问题》(LC/36 - WP/2 - 4),国际民用航空组织第36届会议工作文件,2015年10月26日。

[34] 国际民用航空组织法律委员会:《研究与遥控驾驶航空器相关的法律问题》(LC/36 - WP/2 - 4),国际民用航空组织第36届会议工作文件,2015年10月26日。

证和执照颁发的标准尚未制定。[35] 鉴于遥控驾驶航空器是民用无人机的一大子类，国际民航组织开展的针对遥控驾驶航空器驾驶员融入国际民用航空法律体系的行动，将是民用无人机驾驶员整体融入国际民用航空法律体系的一个良好开端。因此，将民用无人机驾驶员资质的管理统一到现行民用航空公约当中去势在必行。

2. 我国关于民用无人机驾驶员资质管理的现行规定

我国针对民用无人机驾驶员的资质管理，已经先后专门出台过两份规范性文件，文件中根据民用无人机体型、重量等标准对其进行了分类，并且根据民用无人机分类和用途的不同，对于相应的操作人员实施不同种类的证照管理。

2013 年 11 月，中国民用航空局发布了《民用无人驾驶航空器系统驾驶员管理暂行规定》。[36] 2016 年 7 月，民航局下发了《驾驶员管理规定》，[37] 目的在于根据 2015 年 12 月 29 日出台的《轻小无人机运行规定（试行）》中对于民用无人机的定义和分类的最新规定，对原《民用无人驾驶航空器系统驾驶员管理暂行规定》进行修订以进一步规范无人机驾驶员管理。新规定修订的主要内容包括重新调整无人机分类和定义，新增管理机构管理备案制度，取消部分运行要求。此项规定意味着今后我国的无人机驾驶员资格证将同汽车驾驶员一样进行分级管理，这在某种程度上是我国相关管理机构对于民用无人机的管理愈发体系化和规范化的体现，是一种可喜的进步。

（二）我国现行民用无人机驾驶员管理体制存在的问题

1. 管理文件的问题

从管理文件层级上来看，主要依据是《驾驶员管理规定》，然而其在级别上是咨询通告，因此既不是法律，也不是中国民用航空局出台的部门规章，在性质上只能算是行政规范性文件。因而层级有限，规范的效力也有待考证。

另外，根据《中华人民共和国行政许可法》第 14 条、第 15 条的规定，有权设定行政许可的最低层级的法律文件为地方性法规，即使是要设定临时性的行政许可，也须是省级政府规章以上层级的文件。可见，《驾驶员管理规定》作为行政规范性文件，本身不具备设定对于民用无人机驾驶员进行证照管理的权限。该规定在适用时法理层面存在理论漏洞，因此亟待通过制定上位法弥补这一缺陷。

2. 管理主体的问题

现行的《驾驶员管理规定》对于无人机驾驶员的证照管理采取了三个标准：第一类无需证照管理，第二类由行业协会管理，第三类由民航局管理。这里的管理主体包括两个：行业协会和民航局。目前，行业协会主要是指中国航空器拥有者及驾驶员协会（Aircraft Owners and Pilots Association Of China，AOPA）。民航局作为国家的行政机关进行与其业务领域相

---

〔35〕《遥控驾驶航空器系统（RPAS）手册》：国际民航组织 Doc 10019 AN/507 号文件，2015 年第一版，第 1.3.12 段（注 1）。

〔36〕《民用无人驾驶航空器系统驾驶员管理暂行规定》（AC－61－FS－2013－20），中国民用航空局飞行标准司 2013 年 11 月 18 日发布，载 http://www.caac.gov.cn/XXGK/XXGK/GFXWJ/201511/t20151102_8242.html，最后访问时间：2017 年 2 月 27 日。此文件已于 2016 年 7 月 11 日被废止。

〔37〕《民用无人机驾驶员管理规定》（AC－61－FS－2016－20R1），中国民用航空局飞行标准司 2016 年 7 月 11 日发布。

关的证照管理是应有之义,然而航空器驾驶员协会作为行业协会,[38]是否具有证照管理的主体资格呢?

《行政许可法》第 22 条规定,一般情况下行政许可需要由行政机关来实施。航空器驾驶员协会作为行业协会在性质上属于行业组织,并不属于行政机关,其是否可以实施行政许可行为?笔者理解,若推定航空器驾驶员协会具有合法的行政许可实施权,有以下两种解释方式:

第一,根据《行政许可法》第 23 条的规定:"法律、法规授权的具有管理公共事务职能的组织,在法定授权范围内,以自己的名义实施行政许可。"根据行政法的原则和一般法理,行业组织应当属于被授权组织的范围。[39] 航空器驾驶员协会作为管理民用无人机操作和运行的行业协会性组织可以被认定为是合法的被授予行政许可实施权的主体。当然,《行政许可法》第 23 条的规定还包含另外一个前提条件,即被授权组织须取得来自法律或者行政法规的授权,如体育协会对于全国性的单项体育协会对本项目的运动员实行注册管理,并负责管理全国单项体育竞赛的权力来源于《中华人民共和国体育法》的授权,[40]律师协会按照章程对协会成员给予奖励或者处分的权力也来源于《中华人民共和国律师法》对其的授权。[41] 如上文所述,《驾驶员管理规定》中规定了航空器驾驶员协会所享有的对于无人机驾驶员执照的管理权,而该规定本身不属于法律或行政法规,因此,通过这层解释不能说明航空器驾驶员协会具有合法的实施行政许可权的来源。

第二,航空器驾驶员协会的权限来自具有行政许可权的民航局的委托。根据《行政许可法》第 24 条的规定:"行政机关在其法定职权范围内,依照法律、法规、规章的规定,可以委托其他行政机关实施行政许可。"事实上,中国民用航空局在其发布的《关于民用无人驾驶航空器系统驾驶员资质管理有关问题的通知》[42]中提道:"由中国航空器拥有者及驾驶员协会继续按照相关法律、法规及规范性文件负责在视距内运行的空机重量大于 7 千克以及在隔离空域超视距运行的无人机驾驶员的资质管理。"这里民航局将部分无人机驾驶员的资质管理授权给航空器驾驶员协会可否理解为一种委托?然而,即使这里的委托关系成立,符合第 24 条的规定还需要有另一个条件,即被委托的机关应是行政机关。显然,航空器驾驶员协会并不符合这一条件,因此,这一层解释也不成立。

因此,航空器驾驶员协会对于民用无人机驾驶员的证照进行管理的权限问题在法律上缺乏合法效力,这是依据作为行政规范性文件的《驾驶员管理规定》中的授权解决不了的问题。

(三)完善立法弥补漏洞的建议

现行的民用无人机驾驶员管理的法律文件存在级别效力过低、无权设定行政许可等问题。因此,加快建立对应的上位法法规是完善民用无人机驾驶员管理制度的必然举措。

---

〔38〕 参见中国航空器拥有者及驾驶员协会官网协会:《中国航空器拥有者及驾驶员协会是中国民用航空局主管的全国性的行业协会》,载 http://www.aopa.org.cn/about/aopa.html,最后访问日期:2017 年 2 月 7 日。

〔39〕 同上。

〔40〕 参见《中华人民共和国体育法》第 29 条、第 31 条。

〔41〕 参见《中华人民共和国律师法》第 46 条。

〔42〕《关于民用无人驾驶航空器系统驾驶员资质管理有关问题的通知》,载 http://www.caac.gov.cn/XXGK/XXGK/ZFGW/201606/t20160621_38593.html,最后访问日期:2016 年 12 月 8 日。

可喜的是,2016 年 8 月 8 日中国民用航空局发布了关于《民用航空法》修订的征求意见稿,[43]里面新增了几项关于无人机的规定,如在第 213 条增加一项"民用无人驾驶航空器系统管理的规定,由国务院民用航空主管部门制定"。这些新增条文数量和内容虽然不多,并且都是原则性规定,但是《民用航空法》作为一部法律,在其中规定民用无人机的相关制度总体来说是一次有利的进步。目前,新修订的《民用航空法》尚未实施,相信这未来这部法律的通过会为民用无人机的法律规制问题树立更好的总纲性指导。

当然,法律天然具有滞后性,[44]在《民用航空法》尚未就这一问题进行正式修订之前,民用航空局也可以以行政规章的形式出台相关文件,以确认《驾驶员管理规定》关于民用无人机驾驶员资质管理问题相关规定的效力。

四、民用无人机的飞行管理

(一)民用无人机的登记管理

1. 民用无人机的国籍登记

国籍登记原则是传统有人驾驶航空器领域非常重要的一项基本原则,其是确定民用航空器权利和管辖,以及解决与民用航空器相关的法律问题的基础。民用无人机作为民用航空器的一种,国籍登记原则对于其同样适用。这一点在国际民航组织出台的《无人机系统(UAS)手册》以及《遥控驾驶航空器系统(RPAS)手册》也都得到了申明。[45] 两部手册中均强调了民用无人机需要遵从国籍登记制度、载有登记国的国籍标志与登记标志的必要性,因为只有如此民用无人机在飞行过程中靠近其他航空器或在降落于特定地点之时才能被有效识别。尤其是在可以预见的将来,随着无人机研发和制造技术的革新与进步,民用无人机的国际航行将有望成为常态。对于民用无人机进行有效的国籍登记管理是登记国及时行使管辖权、民用无人机获得有效保护以及保证遇纠纷时得到顺利解决等的前提条件。

当然,由于民用无人机在设计、体型、飞行高度上与传统的有人驾驶航空器相差甚远,对于民用无人机的国籍管理也应同有人驾驶航空器区别来对待。为此,国际民航组织在 2012 年组织了对于《芝加哥公约》附件 7 的修订,[46]在文件中增加了关于民用无人机的相关表述。然而,新修订的附件 7 也只是增加了关于民用无人机以及遥控驾驶航空器定义的表述,[47]同时将无人机纳入了航空器的分类体系当中,并且规定了无人机应当包括无人驾驶自由气球和遥控驾驶航空器。[48] 对具体的国籍标志、登记标志的位置、尺寸、字体、登记等问题,应用于民用无人机领域时是否有特殊规定,新修订的附件 7 仍然尚未提及。因此,无论是《芝加哥公约》附件所制定的国际标准层面,还是国内立法层面,出台有关民用无人机国籍登记管理的详细规定都显得十分必要。

---

〔43〕《民航局关于〈中华人民共和国民用航空法〉修订征求意见稿公开征求意见的通知》,载 http://www.caac.gov.cn/HDJL/YJZJ/201608/t20160808_39341.html,最后访问日期:2016 年 12 月 26 日。

〔44〕李辉:《论司法能动主义》,中国法制出版社 2013 年版,第 221 ~ 222 页。

〔45〕参见 Unmanned Aircraft Systems(UAS),ICAO,Cir328AN/190,Chapter 6 Nationality and registration marks; Manual on Remotely Piloted Aircraft Systems(RPAS),ICAO,Doc 10019 AN/507,first edition 2015,第 5.1 段。

〔46〕Annex 7 to the Convention on International Civil Aviation:Aircraft Nationality and Registration Marks,ICAO,Six Edition,July 2012.

〔47〕无人机定义参见上引第 2.2 段;遥控驾驶航空器定义见上引第 1 段"定义"部分。

〔48〕参见 Annex 7 to the Convention on International Civil Aviation:Aircraft Nationality and Registration Marks,ICAO,Six Edition,July 2012,第 2.3 段。

2. 民用无人机的实名登记管理

对民用无人机实行的登记管理,一方面,是民用无人机作为民用航空器应当履行国籍登记手续的应有之义;另一方面,全面有效的权属登记是对民用无人机进行有序管理的基础。然而,我国虽然陆续出台了一些有关民用无人机的管理文件,有关民用无人机的登记备案问题却一直没有落实。最新出台的《驾驶员管理规定》首次提及了这一问题,其中提道:“如运行需要,驾驶员可在无人机云系统进行备案。备案内容应包括驾驶员真实身份信息、所使用的无人机型号,并通过在线法规测试。”这里的无人机云系统指的是一个能够通过注册登记来实现无人机的空中管理的系统,类似于飞机的“黑匣子”,目前民航局已经初步审批了航空器驾驶员协会成为无人机云供应商。[49] 然而,目前这一规定所指的登记备案也仅是针对Ⅰ、Ⅱ类无人机中无须证照管理的无人机驾驶员和机型。对于由行业协会以及民航局自行管理的无人机及驾驶员规定中未提及登记备案的问题。因此,实现全面覆盖所有民用无人机的实名登记备案制度还有一定的距离。

值得一提的是,在本篇论文即将交稿之际,笔者注意到民航局于 2017 年 5 月 16 日最新发布了《民用无人驾驶航空器实名制登记管理规定》。[50] 根据该规定,自 2017 年 6 月 1 日起,质量在 250 克以上的民用无人机的拥有者需要在民航局开发的“无人机实名登记系统”上填报相关信息,进行实名登记注册。可以说,这是我国有关部门进一步加强对于民用无人机规范管理的表现,这也印证了论文当中对于民用无人机实名登记管理的相关论述。

(二)民用无人机的运行许可

目前,民航局最新发布的《交通管理办法》中提及了民用无人机运行许可的相关问题,其中规定在航路航线、进近(终端)和机场管制地带等民用航空使用空域范围内或者对以上空域内运行存在影响的民用无人机的飞行活动,除了要满足办法中规定的一些基本条件以外,还需要通过地区管理局的评审才能开展相关飞行活动。[51] 这从侧面反映了民用无人机飞行活动需要获得相应许可以最低程度避免或减少对于传统民用航空运输的干扰和影响。这些规定是对于民用无人机飞行许可问题所做的有力突破,不过由于《交通管理办法》在性质上属于咨询通告,其法律等级过低,我国在相关法律法规至少在规章层面对于民用无人机的运行许可问题还未作系统规定。因此,这一问题应当成为实践与立法中需要关注的重点所在。上述的国际组织和其他国家关于这一问题的实践经验值得我国在未来的立法活动中加以借鉴。并且,与传统的有人驾驶航空器的运行规章相类似,未来制定的民用无人机领域的运行规章也应当对飞行前准备、限制空域等内容进行规定,而且考虑到民航局需要对民用无人机进行监管的需求,民用无人机运行规章还应对民用无人机运行监视等内容进行规定。[52]

五、与民用无人机相关的法律责任

传统民法领域最重要的两大民事责任,一为侵权责任,二为违约责任。在民用航空法领

---

〔49〕《买无人机或要实名注册备案,企业建议国家设标准》,载 http://tech. 163. com/16/0707/16/BRCR2FA900097U80. html,最后访问日期:2016 年 12 月 14 日。

〔50〕中国民用航空局航空器适航审定司:《民用无人驾驶航空器实名制登记管理规定》(AP - 45 - AA - 2017 - 03),载 http://www. caac. gov. cn/XXGK/XXGK/GFXWJ/201705/t20170517_44059. html,最后访问日期:2017 年 6 月 4 日。

〔51〕参见《民用无人驾驶航空器系统空中交通管理办法》第 2 条、第 5 条。

〔52〕陈广承、柏艺琴:《民航局〈轻小无人机运行规定〉解读》,载《中国应急管理》2016 年第 1 期。

域,与此相对应的是民用航空器致第三人损害责任与承运人责任。

(一)民用无人机第三人损害责任

目前我国调整有关航空器对第三人损害责任的法律规范包括《民用航空法》、[53]《民法通则》[54]和《侵权责任法》。[55] 但是,对于民用航空器第三人损害责任的规定还存在不足。目前,在相关第三者责任的法规还未作完善前,可行的办法是为民用无人机投保关于第三者责任的险种。这在国内外都开始了相关的实践,例如,在国内,平安产险在2015年推出了"平安遥控模型个人责任保险",覆盖了7千克以下民用无人机在飞行过程中可能造成的对第三人的风险。[56] 除此之外,国内首家互联网保险公司众安保险针对大疆的飞行器,推出安心飞多轴飞行器责任保险,其中也包含第三人责任险的内容。[57] 世界范围内,欧盟根据EC785/2004号法规,要求500千克以下的民用无人机的运营单位购买最少93.6万欧元的第三者责任保险。加拿大则要求无人机商业运行需至少购买10万加元的第三者责任保险。美国没有统一的要求,市场上几千到几十万美元保额的产品均有,全球航空保险领域最大的保险公司无人驾驶风险管理集团(Unmanned Risk Management)总裁泰瑞·米勒(Terry Miller)表示,该公司承接了美国境内50个州的无人机保险业务。获得美国联邦航空局颁发的333号豁免法令的七家影视公司,也在该公司为飞控手投保,以保障好莱坞片场上无人机的使用。[58]

从目前关于民用无人机第三人责任险的实践来看,此类险种主要服务于无人机运营单位,承保无人机遭受意外事故时,造成的第三者的人身伤亡或财产损失在法律上应负的赔偿责任。目前全世界的保单仅承保人身伤亡和财产损失,而对于隐私侵犯责任、监管机构的罚金不涵盖在保障范围内。

我国民航运输领域在20世纪70年代已经推行第三者责任保险,1985年颁布的《国务院关于开办民用航空运输企业审批权限的暂行规定》的第8条要求航空公司投保第三者责任保险;1986年颁布的《国务院关于通用航空管理的暂行规定》的第7条,对通航公司投保第三者责任保险也作出了规定。不过,这些文件制定时间较早,目前为止,没有专门针对民用无人机运行第三者责任保险的规定。

(二)民用无人机承运人责任

民用航空运输可分为国际航空运输和一国国内航空运输,二者分别适用不同的法律制度。[59] 我国《民用航空法》第107条对于航空运输区分了国内航空运输和国际航空运输。该法中关于国内航空运输和国际航空运输规定的不同主要体现在承运人赔偿责任限制方面。[60] 由于民用无人机在未来很长一段时间内的运行可能仅限于国内航空运输,本文仅对

[53] 我国《民用航空法》从第157条到第172条设专章规定了航空器致第三人损害责任。

[54] 我国《民法通则》中关于第三人损害责任的规定主要体现在第123条。

[55] 《侵权责任法》设专章对于高度危险责任加以规定,其中第71条是对于民用航空器致他人损害的特别规定。

[56] 《平安产险首推线上投保无人机责任保险》,载 http://legal. people. com. cn/n/2015/0921/c188502 - 27615693. html,最后访问日期:2017年1月6日。

[57] 《平安产险于9月19日首次推出无人机责任保险》,载 http://iof. hexun. com/2015 - 09 - 23/179419419. html,最后访问日期:2017年1月6日。

[58] 《保险行业的新机遇——民用无人机的崛起和风险管控》,载 http://www. yuchen360. com/news/4634 - 0 - 0. html,最后访问日期:2017年1月6日。

[59] 刘伟民:《论中国航空运输责任赔偿制度的发展趋势》,载《北京航空航天大学学报》(社会科学版)2013年第1期。

[60] 参见《民用航空法》第111条、第112条、第116条和第128条。

此部分予以简述。民航局于2006年发布了《国内航空运输承运人赔偿责任限额规定》。规定当中将每名旅客的赔偿责任限额定在人民币40万元,对于旅客随身行李的赔偿责任限额定在人民币3000元,对于托运行李和货物运输的赔偿责任限额定在每公斤人民币100元。[61]

未来,当民用无人机从事航空旅客和货物运输时,这样的赔偿责任限额规定可以适用吗?从体系层面来分析,民用无人机被定性为民用航空器,那么关于民用航空器的相关制度可以适用,这在逻辑上是没有问题的。从责任限额的额度角度,由于民用无人机在体型和重量等方面与传统有人驾驶航空器的巨大差距,责任限制的金额数量方面需要因此有所不同吗?笔者认为现行关于责任限额的规定是可以直接适用于民用无人机,无需做特别调整。由于该规定制定于2006年,现在对于航空旅客和货物运输的赔偿标准已经较规定发生了显著的提高。对于航空旅客运输,以2010年8月24日发生的伊春空难为例,每位遇难旅客赔偿标准为人民币96万元,[62]高出规定中的数额将近一倍。对于货物运输,如前文所述,顺丰、亚马逊等物流或电商企业已经展开了运用无人机进行物品投递的实践操作,未来民用无人机从事货物运输可能也将起步于物流或电商行业。因此,现行的物流市场的定价标准对于民用无人机从事货物运输具有一定的参考价值。在目前的快递物流市场,中通、申通、圆通、韵达、EMS和顺丰占据了行业主要的市场份额,[63]其中,参考顺丰速递快递单背后契约条款部分关于赔偿标准的约定,对于未保价货物将在运费7—9倍的限额以内进行赔偿,[64]考虑到顺丰速递的收费标准为首重(1公斤以内)12元起,这与规定中每公斤赔偿限额100元的规定相差不大。因此,在现行的经济环境下,规定中的责任限额适用于民用无人机是没有太大障碍的。当然,由于民用无人机在航空旅客和货物运输的应用,尤其是在航空旅客运输中的应用,在未来几十年内可能不会成为实践,这个赔偿标准在未来随着经济形势和物价指数的不断变化,可能会有新的调整。

【导师点评】

民用无人机相关问题确实是近些年来民用航空领域的热点话题,从国际民航组织到中国民航局,从行业各新秀产品与企业到学界各学术论坛,均开始越来越多地涉及这一问题。以此作为法学论文的选题,比较新颖,是对时代发展之下应运而生的新兴事物法律问题的探索和研究。

当然由于时间和篇幅所限,此论文在广度和深度上都不能展开太多,但是由于前人研究不多,其可以作为一个抛砖引玉的作品。

(指导教师:陈　梁)

---

〔61〕 参见《国内航空运输承运人赔偿责任限额规定》第3条。

〔62〕 许浩:《伊春空难赔偿陷僵局》,载《中国经营报》2010年9月20日,第B11版。

〔63〕 根据相关研究数据:从包裹量来看,2015年中通、申通、圆通、韵达、EMS和顺丰的市场份额分别为14.3%、12.4%、14.7%、10.5%、6.2%和8.2%。在营收方面,韵达在2014年和2015年营收分别为46.66亿元和50.53亿元,圆通同期营收分别为82.29亿元和120.96亿元,顺丰同期营收分别为382.5亿元和473.1亿元,申通同期营收分别为58.74亿元和77.11亿元,中通2014年营收约39亿元,2015年营收约61亿元。参见《2016年国内快递公司市场份额、营收和净利排名分析》,载http://www.askci.com/news/chanye/20161028/14575073252.shtml,最后访问日期:2017年2月10日。

〔64〕 参见顺丰速递《快件运单契约条款》第12条。

法 治 建 言

职业伦理:法律职业共同体和谐互动之基

王　皓*

司法实践显示,我国当前法律职业共同体中的不同法律职业并不是在合理的范围内和谐互动,而是在对立和冲突中逐步走向分裂。自2011年“北海律师”事件以来,律师恶劣的职业环境被不断曝光,2016年6月3日吴良述律师不仅被拒绝立案,更是被以非法录音录像为名撕破了西裤;而在执行案件中,律师因不能打通执行法官的电话而无法掌握执行案件的最新进展,由此引发律师普遍的不满。法官亦面临来自其他法律职业的压力和挑战,武汉大学孟勤国教授撰文指出:“法官滥用自由心证的思维过程,裁判结果不公且无理〔1〕”;而法官遵从上级意见作出的裁决,也经常会遭到律师的抗议。法律学者也逐渐分裂出法律职业共同体转身走进象牙塔中,面对“执行难”等现实问题无能为力,面对“物业纠纷”“金融纠纷”等新型诉讼无动于衷,造成了当前面对疑难案件,判例和最高院的指导意见比单纯从学理上的推理更有价值,由此产生对学者研究成果的轻视。当前不同法律职业分裂、冲突的现象愈演愈烈,而制度建设已经不能满足实现不同法律职业和谐互动的需要。只有从哲学层面重构职业伦理,才能真正实现法律职业共同体内不同法律职业之间的和谐互动。

一、假言命令式为核心的职业伦理引发共同体的内部冲突

不同法律职业首先是法律职业共同体中的一员,享有职业共同体的共通性,也有不同法律职业的特殊性。不同法律职业基于合理的共通性实现和谐互动,而正是因为当前我国不同法律职业共通性建构的偏差,导致法律职业共同体内部不同职业的冲突和分裂。

(一)法律职业共同体是和而不同的职业伦理共同体

首先,法律职业共同体是一个和而不同的共同体。其中,滕尼斯认为:“共同体的理论出发点为人的意志的完善统一体,并把它作为一种原始的或者天然的状态”。〔2〕该类学者强调共同的理性基底以及共同的信仰,强调社会性以及公共性。而以德国学者黑格尔为代表的一派,则将共同体奠基于人的个性而非共性之上,将共同体定义为个体之间的“机械结合”,即“主体的特殊性求获满足的这种法,或者这样说也一样,主观自由的法,是划分古代和近代的转折点和中心”。〔3〕这一派强调个体的独特性和主观性,否认共同理性的存在,认为社会本身就是由人作为个体的组合,不涉及形而上的共通性,亦即“在现代,宗教生活、国

---

* 王皓,华东政法大学2017届法学理论专业硕士研究生。

〔1〕参见孟勤国:《法官自由心证必须受成文法规则的约束——最高法院[2013]民申字第820号民事裁判书研读》,载《法学评论》2015年第4期。

〔2〕[德]斐迪南·滕尼斯:《共同体与社会》,林荣远译,商务印书馆1999年版,第58页。

〔3〕[德]黑格尔:《法哲学原理》,范扬、张企泰译,商务印书馆1979年版,第126页。

家和社会,以及科学、道德和艺术都体现了主体性的原则”。[4] 共同体由个体组成,不同法律职业虽具备主体差异性,但同时受到共性的约束。共同体的概念是建立在共性基础上对差异性的尊重,是矛盾的对立和统一。法律职业共同体既表现出不同法律职业的共性,又在共性范围内保证不同职业的个性。

其次,法律职业共同体是职业共同体。“职业本质上的共同,职业方法上的共同;职业有分工,但只有各角色合成时职业的目的才能实现,终生以法治为业,使他们的角色可以互换,但社会其他职群却难以替代他们,所以他们才形成共同体”。[5] 法律职业共同体是以法律相关职业为纽带的职业共同体。法律职业共同体正是在这种由法律信念、法律价值、掌握相关法律技术、以法律思维作为一种模型化解决方式的法律范式构成的共同体。这种范式,作为职业共同体的现实基底,是每一个法律人都具备的基本素质。

最后,法律职业共同体不仅仅是经验世界中不同法律职业组成的和而不同的共同体,更是形而上层面上的伦理共同体,亦即“职业共同体伦理是法律职业共同体形成的内在标志和不可或缺的重要条件”。[6] 法律职业共同体是立足经验却可以超越经验的伦理共同体。这种职业伦理通过法律信仰以及法律价值对法律职业共同体中的不同成员形成一种纽带式的引导作用。因此,法律职业共同体是职业伦理共同体,以法律为纽带,由法官、律师、检察官、法务、法律学者组成。

(二)法律职业共同体的逻辑起点是假言命令式的

不同法律职业之间的冲突,归根结底都是以职业伦理为前提和基础的。由于职业伦理的先验性,导致伦理总是先天的存在于制度设计及特定行为之前,人所作出的行为,一定是首先经过伦理判断后的结果,亦即“每一个表现给我的道德实例,本身都必须事先按照道德性的原则来判断”[7]。法律职业共同体中不同法律职业之间的冲突和对抗,本质上都是职业伦理作用的结果,职业伦理是法律职业共同体的逻辑起点。

探究职业伦理,必始于人的意志,意志是构成职业伦理的基本要素。法律职业共同体中不同法律职业的每一个法律行为,都是通过意志指导行为做出的,而意志的根据是超验的。法律职业者可以在形成意志的过程中利用法律规则,但出于经验世界法律规则自身的缺点,其不可能成为意志的根据。法律职业者借助法律谋得诉求,却不可能根据法律作出意志判断。形成法律人意志的根据,只能是超验领域的规则,即法则或准则。二者的区别在于:“准则是主观的,只对某个特殊的个体有效;规律或者法则是客观的,具有普遍必然的效力”。[8] 法则是一种先天必然性的规则,对所有人而言都是普遍具有约束力的,具有主观的客观性;而准则则正好相反,它源自意志本身的偏好,准确地说是人类私心的天性,因此是主观的。除此之外,在超验领域并没有其他的规则,因此法则和准则都有规定意志的能力。意志若想具备一以贯之的能力,使其能够在任何时期、任何场合永远成立,就必须遵从客观的法则,否则意志只能是偶然的、随机的。

意志遵从法则的方式构成了职业伦理的基本结构。理性借助客观法则通过形成意志规

[4] [德]哈贝马斯:《现代性的哲学话语》,曹卫东译,译林出版社 2011 年版,第 22 页。
[5] 徐显明:《对构建有中国特色的法律职业共同体的思考》,载《中国法律评论》2014 年第 3 期。
[6] 常艳、温辉:《法律职业共同体伦理问题研究》,载《河南社会科学》2012 年第 2 期。
[7] [德]康德:《道德形而上学的奠基》,李秋零译,中国人民大学出版社 2013 年版,第 25 页。
[8] 张鹏:《康德道德法则及其实践意义》,载《重庆社会科学》2008 年第 2 期。

定人的行为,[9]但人的意志并不必然完全服从这些客观法则,意志在很多时候还服从于例如动机、目的等构成准则基础的主观倾向。换言之,法则对意志有强制力,而"表现这种客观法则与意志不完善性关系的公式就叫做命令式"。[10]正因为人的意志并不必然遵从理性出于法则的诫命,所以这种命令式表现出一种强制性,而职业伦理正是法则对意志的命令式。意志总是受命令式的作用,不同法律职业者,虽处于不同的职业立场,但作出法律行为的意志都需遵从命令式的要求。但意志遵从法则的命令式的要求,并不意味着,意志本身是出于法则的。因此,意志本身被分为两种情况,要么仅是形式上遵从法则而实际上图谋主观准则的要求,要么出于法则而完全合乎法则。我们将前者称为假言命令式,后者称为定言命令式。

我国不同法律职业的职业伦理,都立足于假言命令式,实际意欲着其他的目的。律师的职业伦理暗含着非道德性因素,即"律师必须在职业行为所被允许的范围内,使被代理人的利益和目标以最大化的程度得以实现"。[11]律师虽然表面上遵守法律,但并不以实现法律规则所代表的法则为自己的目的,而以实现代理人利益最大化为目的。而法官是行政体制下的公务人员,行政体制的考核方式,决定了法官天然的不能仅仅出于公平正义的考量作出判决,为了考核需要,法官需要对其自身的决策做出诸多修正,希望在当事人双方、上下级法院之间、甚至是规则与现实之间取得平衡,因而也是遵从了假言命令式的职业伦理。法学学者形成意志的方式也是一种假言的,不以实现法律的法则为目的,而以学术逻辑完整性和引进新概念为目的。因此,我国法律职业共同体中的不同法律职业都立足于假言命令式为基础的职业伦理。

(三)假言命令式的偶然性引发共同体的内部冲突

法律职业共同体中的不同职业,因基于假言命令式的职业伦理,而完全为实现各自的利益最大化而存在,由于不同职业利益的冲突以及所要实现的目标的差异,甚至是对立,导致法律职业共同体中不同职业先天地存在不可调和的矛盾。假言命令式是为了实现一个意志的目的而需要作出的行为,就其自身而言具有显著的偶然性。如果我们放弃原定的意图和目的,如果我们改变对于幸福的基本定义和看法,原有的假言命令式便不复存在,建立在假言命令式之上的伦理大厦将轰然倒塌。假言命令式蕴藏在所要实现的目的之中,目的存则假言命令式存。如果将法律职业共同体的职业伦理建构于假言命令式之上,所建构的职业伦理就具有不稳定性,只要社会目标改变,原有的职业伦理便不再存在。社会目标的改变,甚至会促使法律职业共同体中的不同法律职业产生出和此前截然相反的职业伦理,法律人自身会陷入矛盾和混乱之中,使理性运用的结果反而产生诸多痛苦,继而认识到人类运用理性决策的结果甚至不如运用人的动物本能更能给自己带来幸福和快乐,理性从此再无容身之地。如果律师更换了当事人,尤其是法庭中所处的原被告席位发生变化,其通过实践理性形成意志的方式将发生彻底的改变,律师职业伦理将面临不断崩塌与重建的危机。如果法官在作出裁判的过程中改变了意图实现的目标,其作出的裁判也发生了显著的变化,司法裁判本身的确定性和裁判效力将受到质疑。如果学者改变其研究目标,其甚至可以产生与自己此前研究成果截然相反的学术观点,学术研究本身变成了一场文字游戏。

---

[9] 参见[德]康德:《道德形而上学的奠基》,李秋零译,中国人民大学出版社2013年版,第30页。

[10] [德]康德:《道德形而上学的奠基》,李秋零译,中国人民大学出版社2013年版,第32页。

[11] 参见 David Luban, *Lawyers and Justice: An Ethical Study*, Princeton University Press, 1988, p. 12。

由此,建立在假言命令式之上的职业伦理所展现出的不确定性和偶然性,不仅导致法律职业共同体中不同法律职业在职业伦理层面根本地相互对立,更使其各自的伦理本身具有一种不可避免的脆弱性、偶然性,不同法律职业在职业伦理的不断崩塌与重建中冲突、分裂,由此引发不同法律职业的恶行互动。

二、良性互动需定言命令式为核心的职业伦理

定言命令式代表了不考虑目的和条件的必然性,是出自法则而本身就是合法则的强制诫命。只有法律职业共同体建立于定言命令式之上,职业共同体的职业伦理才有稳定性,不同法律职业才不会从根本上处于相互对立的状态,不同法律职业之间的互动才可以在合理的范围内展开。

(一)“相互性法则”是定言命令式的核心内容

定言命令式不考虑目的而永恒成立的特性,更适宜成为职业伦理的基础。遵从假言命令式为基础的职业伦理的各法律职业者,出于不同目的的考虑,使其法律行为先天地存在冲突和矛盾。定言命令式的内涵是出于法则而合乎法则,是遵循真正义务、不以任何目的为前提的命令式,即“惟有定言命令式才是一种实践的法则,其余的命令式全部都虽然能够叫做意志的原则,但却不能叫作法则”。[12] 只有不考虑任何目的,纯然地出于对法律地法则的崇敬,而完全合乎法律地做出法律行为,不同法律职业才可以在法律共同体中和谐共存。

定言命令式出于法则而合乎法则,然而我们只有借助准则才能部分地认识法则。法则的质料(亦即自由)独立于意志本身,它超出了理性能够发挥作用的范畴,我们没有办法在其上建立起一套完整的知识体系,我们唯有通过反思才能不断接近它的本意。我们虽没有办法像认识假言命令式一样认识定言命令式的内容,但因为超验领域的规则中,准则是可以为我们所认知和控制的,因此通过准则可以认知法则的映像。准则是主观的,而法则是客观的,欲通过准则认知法则,就必须尽可能地减少准则中的主观成分,即“惟有准则的纯然立法形式才能充当其法则的意志,就是一个自由的意志”。[13] 我们只有通过准则,以准则的立法形式符合法则,才能认知法则,才能够实现定言命令式的确定性和必然性,真正摆脱偏好和目的的限制和束缚,成为绝对的理性诫命,亦即“行为的准则应当符合这法则,而且惟有这种符合才能真正把命令式表现为必然”。[14] 因此,要这样行动,使你的意志的准则在任何时候都能同时被视为一种普遍的立法的原则。[15] 而定言命令式的核心,即是行为所依据的主观的准则应当能够同时被认定为一个客观的普遍法则,这是一个主观符合客观,虽是主观却可以具备普遍性的一种理性诫命。我们把这个定言命令式的核心称为“相互性法则”,即作出意志判断的准则必须是可以同时被所有人当作普遍的自然法则的准则。而唯有这种方式,才能使定言命令式具有确定性和必然性,建构在其上的职业伦理才是稳固和可以信赖的。

相互性法则是法律职业伦理的核心和关键。作为法律职业共同体的职业伦理建构基础的定言命令式的核心正在于这个“相互性法则”。法律职业共同体中的不同法律职业,即使因其本身地位和制度设计的差异,导致其相互之间存在制衡的属性,但是却在通过准则形成

---

〔12〕［德］康德:《道德形而上学的奠基》,李秋零译,中国人民大学出版社 2013 年版,第 39 页。

〔13〕［德］康德:《实践理性批判》,李秋零译,中国人民大学出版社 2011 年版,第 27 页。

〔14〕［德］康德:《道德形而上学的奠基》,李秋零译,中国人民大学出版社 2013 年版,第 40 页。

〔15〕［德］康德:《实践理性批判》,李秋零译,中国人民大学出版社 2011 年版,第 29 页。

意志最终决定行为的过程中遵循相互性法则,使不同法律职业者的法律行为都成为能够普遍被接受的行为,从而实现不同法律职业在法律职业共同体中的和谐互动。而要实现这种相互性法则需要一道"无知之幕"来发挥作用,通过假定处于原初状态而保证理性决定意志的准则能够更大程度上符合普遍法则的最一般的要求。正如罗尔斯所言,"当我们以这种方式假装处于原初状态时,我们的推理就不再使我们承诺一种关于自我本性的特殊形而上学",[16]由此实现法律职业伦理的奠基。

（二）"以人为目的"是定言命令式的基本要求

定言命令式的目的是形式目的,不涉及目的的具体内容。一切能够通过我们意志获得的目的的内容,都是相对的、有条件的、暂时的和不稳定的,正因如此,由此而来的命令式才被称为假言命令式。在假言命令式之中,只有法律人考虑目的的内容,才能够知道目的实现的方法,所做出的命令式才是成立的。如果说作为法律职业共同体的职业伦理基础的定言命令式不在意任何偏好和目的而在任何条件下存在,那么也即是不受任何目的的实质内容的影响而先天的存在,这一定是毋庸置疑的。定言命令式本身不在意目的或者偏好,因为其所意欲的目的是先天绝对的,自身就带有绝对的价值,由此引发的定言命令式也是确定而绝对的,是无法用其他任何其他目的所取代的。因此,法律人要想使定言命令式成为其作出决策的依据和倚仗,就必须不能考虑任何目的的实质内容,但凡涉及目的内容,就一定是意志主观形成的,法律人本身就不再是遵循一个定言命令式出于法则而合乎法则的行为。但意志的形成必然要有一个意欲的引导,要有一个前提和出发点。既然所有目的的内容都不能被看作定言命令式的出发点,那么就只能以目的的形式为出发点。既然用来作为意志自己规定自己的客观基础的东西,就是目的[17],那么,定言命令式的目的即是实现"人类自己规定自己"这个行为。而这是人类作为理性存在者本身区别于动物特有的,所以,最终构成定言命令式目的的正是"人自我设定"这个行为本身,即实现人自身。定言命令式由此才找到其现实的可能性,而这才是作为法律职业共同体的职业伦理的基本要求。

"以人为目的"是不同法律职业者必须遵循的职业伦理的基本要求。法律职业共同体的职业伦理的确定性正是依靠这种把每种法律职业中的个人作为目的来实现的,正因为我们每个法律职业者都是目的,而不能被自己或者任何其他人当作实现其他目的的手段,所以我们要坚持定言命令式的"相对性法则"通过意志决定行为。"正因为人是最终的自在目的,人类的善良意志是自在的善,这才促使我们将道德律令看作是行为的直接决定者"。[18]法律人正是为了实现其作为职业者本身,以具有普遍意义上法律人自身的实现为目的,才能保证定言命令式得到遵守,法律职业共同体才能出于法则而遵从法则的作出法律行为。也正是在这个层面上,"以人为目的"的基本要求和作为核心的"相互性法则"实现相辅相成,共同构成了实现不同法律职业者和谐互动基础的职业伦理的基本结构。

（三）"自律"是定言命令式的实现方式

作为和谐互动基础的法律职业伦理以定言命令式为核心,以"相互性法则"及"以人为目的"为基本内容。良性互动模式的构建,需要立足于具有崇高感的职业伦理之上,只有法律职业共同体中的不同法律职业不是在职业伦理角度就根本地相互对立着,只有法律职业

---

〔16〕［美］罗尔斯:《政治自由主义》,万俊人译,译林出版社 2011 年版,第 25 页。

〔17〕［德］康德:《道德形而上学的奠基》,李秋零译,中国人民大学出版社 2013 年版,第 47 页。

〔18〕武高寿:《"人是目的"与"以人为本"》,载《理论探索》2004 年第 4 期。

共同体都建立在共享的职业伦理的合理范围内,法律职业共同体中不同法律职业的良性互动才能成为可能。法律职业共同体中不同法律职业的良性互动需要建立在以定言命令式为基础的,体现了确定性和稳定性的法律职业伦理之上,而真正实现法律职业伦理中定言命令式的相互性法则以及形而上领域的目的王国,则是建立不同法律职业良性互动模式的重要途径。由此,作为法律职业共同体良性互动基础的职业伦理完成了其自身的重构。

这套法律职业伦理是人对自己的立法,道德律本身是人自己对自己立法,是“自律”。建立法律职业共同体中不同职业的良性互动,必须以自律为出发点,而不能是他律,这是法律职业共同体的职业伦理所决定的,不同法律职业必须通过自律而实现职业伦理范围内的良性互动。“自律的原则是:不要以其他方式做选择,除非其选择的准则同时作为普遍的法则被一起包含在同一个意欲中。”[19]“他律”从根本上是假言命令式的,是偶然的和不确定的。在“他律”中,不同法律职业并不是出自法则而规定意志,而是出于普遍法则之外的某个目的,而被其他的规则所规定了的。法律职业共同体的成员接受这项出离于自身之外的规则去规定自己的意志,使这种职业伦理指导下的法律行为充满了不确定性和偶然性,引发了法律职业之间的冲突和矛盾。而自律的原则是定言命令式的,其本身符合法律职业共同体的职业伦理的建构要求。法律职业共同体中的不同法律职业并不是为了某个外在的目的而约束自己,而是为了充分实现自身作为理性存在者的目的而约束自己,所以应当是一种自律,而绝非他律。因为出自自律,所以我们是我们自己的立法者,但因为这种立法过程具有普遍性和客观性,我们又同时是作为普遍立法者而存在,我们由此建立起一套完整的法律职业伦理体系。在这套职业伦理体系中,不同法律职业者遵循相互性法则,以人自身为目的运用实践理性,最终实现了法律职业共同体中不同法律职业的和谐互动。

三、通过定言命令式为核心的职业伦理实现和谐互动

法律职业伦理以法律人遵循定言命令式为核心,通过实践理性,形成自律的伦理规范,这些伦理规范中最核心的规范就是相互性法则和以人为目的的原则,即是说人形成意志的准则必须能够同时被视为一个可以普遍使用的法则。实践这套法律职业伦理并赋予其现实可操作性,是理论指导实践的重要途径,也是真正实现法律职业共同体中不同法律职业和谐互动模式建立的不二法门。

(一)通过法律职业共同实习制度奠基“相互性”法则

法律实习制度的目的在于凝聚共同的法律职业伦理。法律实习制度的初衷是熟悉职业环境,了解不同职业的思考路径和解决问题方式的途径,引导职业伦理的凝聚。而通过实习实现职业伦理的建构,是通过一种人自身的反思作用的结果。在这个过程中,我们可以通过针对我们实习行为的反思,了解处于法则之中的公正理念的基本概念,真正实现这些在法律中表现为善的意志的公正理念的现实化,从而利用定言命令式对自己形成一种道德自律,从而自己为自己建立法律职业伦理。实习制度不仅仅是职业技能的锻炼,更是法律职业伦理的培育和引导。

当前,我国的确比较注重法律实习。例如律师执业前,都要求有一年的实习期。而最高人民法院也于 2015 年开始在全国范围内招募实习生,强调“法学专家学者、法律院校学生到司法实践岗位研修、实习,让他们参与、了解司法实践,研究、推动司法实践,对于强化法学理论与司法实践的融合,促进社会主义法治理论研究和实践创新,全面推进依法治国,具有十

〔19〕 [德]康德:《道德形而上学的奠基》,李秋零译,中国人民大学出版社 2013 年版,第 63 页。

分重要的意义”。[20] 然而,这些却是各职业内部的职业实习,鲜有不同法律职业之间的实习。由此,法律人不能了解彼此之间的思维进路和决策方式,就没办法通过相互性法则实现不同法律职业间的良性互动。实习制度应当涉及法律职业共同体中所有法律职业:从实习对象来看,参与法律实习制度的法律职业必须是所有法律职业,包括法学学者、律师、法官以及检察官;从实习内容来看,法律实习制度应当包括所有职业的职业内容。

只有我们建立法律职业共同体的共同实习制度,使法官、检察官、律师、法务以及法学学者都参与其中,使其分别经历所有法律职业的职业经历,使所有法律职业者都彼此相互了解彼此的行为模式和思维方式,了解彼此提出主张的动机和意图,才能够使不同法律职业的职业者在正式执业中作出意志判断的时候,能够更好地使自己行为的准则变成一个更适于使全部法律职业者都接受的执业法则,才能够真正实现以定言命令式为核心的法律职业伦理的建立,才能够使不同法律职业者在这样共同的法律职业伦理的合理范围内,通过实践理性遵循相互性法则以及以人为目的的原则,实现法律职业共同体中不同法律职业之间的和谐互动。

(二)通过尊重职业自主性实现“以人为目的”的基本要求

法律职业共同体中,不同法律职业建立以共同的法律职业伦理为基础的和谐互动模式,是以实现法律职业者本身为目的的。因此,应当充分尊重不同法律职业的自主性,尊重不同法律职业需要分别以其自身为目的,而不是以他人为目的,不同法律职业的执业者需始终把自己以及所有其他人作为目的而不是手段。尊重不同法律职业者的特殊性、差异性以及自主性就显得尤为重要,亦即“德性义务要求我们承认他人是一个理性自律的行为主体,支持他人作为一个独立的目标追求者,使每个人成为自己目标的制定者和承担者”。[21]

首先,以行为公正性考量取代量化考核方式。法律职业共同体内的各法律职业,都必须始终保证自己行为是出于法则而合乎法则的,只要满足这个标准就是符合法律职业伦理的,就可以保证法律职业共同体中的不同角色在最大的限度内实现和谐互动。量化考核是工业化思维,是工业化进程中对工人工作成果的反应。然而社会科学需要人在反思、论证和博弈中逐渐使自己行为的准则接近法则。尤其在法官的裁判中,以结案率、上诉率为指标的考核方式就是违背科学常识的。法官的裁判只能被以是否符合公正性的要求来加以评价,这种评价需要通过缜密的论证来阐明,而不是量化考核的指标来确保。

其次,以判决及时公开取代案例指导制度。有人主张,“以案例指导制度取代请示上报制度”。[22] 然而,案例指导制度的容量并不足以指导所有法律执业行为。实践中,法官、检察官和律师面对难以计数的新型案件,并没有明确的法律规则,单纯通过案例指导制度,并不能够实现指导执业行为的效果。所有的法律职业都渴望通过研读判例,反思和论证判例中的解决方式,探索更能够实现正义的一般法则的途径。只有及时公开案件信息,才能使不同法律职业在对裁判先例的反思中,逐步接近法则的内容,从而实现不同法律职业在定言命令式为基础的职业伦理中和谐互动。

在法律职业伦理允许的合理范围内,必须确保不同法律职业的自主性,使不同法律职业

---

〔20〕 参见戴建志、孙若丰:《双向交流、互为精进、最高法院建立法律研修学者和法律实习生制度》,载《人民司法》2015 年第 21 期。

〔21〕 陈旭东、汪行福:《从德性义务理解“认识目的”的道德律令》,载《山东社会科学》2008 年第 7 期。

〔22〕 孙伟良:《我国法官权利保障的完善》,载《郑州大学学报》(哲学社会科学版)2012 年第 1 期。

能够真正以自身为目的、以人为目的,通过运用以定言命令式为核心的法律职业伦理,最大程度上实现社会公正的理念,从而使不同法律职业在公正的调整范围内实现一种和而不同的和谐互动。

四、结语

我国法律职业共同体内,不同法律职业之间激烈对抗和分裂的现状,本质上是假言命令式为基础的职业伦理所导致。职业伦理如果意图建立起来并指导不同法律职业和谐互动,就必须以定言命令式为基础。定言命令式以“相互性法则”为核心,以“以人为目的”为基本要求,以“自律”为实现方式。实践中,只有通过法律职业共同实习制度奠基“相互性”法则,并通过尊重职业自主性实现“以人为目的”的基本要求,才能使不同法律职业者在以定言命令式为核心的职业伦理的范围内实现和谐互动。

【导师点评】

本文的选题既具理论价值,又有现实意义。一方面,国家教委将法律职业伦理作为法学19门必修课的一门,本文的研究具有理论价值。另一方面,我们过去并不重视法律职业伦理这个问题,以至于法律职业群体中,规则失范、伦理丧失等现象层出不穷。文章举出2011年“北海律师”事件,吴良述律师立案被拒绝,并以非法录音录像为名撕破了西裤等引发律师普遍的不满的事件,还有司法实践中法官的压力和挑战,进而提出,当前不同法律职业分裂、冲突的现象愈演愈烈,而制度建设已经不能满足实现不同法律职业和谐互动的需要。问题真实,有研究的意义和价值。

本文研究对本课题国内外研究动态的掌握全面,既有黑格尔、康德、哈贝马斯、罗尔斯的经典的著作,也有徐显明、孟勤国等当代著名学者对本课题的论著,文献材料比较充分,能够为本课题提供论证所需的证据,以解决本论文所要解决问题的目的及意义。

本文由引言引出一个现实中的真问题,在对问题的论证中,作者设置了三个一级标题:并由这三个标题对主题“职业伦理:法律职业共同体和谐互动之基”展开论证,而这三个一级标题之间能够构成一个逻辑上的论证关系。最后通过结语,回应问题的提出、总结问题的分析论证,提升本论题的研究意义和价值。本文的写作完全符合学术研究规范,论点明确,论据翔实,论证严密。文章的结构合理,文句畅达,结论符合逻辑的要求。

本课题的研究成果的理论价值或实践意义,在硕士答辩中已经显示出来,专家评委的评价一致,研究内容有新见解。本文是一篇优秀的论文。

(指导教师:王　申)

城市住宅建设用地使用权续期的宪法思考

叶磊东*

一、引言

2016年3月，温州的王女士准备出售一套二手房，在办理完房产证和契证后，却在过户土地证时被告知该房子的土地使用期限只有20年，并且已经在该月过期。若想拿到新的土地使用证，须缴纳相应的土地出让金，重新购买土地使用权，且当地国土局缘由为"在国家没有具体实施细则的情况下，目前基层国土部门只能参照国有土地出让的做法，先由第三方评估机构评估土地价格，根据单位地价折算出楼面地价，算出总的土地出让金，重新签订国有土地使用权出让合同"。许多民众认为温州王女士的续期缴费将会是一笔不小的费用，并担心自己房产所在的土地上的使用权在将来到期后是否也需要缴费来续期。如若统一缴费续期，且按照"温州模式"来缴费的话，对多数的社会大众而言，这将是难以承受的巨大经济压力。

2016年11月27日，《中共中央国务院关于完善产权保护制度依法保护产权的意见》（以下简称《意见》）提出"要研究住宅建设用地等土地使用权到期后续期的法律安排，推动形成全社会对公民财产长久受保护的良好和稳定预期"。显然，《意见》中的相关表态缘起于温州土地使用权续期事件。随后，国土资源部副部长王广华在《自然资源统一确权登记办法（试行）》新闻发布会上表示，针对温州当地20年住房土地使用权到期问题，国土资源部和住建部会商后回复，可以采用"两不一正常"的过渡性办法处理，即不需要提出续期申请，不收取费用，正常办理交易和登记手续，涉及"土地使用期限"，仍填写该住宅建设用地使用权的原起始日期和到期日期。

然而，过渡性办法的出台还远不能解决城市住宅建设用地使用权续期问题，且该问题实质上更是一个根本上的宪法议题。土地作为一种极其重要的国家自然资源，其所有权的所属问题在本质上影响着土地使用权续期问题能否妥善解决。而从《宪法》的规定来看，其第10条规定的"城市的土地属于国家所有"与第9条规定的"矿藏、水流、森林、山岭、草原、荒地、滩涂等自然资源，都属于国家所有，即全民所有"从表面上看有着明显的冲突，因此，有必要对该两款条文作更深层次的分析，需要透过当前的土地所有权和土地使用权制度，在宪法这个根本法的层面理解国家的土地制度，以从本质上就如何续期给出一个更为合理的方案。

二、学界对"土地资源国家所有权"属性的争论

从文本上看，《宪法》中关于"国家所有"的规定包括第7条关于国有经济属性的规定、

* 叶磊东，华东政法大学2017届宪法学与行政法学专业硕士研究生。

第9条关于自然资源的国家所有、第10条关于城市土地的国家所有、第12条关于社会主义公共财产的规定以及第16条的国有企业。而通过《物权法》第五章第45条到第57条可以发现,我国的国家财产按其不同的经济和社会功能可分为三种类型:国有自然资源、国有公共用财产和国有营运资产。[1] 将这两个文本对比可以看出,宪法中的"国家所有"的规定几乎完全与私法层面的表述相一致,这也导致目前学界普遍的一个观点,即根据私法的逻辑,将物权法中的"国家所有权"与宪法中的"国家所有"相结合,自然而然地推出宪法中的"国家所有权"。

(一)宪法国家所有权与私法国家所有权的绝对区分

以徐涤宇为代表的支持宪法中的"国家所有权"观点的学者认为:"所有权应当分为宪法层面和私法层面两种类型,宪法上的所有权是所有权人和国家直接发生的公法法律关系,它所注重的是获取所有权并得到保护的资格;民法上的所有权是所有权人和其他私法主体之间发生的民事法律关系,它所注重的是权利所指向的具体个体。"[2]

(二)城市住宅土地资源国家所有权的双阶构造说

与此种观点相类似的一种理论为国家所有权双阶构造说,[3]该学说认为城市住宅土地资源国家所有权蕴含"宪法所有权—民法所有权"的双阶构造,以实现"公有私用"的实践逻辑。首先,宪法所有权与民法所有权分别规定于宪法及物权法中,两者在效力上不属于同一位阶,因此不会产生冲突。反而两者可以说是相辅相成,突出体现为宪法权利的"辐射效力",辐射效力理论强调,"宪法权利绝不仅指私人对抗国家的权利,还同时蕴含广泛适用于诸部门法的客观秩序价值,指引和推动着立法、行政与司法"。[4] 物权法中国家自然资源的相关规定就相当于宪法的"辐射效力"的具体体现。其次,宪法所有权兼有国家取向与私人取向,需要通过民事立法形成间接效力的保护,这是双阶构造的理论前提。最后,公权力与私权利在土地资源所有权法律关系上的交错,是双阶构造的实践基础。

(三)城市住宅土地资源国家所有权的三层结构说

而有学者则指出,所有权依然具有形式上的统一性,城市住宅土地资源国家所有权包含私法所有权的内涵,并且同时包含私法权能、公法权能以及宪法义务三层结构。此可谓城市住宅土地资源国家所有权的三层结构说。第一,从国家对于城市土地资源的所有权权能的角度来看,国家对于城市住宅土地资源享有完整的占有、使用、收益、处分之权能,且在权力形式以及义务主体上具有一致性。该观点认为宪法上的城市住宅土地资源国家所有权的规定本身即包含私法上所有权的内容,它可以直接在私法关系中适用,直接产生私法效力。另外,当宪法明确使用所有权的概念时,由于所有权本身是源于民法的概念,且在实证法上没有关于公法所有权的定义,我们又依据什么确定此所有权不包含私法上的所有权的内容?[5]第二,城市住宅土地资源国家所有权当然地包含民法所有权所具有的占有、使用、收益和处分的权能外,亦包含国家在立法、行政、司法方面的权能,即有权对城市住宅土地资源

---

〔1〕 国有营运资产属于财政财产范畴。财政财产系指政府掌管的所有金钱物质及其收益,包括可供利用的国有自然资源,可用作行政开支的费用和财源,如国库现金、有价证券等。财政财产还应接受财政法的调整。我国《物权法》第55条仅就国有营运资产作了规定,所以本文随后也以讨论这类财产为限。

〔2〕 徐涤宇:《所有权的类型及其立法结构:物权法草案所有权立法之批评》,载《中外法学》2006年第1期。

〔3〕 税兵:《自然资源国家所有权双阶构造说》,载《法学研究》2013年第4期。

〔4〕 Robert Alexy, *A Theory of Constitutional of Rights*, Oxford of University Press, 2002, p. 352.

〔5〕 王涌:《自然资源国家所有权三层结构说》,载《法学研究》2013年第4期。

进行立法管制、行政管理以及司法分配，这是城市住宅土地资源国家所有权的第二层结构。第三，宪法上的国家所有权还包含国家作为城市住宅土地资源所有人在宪法上的义务，此为城市住宅土地资源国家所有权的第三层结构，该说认为所谓国家所有权是“本质上是信托结构中的受托人所有权”。[6]

（四）城市住宅土地资源国家所有权的公权说

该学说认为城市住宅土地资源国家所有权更加符合公权说的理论。在主体上，全民意义上的抽象国家作为民事主体难以成立，作为宪法主体则毫无障碍。宪法上的国家，作为对社会整体公益和公共权力的指代，本来就是一个抽象概念，并可等同于“全民”。在客体上，土地资源的不确定性之所以对其作为物权客体构成障碍，是因为物权是一种“直接支配”权，而宪法权利指向的是国家与个人之关系，并不谋求对物的直接支配，因而也不存在问题。在内容上，城市住宅土地资源国家所有权具体权能的公权性更是宪法权利之公法性的典型体现。在行使上，国家机关无须具体授权即可代表国家行使权力、处理事务正是公法领域国家与政府关系的常态，而不可处分性及行使的非消极性也是公权力的典型特征。

（五）国家所有权的国家所有制说

还有学者支持国家所有权的国家所有制说，“国家所有”规定在宪法的总纲部分，说明其更多的是经济制度的考量。该学说认为城市住宅土地资源的国家所有权实质上是一种国家制度，即国家为了更好地建设社会主义，发展社会经济，需要对国家经济发展最基本、最重要的资源实行有效的管理，以实现国家社会主义制度的目标。

三、城市住宅土地资源国家所有权之我所见

对于城市住宅土地资源国家所有权的性质，本文认为“城市住宅土地资源国家所有权三层结构说”能够最好地说明城市住宅土地资源的国家所有权的本质属性。

（一）城市住宅土地资源国家所有权的性质公私兼具

矿藏、水流、海域、城市土地等自然资源在现行宪法中一并被规定为国家所有，这并非“国家凌驾于人民之上”。相反，这样的规定有其深刻而长远的政治背景，且正是为了国民能够更加均衡、合理地享受到这些重要的自然资源所带来的利益，因而掌握了自然资源的支配权。

具体来说，一方面，城市住宅土地资源国家所有权完整地享有一般私法所有权所具备的占有、使用、收益、处分等四大权能，在市场经济的法治环境下，虽然它的主体是国家，但是当面对私主体时一样需要遵守私法交易的对价有偿原则；另一方面，国家就是人民的代表，而宪法中“国家所有，即全民所有”的表述正是这一意义的最好说明，国家的存在就是为了能使国内公民的生存与发展利益得到最强有力的保障。因此，在追求土地这一重要自然资源的利益最大化的过程中，必须以为人民服务为根本的使用宗旨，具体到土地使用权的续期问题上，理应着重考虑社会大众的经济承受能力，保障居民基本的生存条件；而在国家通过运营自然资源从事商业活动而获取利益的过程，则需要化身为“民事主体”参与公平交易。因此，城市住宅土地资源的国家所有权实则是一种特殊的财产权，它集公权与私权于一身，并非能够简单地以公权或私权性质来定义。

（二）“纯粹公权说”难以完全成立

首先，虽然物权法中关于自然资源国家所有权的规定与宪法中的极其相似，但仔细观察

---

〔6〕 王涌：《自然资源国家所有权三层结构说》，载《法学研究》2013 年第 4 期。

有关国家所有权的条款,可以发现涉及的条款都规定在宪法的“总纲”部分,这说明宪法中关于国家所有权的规定主要是从制度化和原则化的角度来阐述,而相关的规定在物权法中的体现,则是更多地从私法或者说从物与主权的从属关系进行规定。因此,我们不能否认宪法规定的国家所有权对物权法的“辐射效力”,不同位阶的两部法律对自然资源所有权分别在公法与私法层面予以规定才能完整地体现国家所有权的内涵。

其次,“公权说”的理论认为国务院及以它为首的整个国家行政系统是全国各级人大所做出决定的“执行者”,并认为与“由人民选举代表组成的国家权力机关代表人民形成国家意志”的法理不符,与“人民行使国家权力的机关是全国人大和地方各级人大”的规定不符。然而,此处并不存在冲突。根据我国的政治体制,各级人大按照法定程序行使国家权力,对国家及地方的各项事务作出决定,而国务院等行政机构则是权力机关所作出的各项决定的执行者,而物权法的该条规定正是这个过程的一个典型例证。法规中规定的将国家财产的所有权交由国务院来代表行使,显然是将国家所有权从事于民事行为的权利赋予国务院,即在国家和国务院之间形成一种代表关系。根据民法理论,此处的“代表”区别于代理,作为代表人的国务院所为的民事行为即相当于被代表人国家的行为,两者之间是同一民事主体。这是一个典型的“权力决策,行政执行”的例子。

最后,国家确实在主体上是抽象的存在,然而抽象的主体是否如“公权说”所论不能享有及行使民法上的所有权及其他民事权利?本文认为,法人制度的存在将很好地解决国家作为独立的民事主体按照自己独立的意志参与民事活动的情形。社会的发展除了自然人个体的存在,更需要各种组织实体来完成市场经济中的各项商业或者民事活动,同时也产生了“团体人格”,团体人格不过是对自然人人格在私法主体资格意义上的模仿,是一种纯粹法律抽象技术的产物,[7]其目的就在于可以使组织体具有如“人”一般的私法权利。国家其实也就是国家所包含的人即国家公民的集合,其只能是一个抽象的概念,且也只能由其代表来表现,而这个代表就是国家机关,根据我国的人民代表大会制度,各级人大组成国家的权力机关,其代表的就是人民的意志,从“国家所有,即全民所有”的规定来解释,其代表的也就是国家的意志,同时国家的行政机关,即以国务院为首的行政系统来具体执行权力机关的各项决定。“公权说”试图从“‘国家所有权’与‘国家机关法人所有权’向来是被严格区分的,国家所有权的主体被认为具有‘唯一性和统一性’,同时人民是一个抽象的政治概念,是一个不容分割的整体,不确指任何个体”的论点来批判国家作为民事主体的可能性,显然并没有相当的说服力。更为关键的一点是,“国家机关的法人所有权”与“国家所有权”的严格区分正好是在支持笔者观点,国务院作为代表行使国家所有权的主体,其对自然资源的占有、使用、收益与处分就是被代表者国家的行为,此确应与“国家机关的法人所有权”严格区分,两者在概念上的内涵差别巨大。

(三)“全民所有”含义解读及与国家所有之间的联系

城市住宅土地资源国家所有权有其在私法层面的含义与体现,同时在宪法层面或者说公法层面更有其明显的表现,并且这与国家的政策取向、公共利益导向关系巨大。

“全民所有”,即国家全体人民群体上的所有,但是现实是该所有权显然无法使得每一个公民能够独立地行使该所有权,这个所有权在全民意义上可以说处于一种“若隐若现”的状态。而“全民所有”在宪法上的明确规定,并且其规定于总纲中的意义更加需要考虑在制

---

〔7〕 尹田:《民事主体理论与立法研究》,法律出版社2003年版。

度上或者国家政策上的考量。从政策上来考量该问题,“在全民所有制的经济关系中,每一个社会成员都拥有公有权”,[8]拥有公有权使每一个社会成员都是生产资料的所有者,但他的公有权只有和其他成员的公有权结合在一起时,才能构成一个真正的所有权,全民所有并不是使每个人对全民所有财产的某部分有直接的利用处分权。[9] 而国家作为人民利益的维护者和代表者,统一由其来行使该所有权,统一优化配置土地资源,并且其行使权利的目的就在于使得全体公民获得此过程中所产生的利益,以此实现“全民所有”。

(四)宪法规定的自然资源国家所有权并非宪法权利

如前所述,自然资源国家所有权在私法层面的体现难以忽略,而对于宪法上的国家所有权的具体内涵指向,一种观点认为宪法所有权是针对公权力的防御性权利,[10]另一种观点则认为宪法所有权是主体取得权利的资格,区别于民法上平等主体间的财产关系。[11] 如果我们将自然资源国家所有权放在防御性权利的体系中去看待,即如个人财产权不受公权力侵犯一般,则国家所有权是国家对抗国家公权力的一种权利,这显示是非常矛盾的一个逻辑。同时,现代宪法精神要求国家在尊重人民自由的同时,必须履行各种分配社会资源的义务,宪法权利的意蕴不再限于国家消极的不作为,亦强调积极的保障落实,[12]这就更加不能将国家所有权与消极的宪法权利联系在一起。

而根据第二种观点,宪法上的所有权首先是一种公权利,是各种主体取得所有权的资格,[13]而在宪法上对这种资格予以保护,其实就是对“所有权制度”的保障。无论是在公有制国家还是私有制国家,宪法都要保障所有权的某种“核心部分”,对于这个“核心部分”,即使国家通过立法也不能加以消灭或侵犯。[14] 在我国公有制的国家制度状态下,此处的核心就是对取得国家自然资源资格的限制,即私人不能取得相应的所有权。“全民所有”的规定也意味着只有国家可以在为全体人民创造利益的基础上掌握自然资源的控制权,取得民法上国家所有权的资格。

(五)城市住宅土地资源国家所有权三层结构说的合理性

通过以上的分析,“土地资源的国家所有权三层结构说”显然将会体现其在内容的完整性、结构的合理性方面的优势。当然,对于其他学说对城市住宅土地资源国家所有权理解上的缺陷还是有几个关键的区别与比较需要说明。

1. 不应存在宪法所有权和私法所有权的区分

公法层面的国家所有权显然能够包含私法层面的内涵,即否认宪法所有权和私法所有权的划分。所谓“宪法所有权”的真实含义,就是私法上的私人财产权也受到了宪法保护而已,并未产生一个独立的所有权。如果它只是对抗国家,在权利形式上是一种对人权,不是对世权,如何可以称为“所有权”,又如何称为“宪法所有权”?所以,整个偏误产生的过程就像一个寓言:“私人所有权是一个孩子,受其生父——私法的保护,后来,认了一个教父——宪法,亦受其保护。”在这个故事中增加了什么?其实,只是增加了一个教父。旁观者却说:

---

〔8〕 马俊驹:《国家所有权的基本理论和立法结构探讨》,载《中国法学》2011 年第 4 期。
〔9〕 高富平:《中国物权法:制度设计和创新》,中国人民大学出版社 2005 年版,第 86 页。
〔10〕 林来梵:《针对国家享有的财产权——从比较法角度的一个考察》,载《法商研究》2003 年第 1 期。
〔11〕 赵世义:《论财产权的宪法保障与制约》,载《法学评论》1999 年第 3 期。
〔12〕 苏永钦:《宪性控制的理论与实际》,台湾月旦出版股份有限公司 1994 年版,第 18 页。
〔13〕 赵世义:《论财产权的宪法保障与制约》,载《法学评论》1999 年第 3 期。
〔14〕 林来梵:《论私人财产权的宪法保障》,载《法学》1999 年第 3 期。

"增加了一个孩子,现在是两个孩子了。一个是宪法的儿子——宪法所有权,一个是私法的儿子——私法所有权。"[15]显然,这样的区分存在明显的逻辑问题。因此城市住宅土地自然资源国家所有权的双阶构造理论并不能成立。

2. 土地国家所有权须作公法权能和宪法义务的区分

"三层结构说"对公法权能与宪法义务的区别,可谓剖析细致。第二层结构中的"国家在立法、行政、司法方面的权能"与第三层结构中的"为全体人民的利益(甚至包括后代的利益)行使自然资源所有权"的宪法义务确实有着方向性上的差别。

一方面,宪法中对国家拥有土地资源所有权的规定恰恰是为了使得土地资源能够得到最妥善的分配和管控,以保障公民的居住权益,这当然地需要国家积极运用立法、行政、司法等权力来管控土地资源的运转。

另一方面,在"国家所有,即全民所有"的制度背景下,国家对土地资源的规制、管理必须以作为国家主人的人民的意志和利益为指引和导向,在这个意义上,全体公民实际上是在以各自所享有的公有权为依据行使城市住宅土地国家所有权的公法权能,这其实是公民对原本应该自己所有的土地资源的一种间接享有和行使,同时这也是国家的义务,两者统一在"国家保证公民合法利益得到保护并使其增多"的国家目的上。

结合前文的分析来看《宪法》第 9 条的规定,《宪法》中规定的"全民所有""保障自然资源的合理使用"即是宪法规定的国家义务,土地资源"国家所有"在自然资源具体法律上所体现的"由国务院行使"即转化为对土地资源的管理权,而这种管理权应该服务于在土地资源领域国家相应的义务。[16] 这要求国家在运用权力管控土地资源时要始终以维护人民的利益为根本的目的,要保证土地资源能够得到合理的分配,确保每一个民众能够在一个合理的代价内拥获得土地使用权,这在一定程度上与国家作为土地资源所有权的主体要求任何组织和个人承担"禁止用任何手段侵占或者破坏自然资源"的义务相对应,同时,这也是国家所有权中最为核心和重要的内容,因其实质上是国家存在的宗旨性目的。

四、解决城市住宅土地使用权续期的宪法维度

(一)城市住宅土地使用权续期是否收费须注重政策上的考量

对于城市住宅土地使用权到期后的续期是否需要再次缴纳费用、缴纳数额多少及缴纳标准如何确定等问题迫切需要从国家政策上来考量和解决。

1. "免费续期"和"重新缴纳出让金续期"均不可取

有观点可能会建议土地使用权到期免费续期即可,因此既然"国家代持"的土地是全民所有的,那么免费续期显然将使得民众在土地的继续使用上毫无负担。然而,免费是否意味着土地使用权将永远存在,是否可以看作是有土地私有化的倾向?另外,城市住宅土地使用权的免费续期与土地资源国家所有权的所有权本质属性不符,免费续期明显会破坏正常的私法交易规则,在一定意义上也相当于否认了宪法中规定的土地国家所有权包含私法所有权内涵的观点,因此本文认为免费续期有极大违背宪法规定的嫌疑。

与上述观点相对立的一种观点是在城市住宅土地使用权期限届满之后,应当根据土地首次出让的土地出让金额度再次缴纳相应费用,即相当于再一次购买土地出让权。但是城

〔15〕 王涌:《自然资源国家所有权三层结构说》,载《法学研究》2013 年第 4 期。

〔16〕 焦艳鹏:《自然资源的多元价值与国家所有的法律实现——对宪法第 9 条的体系性解读》,载《法制与社会发展》2017 年第 1 期。

市住宅土地国家所有权因其国家身份而相当特殊，在公法层面的政策上的公共任务导致其必然不能简单地按照私法的规则来运作土地使用权的出让，否则“全民所有”即是一个空洞的口号，如若要求公民重新缴纳土地出让金，这对绝大部分居民将是一笔巨大的费用，将直接影响到居民的生活成本。因此，重新批租缴纳出让金的方案也绝对不能予以考虑。

2. 必须充分考虑到“全民所有”的宪法规定

如前文所述，“全民所有”在《宪法》总纲第 9 条的规定体现了城市住宅土地资源在其所有权属性上的特殊性，其所有权必须考虑到国家对土地资源利用的影响，国家对土地资源的掌控必须是为了公民的合法权益。

也正是需要充分考虑到“全民所有”的制度性规定，所以在土地使用权的续期问题上，不能草率适用私法规则，当前必须给出一个介于“免费续期”与“重新缴纳出让金续期”两种方案之间的折中方案。一方面，不能完全置私法规则于不顾，毕竟国家已经明确进入私法领域参与民事行为，于再次续期时完全脱离私法等价有偿的规则显然不合理；另一方面，在国家坚持与发展社会主义公有制的形势下，同时考虑到当前国民普遍的经济水平较低、购买力不强且土地出让金价格高昂的状况下，国家必须给予民众“优惠”，这就集中体现国家作为掌控自然资源开发、分配、利用的最适合的主体如何贯彻执行“全民所有”的理念，真正做到“为民之福祉谋福利”，而政策考量将在这个过程中发挥关键作用，也即国家如何运用立法、行政、司法三方面的权力来“合理干预”城市住宅土地自然资源的运作。

（二）解决城市住宅土地使用权续期问题的代表性方案

1. 年租制模式

有学者提出，应当改革当前所适用的单一“批租制”土地使用权续期模式，代之为“批租制 + 年租制”模式。“批租制”模式借鉴自香港，在处理到期的土地使用权的问题上，根据香港当年所规定的土地政策和土地契约，只是将原有只缴纳象征性年租的土地使用者，改为每年缴纳应课差饷租值 3% 的年租金。[17] 这个年租金几乎就是一种象征性的缴费，例如，一套价值 100 万元的住房，每年有 10 万元租金收益，那么，业主需要交纳的地租是 3000 元，显然每年 3000 元是一个普通公民完全可以承受的价格。

2. 征收房产税模式

主张采取该种模式的学者认为，城市住宅建设用地使用权在期限届满之后应当自动续期，同时采取对房屋征税的方式来代替城市住宅土地使用权有偿续期的问题。房产税当前已在重庆、上海两地试点适用多年，部分学者认为房产税全国性的推广有利于解决当前的建设用地使用权续期问题。

3. 免费续期面积的累进制缴费续期制度

该种模式的核心内容主要是：给予每个家庭一定的免费自动续期面积，该面积内的住宅土地使用权期满免费自动续期，以保障公民基本的居住权利；对超出免费自动续期面积的部分，仿照个人所得税的累进税制，分等级累进计算缴费续期，让房产越多的房主付出越高的续期成本，从而使住宅土地使用权的期限制度真正能够实现平衡各方利益，保障社会整体利

---

〔17〕 应课差饷租值指物业在某一指定估价依据日期的估计市值租金，即房地产在某一时点出租的市场价格。自 1999 年起，香港特区规定下属差饷物业估价署每年要全面评估应课差饷租值，以确保不同类别物业的纳税人，公平分担差饷负担。

益和长远利益的制度目标。[18]

(三)应当采用年租制方式解决续期问题

1. 续期方案应当优先保障公民宪法上的基本生存权

正如凯尔森所说,“在所有现代法律秩序中,国家和任何其他法人一样,可以具有对物(in rem)权和对人(in person)权,具有私法所规定的任何权利和义务”。[19] 从私法所有权的属性角度出发,当双方约定的土地使用权到期后,国家作为土地所有权人有权选择不再予以出让。但是国家真的能选择不再予以出让吗?答案显然是否定的,国家作为代替人民掌控且分配国家所有土地资源的主体,必须为了全体公民的利益而存在,否则无任何意义。因此,在城市住宅土地使用权续期问题上,国家必须立足自身存在的价值或者国家管理社会的角度,充分考虑到国民的经济承受能力,以及从惠民利民的理念出发,制定政策,乃至出台相关法律规定。在前文所述免费续期理念在一定意义上相当于赋予公民个人无限期土地使用权的情况下,要求到期的土地使用权付出一定代价续期合法合理。

而不管最终通过何种方式来收取费用,首先应对到期的城市住宅土地使用权能够自动续期予以肯定。一方面,自动续期保障的是公民个人的居住权,居住权在性质上属于生存权,而生存权正是宪法所保障的核心、首要的人权。尽管当前的宪法文本中并没明确规定公民的居住权,但是居住权作为生存权的一部分,理应包含在我们广泛的“人权”中而受到宪法保护。《宪法》第14条规定:“国家建立健全同经济发展水平相适应的社会保障制度。”这里的“社会保障”应当包括“居住保障。”另一方面,包含有居住权的公民生存权在权利位阶上必然高于国家的收费权。国家所拥有的财产完全是工具意义上的存在,国家财产的作用如若不能在保障公民生存权和发展权上有所发挥,就是与“全民所有”“为人民服务”的理念相违背。

此外,从公民对房产拥有永久所有权的角度看,土地使用权自动续期也是合情合理。公民对其通过合法合同获得的房产拥有永久性的所有权毋庸置疑,而房产作为最普遍的不动产与其所占用的土地同时也是永久难以分离的,因此,如若房产之下的土地使用权不能获得自动续期而被国家收回,那么根据“房随地走”的原则,公民所拥有的房产所有权自然也将不能继续所有。根据前文所述《暂行条例》的规定:“土地使用权期满,土地使用权及其地上建筑物、其他附着物所有权由国家无偿取得。”这显然与《宪法》第13条规定的“公民的合法的私有财产不受侵犯”相违背。

2. 收取一定租金符合国家政策上的要求

土地使用权的续期需要缴纳一定的费用,那么这个费用究竟应该是多少额度以及如何来制定收费的标准就成了解决续期问题的最后一道关卡。对此,本文认为收取的费用绝对需要在一个普通公民所能承担的一个限度,因为国家收取费用的根本目的最终也将用于民众生存条件以及发展环境的提升,倘若高额收取费用,将直接影响到公民的生活成本以及生存发展的质量;而对于这个标准的产生或者收费方式的制定,本文认为年租制能够很好地平衡居民与国家之间的利益。

从解决土地使用权续期问题的源头看,倘若能够在很大程度上降低土地出让金的价格,

---

〔18〕 刘太刚:《城市住宅建设用地使用权续期的制度设计与抉择——构建带免费续期面积的累进制缴费续期制度》,载《求索》2016年第7期。

〔19〕 [奥]凯尔森:《法与国家的一般理论》,沈宗灵译,中国大百科全书出版社1996年版,第227页。

那么后续的问题是否就能够迎刃而解？毕竟我们反对重新缴纳出让金续期的根本原因就在于该出让金价格的高企。然而，当前“招拍挂”统一竞价模式的严格执行，在当前随着人人垂涎的城市土地资源逐步减少的背景下，想要通过降低土地出让金以从源头上解决续期问题的想法当前并没有实现的可能。而在土地使用权的流转环节，国家同样收取相当不菲的税费。以2014年为例，全国新建商品房销售总额为7.63万亿，以流转税为主的房地产7项税收额占全国新房销售额的29%，占地方政府财产收入高达三成。同期地价占全国新房销售额的48%，对地方财政的贡献接近一半。[20] 流转税与地价在本质上都属于土地的流转成本，这两项成本始终居高不下且难以轻易得到改革的情况下，土地使用权的续期成本如若仍然处于高位，那么公民持有房产的压力无疑会进一步增加。

香港的土地同样属于政府所有且有使用期限的限制，因而同样存在土地使用权的续期问题，而香港后期关于续期问题的解决同样有值得内地借鉴的地方。彼时香港政府在历史上曾试图在高地价、高流转税费的情况下进一步收取高续期费，最终受到激烈抵制而失败，从此转向“低费用续期”模式。按照后来香港政府处理的办法，土地使用权的续期收取年租，额度定在应课差饷租值（rateable value）的3%水平，并在续期的期限内保持不变。[21] 最终缴纳的年租相当于地价的万分之几，几乎不会给业主造成负担。香港政府的做法在平衡居民与政府的利益上作出了一个相当合理的安排，年租制[22]的方案同样可以成为解决内地土地使用权续期问题的良策。

施以费用较低的年租金模式延续居民的土地使用权，可谓大大延缓了公民持有房产的压力，利于公民生存权的保障，也将充分体现国家作为管理社会运行、维护居民合法利益的主体的巨大作用；并且，每年收取适当费用的租金也从源头上解决了缴费的公平问题，无论在何时拥有任何年数的土地使用权，以当前居住用地70年的规定为例，无论公民拥有的是剩余期限为70年的土地所有权，还是剩余年数为1年的土地使用权，在土地使用权自动续期的前提下，“一年一缴费”的模式都符合公平原则，土地使用权人完全可以按照自己的意愿来确定缴纳费用的年限，例如意欲在取得土地使用权的第2年就放弃该使用权，那么只需缴纳1年的租金，而如果想拥有该使用权70年，则缴纳70年的年租金，对任何公民都是完全公平的。

【导师点评】

城市住宅建设用地使用权续期问题的源头在于我国独特的土地资源所有权制度，而这一制度又规定于我国宪法中，因此，从宪法视角去思考城市住宅建设用地使用权续期问题是当下话题也是未来需要进一步探索的命题。宪法规定“城市的土地归国家所有”，但“国家所有”的内涵与外延在学界亦有着不同的观点，论文首先就此进行学术上的梳理，并在前人学术积累基础上提出自己的看法，这是决定如何解决问题方向的基础性问题。在理论基础上结合实践，就当前我国土地问题中最突出的问题，即就“城市住宅建设用地使用权续期”

---

〔20〕 杨红旭：《高房价构成的五大要素》，载《上海房地》2016年第1期。

〔21〕 孙煜华：《在宪法框架内设定住宅用地使用权续期方案》，载《法学评论》2016年第6期。

〔22〕 需要特别说明的是，这里的“年租”与“批租”相对，不是一次性缴纳若干年的土地使用费。而是逐年缴纳土地使用费，无论是批租还是年租，其中“租”都是一种经济意义上的地租，不是法律意义上租赁。在我国的物权法中，土地使用权是用益物权而非债权。

进行探讨。随着城市土地上建成住宅之际起,住宅所具有私有性与土地的国家公有性必然纠结一起。使用中的不可分离性与两者权属分离性形成困局。随着土地使用到期,依附于土地上的房屋该何去何从?从土地所有权角度,国家作为所有权主体收回土地符合宪法规定,但与土地不可分割的房屋属于公民受宪法保护的私人财产,国家无权收回。如果土地上房屋依《物权法》自动续期,那又如何保障国家对土地的支配。本论文也正是基于这一点出发来思考从宪法的角度如何处理好公民与国家两者之间的利益,并期许土地资源国家所有权在私法所有权与公共利益之间应均得以维护。综上,叶磊东同学在硕士论文基础上进一步提炼了论文的主题,突出问题意识并努力尝试为解决问题提供一些可行性方向或建议,这是一篇好论文所必备的基本要素。

(指导教师:姚岳绒)

社 科 纵 横

非洲民主何以崩溃

张佳威*

一、引言

与独立初期时的政体转换相比,20 世纪 70 年代的民主化过程的内涵似乎深刻得多,但是从实际的转型效果来看,民主转型的开启并不意味着民主政治的确立和巩固,这期间存在大量反复的过程。结合第一次民主化过程后大规模民主政体形式逆转的现实经验,加之诸如苏丹、尼日尔和尼日利亚等国政体竟还出现多次崩溃的政治乱象,这也让曾对非洲政治抱有乐观态度的学者清醒了许多:民主崩溃(democratic breakdown)是非洲政治发展的主线之一。因而,本研究将聚焦非洲政治发展中的民主崩溃现象,试图对非洲民主崩溃发生的原因及可能的作用机制进行探索和总结,以回答"非洲民主何以崩溃"这一比较政治学的核心问题。

本文首先将对过去已有的民主崩溃解释进行回顾,在此基础上于第二部分进行变量筛选并提出研究假设。第三部分是在确定本研究的案例范围与方法的基础上,对非洲民主崩溃发生进行质性比较分析(qualitative comparative analysis,以下简称 QCA 方法),将所提出的赋值标准结合具体的案例构建出"原始数据表",并通过 fs/QCA 软件对其进行分析。第四部分主要进行综合分析与结果的解读。在这部分的论述中,我们最终从分析结果中提取出关于非洲民主崩溃的解释模型。最后一部分将对本文的假设进行检验并对民主崩溃的发生路径进行讨论。

二、非洲民主政治的崩溃:变量选择及研究假设

非洲国家政治发展的现实状况与上一部分所总结的民主崩溃"通则"有较高的契合度。首先,从经济基础来看,绝大多数非洲国家独立后的经济由于单一性和依附性而非常脆弱。剥削的结构、白人的少数统治、依附和有限的发展,以致现代非洲陷入新殖民主义网络之中,也就是所谓的"后殖民时代的殖民主义"〔1〕。而国内政治中地方与中央常常因为经济分配问题而发生冲突,致使非洲的经济发展在总体上并没有太大改观,依旧是世界上最贫穷和落后的大洲。其次,在非洲的新兴民主国家中,大多形成以个人为中心的权力体系,庇护主义在国家与社会结构中发挥重要作用。而政党体制大多基于族群和语言差异分裂,制度化程度非常低下。〔2〕 此外,非洲民主国家中权力持有人之间缺乏交替,破坏了人们对民主的信

---

* 张佳威,华东政法大学 2017 届中外政治制度专业硕士研究生。

〔1〕 Joy A. Alemazung, Post - Colonial Colonialism: An Analysis of International Factors and Actors Marring African Socio - Economic and Political Development, *The Journal of Pan African Studies*, Vol. 3, No. 10, 2010, pp. 64 - 65.

〔2〕 Michael Bratton, Formal versus Informal Institutions in Africa, *Journal of Democracy*, Vol. 18, No. 3, 2007, pp. 108 - 109.

心。大多数非洲国家的选举制度仍旧缺乏竞争性。[3] 最后,由于社会结构缺乏整合,非洲国家一般都存在部族忠诚优先性,加之过去长期的威权统治,缺乏支撑政治平稳运作的民主文化,[4]致使公民社会不仅弱小而且分裂。[5] 从总体上看,由于不具备民主巩固所需之种种条件,非洲民主政体在实际运作过程中频频陷入困境,政体崩溃现象频繁。基于上述初步的讨论,本节将对五个条件变量(经济发展状况、民主政体形式、议会选举方式、族群政治状况及殖民宗主国的统治方式)与结果变量(民主崩溃的发生)之间关系的假设进行更深的考察和论述。

(一)经济发展状况

经验事实也证明如此:第一波民主回潮的国家大多遭遇了经济危机,尤其是1929—1933年的全球性金融危机削弱了诸如魏玛德国和阿根廷民主政体的有效性。而经济下滑严重且延续时间长与民主崩溃紧密相关。[6] 可见,如果一个政体长期陷入经济发展困境,政治精英很可能借机进行势力的重新洗牌,那么政权的更迭或崩溃将不可避免。因此,本研究认为,贫穷并不一定阻碍民主,[7]但经济停滞或衰退一定是民主的敌人,所以将"是否有经济危机发生"作为一国经济发展状况的判断标准,并提出假设:"经济危机提升了民主崩溃发生的可能性"(假设1)。

(二)民主政体形式

林茨的结论是依据拉丁美洲的政治发展经历而得出的,这种研究是否具有普遍性的解释力是值得怀疑的。并且,目前大量利用更广域比较视角的研究揭示了林茨这种政体决定论的"贫困"。其中,加斯洛斯基(Gasiorowski)等人在研究中并没有发现议会制在促进民主持久性方面比总统制更优越的证据,[8]而成名(SingMing)通过采集1946年至2002年的85国面板数据,也得出了议会制与总统制在维持民主持久性方面并无孰优孰劣的问题。[9] 在笔者看来,虽然林茨所提出的合法性二元化确实是总统制/半总统易引发政治僵局的原因,但这并不能证明这种僵局就一定能引发民主的崩溃,其间的因果链条并不完整。议会制也具有相当多的致使民主崩溃的因素,例如多党制下的权威碎片化、两党制下的政治对峙以及一党独大下的独裁倾向,这些都是威胁民主政治稳定发展的重要因素。正如米哈伊尔·别利亚耶夫(Mikhail V. Beliaev)的研究所示,议会制政府旨在提供长期稳定的政党与政府关

---

[3] Wonbin Cho and Carolyn Logan, Looking Toward the Future: Alternations in Power and Popular Perspectives on Democratic Durability in Africa, *Comparative Political Studies*, Vol. 47, No. 1, 2014, pp. 30 – 54.

[4] Bruce Baker, Can Democracy in Africa be Sustained, *Commonwealth and Comparative Politics*, Vol. 38, No. 3, 2000, pp. 12 – 13.

[5] Jeffrey Haynes, Democratic Consolidation in Africa: The Problematic Case of Ghana, *Commonwealth and Comparative Politics*, Vol. 41, No. 1, 2003, p. 53.

[6] [美]斯迪芬·海哥德、罗伯特·R. 考夫曼:《民主化转型的政治经济分析》,张大军译,社会科学文献出版社2008年版,第364~374页。

[7] 民主在穷国得到了穷人的广泛支持,穷国的穷人对于本国的民主体制绝不是疏远、冷淡乃至反对的,较之民主的替代品,他们对于民主有着坚定地支持,在使民主运转起来的诸多活动中他们的参与一点也不比富裕的同胞少。参见 Anirudh Krishna, Poverty, Participation and Democracy, Cambridge University Press, 2008, p. 12。

[8] M. J. Gasiorowski and T. J. Power, The Structural Determinants of Democratic Consolidation: Evidence from the Third World, *Comparative Political Studies*, Vol. 31, No. 6, 1998, pp. 740 – 771.

[9] Sing Ming, Explaining Democratic Survival Globally (1946 – 2002), *The Journal of Politics*, Vol. 72, No. 2, 2010, pp. 438 – 455.

系，同时社会利益可以通过代表机制在政治运作中得到及时表达，而总统制为政治人格化创造更有利的条件，倾向于塑造以集权为基础的政治权威。总之，议会制和总统制对于民主政治的影响似乎是"中性"的。[10] 因此，本研究提出第二个假设：即总统制/半总统制与议会制均可能提高民主崩溃的可能性（假设2）。

（三）议会选举方式

本研究认为，政党体制与民主崩溃发生的中间机制问题可转化为比较政治学界长期关注的政治极化问题。其中，安东尼·唐斯（Anthony Downs）在"中间选民定理"（Median Voter Theorem）中提出"在两党体制中政党的意识形态收敛于中点，政党都试图追求相似和模棱两可。而在多党制中不存在相互模仿的趋势，实际上每个政党都通过保持自己教条的纯洁性极为强调意识形态的'产品差别'"。[11] 在很大程度上，唐斯指明了两党制与温和政治之间的关联性。而萨托利也认为在两党制中，竞争是向心性的，并且这种向心性的竞争可以创造共识，具有弱化冲突的倾向。[12] 然而，这种状况在极端的和极化的多党制（Extreme and Polarized System）中则会发生翻转。由于反体制政党的出现，政党之间的竞争变得异常激烈，且受反体制政党单方向的"拉扯作用"，政党竞争的离心性也因此加强。极端的和极化的多党制中的政党不仅在政策上而且在根本的政治原则上也存在严重分歧。基于唐斯－萨托利的"两党＝聚合、多党＝极化"的模型，提出假设："议会以比例代表制作为选举方式提升了民主崩溃的可能性"（假设3）。

（四）族群政治状况

这一变量重在考察社会分裂与民主崩溃之间的关系。族群问题往往夹杂着宗教和地区问题，作为世界上族群最为多样的非洲尤其如此。二十多年前发生在卢旺达的种族屠杀也更加突出族群政治在非洲国家发展研究中的重要意义。就如林茨和斯泰潘所言，"国家性"共识的重要性要远远高于其他。[13] 而利普哈特的研究也意在说明"社会同质性"对于民主政治发展的重要作用。[14] 但是，对于族群状况的考察不能仅仅停留着人口统计的低水平层面，因为一个国家可以在存在优势民族的情况下仍爆发族群冲突，也可能在无优势民族的情况下族群关系保持和谐稳定。

本研究认为，族群是否政治化对于族群与政治发展之间关系的揭示有着更深刻的意义。我们所界定的"族群政治化"包括两个重要表现：第一类表现就是政党的族群化。族群政党是指一个政党主要从身份明确的一个或一类族群集团获得支持，并为该集团的单一利益活动。[15] 只代表单一族群活动的政党在参与政治中必然具有强烈的排他性，也更容易与其他政党产生冲突，是造成政治碎片化和极化的主要力量。第二类表现就是族群间的战争，这属

---

〔10〕 Mikhail V. Beliaev, Presidential Powers and Consolidation of New Post－communist Democracies, *Comparative Political Studies*, Vol. 39, No. 3, 2006, pp. 375－398.

〔11〕 ［美］安东尼·唐斯：《民主的经济理论》，姚洋等译，上海人民出版社2005年版，第129页。

〔12〕 ［意］G. 萨托利：《政党与政党体制》，王明进译，商务印书馆2006年版，第280页。

〔13〕 ［美］胡安·林茨、阿尔佛雷德·斯泰潘：《民主转型与巩固的问题：南欧、南美和后共产主义欧洲》，孙龙等译，浙江人民出版社2008年版，第27页。

〔14〕 利普哈特认为，社会同质性与政治共识，始终被视为稳定的民主政体的先决条件，或是最有利于民主政体的因素。与此相对，多元社会深刻的社会分歧与政治歧异，则是导致民主政体不稳定甚至瓦解的主要原因。参见 Arend Lijphart, *Democracy in Plural Societies: A Comparative Exploration*, Yale University Press, 1977, p. 1。

〔15〕 Donald L. Horowitz, *Ethnic Groups in Conflict*, University of California Press, 2000, p. 291.

于族群政治化的极端现象。如果发生族群叛乱,中央政府必定会对其镇压,无论战争的结果,族群间仇恨都会长时间持续。据相关学者统计,从1989年到2002年,在全世界发生的116起主要的武装冲突中,有109起几乎都是与民主化有关的国内族群冲突。〔16〕因而族群战争是族群政治化和民主崩溃的重要表现形式。另外,族群政治化还易与地方主义结合形成地方民族主义。所谓地方民族主义是指在一个国家范围内占据(或曾经占据过)某一特定地理疆域的族体为维护和促进本族体的自身利益和提高本族体在权力中心的地位而表达出来的一种心理情感、思想意识和实践活动。〔17〕而这种地域政治化的倾向会极大地阻碍新兴民主国家的整合。据此,本研究假设:"存在族群政治化的非洲国家更易发生民主崩溃"(假设4)。

(五)殖民宗主国统治方式

大部分非洲国家的政权都是殖民主义的产物。一旦国家成型,其在殖民统治时期形成的核心制度特征就不易改变,而殖民遗产不仅包括制度遗产,往往还包括殖民后的社会结构、教育水平以及政治文化。〔18〕因此,殖民主义对国家形成有着重要的影响。殖民者在非洲的殖民统治方式大致可分为"间接统治"和"直接统治"两类。其中,间接统治和直接统治的代表分别是英国和法国,而葡萄牙和比利时的统治方式与法国较为相似,也可归为直接统治。〔19〕

英国在非洲实行间接统治的基本特点可以概括为:依靠原住民保证税收的非官僚制治理和"区隔统治"。前者较好理解,即英国殖民者基本没有在殖民地派驻大量统治官僚,仅是总督依靠当地土著权威进行治理。而区隔统治不仅是指在南非的白人与黑人间的分治,还包括地区、宗教甚至是部落的分治。〔20〕这种部族化、非官僚性的统治方式必然导致殖民地权威的碎片化,诱发"新家长主义"在政治体系中的盛行,〔21〕极不利于被殖民国独立之后的国家构建。〔22〕甚至有学者认为这种"分而治之"原则导致了非洲国家内部的部落战争与非洲国家之间的战争。〔23〕而以法国为代表的直接统治方式则不同。法国人统治的目标是

〔16〕 Mikael Eriksson, Peter Wallensteen and Margareta Sollenberg, Armed Conflict: 1989 – 2002, *Peace Research*, Vol. 40, 2003, pp. 593 – 607.

〔17〕 李安山:《试析非洲地方民族主义的演变》,载《世界经济与政治》2001年第5期,第44页。

〔18〕 有学者将殖民遗产中特别重要的元素总结为七个:将现代国家的结构带到非洲;主权边界的划定;强调无霸权(权威)国家(国家能力缺失);政府与公民社会的微弱联系;重视非洲国家精英;建立专供出口的经济体制;强大政治机制的缺失。参见[英]阿莱克斯·汤普森:《非洲政治导论》,周玉渊、马正义译,民主与建设出版社2015年版,第18页。

〔19〕 [肯]A. A. 马兹鲁伊主编:《非洲通史(第八卷):1935年以后的非洲》,屠尔康等译,对外翻译出版有限公司2013年版,第314页。

〔20〕 著名非洲政治研究学者克劳福德·杨就批评英国不负责任的统治方式,他认为英国对非洲的管理甚至可以简化成区分、制定和辨识部族。参见 Crawford Young, *The African Colonial State in Comparative Perspective*, Yale University Press, 1994, p. 232.

〔21〕 闫健、吴彬:《新家长主义体系在非洲的兴起于衰落:对后殖民时期非洲政治的初步考察》,载《复旦政治学评论》第16辑,第201页。

〔22〕 有学者指出,"部落主义"本身是殖民当局的发明。通过加大部落差异与激化部落矛盾,殖民者使得非洲人在反抗中更难团结起来。而英国殖民统治者在尼日利亚人为构建部族的统治方式也佐证了这一点。参见[美]凯文·希林顿:《非洲史》,赵俊译,东方出版中心2012年版,第451页。

〔23〕 Oseni Taiwo Afisi, Tracing Contemporary Africa's Conflict Situation to Colonialism: A Breakdown of Communication among Natives, *Philosophical Papers and Reviews*, Vol. 1, No. 4, 2009, pp. 59 – 66.

要将殖民地属民不论肤色都“同化”成接受法国文化的法国人。[24] 并且法国还力图通过官僚体制进行治理，形成“大总督—助理总督—管辖区长官—区长—村长”[25]的行政管理体制，努力消除村一级的本地中间人（通常为部落酋长）。显然，法国在殖民地的统治方式较英国更具整合性，这对于独立后非洲国家的权威构建具有重要的影响。因而，本研究提出假设：“曾为英国殖民地的非洲民主政体更易发生崩溃”（假设5）。

三、非洲民主崩溃发生的清晰集质性比较分析

延续上一节的实证研究的思路，简要说明本节的行文逻辑：我们首先将根据非洲国家整体的政治发展状况拟定标准进行“案例选择”；其次，就案例的数量和变量的性质进行“方法选择”；最后根据所选比较方法的要求，依次进行“变量的赋值及校准”、“必要条件检测”和“充分条件组合及稳健性参数考察”这三个步骤。

（一）案例选择

本研究的思路是在比较的基础上获取非洲民主崩溃的原因路径，因而在案例的选择上首先保证“质量”和“数量”平衡性。所谓质量的平衡是指，比较研究中既要包括正面案例（与结果变量取值一致的案例），也要涵盖负面案例（与结果变量取值相反的案例）。如果一项研究仅关注正面案例，那么会被认为在案例选择中存在偏误，这类研究得出的结论一般是错误的。另外，正反面案例的数量差距不应过大，因为案例数量的平衡更有助于保证研究的解释力。所以，本研究需要同时涵盖非洲民主崩溃和未崩溃的案例。其次，本研究主要以Polity Ⅳ数据库作为判断民主是否崩溃的依据，[26]但由于该数据库并未明确界定何为民主崩溃，因此需要根据区域的特征、辅以深入考察一国政治发展状况进行判断。因此，本研究所涉民主崩溃的正面案例是指 Polity Ⅳ得分低于6分且发生大幅度降分的案例。而较小幅度的得分下降，笔者将其视为民主质量的下降而非民主崩溃。[27] 最后，本研究所选择案例的时间边界限定为1945年至2013年。之所以做这样的限定主要是因为除埃塞俄比亚和利比里亚外，其他所有的非洲国家都是在“二战”之后才摆脱殖民统治，而本研究所涉案例并不对殖民地的政治发展状况进行比较研究。另外，还需说明的是，如若一国多次发生民主政治建立和崩溃反复的现象，本研究将以该国民主崩溃的不同时间进行区分。如尼日尔于1996年和2009年发生民主崩溃，本研究将其区分为“尼日尔1996”和“尼日尔2009”两个案

---

〔24〕［美］凯文·希林顿：《非洲史》，赵俊译，东方出版中心2012年版，第448页。

〔25〕［肯］A. A. 马兹鲁伊主编：《非洲通史（第八卷）：1935年以后的非洲》，屠尔康等译，对外翻译出版有限公司2013年版，第51页。

〔26〕本研究的结果变量显然是一国的民主是否崩溃，衡量政体类型的主要数据库包括 Gasiorowski（1996）、Vanhanen（2000）、PACL（2000）、CGV（2010）、BMR（2012）、Polity Ⅳ、Freedom House、V－Dem。本研究之所以选取 Polity Ⅳ是因为：（1）覆盖的国家数量和时间跨度满足研究需要；（2）拥有专业团队和一整套评级方法；（3）能够清楚地度量政体的民主与非民主；（4）在国外政治科学研究中得到广泛引用，并得到部分中国学者一定程度的认可，参见刘瑜、包刚升等学者的相关研究。

〔27〕本研究选取案例时的一个争议之处在于赞比亚、马拉维和马里三个案例。赞比亚在1996年的得分下降5分，为1分。马拉维在2001年下降2分，为4分。马里在2012年下降3分，为4分。按照Polity Ⅳ的评估1～5分被视为开放性中间政体，按此标准，三案例均属于同一类型。但是根据经验资料显示，三国在该时间段的民主发展状况完全不同。赞比亚在1996年发生包括主要反对党领导人被捕事件，后续又发生六大反对党抵制国会选举事件。本研究将此视为重大的民主挫败现象，归为民主崩溃之列。而马拉维在2001年的国会选举中，多党竞逐，且无出现执政党打压反对党的不良记录，因此将其得分降低视为民主质量的下降，而非崩溃。马里虽然与马拉维同为4分，但是其下降是由军事政变所引致，而本研究将军人干政视为民主政治的失败，因此属于民主崩溃的范畴。所以，本研究仅将赞比亚（1996）和马里（2012）归为民主崩溃的正面案例。

例对待。经上述条件限定后,本研究初步确定的案例规模为 29 个,其中正面案例 17 个,负面案例 12 个。[28]

(二)变量的赋值及校准

根据 QCA 方法的分析原理,该方法是通过探求原因条件(自变量)及其组合是否(或多大程度上)是结果(因变量)的“子集”来判定因果关系,所以在赋值之前我们需要用集合论的语言重新界定每一个变量。在清晰集合分析中,研究者一般用 0 与 1 这样的二分数值来表示某一案例“隶属”或“不隶属”某一特定集合,对各变量用 1 与 0 的二分值来进行编码。表 1 给出了结果(因变量)与五个条件(自变量)的定义以及具体的赋值标准。

表 1　变量的赋值标准

变量类型	定义	标签	赋值标准		数据来源
			隶属(1)	不隶属(0)	
结果	民主崩溃的发生	DB	Polity IV 得分小于 6 且发生大幅降分	Polity IV 指数大于等于 6	Polity IV 数据库及笔者
条件	国家面临经济危机[29]	EC	人均 GDP 和 GDP 增长率任一为负	人均 GDP 和 GDP 增长率同时为正	世界银行数据库及各国官方数据
	政体形式为总统制/半总统制	REG	总统制/半总统制	议会制	笔者
	议会选举方式为比例代表制	EL	比例代表制	非比例代表制	IPU 数据库;《Elections in Africa: A Data Handbook》
	出现族群政治化现象	EP	政党族群化或存在族群战争	既未出现政党族群化也未出现族群战争	笔者
	殖民宗主国采用间接统治	CY	英国殖民地	非英国殖民地	笔者

根据上述的赋值标准,可以构建一份“以案例为行、以变量为列”的数据表作为下文的分析基础。在这份原始数据表中,所有案例的各项信息都被转化成了代表集合隶属度的 1 或 0 的二分数值。

需要进行说明的是,在确定案例时我们已有所提及,本研究所包含案例中的苏丹、尼日利亚和尼日尔分别多次发生民主崩溃,因而将其按时间节点划分为不同案例进行分析。但在变量赋值后,“苏丹 1969”“苏丹 1989”的数据完全一致,因此可将这三个案例合并为一个案例对待。因而本研究所最终分析的案例实际数量为 28 个(正面 16 个,反面 12 个)。

---

〔28〕 Polity IV 对突尼斯的判断较为模糊,仅做了趋势性的判断,认为其在 2013 年之后有民主政治的趋势。但笔者并不认同其判断。经验资料显示,2011 年之后,突尼斯共经历 3 任总统、5 任总理。2013 年 2 月和 7 月还相继发生反对党领袖和议员遭暗杀,使得制宪议会一度停摆,全国发生大规模游行示威。本研究认为突尼斯并未进入民主政治。因而不将其归入研究范围。

〔29〕 本研究不仅对已确定的时间节点的经济状况进行评估,还要对之前的时间予以关注(向前追溯年限为 1 年)。对于前后年份经济形势不一致的状况,最终以相关文献表述为准。

（三）充分条件组合及稳健性检验

正面案例中没有必要条件存在的情况下，我们直接对条件变量进行充分条件组合的分析。[30] 在结果输出方面，fs/QCA 软件会生成三种解（solution），每一种解都包含一个以上的原因组合。其中复杂解是不做任何化简的解，它的每条原因组合几乎包含了所有的原因条件；而极简解则是通过布尔代数化简程序所生成的最为简化的一个或几个原因组合，这些原因组合只包含在几个案例中都出现的原因条件，因此其所包含的信息最少；中等解是最为常用的，但是 fs/QCA 无法自动生成中等解，而是需要由研究者事前输入原因条件和结果之间关系的理论假设（比如上文提出的假设 1 至 5），再根据这种假设隐去一些与理论预期不符合的原因条件从而对原因组合进行化简。具体的原因组合可见表 2。

表 2　原因组合分析（基于中等解）

原因组合	初步覆盖率	净覆盖率	吻合度
cy ∗ ~reg ∗ ep	0.375000	0.375000	1.000000
ec ∗ reg ∗ el	0.125000	0.062500	1.000000
ec ∗ reg ∗ ep	0.312500	0.250000	1.000000
解的覆盖率：0.750000 解的吻合度：1.000000			

如上表所示，中等解给出了三个原因组合，它们是相互平行的，因此具有等效性并可以用布尔 + 号将其结合：

cy ∗ ~reg ∗ ep + ec ∗ reg ∗ el + ec ∗ reg ∗ ep

QCA 分析结果的稳健性考察主要依赖覆盖率和吻合度两项指标。如表 2 所示，覆盖率指标分为初步覆盖率、净覆盖率以及解的覆盖率这三个次级指标。第一个次级指标初步覆盖率指的是单条原因组合能够解释多少正面案例，比如在表 2 中第一条原因组合可以解释 6 个民主崩溃发生的案例，所占比重最大；而第二和第三条分别能解释 2 个和 5 个民主崩溃发生的案例。第二个次级指标净覆盖率表明的是只符合某条原因组合的正面案例比例，因此它排除了符合两种及以上的原因组合的案例；例如在表 2 中，第一条原因组合的净覆盖率为 37.5%，是各原因组合中最大的，第三条原因组合可以净覆盖 4 个案例，而第二条仅能净覆盖 1 个。可见，净覆盖率小于初步覆盖率的情况意味着存在符合多条因果路径的正面案例。而第三个次级指标解的覆盖率表示的是所有原因组合作为一个整体能够解释多少正面案例，在本结果中三条原因组合解释了约 75%（即 12 个）的正面案例，也就是在这些原因组合之外还有 4 个案例未被囊括其中。因此，我们须将这剩余的赞比亚、几内亚比绍、马达加斯加、莱索托视为特殊案例从而对其单独进行考察。需要说明的是，一般来说，特殊案例越多，一方面可能说明案例的差异性极大、各案例之间共性很少，另一方面也说明条件变量的设置可能存在解释力不足的问题，即先前所提出的假设无法得到有效检验。而本研究解的覆盖率则处于较高水平。

四、非洲民主崩溃的原因组合分析及机制解释

根据上一部分充分条件检验的结果，我们在此节将对三个充分条件组合及特殊案例群

〔30〕 充分条件的出现必然意味着结果也会出现，但结果出现却不必然保证某个或某类充分条件的出现。

进行归纳和分析,并对特殊案例进行深入探讨,尝试总结各原因组合引致民主崩溃发生的作用机制。

(一)"殖民遗产负影响"模型

第一个原因组合包含"英国殖民地"、"议会制"和"族群政治化"这三个条件变量,而由于此三变量均为殖民宗主国统治时期就已存在或所构建制度之遗产,并由此引致后殖民时期国家民主政权的崩溃,因而我们将该原因组合归纳为"殖民遗产负影响"模型。该组合所暗含的因果机制可能是:英国殖民时期实行的间接统治致使这些国家政治出现部族化,具有较高离心性。而独立之后的议会制政体形式被族群政治所裹挟,族群动员所导致的极化政治使得整个政治系统无法有效运转,遭遇治理失败。第一个原因组合覆盖了"尼日利亚1966"、苏丹、塞拉利昂、乌干达、索马里等案例。

尼日利亚和苏丹是英国在非洲实行"间接统治"的模板。1945 年和 1954 年英国在尼日利亚分别颁布《理查兹宪法》和《李特尔宪法》,将联邦制、议会制、多党制、地区分治等原则确定。尼日利亚遂被分成 3 到 4 个区域治理。总体上看,这种统治策略强化了尼弱中心和个人化统治的趋势,创造了一个分散性且无效力的国家。[31] 苏丹的情形与之极为相似。20 世纪 20 年代和 30 年代,英国在苏丹实行"南北分治",在北方主要依靠伊斯兰宗教领袖维持秩序,而在南方则依赖部落酋长的权威。另外,英国殖民者还通过限制南北经济交流、鼓励南北宗教对立的方式人为制造南北差异。并且,殖民者还一度试图将南苏丹并入英属东非。这种统治方式和策略造成苏丹权力的离散化,在其后民族主义运动中都未形成全国一致的民族和国家观念,给独立后的冲突埋下隐患。

(二)"离心型制度"模型

第二个原因组合需要"经济危机""总统制/半总统制""比例代表制"三个条件同时具备。总统制/半总统制与比例代表制的制度组合符合梅因沃林所谓的主要"恶制"类型,由于其对民主政权产生的离心性威胁,我们将该原因组合归纳为"离心型制度"模型。本原因组合所暗含的作用机制可能是:总统/半总统制下政治权威分散的问题严重,而比例代表制塑造出的多党体制竞争加剧了权威的破碎化程度,离心型制度组合下的政权建设不充分,多元对峙的政治格局制约着国家能力的发展。当遭遇经济危机时,政治体系内部矛盾激化,民主崩溃难以避免。该组合覆盖了"尼日尔 1996"和"尼日尔 2009"两个案例。

尼日尔立法机构比例代表制的选举方式致使政党体制破碎化,总理更换频繁、内阁的动荡,加之半总统制中,时常出现"府院之争",政权极不稳定。在第三共和国时期由于实行半总统制,总统与总理分属不同党派,时常发生冲突。1996 年总统奥斯曼拒绝批准阿马杜政府的财政预算被视为政治危机的导火索。而奥斯曼本人的合法性问题一直是反对派势力攻击的对象。1995 年的经济衰退激化了国内诸多矛盾,政治体系解体在所难免。半总统制的悖论似乎是:政治活动需要一个强有力的政府,但却要以政府领袖权力膨胀为代价。这种悖论在 2009 年尼日尔的宪政危机中显现无遗。时任总统坦贾不顾反对强行解散国会和宪法法院,为延长其任期进行修宪,政治强人对民主政治的态度暴露无遗。另外,尼日尔的公民社会薄弱,人类发展指数排名末位,支持民主的因素不足以消弭政治强人独裁专制的野心。

---

〔31〕［美］阿图尔·科利:《国家引导的发展——全球边缘地区的政治权力与工业化》,朱天飚等译,吉林出版集团有限责任公司 2007 年版,第 359 页。

（三）“弱制度与弱社会基础交互作用”模型

由于该原因组合除“经济危机”这一外部性变量外，还包括“总统制/半总统制”“族群政治化”这两个分属制度与社会基础的变量，因而由该原因组合所引致的民主崩溃，我们可将之称为“弱制度与弱社会基础交互作用”模型。在这其中，总统制/半总统制在这些案例中扮演了阻碍政治整合的角色，而族群政治化下的选民社会极为分裂，与包刚升所提出的民主崩溃类型相契合。[32] 这一原因组合所暗含的因果机制可能是：族群政治化下的选民政治分裂程度高、冲突严重，而弱制度基础的国家政权能力较差以致无法弥合分裂。经济危机的爆发极度削弱了政权的合法性，民主政体无法就绪维持。该组合覆盖了“尼日利亚 1983”、“尼日尔 1996”、加纳、马里和冈比亚等五个案例。

由于尼日利亚军队基本上将许多社会的分裂和感觉内部化，[33] 因此，在军政府时期，尼国内的族群政治化问题并未得到有效解决。1979 年议会的选举也证明了这一点，统一党在约鲁巴人中获得成功，人民党在伊格博人中得到支持，而国民党被北方的政治家控制。[34] 而 1966 年发生的内战加深了地区间的仇恨，东部地区独立的倾向一直存在。另外激化间接统治在此阶段发挥作用的重要机制就是石油收益分配的不公平。根据相关学者研究发现，当少数民族聚居区的核心领域地发现石油时，这一少数族群将会倾向于反抗由多数族群主导的中央政府，从而导致族群冲突的强度升级。[35] 虽然尼日利亚在第二共和国时期为了建立强中央而选择了总统制。但权力的更加集中意味着竞争的更加激烈，尼日利亚各地区的离心性竞争在此时期得到的强化。因此，当南部产油区并未比非产油区的北方获得太多好处的时候，分离主义就难以避免，而这也始终牵扯着尼中央政府绝大部分的精力。加之尼日利亚在 20 世纪 80 年代经济持续出现负增长，并于 1983 年爆发全国性的大危机。面对危机，分裂的民选政府并没有有效的应对措施。军人再次干政无法避免。

五、总结与讨论

著名美国比较政治学者保罗·科利尔（Paul Collier）对非洲政治发展在世界范围内所呈现出的“边缘性”有过一段经典的论述，他讲道：在全球化进程日益深化的时代，政治动荡与治理危机却使得独立后非洲国家越发处于整个国际体系的边缘，撒哈拉以南非洲国家的“不发展”使得其更适合被看作是第四世界国家，而非第三世界的成员。[36] 这段话道出了非洲政治发展的核心问题——政治动荡与治理危机，而这一问题也正是民主崩溃的重要表现形式。“非洲民主何以崩溃”抑或是如何巩固非洲民主政体，悄然间与非洲走出“边缘”发生了紧密的关联。

为试图解开非洲民主崩溃的“谜团”，本研究运用了 QCA 方法对 1945 年至 2013 年 29 个非洲国家民主政治发展的案例进行了分析，并根据“经济发展状况”“民主政体形式”“议会选举方式”“族群政治状况”“殖民宗主国的统治方式”五个条件变量提出假设且予以检验。研究发现：非洲民主崩溃存在三个平行的原因组合及特殊案例。首先，“殖民遗产负影

---

〔32〕 包刚升：《民主崩溃的政治学》，商务印书馆 2014 年版，第 44 页。

〔33〕 ［美］阿图尔·科利：《国家引导的发展——全球边缘地区的政治权力与工业化》，朱天飚等译，吉林出版集团有限责任公司 2007 年版，第 464 页。

〔34〕 ［美］托因·法洛拉：《尼日利亚史》，沐涛译，东方出版中心 2010 年版，第 175 页。

〔35〕 熊易寒、唐世平：《石油的族群地理分布与族群冲突升级》，载《世界经济与政治》2015 年第 10 期，第 88 页。

〔36〕 Paul Collier, *The Bottom Billion: Why the Poorest Countries are Failing and What can be done about it*, Oxford University Press, 2007, p. xi.

响”模型覆盖了37.5%的案例数量(即六个案例),具有较强的解释力。结合相关案例的经验事实,我们总结出这一原因组合的发生机制:作为殖民宗主国的英国在非洲主要实行“间接统治”,殖民地的社会管理结构基本以酋长和宗教首领为核心,没有建立起现代的官僚体制,形成了以族群和宗教为界线的地区分治,导致殖民地政治权威碎片化。而独立之后的政党体制迅速族群化,在权威构建、政治整合和体制吸纳等方面表现极差。而后两个原因组合在阐释民主崩溃时均发生在经济危机这一重要的情境之下,共可以解释七个案例。其中,在“离心型制度”模型中,半总统制的政体形式与比例代表制的议会选举制度结合而成的制度组合使得政治体系产生极大的“离心性”:不仅构建出破碎且易极化的政党体制,而且放大了总统与议会形成的权威分立效应,不成熟的“左右共治”反映出政治结构的极不稳定,多元对峙的政治格局制约着国家能力的培育和发展。其次,在“弱制度与弱社会基础交互作用”模型中,族群政治化下的选民政治分裂程度高、冲突严重,而总统制/半总统制在这些案例中呈现出弱制度的表现,无法培育强国家政权能力,以致无法弥合社会分裂,民主政权遂难以持续。最后,本文还对四个特殊案例进行了详析,我们发现条件变量“非比例代表制”的重要性,即在非洲民主政治尚未巩固的地区,非比例代表制所形塑的两党竞争可能会更加极化,由于担心在选举中丢失权力,权力核心更倾向于采取极端手段维持现状,结果可能会是文官独裁或军人干政。

经过上述的讨论,我们可以从非洲国家民主崩溃的总体状况出发,对其政治发展主题的转换做出更进一步讨论。[37] 非洲国家在20世纪50年代和90年代分别经历了两次大规模的民主化浪潮,然而民主转型和发展的道路却异常坎坷。整体来看,除厄立特里亚仍然实行一党制和斯威士兰实行绝对君主制外,其余国家均在“民主”的大旗下集结成各式各样的队伍:有像毛里求斯、博茨瓦纳、南非、纳米比亚和加蓬等这样的政治稳定和经济发展的国家,也有像尼日利亚、苏丹、刚果(金)等内战频发、政体不断更迭、民不聊生的政权,更有像索马里、乌干达、尼日尔这样的种族倾轧、政权瘫痪、军阀割据的“空心化”国家。所以,“民主转型”并不是非洲问题的最佳解决方案,民主无法涵盖政治发展的应有之义,反而会因其过于形式化似已阻碍政治发展。只有兼顾社会秩序、法治和经济绩效的政治形式才可能极大地促进政治发展,反之政治衰败甚至政体崩溃将无法避免。

亨廷顿在《变革社会中的政治秩序》一书中开宗明义地提到,“各国之间最重要的政治分野,不在于它们政府的形式,而在于它们政府的有效程度。有的国家政通人和,具有合法性、组织性、有效性和稳定性,另一些国家在政治上则缺乏这些素质;这两类国家之间的差异比民主国家和独裁国家之间的差异更大”。[38] 因此,如何建立可以实现良性有效的“国家治理”的政制就成为非洲国家走出边缘的核心问题。另外,各国选择建立何种形式的政制形式完全取决于其自身的历史和现实环境,历史没有终结,那种寄希望于用外力强行政体移植的做法定将难以实现,而试图以简单、表面的进行政体更迭改善国家治理困境的做法在现实的政治实践中也显得极为贫困。

---

〔37〕 汪仕凯:《第三世界的政治主题转换及其对世界政治的影响》,载《世界政治与经济》2016年第12期,第9～14页。

〔38〕 [美]塞缪尔·亨廷顿:《变化社会中的政治秩序》,王冠华等译,上海世纪出版社2008年版,第1页。

【导师点评】

20 世纪 60 年代，独立后的大多数非洲国家基本延续殖民时代的政制，模仿西方发达国家建立了形式各异的民主政体。然而这些政体在其后实际的运作过程中却频频陷入困境：不仅时常爆发大规模的政治动荡、产生难以化解的政治对立，在极端状态下甚至还会引发政体形式逆转、民主政治的崩溃，而如苏丹、尼日尔和尼日利亚等国政体竟还出现多次崩溃的政治乱象。非洲民主何以崩溃？在民主化理论专家亨廷顿所言的“第三波民主化浪潮”发生 40 年后的今天探讨这样的问题，显然是非常重要且意义深远的。

本研究第一次从民主崩溃的角度全面考察了非洲的政治发展历程，并通过运用政治科学研究中前沿的比较方法检验了理论所涉及的主要条件变量和假设，最终提出了有力解释的机制，为非洲民主政治研究提供了一种新的视角。

（指导教师：高奇琦）

阿多诺的启蒙理性观探析

孙 莉*

一、阿多诺的启蒙观溯源

启蒙的"辩证法"首先体现在神话与启蒙关系的辩证法上。从反对神话到树立理性，从反对神统到实现人统，既充分体现了在最古老层面上的启蒙与神话的紧密关联，又揭示了在现时代层面上启蒙何以走向自毁，并产生启蒙新神话这一直接结果。阿多诺的启蒙观不是无源之水、无本之木。从滥觞于苏格兰的启蒙到作为核心阵地的法国启蒙，再到德国启蒙的转向与发展。阿多诺的启蒙观是启蒙精神发展一脉相承的结果。

（一）神话与启蒙：启蒙的产生

启蒙的辩证法最早可以追溯到希腊神话，神话的存在具有重大意义，可以说启蒙正是在与神话的纠缠中而诞生的。神话表达了人们渴望了解与征服自然世界的理想与追求，最早的启蒙就是从希腊神话开始的。当荷马以史诗的形式，记下特洛伊战争等民间流传的短歌时，史诗的长篇叙事已然开始了对以往神话的破除。因为在史诗中所关照的主体不再是神，而是现实生活的人。卢卡奇在《小说理论》中从历史哲学的角度讨论了史诗的诸形式，他指出："史诗的主体总是生活中以经验为依据的人，主体以更占优势和更为独断的方式与客体相对峙。"[1]这便指明了史诗对神话的破除首先体现在向现实主体的人的复归。从哲学的批判上来看，人们通常认为史诗与神话之间存在同一性不过是一种幻想。霍克海默和阿多诺在"奥德修斯或神话与启蒙"中指出，史诗（Epos）和神话（Mythos）是截然不同的两个概念，它们指的是同一历史过程的两个阶段。荷马史诗的理性记叙过程是对神话的超越与打破，因为它纳入了主体人的意识，透露出了人性从神性中解放的渴望，透露出理性取代蒙昧自闭的萌芽。早期的启蒙是神话的对立面，它反对神话、反对英雄主义，试图使人们摆脱恐惧、树立自主精神。霍克海默和阿多诺讲道，"启蒙的纲领就是要唤醒世界，祛除神话"，而"唤醒世界就要根除泛灵论"（Animismus）。[2] 前苏格拉底的宇宙生成论也同样，当"水""气""数""火"这些不可分物被视为万物始基、自然之源的时候，便是启蒙的理性对古老神话观念的一次战胜。"所有神话中的魑魅魍魉都被理性化为存在本质的纯粹形式。"[3]这便是早期作为反神话、反英雄主义的启蒙姿态。但也正是始于反对神话的启蒙，在其自我发

---

* 孙莉，华东政法大学2017届马克思主义基本原理专业硕士研究生。

[1] ［匈］卢卡奇：《小说理论》，燕宏远、李怀涛译，商务印书馆2012年版，第41页。

[2] ［德］马克斯·霍克海默、西奥多·阿多尔诺：《启蒙辩证法》，渠敬东、曹卫东译，上海世纪出版集团2006年版，第1～3页。

[3] ［德］马克斯·霍克海默、西奥多·阿多尔诺：《启蒙辩证法》，渠敬东、曹卫东译，上海世纪出版集团2006年版，第3页。

展的过程中,逐渐走向了自我的倒退与毁灭。启蒙的纲领是祛除神话,用知识替代幻想。但人们在"知识就是力量"这种意识形态的驱使下,企图全面地统治自然和一切时,启蒙便开始异化了。启蒙理论认为,一切超自然的精神都是来自于人们对自然的未知与恐慌,但事实是反对神话的启蒙依然无法克服对自然的恐惧。霍克海默和阿多诺所言,"被启蒙摧毁的神话,却是启蒙自身的产物"。[4] 启蒙在企图打破神统世界秩序的同时,却催生了新的理性神的诞生。近代以来的启蒙理性,更是通过与资本主义生产方式结合,走向了自己的反面,并造就了新的理性神话。也就是说,从破除神话开启的启蒙历程,最终却导致了启蒙本身成为了神话。

(二)英法的启蒙:作为欧洲启蒙之源

欧洲历史事件的启蒙,最早起源于英国。苏格兰启蒙最大的特征在于其关于理性的理解与认识,正是基于这种不同的理解才使得思想观念的革命得以实现。阿多诺对启蒙的理解是从培根的学说出发的,理解培根是理解启蒙何以走向自我反面的起点。培根的经验归纳法是从特殊到一般、从具体到抽象的推理方法,他把知识的获得奠基于观察和实验之上。培根将知识与实用结合产生了巨大的思想进步,但同时也产生了很多现代问题,"因为科学知识给予的力量,既能起好的作用,也会起邪恶的作用"。[5] 正是在这种意义上,霍克海默和阿多诺揭示了启蒙何以走向自毁。随着科学知识的不断获得,关于人类和社会的新知不断得到更新,怀疑论诞生,休谟的温和怀疑论对后来的启蒙思想有着深刻的影响。以休谟为代表的苏格兰启蒙思想家从未把理性提高到绝对的高度,也并不认为理性本身具有根本重要性。休谟是一位怀疑论者,但他又反对彻底的怀疑主义,正是他的温和怀疑论为人类的理智划分了界限。滥觞于17世纪英国的启蒙理念向欧洲大陆发展。笛卡尔和培根一样,都致力于知识问题的研究。作为形而上学第一条基本原理的"我思故我在",充分表达其怀疑的思想,即对一切知识和观念都采取怀疑的态度,通过普遍怀疑来寻找无可置疑的真理,从而确立推演科学体系的基石。此外,还有卢梭,卢梭自由、平等、人民主权的思想是法国大革命的直接思想武器。但卢梭与当时的启蒙思想家为理性、文明高唱赞歌不同,他敏锐地洞察到了文明的进步其实内藏着危机,他在《论科学与艺术》中便指出科技进步和工业文明的弊端,认为"科学与艺术都是从我们的罪恶诞生的"[6],卢梭从自然与文明的对立出发,揭示了人类社会不平等的起源和基础。他意识到和批判了自然与文明的矛盾冲突,他抨击理性,认为"它是使人误入歧途的伪向导(如果一味追随的话)"。[7] 由此可见,卢梭此时已开始了对科技进步和工业文明的反思,以及对启蒙运动的自我批判。此后,英法的启蒙思想开始在欧陆蔓延,推进到德国。

(三)德国的启蒙:阿多诺启蒙观的直接来源

启蒙之于德国和英法有很大的不同。启蒙在德国并非集中于对权力、法律等政治和社会问题进行讨伐,而是主要对思想文化领域,对文学、艺术以及哲学进行反思。康德和韦伯

[4] [德]马克斯·霍克海默、西奥多·阿多尔诺:《启蒙辩证法》,渠敬东、曹卫东译,上海世纪出版集团2006年版,第5页。

[5] [美]R. R. 帕尔默、桥·科尔顿、劳埃克·克莱默:《启蒙到大革命:理性与激情》,陈敦全、孙福生、周颖如译,世界图书出版公司北京公司2010年版,第7页。

[6] [法]让-雅克·卢梭:《论科学与艺术》,何兆武译,上海人民出版社2007年版,第39页。

[7] [美]R. R. 帕尔默、桥·科尔顿、劳埃克·克莱默:《启蒙到大革命:理性与激情》,陈敦全、孙福生、周颖如译,世界图书出版公司北京公司2010年版,第102页。

直接影响阿多诺对启蒙理性的理解。关于启蒙,康德在《答复这个问题:什么是启蒙?》中就指出,“启蒙,是指人类从自我导致的不成熟状态中觉醒”,“启蒙的口号是‘勇于智慧’,即有勇气运用自己的理性!”[8]在康德看来,人类已经陷入非理性而不自知的状态,要想获得启蒙,前提是要得到自由。康德的这种试图破除宗教蒙昧的运用理性的自由形式,对后来的阿多诺影响颇深,康德曾如是告诫过没有自由的启蒙是灾难的,“一场革命或许能够结束独裁暴政与强权压迫,但是它从不会带来真正的思想革命;取而代之的是新的偏见,如同它们所取代的旧观念一样,成为掌控缺乏思想自由的大众的枷锁”。[9] 而到了霍、阿二人的《启蒙辩证法》,更是将康德启蒙观念深化,直接激烈地指控出启蒙的异化,“启蒙总是希望从命运和报应的历程中抽身出来,为此它却在这一历程中实现着这种报应”。[10] 可见霍克海默、阿多诺和康德对启蒙走向反面的告诫与反思。启蒙在德国,到韦伯的时代变得不再是一个抽象的问题,而是一个具体的权力关系问题,不再仅是一个正面的积极概念,而是成为了一个反面概念。在韦伯那里,资本主义发展的基础就是合理性,这一合理性在发展的过程中发生了分裂,导致了理性蜕变为工具理性。在《新教伦理与资本主义精神》中,韦伯就指出,科学本身是要祛魅的,是为了更好地了解自然以利用自然,但当科技发展抛弃了价值和意义而获得完全的自主性的时候,便成为了纯粹了工具与手段。正是因为韦伯时代的启蒙理性沦为工具理性,沦为极权主义的理性,使阿多诺无法回避地必须直接面对韦伯的课题,回答启蒙究竟是什么,以及启蒙何以超越了自身的边界而走向反面。黑格尔是阿多诺思想的重要来源。黑格尔对于启蒙的理解是从批判的角度看待的。他认为康德等人虽然认识到了启蒙理性的局限性、认识的有限性,但仍然是从积极和肯定的意义上来解读启蒙的。但黑格尔不同,“黑格尔自己从来没有承认启蒙对他的影响。相反,在他成熟的著作中,找不到康德对启蒙的那种肯定和热情”。[11] 黑格尔认为一切事物本身都既包含肯定的因素,也包含着自我否定的因素,他试图从批判的角度来实现对启蒙的扬弃和克服,他敏锐地指出:“现代的特征是分裂(Entzweiung)”,“而所有的这些分裂,其根源恰恰在于启蒙。”[12]霍克海默和阿多诺便是将黑格尔的辩证法发挥到了极致。在《启蒙辩证法》中,霍克海默和阿多诺批判了启蒙理性的自毁,指出了启蒙理性异化为工具理性的根源。启蒙由于其自身存在的内在逻辑,使其转向了反面,走向了自我的毁灭。启蒙旨在正确认识世界,“但实际上却歪曲了世界并受到了自然惩罚。”[13]启蒙旨在进步,但却导致了倒退,启蒙理性的二元对立日益使得启蒙理性超越其自身的边界,走向反面。

二、超越启蒙边界的文化工业与反犹主义

启蒙本身所包含的否定维度和同资本主义生产方式的结合,共同导致了启蒙的异化,导致原本对自由的向往沦为没有自由的同一(具体表现为文化形态和种族的同一)。启蒙理性超越自身的边界直接导致文化工业和反犹主义的诞生。思想文化领域中,文化工业表现为同一性、商业性、欺骗性。在政治领域,极权主义主义和法西斯主义的盛行。

---

[8] [德]伊曼努尔·康德:《对“什么是启蒙”的回答》,肖树桥译,中译出版社2015年版,第1页。

[9] [德]伊曼努尔·康德:《对“什么是启蒙”的回答》,肖树桥译,中译出版社2015年版,第2页。

[10] [德]马克斯·霍克海默、西奥多·阿多尔诺:《启蒙辩证法》,渠敬东、曹卫东译,上海世纪出版集团2006年版,第8页。

[11] 张汝伦:《黑格尔与启蒙——纪念〈精神现象学〉发表200周年》,载《哲学研究》2007年第8期。

[12] 张汝伦:《黑格尔与启蒙——纪念〈精神现象学〉发表200周年》,载《哲学研究》2007年第8期。

[13] 王凤才:《启蒙精神的毁灭——霍克海默、阿多尔诺启蒙观析评》,载《山东社会科学》2004年第9期。

（一）工具理性支配的文化工业

20世纪30年代，西班牙哲学家奥尔特加·加塞特在《大众的反叛》中首次提出大众文化概念。今天的大众文化是一个特定范畴，“它主要是指兴起于当代都市的，与当代大工业密切相关的，以全球化的现代传媒为介质，大批量生产的当代文化形态，是处于消费或准消费时代的，由消费意识来筹划、引导大众的，采取时尚化运作方式的当代文化消费形态”。〔14〕大众文化的出现，有着重要的积极意义，它肯定了人的平凡性和世俗性，拉近了大众与文化间的距离，适应了现实日常生活层面的需要。但与此同时，随着现代技术的发展，随着工具理性在文化领域的渗透，当代的大众文化也日益显示出其商业化、同一化和娱乐化等特点，重复性、虚假性以及消费性特征显著。在《启蒙辩证法》中霍克海默和阿多诺二人给出了如下逻辑，大众文化作为市场经济的产物，作为文化与工业、技术联姻的产物，已演变成为了文化工业。在霍克海默和阿多诺看来，文化工业作为一种大众欺骗的启蒙，它是社会的水泥，是麻痹和控制大众的存在。霍克海默和阿多诺在“文化工业：作为大众欺骗的启蒙”中，首次提出了文化工业的概念，并直接揭示了文化工业的特性，指出其是控制和欺骗大众的社会水泥，使大众日益丧失对现实社会的批判和反思能力。二人揭示文化工业的欺骗和控制的本质，从而指明文化工业的实质，即资产阶级统治者通过文化工业产品而控制人的思维，使大众的批判反思能力丧失，实现对大众的意识形态的隐性管控，进而实现资产阶级的阶级统治。霍克海默和阿多诺从资本主义社会整体批判出发，最终落脚于对文化工业的意识形态本质的批判，指出启蒙异化在文化领域的恶果，目的在于指明资产阶级的统治在当时代所面临的巨大危机。文化工业商品性、娱乐性、消费性以及同一性等特征，作为过滤器，“整个世界都要通过文化工业的过滤”。〔15〕文化工业作为整个资本主义的一部分，尤其当文化工业作为意识形态的时候，“大众文化得到了充分的强化”。〔16〕这种强化是文化工业产品在日常生活的渗透，从而实现对大众的隐性控制。在这一过程中，并不是所有大众都无动于衷、甘心情愿被欺骗的，但文化工业的意识形态特性就在于，即便有人站出来揭穿欺骗、指出谎言，依然无法真正实现反抗。因为所有批判都无法脱离制度的框架，“这些批评不仅不能否定资本主义，而且会进一步肯定资本主义”。〔17〕因为统治阶级的文化工业产品是无法产生用以批判这一阶级的思想武器的，资本主义社会中，文化工业使人们丧失了批判资本主义的能力以及可能性。因此在这种意义上，资本主义实现了对广大群众的意识形态统治，正是由于大众的理性发生了异化，使得后来的法西斯主义产生。

（二）反犹主义在全社会的虚假投射

犹太人问题一直是欧洲社会所关注的焦点问题，到了19世纪初期，德国的犹太人问题尤为突出，既表现为宗教冲突也表现为民族冲突。在以基督教为国教的德国国家中，基督徒与犹太教徒形成了对立势力，基督徒视犹太教为异端，对犹太人大加迫害。而当局的普鲁士政府黑暗统治，不仅对愈演愈烈的宗教歧视不加控制，反而通过颁布法令，来限制犹太人的

---

〔14〕 金元浦：《定义大众文化》，载《中华读书报》2001年7月25日第020版。

〔15〕［德］马克斯·霍克海默、西奥多·阿多尔诺：《启蒙辩证法》，渠敬东、曹卫东译，上海世纪出版集团2006年版，第113页。

〔16〕［德］马克斯·霍克海默、西奥多·阿多尔诺：《启蒙辩证法》，渠敬东、曹卫东译，上海世纪出版集团2006年版，第134页。

〔17〕 王晓升：《文化工业究竟是如何欺骗大众的？——〈启蒙辩证法〉中文化工业批判理论再思考》，载《社会科学家》2015年第11期。

政治地位。受排挤的犹太人只能从事商业资本和高利贷的发放,这就造成了犹太人经济上有钱而政治上无权的尴尬局面。这种矛盾发展到19世纪中期日益尖锐,犹太人面对种种歧视与不平等待遇,纷纷站起来疾呼改变现状,实现宗教、政治的公正与平等。这就使德国的犹太人问题成为了突出的社会问题。在德国,对这一社会政治问题高度关注的,首先是青年黑格尔派。布鲁诺·鲍威尔在1842年和1843年连续发表《犹太人问题》和《现代犹太人和基督徒获得自由的能力》两篇文章,专门论述犹太人问题。在这两篇文章中,鲍威尔将犹太人的问题视为纯粹宗教问题,企图通过彻底废除宗教来改变犹太人的现状。他明确指出:"怎样才能使宗教对立不能成立?废除宗教。"[18]鲍威尔认为,犹太人只要通过废除自己的宗教,就可以使自己作为一般公民而获得政治解放。显然这是鲍威尔的一厢情愿,像鲍威尔将放弃犹太教视为犹太人解放的途径的看法,只能导致陷入庸俗的反犹主义情绪之中。马克思对鲍威尔的上述观点进行了批判。马克思指明宗教解放和政治解放并不存在一个时间上的先后关系,政治解放并非以宗教解放为前提。在《论犹太人问题》中,马克思就明确指出:"我们不像鲍威尔那样对犹太人说,你们不从犹太教彻底解放出来,就不能在政治上得到解放。相反,我们对他们说,因为你们不用完全、毫无异议地放弃犹太教就可以在政治上得到解放。"[19]在马克思看来,政治解放不必以放弃宗教为代价,政治的解放可以在宗教的持续存在下完成。但马克思所关注的不仅仅是德国的犹太人问题,他审视的是整个世界范围内的犹太人问题,包括法国甚至美国。马克思指出犹太人若想实现宗教的解放,必须以市民社会和国家从犹太精神的迷雾中解放出来为前提。换言之,犹太人的解放是政治的解放,最终的指向是全人类的解放。

日益尖锐的犹太人问题,到了20世纪初期,演变为了一场声势浩大且残酷的反犹主义浪潮。霍克海默和阿多诺指出,使犹太人成为"拜金"商人的不是他者,正是资本主义制度。而同时,产生反犹主义者的也不是别人,正是犹太人自己。犹太人在资本主义的统治中,实现了自身的资产阶级化。正是在这一过程中,犹太人具有了一种"自我约束的启蒙精神"。[20]而这种精神使其身份发生了转变。启蒙了的犹太商人全心地投入于推动资本主义经济的进步,把资产阶级的生活方式带到各个不同国家,但与此同时,带给他们自己的却是困顿与窘境,他们要承受着资本主义的排他性格。之所以说是犹太人成就了反犹的殖民者,因为他们在经商的过程里,不仅将罗马文明传播到了整个欧洲还将"所有身受资本主义压迫的人们的仇恨集中到了自己身上"。[21]因此,到了这个时期,启蒙理性已经开始超越其边界,在整个社会开始全面异化,其表现就为反犹主义的诞生。新诞生的极权主义社会看似是突破了原有的资本统治,但实则是使人与人之间的关系变为相互操纵的关系。在"反犹主义要素:启蒙的界限"中,霍克海默和阿多诺从弗洛伊德的人格结构理论出发,通过引入其病态投射观念,来对反犹主义进行分析。霍、阿二人指出,"反犹主义是建立在一种虚假投射(Projektion)基础上的。它是真正的模仿行为的反映,在根本上与被压抑的模仿行为密切

[18] 马克思、恩格斯:《马克思恩格斯全集》(第3卷),人民出版社2002年版,第165页。

[19] 马克思、恩格斯:《马克思恩格斯全集》(第3卷),人民出版社2002年版,第180页。

[20] [德]马克斯·霍克海默、西奥多·阿多尔诺:《启蒙辩证法》,渠敬东、曹卫东译,上海世纪出版集团2006年版,第154页。

[21] [德]马克斯·霍克海默、西奥多·阿多尔诺:《启蒙辩证法》,渠敬东、曹卫东译,上海世纪出版集团2006年版,第160页。

相关；实事上，它也许是被压抑的模仿行为的病态表现”。[22] 就模仿行为而言，外在世界是内在世界必须努力遵从的一种模式，模仿的目的就在于把陌生事物变为熟悉事物。但虚假投射却把内在与外在世界混淆了，把熟悉的事物理解为敌对的事物。虚假投射是启蒙的必要组成部分：因为反思被剔除了，所以病态的客体被看作是符合现实的，疯狂的制度变成了合理的规范。反犹主义者行为的虚假性正是“主体在两个方向上丧失了反思能力：由于它不再反思客体，它也就无法再反思自身，它丧失掉了辨别力”。[23] 因此，反犹主义的非理性主义便是启蒙理性的自我毁灭趋势在现实世界的一种极端表现。

三、守护理性反思维度的可能

启蒙理性是一个包含极大张力的概念，它既包括肯定的维度也包含否定的维度。阿多诺透过对社会文化和政治领域中的启蒙理性异化的批判，指出理性的结果与理性的动机背道而驰。但同时，阿多诺也表明对理性合理地进行批判，并非是彻底的拒斥理性，阿多诺以批判启蒙理性和彻底“否定”的姿态，而表明其对理性的拯救与希望。

（一）从肯定到否定

反犹主义无疑是启蒙走向倒退的结果，启蒙理性沦为工具理性实际上是以非理性而告终。它“引发了极权主义统治，导致了个性压抑和人性的丧失。最终，工具理性变成一种非理性，使整个世界变成了地狱”。[24] 但是霍、阿二人并不是完全否定西方近代以来的启蒙精神，也从不同意回到田园诗般过去。霍克海默和阿多诺相信人类否定性和批判性维度并未完全消失殆尽，二人在最后做出了表达，“尽管欺骗不允许任何可以揭露它的真理存在，但真理仍旧在竭力反驳的过程中展现出一种否定力量；蒙蔽想要一劳永逸地驱除真理，就必须彻底剥夺掉思考的能力”。他们相信，“掌握着自身并发挥着力量的启蒙本身，是有能力突破启蒙的界限的”。[25] 阿多诺通过对启蒙理性和工业文明本身进行的深刻批判，在《否定的辩证法》中，专门对奥斯维辛之后如何把握理性进行了反思，指出法西斯主义之所以能够惨无人道的对犹太人进行人身迫害，是西方文明几千年来追求同一性原则的所导致的。启蒙理性在这一异化的过程中，无法认识到“它基础——不管多么薄弱——的消失是它自身的结果、它自身抽象的产物，它也就退缩进了非理性之中”。[26] 阿多诺认为，在资本主义文化工业和法西斯主义的统治之下，人们传统思维模式错误地将同一化当作任何领域的所追求的目标，正是由于对同一性的盲目追求，导致了启蒙理性的异化。因此，要想实现启蒙理性的自我扬弃，要想克服启蒙的局限性，就必须消除同一性的力量，从根本上去除同一性的逻辑，取而代之以非同一性，通过彻底的、瓦解的逻辑来实现对理性反思维度的守护。但是，阿多诺不是绝对否定一切，不是对同一性简单粗暴的去除，而是承认同一性在一定限度内的合理性。也就是说，在非同一性中同样包含同一性，通过批判，“同一性并没有消失，而是经

---

〔22〕［德］马克斯·霍克海默、西奥多·阿多尔诺：《启蒙辩证法》，渠敬东、曹卫东译，上海世纪出版集团 2006 年版，第 172 页。

〔23〕［德］马克斯·霍克海默、西奥多·阿多尔诺：《启蒙辩证法》，渠敬东、曹卫东译，上海世纪出版集团 2006 年版，第 174～175 页。

〔24〕王凤才：《批判与重建——法兰克福学派文明论》，社会科学文献出版社 2004 年版，第 33 页。

〔25〕［德］马克斯·霍克海默、西奥多·阿多尔诺：《启蒙辩证法》，渠敬东、曹卫东译，上海世纪出版集团 2006 年版，第 192 页。

〔26〕［德］特奥多·阿多尔诺：《否定的辩证法》，张峰译，重庆出版社 1993 年版，第 146 页。

历了一场质的变化”。[27] 阿多诺创造“星丛”和“力场”概念来对同一性破除予以说明。星丛是表明概念聚集方式的一个隐喻性术语,它包含异质性要素,异质性才能避免思想落入虚假的同一性窠臼。而力场则是维持异质性要素之间关联的重要所在,它防止了对非同一要素的过分夸大和人为的分割。由此可见,阿多诺从来没有放弃对启蒙理性的希望,他的希望是通过彻底的否定而得以保存的,他的希望就是“差异存在者可以共存,并且能有效地沟通”。[28]

(二)以反启蒙来实现对启蒙理性的拯救

经历了第二次世界大战的重创,尤其是法西斯主义残暴的极权统治。包括法兰克福学派在内的整个思想界都在对理性进行反思,如何使得阶级的统治既不向极权主义滑落,又不向纯自由主义乌托邦滑落。反犹主义无疑是已经启蒙的文明在现实生活中又倒退回野蛮状态的表现。“合理性不仅包含观念中的自我毁灭趋势,也包含实际上的自我毁灭趋势。”[29] 霍克海默和阿多诺正是在这种意义上,开始追溯反犹主义在哲学上的根源。对于法西斯主义,他们在“笔记与札记”中讲到“聪明会变成愚蠢,这是历史趋向”。[30] 而希特勒正是存在这样一种与人类为敌的精神,即自我认为聪明绝顶。法西斯主义者已经背离了理性,因为他的理性建立在其他人同意其观点的基础之上,不允许一切不同意见。这就是说,聪明和愚蠢之间存在必然矛盾,就像资产阶级的理性要求具有普遍性,但又为其设定限度。而法西斯主义正是看到了这种理性,他们公然维护特殊利益,同时又揭示普遍性之上的理性的限度。这就使“聪明摇身变成了愚蠢,这就证实了理性的不合理性”。[31] 阿多诺分析了关于反犹主义的种种倾向,最终指出启蒙的异化使事实变为了幻想,变成了乌托邦。启蒙理性在客观上成为了“虚妄”(Wahninn),而虚妄产生了政治现实的疯狂。霍克海默和阿多诺通过对启蒙理性进行批判与反思,通过对新的理性神话的破除,构成了对重新实现启蒙理性的希望。“没有反启蒙,启蒙就无法克服自己造成的新迷信”,“没有反启蒙制约的启蒙必然会走向启蒙的走火入魔”(enlightenment gone mad)。[32] 正是由于阿多诺的“反启蒙”的姿态,才使得启蒙理性最后的肯定维度得以保留,才使得理性的反思维度得以被守护。

阿多诺对启蒙理性的批判实质是对现代工业文明以及整个人类文化的批判。在苏格兰启蒙和德国启蒙的影响下,阿多诺梳理了启蒙与神话的纠缠关系,指出了启蒙的“辩证法”导致的恶果,在文化工业霸权的操纵下,人的独立性丧失,在极权主义社会中,人类文明倒退回野蛮状态。阿多诺不仅回答了启蒙是如何走向自我毁灭的问题,还揭示了启蒙如何克服自身的弊端,如何突破自我的局限。否定的辩证法正是其对守护启蒙理性反思维度的可能性的希望所在,只有彻底的瓦解才能重新激发希望。

---

〔27〕［德］特奥多·阿多尔诺:《否定的辩证法》,张峰译,重庆出版社 1993 年版,第 146 页。

〔28〕谢永康:《形而上学的批判与拯救:阿多诺否定辩证法的逻辑和影响》,江苏人民出版社 2008 年版,第 231 页。

〔29〕［德］马克斯·霍克海默、西奥多·阿多尔诺:《启蒙辩证法》,渠敬东、曹卫东译,上海世纪出版集团 2006 年版,第 5 页。

〔30〕［德］马克斯·霍克海默、西奥多·阿多尔诺:《启蒙辩证法》,渠敬东、曹卫东译,上海世纪出版集团 2006 年版,第 193 页。

〔31〕［德］马克斯·霍克海默、西奥多·阿多尔诺:《启蒙辩证法》,渠敬东、曹卫东译,上海世纪出版集团 2006 年版,第 194 页。

〔32〕甘阳:《启蒙与迷信》,载《文汇报》2011 年 11 月 28 日第 011 版。

【导师点评】

孙莉同学的硕士毕业论文《〈启蒙辩证法〉中的启蒙理性批判》(现改为题为《阿多诺的启蒙理性观探析》的学术论文),主要讨论了霍克海默和阿多尔诺在《启蒙辩证法》一书中的启蒙理性批判思想。论文通过对启蒙和启蒙理性概念的溯源,阐明了启蒙与神话的纠缠关系以及启蒙在整个欧洲大陆的发展演变状况;围绕《启蒙辩证法》这一核心文本,通过对文化工业和反犹主义两大目标的批判,论述了启蒙理性的异化在社会生活中的投射;还对启蒙理性批判理论进行了评价,指明霍、阿二人《启蒙辩证法》中的启蒙理性批判理论,是在对整个工业文明批判的高度上,对整个人类文明发展做出的反思,并指出,这一思想不仅对当时代的理论界和社会运动产生了重要的导向作用,对当今社会的发展同样提供了重要的启示。

《启蒙辩证法》是西方马克思主义的一部重要理论著作。通过该著作,霍克海默和阿多尔诺奠定了法兰克福学派社会批判理论的基调。启蒙并非一个过去了的历史事件,而是一个现实而复杂的当代问题。《启蒙辩证法》通过对启蒙理性的批判与反思,打开了现代性批判的大门,对当今社会的发展依然有着重要的启示和借鉴意义。因此,对此问题的研究仍具有很强的理论意义和现实价值。

论文选题适当,结构合理,逻辑严密,语言规范,材料精当,文献充实,是一篇难得的优秀硕士学位论文。

(指导教师:徐家林)

基础养老金统筹的区域内差异研究

冯 辉*

对提升基础养老金统筹层次的区域内差异进行分析，最关键的就是要选取适当的指标，建立全面客观的指标体系。因为基础养老金的全国统筹涉及社会、经济、人口、制度等各个因素的影响，所以需要选取多个指标进行差异分析。

一、指标体系建立

（一）指标选取

基础养老金的全国统筹是指在科学发展观的指导下，基础养老金在制度、使用基金、经办管理、信息系统等做到各个方面的统一，以期实现统筹时的协调发展。影响区域基础养老金的指标有经济发展水平、人口结构、养老保险参保率、制度抚养比等。考虑到普遍代表养老保险发展水平和数据的取得难易程度，本文主要选取了各个省市、自治区的基本养老保险基金支出、参保率、替代率和制度抚养比来反映我国基本养老保险的水平和差异：

基金支出 = 基本养老保险基金收入/基本养老保险年末参保人数

参保率 = 城镇基本养老保险参保人数/城镇就业人数

替代率 = 人均城镇职工基本养老待遇/城镇企业在岗职工平均工资

制度抚养比 = 实际缴费人数/实际领取养老金待遇的人数

（二）测算的方法

为了能够深入分析全国各省市和区域间、内的差异情况，本文用泰尔指数来进行衡量。泰尔指数法（Theil index）简称 T，是考量人口和其对应的收入能否匹配并以此体现其公平状态的方法。普遍认为，如果每个公民的收入是相同的时候，这时收入分配是绝对公平的状态；如果出现部分公民比其他公民拥有更高的收入时，就会出现不公平的现象。如果收入完全一致，此时每一个公民收入和均值的差都为 0；当收入不一致时，就开始测算独立个体和均值的差异程度来表达不公平的程度，差距越大，越不公平。〔1〕 泰尔指数的取值范围在 0 到 1 之间，数值越小，代表差异越小；数值越大，代表差异越大。

泰尔指数的计算公式如下（以基金支出为例）：〔2〕

$$T_E = \sum_{i=1}^{11} \left[\frac{I_i}{I_E} \times \ln\left(\frac{I_i/I_E}{P_i/P_E} \right) \right]$$

---

* 冯辉，华东政法大学 2017 届社会保障专业硕士研究生。

〔1〕 刘元：《中国城镇职工基本养老保险基金的区域差异研究》，河南大学出版社 2013 年版，第 2 ~ 20 页。

〔2〕 公式参考杨骞、刘华军：《中国碳强度分布的地区差异与收敛性——基于 1995—2009 年省际数据的实证研究》，载《当代财经》2012 年第 2 期；刘元：《中国城镇职工基本养老保险基金的区域差异研究》，河南大学出版社 2013 年版，第 5 ~ 18 页。

$$T_M = \sum_{i=1}^{8}\left[\frac{I_i}{I_M} \times \ln\left(\frac{I_i/I_M}{P_i/P_M}\right)\right]$$

$$T_W = \sum_{i=1}^{12}\left[\frac{I_i}{I_W} \times \ln\left(\frac{I_i/I_W}{P_i/P_W}\right)\right]$$

各区域内的差距：

$$T_1 = \frac{I_E}{I} \times T_E + \frac{I_M}{I} \times T_M + \frac{I_W}{I} \times T_W$$

其中，E、M、W 代表东、中、西部，T_E、T_M、T_W 分别是对应三个地区的泰尔指数值，I_i 代表某一地区人均养老保险基金支出额，I_E、I_M、I_W 分别是三个地区的基本养老保险给付，P_i 代表某一地区的人口数，P_E、P_M、P_W 代表三个地区的人口，T_1 代表人均养老保险基金支出的区域内差距，T_2 代表人均养老保险支出的区域间差距。

二、各区域内的差异测算

（一）基金支出的区域内差异

1. 东部地区的差异分析

表 1　2000—2015 年东部地区基金支出的泰尔指数

时间	北京	天津	河北	辽宁	上海
2000	0.02058	0.02655	0.02245	0.02229	0.01989
2001	0.02074	0.0271	0.0231	0.02286	0.02047
2002	0.02226	0.02721	0.02328	0.02304	0.02076
2003	0.02252	0.0272	0.02304	0.02287	0.02081
2004	0.02063	0.02713	0.02195	0.02313	0.02135
2005	0.01887	0.02587	0.02063	0.02213	0.01995
2006	0.01743	0.02501	0.01962	0.02122	0.01918
2007	0.02576	0.02337	0.01778	0.01927	0.01717
2008	0.01728	0.02522	0.02037	0.02196	0.01958
2009	0.01627	0.02424	0.01936	0.02094	0.01851
2010	0.01448	0.02172	0.01701	0.01716	0.01533
2011	0.01247	0.02059	0.01554	0.01569	0.01364
2012	0.01252	0.02069	0.01583	0.01589	0.01359
2013	0.01199	0.02	0.01519	0.01534	0.01311
2014	0.01171	0.01966	0.01492	0.01507	0.01305
2015	0.01162	0.0196	0.01477	0.01489	0.01304

表 2 2000—2015 年东部地区基金支出的泰尔指数

时间	江苏	浙江	福建	山东	广东	海南
2000	0.02379	0.02445	0.02292	0.02428	0.02191	0.02209
2001	0.02422	0.02501	0.02327	0.02559	0.02245	0.02261
2002	0.02408	0.02448	0.02273	0.02505	0.02235	0.02366
2003	0.02361	0.02439	0.02198	0.0249	0.02226	0.02362
2004	0.02372	0.02382	0.02077	0.02382	0.02256	0.02211
2005	0.0222	0.02248	0.01946	0.02243	0.02103	0.02065
2006	0.02089	0.02125	0.01833	0.0213	0.01978	0.01979
2007	0.01897	0.01934	0.01634	0.01952	0.01793	0.01776
2008	0.02137	0.02165	0.01862	0.02228	0.02056	0.02062
2009	0.02035	0.02074	0.01771	0.0213	0.01979	0.01958
2010	0.0191	0.01887	0.01611	0.01902	0.0176	0.01738
2011	0.01735	0.01737	0.01471	0.0175	0.01624	0.0159
2012	0.01738	0.01727	0.01548	0.01759	0.01647	0.0161
2013	0.01805	0.01669	0.01459	0.01717	0.01541	0.01574
2014	0.01795	0.01661	0.01442	0.01697	0.01489	0.01554
2015	0.01796	0.01656	0.01445	0.01689	0.01462	0.01549

(数据来源:中华人民共和国国家统计局,2001—2016 年《中国统计年鉴》整理并计算所得。)

从数据来看,东部整体的泰尔指数值普遍都较高,区域内的差距还是很大。天津市、江苏省、浙江省、山东省的泰尔指数值都在 0.02 之上,而且这四个省市都在近两年里显示出了指数值逐年增长的趋势。河北省、辽宁省、海南省、广东省的泰尔指数值都在 0.02 左右波动,但是相对于其他省市这四个省市的波动范围较小。福建省的波动范围相对来说较大,泰尔指数的最大值与最小值之差有 0.8842%。北京市的整体泰尔指数值在东部地区内偏小,而且在 2010 年之后开始下降,虽然下降的速度变慢,但是说明差异正在逐渐缩小。

2. 中部地区的差异分析

表 3 2000—2015 年中部地区基金支出的泰尔指数

时间	山西	吉林	黑龙江	安徽	江西	河南	湖北	湖南
2000	0.00657	0.00730	0.00500	0.00662	0.00653	0.00540	0.00683	0.00706
2001	0.00766	0.00775	0.00503	0.00655	0.00697	0.00555	0.00728	0.00691
2002	0.00665	0.00707	0.00437	0.00626	0.00572	0.00458	0.00587	0.00468
2003	0.00776	0.00704	0.00488	0.00574	0.00641	0.00546	0.00649	0.00573
2004	0.00722	0.00711	0.00487	0.00618	0.00629	0.00517	0.00640	0.00557

续表

时间	山西	吉林	黑龙江	安徽	江西	河南	湖北	湖南
2005	0.00716	0.00729	0.00516	0.00623	0.00644	0.00528	0.00644	0.00561
2006	0.00702	0.00799	0.00545	0.00621	0.00676	0.00538	0.00677	0.00584
2007	0.00715	0.00847	0.00574	0.00660	0.00655	0.00548	0.00740	0.00622
2008	0.00679	0.00789	0.00550	0.00603	0.00615	0.00502	0.00674	0.00580
2009	0.00651	0.00739	0.00536	0.00558	0.00582	0.00462	0.00609	0.00534
2010	0.00657	0.00714	0.00468	0.00655	0.00543	0.00524	0.00625	0.00554
2011	0.00664	0.00754	0.00487	0.00659	0.00627	0.00554	0.00690	0.00615
2012	0.00690	0.00781	0.00507	0.00666	0.00621	0.00542	0.00701	0.00614
2013	0.00705	0.00834	0.00491	0.00708	0.00645	0.00558	0.00717	0.00663
2014	0.00681	0.00822	0.00438	0.00737	0.00666	0.00559	0.00745	0.00683
2015	0.00670	0.00834	0.00363	0.00753	0.00669	0.00560	0.00739	0.00692

（数据来源：中华人民共和国国家统计局，2001—2016 年《中国统计年鉴》整理并计算所得。）

根据上表，中部地区的整体泰尔指数都偏高。山西省、吉林省、安徽省、江西省、湖北省、湖南省的泰尔指数值都已经达到了 0.6% 之上。山西省、湖南省、江西省是这几个省份内变化范围较小的省份，但是不同的是，山西省在 2013 年之后开始出现泰尔指数下降的趋势，而湖南省和江西省则是上升的。吉林省、安徽省、湖北省的波动范围相对较大，而且这三个省份的泰尔指数值也在后期呈现出增长的趋势。黑龙江省和河南省在 0.005 这一水平变动。不同的是黑龙江省的差异开始缩小，到 2015 年下降了 9.31%。而河南省的泰尔指数则是从 2012 年就开始逐年增加了。

3. 西部地区的差异分析

表 4　2000—2015 年西部地区基金支出的泰尔指数

时间	内蒙古	广西	重庆	四川	贵州	云南
2000	0.00313	0.00383	0.01666	0.00391	0.00765	0.00333
2001	0.00308	0.0036	0.01618	0.00393	0.00737	0.00323
2002	0.00342	0.00398	0.01726	0.00431	0.008	0.00391
2003	0.00269	0.00338	0.01714	0.00389	0.00758	0.0033
2004	0.00303	0.00351	0.01777	0.00451	0.00774	0.00341
2005	0.00232	0.00358	0.01707	0.00333	0.00784	0.00382
2006	0.0024	0.00372	0.01684	0.00346	0.00784	0.00408
2007	0.00303	0.0043	0.01768	0.00409	0.00835	0.00509
2008	0.004	0.00501	0.01827	0.00552	0.00889	0.006

续表

时间	内蒙古	广西	重庆	四川	贵州	云南
2009	0.00366	0.00421	0.01776	0.00516	0.00848	0.00589
2010	0.00506	0.00485	0.01828	0.0047	0.00903	0.00714
2011	0.0049	0.00488	0.01819	0.00422	0.00898	0.00713
2012	0.00493	0.00494	0.01824	0.0041	0.00902	0.00716
2013	0.00543	0.00496	0.01907	0.00427	0.00887	0.00697
2014	0.0056	0.00509	0.01923	0.00438	0.00844	0.00624
2015	0.005	0.0052	0.0194	0.00463	0.00852	0.00532

表5　2000—2015年西部地区基金支出的泰尔指数

时间	西藏	陕西	甘肃	青海	宁夏	新疆
2000	0.00519	0.01295	0.00404	0.00273	0.00529	0.0036
2001	0.00529	0.01263	0.00404	0.00279	0.00649	0.00358
2002	0.00671	0.01293	0.00453	0.00302	0.0057	0.00396
2003	0.00548	0.01237	0.00409	0.00257	0.00527	0.00348
2004	0.00563	0.01244	0.00437	0.00286	0.00571	0.00403
2005	0.00608	0.0116	0.00416	0.00267	0.00531	0.00302
2006	0.00671	0.01175	0.0043	0.00277	0.00553	0.0031
2007	0.00774	0.01228	0.00489	0.00331	0.0058	0.00356
2008	0.00887	0.01311	0.00566	0.00395	0.00674	0.00428
2009	0.0086	0.01321	0.00526	0.00366	0.00638	0.00373
2010	0.00903	0.01291	0.00536	0.00369	0.00643	0.00462
2011	0.0091	0.01295	0.00535	0.00365	0.00638	0.00468
2012	0.00872	0.01291	0.00534	0.00362	0.00634	0.0045
2013	0.00879	0.01326	0.00668	0.0042	0.00546	0.00416
2014	0.0086	0.01333	0.00687	0.00402	0.00564	0.00427
2015	0.00854	0.01338	0.00698	0.00395	0.00586	0.00434

(数据来源:中华人民共和国国家统计局,2001—2016年《中国统计年鉴》整理并计算所得。)

观察上表分析可知,重庆市和陕西省的泰尔指数值较大,平均在0.0178和0.0127。虽然两个省市波动的范围都不是很大,但是都呈现出差异扩大的趋势。四川省、贵州省和西藏的泰尔指数均值都在0.1之上。但是西藏从2013年开始泰尔指数就降低,差异逐渐缩小,四川省、贵州省和甘肃省则与之相反。在内蒙古、广西、云南和新疆的泰尔值平均都超过了0.4%,在0.004—0.007。但是内蒙古和云南省都是呈现下降的趋势,而广西和新疆的泰尔指数值都在变大。青海省的泰尔指数值在0.2674%—0.4195%变动,而且也是从2013年开始泰尔指数下降,只不过下降的速度变缓,从4.20%降为1.84%。

（二）参保率的区域内差异

1. 东部地区的差异分析

表6　2000—2015年东部地区参保率的泰尔指数

时间	北京	天津	河北	辽宁	上海
2000	0.02194	0.00594	0.01097	0.00532	0.00239
2001	0.0181	0.00595	0.01197	0.00558	0.00267
2002	0.03202	0.00591	0.01258	0.00612	0.00436
2003	0.03511	0.00619	0.01065	0.0049	0.00535
2004	0.0191	0.00831	0.00255	0.01034	0.01355
2005	0.01511	0.00938	0.00296	0.01398	0.0132
2006	0.01132	0.01137	0.00355	0.01547	0.0161
2007	0.00753	0.01415	0.00429	0.01512	0.01515
2008	0.00487	0.00852	0.00604	0.018	0.01518
2009	0.00447	0.00845	0.00566	0.01748	0.0141
2010	0.00914	0.0058	0.00477	0.00223	0.00491
2011	0.00428	0.00978	0.00526	0.00282	0.00327
2012	0.0033	0.01001	0.00743	0.00404	0.00199
2013	0.00276	0.00814	0.00606	0.00357	0.00225
2014	0.00312	0.00693	0.00546	0.003	0.00382
2015	0.00423	0.0071	0.00485	0.00206	0.00452

表7　2000—2015年东部地区参保率的泰尔指数

时间	江苏	浙江	福建	山东	广东	海南
2000	0.01011	0.01217	0.03769	0.00912	0.00325	0.00441
2001	0.00894	0.01227	0.03564	0.01676	0.00315	0.00418
2002	0.00638	0.00577	0.0291	0.01012	0.00092	0.0135
2003	0.0021	0.00528	0.02203	0.00917	0.00056	0.01354
2004	0.0061	0.00243	0.01272	0.0012	0.00639	0.00129
2005	0.00443	0.0027	0.01323	0.00086	0.00468	0.00029
2006	0.00206	0.00103	0.0126	0.00024	0.00278	0.0023

续表

时间	江苏	浙江	福建	山东	广东	海南
2007	0.00197	0.00109	0.01183	0.0016	0.00343	0.00115
2008	0.00184	0.0001	0.01053	0.00505	0.00564	0.00566
2009	0.00134	0.00068	0.01117	0.00493	0.00766	0.00498
2010	0.01144	0.00456	0.01775	0.00475	0.00837	0.00555
2011	0.00918	0.00476	0.01896	0.00483	0.00998	0.00599
2012	0.0087	0.00297	0.02589	0.00489	0.01155	0.00721
2013	0.02043	0.00222	0.02207	0.00569	0.00594	0.00867
2014	0.02162	0.00359	0.02254	0.00587	0.00292	0.00884
2015	0.02258	0.00399	0.02365	0.00418	0.00109	0.0091

(数据来源:中华人民共和国国家统计局,2001—2016 年《中国统计年鉴》整理并计算所得。)

观察上表可知,东部区域的内部差距也很大。北京、江苏、浙江这几个省市变化比较明显,泰尔指数的波动比较大,刚开始的泰尔指数值都较高,达到了 0.01—0.02。但是后期,北京、江苏和浙江虽然泰尔指数值又上升,但是上升的幅度比较小,说明这三个省市都控制得比较好。上海市虽然整体波动不是很大,但是在近两年的变化趋势也同北京类似,泰尔指数值有扩大的倾向。山东省的泰尔值从 2009 年开始到 2015 年,一直维持在 0.5% 的水平。虽然相比其他地区差异较大,但是索性保持得较好。海南省和辽宁省的整体波动虽然较小,但是近期的变化水平确实不同的。海南省的泰尔指数值从 2009 年开始便一直处于上升的趋势,到 2015 年已经达到 0.0091。而辽宁省从 2009 年开始泰尔指数就处于下降的趋势。广东省的变化较复杂,几乎每年和每年都不尽相同。2012 年之后整体的泰尔指数开始下降,说明区域差距也在渐渐缩小。

2. 中部地区的差异分析

表 8　2000—2015 年中部地区参保率的泰尔指数

时间	山西	吉林	黑龙江	安徽	江西	河南	湖北	湖南
2000	0.01049	0.0133	0.01396	0.0202	0.01825	0.01599	0.01729	0.02673
2001	0.01989	0.01626	0.01261	0.01798	0.02106	0.01595	0.02025	0.02365
2002	0.01787	0.01763	0.01423	0.02322	0.0167	0.01442	0.01434	0.00946
2003	0.02183	0.01013	0.01219	0.01084	0.01652	0.01612	0.01342	0.01283
2004	0.01802	0.01242	0.01356	0.01679	0.01676	0.01466	0.01402	0.01283
2005	0.0164	0.01317	0.01553	0.01631	0.01727	0.01484	0.0134	0.01219
2006	0.01299	0.01815	0.01644	0.01407	0.01845	0.01375	0.01468	0.01254
2007	0.01166	0.01035	0.01658	0.01534	0.01369	0.0121	0.01831	0.0136
2008	0.01256	0.01903	0.01872	0.0141	0.01425	0.01203	0.01619	0.01389

续表

时间	山西	吉林	黑龙江	安徽	江西	河南	湖北	湖南
2009	0.0137	0.01795	0.01131	0.0136	0.01489	0.012	0.01373	0.01325
2010	0.0105	0.01174	0.01071	0.01947	0.00716	0.01439	0.0115	0.01154
2011	0.0103	0.01479	0.0117	0.01894	0.01469	0.01647	0.01708	0.01663
2012	0.01328	0.01781	0.01402	0.02002	0.01443	0.01563	0.01855	0.01697
2013	0.01508	0.023554	0.01284	0.02461	0.01722	0.01757	0.02047	0.022162
2014	0.01468	0.02425	0.00948	0.02949	0.02124	0.01967	0.02529	0.02623
2015	0.01423	0.02611	0.00261	0.03175	0.02217	0.02042	0.02525	0.02769

（数据来源：中华人民共和国国家统计局，2001—2016 年《中国统计年鉴》整理并计算所得。）

从上述数据看出，中部整体泰尔指数值都较高，内部差异大。吉林省、安徽省、江西省、河南省、湖北省、湖南省变化幅度都近似，泰尔指数值都是从 0.01—0.02，下降到 0.3%—0.2% 左右，从 2009 年、2010 年开始到 2015 年一直上升。山西省从 2008 年到 2013 年泰尔指数值是上升的趋势，但是从 2014 年到 2015 年开始就处于下降的倾向，但是整体的差异值仍然达到 0.01 左右。黑龙江省比较特殊，在 2014 年之前的泰尔指数值是有上有下，但是整体在 0.01 左右。但是到 2015 年，它的泰尔指数值已经降到了 0.26%，比 2014 年下降了 72.34%。

3. 西部地区的差异分析

表 9 2000—2015 年西部地区参保率的泰尔指数

时间	内蒙古	广西	重庆	四川	贵州	云南
2000	0.02189	0.03185	0.01694	0.01956	0.02896	0.02746
2001	0.02152	0.02964	0.01222	0.01981	0.0263	0.02656
2002	0.02093	0.02954	0.01898	0.01965	0.02861	0.02943
2003	0.01891	0.02878	0.0231	0.02077	0.02973	0.02859
2004	0.01923	0.02701	0.02626	0.02382	0.02818	0.02662
2005	0.00144	0.01708	0.00862	0.00147	0.01857	0.02004
2006	0.00101	0.01721	0.00508	0.00152	0.01737	0.02145
2007	0.00145	0.01713	0.00765	0.00185	0.01649	0.02562
2008	0.00259	0.01573	0.00502	0.00772	0.01347	0.02628
2009	0.00183	0.01032	0.0025	0.00668	0.01192	0.02766
2010	0.02142	0.02237	0.01334	0.00772	0.02304	0.04587
2011	0.02043	0.02321	0.01297	0.00349	0.02305	0.04627
2012	0.02111	0.02425	0.0139	0.00268	0.0239	0.04698

续表

时间	内蒙古	广西	重庆	四川	贵州	云南
2013	0.02161	0.01989	0.01775	0.0081	0.017977	0.04066
2014	0.02337	0.02118	0.01929	0.00105	0.013677	0.03332
2015	0.01715	0.02211	0.02082	0.00334	0.014257	0.02392

表 10　2000—2015 年西部地区参保率的泰尔指数

时间	西藏	陕西	甘肃	青海	宁夏	新疆
2000	0.05465	0.03327	0.02363	0.02623	0.02353	0.02582
2001	0.05571	0.03011	0.02377	0.02688	0.03558	0.02564
2002	0.06597	0.0291	0.02464	0.02518	0.02377	0.02546
2003	0.05895	0.02886	0.02554	0.026	0.02474	0.026
2004	0.05731	0.02646	0.02524	0.02577	0.02596	0.02838
2005	0.05118	0.00738	0.01253	0.0133	0.01132	0.00766
2006	0.0562	0.00768	0.01268	0.013	0.01236	0.00724
2007	0.06064	0.00708	0.01264	0.01248	0.00908	0.00592
2008	0.06348	0.00682	0.0119	0.01041	0.01006	0.00463
2009	0.06326	0.0104	0.01044	0.01012	0.00904	0.00166
2010	0.07326	0.01311	0.0171	0.01608	0.01512	0.01625
2011	0.07451	0.014	0.01751	0.01621	0.01519	0.01733
2012	0.07117	0.01407	0.01785	0.0163	0.01521	0.01596
2013	0.06734	0.01302	0.02677	0.01759	0.00191	0.008127
2014	0.06547	0.01373	0.02867	0.01583	0.00375	0.009186
2015	0.07166	0.01412	0.02962	0.01491	0.00578	0.009697

(数据来源:中华人民共和国国家统计局,2001—2016 年《中国统计年鉴》整理并计算所得。)

从上表可以发现,西部整体的泰尔指数波动很大。重庆市和西藏相对于其他省市来说,波动的范围较大,泰尔指数差达到了 0.03。而且从 2013 年之后,这两个省市的泰尔指数值在变大,区域差异在扩大。同样的,从 2010 年开始,广西、陕西省和甘肃省的泰尔指数也在逐年增大,但是增长速度已经控制在了 3% 以下。内蒙古和宁夏的变化范围大。不同的是,内蒙古在 2015 年泰尔指数已经出现下降的情况,但是宁夏 2014—2015 年差异依然在扩大。青海省的整体变化范围较小,同宁夏相似,最近两年也开始出现指数下降的情况。

(三)替代率的区域内差异

1. 东部地区的差异分析

表 11 2000—2015 年东部地区替代率的泰尔指数

时间	北京	天津	河北	辽宁	上海
2000	0.01389	0.01382	0.01248	0.01402	0.01429
2001	0.01422	0.01411	0.01267	0.01412	0.01462
2002	0.01451	0.01453	0.01309	0.01421	0.015
2003	0.0147	0.01455	0.0132	0.01426	0.015
2004	0.01541	0.01494	0.01362	0.01482	0.01601
2005	0.01691	0.0167	0.01573	0.01651	0.01851
2006	0.01636	0.01591	0.01448	0.01541	0.01673
2007	0.01722	0.01675	0.01518	0.01622	0.01734
2008	0.01744	0.01696	0.01547	0.01635	0.01774
2009	0.01879	0.01833	0.01683	0.01719	0.01919
2010	0.01903	0.01879	0.01715	0.01745	0.0194
2011	0.01915	0.01894	0.01755	0.01774	0.01955
2012	0.01934	0.01906	0.01753	0.01782	0.01974
2013	0.01873	0.01891	0.01725	0.0183	0.01954
2014	0.01924	0.01917	0.01738	0.01861	0.01957
2015	0.01886	0.01889	0.01721	0.01844	0.01933

表 12 2000—2015 年东部地区替代率的泰尔指数

时间	江苏	浙江	福建	山东	广东	海南
2000	0.01346	0.01326	0.01382	0.0118	0.01406	0.01379
2001	0.01355	0.01338	0.01399	0.01204	0.01433	0.01387
2002	0.01382	0.01378	0.01431	0.01228	0.01445	0.01412
2003	0.0139	0.0138	0.01426	0.01238	0.0145	0.01414
2004	0.01432	0.01415	0.01475	0.01296	0.01498	0.01453
2005	0.01624	0.01651	0.0167	0.01515	0.01723	0.01661
2006	0.01505	0.01497	0.01523	0.01441	0.01571	0.01514
2007	0.01567	0.01558	0.01584	0.01502	0.01632	0.01576
2008	0.0159	0.01603	0.01643	0.01531	0.01666	0.016
2009	0.01739	0.0175	0.01787	0.01673	0.01792	0.01746

续表

时间	江苏	浙江	福建	山东	广东	海南
2010	0.01786	0.01782	0.01823	0.01698	0.01833	0.01776
2011	0.01802	0.01798	0.01847	0.01733	0.01853	0.01805
2012	0.01807	0.01816	0.01757	0.0172	0.01856	0.01803
2013	0.01782	0.01797	0.01731	0.017	0.01851	0.01785
2014	0.01802	0.01797	0.01751	0.0173	0.01866	0.01809
2015	0.01768	0.0179	0.0173	0.01701	0.01843	0.01775

(数据来源:中华人民共和国国家统计局,2001—2016年《中国统计年鉴》整理并计算所得。)

观察东部地区各省市的泰尔指数值发现,它们的变化范围处于0.4%—0.6%,整体的变化浮动较小。但是其中变化差值最大就是山东省,泰尔指数差值达到0.5396%。从2000年到2005年、2006年到2011年,泰尔指数都是处于上升的趋势,从2012年到2015年,几乎每年上下不断波动。与它变化相似的还有海南省,泰尔指数的曲线变化模式几乎相同,但是海南省的泰尔指数差比其小0.1101%。北京市、河北省、上海市和天津市的泰尔指数变化差仅次于山东省。但是北京市和天津市的泰尔指数变化趋势一致,上海市和河北省的变化趋势一致。辽宁省、江苏省、浙江省、福建省和广东省的泰尔指数都在0.5%以下。他们前期的变化规律比较单一,但是到2011年和2012年之后,泰尔指数的变化比较波动,但是都是在2015年呈现出下降的趋势。

2. 中部地区的差异分析

表13 2000—2015年中部地区替代率的泰尔指数

时间	山西	吉林	黑龙江	安徽	江西	河南	湖北	湖南
2000	0.01175	0.01049	0.01061	0.01034	0.00944	0.00865	0.00937	0.02305
2001	0.01175	0.01056	0.01072	0.01055	0.00956	0.00910	0.00931	0.02175
2002	0.01225	0.00990	0.01023	0.01098	0.00978	0.00910	0.00945	0.02240
2003	0.01204	0.01793	0.00977	0.01073	0.01037	0.00952	0.01052	0.01346
2004	0.01158	0.01020	0.00961	0.01046	0.01066	0.00975	0.01052	0.02309
2005	0.01351	0.01098	0.00936	0.01713	0.01658	0.01265	0.00859	0.01181
2006	0.01260	0.01090	0.01173	0.01622	0.01260	0.01347	0.01007	0.01622
2007	0.01089	0.01348	0.01175	0.01622	0.01261	0.01349	0.01007	0.01623
2008	0.01254	0.01514	0.01273	0.01572	0.01347	0.01360	0.01125	0.01734
2009	0.01271	0.01641	0.01432	0.01724	0.01380	0.01530	0.01241	0.01751
2010	0.01582	0.01707	0.01409	0.01732	0.01533	0.01572	0.01006	0.01767
2011	0.01524	0.01571	0.01572	0.01652	0.01566	0.01543	0.01118	0.01762
2012	0.01560	0.01725	0.01507	0.01657	0.01464	0.01564	0.01227	0.01637

续表

时间	山西	吉林	黑龙江	安徽	江西	河南	湖北	湖南
2013	0.01536	0.01778	0.01395	0.01644	0.01463	0.01432	0.01123	0.01736
2014	0.01695	0.01733	0.01482	0.01649	0.01447	0.01482	0.01116	0.01688
2015	0.01741	0.01723	0.01394	0.01645	0.01424	0.01431	0.01246	0.01747

（数据来源：中华人民共和国国家统计局，2001—2016年《中国统计年鉴》整理并计算所得。）

从上述表格中可以看到，中部地区的泰尔指数值从整体上看比东部地区低，在前期的波动状况比较少，但是从后期趋势来看就波动比较大。最明显的是安徽省、湖南省和河南省，在2011年之后，泰尔指数变化复杂。但是湖南省的泰尔指数值变化范围控制在1.2%，比河南省和安徽省低。江西省和吉林省的变动范围在后期趋于相同，在2010年之后两省的泰尔值都是向上的走势。而山西省和黑龙江省则都在2015年甚至之前就出现了泰尔指数下降的趋势。

3. 西部地区的差异分析

表14　2000—2015年西部地区替代率的泰尔指数

时间	内蒙古	广西	重庆	四川	贵州	云南
2000	0.0013	0.00291	0.01031	0.00989	0.00926	0.00169
2001	0.00581	0.00745	0.01445	0.01382	0.00167	0.00682
2002	0.00644	0.00823	0.01625	0.01404	0.00232	0.00727
2003	0.00749	0.0084	0.01636	0.01478	0.00235	0.00736
2004	0.00813	0.00931	0.01778	0.01579	0.00291	0.00819
2005	0.0132	0.01068	0.0159	0.01409	0.01067	0.01321
2006	0.01172	0.01431	0.01612	0.01343	0.01089	0.00852
2007	0.01211	0.0147	0.0155	0.01382	0.01128	0.0089
2008	0.01216	0.01317	0.01594	0.01219	0.00963	0.00961
2009	0.01363	0.01481	0.01643	0.01219	0.01067	0.01112
2010	0.0148	0.01689	0.01679	0.01112	0.012	0.01056
2011	0.01505	0.01778	0.01904	0.01015	0.0122	0.01086
2012	0.01515	0.01649	0.01795	0.01161	0.01174	0.01226
2013	0.01515	0.01799	0.01874	0.01044	0.01191	0.01182
2014	0.01631	0.01675	0.01887	0.01064	0.01171	0.01188
2015	0.01587	0.01665	0.01953	0.00896	0.01193	0.01188

表15 2000—2015年西部地区替代率的泰尔指数

时间	西藏	陕西	甘肃	青海	宁夏	新疆
2000	0.01491	0.00878	0.00316	0.00766	0.00007	0.01316
2001	0.01847	0.01283	0.00142	0.00175	0.00379	0.00147
2002	0.00726	0.01409	0.00281	0.00237	0.00424	0.00242
2003	0.00804	0.01464	0.00223	0.00242	0.00474	0.00364
2004	0.00779	0.01537	0.00256	0.00298	0.00518	0.00452
2005	0.00282	0.00829	0.00458	0.00181	0.00602	0.00182
2006	0.00333	0.01342	0.00852	0.00558	0.00763	0.00339
2007	0.00208	0.01382	0.00889	0.00518	0.0101	0.00589
2008	0.00495	0.01321	0.00874	0.0044	0.01282	0.00673
2009	0.0037	0.01479	0.00941	0.00481	0.0135	0.00769
2010	0.00369	0.01454	0.01071	0.00624	0.01204	0.00948
2011	0.00496	0.01467	0.01023	0.00747	0.01264	0.00836
2012	0.00491	0.01458	0.01177	0.00741	0.01336	0.00888
2013	0.00594	0.01603	0.01101	0.00672	0.01264	0.0088
2014	0.00694	0.01609	0.01193	0.00687	0.01293	0.00885
2015	0.00555	0.01587	0.01321	0.00703	0.01291	0.00876

(数据来源:中华人民共和国国家统计局,2001—2016年《中国统计年鉴》整理并计算所得。)

表格的数据体现出,西部整体的泰尔指数值在2010年至2015年的这段时间上下波动。最明显的就是四川省、贵州省、甘肃省和新疆。其中,四川省和新疆的波动范围较小,泰尔指数的波动差值分别在0.7%和1.17%。而甘肃省和贵州省的波动差值则大,分别是1.005%和0.988%。西藏的泰尔指数值从2000年开始就是处于不断上下波动的趋势,状态及其不稳定。内蒙古、广西和宁夏的泰尔指数差也在0.01之上。重庆市和陕西省差值较小,分别是0.06%和0.05%。但是重庆市的泰尔指数波动要比陕西省的状态稳定得多。

(四)制度抚养比的区域内差异

1.东部地区的差异分析

表16 2000—2015年东部地区制度抚养比的泰尔指数

时间	北京	天津	河北	辽宁	上海
2000	0.03074	0.03081	0.02756	0.02897	0.03701
2001	0.03074	0.03082	0.02735	0.02898	0.03695
2002	0.03028	0.02906	0.0276	0.02944	0.03172
2003	0.02957	0.0298	0.02557	0.02809	0.03713

续表

时间	北京	天津	河北	辽宁	上海
2004	0.02499	0.02507	0.0216	0.02323	0.0312
2005	0.01434	0.01312	0.01166	0.0135	0.01578
2006	0.01805	0.01243	0.02013	0.01757	0.0174
2007	0.01786	0.01909	0.01705	0.01901	0.02346
2008	0.0165	0.0196	0.01526	0.01845	0.02014
2009	0.02555	0.02692	0.0248	0.02778	0.0259
2010	0.01125	0.01106	0.01078	0.01285	0.01266
2011	0.01828	0.01985	0.01858	0.02142	0.01697
2012	0.01579	0.01875	0.01777	0.01778	0.01623
2013	0.01732	0.0216	0.01934	0.01966	0.02009
2014	0.0191	0.02364	0.02152	0.02426	0.02065
2015	0.02122	0.02071	0.02198	0.02458	0.02424

表 17　2000—2015 年东部地区制度抚养比的泰尔指数

时间	江苏	浙江	福建	山东	广东	海南
2000	0.03201	0.02997	0.02845	0.02934	0.02841	0.02801
2001	0.03134	0.02975	0.02842	0.02915	0.02846	0.0276
2002	0.03135	0.03097	0.02861	0.03	0.02697	0.02918
2003	0.03109	0.03113	0.0265	0.02774	0.02762	0.02674
2004	0.02559	0.0240	0.02267	0.0234	0.02271	0.02185
2005	0.01541	0.01503	0.01267	0.01406	0.01103	0.01324
2006	0.02375	0.02219	0.02157	0.02151	0.0265	0.02131
2007	0.02009	0.01937	0.01908	0.01816	0.01515	0.01784
2008	0.01939	0.01778	0.01747	0.0167	0.01386	0.01652
2009	0.02413	0.02868	0.02669	0.02599	0.02743	0.02532
2010	0.01343	0.01188	0.01043	0.01238	0.01929	0.01034
2011	0.02178	0.01845	0.0176	0.02217	0.01618	0.01698
2012	0.02057	0.0164	0.01681	0.01964	0.01442	0.0152
2013	0.02326	0.01845	0.01768	0.02172	0.01631	0.01794
2014	0.02484	0.02086	0.01872	0.02435	0.01957	0.01903
2015	0.02498	0.02263	0.02004	0.02397	0.01739	0.01954

（数据来源：中华人民共和国国家统计局，2001—2016 年《中国统计年鉴》整理并计算所得。）

从表中的数据发现,东部整体的制度抚养比的泰尔指数值也是比较波动的。变化幅度最大的是上海市,泰尔指数的最高与最低相差 2.209%。浙江省紧随其后,泰尔指数浮动范围比上海市小 0.2006%。北京市和天津市的泰尔指数变动范围都在 1.95% 左右,但是 2015 年北京市与东部地区的大多数省市一样,出现了上升的趋势。但是天津市、山东省、广东省则与东部地区的其他省市相反,出现了泰尔指数较之前一年下降的趋势。河北省与辽宁省的变化范围和趋势基本相同。泰尔指数变化范围最小的就是海南省了,整体的变动范围在 1.59%。

2. 中部地区的差异分析

表 18 2000—2015 年中部地区制度抚养比的泰尔指数

时间	山西	吉林	黑龙江	安徽	江西	河南	湖北	湖南
2000	0.01733	0.01624	0.01575	0.01887	0.01714	0.01878	0.01829	0.01970
2001	0.01661	0.01626	0.01542	0.01900	0.01819	0.01828	0.01807	0.01886
2002	0.01511	0.02275	0.01405	0.01936	0.01694	0.01591	0.01700	0.01848
2003	0.01674	0.01565	0.01516	0.01828	0.01655	0.01819	0.01770	0.01911
2004	0.01545	0.01510	0.01426	0.01783	0.01703	0.01712	0.01691	0.01770
2005	0.02194	0.02958	0.02087	0.02618	0.02376	0.02274	0.02383	0.02531
2006	0.02305	0.02397	0.02383	0.02838	0.02615	0.02482	0.02684	0.02825
2007	0.02092	0.02222	0.02242	0.02624	0.02402	0.02145	0.02422	0.02511
2008	0.02011	0.02106	0.02112	0.02499	0.02162	0.02027	0.02292	0.02389
2009	0.01584	0.01627	0.01597	0.01939	0.01656	0.01737	0.01860	0.01868
2010	0.01079	0.01159	0.01154	0.01339	0.01081	0.01158	0.01230	0.01300
2011	0.02204	0.02289	0.02178	0.02648	0.02257	0.02431	0.02521	0.02646
2012	0.02420	0.03047	0.02494	0.02818	0.02526	0.02625	0.02809	0.02957
2013	0.01687	0.01871	0.01774	0.02125	0.01905	0.01912	0.01961	0.02127
2014	0.01528	0.01726	0.01605	0.01869	0.01736	0.01662	0.01806	0.01951
2015	0.01442	0.01645	0.01618	0.01803	0.01533	0.01643	0.01756	0.01823

(数据来源:中华人民共和国国家统计局,2001—2016 年《中国统计年鉴》整理并计算所得。)

中部整体的泰尔指数变化范围相对东和西部而言,幅度较小。中部地区变化幅度最大的是吉林省,泰尔指数差值为 1.8877%。但是与吉林省变化趋势基本一致的安徽省和江西省,泰尔指数差值分别为 1.4989% 和 1.5338%。湖南省与湖北省的变化走势大致相同,两省的变化范围在 1.6% 左右。观察可知,中部地区的制度抚养比的变化走势在后期是下降的,但是黑龙江省却在 2015 年开始向上。

3. 西部地区的差异分析

表 19 2000—2015 年西部地区制度抚养比的泰尔指数

时间	内蒙古	广西	重庆	四川	贵州	云南
2000	0.0128	0.01563	0.01531	0.01467	0.0139	0.01279
2001	0.01253	0.01456	0.01955	0.01485	0.01388	0.01369
2002	0.01259	0.01634	0.01806	0.01826	0.01495	0.01303
2003	0.01480	0.01763	0.01731	0.01667	0.01589	0.01478
2004	0.01917	0.02121	0.02619	0.02149	0.02051	0.02034
2005	0.02151	0.02526	0.02697	0.02717	0.02387	0.02194
2006	0.02084	0.02365	0.02715	0.0270	0.02304	0.02136
2007	0.0240	0.02660	0.03011	0.0290	0.02616	0.02393
2008	0.02056	0.02363	0.02736	0.02611	0.02239	0.02127
2009	0.02086	0.02393	0.02767	0.02642	0.02270	0.02159
2010	0.01564	0.01732	0.01964	0.01903	0.01665	0.01571
2011	0.02699	0.03225	0.03568	0.03509	0.03196	0.02889
2012	0.02450	0.02814	0.03270	0.03086	0.02793	0.02512
2013	0.02751	0.02994	0.03514	0.03456	0.03002	0.02764
2014	0.03098	0.03279	0.03888	0.03892	0.03731	0.03594
2015	0.0267	0.02880	0.03305	0.03252	0.02827	0.02596

表 20 2000—2015 年西部地区制度抚养比的泰尔指数

时间	西藏	陕西	甘肃	青海	宁夏	新疆
2000	0.01155	0.01336	0.01199	0.01096	0.01089	0.01028
2001	0.01198	0.01318	0.01189	0.01094	0.0109	0.01137
2002	0.01128	0.01403	0.01243	0.01066	0.01087	0.01128
2003	0.01355	0.01536	0.01398	0.01296	0.01289	0.01227
2004	0.01862	0.01982	0.01853	0.01758	0.01754	0.01801
2005	0.02019	0.02295	0.02135	0.01958	0.01979	0.0202
2006	0.01983	0.02288	0.02101	0.02047	0.01909	0.01997
2007	0.01588	0.01648	0.02421	0.02246	0.01215	0.01276
2008	0.01936	0.02299	0.0215	0.01961	0.01918	0.02003
2009	0.01968	0.02331	0.0218	0.01992	0.01949	0.02033
2010	0.01317	0.01661	0.01631	0.01437	0.01449	0.01427

续表

时间	西藏	陕西	甘肃	青海	宁夏	新疆
2011	0.02503	0.02942	0.03032	0.02638	0.02576	0.02731
2012	0.02195	0.02654	0.02689	0.02413	0.02364	0.02378
2013	0.02374	0.02961	0.02849	0.02633	0.02622	0.02526
2014	0.03248	0.02813	0.03084	0.02841	0.0281	0.02842
2015	0.02242	0.02823	0.02708	0.0241	0.0245	0.02428

(数据来源:中华人民共和国国家统计局,2001—2016年《中国统计年鉴》整理并计算所得。)

西部地区的总体泰尔指数变化波动在后期比较明显,四川省、重庆市、贵州省、云南省和西藏的泰尔指数变化幅度都在2%以上。变化幅度最大的四川省达到了2.4225%,是变化幅度最小的陕西省的1.48倍。内蒙古、广西、甘肃省则与贵州省的变化趋势基本一致。新疆、宁夏与青海省的泰尔指数变化范围均在1.72%之上,但是新疆与宁夏的变化趋势则更为相同。

三、研究结论与研究启示

(一)研究结论

从2000年到2015年,区域内的基金支出差异水平都是稳步下降的趋势,这种走势尤其在2008年之后表现得更加明显。东部的内部差距缩小的速度快,中部的内部差距无太大的明显变化,但是西部的内部差距却是在逐渐加大。

地区内参保率的泰尔指数,在2012年之后呈现下降的趋势。东部整体的内部差距在逐渐缩小,中部整体的内部差距无太大明显变化,西部差异水平在慢慢扩大。

三大区域内的替代率差异水平在扩大,但是在2012年之后差异情况得到控制,差异扩大的速度在减缓。东部的内部差异一直是扩大的走势,到2012年之后差异程度开始下降。西部地区的内部差异一直在扩大。中部地区的内部差距则是将扩大的速度稳定在一定水平。

东部地区的制度抚养比内部差异呈现"U"形变化。而中部的内部差异水平也是在不断波动,近年来是下降的趋势。西部地区的差异变化幅度较大。

(二)研究启示

区域差异在提升基础养老金统筹层次的道路上是普遍而且必然的问题。随着老龄化程度的日益加深,当前职工群体是很难抚养庞大的老年群体的,所以完善养老保险甚至整个社会保障制度成为日后制度建设的重中之重;基础养老金全国统筹受到地区内部不一的差异水平影响,具有很大的地理特征。从四个角度测算的地区内部的泰尔指数来看,内部的差异远远大于区域之间;在三大地区之中,中部的差异水平在三大地区内是比较平稳的;东部和西部的泰尔指数变动较大,对总体的贡献率是大于中部的。因此,在完善养老保险制度时,既要照顾区域间的差异,又要照顾区域内的差异,尤其是注重东部和西部地区的省市间差异情况。

东部偏经济发达地区,近年来流动人口变动频繁,人口老龄化水平较高,如北京、上海、辽宁、江苏等地。所以在完善制度的同时要充分地考虑到东部地区各省份之间的经济、社会之间的差异情况。

中西部的经济发展条件相较落后。近年来老龄化的水平也在不断变高，内部的各省市之间的差距逐渐扩大，尤其是西部的各省市，有些指标上已经开始反超东部。这就要求政府在基础养老金全国统筹的时候在更多方面都给予关注和支持。

【导师点评】

目前，我国城镇职工基本养老保险的覆盖人口持续扩张、基金收支规模持续扩大，已经构成了整个养老保险体系中的支柱性制度安排，但是，这一制度在运行过程中面临的最大问题就是基础养老金地区分割严重、统筹层次偏低，造成整体制度碎片化现象严重、地区间养老负担畸轻畸重、基金规模效应低、养老保险关系转移接续不畅、阻碍形成统一的劳动力市场等直接影响着养老保险制度的健康运行和可持续发展。2010 年出台的《社会保险法》、"十二五"规划和 2012 年党的十八大报告都明确提出了实现基础养老金全国统筹，但是截至 2015 年年底，这一目标未能实现。"十三五"规划建议中再次提出"实现职工基础养老金全国统筹，建立基本养老金合理调整机制"，并将其作为建立更加公平更可持续的社会保障制度的重要目标。由此可见，实现基础养老金全国统筹已经成为养老保险制度改革的重中之重。

本文运用泰尔指数的分析方法，从基金支出、参保率、替代率和制度抚养比四个方面对基础养老金全国统筹的区域差异进行测度，论文研究框架合理、技术路线清晰，逻辑性较好，所选取的研究方法科学得当，数据资料翔实，研究结论可靠，语言表述准确、流畅，说明作者具有良好的科研潜质和实证研究能力。限于篇幅，这里刊出的是学位论文的核心部分，总体呈现了论文的研究思路和结论。

（指导教师：郭秀云）

香港特别行政区判案书中的修辞及其翻译

周　平*

从实务层面来看，“说理论证”四字是对司法判决的整体概括，有效的“说理论证”离不开合理的篇章布局和语句建构。通过运用广义修辞手段将支持性论据如先例、法律条文和具体法律事实进行统合，服务于法官对某一或某些争议焦点的论证，从文本表达上看，这种安排实现的是信息传递的效果；同时，由于司法最终要获得判决结果，“说理”始终带有目的指向性，因此，各种信息的传递最终服务于法官“论证结论”，而严密合理的“说理”方式实现了“论证结论”的逻辑有效性、正当性、合法性，从而影响或改变受众的认知，达至说服受众、实现判决可接受性的效果。那么，广义修辞手段在判案书中如何帮助法律论证实现信息传递与说服效果？同时，为了再现信息传递与说服效果，译文应当如何呈现？本文将基于一份香港家事法庭2016年公布的婚姻诉讼判案书，[1]选取该文书中的具体实例来探讨判案书中的修辞及其翻译。

一、判案书中的修辞

根据陈望道先生在《修辞学发凡》一书中对“修辞”的解说，修辞可分为广狭两种含义：“狭义，以为修当作修饰解，辞当作文辞解，修辞就是修饰文辞；广义，以为修当作调整或适用解，辞当作语辞解，修辞就是调整或适用语辞。”[2]司法判决作为一种实践理性，语言庄重严肃、高度专业化，因此，判案书与“华丽”“浪漫”等饱富想象力的言语风格绝缘。判案书必须要体现庄严性、正式性和逻辑理性，传达给当事人和社会公众司法的权威性与法律论证的说理性，让受众体会到法律的公平正义和法官的客观公正。因此，本文所讨论的不是文辞修饰角度的狭义修辞，而是从广义修辞的角度出发，关注判案书谋篇布局和语句、篇章建构，观察各种修辞手段如何“意与言会，言随意遣”，从而实现信息传递与说服的效果。

二、判案书中应用修辞的具体表现

判案书中主要运用的是消极修辞，通过平实质朴的语辞内容和稳密有序的结构安排，形成“内容方面明确通顺，形式方面平匀稳密”[3]的文本风格。根据张纯辉对司法工作中修辞技巧的归纳研究，[4]可以获悉修辞的具体应用表现有：评价、模糊语、预设、会话含义及情感唤起等。

---

* 周平，华东政法大学2017届翻译专业硕士研究生。

[1] 载 http://legalref.judiciary.gov.hk/lrs/common/ju/ju_frame.jsp? DIS = 106341&currpage = T，最后访问时间：2016年6月16日。

[2] 陈望道：《修辞学发凡》，上海教育出版社2001年版，第1页。

[3] 陈望道：《修辞学发凡》，上海教育出版社2001年版，第55页。

[4] 张纯辉：《司法判决书可接受性的修辞研究》，法律出版社2012年版，第46页。

（一）评价

司法工作中，法官对诉讼中具体事实、命题的观点和情感态度往往通过评价方式体现出来，法官通过评价向当事人以及公众传递其司法立场和理性态度。因此，评价具有主观性，评价的更深层次则是法官个人的人生观、价值观和世界观。

【例】It also seems to me that neither had the Husband established any formal or permanent home in Hong Kong as otherwise he would have been expected to acquire a much more substantial and permanent residence in Hong Kong given the standard of the former matrimonial home in Shenzhen and his very substantial purchasing power at least according to the Wife, instead of just renting a comparatively much smaller service apartment at the Convention Plaza, which seems plain to me was more for his convenience to be close to his employment at BP Ltd....

【译】在我看来，丈夫也没有在香港安置正式或长期居所，否则依照其深圳居所的标准以及其妻提供的购买能力信息，他应当在香港购置一处永久性居所，而非仅仅在会展广场租住一个小型酒店公寓，在我看来，很明显，他这么做是为了方便他在BP有限公司的工作。

本例中，法官参照“居所标准”和“购买能力”来评价当事人“丈夫”在香港的行为，并得出结论。原文中“neither”“as otherwise”“given the standard of”“instead of just”“seems plain”这些连接词很顺畅地连接了法官各种论据，通顺而自然地表达了法官的认定观点。

（二）预设

“预设”是一种提出当事人和公众无异议之信息背景的隐蔽性修辞表现。在判案书中，法官通过预设方式，在当事各方无争议的状况下，引入并铺展与诉讼有关的论据，从而为论证进一步开展提供前提性条件。“预设”的应用有助于获得当事人和公众对法官论证论据的事先认同，帮助法官顺利开展论证，从而提高了受众对论证说理的可接受性。

【例】It is a city which... attracts large numbers of persons and their families who seek to live and work here for a limited period of time. This group of persons, often referred to as“expatriates”,... As with the husband and wife in the present case, their lives become centred on Hong Kong. Their children go to school here, not merely for a few months, but for several years. They move into residential property here, they hire domestic helpers, they buy cars, they join clubs. They make a very real and valued contribution to Hong Kong. In my judgment, the realities demand that such persons may, depending on the facts of their case, acquire a substantial connection with Hong Kong.

【译】这座城市（香港）……吸引着大量的人群，他们携家带口来到这里，期盼能在这座城市定居并工作一段时间。这一群人通常被称为“外籍人员”，……本案的丈夫和妻子也正是这种情形，他们的生活中心逐渐转移到香港。他们的孩子在这里上学，不是短期的几个月，而是持续若干年。他们搬入住宅区、雇佣家庭佣工、购置车辆、参加俱乐部。他们切实地为香港做出了重要贡献。根据他们的现实活动情况，我认为这些人取得了与香港的实质性联系。

文中，法官首先对“expatriates”（外籍人员）进行描述和人群定位，在预设“外籍人员”特征后，就当事人的生活状态和现实情形与之进行对比，当事人恰恰符合法官所预设的“外籍人员”标准,定义与实例相符,法官的论证过程合理,认定结论有理有据。

(三)互文

在遵循先例的英美法系中,先例属于法官司法的法源之一,它们一般在诉讼性质、争议要点上与当下的诉讼类似或者一致,因此,法官可以直接援引,这属于“互文”的修辞方式。先例既有的权威性有助于法官表明其司法论证的效力和说服力,使受众意识到法官论证结果的正当性。

【例】as otherwise it would be unduly restrictive if one were to confine the connecting factors solely to that of a family context, and that it is clearly the legislative intention to allow other connecting factors to establish substantial connection, with the most common ones being employment or business connection, . . . although it is also worth noting of what Deputy Judge B. Chu, as she then was, said in Z v Z(Substantial Connection and Forum)[2012] HKFLR 346 at 367:

"[90]. . . this Court would have to have regard to all relevant factors. I agree with Mr Scott that in considering jurisdiction for matrimonial proceedings under s 3(c) of MCO, material factors should include some connection with the marriage or connection with the parties on a 'personal' level or 'personal' sense and not only from a 'corporate' or 'business' sense. . . "

【译】否则,如果将联系因素局限于家庭背景有关的因素,这种限制是不合理的,而显然,立法意图允许通过其他因素来建立实质性联系,最常见的因素包括雇佣关系、商业往来。……不过,暂委法官 B. Chu 女士在 Z *v* Z[2012] HKFLR 346 一案中所持的观点也值得注意:“[90]……法院应充分考虑相关因素。我认同斯科特先生的意见,根据《婚姻诉讼条例》第 3(c)条处理婚姻诉讼时,实质性联系应包括‘个人’层面上的与‘婚姻’或‘当事人’的联系,而非仅仅从是‘企业’或‘商业’角度出发……”

该例体现了法官应用“互文”的修辞手段。法官在提出裁判观点“. . . is not necessarily determinative, . . . this Court would have to have regard to all relevant factors”之后,首先指出其分析的两点依据,即“. . . unduly restrictive”和“. . . the legislative intention. . . ”,紧接着,法官援引先例,即文中的“it is also worth noting of what Deputy Judge B. Chu, as she then was, said in Z *v* Z . . . ”,本案中法官观点与先例中法官的言词“In deciding whether there is 'substantial connection', this Court would have to have regard to all relevant factors. . . , material factors . . . not only from a 'corporate' or 'business' sense . . . ”所表述的观点一致,法官应用互文手段,利用先例中法官理由的权威性有力地印证并支持了本案的论证观点,强化了本案中法官论证观点的正当性和说服力。

(四)情感唤起

判案书主体内容是论证说理,因而句子、篇章表达是平淡而严谨的。体现理性、逻辑的话语是它的构成主体。不过,在司法工作既为了法律效果又为了实现社会效果的追求下,适当地唤起当事人和社会公众的情感共鸣,有助于实现法律服务于社会的终极目标,因此,司法判决中“情感唤起”这种修辞手段的应用也是并不少见的。在本判案书中,我们可从下列一例中发现“情感唤起”的应用。

【例】Increasingly we are living in a world without borders. Capital sums are moved in moments from one side of the world to the other with little or no regard for national boundaries. The Internet is universal. It is commonplace for even the modestly affluent to have homes in two countries. It is no longer only in the world of fiction that successful business people may at the same time live and work in two countries.

【译】我们生活在一个边界逐渐淡化的世界。资本可以在顷刻之间从世界的一端转移到另一端,根本不用或甚少考虑国界因素的影响。互联网已经普及了。即使是中等富裕的人在两个国家安家的情况也很普遍。成功的商人同时在两个国家生活和工作,这已不是虚构世界中才存在的情形。

该例中,法官在判案书中引入与法言法语无关的日常用语,用平实亲切的手段来描述一项社会事实,普通大众对这样的社会事实拥有基本的共识,因而引入该事实能在大众的认知中产生一定的情感共鸣,当事人也不会产生分歧。

(五)隐喻

消极修辞是判案书修辞的主要形式。不过,在个别情况下,对司法中的个别陌生概念和命题,法官若想实现受众的准确理解,从而实现信息的精准传递,则需要适当地依赖隐喻。隐喻是积极修辞辞格之譬喻中的一个类别,它是在本体和喻体之间,就某一个共同点进行映射的修辞方式。这种修辞是隐藏性的,不明显直接地使用比喻类语词,不过,由于应用隐喻方式,本体和喻体之间的共同点十分契合。隐喻中的喻体对说话者或听者来说,要比本体更为熟悉,在两者发生互动时,更为熟悉的事物的特点和结构就会映射到相对陌生的事物上,在说话者和听话者之间建立起理解和沟通的桥梁,以帮助认识本体事物的属性。[5] 因此,受众对本体的认知就更形象生动。下面一例体现了"隐喻"的应用。

【例】It speaks for itself, I think, that an artificially constructed connection will not be a substantial one. A connection must be real in the sense, for example, that it has not been engineered for temporary tactical advantage. It was not the intention of the Legislature (in passing s. 3(c) into law) to create a convenient off – shore divorce jurisdiction. As it has been said in an earlier authority, the subsection is not intended for "birds of passage".

【译】我认为人为建构的联系不是一种实质性联系,这一点不言自明。联系必须是真实的,从这点上说,"联系"不能被设计成临时的战术优势。立法机关无意[通过第3(c)条并使之成为法条]去构造一个便利的离岸离婚管辖权。正如早期的权力部门所言,该款不适用于"候鸟"。

本例中,法官在论证"substantial connection"(实质性联系)时,对"connection"(联系)提出了"real"(真实)的要求,并指出"It was not the intention of the Legislature to create a convenient off-shore divorce jurisdiction"(立法机关无意去构造一个便利的离岸离婚管辖权),最后,法官引入"birds of passage"一词,"birds of passage"是"候鸟"的意思,"候鸟"是过境之鸟,这样的隐喻形容十分巧妙而鲜明地表达了法官的否定态度,即"not be a substantial one",公众就更加清晰地认知了"birds of passage"式"connection"。隐喻通俗且贴近社会公

---

〔5〕 刘风景:《法律隐喻的形成与功能》,载《中国社会科学院研究生院学报》2008年第1期。

众的生活经验,辅助实现了法官的论证效果。

三、判案书中修辞的翻译

(一)判案书中修辞的翻译观

判案书文体庄严,用词平实、严肃并且正式,因此,笔者秉承着中庸的翻译立场,维护原文的逻辑脉络和文本构造中的修辞效果,即在译文中再现原文条理分明、内容清晰的篇章结构和语辞表达;同时,在不同区域的法律交流背景下,“以读者为中心,注重再现原文的要旨,重视译文的社会影响价值”。[6] 笔者翻译时,尊重目的语受众的阅读和理解习惯,适当地对原文进行形式调整和内容阐释,增强译文的可读性,从而实现原文修辞所具有的信息传递效果和说服效果。接下来,笔者将结合判案书原文的具体修辞实例来剖析翻译的思考过程和使用的翻译技巧,并提供译文。

(二)判案书中修辞的翻译

1. 关注情态动词,发掘“评价”背后的态度和立场

法律语言的“准确性”特点要求翻译实践中要咬文嚼字,翻译法律文本时,尤其要关注句子细节,哪怕是一个情态动词,因为在法律文本中,情态动词使用频繁,往往具有特定意蕴,它们的应用背后往往倾注了言说者的情感态度和价值倾向。司法是实践理性,判案书的论证说理特点往往决定了法官的价值判断、正义观点和情感取向的隐蔽性,但是一些连接词如情态动词,它们的应用能让公众领悟法官判决的思维路径,司法判决中论据与结论的融贯能让公众觉察到法官的裁判立场。那么,译者在翻译中,必然要同样关注判案书中法官的论证过程,从而忠实地翻译原文,确保译文实现与原文同等的说服效果。

【例】It is plain that the only major issues between the parties in their divorce proceedings, whether in PRC or Hong Kong, must be centred around the ancillary relief application and in particularly the division of the marital assets, and with almost HK $400 million worth of them, and more according to the Wife, being located outside the Mainland and in Hong Kong, it seems clear to me that the discovery of their full extent, location and value must form the most crucial part of the ancillary relief proceedings, ... in order to achieve fairness and justice between the parties with a fair division of these assets, to which any inconvenience arising from any further PRC proceedings or more than one set of proceedings must pale by comparison.

【译】本案不论是由内地法院还是香港法院审理,当事双方的离婚诉讼所围绕的唯一争议焦点应当是附加救济申请,尤其是婚姻财产的分割,这笔财产价值近四亿港币。根据妻子的陈述,它们的所在地多数不是内地而是香港。很显然,附加救济程序的核心应当是发现全部婚姻财产、明确它们的所在地以及价值,……从而公正地分割财产,在当事双方之间实现公平正义。相比之下,任何内地法院的进一步诉讼程序或者额外诉讼引起的不方便都无足轻重。

该文本是法官在构建诉讼相关事实、运用法律思维论证后的阶段性小结,其中体现了修辞手段“评价”的应用。在该文本中,法官对诉讼相关法律事实的权重作出了评价,情态动词“must”连续三次运用,突出了法官论证的明确态度和鲜明立场,所以,翻译时要忠实地将

---

[6] 马莉:《翻译理论与实践》,北京大学出版社2010年版,第70页。

情态动词背后法官的明确性态度传递出来；在翻译该段落时，笔者采用了直译的办法，直接将第一、二个“must”译作“应当”。最后一个“must”后连接动词“pale”，表达的是否定意味的观点，因此，译者采用正话反译的办法，译作“无足轻重”。

2. 追求流畅性与清晰性，把握“预设”命题与结论之间的关系

在司法判决中，借助各种具体的事实性陈述和某些受众拥有共识的现象，依照一定的逻辑条理来实现它们的有序布局，从而有效地向某一观点或结论推进，这实现了“说理论证”的合理性和说服力。事实和现象本身只是一种客观存在或者公众共识，在语篇中对它们进行陈述，使得它们作为“预设”前提而提供背景性信息，这些背景性信息并不直接体现言说者的情感态度和价值取向，而是以隐蔽性方式向言说者的终极观点和结论过渡。

下例中，笔者结合该例文本结构上的形合特点，同时，为了保留“预设”命题与片段结论之间的逻辑关系，笔者将跳出原文的结构限制，通过调整语序、词性转换、增补词语或短语等翻译技巧来实现译文形式的流畅性和内容的清晰性，从而增强译文可读性。

【例】Above all, for the reasons already articulated above, I find it hardly convincing or even downright incredible for someone like the Husband with all his wealth and influence, if indeed it was his intention or desire to reside in Hong Kong, that he would instead spend such insignificant amount of time coming to Hong Kong, with about half of which he would leave on the same day, and for the rest of the time that he would stay over in the hotels for almost 5 years before deciding to rent a small service apartment in Wanchai instead of some luxurious mansion in expansive neighborhood, as most people in his means and position would no doubt do. In my view none of these suggest any real intention on the part of the Husband to establish substantial connection with Hong Kong.

【译】总而言之，基于上述理由，我认为：一位具有影响力的富人，比如本案中的“丈夫”，若他着实有意或者期望定居香港，他却只安排了些许时间往来香港，而在这些时间里，他有时是当日往返的；除当日往返的情形之外，他待在香港一般都是住酒店的，这种情况持续了近五年之久，直到他决定承租湾仔的小型酒店公寓，而非入住相邻区域的奢华大厦。处于他（“丈夫”）的财富水平和地位的绝大多数人都毫不犹豫地选择入住这种奢华大厦。因此，丈夫有意或者期望定居香港的说法缺乏甚至完全不具有说服力。我认为，这些情形都不能表明丈夫有与香港建立实质性联系的真实意图。

通过分解该片段的结构，可以明确此处的主句是“I find it hardly convincing or even downright incredible”。再联系上下文，可观察到主句中“it”指代的是后文的“for someone like the husband... would no doubt do”所描述的各种具体行为表现。这些描述一方面表达的是人们的一般认知，如“... for someone like the Husband with all his wealth and influence” “... some luxurious mansion in expansive neighborhood, as most people in his means and position would no doubt do”，而另一方面表达的则是本案中当事人“丈夫”不符合一般认知的具体行为，如“he would instead spend such insignificant amount of time coming to Hong Kong, with about half of which he would leave on the same day, and for the rest of the time that he would stay over in the hotels for almost 5 years before deciding to rent a small service apartment in Wanchai",对这两方面进行对比,可以知悉的是,"丈夫"的实际行为不符合人们的一般认知,也就是说,既然实际行为与"预设"所体现的某种前提之下"应当"附随的行为方式不吻合,那么,就不能得出以"预设"为基础得出与预设相契合的结论。此处,法官基于"预设"进行反向推导,从而得出否定性的论证结论。

笔者翻译时,将原文主句后置,改变了其在原文中引领段落的结构形式,而"预设"性描述语句则被前置,首先向读者展示了"预设"与本案中"丈夫"实际行为的矛盾,然后,读者看到了主句所表达的结论"it hardly convincing or even downright incredible...[(丈夫有意或者期望定居香港的说法)缺乏甚至完全不具有说服力]"。语序的调整符合从前提到结论的理解习惯,在保留了"预设"的修辞效果的同时,实现了译文的流畅性。此外,利用增补手段将结论的"it"具体化为"丈夫有意或者期望定居香港的说法",确保结论的清晰性。另外,笔者也关注对个别短句的处理,如"... with all his wealth and influence","wealth"和"influence"呈并列结构,若直译为"拥有财富和权势"则翻译腔过重,显得呆板,为了照顾读者的阅读习惯,笔者对"wealth"进行词性转换,将其由名词转换为形容词,译作"一位具有影响力的富人",灵活地再现原文含义。

3. 重构长句,实现"互文"片段的条理性和可读性

法律英语中长句多见,此次翻译所基于的判案书中也随处可见长句,长句一般由主句附加若干分句而构成,翻译过程中,"重构"("改写")是解决语序及表达层次障碍的最彻底的变通手段,也是保证目的语可读性的最佳代偿手段之一,[7]下例是体现判案书内容的条理性和逻辑体系的典型。翻译实践中,重构手段的适用旨在确保原文的条理性,再现原文的逻辑体系,因而笔者通过调整句序、在译入语中添加编号的具体手段,使译文符合读者的阅读和理解习惯,保证译文的可读性,对等地实现原文信息传递的修辞效果。

【例】he insists that it is not sufficiently substantial at the time of the issue of the petition to fulfill the requirement under Section 3(c) of MCO on the following basis: That all three members of the family were domiciled and habitually resident in Shenzhen, that his companies and businesses were all based in Shenzhen, and while he had been involved in some investment consultancy employments in Hong Kong, he would perform his duty mostly in the Mainland, that his trips to Hong Kong were mainly for business meetings and were mostly same-day visits, that his application under the Admission Scheme for Mainland Talents and Professionals was for convenience only to facilitate his travel to Hong Kong but he had no plan to live in Hong Kong, that he rented the serviced apartment in Convention Plaza to facilitate his handling of the High Court Action but itself is irrelevant to his summons herein, and that if Hong Kong Court does find jurisdiction for the divorce proceedings, for the same reasons he believes that the proper, natural and appropriate forum to deal with the dissolution of their marriage and the resultant ancillary relief proceedings would be Shenzhen, PRC.

【译】不过他("丈夫")根据《婚姻诉讼条例》的要求坚称:离婚请求提出之时,他与香港并未形成实质性联系,具体基于下述六项理由:1. 家庭全体成员共三人的住所和

〔7〕 刘宓庆:《新编当代翻译理论》,中国对外翻译出版公司2012年版,第164页。

习惯居所均为深圳;2. 他在深圳创业,且在深圳展开业务;虽然他曾在香港从事过投资顾问工作,但多在内地履职;3. 往来香港主要为出席商务会议,且基本上是定期的;4. 根据内地人才及专业人士入境计划他提出了有关申请,但只是为方便往来香港,并无长住香港的打算;5. 租用服务式公寓的目的是方便处理高等法院的诉讼,但该行为与其在本案中的传唤申请没有关联;6. 即使香港法院确实找到针对本案的管辖权,同样基于上述五项理由,他仍然认为婚姻关系的解除以及由此产生的附加救济由中国深圳的法院来管辖更恰当、更理所当然且更适宜。

本例体现了英语的形合特点,8 个"that"从句组合在一起构成排比句式,经笔者的反复研读,他们分别处于原文意旨的不同层次。其中,第 1 个和倒数第 2 个"that"并列,倒数第 2 个"that"从句中包含了最后一个"that"引领的宾语从句。段落中间的 5 个 that 引领的分句从属于第 1 个"that",它们是五项事实性陈述,与第 1 个"that"所引领的"it is not sufficiently substantial at the time of the issue of the petition to fulfill the requirement under Section 3(c) of MCO"形成"互文",是为了证立第 1 个"that"所表述的观点而形成的事实基础,有力地支撑了该当事人的观点,这 6 个"that"句群形成一个部分。最后 2 个"that"引导的从句单独成为一个部分,是该当事人根据前述论据提出的己方结论。因此,翻译该段落时,既要关注法律英语的形合特点,还要厘清段落内部的逻辑体系,对第一个"that"引领的 5 个从句,译者首先遵从原文的条理性,用序号标注的方式一一列出 5 个论据,以确保译文与原文一样条理清晰、逻辑分明;当翻译更高层次的第 1 个和倒数第 2 个"that"从句时,不再严格遵循原文顺序,通过调整句序以适应目的语读者的阅读与理解习惯。

利用重构手段,尽管从形式上看,译文与原文不再完全对应,但是原文各个分句按序号清晰有序地再现于译文中,原文信息的条理性、体系性完整体现在译文中,译文可同等地实现原文修辞的信息传递效果。

4. 使用中文四字格,展现"情感唤起"的感染力

司法实务中,除了法官作出判决需经充分的说理论证之外,当事各方基于自身诉讼地位和己方利益诉求,往往会提出有利于自身诉求的论据,他们也会以"情感唤起"这种修辞手段建构语句,感染受众情绪,激发受众的心理认同,从而引导诉讼争议焦点向着己方所期望的方向发展,也就是说,司法主体(包括当事人)的言语总具有一定的目的性导向。在目的驱动下,论据的表述要情理交融、感染受众,从而最大限度地实现说服效果,帮助其论证意图的实现。

【例】Mr Wong for the Wife submits that there is little doubt that the marriage has come to its end as the relationship between the parties has broken down irretrievably and hence divorce is inevitable, . . . as a result the key issue in the divorce proceedings clearly relates to ancillary relief and property distribution, and regarding the latter in particularly the extent of the matrimonial assets, the parties clearly stand on very different grounds.

【译】妻子的代理律师黄先生提出,由于当事双方之间的关系已经不可挽回地破裂,毋庸置疑,婚姻关系已无法回头,因此,离婚在所难免。……因此,离婚诉讼中的关键明显是附加救济和财产分割两个问题,尤其后者牵涉到婚姻资产,显然,当事各方立场大相径庭。

该例中的此番话语是"呈请人"一方代理律师的陈述,律师使用了一系列的具有感情色

彩的词语如“little doubt”“irretrievably”“inevitable”和“clearly”来修饰若干分句,陈述并表达了律师对法律事实的观点,还有他认为诉讼重点理所当然地应当转移到“ancillary relief and property distribution”(附加救济和财产分割)问题。因此,笔者翻译时,也着重对该段落中律师所使用的带有感情色彩的词语进行了分析、提供对应的译文。首先,笔者决定将这些词语翻译成中文中的四字格,即分别对应于“毋庸置疑”“不可挽回(地破裂)”“(离婚)在所难免”,以实现铿锵有力、不拖泥带水的译文效果,这也符合法律语言的明确性和精准性要求;其次,将段落开头的长句“Mr Wong for the Wife submits that there is little doubt... and hence divorce is inevitable”进行拆分,按逻辑顺序形成三个分句,在译文中实现条理性和可读性。

5. 直译简单句,朴实而直观地再现“隐喻”内容

作为一种积极修辞手段,隐喻利用便于受众理解的语词形象作为喻体,帮助本体信息的有效传达和受众的准确理解。一般而言,喻体和本体在特定方面具有共同点,且喻体是受众更为熟悉的认知对象,通过隐喻手段,喻体灵活地映射了主体的某一属性,从而推动了受众对主体的认识和理解。在判案书中,隐喻手段用一种平实的方式实现了论点的说服力和结论的可接受性。

【例】In terms of connection, there must be physical presence in Hong Kong, this must be the ground rock of invoking the divorce jurisdiction. But because of the requirement of "substantial", the presence cannot be of a transitory nature otherwise this will encourage "fly in" and "fly out" divorces...

【译】说到“联系”,即本人必须有在香港居住的事实,这是援引香港法院对离婚诉讼享有司法管辖权的基础性前提。但是,由于“实质性”的要求,所以这种“居住”不能只是暂时性的,否则这将怂恿“飞入”和“飞出”式的离婚行为,……

上例是该诉讼争议焦点“实质性联系”的论证内容之一。此处,有两个短语“fly in”和“fly out”值得说明,因为这两个词也是隐喻的应用体现,字面意思分别对应“飞进”和“飞出”,以动态形象向受众展示了“临时性”特点,是对前文“transitory nature”(暂时性)的具体化,从反向角度进一步强调了前文的“physical presence”(在香港居住的事实)。再者,从全文角度看,“fly in”和“fly out”呼应了另一个隐喻形象“birds of passage”(候鸟),用公众所周知的“birds of passage”(候鸟)的惯习“fly in”和“fly out”(季节性迁移的过渡特征)来加深人们对法律条文中“substantial”(实质性)和法官所认定的“physical presence”(在香港居住的事实)的理解。

该片段由若干简单句构成,直译也能很到位地传达原文内容,所以此处,笔者遵从原文,译文从结构形式到文本内容均与原文一一对应。

综上,为了实现香港判案书中修辞的借鉴价值,结合此次翻译实务,笔者认为可从下列四个方面出发,在译文中再现原文的修辞效果:(1)关注情态动词,获知言说者语气是强烈的还是委婉的,从而知悉“评价”背后包含的言说者的主观立场和情感取向,在译文中准确还原;(2)法律论证具有逻辑理性,所以判案书文本具有逻辑脉络,以本文中“预设”和“互文”为例,在使用该修辞的文本中总是能够发现语句之间的层次和逻辑关系,所以翻译时要把握好原文的逻辑脉络,领会文本各个成分之间相辅相成,在此基础上,采用具体翻译技巧如重构句子、增补词语、词性转换等使译文实现流畅性,让读者清晰地理解文本意义;(3)感

性因素往往能更有效地催生和激发当事人和社会公众的同理心，所以对“情感唤起”类文本进行翻译时，笔者认为可以跳出判案书平实质朴而又严肃的语言风格限制，像汉语中的四字格的应用，能在译文中体现节奏气息、生动感人，还能发挥一定的修辞美；(4)判案书中运用“隐喻”引入当事人和公众有共识的生活经验、形象等作为隐喻的喻体，引导观念辐射，促成当事人和公众认同，笔者以为直译就能准确再现原文。

四、结语

作为法院裁判的书面载体，判案书中各种修辞手段的组织安排不是无意识的任意行为，对判案书文本的谋篇布局和篇章、语句建构是司法工作的切实需要。在本文陈述的五种修辞手段之外，还有模糊语、会话含义、叙事裁剪等修辞手段，[8]由于司法实务的个案针对性，判决文书要实现信息传递和说服效果，各种修辞手段会以不同形式组合，各有侧重。司法的理性特点决定了这些修辞手段建基于理性，以事实和法律为出发点，所追求的也是更加规范化、更为成熟的司法。

在翻译实践中，译者通过把握原文的修辞，获知原文言语者的情感取向和价值立场，厘清原文的逻辑体系和层次结构，采用重构长句、词性转换、增补词语等具体翻译技巧，以适于目的语受众阅读和理解的习惯，从而在译入语社会中再现原文社会影响，这样才能更好地实现判案书翻译的参考价值。

【导师点评】

本文以作者自身的翻译实践为基础，研究了香港判案书中的修辞及修辞性文本的翻译。选题具有一定的创意。

作者立足于法律语言的特点和香港判案书的实践面向，从修辞角度来分析香港判案书中的文本特点，并以在译文中以实现对等修辞效果为写作目标，充分探讨了修辞文本的翻译经过，从而在译文中再现原文修辞的信息传递与说服效果。作者积极拓展本专业外的知识范围，充分发挥了我校翻译专业的学科结合优势。

该篇论文主旨定位明确，论述观点正确，材料时效性强，且比较充实；布局清晰，论证紧凑，紧紧围绕香港判案书中的修辞来写作；结构规范，论文主题在正文中充分开展；框架合理，行文逻辑清晰；文中选取的案例均源于作者的翻译实务，具有一定的可靠性。

综合而言，作者在吸收学术界研究成果的基础上，广泛查阅翻译、法律语言、法律方法相关书籍和资料，总结了自己的心得体会，言之成理。该篇论文语言表达清晰，行文脉络合理有序，且在理论与实践相结合的基础上完成，充分体现了法律翻译的准确性、专业性和严谨性特点。

（指导教师：马　莉）

---

〔8〕 张纯辉：《司法判决书可接受性的修辞研究》，法律出版社2012年版，第46页。

中部地区法院书记员流失及影响因素研究

——以J省J市两级法院为例

罗慧青*

一、中部地区法院概况

我国中部地区位于我国内陆,包含山西、河南、安徽、湖北、江西、湖南六个省份,具有承东启西的地理优势。审理案件是审判机关的核心工作。从收案方面看,经查阅中部六省各省高级人民法院2010—2015年的人大工作报告发现,五个省的收案数为"五连涨",2015年河南省收案数已经突破100万大关,而2010年该省收案数仅为53万,六年内案件数量番了一番;从年均增长率来看,每个省份的收案年均增长率均突破了10%,安徽省收案年增长率最高为15.07%,案件数量的猛涨给法院带来的是逐渐增长的压力。从结案方面看,中部六省的结案增长率均未能超过收案增长率,结案增长率最高的为河南省,最低的湖北省仅为8.37%。从2010年至2015年的结案率(结案总数/收案总数)来看,五省已超过了90%,最高的为江西省94.68%,最低的为河南省89.28%。(详见表1)

表1 中部六省收结案总数(2010—2015年)、结案率与结案年均增长率[1]

地区	收案总数	结案总数	结案率	收案年均增长率	结案年均增长率
山西省	1482415	1347769	90.92%	11.48%	9.63%
安徽省	3167747	2977277	93.99%	15.07%	13.22%
江西省	1500111	1420327	94.68%	14.05%	9.72%
河南省	4176549	3728933	89.28%	14.88%	13.30%
湖北省	2736428	2577617	94.20%	11.66%	8.47%
湖南省	2500500	2268400	90.72%	11.11%	11.93%

二、书记员的定义、分类与职责

"书记员"一词在我国作为一种工作或职业,尚未有准确的定义。薛伟宏认为书记员的词义有二:一是古今中外一种常见的工作或职业;二是特指专门从事记录和文书填制工作的职业或执业人员。[2]《人民法院组织法》第39条规定,各级人民法院设书记员,担任审判庭的记录工作并办理有关审判的其他事项。本文讨论的主体为法院书记员,文章将其定义为

---

* 罗慧青,华东政法大学2017届公共管理专业硕士研究生。

[1] 原始数据来源:河南、山西、安徽、湖北、江西、湖南六省高级人民法院的人大工作报告。

[2] 薛伟宏:《书记官(员)研究》,法律出版社2016年版,第7页。

在人民法审判活动中,从事记录类、文书类、事务类等辅助工作的人员。

(一)法院书记员的分类

在我国法院书记员的分类较复杂,按照编制主要分为三类:第一类是委任制书记员;第二类是聘任制书记员;第三类是劳动合同制书记员。

1. 委任制书记员

委任制书记员包含行政编制书记员和事业编制书记员。此类书记员需要经过严格的考录程序,该程序的优点在于考察的内容全面,程序严谨,但该程序忽视了书记员需要进行记录工作,未考察打字速度与电脑的熟悉程度。这类书记员一般在招录之前就已经通过司法考试,进入业务庭室后由法官带领学习如何审理案件、处理纠纷矛盾,在符合任职时间之后转为助理审判员,进而能独立办理案件。

2. 聘任制书记员

2000 年以后,法院受案量急剧上升,但法院行政编制尚未放开,为了保证司法工作的顺利开展,最高人民法院决定推行书记员单独序列的改革措施,于 2003 年出台了《人民法院书记员管理办法(试行)》。该文件明确规定法院书记员采用聘任制和合同管理,即在合同期内法院书记员依合同管理,其权利义务、考核、工资、福利待遇等均参考国家公务员,但合同期满后受聘者不具有国家工作人员的身份。在招聘程序和招聘内容上与公务员考试类似,不同之处在于笔试只考察行政能力测验并增加了计算机能力测试,其中计算机能力测试对打字速度做出了要求。这说明聘任制书记员更注重专业技能,更符合岗位实际。

3. 劳动合同制书记员

在三类书记员中,劳动合同制书记员人数最多,但待遇最低,流失率最高。由于该类书记员没有进行顶层设计,故每个法院按照自身的需求进行招录和聘用。多数法院采用劳动派遣的方式,法院与所在地市人才交流中心签订劳动派遣合同,通过人才交流中心进行统一招聘,工资、福利待遇等统一由人才交流中心发放;有些法院利用自身的区域优势,如北京法院,与当地高校的速录员、文秘类专业进行对接,直接从高校进行书记员招聘;有些法院由院内政工部门进行考试和招录,招聘的书记员直接与法院签订人事合同。

(二)法院书记员的职责

在美国,司法辅助人员包括法官助手、法庭书记员、秘书和法庭记录员。法庭书记员的职责主要是安排审判日程、保存法庭记录、准备庭室信息、传达案件材料等。[3]

我国深化司法改革正在进行时,最高人民法院于 2013 年出台《关于完善人民法院司法责任制的若干意见》,其中明确了书记员需要履行的职责,包含:负责庭前准备的事务性工作;检查开庭时诉讼参与人的出庭情况,宣布法庭纪律;负责案件审理中的记录工作;整理、装订、归档案卷材料;完成法官交办的其他事务性工作。可以看出,现阶段我国书记员承担的工作不仅是美国法庭书记员的工作,还有记录员的工作。2016 年最高人民法院已出台相关意见准备推动智能语音识别技术的开发,实现庭审语音同步转化为文字并生成法庭笔录,在未来书记员可能不再担任庭审记录员工作,但是随着信息化的要求越来越高,书记员又增加了多项与电子有关的工作,如电子卷宗和电子送达。综上可知,书记员的工作内容可能会随着司法技术的发展发生变化,现阶段主要工作仍是记录、整理案卷等事务性的工作。

---

〔3〕 彭建新、何成兵编著:《书记员工作原理与实务》,中国政法大学出版社 2007 年版,第 2 ~ 3 页。

三、J省J市两级法院书记员流失情况分析(2008—2016年)

(一)近几年的流失情况

通过对2008年至2016年的流失情况进行统计,已知有210名书记员从法院系统流出,其中,男性99人,女性111人,学历为大专及以下的61人,本科的人数最多为137人,研究生有12人,有98人在法院工作不到1年就离开了法院,62人在法院工作1年至2年后离开法院,工作年限在3年以上的人数为20人,5年以上的仅为13人。流失的书记员中,入职年龄主要集中在21岁至25岁(含25岁),占流失人数75.29%,离职年龄亦集中于这个阶段,占流失人数63.33%,其次为26岁至30岁(含30岁),人数为59人,占流失人数28.1%。各年流失情况如图1:

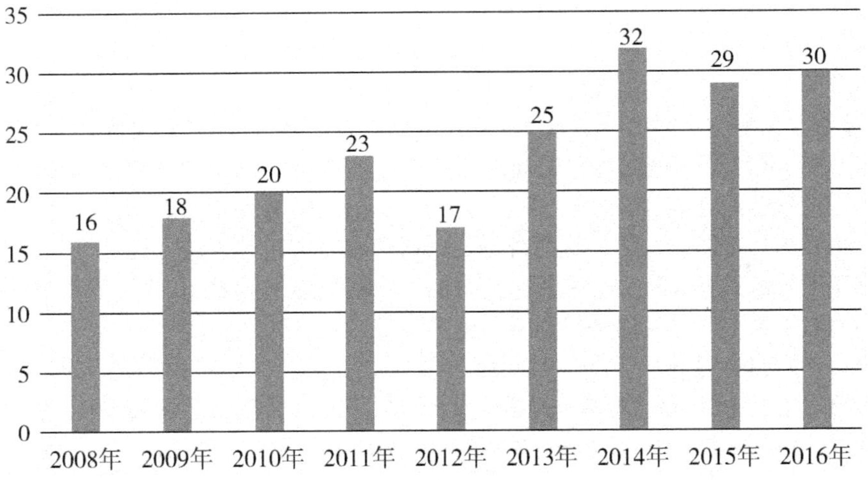

图1 2008—2016年J市法院书记员流失情况(单位:人)

书记员离开法院系统的方式主要是辞职、考出和调出,聘用制书记员的离开方式基本为辞职,另两类书记员离开方式主要为考出和调出,辞职的人员有154人,考出的人员有24人,调出的人员有34人,如图2:

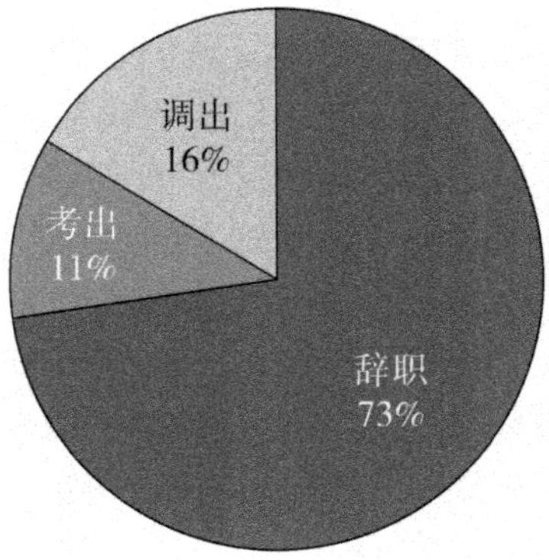

图2 法院书记员离职方式

关于书记员的流失去向,在J市本地主要为行政机关、事业单位、国家企业、银行等,从事的职业为公务员、老师、国企职员、银行职员等,去往发达地区的书记员主要从事律师和企业法务工作。整体而言在行政机关工作的人最多为136人，均获得公务员编制；有27人在事业单位工作，均获得事业编制；11人去往发达地区，1人仍在法院工作，1人在行政机关工作，3人进入企业从事法务工作，6人在律师事务所工作。

（二）问卷调查结果分析

笔者与这些离开法院的人员取得联系，有193人填写了调查问卷，并予提交，填写率为91.9%。样本的结构如表2：

表2 样本结构情况一览表

性别	男	89
	女	104
学历	大专及以下	52
	本科	130
	研究生	11
入职年龄	20岁以下	23
	21—25岁（含25岁）	139
	25—30岁（含30岁）	27
	30岁以上	4
任职年限	1年以下	62
	1—2年（含2年）	48
	2—3年（含3年）	44
	3—5年（含5年）	24
	5年以上	15
编制情况	聘用制书记员	146
	聘任制书记员	4
	委任制书记员	43

调查问卷（详见附件一）中关于离职原因设计了十项，要求填写者选择其中三项，对离职原因的选择结果如图3所示：

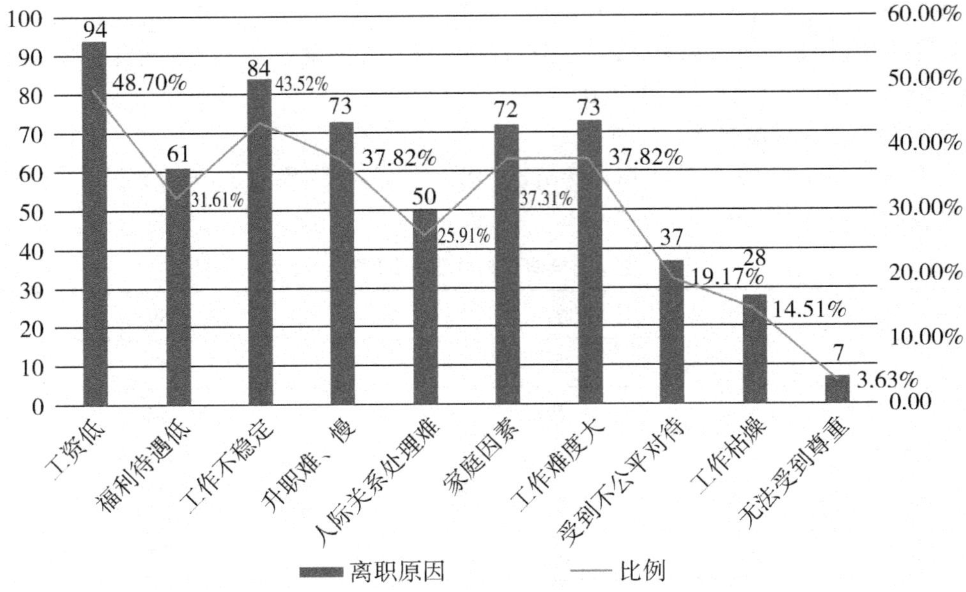

图 3　离职原因选择结果

在离职原因中选择“工资低”的人数最多,94 人选择了该项,占总人数的 48.7%;因工作不稳定而离开法院的书记员达到了 84 人,由于此次调查中聘用制人员为 146 人,其中有 84 人选择了该项,说明工作无编制、不稳定导致他们只能离开,去寻求更安稳的工作;工作强度大与升职难、慢并列系第三大离职原因,有 73 人选择该选项,占总人数的 37.82%;在选择因“家庭因素”离职的书记员中,女性 40 人,男性 32 人,总样本中女性是 104 人,男性是 89 人,选择该项的女性书记员在总体女性书记员中占比为 38.46%,男性则为 35.96%,差距并不明显。

调查问卷还对薪酬待遇、工作强度、工作稳定等因素设计了关联问题,问卷结果表明:关于工资,有近 80% 的人认为实际工资比期望工资低,无人认为实际工资高于期望工资。关于培训情况,有 76 的人表示从未参加过培训,占比 39.38%,96 人的表示参加过 1—2 次,占比 49.74%,选择 3 次的人仅为 21 人,占比 10.88%。关于工作强度的大小,选择“非常大”的有 25 人,“较大”的有 74 人,由此可见有超过一半人认为工作强度是不小的。关于晋升的可能性,119 人认为可能性“非常小”或“较小”,占总人数的 61.66%,说明离职的大部分人都认为自己很难在法院获得晋升。薪酬、福利分配是否公平这一问题,有 54.4%(105 人)提出了质疑,其中认为“非常不公平”的占 16.06%(31 人),说明被调查者对于分配公平仍然是比较在意的,但因为公平问题离职的人不多,这一结果产生的原因可能是大家对于公平的忍耐度普遍较高,为了自己的生存需要,可以忍受一定的不公平现象。

四、书记员流失影响因素分析

(一)用工双轨制引发公平问题

1. 编制的重要性

由之前的调查可知,对于聘用制和聘任制书记员来说,工作不稳定是他们离开法院的最主要的原因。在多数人看来获得编制的好处包括:(1)可以保证基本生活需要。行政编书记员工资比聘用制多 1000—2000 元/月,在福利方面,进入体制内以后会发放住房补贴,单位代为缴纳养老保险、住房公积金等。(2)被辞退的风险小。一旦进入了体制内,对公务员的升职、降职、开除等人事制度需依据《公务员法》执行,公务员不会被轻易地辞退,而在企业中员工会因各种原因被解雇,且还会面临企业破产、并购等商业行为和随时失业的风险。(3)拥有较高的社会地位。在社会中,所在的行业和职业决定了个人所属的社会地位,而中部地区整体作风趋于保守,在多数人固有观念里,能在国家机关上班是一件有"面子"的事。

2. 双轨制引发公平问题

法院招聘聘用制书记员主要是为了解决案多人少的问题,但由于机关事业单位的人事管理实行身份管理,而非岗位管理,[4]故引发的公平问题是不可忽视的,笔者认为,这是导致聘用制书记员流失的最大原因。

亚当斯衡平理论认为人产生的不公平感受源于与他人的比较。聘用制书记员在工资上既不能获得与非聘用制相同的工资,在福利上也无法获得同等的福利,更大的差异在晋升空间上,聘用制书记员没有资格参与单位里任何的行政级别升迁,也无法拥有民主测评中选举、被选举的权利,对于聘用制人员而言,这些权利的缺失使得他们没有归属感和荣誉感。在这样的情况下,他们不仅无法合格地完成工作,还很容易产生"得过且过"的想法,最终印证了亚当斯的公平理论的结论——消极怠工或者选择离开该岗位或该组织。

从内部劳动力市场角度分析,获得公务员编制相当于政府与内部公务员达成约定,政府为公务员提供工作岗位,只要员工不违反制度规定,政府就为该员工提供长久的生存需要,类似于雇主和员工签订隐形约定从而使员工在外部市场波动时能够免受影响,更何况体制内劳动力市场存在某种进入壁垒或制度性障碍,不能与外部市场自由竞争,[5]但是以上这些承诺聘用制员工均无法得到,他们不得不去自己寻找能够给予这样承诺的单位的岗位。

(二)薪酬福利不尽如人意

1. 工资待遇无法保证基本生存需要

根据马斯洛需要层次理论,生理需要是人最基本的需要,从这一调查结果来看,也恰恰说明了这一情况。当前法院给予书记员的工资不能保证他们的基本生理需求,所以多数人离开法院的目的在于寻找更能够满足生存需要的工作,由此产生了流失现象倒也不足为奇。根据J省统计局的统计数据,2015年J市城镇非私营单位在岗职工的年工资为45372元,[6]平均月工资为3781元,该工资与行政编制书记员接近,相当于聘用制书记员工资的两倍。律师与法院收入差距在发达地区表现得尤为明显,依据某招聘机构发布的《2016N市秋季雇主需求与白领人才供给报告》(N市为中部地区的较大城市),法律咨询的平均月薪系所有行业中最高,达到了9612元。[7] J省部分行业的工资情况见表3:

---

[4] 陈昭阳:《浅谈事业单位同工不同酬问题》,载《现代商业》2014年第21期,第111~112页。

[5] 刘志国、Jame Ma:《劳动力市场的部门分割与体制内就业优势研究》,载《中国人口科学》2016年第4期,第85~94页。

[6] 江西省统计局:《2015年城镇非私营单位在岗职工年末人数、工资》,载 http://www.jxstj.gov.cn/News.shtml? p5 = 8846647,最后访问日期:2017年1月31日。

[7] 《今秋南昌白领平均月薪6293元,财会律师工资最高》,载凤凰江西:http://jx.ifeng.com/a/20161027/5092733_0.shtml,最后访问日期:2017年2月12日。

表3 J省部分非私营单位行业的工资情况(2015)[8]

单位:元

	月平均额	年度总额
J市委任制书记员	3700左右	44400左右
公共管理、社会保障和社会组织	4867.67	58412
金融业	6951.33	83416
教育	4773.42	57281
卫生和社会工作	5336.17	64034
J市城镇非私营单位在岗职工工资	3781	45372
J市城镇居民消费水平	1773.92	21287

2.缺乏专业培训导致无法胜任工作

罗宾斯认为培训方式有许多种,在职培训、轮岗制、导师制、工作手册等。[9] 在我国最常采用的就是导师制,由资格较老的书记员带着新人从事书记员工作,但这种方式最大的弊端在于差异性,因为每个人有自己的做事习惯和方法,教出来的徒弟也不同,从而导致结果参差不齐。内部劳动力市场理论认为企业对特殊人力资源加大培训,能够减少流失率,因为特殊人力资源通过培训所获得的知识仅能对所在企业有用,特殊员工在培训后不仅获得相关技能,还能减少被企业解雇的可能性,这样两者才能够长期合作下去。

(三)工作负荷大导致不堪重负

1.工时长

我们对J市法院在岗的74名书记员进行了工时统计时,发现多数人都有过加班的情况。在调查时发现,超过五分之一的书记员表示每周加班次数超过三次,四分之一的书记员表示每周加班时长超过五小时。关于书记员工时的具体情况见表4:

表4 法院书记员工时情况

单位:人

庭室		刑事庭	民事庭	行政庭、审监庭	执行局	立案庭	人数	占比
正常工时(每天平均)		7—8小时	7—8小时	7—8小时	7—8小时	7—8小时		
加班次数(每周平均)	3次以上(含3次)	5	7	1	2	2	17	22.97%
	1—2次	6	11	2	4	7	30	40.54%
	0次	4	6	8	2	7	27	36.49%

[8] 江西省统计局:《2015年城镇非私营单位在岗职工年末人数、工资》,载http://www.jxstj.gov.cn/News.shtml?p5=8846647,江西省统计局:《2015年各地区居民消费水平》,载http://www.jxstj.gov.cn/News.shtml?p5=8846986,最后访问日期:2017年1月31日。

[9] [美]斯蒂芬·P.罗宾斯、玛丽·库尔特:《管理学》,中国人民大学出版社2012年版,第319页。

续表

庭室		刑事庭	民事庭	行政庭、审监庭	执行局	立案庭	人数	占比
正常工时(每天平均)		7—8 小时	7—8 小时	7—8 小时	7—8 小时	7—8 小时		
加班时长(每周平均)	5 小时以上(含 5 小时)	5	8	0	4	2	19	25.68%
	3—5 小时(含 3 小时)	3	5	2	2	1	13	17.57%
	1—3 小时(含 1 小时)	3	4	1	0	4	12	16.22%
	1 小时以下	0	1	0	0	2	3	4.05%
加班原因			接待当事人		外出执行、接待当事人	接待当事人		
		共同原因:整理材料、完成领导交办的事务						

因工作挤占了业余时间,多数人都无法在身心上获得放松,疲惫感油然而生。由于公务员并非《劳动法》约束的对象,对于加班能否获得补贴这一问题各个单位做法不一,有些单位无论员工加班与否一律发放加班费,有的不发放加班费,加班与不加班所获得的薪资没有什么差异,导致加班者感觉受到了不公平待遇,以致更有怨言。对于女性而言,工作时间的长短对流失的影响尤为明显,此次调查中工作强度大是女性书记员流失的第二大原因。有学者对城镇就业女性进行调查时也发现,超长的工作时间不仅可能损害女性的身心健康,而且会导致工作和家庭的冲突,从而直接或间接地影响女性的主观幸福感。[10]

2. 工作强度大

鉴于有一半以上的人认为书记员工作强度大,且有 37.82% 的人因此离职,为了探索书记员负荷的大小,笔者受 NASA - TLX 量表启发,试图通过数据来探寻书记员的工作负荷。[11] 笔者将该量表改为表格形式,依次赋值,便于采集信息,最终形成法院书记员工作负荷评价表,经过对在岗的书记员进行调研(详见附件二),得出以下结论,见表 5:

---

〔10〕 吴愈晓、王鹏、黄超:《家庭庇护、体制庇护与工作家庭冲突——中国城镇女性的就业状态与主观幸福感》,载《社会学研究》2015 年第 6 期,第 141 页。

〔11〕 肖元梅:《脑力劳动者脑力负荷评价及其应用研究》,四川大学 2005 年博士学位论文。美国国家航空航天局就脑力负荷设计了 NASA - TLX 量表,该表主要由六个维度组成,脑力维度(工作时需要多大的脑力)、体力维度(工作时付出多大体力)、时间维度(工作运行速率快还是慢)、努力程度(完成工作需要付出的努力大还是小)、业绩水平(取得成绩如何)和受挫程度(工作中感到沮丧的程度是大还是小),每个维度均由一条被二十等分的直线组成。

表 5　法院书记员工作负荷评价表

维度	1 分	2 分	3 分	4 分	5 分	平均值
脑力维度(由低至高)	2 人	11 人	15 人	15 人	31 人	3.88
体力维度(由低至高)	2 人	10 人	33 人	12 人	17 人	3.43
时间维度(由慢至快)	—	—	24 人	27 人	24 人	4
努力维度(由小至大)	2 人	4 人	6 人	37 人	25 人	4.07
业绩水平(由好至差)	20 人	24 人	27 人	—	3 人	2.22
受挫程度(由小至大)	2 人	8 人	32 人	10 人	22 人	3.57

注:"—"表示无人选择该项。

从以上数据可以看出,在书记员这项工作中所需要的脑力和体力是较多的,超过了 3 分的均值,工作任务被要求尽快完成,需要付出的努力也较多,但是业绩水平大部分书记员还是认为不够好,工作中产生的受挫感较强。

(四)晋升空间狭窄前景堪忧

实际上,不仅仅是聘用制书记员没有晋升空间,非聘用制书记员也表示晋升空间很狭小。对于非聘用制书记员来说,有两条晋升途径:一种是在法律职务上的晋升,另一种是行政级别上的晋升。

1. 法律职务晋升

现在司法改革对法官的任职要求变得更加严格,新入职的书记员需要花费更长的时间才能升为法官。在未司法改革之前,书记员升任助理审判员所需要的年限是 3—4 年,即试用期 1 年加任书记员 2—3 年。司法改革改变原来的审判模式,取消了"助理审判员"这一岗位,且缩减法官数量,使得原本已经是审判员、助理审判员的法官重新变为司法辅助人员,刚进入法院的新人仍然继续担任书记员或法官助理,原本 3—4 年即可成为法官,现在书记员是否能成为法官还未有相关文件,即使可以转为法官也至少需要 6 年,远超过之前的时间。两者的对比如表 6:

表 6　司改前后书记员转为法官所需条件对比

	司改前	司改后
是否需要通过司法考试	需要	需要
书记员能否晋升为法官	可以	文件未明确
晋升为法官的途径	书记员—助理审判员—审判员	可能是书记员—法官助理—法官
成为法官所需年限	3—4 年成为助理审判员	至少 6 年

从马斯洛层次需要理论分析,自我实现的需要是最终的需要,而晋升正是自我实现的一种表现方式,作为司法工作者,成为一名受人敬仰的法官是很多人的梦想,当在组织内无法实现梦想时,员工自然会流失。

2. 行政级别晋升

晋升是一种内部激励机制,若单位不给予员工一定的晋升期待性,那么员工对所在的单位的依赖感会有所下降,非常容易造成流失。法院本身人员众多,人事管理受到地方组织人事部门的限制,在整体编制缩紧的大环境下,想要解决职数问题是比较困难的。在政府机关,因部门数多人员之间可以相互流动,交流干部在晋升上的机会更多、更大,而法院是司法机关,即使是人员流动也是在单位内部,很难有机会在其他政府部门工作,行政待遇上的差异也是造成书记员流失的原因之一。

(五)家庭情感需求被忽视

感情需要是正常的生理和心理需要,尤其作为社会动物的人类更有该方面的需求,故除了工作本身的原因外,家庭也是多数人关注的方面。因为经济发展,城镇化进度加快,社会流动性加大,有许多周边地区的人选择来到J市工作,但由于并非本市人员,父母不在身边,"异乡人"的感觉异常强烈。

对于未婚人士而言,不仅仅是离父母远的问题,还有配偶问题,这部分人群因不是本地人所以交友圈狭窄,加之多数本地人不太愿意寻找外地人做配偶,部分流失在所难免。已婚人士的离职原因主要包括以下两个方面:一是维系夫妻感情。地理空间的远近容易对心灵的远近造成影响,许多人从家庭考虑,仍然想回到自己对象身边,以维持家庭的完整、生活的和睦。二是照顾家庭。在日常生活中,大家对于女性的定位主要由家庭出发,工作后的女性如何处理家庭角色和职业角色成为值得探讨的问题。"人们宁愿接受一个放弃事业且家庭幸福美满的女性,也不愿意接受一个事业成功但家庭不美满的女性。"〔12〕一位已婚女士在离开法院时就提到,离职原因是自己家里的孩子很不听话,工作了就没办法照顾小孩,所以只能辞职。

五、研究结论

通过以上分析,本文得出以下结论:(1)工资待遇、工作稳定性、家庭因素、工作强度和晋升空间对书记员流失的影响较大。(2)用工双轨制导致了有编制者与无编制者的流失原因不同,无编制者的流失原因主要来源于编制,他们的就业方向也倾向于有编制的工作,影响有编制者的流失因素主要是工资与晋升。(3)工作强度大主要源于工作时间长和付出与回报不成比例所带来的负荷,工时的长短对女性流失的影响较男性更为明显。(4)不同学历、年龄段人群的流失影响因素有差异,其中学历较低者更注重工作的稳定性,学历较高者注重工作的薪资和未来发展。

六、减少书记员流失的对策与建议

(一)建立书记员职业化制度,破解用工双轨制

此次司法改革的重要内容是提高法官准入标准,扩大法官与辅助人员比例。在这一背景之下,书记员职业化制度的建立条件和时机已经成熟,打破书记员体制内外二元劳动力市场的现状刻不容缓。

1. 建立职业准入制度

在我国,法律从业者需要参加司法考试,获得法律职业资格证书才能从事法律工作,但同样是司法工作人员的书记员却没有任何职业准入标准,在其他行业中已经形成了拥有资格证才能入行的考核方式,如教师、医生、会计。《教师资格条例》第2条要求从事教育教学工作,应当依法取得教师资格,而且该条例还对报考者需要具有的学历、教学能力和身体素

---

〔12〕 林吉玲:《20世纪中国女性发展史论》,山东人民出版社2001年版。

质作出了规定。[13] 建立职业准入制度可以规范书记员队伍,保证书记员发展,加强对书记员的管理,吸纳优秀的人才加入书记员行业。

借鉴教师资格制度的模式,我国书记员的职业准入制度应当包括以下方面的内容:(1)任书记员资格需要的基本条件。一是身体条件,应要求身体健康,身体是工作的本钱,没有好的身体无法完成工作;二是学历条件,书记员是一项需要与文字打交道的工作,在学历上应当至少具有大专学历才能胜任。(2)书记员考试内容、方式。在考试内容上应当包含思想政治认识、法律知识、档案知识、语文水平考察、文书制作、录入技能等,在考察方式上可以采用笔试、技能考试与面试相结合的方法,进行全面考察。(3)后续教育。由于书记员是一项与实践结合非常紧密的职业,在面对法律更新时,其知识体系也需更新,故将后续教育纳入准入制度中是非常必要的。

2. 构建一体化聘用制

在教师管理中,虽然实行了行业准入但仍然存在"双轨制"的现象,其根源在于"编制"的存在,要解决"双轨制"的根本就是要打破国家编制的终身制,现在国家正在逐步进行事业单位的改革,确立了事业单位与职工之间的合同关系,事业单位人员的编制不再具有终身性。

在建立了职业准入制度之后,法院可以将职业准入制度与聘用制结合,形成以资格证为基础的书记员聘用制度。这类聘用制与现在的聘用制不相同,不由各家法院各自为政、单打独斗,而是类似于之前的聘任制,由国家财政进行保障,但实行合同制管理。全部采用聘用制之后,书记员在身份问题上得到了解放,而且在职业化之后,就可以引入职称制度,建立初级、中级、高级的职称制度,并将职称与工作中的薪酬和晋升制度结合,形成以职称为基础的薪酬、晋升制度,此类书记员也不再向法官转变,而是有其自身的上升制度。

(二)确定书记员招聘条件,保证合适者进入

Fernández Aráoz Claudio 提出一味地追求高素质、不考虑岗位的实际需要,其结果会导致人才在岗位上无法发挥其用,最终流失。[14] 以上种种情况表明,了解法院自身的用人需求非常重要,因为招聘公告上写明的条件实际上表明了该单位所需要的人员类型,由此直接决定了是哪些人参与到招聘竞争中来,也将决定了哪些人将被排除在外。

1. 硬性指标的设置

在招聘中主要的硬性指标为年龄、学历、专业知识等。在年龄方面,年轻人的学习能力强,但同时年轻人喜欢新鲜事物,不稳定性更强,故在招聘时年龄的设置可以参考公务员的标准,设为35周岁以下。在学历方面,开设书记员专业、文秘类专业的一般为大专类司法警察类院校,则学历要求可以设为大专以上,这样既保证了队伍的素质也减少了流失。在专业知识方面,在书记员资格制度尚未建立的情况下,考查的范围应当与实际联系起来,包含法律、文书制作、材料整理等;如果已经建立了职业资格证制度,那么只需要求报考者具有该资格证即可。

---

[13] 《教师资格条例》,载百度百科:http://baike.baidu.com/link?url=5E71kARx2vfeB6_bxm4FNzA_u6GAJkhgQbNIGMGXZpuU64KWz5tUYY0kiAmlDbxD72bQOX8gqd3gZdcWqKYFN6amkNy26b-ONewPvLFeqoSz51IB-cN2f5GQHQxDfZpCCLEN1dKDOEFZQ0HdJPDAsq,最后访问日期:2017年2月20日。

[14] Fernández-Aráoz Claudio: Hiring and Managing in Turbulent Times, *Harvard Business Review*, Feb. 12, 2016, pp. 2-4.

2. 考察方式的选择

考察的方式在于尽可能多地寻找对工作重要的特征，选择何种方式来考察测试者的特征是重中之重。[15] 基本的技能测试可以采取笔试与实际操作相结合的方式进行考查，如对于应懂得的知识采用笔试的方式考察，对于技能，如打字技能、语言技能等，可以采用现场打字测试，朗读法律规定等进行考察。除了技能之外，员工的情商、工作能力、思想道德水平等也是应当考察的，职业兴趣测试、职业人格测试和职业匹配度测试是较常使用的测试。法院在招聘书记员时可以采用以上方式来更好地了解书记员，以此为辅助依据来选择合适的书记员，也可以针对不同的书记员调整管理方式，以加强书记员对法院的忠诚度。

（三）提高书记员薪酬待遇，保障生活需要

从调查可以看出多数书记员都认为工资、福利待遇较低，且存在收入差距大、分配不公平等诸多现象。而在用工双轨制上，最令人诟病的也是薪酬制度的不平等。

1. 薪酬体系改革

要对书记员薪酬体系进行改革，则应保证书记员的工资核算内容可靠。在未来与职称挂钩的情况下，笔者认为书记员的工资可由四部分组成“一是基本工资，二是绩效工资，三是资历工资，四是岗位津贴。

基本工资是书记员的底薪，为他们提供最基本的生存保障，在目前房价、物价等均上涨的情况下，基本工资应当超过所在地的月最低工资，这才能满足最基本的生存、生活需求。绩效工资则属于浮动性的工资，弹性空间很大，通过该项能够反映出书记员的工作质效，故绩效应当与书记员考核结合起来。资历工资并不等于在法院工作年限越长拿的工资就越多。在企业里为了减少员工的流失，会采取设定最低工龄年限，若未达到该年限则无法取得资历工资，为了减少流失法院亦可借鉴。岗位津贴在我国高校教师的收入中占有一席之地，经研究，影响教师岗位津贴的因素包括教师个人的学历、职称、年龄和管理层次和工作业绩中的科研成果、科研项目、教学工作等。[16] 参考教师的岗位津贴设计，书记员的岗位津贴亦可与学历、考核结果、所在的职级等级（初级、中级、高级）进行挂钩。

2. 加强书记员职业培训

出于现实考虑，多数法院不会对聘用制书记员进行培训，未经培训的书记员不但无法尽快开展工作，而且对法院没有归属感。有学者还提出因为组织没有提供任何系统化的培训计划，也未进行追踪，会导致培训被认为是一种强加的负担。[17] 事实上，培训的作用是强大的，首先，培训能让每位书记员从思想上端正态度，了解自己的职业和职业精神，其次，培训可以让书记员对于具体实务操作有基本的了解，便于日后工作，最后，培训能将这些书记员聚集起来，加强凝聚力，也让他们对法院有了归属感。

法院可以采用多种培训方式为书记员提供培训。笔者建议每个省的省高级人民法院参考北京高院的做法，与政法类高职院校合作，[18] 切实提高书记员队伍整体的素质和书记员个人的职业水平。另外，法院还可以通过举办各类讲座来提高书记员的职业性。

---

〔15〕［美］加里·德斯勒：《人力资源管理》（第12版），刘昕译，中国人民大学出版社2012年版，第159页。

〔16〕邢志杰、闵维方：《影响高校教师岗位津贴分配的因素分析》，载《教育与经济》2006年第2期，第6~7页。

〔17〕唐纳德·E.克林纳、约翰·纳尔班迪、贾里德·洛伦斯：《公共部门人力资源管理系统与战略》（第六版），孙柏瑛、于扬铭译，中国人民大学出版社2013年版，第214页。

〔18〕王淑萍：《融合政法行业优秀文化构建政法类高职院校文化——以北京法院书记员培养为例》，载《当代职业教育》2014年第9期，第20页。

3. 提升书记员公平感

除了工资待遇、培训机会之外,对很多聘用制书记员而言,因为编制上的差异,他们所面临的不公现象在很多方面均有体现。作为法院应注意,对于书记员工作所需的制服、交通工具、文件资料等应当按需发放,而不是按编制发放,防止因级别、因编制差异而导致福利获得产生差异。除一视同仁以外还应当加强沟通。对于同样一件事物,由于个体的不同会产生不同的反应和想法。[19] 法院可以构建沟通平台来推进干警之间的相互理解和支持。通过举办交流会,了解书记员的想法和工作中的困难,并且及时解决与反馈,切实增加员工与组织间的亲密感。

(四)拓宽书记员晋升渠道,加强职业保障

根据内部劳动力市场理论,职位晋升方式能够形成长期激励机制,晋升带来的竞争不仅能够激励员工付出更高的努力水平,还可以减少偷懒和搭便车行为。[20] 从现实中的情况来看,这一方式可以保证有经验、有资格的书记员留在法院内部,能够大大提高法院的工作效率。

1. 为聘用制书记员制定晋升制度

在未来很长一段时间,鉴于法院员额制改革,招聘无国家编制的书记员将成为法院经常性的工作,这种以编制划分人员的情况也在法院将长期存在,故对于他们而言,若法院给他们开辟新的晋升渠道更容易留住他们。

案件大省江苏省就对书记员采用了序列化管理的方式。由省法院统一招录、专业培训,对全省法院书记员实行分级管理,先将岗位分为初级、中级、高级三个等级,再在同一等级内继续细分成三等、二等、一等三个等次。高级书记员满一定年限后可以申请为特级书记员。[21] 与江苏省书记员序列化管理相类似的,深圳市盐田区法院对法官助理进行了分级管理,盐田法院将法官助理岗位共分五级,每个级别对应一个工资标准,同时制定了法官助理等级升降制度和竞聘机制。[22]

参考江苏省书记员序列化管理与深圳市盐田区法院的分级管理,并且结合之前提出的职业准入制度,笔者建议以以下方式设置晋升制度:

由于内部劳动力市场会出现“天花板”现象,也即随着晋升级别的上升,晋升的空间会越来越小,故在一级书记员之后,设置特级书记员。一级书记员想要晋升为特级书记员需申报,申报条件为任一级书记员3年以上,每年年度考核结果为合格及以上,特级书记员从这些符合条件的高级书记员中进行选拔,特级书记员的人数不超过书记员总人数的5%。

2. 给予符合条件者多种选择

一是允许书记员转为法官助理或法官。大部分行政编制书记员其本身是法律专业也就具有了一定的法律基础和素养,在从事书记员工作后又对审判具备了实际经验,故不阻断书记员往法官的晋升道路,事实上是节约司法资源的表现。同时,为了保持高素质的法官队伍,则对于书记员转为法官助理或法官应当限定一定的条件,除了应当满足任法官或法官助

〔19〕 孙怀平、朱成飞:《基于公平理论的人力资源管理政策》,载《现代管理科学》2007年第1期。

〔20〕 王淑娟:《基于内部劳动力市场理论的民营企业激励制度研究》,北京交通大学2015年博士学位论文。

〔21〕 娄银生:《江苏法院书记员管理体制改革迎来收官之作》,载《人民法院报》2015年12月20日第001版。

〔22〕 包力、曾殊:《盐田法院在全国率先启动聘用制人员改革 聘用制法官助理有了晋升通道》,载《深圳商报》2014年10月31日第A01版。

理的基本条件(学历、年龄、通过国家司法考试等)外,还应在任职等级和任职年限上对此作出要求。

二是加强书记员岗位交流。我国《公务员法》规定,公务员可以内部进行交流,也可以与事业单位、国有企业等进行交流。在法院,部门的专业性较强,长期在同一部门工作不利于人才的成长。采用轮岗制,既使得书记员对各庭室的工作均十分熟悉,提高了书记员的素质,又能够增强书记员的活力,防止长期从事同一类工作而产生倦怠感。

(五)关注书记员身心需要,缓解工作压力

人非草木,孰能无情,每个人都有自己的生理和心理需求。作为职场角色,书记员是司法辅助人员,是为我国的法治事业做出贡献的人;作为家庭角色,他们又是父母的期望,子女的榜样,配偶的依靠。处理好这多重角色,不仅需要书记员自身的智慧,还需要法院的关爱和组织的帮助。

1. 缓解办案压力

为了缓解办案压力,有许多法院创设了"法院沙龙"或"法苑茶座",[23]单独拿出一个办公室或空地,为法院工作人员提供茶水、点心、休闲的桌椅和可供阅读的书籍,在这里能够放松心情,也可以组成兴趣小组,释放负面情绪。院工会应多开展集体活动,在周末或特殊节日通过联欢会、素质拓展、集体郊游、运动会等方式,加强院内员工的感情,让年轻人感受到集体的温暖,减少孤独感和排斥感。

2. 解决生活压力

有些书记员面临与配偶异地居住的问题,法院在能力范围之内,尽力帮助解决异地调动或配偶工作问题,则外地人流失问题会大大减少。有些人家庭比较困难,无法购买房产,组织上为这部分人提供福利租房,能够加强他们对组织的感恩之情,保证他们的就业稳定性。另外因为法院属于人数较多的部门,每年招录的年轻人较多,为了让优秀人才安心工作,可以充分发挥院团委的作用,多与其他单位沟通联系,帮助未解决个人问题的青年人找到心仪的对象。

【导师点评】

罗慧青的硕士学位论文《中部地区法院书记员流失及影响因素研究——以J省J市两级法院为例》,选题具有重要的理论价值和现实意义,是我国依法治国领域的重要研究课题。作者采用了实证研究与文献梳理相结合的方法对选题展开研究。论文结构严谨合理,素材十分丰富,立论有据,分析深刻,文字流畅。作者认为,造成两级法院书记员流失的主要原因在于工资待遇不合理,工作强度过大,书记员晋升空间较小,以及书记员的双重编制等问题。作者提出了解决问题的对策,诸如建立书记员职业化制度、确立书记员招聘条件、提高书记员的工资待遇、拓宽书记员的晋升渠道等。这些研究结论和对策建议都是正确的,对基层法院建设和发展具有重要的参考价值。论文达到了华东政法大学优秀硕士论文的标准,符合出版的要求。

(指导教师:黄安余)

---

[23] 《法苑茶座:法官们的"加油站"》,载路桥新闻网:http://luqiao.zjol.com.cn/luqiao/system/2015/12/22/020039109.shtml,最后访问日期:2017年2月14日。

个人收入水平、互联网使用与警察信任

吴　乐*

一、问题的提出

近年来,警察与公众的关系呈现出一种看似紧张的态势。从实证调查的数据来看,2010年中国综合社会调查中公众对警察信任为73.85%,而2013年中国社会状况综合调查的数据显示公众对警察信任仅为64.1%,2016年5月20日,中央深改组出台《关于深化公安执法规范化建设的意见》,意图从顶层设计来规范公安执法行为,提升警察在民众中的公信力,让民众在公安执法过程中感受到公平正义。提高警察在民众中的公信力,即要增强公众对警察的信任,改善当前警察的社会形象。

当前社会,总体性社会特征逐渐式微,多元现象逐渐增强,公众生活个体化,利益诉求多样化,参与意识增强。在此种状态下,社会不信任现象呈现蔓延性和传染性,社会公众"习惯性质疑",[1]特别是对公权机关人员,恶化了公权机关人员的社会形象。社会分化使得政治、经济、文化不同所形成的利益群体在社会认知上产生了巨大的差异,并随着市场经济的快速发展,尤其以经济差异最为突出。

同时,随着互联网等新媒体的发展,"大众麦克风时代"的出现,打破了传统的信息传受关系,信息流通进一步加剧,使得公众能拥有新的信息获取和交流的平台,并利用新平台进行相关动员,维护自身利益。新媒体发展使得警察工作日益"透明化"或"被透明化",负面新闻的快速传播引发了警察形象危机,导致警察信任问题的加剧。[2] 随着社会不信任程度的加剧,公众的安全需求日益增长,迫使公众对警察有特别大的媒体消费需求。有研究证实,公众与警察的直接接触微乎其微,更多的是来自媒体对警察的报道。2009年在英国的犯罪调查显示85%的人认为媒体是最主要的信息来源,少于30%的人与警察有直接的接触。[3] 现代人的行为已经不是对真实的客观环境的反应,而成为对大众传播提示的"拟态环境"的反应,也就是公民在心理上自己认为是处于这样一种"环境"中的。[4] 为此,公众基于警察的态度在很大程度上是通过媒体形塑的。当前社会,互联网是影响社会公众对警察信任的重要媒介,因此互联网使用与否及其对警察信任产生多大的影响也是本研究一个重要的关注点。

---

* 吴乐,华东政法大学2017届社会管理专业硕士研究生。

〔1〕 朱志萍:《信任理论视野下的警察形象建设研究》,载《理论界》2014年第3期,第46页。

〔2〕 朱志萍:《信任理论视野下的警察形象建设研究》,载《理论界》2014年第3期,第46页。

〔3〕 Jonathan Jackson, Ben Bradford, Betsy Stanko, and Katrin Hohl Publisher: Just Authority? Trust in the Police in England and Wales, London, New York, 2013.

〔4〕 周庆山编:《传播学概论》,北京大学出版社2004年版。

为此，本文基于上述原因，意图从实证角度来探讨当前不同的收入群体对警察信任是否存在差异，同时，互联网又在其中发挥着怎样的作用？

二、分析思路与假设

改革开放以后，一些新的社会阶层逐渐形成，各阶层之间的社会经济地位和生活方式及利益认同的差异日益明晰化，[5]社会的分化不再是政治上意识形态的分化，而是基于社会经济地位的差异形成的新的分化格局。当前社会中，经济地位相似，其所构成的群体利益诉求和价值追求相近。中国社会学一致认为，在当代中国社会，权力（组织资源）、财富（经济资源）和教育（文化资源）是决定一个人社会经济地位的关键要素。[6] 经济方面的地位体现在个人收入水平，收入水平越高，享有的经济地位越高。

互联网的使用，作为一种社会生活方式，成为不同群体之间沟通、交流的渠道，正是由于互联网的使用与否才改变原有的认知结构和行为模式。媒体是人们了解警察的主要渠道，对公众的认知具有重要的影响力。[7] 当前社会，具有最大影响力的媒体就是互联网。网络使用对政治信任具有显著的、稳定的负向影响。[8] 警察作为公权力的代表，自然成为互联网上重点讨论的对象，成为“全景式监控”的对象，关于警察的各种报道随处可见。在当前社会生态中，警察往往被视为强势的一方，一旦在互联网上引发热议，容易造成同情弱者的效应，影响社会大众对警察群体的信任。

依据上述分析逻辑，由此，形成本研究的分析框架如下图1所示：

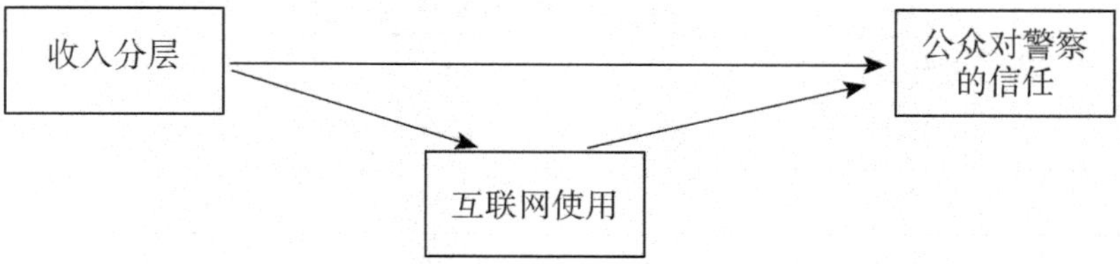

图1 研究分析框架

不同收入的群体之间的利益诉求和期待具有较明显的差异。一般来讲，收入越高者对于个体及社会安全具有更大的期待，对自身利益保护具有更强烈的要求。警察执法和服务过程中的行为很可能会让收入较高者感受到对自身的威胁。加之互联网对社会生活的全面影响，让高收入人群可以更多地接触到社会上互联网的使用，让收入越高的人越容易产生不安全感，对警察行为深表质疑，更期待警察能够提供更加优质的服务。而收入较低的群体则可能基于自身条件，对互联网使用接触较少，或为生计奔波关注警察报道较少，或为历史原因互联网使用能力较低。在已有的研究中，卢国显、张亚飞在全国五个城市的调研中认为，经济地位较高的居民，他们对警察的理解、认同、信任、工作支持程度较低。[9] 根据研究分

---

〔5〕 李春玲：《中国社会分层与生活方式的新趋势》，载《科学社会主义》2004年第1期，第13页。

〔6〕 陆学艺：《当代中国社会阶层研究报告》，社会科学文献出版社2002年版。

〔7〕 顾睿：《警察形象的媒介呈现——以2011年〈人民日报〉和〈南方都市报〉的报道为例》，安徽大学2012年硕士学位论文，第15页。

〔8〕 章秀英、戴春林：《网络使用对政治信任的影响及其路径——基于9省18个县（市）的问卷调查》，载《浙江社会科学》2014年第12期，第97页。

〔9〕 卢国显、张亚飞：《当前我国城市警民距离的实证研究——以北京、天津、深圳、成都、衡水五市为例》，载《中国人民公安大学学报》（社会科学版）2015年第1期，第114页。

析框架和上述分析,本研究提出个人收入水平与公众对警察信任关系的假设:

假设 1.1:经济地位与对警察信任度呈负相关。

假设 1.2:经济地位高者对警察的信任度更低,部分是因为其更多使用互联网。

三、数据与变量

(一)数据

本研究数据运用中国人民大学中国调查与数据中心 2010 年进行的全国性的"中国综合社会调查"数据(下用 CGSS2010 代替)。CGSS2010 采用多阶分层概率抽样设计,在中国大陆 31 个省级行政单位中抽取 100 个县(区),再加上北京、上海、天津、广州与深圳 5 个大城市,作为初级抽样单元。在每个抽中的县区内,又随机抽取 4 个居(村)委会,每个居(村)委会又选择 25 个家庭,对 18 周岁及以上的居民进行入户调查,最终的有效样本量为 11785 个,应答率为 71.32%。

(二)变量

本研究的因变量是警察信任,在当前学术界较多的研究把对警察的信任操作为对公安机关的信任,因此在本研究中也操作为对公安机关的信任程度。在问卷中被访者被询问对一系列机构的信任程度,其中包括"公安机关",答案从"完全不可信"到"完全可信",编码为 1 到 5。其分布如表 1:

表 1　公安机关(警察)信任程度

对公安机关(警察)信任	频数	百分比(%)
完全不可信	311	2.66
比较不可信	861	7.35
居于可信与不可信之间	1891	16.15
比较可信	4823	41.19
完全可信	3824	32.66
合计	11710	100.00

这一分布表明中国民众整体上对公安机关(警察)有着较高的信任度,可信的比例达到 73.85%。但从 CGSS2010 年调查数据中关于 12 个机构的调查中,通过对不同的机构信任分布情况进行均值计算,对公安机关的信任度排在第六位,处于中等水平。[10] 这说明警察还是有不错的支持度和社会基础,但与其他机构相比,其信任情况却不容乐观,是急需要提高民众对其信任的群体。

本研究的核心自变量为个人收入。收入变量通过对调查对象前一年的个人年收入进行测量,为定距变量。因收入缺损值较多,所以在本文中将缺损值统一转换成均值纳入回归模型。由于收入分布不符合正态分布,因此将个人收入转换成个人收入对数,以避免样本中收入出现奇异值所产生的系数估计偏误。中介变量为互联网使用。控制变量为年龄、受教育

〔10〕 这 12 个机构信任均值得分排序分别是中央政府 4.38、军队 4.37、全国人民代表大会 4.34、学校及教育系统 4.06、中央媒体 4.06、公安机关 3.94、法院及司法系统 3.92、本地政府 3.68、地方媒体 3.63、公司企业 3.14、民间组织 3.10、宗教组织 2.62。

程度、政治身份、性别、民族、户口、居住地、工作类型、普遍信任、传统媒体使用。

本研究的主要变量描述性统计如表2所示。

表2 变量的描述性统计

变量	观察值	均值	标准差	最小值	最大值
警察信任	11710	3.938343	1.008694	1	5
性别(男=0,女=1)	11783	0.518204	0.49969	0	1
民族(少数民族=0,汉族=1)	11761	0.906556	0.291067	0	1
户口(农=0,非农=1)	11768	0.513256	0.499846	0	1
居住地(农村=0,城市=1)	11783	0.612917	0.487104	0	1
工作类型(农业=0,非农=1)	11775	0.670403	0.470087	0	1
一般信任	11762	3.503826	1.09479	1	5
报纸	11730	2.258142	1.32096	1	5
电视	11715	1.890055	1.071795	1	5
广播	11705	1.824178	1.163429	1	5
杂志	11768	4.112339	0.967452	1	5
年龄	11780	47.30272	15.6793	17	96
教育程度	11768	8.707937	4.63058	0	19
政治身份(党团员=1,其他=0)	11767	0.172431	0.377771	0	1
收入	11783	19210.58	75054.65	0	6000000
互联网使用	11715	1.927187	1.426561	1	5

(三)主要分析方法与模型

本研究通过使用STATA统计软件对数据进行整理和分析,主要采取描述统计、多元线性回归和中介效应分析的方法。

本研究的描述统计主要通过建立警察信任与收入之间的交互分类表,以此来了解警察信任的现状与收入之间的交互关系,分析出简单的趋势。

由于因变量警察信任是一个五分定序变量,对此类变量,学界一般采用两种分析方法:多元线性回归和序次逻辑斯蒂回归。为了使用下文所提到的温忠麟教授的中介效应检验方法,本文采取了多元线性回归模型,而其结果与使用序次逻辑斯蒂回归得出的结果一致。在本研究中先把控制变量作为自变量形成一个基准模型(模型1);然后在基准模型的基础上加入中介变量形成模型2,最后加入收入变量形成模型3,形成一个嵌套模型。

为了研究互联网使用在不同收入群体之间对警察信任差异中的影响,本研究还进行了中介效应分析。对于其中在0.05水平及以上具有统计显著性的变量,采用温忠麟教授等提出的中介效应检验方法探讨互联网使用对不同收入群体之于警察信任是否具有中介作用,并计算出其中介效应大小。

按照温忠麟教授提出的中介效应检验方法,我们建构起三步回归程序:

$$Y = cX + e1$$
$$M = aX + e2$$
$$Y = c'X + bM + e3$$

如果下面两个要件成立,则中介效应显著:系数 c 显著;系数 a 显著,且系数 b 显著。其解释为:依次检验 a 和 b,如果都显著,说明 X 对 Y 的影响至少有一部分是通过中介变量 M 实现的。检验 c′,如果 c′不显著,说明是完全中介过程,即 X 对 Y 的影响都是通过中介变量 M 实现的。如果 c′显著,说明只是部分中介过程,即 X 对 Y 的影响只有一部分是通过中介变量 M 实现的。[11]

四、数据分析

(一)个人收入水平对警察信任影响的描述性分析

为了考察个人年收入与警察信任双变量之间的关系,需要对这两个变量进行一个交互分类的描述性统计。其与警察信任的交互变量关系如下表 3。

表 3　个人收入与警察信任的交互分类(N = 10105)

个人年收入(元)	完全不可信	比较不可信	居于可信与不可信之间	比较可信	完全可信
无收入	31(2.69%)	86(7.46%)	186(16.13%)	492(42.67%)	358(31.05%)
0—1 万	62(1.74%)	226(6.36%)	403(11.34%)	1313(36.93%)	1551(43.63%)
1 万—2 万	67(2.88%)	182(7.82%)	395(16.98%)	948(40.76%)	734(31.56%)
2 万—3 万	48(3.44%)	97(6.94%)	244(17.47%)	615(44.02%)	393(28.13%)
3 万—4 万	24(3.64%)	53(8.03%)	127(19.24%)	285(43.18%)	171(25.91%)
4 万—5 万	13(4.59%)	31(10.95%)	57(20.14%)	113(39.93%)	69(24.38%)
5 万—6 万	6(2.79%)	25(11.63%)	46(21.40%)	95(44.19%)	43(20.00%)
6 万—7 万	4(2.86%)	19(13.57%)	37(26.43%)	56(40.00%)	24(17.14%)
7 万—8 万	1(1.79%)	7(12.50%)	17(30.36%)	24(42.86%)	7(12.50%)
8 万—9 万	4(5.56%)	5(6.94%)	15(20.83%)	36(50.00%)	12(16.67%)
9 万—10 万	0(0.00%)	2(9.52%)	6(28.57%)	6(28.57%)	7(33.33%)
10 万及以上	17(7.49%)	30(13.22%)	50(22.03%)	95(41.85%)	35(15.42%)
合计	277(2.74%)	763(7.55%)	1583(15.67%)	4078(40.36%)	3404(33.69%)

如果将对警察信任态度的比较可信和完全可信合并为高信任度,整体高信任度为 74.05%。就各收入段来看:无收入段对警察高信任度达到 73.72%,0—1 万元收入段比例为 80.56%,1—2 万元收入段比例为 72.32%,2—3 万元收入段比例为 72.15%,3—4 万元收入段比例为 69.09%,4—5 万元收入段比例为 64.31%,5—6 万元收入段比例为 64.19%,6—7 万元收入段比例为 57.14%,7—8 万元收入段比例为 55.36%,8—9 万元收入段比例为 66.67%,9—10 万元收入段比例为 61.9%,10 万元及以上收入段比例为 57.27%。其中对警

〔11〕 温忠麟等:《调节效应和中介效应分析》,教育科学出版社 2013 年版,第 75 页。

察高信任度比例最高的为0—1万元收入段,比例最低的为7—8万元收入段。整体看来,仅有0—1万元收入段比例高于平均比例,处于收入低水平的信任度要高于处于收入高水平段。这说明收入水平会对警察信任产生影响,高收入的人群相对于低收入人群更不倾向于信任警察。

由于本研究使用的数据是2010年进行调查的,那么过去一年的年收入为2009年所得。根据国家统计局2010年公布的数据:全年城镇居民家庭人均总收入18858元,其中城镇居民人均可支配收入17175元,[12]因此收入在2万元以下的为中下收入人群。所以总体看来,收入水平越高者对警察信任度越低。整体趋势是随着个人年收入水平增加,其对警察信任程度有下降的趋势。其中,收入0—1万元对警察的信任度高、10万元及10万元以上对警察信任的低信任度最为突出,这反映出收入两级中的两级严重分化情况。

(二)个人收入对警察信任影响的回归分析

为了保证数据的完整性,在本研究中将个人收入的缺损值转化为均值。同时为了减弱模型数据中异方差性,让自变量和因变量转化呈线性关系,因此在模型中将个人收入转化成个人收入对数纳入模型中。多元回归模型结果见下表4。

从模型一中可以得知:性别、民族、户口、居住地、工作类型、普遍信任、互联网使用、年龄、受教育程度等变量均具有显著性。从性别上来看,女性比男性更倾向于信任警察。从民族上来看,汉族比少数民族更不信任警察。从户口上来看,农业户口比非农业户口更信任警察。从居住地来看,居住在城市的人比住在农村的人更不信任警察。就工作类型而言,从事非农工作的人比从事农业工作的人更不信任警察。就信任度来看,如果一个人对社会大众越信任,那么他会更加信任警察。年龄、受教育程度均在0.01的水平上具有显著性,年龄越大,越信任警察,但受教育程度越高,越不信任警察。

从模型二的数据来看,互联网使用在0.01的水平上具有显著性,表明互联网使用的越频繁,其对警察信任程度可能越低。

在模型二的基础上纳入个人收入的变量,该变量在0.01水平上具有显著性,调整后的R^2从0.082上升到0.084,说明模型的解释力增加了0.002,个人收入变量对整个模型的解释力提升了千分之二。这表明在控制了其他变量的基础上,个人收入变量依然对警察信任具有影响。因个人收入变量在回归分析中系数为负,表明个人收入变量与警察信任为负相关,即个人收入越高其对警察信任度越低。因此,假设1.1得以验证。

表4　个人收入对警察信任影响的多元回归分析

变量	模型一	模型二	模型三
性别	0.0456** (0.020)	0.0430** (0.020)	0.0332* (0.020)
民族	-0.189*** (0.033)	-0.179*** (0.033)	-0.176*** (0.033)
户口	0.0909*** (0.030)	0.0726** (0.030)	0.0672** (0.030)
居住地	-0.0896*** (0.030)	-0.0781*** (0.030)	-0.0687** (0.030)
工作类型	-0.0993*** (0.030)	-0.0995*** (0.030)	-0.0728** (0.030)
一般信任	0.149*** (0.0088)	0.149*** (0.0088)	0.149*** (0.0088)
报纸	-0.0278** (0.011)	-0.0262** (0.011)	-0.0223** (0.011)

〔12〕 载http://finance.sina.com.cn/china/hgjj/20100121/10297284422.shtml,最后访问日期:2017年1月18日。

续表

变量	模型一	模型二	模型三
电视	-0.0000375(0.013)	0.00906(0.013)	0.00798(0.013)
广播	0.0191**(0.0089)	0.0204**(0.0089)	0.0218**(0.0089)
杂志	0.0203**(0.010)	0.0139(0.010)	0.0158(0.010)
年龄	0.00431***(0.00076)	0.00277***(0.00082)	0.00265***(0.00082)
政治身份	0.0187(0.027)	0.0305(0.027)	0.0325(0.027)
受教育程度	-0.0142***(0.0032)	-0.0110***(0.0032)	-0.00879***(0.0033)
互联网使用		-0.0466***(0.0092)	-0.0417***(0.0093)
收入			-0.0506***(0.011)
常数	3.503***(0.086)	3.632***(0.090)	4.047***(0.13)
样本量	10402	10402	10402
调整后的 R^2	0.080	0.082	0.084

(1)表中所列为标准化了的回归系数,括号内为标准误差。(2)*** P<0.01;** P<0.05;* P<0.1(双尾检验)。(3)以男性、少数民族、农业户口、农村、从事农业工作、非党团员为参照。

从表4建立的多元回归分析模型中得知:个人收入差异对警察信任具有负向影响关系。但个人收入是否通过第三个变量对警察信任产生影响则属于未知,因此互联网使用在其中的作用需要进一步进行验证。通过上述的研究方法,本部分依然采用三步回归程序构建中介效应检验,其检验结果如下表5所示。

从表5中的分析结果可以看出:经过依次检验,中介变量检验模型中的c、a、b和c'都在0.01水平上具统计显著性。据此,可以认为,互联网使用在个人收入对于警察信任的影响中起着部分中介效应。由于在检验中c值为负数,这说明个人收入越高的人群在互联网使用倾向方面较个人收入低的人强;同时检验模型中的a为正值,因此可以接受假设1.2,即收入越低的人较收入越高的人更信任警察部分是因为他们的互联网使用倾向更弱。

根据中介效应与总效应之比的计算方法得出互联网使用在个人年收入对警察信任影响中的中介效应大小为33.06%。这说明,不同收入群体对警察信任的差异大约有三分之一是由于他们在使用互联网上的差异。

表5 互联网使用在个人收入对警察信任影响中的中介效应分析

	互联网使用(M)	对警察的信任(Y)	
		T1	T2
前置变量			
个人收入(X)	0.554***(0.011)	-0.157***(0.0088)	-0.106***(0.0096)
中介变量			
互联网使用(M)			-0.0945***(0.0074)
模型 sig	0.000	0.000	0.000
调整后的 R^2	0.18	0.03	0.04

①表中所列为标准化了的回归系数,括号内为标准误差。②*** P<0.01;** P<0.05;* P<0.1(双尾检验)。

五、结论与讨论

本研究通过对 CGSS2010 年的数据分析，可以得知：社会大众对警察信任持有一个较高的水平，但和其他机构相比较仍处于较低水平。根据研究思路和框架，研究中对个人收入对警察信任的影响作了统计分析，并进一步探讨了互联网使用之于公众对警察信任影响的中介作用。通过描述性统计、多元回归分析、中介分析等方法，本研究得出了以下主要结论：个人收入越高者对警察的信任度越低，部分是因为其更多使用互联网，其中介效应比为 33.06%，这表明在收入分层中互联网使用对不同收入水平的群体对警察的信任差异有约三分之一的影响。在已有的文献研究结果中收入变量都不存在显著的影响，如 Cao and Hou、[13] Wu and Sun[14] 与王永杰、颜莹莹[15] 的研究。而本文的研究发现收入对警察信任具有负向关系，并且与其他社会经济地位变量相比，其对警察信任的影响最大，这说明在社会不断变化的情况下，高收入人群安全和服务需求增加突出，而现阶段他们的利益需求在很大程度上没有得到满足。是否有进一步的影响是接下来可以重点关注的视角，当然最好还是使用纵向数据推进分析。

综上所述，研究发现：在社会日趋分化和多元化的背景下，警察信任在不同收入群体中存在较大差异。收入水平较高的群体对警察信任度不高，而这部分人群，对社会生态具有较大影响，可以表明的是警察信任在当前社会占据主导地位群体中具有较大不信任度，警察信任现状亟需改善。另外，互联网时代的当下，其对警察信任影响尤其值得关注，互联网作为一种社会生活方式，深刻影响着公众对警察的评价，如何在互联网上树立警察良好形象是重要课题。总的来说，公共安全保障和警务服务在当前社会是大众的重要需求，社会大众对警察信任受到互联网影响较大，解决不同群体之间的警事需求仍是未来重点方向，在这其中互联网影响应该被充分认识到，要发挥互联网的作用。

因此，首先，需要关注不同收入群体之间的差异，构建不同的警事服务体系，以满足不同群体的差别化需求。对症下药，针对不同的群体实施不同的警务政策，解决不同的利益诉求。其次，警察信任提升还需要积极运用媒体工具。新闻媒体有关警方的负面报道令民众信以为真后，其之前建立起的警察信任便会随之消减。[16] 要继续发挥电视、报纸等传统媒体的影响，正面引导社会大众积极参与警事活动中，树立警察正能量的形象，稳固警察在群众中的作用。还要充分利用互联网等新媒体，改善互联网上关于警察形象的生态。当前互联网上充斥着较多关于警察的负面消息，这大大影响了使用其的群体。因此，互联网使用中关于警察的舆情和信息值得跟踪和及时处理，与网民进行合理互动，以便净化互联网警察形象，提升社会大众特别是网民对警察的信任。警务需要面向互联网，从线上到线下，及时处理网络上涉警舆情，加强网络舆情应对能力。但要改善互联网上关于警察的负面影响，关键还在于警察打击犯罪能力、服务社会大众能力提升、个体素质及廉洁形象。

当然要提升警察信任还需要综合考虑社会结构性因素，其主要表现为当前警察自身定

---

〔13〕 Cao Liqun, C. Hou, A Comparison of Confidence in the Police in China and in the United States, *Journal of Criminal Justice*, 2001, pp. 87 – 99.

〔14〕 Wu, Yuning, I. Y. Sun, Citizen Trust in Police: The Case of China, *Police Quarterly*, 2009, pp. 170 – 191.

〔15〕 王永杰、颜莹莹：《阶层认同与警察信任：基于全国性调查数据的分析》，载《复旦公共行政评论》2015 年第 2 期。

〔16〕 孙懿贤等：《城里人、乡下人、外来务工人与警察——有关中国警察信任的实证研究》，冯燕、吴乐译，载《河南警察学院学报》2016 年第 5 期，第 55 页。

位和社会要求。就我国警察目前的现状来看,如何优化警察职能以及满足社会大众对安全的需求和警务服务的需求是重要着力点。从我国目前警察的现状来看,警察职能泛化特征表现突出,警察所需要解决的问题除了原有的警务工作,还有许多的非警务工作。警察针对这些事务的介入让警察处于矛头之上,影响着社会大众对警察的信任。此外,随着社会整体性控制的瓦解,多元控制体系的出现,强有力的社会控制力弱化。伴随着这种社会变迁而产生的当代社会风险导致个人和集体不安全感的增强,[17]而公众日益增长的安全需求与警察所能提供的安全服务出现供不应求的矛盾。这种多元性体现在不同群体之间对警察的安全服务需求差异。提高居民安全感,有助于增加社会信任,[18]改善警察信任状况。

另外,警察作为政府公权力机关,对警察的信任与社会信任和政治信任有密切的联系。警察信任建设离不开社会信任建设和政治信任建设的土壤,只有将整体信任状况提升改善,作为系统组成部分的警察信任才能从根本上得到改善。[19] 为此,社会信任的改善也至关重要。

随着现代工业社会向后现代社会的变迁,社会被认为产生了分解,即权力的形式和行为方式出现了多元的趋势。其中,传统的、具有主要作用和凝聚力的民族国家的权力被社会再造过程所产生的多样性所取代。[20] 社会控制结构变化带来的多样性,导致了社会治理的多样性。社会变迁导致了社会阶层分化,社会分化突出表现为利益分化,对警事需求和警事态度产生分化,正如本研究中所证实的一样。因此,在多元社会治理的背景下,警事提供不再应该只是政府一侧,更多的应该走向社会,实现警事社会化。警事社会化是基于公众参与的警务模式变革,它在警察的主体参与之外,强调社会组织和公众对公共安全维护的责任和功用。[21] 要解决多阶层民众对警事的需求,增加民众对警察的信任度,则社会急需弱化警事权威,扩大公众参与,构建互为主体的警事格局,形成多样社会公共安全控制体系。在这其中,警察、社会组织、公众之间各自分担职责,互相配合,共同合作,达成维护社会公共安全的目标。

【导师点评】

警察在民众日常生活中扮演着重要角色,警民关系牵动着社会的和谐稳定,并一直都为学界所关注。但随着社会的变迁,警察职能的转变,如何从民众的角度来思考警民关系则成为当下需要解决的关键问题。而我国学术界研究警民关系则较少从民众角度出发。作者从定量的角度研究民众对警察的态度,其理论价值和实践意义毋庸置疑。

该论文从社会冲突的理论视角出发,旨在了解不同阶层之间的警察信任差异,通过选取个体收入差异作为研究对象,并检验了社会变迁中具有重大影响力的互联网使用所产生的

---

〔17〕［英］韦克菲尔德:《社会发展与警务变革——公共领域的社会化警务》,郭太生等译,中国人民公安大学出版社 2009 年版,第 14 页。

〔18〕辛闻:《社会心态蓝皮书:提高居民安全感有助于增加社会信任》,载 http://www.china.com.cn/opinion/think/2016-12/14/content_39910532.htm,最后访问日期:2017 年 2 月 18 日。

〔19〕黄鹏、汪冬冬:《警察信任状况分析研究与建设建议》,载《天津法学》2016 年第 1 期,第 106 页。

〔20〕［英］韦克菲尔德:《社会发展与警务变革——公共领域的社会化警务》,郭太生等译,中国人民公安大学出版社 2009 年版,第 7 页。

〔21〕王智军:《警事治理:国家警事社会化的新理解》,载《中国人民公安大学学报》(社会科学版)2005 年第 1 期,第 64 页。

中介影响,数据资料充分,论述过程严谨,综合使用了描述统计、多元回归分析、中介分析等多种统计方法,分析方法得当,得出的结论可靠,具有一定的理论创新性和实际价值,扩宽了当前警察研究的视角,为警务社会化的实践进程提供了参考价值。

整篇论文选题新颖,主题突出,思路清晰,逻辑性强,文字表达简洁,结构安排合理,研究格式规范,实证研究方法是一大亮点。该论文反映了作者具有本学科坚实的理论基础、系统的专业知识以及良好的科研能力。

(指导教师:李　峰)

电传劳动者的劳动法律适用

于瀛彤*

信息通信技术的发展对劳动关系的一项重要革新,便是实现了工作地点的灵活性。以往必须在雇主工作场所才得以进行的工作,现如今在家中、卫星办公室,甚至通过移动通信设备可以在世界任何地方完成工作。这种灵活用工形式,早在几十年前就陆续出现在了一些发达国家,经过几十年理论与实践的探索,已基本形成了对该用工形式的规范制度。

然而我国对此研究尚处于非常初级的阶段,很少有学者正式引入"电传劳动"(Telework)的概念,所谓的在家办公、居家工作、SOHO 等说法均没有一个清晰的界定,更没有相应的制度加以规范。因此,应首先对电传劳动的概念与性质有一个清晰的认知,明确电传从业者与雇主是否存在劳动关系,是否应受到劳动法律保护,进而才可审视劳动法律在适用于电传劳动用工形式时,是否会遇到任何问题,是否需要辅以相关规定来配合电传劳动的施行,有无修改现行劳动法律或是针对电传劳动单独立法的必要。

一、电传劳动概述

(一)电传劳动的定义

从 19 世纪 70 年代 Jack M. Nilles 最早提出电传劳动概念以来,学界至今未能达成统一的定义。根据本文分析的焦点问题,将电传劳动的诸多界定方式分成两大类:一类是在定义中明确将电传劳动界定为劳动关系之下的一种灵活的工作安排方式;另一类定义则相对宽泛,并未明确电传劳动者是否具备劳动关系从属性,换言之,该类界定之下的电传劳动者,既可以是劳动关系下的劳动者,也可以是家内劳动者、独立承揽者、自雇劳动者等其他身份。

持有前种观点,将电传劳动界定在劳动关系之下,较具代表性的定义有:森户英幸(2007年)将电传劳动定义为与雇主间具有雇佣关系的劳工,但工作时间的全部或一部是在公司以外的场所,例如自宅或卫星办公室,从事劳动。[1] 徐婉宁(2016 年)所定义之电传劳工,即为受雇主雇用从事工作而获致工资,透过资讯通信科技之活用,于自宅或其他非雇主所提供之场所服劳务者。[2] 2002 年欧盟《关于电传劳动的框架协议》第 2 条将电传劳动定义为:在劳动关系下,一种利用信息技术,在通常的工作场所之外进行工作的形式,该等工作也

---

* 于瀛彤,华东政法大学 2017 届社会法学专业硕士研究生。

〔1〕[日]森戸英幸,日本法の現状と課題,及びEUテレワーク協約の概要,テレワークの法と政策,頁 3,(労働問題リサーチセンター,2007 年)。转引自徐婉宁:《日本对于电传劳工劳动权益之保护——兼论对我国建构相同制度之启示》,载《台北大学法学论丛》2016 年第 99 期。

〔2〕徐婉宁:《日本对于电传劳工劳动权益之保护——兼论对我国建构相同制度之启示》,载《台北大学法学论丛》2016 年第 99 期。

可在雇主的场所内进行。[3]

持后者观点，未在定义中明确电传劳动是否仅适用于劳动关系，而将电传劳动进行较为宽泛界定的主要定义有：Vittorio DI MARTINO（1990 年）将电传劳动定义为：在主要办公场所或生产设备之外的地方进行工作，员工与同事没有个人往来，但可通过电子技术与他们沟通交流。[4] 张其恒（1997 年）认为，电传劳动系指劳动者于雇主主要营业场所外之职场，或于自行选择之职场中，藉电脑资讯技术与电子通信设备履行劳务之劳动形态。[5] 杨通轩（1999 年）认为，电传劳动是依特定计划控制工具的工作，其工作位置是与雇主或委托人有空间上分离，而该工作系借由电子通信设备与企业总部联系。[6] 国际劳工组织关于电传劳动的报告中写道，可以通过独立承揽者进行，也可通过雇员进行，这些构成了工作的部分或全部。[7]

在此，需要特别说明的是，本文所研究的电传劳动，属于概念界定中较为狭义的一种，即以传统用工形式下的劳动关系为基础，因信息通信技术的发达，原本必须在雇主办公场所才能完成的工作，现于雇主办公场所之外的其他地方也可正常进行，进而产生的新型用工方式，我们称之为电传劳动。

（二）电传劳动的性质

首先，电传劳动的施行具有可自主选择性，即最初以传统劳动方式订立劳动合同的劳雇双方，基于合意的达成，可采取电传劳动的工作方式。电传劳动用工方式的施行和停止，均是基于劳雇双方的自由选择。其次，电传劳动者的工作地点在雇主视线以外，致使雇主对电传劳动者的直接监督程度减弱。最后，电传劳动者的工作时间具有一定程度的灵活性。对于多数无须在线工作或是仅需偶尔在线工作的情况，电传劳动者则可自由安排完成工作的时间，而无须受到传统用工形式下工作起始时间的约束。

（三）家内劳动与电传劳动的区别

家内劳动与电传劳动虽有很大程度的相近之处，然而从劳动关系从属性角度分析，家内劳动从事者有劳务提供的可替代性，工作时间与工作地点的拘束性减弱，且雇主对家内劳动者的指挥监督权降低，多为对劳务产出的成品进行检验，以确定是否扣减劳动报酬。因而家内劳动的从属性，则更多体现为经济上之从属性。本文所定义和研究之电传劳动，不同于家内劳动的概念。

通过分析不同学者以及他国对于家内劳动的定义，可归纳出家内劳动的如下特性：（1）其工作场所可为自家或是自主选定的其他场所，无须经过雇主的批准；（2）完成工作的主体，并非必须为其本人，也可与其家人、助手共同完成，因此劳务提供者具有可替代性；

---

[3] Article 2 of the European Framework Agreement on Telework(2002).

[4] Martino V D, Wirth L. Telework: A New Way of Working and Living. *International Labour Review*, 1990, 129 (5).

[5] 张其恒：《资讯网络社会中电传劳动关系之初探》，载《政大劳动学报》1997 年第 6 期。

[6] 杨通轩：《电传劳动与就业安全政策规划》，载《劳动环境发展与就业安全政策规划学术研讨会手册》1999 年。转引自王方：《"E 时代"的新劳工问题：电传劳动者权益之社会学研究》，载《劳工研究》第 4 卷第 1 期，2004 年 1 月。

[7] Challenges and opportunities of teleworking for workers and employers in the ICTS and financial services sectors: Issues paper for the Global Dialogue Forum on the Challenges and Opportunities of Teleworking for Workers and Employers in the ICTS and Financial Services Sectors (Geneva, 24 - 26 October 2016), International Labour Office, Sectoral Policies Department, Geneva, ILO, 2016.

(3)家内劳动者以获取劳动报酬为目的;(4)生产工具可由雇主提供,也可由家内劳动者自行准备。

具体说来,家内劳动与电传劳动的区别可以体现在以下几个方面:从工作地点来看,家内劳动者的工作地点仅为家中或其他自定场所,而全职电传劳动者并非多见,即便部分时间可不必到雇主办公场所而在家中完成工作,但其仍属于雇主管理体系的一员,仍应保证与同事的业务沟通配合。从工作时间来看,家内劳动者的约束性也低于电传劳动者。家内劳动者只需保证劳动产出质量,而可在任意时间完成工作,而电传劳动者只具有一定程度上的自由度。与家内劳动者相比,电传劳动者与雇主有着更加直接的联系。此外,电传劳动者的劳务提供具有不可替代性,即便是远程工作,也不得任意替换劳动力,而家内劳动则允许除家内劳动者本人之外的其他人代替或是共同执行雇主分配的工作。

二、电传从业者的劳动关系认定

电传从业者因工作地点不在雇主办公场所内,从而雇主对其直接监督程度降低,相较于传统用工形式,工作时间上也具有了一定灵活性,针对电传劳动能否认定为劳动关系,笔者认为,应从电传劳动的本质出发,依据劳动关系从属性理论,剖析该用工方式特点,作出综合性判断。

(一)劳动关系从属性理论

在当今的法学界,学者们在区别劳动关系与民事关系时,认为"从属性"构成了劳动关系的独有特征,是劳动关系与其他领域的法律关系相区别的关键点〔8〕对"劳动从属性"的理解,多数学说认为是"人的从属性"与"经济的从属性"的复合。还有学说认为,在劳动的从属性之上还应该附加"组织的从属性"。〔9〕

1. 人格从属性

所谓人格从属性,即负有劳动给付义务之一方基于明示、默示或依劳动之本质,在相当长时间内,对自己之习作时间不能自行支配。〔10〕 人格从属性之重要特征在于指示命令权,〔11〕田思路教授在《契约劳动的研究》一书中,通过"大塚印刷事件"一案关于印刷公司与作家的契约,进而介绍了使用从属关系特征判断是否存在劳动关系的具体衡量角度:〔12〕对从事和依赖的工作是否有承诺的自由;有无劳动时间和地点的拘束性;工作内容是否由使用者决定,工作过程是否存在使用者的一般的指挥监督关系,是否适用于管理规则和劳动纪律;是否有劳务提供的代替性;报酬是否与劳动自体相等价。

2. 经济从属性

所谓经济上的从属性指即受雇者付出劳动,并不为自己的生产经营活动,而是从属于他人,为雇主的生产经营目的提供劳动力,因而受雇者不具备经济上的独立性。具体说来,可以体现在以下几个角度:〔13〕(1)生产组织体系属于雇主所有。雇主对其生产体系、生产设备、生产方式享有充分的支配控制权;(2)生产工具或器械属于雇主所有;(3)原料由雇主供应;(4)生产责任与危险由雇主负担。

---

〔8〕 董保华:《论非标准劳动关系》,载《学术研究》2008年第7期。

〔9〕 田思路、贾秀芬:《契约劳动的研究》,法律出版社2007年版,第77页。

〔10〕 黄越钦:《劳动法新论》,中国政法大学出版社2003年版,第94页。

〔11〕 黄越钦:《劳动法新论》,中国政法大学出版社2003年版,第94页。

〔12〕 田思路、贾秀芬:《契约劳动的研究》,法律出版社2007年版,第80页。

〔13〕 参见黄越钦:《劳动法新论》,中国政法大学出版社2003年版,第95页。

3. 组织从属性

“组织从属性”,即“从属于企业的组织体系中”,也有学者称其为“技术的从属”。[14] 组织从属性理论强调将员工纳入组织体系,将员工视为组织生产中的成员,因此应接受企业规章制度的管理。承认组织从属性的学者,意在强调将雇员纳入企业生产经营体系在劳动关系判定中的重要性,从而雇员应接受雇主的组织管理,受企业规章制度的约束,不仅仅表现为人身上的隶属关系。然而有学者认为,组织从属性已包含于人格从属性内涵之中。

抛开分类的外观而究其实质,认定劳动关系的从属性主张包含的内容基本一致,可以肯定的是,将员工纳入企业组织体系并对其进行管理,员工适用企业生产秩序及管理规则,在认定劳动关系中起到了重要作用。若仅存在指挥监督,而不将其纳入管理体系,将其与企业内部人员区别管理,无需适用企业规章制度,则缺乏劳动关系认定中的主要因素。

(二)电传劳动关系的从属性判断

1. 电传劳动关系从属性判断的主要学说

就电传劳动是否应认定为劳动关系,电传从业者是否适用劳动法保护规定这一问题,各国学者几乎无一例外地将从属性理论作为判断标准。至于如何评判从属性的有无,学者们的衡量标准可分成以下几类:

一是纳入组织体系基准说。有学者将电传从业者是否纳入雇主组织体系作为从属性有无的衡量标准,提出并非所有于企业外部职场作业的电传从业者,均非受雇之从属劳动者,而应考量电传劳动之从事者,是否纳入他人之组织从事劳动来判断。[15] 与之类似的,有意大利学者认为,只有被纳入雇主组织体系中的电传从业者,才应当是意大利民法典中具有从属性劳动关系的保护对象。[16]

二是管理权保持基准说。管理权保持基准系以管理权限为主,而以多样的要素来综合判断,具体的判断要素为:管理权限,工作的种类,监督,技能水准,道具、器材的负担,关系的继续性,对价支付方法,事业统合性,当事人的意思,以及专属性。[17] 我国台湾地区学者也提出,关于电传劳动从属性有无,若仍按照工作地点、时间、方式、内容等能否自由决定为判断标准则较为困难,故应视企业对于该电传从业者之工作时间、方式及内容有无指挥监督权而定。[18]

三是经济实际状态基准说。相比于管理权保持基准说,经济实际状态说是一种更为宽松的判断基准。该基准从经济从属性角度出发更强调服务提供者对服务购入者的经济依存程度。经济实际状态基准所考虑的要素为:事业的统合性;设备、器材的负担;管理权限;遂行职务所需之技能;关系的继续性;以及风险的承受。[19]

---

〔14〕 田思路、贾秀芬:《契约劳动的研究》,法律出版社 2007 年版,第 77 页。

〔15〕 张其恒:《资讯网络社会中电传劳动关系之初探》,载《政大劳动学报》1997 年第 6 期。

〔16〕 Hoeland A. A Comparative Study of the Impact of Electronic Technology on Workplace Disputes: National Report on Germany, *Comparative Labor Law & Policy Journal*, 2002, pp. 559 - 563.

〔17〕 [日]荒木尚志、山川隆一编:《诸外国的劳动契约法制》,第 14 页(独立行政法人劳动政策研究 · 研修机构,2006 年)。转引自徐婉宁:《日本对于电传劳工劳动权益之保护——兼论对我国建构相同制度之启示》,载《台北大学法学论丛》2016 年第 99 期。

〔18〕 参见杨通轩:《电传劳动契约法上问题之研究》,载《劳工研究》第 6 卷第 2 期,2006 年 12 月。

〔19〕 参见徐婉宁:《日本对于电传劳工劳动权益之保护——兼论对我国建构相同制度之启示》,载《台北大学法学论丛》2016 年第 99 期。

2. 电传劳动关系从属性判断的思考

相比于传统劳动关系,电传劳动用工方式的劳动时间和地点的拘束性大大减弱,但大部分电传劳动者可一周内有部分时间不必到雇主办公场所之外,其他时间还是要到办公室完成相应工作,企业之外的工作地点也并非完全由电传劳动者单方决定。此外,员工仍应听从雇主的工作分配,在要求时间内完成相应的工作任务,这一点与传统工作地点下进行的工作无异。电传劳动者对所从事和依赖的工作,也没有承诺的自由。同样地,员工应当遵守公司的管理制度与劳动纪律。

从经济从属性角度分析,电传劳动者不享有公司的所有权及生产经营权,生产组织体系归雇主所有,仍是在雇主生产资料的基础上,根据雇主的经营理念,按照雇主的安排完成工作任务。尽管在家办公的电传劳动者有时会使用自家电脑或是打印机设备工作,但这并没有动摇其本质意义上的经济从属性。综上,电传劳动者仍旧具备人格从属性和经济从属性特征,因此在一定程度上仍应属于劳动法的保护对象。另外,由于当前对电传劳动还没有一个统一的定义,因此在劳动关系认定中,不应一概而论地认为电传从业者与雇主间存在劳动关系,适用劳动法律保护;抑或一味否定,认为电传从业者应适用民法规定。而应从实际情况出发,根据从属性理论,判断具体用工形态的性质,确定其是否适用劳动法律保护。

美国、日本、欧盟等国家关于电传劳动的相关立法,虽皆未在立法中将电传劳动关系明确认定为劳动关系,但他们通过不同方式,均表达了电传劳动者适用劳动法律保护,或是电传劳动者与其他员工享有同等待遇之态度。从这些表述中不难推断,各国对电传劳动者的劳动关系认定基本持肯定之立场。显然,该观点已成为当前电传劳动研究的主流立场。

三、电传劳动者的劳动标准适用

目前的劳动法律法规都是根据传统的工作方式拟定的,因而很多具体标准难以直接运用于电传劳动这一新型灵活化用工方式。电传劳动突破了传统用工方式对于时间和空间的限制,工作自主性有了很大程度的提升,从而产生了一系列劳动条件和权益的适用标准问题。

(一)工作时间

1. 电传劳动工作时间认定方式

就电传劳动者工作时间的安排方式,可根据具体工作性质的不同而分为以下两种:一种是可以通过在线网络,实时监控电传劳动者工作状态的形式;另一种则为非实时监控模式,劳动者工作时间上具有更大程度的灵活性。对于第一种形式的电传劳动,除工作地点之外,基本与传统劳动用工形式无异,因此在工作时间上可直接适用于现有的相关劳动法律规定,在这一点上很少出现争议。现目前,对于后一类电传劳动工作时间认定,总体上有以下三种处理方式:

一是工时登记制,对于电传劳动的工作时间实际上并无法直接加以控制,其解决办法之一是由劳工自我登记为之。[20] 二是计件工时制,基于工作时间控制的不易,有学者认为按

---

〔20〕 参见杨通轩:《电传劳动契约法上问题之研究》,载《劳工研究》第6卷第2期,2006年12月。

时薪计算或按件计酬,为一适当的付薪方式,且为德国法令所允许。[21] 三是工作量评估制,该类方式并未将电传劳动者与其他员工的计酬方式区别对待,只是因为电传劳动的工作时间难以准确计量,故以其他在雇主办公场所工作的员工作为标准,两者的工作量应大致相当即可。

2. 工作时间保护制度

法律在原则上虽然将劳动者的工作时间与劳动者得以自由支配利用之时间加以区分,但在实际劳动关系中,往往雇主的指挥命令范围有扩张情形。[22] 这一点在电传劳动用工形式中体现的尤为明显,因电传劳动者的用工时间本来就不固定,雇主便更有可能在任何时间为员工安排工作,并且不计入加班时间,从而导致了雇员工作与家庭生活的混同。

电传劳动中工作时间的特殊性在于,赋予劳动者在工作时间上一定程度的自主支配权,但并不是全部决定权。因此可以将工作时间的支配分成两部分:一方面是雇主每天分配给员工的工作时间,在特定的时间内利用劳务;另一方面是员工可以在雇主分配后,自主分配剩余的时间,在这部分时间内,雇主应尽可能给予员工自由的空间,只要能够按时完成工作即可。对于雇主分配的工作任务,应有最高工时的限制,这一点不应与其他劳工有所差异,至于工时的具体计算方法,可参照上文介绍的三种操作方式进行。

3. 对工时制度构建的思考

由于电传劳动用工方式在工作时间上具有较强的灵活性,除非需要在线同步完成的工作,大多情况下,员工可以自行选择工作时间,而不必受到上班时间和下班时间的束缚。相应地,对于工作时间的管理也可在一定程度上摆脱标准工作时间制的约束。

由于电传劳动使得员工在家具备工作条件,如此一来对于员工的工作安排,尤其是知识密集型工作岗位,极易导致工作量过大而影响员工的休息权。因而,电传劳动仍应适用最高工时制度。至于具体完成工作的时间,员工享有一定程度的自主权。若雇主为其安排的工作量超过八小时,或是超过同等正常工作量,则应相应支付加班费。

从员工工作绩效角度考虑,针对工作时间自行申报制,雇主最担心的无非是员工实际工作时间很可能低于上报时间,从而影响工作完成质量。对此,雇主可以对员工工作成果进行全方位绩效评估,若客观的评估结果显示员工实行电传劳动用工方式后,绩效下降显著,则雇主有权召回员工,要求其到雇主工作场所工作,履行传统的工作方式。

综上笔者认为,由于电传劳动在工作时间上的特殊性,不应直接将电传劳动适用于标准工时制或是不定时工时制。可实行工作时间自行记录申报制,雇主对劳动者完成工作所花费时间进行审批,若认为劳动者的工时记录存在明显出入,影响了工作效率,则雇主有权要求其重返企业办公场所工作。

(二)劳动报酬

1. 加班费请求权

虽然电传劳动者的工作时间具有较强的弹性,但理论上,并不能因此否认其加班也应享有加班工资请求权。然而,一者,电传劳动者在某一时段的加班,可以在另一时段以减量工作作为弥补。再者,是否确有加班的必要性,本应由雇主决定之,因此雇主得在劳动契约中

---

〔21〕 Boemke/Foehr, a. a. O. , Rn. 191; Otten, a. a. O. , C Rn. 54. 转引自杨通轩:《电传劳动契约法上问题之研究》,载《劳工研究》第6卷第2期,2006年12月。

〔22〕 黄越钦:《劳动法新论》,中国政法大学出版社2003年版,第227页。

订明:加班需事先由雇主指示或由雇主请求,始得为之,不允许事后同意。从而有学者认为,加班获取相应报酬的权利很难在电传劳动用工方式上得以实现。[23]

从形式上以及实践操作来看,我国现行工时制度中,与电传劳动用工管理模式最为接近的当属不定时工时制。然而根据我国现行制度,不定时工时制不适用工作日及周末加班的劳动报酬。若直接将电传劳动适用于不定时工时制,相当于直接剥夺了电传劳动者主张加班工资的权利。笔者认为,对于工作时间可以记录并认定的工作岗位,在实行电传劳动用工时,电传劳动者仍享有加班请求权,经雇主批准的加班,应当与其他非电传劳动者一样,获得相应的加班费。

2. 同工同酬原则在电传劳动中的适用

同工同酬是平等原则在劳动报酬领域的具体表现。电传劳动者虽在工作地点和工作时间上相对灵活,但并不因此可以降低劳动产出的质量。相对的,若劳动者因采用电传劳动工作方式后,工作绩效明显下降,雇主有权将其召回工作场所工作。因此,电传劳动者在基于雇主同意的基础上采取了电传劳动灵活工作方式,理应与其他员工享有同等劳动条件和劳动报酬,电传劳动不应被当作逃避雇主责任或降低劳动力使用成本的不当手段。

(三)安全生产及职业灾害保护

1. 工作用具的提供与安全检查

多数学者认为,应由雇主承担电传劳动工作用具的费用。相应地,雇主还应对生产工具,尽到安全检查的义务。美国职业安全卫生局制定的家内职场的合规指引中,规定了雇主仍应对家内工作场所中由雇主提供的或是雇主要求劳动者在家中使用的材料、设备或工作进程负责。然而,出于保护劳动者隐私的考虑,针对家庭办公场所的安全检查,一般执行起来非常困难。因此,多数国家并未强制要求雇主对电传劳动者家内办公场所进行安全检查,即便必须检查,或是应劳动者的主动要求,也应仅限于办公区域内,不应侵犯劳动者的隐私权。

2. 职业灾害认定

因电传劳动者受劳动法律保护,因此对于职业灾害保护规定,仍应适用于电传劳动者。由于电传劳动的特殊性,职业灾害认定中所指工作地点,应扩大至雇主办公场所之外的实际工作地点,例如家中、共享办公室等。工作时间认定也因劳动者可对工时灵活支配而界限应放宽。因此,最关键的判断因素即为工作原因,若劳动者因工作原因发生职业灾害,则可放宽对时间和空间的认定要求,给予电传劳动者同等的职业灾害保护。

3. 身心健康保护

在家办公发生职业伤害,毕竟属于极少数情况,而相比之下,相应的职业病却很可能因此而发。其中,因电传劳动工作特点,最易产生的即为孤僻、抑郁等心理疾病。由于电传劳动多在家中或其他非雇主工作场所完成,加之工作压力大,工作和家庭生活混同,很少与外界有直接的沟通,因此会产生社会孤立问题。

四、我国电传劳动的制度探索

电传劳动用工形式的引入和发展,首先需要政府政策的扶持,政府应当承认经济发展下灵活用工形式出现的客观必要性,并在一定程度上协调企业和劳动者之间的关系,一方面应

[23] 参见杨通轩:《电传劳动契约法上问题之研究》,载《劳工研究》第6卷第2期,2006年12月。

当在政策上推动电传劳动用工的发展，另一方面要制定原则性规定，构建电传劳动的约束及保证机制，防止滥用电传劳动而实行隐蔽雇佣。

（一）防止滥用电传劳动进行隐蔽雇佣

电传劳动不同于传统用工之处，主要体现在工作地点与工作时间的灵活性。若按照以往我国大多数司法判决中认定事实劳动关系的标准，很容易得出非劳动关系的结论，因员工在工时安排上有了很大程度的自主性，也不在雇主视线范围内进行管理和监督。

然而如前文所述，电传劳动仍具有劳动从属性，参照其他国家的实践也不难发现，电传劳动者应享有与其他员工同等的劳动保护。因此，认定电传用工形式下劳动关系的有无，仍应根据劳动关系从属性理论加以判断。因信息通信技术的发达，使得电传劳动得以实现和普及，在从属性认定时，不应拘泥于工作地点与工作时间的灵活性，从而认为组织从属性降低而否认劳动关系，更不应拘泥于双方合同的形式，而应根据双方使用从属关系的实质确定是否系劳动关系。

很多国家的实践中已经出现一些雇主以电传劳动的灵活用工特点，来掩盖劳动关系从属性的本质，与雇员签订民事合同，从而逃避劳动法律规定下雇主应尽的义务，即进行隐蔽雇佣。我国在电传劳动发展过程中，同样应警惕类似情况的出现，防止雇主以伪装的民事合同外观，从而逃避劳动法律赋予的雇主责任，而损害劳动者的合法权益。因此，在劳动关系的认定中，应抛开用工的形式外观，而审视其内在实质，通过审视是否存在劳动关系从属性特征，进而判断双方是否存在劳动关系。

（二）制定原则性约束及保证机制

多数国家并未针对电传劳动进行单独立法，制定不同于劳动关系与民事关系以外的第三种标准，而是通过制定一些原则性规定，总体上规范电传劳动用工。例如，雇主与电传劳动者均有权选择实行电传劳动或重回雇主办公场所工作；应对电传劳动者进行专门的培训，以确保顺利实施；电传劳动者与其他在雇主办公场所的员工享有同等劳动标准等。

我国可以借鉴上述原则性规定，在承认电传劳动适用劳动法律保护的前提下，制定具体的适用原则。从履行劳动法律赋予雇主义务的角度约束雇主，应当给予电传劳动者与其他员工同等劳动条件与劳动保护。从完成工作质量的角度约束电传劳动者，若因施行电传劳动方式而降低劳动产出质量，则将被召回雇主工作场所工作，限定部分绩效差的员工没有施行电传劳动用工的资格。从电传劳动者及其上级主管人员顺利对接的角度，通过电传劳动用工培训，明确双方沟通方式，建立相关管理机制，保证电传劳动用工方式的顺利施行。

（三）通过签订电传劳动协议规范用工

即便在承认电传劳动仍适用劳动法律保护的大前提下，因为电传劳动用工形式的特殊性，造成了具体劳动标准适用的困难。但现目前，通过国家立法的形式将每一条标准面面俱到地加以规定尚不现实，也没有任何必要。并且，由于电传劳动的施行与否本身就应基于双方合意，因此可以在上述原则性指导的前提下，引导企业与员工签订电传劳动用工协议，就具体劳动标准及履行中的问题在电传劳动协议中进行明确约定。

【导师点评】

信息化、智能化的发展极大促进了劳动关系的多元化。电传劳动就是近年来国际上迅速发展的一种灵活就业形态,但国内相关研究刚刚起步,研究具有一定难度。本研究对国内外该方面的最新研究和相关立法进行了分析阐述,在此基础上,对从业者与雇主在劳动时间、劳动场所的从属性弱化问题,劳动法调整的对象范围问题以及从属性判断基准的修正问题等,进行了较为系统深入的法理分析,提出了劳动法加以对应的具体建议。内容充实,体系完整,语言流畅,逻辑性较强。研究成果具有一定的理论和应用价值。

（指导教师:田思路）

高校外来人员治安管理研究

——以上海某高校X校区为例

朱冠群*

一、研究背景及意义

近年来随着我国高校教育体制改革的不断发展和深入，教育产业化、后勤社会化、校园开放化的趋势日益明显，大量外来人员进入高校，从事各种活动。此类人员在校内的流动、聚集易增加各类突发事件特别是治安类事件的发生可能性，影响高校正常的教学、科研秩序。因此，在高校社会化、开放化的背景下，面对大量外来人员涌入，高校面临着严峻的安全工作形势。如何保证高校主体，也即广大师生员工拥有一个相对安全的学习工作环境，已成为研究高校治安管理的重大课题，同时探讨如何做好高校外来人员治安管理工作，也具有十分重要的现实意义。

第一，有利于破解高校在外来人员管理方面碰到的难题，建立新型的治安管理模式，为学校打造更为安全的教书育人环境；第二，本文选取较有代表性的校区进行研究，有望在外来人员治安管理方面提供一种新思路和方法，为其他高校提供借鉴，以此来进一步完善高校外来人员治安管理体系；第三，可以丰富和提升高校公共安全的理论和实践，打造具有高校特点的公共安全体系，从而有力推动我国公共安全体系的建设。

二、上海高校外来人员治安概况

（一）高校外来人员基本现状

本文所指的外来人员，应结合高校这一特殊主体和实际进行考量，可以定义为高校内除教职工和学生以外的其他一切人员。目前，上海市公安局文化保卫分局（以下简称文保分局）作为上海公安系统直接管辖高校治安、刑事案件，维护和保障高校正常秩序和安全稳定的公安机构，担负着高校外来人员管理的落实推进和指导督查工作。据文保分局统计，截至2016年12月，由其管辖的市区普通高等院校共有22所，涉及45个校区，基本涵盖了部属、市属的重点高校；实有人口共计61918人，其中教职工48200人，外来人员13718人，占高校实有人口的22.16%，与教职工的人数比达到1∶3.5，也即高校不到四名工作人员中就有一名外来人员。由此可见，外来人员已经成为上海高校从业人员中的重要组成部分，况且此处统计的外来人员还不包括短暂停留的校外人员。

（二）高校外来人员的特征

1.学历偏低，素质不高。高校大部分外来人员从小生活在经济条件落后的贫困地区，很少接受到良好的文化教育，欠缺必要的职业技能和特长，因此普遍存在受教育程度不高，学

---

* 朱冠群，华东政法大学2017届公共管理专业硕士研究生。

历素质偏低的情况。在上海各高校,数量占据绝对主体的外来人员,因为其学历低、技能差,所从事的几乎都为餐饮、施工、安保等较为低端的工作。

2. 经济收入低,生活压力大。高校外来人员受到自身学历低、技能差的影响和限制,很难在经济上取得预期的理想工资收入,普遍存在经济收入不高的情况。这样的收入对于生活在上海的大多数外来人员来说,一方面各项生活成本超额开支,深陷入不敷出的窘境,另一方面又会感受到高收入群体的优越生活,造成人生观、价值观的迷失,甚至扭曲,因此该群体物质和精神的双重压力是十分巨大的。

3. 流动性强,归属感差。由于经济、文化等方面的差异,特别是上海不断提高的生活成本和自身收入水平的差异,使得高校外来人员所从事工作呈现劳动周期短、人员流动性强的特征。另外,受到文化、语言、风俗等因素的制约,高校外来人员在与上海户籍人员的交往中,普遍存在自卑感,缺少沟通与交流,自身社交圈子狭窄,一般仅限于亲戚或老乡之间,这些都使得外来人员群体普遍欠缺归属感和认同感。

4. 利益诉求较强,容易极端。由于大部分外来人员主要从事较为低端以出卖劳动力为主的工作,而为了提高收入,他们又经常通过加班、兼职等方式延长工作时间,但受到自身文化素质低、法制意识淡薄的限制,往往又得不到应有的劳动报酬。部分外来人员本来就生活在社会的底层,一旦发现自己权益受损,往往出现利益诉求增强,心理压抑、焦虑,情绪波动等不稳定状况,且后续如发生诉求无回应或答复不满意的情况时,更容易出现不满对立情绪,进而引发报复社会,触犯法律法规的极端行为。

(三)高校外来人员治安状况

1. 外来人员引发治安违法事件高发。随着高校与外界社会的联系沟通日益密切加深,原先封闭的校园已向"没有围墙的大学"转变,学校里不仅有老师和学生的单一群体,日益增多的社会各类人群混杂其间。在这样的背景下,校外人员进入高校实施违法行为的通道变得更加便捷和通畅,外来人员在违法案件数以及涉案人员数这两个方面都在高校案件总体数量统计中占据较大比重(参见表1)。

表1 上海高校案件情况统计(2010—2015年)

年份	发案数(件)	外来人员涉案数(件)	所占比例	抓获涉案对象数(人)	外来人员对象数(人)	所占比例
2010	861	595	69%	325	268	82%
2011	1431	906	63%	551	288	52%
2012	1449	813	56%	349	287	82%
2013	1579	937	59%	352	211	60%
2014	1462	769	53%	313	161	76%
2015	2031	1093	54%	320	245	77%

(数据来源:上海市公安局文保分局。)

2. 违法主体构成复杂、形式多样。高校外来人员违法案件中,在违法主体构成和形式方面呈现如下几个特征:(1)地域性。该类违法人员多集中在上海邻近省份,主要以安徽、江西、浙江等省份为主。(2)低龄化。从年龄结构上看,20岁左右的青年人占据了较大比重。

由于与大学生年龄相近，这些外来人员更容易混入校内公共区域实施不法侵害。(3)身份化。从身份结构上看，主要是以外省市农村人员或无业人员为主。(4)流窜性。进入高校实施违法犯罪的外来人员，利用其本身的流动性，经常选择多所高校来回往复作案。(5)智能化。部分外来人员利用网络、通信等技术，实施智能化、高科技犯罪。

3. 侵财类违法行为所占比重较大。在高校这个特殊环境内，人、财、物高度聚集，一方面教师、学生属知识型群体，既欠缺社会阅历，又缺乏安全意识，个人财物保管存在较大漏洞；另一方面，高校内设施、设备等多为国家资产，校内部门的管理和防范措施较为松散、薄弱。因此，高校更容易成为不法分子实施财产侵害的对象。在上海高校外来人员违法犯罪案件的统计中，盗窃和诈骗这两类侵财型案件占据绝对高的比重。

4. 涉校矛盾高发，导致群体性治安事件频发。近年来，随着我国高等教育事业的蓬勃发展，全国各地高校的办学规模和招生数量都有了较大幅度的增长，办学层次日益提高。同时随着高校教育体制改革的不断深入，教育产业化、后勤社会化的趋势明显加强，以成果转化为核心的产学研相结合方式成为高校新的发展方向和前进动力。这些都使得高校呈现出人多事杂，不稳定因素复杂且多元化的特征，其最主要的表现就是各类涉校矛盾纠纷易发、高发，而且极易爆发群体性治安事件。

三、X 校区外来人员治安现状

(一)校区外来人员基本状况

X 校区位于上海市中心经济繁华的核心商圈内，周边交通便利，校区占地 360 亩，有全日制在校学生近 3500 人，各类教职员工 1000 余人。根据近几年学校改革运行的现状，结合 X 校区定位改造的实际，可以对校区外来人员进行如下分类：

(1)学校各二级单位招聘的合同工，如后勤食堂员工、园林绿化工人等；

(2)学校购买社会化服务的校外人员，如楼宇物业人员、保安公司队员等；

(3)租用校内楼宇作为办公用房的校外人员；

(4)校内楼宇基建施工的建筑工人；

(5)与学校二级单位合作开展合作办学、科研业务的校外人员；

(6)进入校区短暂停留的外来人员，如游客、快递、外卖人员等。

根据 X 校区上述几类外来人员的分类，结合笔者从 2010 年开始从事本校区外来人员管理工作后，每年所进行的人员信息登记数据汇总，各类型外来人员近五年每年末数量统计如下(参见表 2)：

表 2　截至每年末 X 校区各类型外来人员统计(2010—2015 年)

	2010 年	2011 年	2012 年	2013 年	2014 年	2015 年
合同工类	240 人	252 人	248 人	260 人	255 人	268 人
社会化服务类	64 人	78 人	110 人	145 人	178 人	194 人
租赁单位类	540 人	536 人	498 人	464 人	487 人	480 人
合作单位类	48 人	75 人	64 人	88 人	112 人	138 人
施工类	828 人次	1580 人次	2480 人次	3560 人次	3826 人次	4650 人次
短暂停留类	14.6 万人次	12.775 万人次	11.315 万人次	13.14 万人次	14.235 万人次	15.33 万人次

(数据来源：上海某高校 X 校区综治办。)

从上表可以看出,X 校区 2010 年至 2015 年,每年均有大量的外来人员进出校区,排除施工人员,校区每天有约 970 名校外人员工作日时出现在校园,已接近 X 校区现有教职工的人数,其中有约 254 人全天食宿于校区;短暂停留于校园的外来人员年均达 13.57 万人次,日均有约 371 人次短时间进出校区。

(二)校区外来人员治安现状

根据最近六年 X 校区治安运行的整体情况及文保分局派出所统计的历年数据,目前校区外来人员的治安现状主要是如下几点:

1. 校区涉及外来人员的"110"接报警数量占全年接报警总量的比重较大,每年均达到一半以上的数量(参见表3)。可以说外来人员所引发的治安问题已经成为左右 X 校区整体治安情况和安全状况的主要因素。

表 3　X 校区"110"接报警外来人员情况(2010—2015 年)

年份	110 接报警数(件)	涉及外来人员的 110 接报警数(件)	占比
2010	142	75	53%
2011	178	92	52%
2012	172	108	63%
2013	183	104	57%
2014	201	122	61%
2015	193	115	60%

(数据来源:上海市公安局文保分局闵行高校派出所。)

2. 外来人员涉案中,以住宿在校区的合同工和短暂停留校园的人员居多(见图 1),说明二级单位招聘的合同制员工,由于全天均活动在校区内,给学校治安管理带来极大挑战。短暂停留的外来人员主要涉及单独个案或突发意外事故,如校外流窜人员混入学校盗窃、诈骗师生财物,快递或外卖人员驾驶助动车穿行校园造成师生或者其他行人、游客伤害的交通事故等。

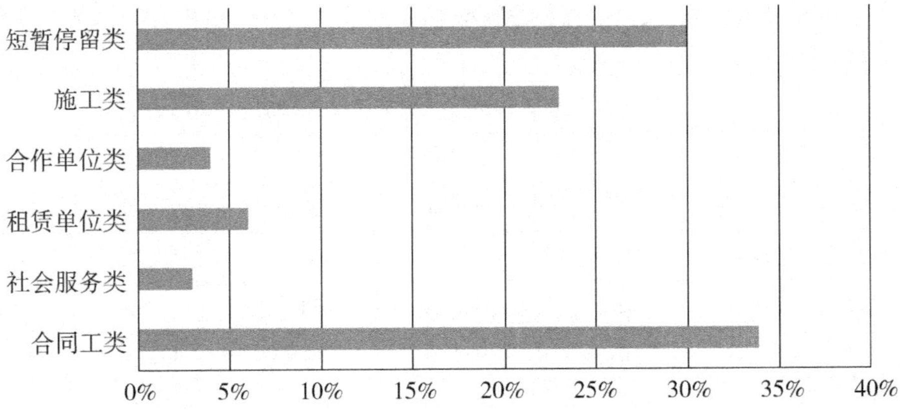

图 1　X 校区各类型外来人员在警务类案件中占比情况(2010—2015 年)

(数据来源:上海市公安局文保分局闵行高校派出所。)

3. 随着校区建筑工程的大修，大量施工人员进驻校区，引发治安案件的比例逐年升高（参见图1）。虽然该群体的治安情况与工程施工的进度有着密切关系，但其中的不法分子正是利用了在校施工期间工程周期短，流动性强的特点，采取顺手牵羊、翻窗入室等方式，对学校资产或师生财物实施不法侵害，造成财产损失。

4. 以盗窃财物为主的侵财型案件仍占据主体。这说明外来人员基本还是以在校师生的财物作为第一侵害目标，以满足自身对金钱财富的梦想追求。由于校区来往穿行校园的外来人员较多，高峰期经常出现与校内师生人流叠加的现象，导致校园交通事故频发。校区消防火警事故主要是由居住在校内集体宿舍的外来人员或施工人员私拉电线、违规使用大功率电器等所造成的。以上三类案件占据了X校区外来人员警务类案件类型的前三位（参见图2）。

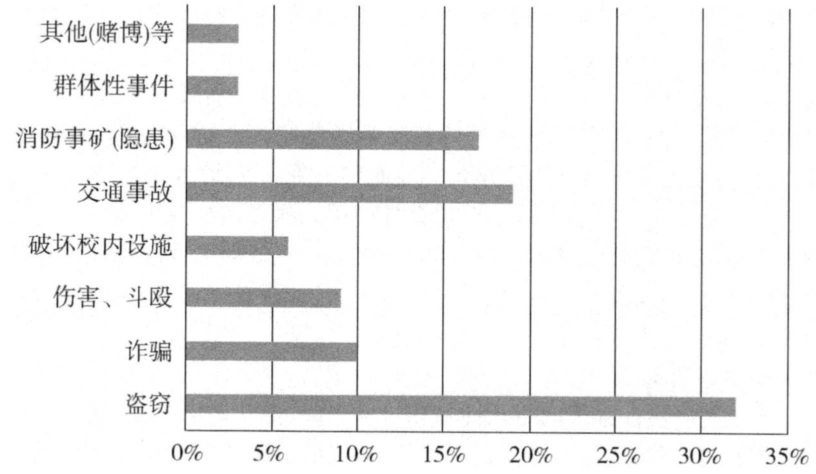

图2　X校区外来人员警务类案件涉案类型占比情况（2010—2015年）

（数据来源：上海市公安局文保分局闵行高校派出所。）

5. 在外来人员侵财型案件财物损失中以自行车、摩托（电动）车和手机为主要盗窃目标。这类物品的特点主要就是使用频率高、价值大，而所有人一旦疏忽大意或防范措施不到位就容易失去对财物的看护或监管，给不法分子以可乘之机。

6. 在案发地点上，校区公共活动场所、外来人员宿舍以及运动场等为案件高发地。这些区域面积大，人员活动密集，相关技防设备受制于建筑物、树木等因素的影响，较难做到监控全覆盖或精准定位，导致这些区域场所的治安案件多发。

7. 以群体性治安事件为代表的不安定因素较多。群体性事件虽然在整个治安案件的数据统计中占比不高（参见图2，约占3%），但其突发性强、涉及人数多、危害性大、影响恶劣。

（三）校区外来人员治安管理的当前举措

根据目前上海市公安局和上海市教委有关高校安全保卫工作的指导规定，X校区有文保分局设立的警务室对于校区外来人员进行管理，日常工作主要分为常规治理和专案打击两个方面。但在实际工作中，由于警力配置、管辖校区、案件侦破等多方面的原因，X校区对于外来人员的管理主要还是以校内保卫部门为主，由其进行包括外来人员基本信息登记、采集，租赁房屋的统计、核查以及日常的安全检查等工作；对校区内发生的由外来人员引发或导致的各类治安事件，保卫部门会安排执勤力量第一时间赶赴现场，并根据现场实际情况，采取必要相关措施,阻止不法侵害或减轻意外损害,保护师生等受害人的正当权益,同时配合协助文保公安开展后续的调查和处理工作。

四、X校区外来人员治安管理存在的问题

(一)校内单位监管不力

由于校区外来人员流动过于密集、频繁,且校内单位使用外来人员需求量大,因此各单位对于外来人员的招录、使用及其日常生活缺乏必要的监管,入职手续等往往办理简单,流于形式。而在外来人员入校后的生活管理上,校内各用工单位基本处于"散养"状态,除工作以外的事情几乎不闻不问,不仅法律法规、校纪校规教育宣传不到位,而且对于外来人员校内集体宿舍的日常管理检查缺失。宿舍区经常发生宿舍成员财物被盗、私自容留校外社会人员住宿以及赌博等各类违法违纪事件,而宿舍区的消防隐患则是最为突出、也最为棘手的问题,校区每年80%以上的消防火警均发生在外来人员集体宿舍区。

(二)"两个实有"核查困难

首先,近几年大量施工人员进入校区,且主要居住于校内,这给日常就拥有大体量外来人员的校区带来了巨大的管理压力,同时建筑工人经常来回于数个工地,具有极强的流动性,在人员基础信息登记和核查方面很难做到及时和准确。其次,X校区原先许多作为校内二级单位办公用房的场所被租赁给校外单位日常使用。而作为校内房屋主管职能部门的资产处往往失于监管,无从所知。最后,校内相关职能部门欠缺沟通,没有形成协调配合、齐抓共管的机制。相反,在涉及外来人员、租赁房屋信息登记、核查等方面,保卫部门还时常受到基建、资产等部门的无端干涉或阻挠。

(三)"以证管人"难以落实

X校区外来人员居住证办理的主动性和积极性不高,即使是居住在校区集体宿舍内,校保卫处与当地公安机关联系,保卫处出具集体住宿证明,外来人员就可以办理上海市临时居住证的情况下,X校区外来人员临时居住证的办证率也不高。据统计,每年年末持有临时居住证的外来人员占X校区外来人员总数的比例不到或勉强达到50%。这与上海市居住证办理条件门槛设置过高有密切联系。外来人员主动办证的意愿和积极性不高,被动办证就难以达到"以证管人"的目的。

(四)管理队伍力量薄弱

对于高校外来人员的治安管理,目前主要由高校保卫部门负责承担管理职责。X校区保卫部门设有综合治理办公室和外来人口管理办公室,两者合署办公,因此还需承担行政、人事、财务等工作,这些都仅由一名保卫干部具体负责。而面对校区庞大的外来人员,仅靠一人往往显得力量过于单薄,在外来人员信息登记、核查方面,做不到实时统计与更新;管理上主要依赖临时性、突击式的检查方式,检查力度不够,治理效果难以持久。在一线安保执勤力量的配置方面,存在人员分散、年龄老化、机制陈旧等问题。这些都使得在应对外来人员作案或突发事件时,很难做到人员力量方面的充足保障,处置结果方面的快速有效。

五、X校区外来人员治安管理问题的成因分析

(一)外来人员治安管理体系不健全

外来人员治安管理属于一项长期复杂的系统工程,属于社会治安综合治理的重要组成部分。作为社会子系统的高校,对于进入校区的外来人员也是应该确立以学校党委牵头,公安、保卫为主,其他各二级单位参与,综合管理的方针,这需要学校各个部门协作配合,在各自的职能范围内确定一套完善的管理制度。但从实际工作来看,校内各管理部门条块分割

严重，除公安机关属于校外单位，校内保卫、后勤、资产、基建等各职能部门在外来人员管理工作中各自为政，推诿扯皮，缺乏综合管理，“错位”“缺位”情况严重。对于公安机关而言，管辖高校的文保公安与高校所辖的地方公安之间，在外来人员居住证办理等方面，也存在职责不清、沟通不畅，缺少统一指导和协调的情况。

（二）缺乏可操作性的治安事件应急机制

近年来，X校区连续发生了多起外来人员所引发的治安事件，而且其中更有围堵校门、冲击办公大楼等极端恶劣的群体性事件。就事件连续发生的全过程来看，首先，学校明显缺乏可操作性的治安事件应急机制。在实际工作中，不论是应急管理预案，还是组织体系，都存在操作性不强的缺陷，如预案中缺乏突发事件的事前预警、事中处置时资源协调与配置以及事后的恢复、教育总结等内容。其次，突发事件的个案处理情况严重。相关部门往往都是抱着处置一起算一起的心态，只重视事中的过程处置，忽视机制体系建设，而且其中还夹杂领导意志和经验办事的情况，这使得本来就缺乏可操作性的预案更加成为了“纸上谈兵”。最后，学校虽有常设性的应急管理组织体系，但面对突发事件时，体系内各职能部门仍然存在信息沟通不畅、应对速度缓慢、协调配合不灵等各种情况。

（三）治安管理主体存在缺陷

首先，2009年上海高校保卫处派出所实行公安改制，原先“一套班子、两块牌子”的管理体制发生了根本变化。目前，上海高校内均已不再设置公安派出所或警务室，高校如有“110”报警或案件查处，由校外至高校接处警或开展案件调查等警务工作。而从2009年至今的实际效果来看，由于公安机构搬离出校园，高校内不论发生“110”报警，还是开展各项治安防控工作，均无法满足第一时间打击犯罪，保护师生人身、财产权益，维护校园安全稳定的要求和任务。其次，对于高校外来人员治安管理工作来说，一方面，保卫干部和一线专业执勤力量普遍存在主体数量配置不足的缺陷，另一方面，也是最根本的问题在于高校保卫人员不具有执法权，致使在高校的安全管理方面出现真空地带。在外来人员的治安管理上，保卫人员对于不配合提供人员身份信息、不服从学校安全管理的，只能予以耐心解释或批评教育，一旦发生外来人员对校内师生人身、财产进行不法侵害时，保卫人员也仅能实行防御性保护，直至警察的到来。由此可以看出，在高校外来人员治安管理方面，普遍存在管理主体“想管的无权管，能管的无力管”的尴尬局面，直接影响了校区外来人员治安管理防控体系作用和效能的发挥。

（四）师生安全防范意识不强

现阶段高校内的大学生仍以独生子女居多，从小受到家长宠爱，生活相对无忧无虑，依赖性较强，独立能力较差，应对各种不法侵害或突发事件的能力更是缺乏，安全防范意识普遍淡薄；同时由于学习、生活在校园内，日常联系交流的群体基本以老师和同学为主，社会接触面窄、阅历缺失。因此面对高校对外开放，大量校外人员涌入校园的现实，学生群体很容易成为校外人员不法侵害的对象。而高校教师，大多属于专业领域内的高学历知识分子，由于平时工作精力主要以教学、科研为主，不仅容易忽视生活中的一些细小安全问题，而且较少关注社会安全事件和防范知识，更加缺乏必要的安全防范技能，面对经常混迹于社会的入校外来人员，也时常成为对方违法犯罪的侵害目标。

六、完善高校外来人员治安管理的对策建议

（一）加强和改善外来人员治安管理体系建设

1. 构建校园治安防控体系。高校应以“平安校园”建设为抓手，按照“谁主管，谁负责”

的综合治理原则,全力打造“横向到边、纵向到底”的校园治安防控体系。首先,进一步明确和强化以学校党委为核心,校内各二级单位为主体的治安防控组织体系,实现层层有人抓、级级有人管的长效管理机制。其次,在全校建立人人参与、事事联系的校园治安防控的联动机制。再次,在校园治安防控工作中,要按照“化整为零”的思路,实行网格化的安全防控模式。最后,依靠公安机关及地方综治办等相关单位的配合和支持,建立警校、地校联动合作机制。

2. 组建多形式多层次治安防控队伍。首先,依靠公安力量。公安机关实施或指导学校开展各种形式的治安防控措施,充分发挥自身打击违法犯罪,维护校园秩序,保护师生人身、财产安全的职能优势。其次,组建群防群治队伍。选拔素质高、责任心好、正义感强的在校大学生组成多种形式的义务巡逻队、学生治保队、义务消防员、护校员等,使校园治安防控的体系得以拓展延伸,极大提升校园整体防控的水平。最后,引入校园保安服务模式,弥补高校保卫力量不足、年龄老化的缺陷,进一步完善学校治安防控网络。

3. 改进“两个实有”制度和管理机制。在制度层面,需要改进与“两个实有”工作密切相关的居住证制度。对此,本着公民迁徙自由和公平对待的原则,应降低上海市居住证办理的申报门槛,同时提高上海市临时居住证的含金量。另外,还需在简化流程,减少办证成本、提高工作人员综合素质和服务意识等方面加以改进。在高校“两个实有”管理的操作层面,应结合工作的具体要求,根据外来人员入校求职从业的特点,进一步拓展和完善高校外来人员的管理机制,如建立外来人员居住证办理与入职、评比、考核等实际利益相关联的管理机制;在校内各二级单位设立信息员,建立外来人员数据库,提高外来人员信息化管理工作等。

4. 注重管理和服务结合。高校外来人员作为全体社会成员的重要组成部分,对高校的改革和发展,对学校部分基础性工作的开展以及为广大师生提供服务等方面发挥了不可替代的作用。因此,在进校外来人员的政策上,我们应该改变长此以往的防范式管理思维,强调主动服务沟通的意识。首先,学校应加强对外来人员的法制教育和宣传,保护其合法权益,培养其遵纪守法的意识,增强维护自身权利的能力。其次,规范和完善高校外来人员的社会保障制度。再次,建立外来人员长效工资、培训机制,增强其在上海生存和发展的能力,以更好的服务高校、服务上海。最后,保障和提高校区外来人员基础生活设施,改善居住条件,消除安全隐患,确保该群体能正常生活,安居乐业。

(二)建立科学的高校治安事件应急处置机制

在开放性更大、社会性更强的当今高校校园,面对日益复杂的治安形势和各类突发事件,要求学校必须具备一套科学、完整、操作性强的治安事件应急处置机制。在事前预警方面,要根据节点、步骤详细列出具体工作内容,避免原则性的“纸上谈兵”,必须具有实际可操作性,同时严格落实决策责任到人的责任制,真正发挥事前预警的作用。在事中处置过程中,首先,必须在人力、物资、科技等方面有完善的保障机制;其次,高效的指挥决策机制,保证各部门形成协同作战的应急处置体系,实现各部门之间资源共享、互助互动、沟通合作的高效处置模式;最后,建立透明畅通的沟通机制。突发事件往往给高校带来恶劣影响和负面效应。因此,在治安等突发事件的应急处置过程中,必须做到沟通渠道畅通,信息公开透明,避免谣言、小道消息对学校的不利影响。事后应充分发挥恢复机制作用。恢复机制包含两方面内容:一是就突发事件本身造成的后果进行恢复,包括损失评估、责任认定等;二是对突发事件处理后的秩序恢复和心理恢复。

（三）确立和保障高校治安管理主体地位

目前，学校内部的保卫机构，缺乏相应的法律制度保障，导致其没有执法权，在实际工作中达不到有效保障校园安全，维护师生权益的目标和要求。鉴于此种情况，我们可以借鉴美国等西方国家高校安全管理的成功经验，结合我国学校的实际，尽快制定一部明确、具体的《校园安全法》。《校园安全法》应以法律为基本框架，在遵循安全、法定、科学管理的原则下，从适用范围、基本内容、法律责任等方面构建我国的校园安全法律制度，明确管理主体的设置、职权、具体措施和程序以及相关监督、救济制度等。只有从立法的层面，提供专门的法律保障，才能从根本上彻底改变我国高校治安管理工作中的尴尬局面，真正做到有法可依、有章可循。

从实务操作的层面出发，针对目前高校普遍存在的仅有保卫机构，没有公安执法力量的现实情况，可以考虑在《校园安全法》出台的基础上，实施校园警察制度。在高校建立和实施校园警察制度，不仅可以有效弥补高校治安管理力量不足的缺陷，而且从根本上解决了校园治安管理执法权的问题。而保卫机构工作人员则作为治安防控的辅助力量，将工作重点前置于校园日常各项基础性安全保障工作以及开展各类安全防范教育、宣传、培训等方面。

（四）营造校园安全文化环境

校园安全是所有高校开展一切工作的基础和前提，也是构建社会主义平安校园的基本要求。面对如今开放式校园，大量外来人员涌入，不安定因素增多的客观情况，学校及相关单位除采取防控、打击等传统实效性的安全治理方式外，还要通过多种方式和渠道，对师生开展不间断的安全教育与培训，宣传必要的安全常识，讲解应对不法侵害或突发事件时的方法和技能；注重利用当前新媒体时代，广大师生日常最为熟悉、最常使用的网络社交平台，以更为形象、更为便捷、更为时尚的方式进行安全教育和宣传，这样既可以保证安全提醒的时效性，做到实时知晓，更能增加安全宣传的辐射性，做到人人皆知。这些工作的开展，可以有效营造校园安全文化环境，提高广大师生的安全意识和安全理念，打造浓厚的校园安全文化氛围，最终实现价值层面上的安全精神和安全文化，达到自觉、有意识地运用安全知识和防范技能，保护自己，避免不法侵害的效果和目标。

【导师点评】

通过在大学保卫处工作，作者平常对大学校园治安管理颇有心得。在论文选题时，他征询过我的意见，想撰写该主题的毕业论文。我认为这个选题能结合个人经验对校园治安工作中存在的问题进行系统思考，有利于推动大学校园公共安全管理，因此，我鼓励他好好研究该选题。

当然，在毕业论文的写作过程中，他碰到了不少困难，包括开题答辩时其他老师对该选题是否属于公共管理范畴的质疑、论文框架结构是否合理，以及修改时相关数据与案例的更新和丰富等。冠群能够将论文坚持写完并修改、完善，这种对学术的执著追求、勤勉踏实的精神是难能可贵的。

呈现在面前的这篇硕士毕业论文，以校区外来人员为研究对象，在梳理学术文献研究成果的基础上，运用流动人口管理理论、公共治理理论和危机管理理论，选取上海某高校 X 校区外来人员作为案例进行研究。论文对该校区外来人员的治安现状及管理中存在的问题进行分析，探究其中的原因。基于国外高校治安管理的经验及相关启示，论文提出建立高校治安管理体系和治安事件应急处置机制，确立和保障治安管理主体地位以及营造校园安全文化等方面来完善高校外来人员治安管理工作。

通过这篇论文的写作,希望能进一步提升作者的理论水平和工作能力,有利于对维护校园秩序,保障师生人身、财产权益,建设平安校园的理论研究与管理目标实现。

(指导教师:汪伟全)

基于社会创新视角的城市文化空间营造研究

吴丹丹*

一、问题的提出

人类文明在时间与空间交织的语境中不断创新、嬗变和依存。20 世纪以前，与时间及其所代表的富饶性、多产性、辩证性和生命活力相比，空间被看成是死寂的、固定的、非辩证的、僵滞的。[1] 直到 20 世纪 70 年代，亨利·列斐伏尔(Lefebvre)在“空间理论”中，将“空间”看作一个关系化与生产过程化的动词，认为“空间是通过人类主体的有意识的活动产生的”，“空间里弥漫着社会关系；它不仅被社会关系支持，也生产社会关系和被社会关系所生产”，[2]赋予了“空间”丰富的哲学意义。20 世纪 70 年代，人文地理学者发展了“地方”(place)概念，以抵抗空间科学的抽象化。“空间是流动，地方就是暂停。”[3]简言之，地方是有意义的空间。“连结”的建立是意义的重要来源，因而也是空间成为地方的重要标志。在当下的社区营造、空间设计中，如何“将空间成为地方”，即是如何让空间与人产生连结。

城市文化空间更新成为当下都市化进程中的重要一环，正是因为公共管理者开始将文化空间视为提升城市文化形象，丰富市民文化生活的空间部分。弗德里曼将全球化主导下的城市空间分为“经济空间”和“生命空间”两个对立的概念，说明资本等因素对人们实践自主性“生命空间”的侵蚀阻碍了人们围绕生命开展的具体表达。[4] 但是，当全球化与资本主义无孔不入地影响着空间的发展，消费主义又实施了对市民日常生活的控制，文化成为商品的趋势已无可回转，简单的经济空间、生命空间二元区分显然无法应对城市空间运作面临的复杂问题。本文采用“文化空间”概念，希望在城市发展的过程中审视文化空间涉及的主体、对象和运作机制等问题，以及在空间和个人都处于迷失的状态下，探讨文化空间如何发挥连结人与空间关系的作用，找寻人居于此地的意义。

总体而言，本文将通过对“城市文化空间为谁营造，如何营造，由谁营造?”这一问题的研究和探讨来开展写作过程，在城市化背景下，以社会创新视角审视当下城市文化空间营造现状，搭建城市文化空间的形成机制，并在新的理论研究框架下，以设计思维作为中介，启发

---

* 吴丹丹，华东政法大学 2017 届文化产业管理专业硕士研究生。

〔1〕 Michel Foucault, Questions on Geography, in C. Gordon (ed.), *Power/Knowledge: Selected Interviews and other Writings*, New York: Pantheon Books, 1972 - 1977, pp. 63 - 77.

〔2〕 [法]亨利·列斐伏尔:《空间:社会产物与使用价值》，王志弘译，载包亚明编:《现代性与空间的生产》，上海教育出版社 2003 年版，第 48 页。

〔3〕 [美]蒂姆·克瑞兹威尔:《地方:记忆、想象与认同》，王志弘等译，台湾群学出版有限公司 2006 年版，第 18 页。

〔4〕 John Friedman, Life Space and Economic Space: *Contradictions in Regional Development*, *School of Architecture and Urban Planning*, University of California, Los Angeles, 1981.

实践的想象力,探索新的文化空间营造路径。

二、城市文化空间营造现状

今天,“文化是一个可以观赏的去处”,“场所本身已经成为了展览”,不论是城市的各类文化空间还是城市本身,都以“可参观性”为特征,设计者的任务就是要使最终呈现的空间是“可读的”(legible)。[5] 正如英国社会学家贝拉·迪克斯说的那样,城市文化空间的一个显著特征是“可参观性”(visitability)。20世纪80年代之后,文化象征主义在城市空间改造中盛行,“用文化空间提升城市的魅力和品质”[6]成为管理者提升城市形象的策略。设计者按照“博物馆+画廊+艺术家工作室+咖啡店+精品商店”的“文化密集空间”方程式,[7]打造一种新型的复合型文化休闲空间,吸引大批游客和旅行者在闲暇时间来此参观、逗留。通过互动与体验,借助技术手段,文化空间的建筑风格和内部规划在与时俱进地为“可参观性”努力,尤其反映在博物馆、美术馆、历史遗址和旧工业区等专为展示而生的场所。

将“可参观性”作为文化空间的目标,导致当地的城市意象变得模糊不可辨认,文化空间的在地感缺失。“可参观性”取决于对文化的展示,但这种展示通常基于成功的经验。在消费主义的指导下,文化成为被加工的对象和被引用的片段,难以展现完整的形象。[8] 比如上海外滩的繁荣景象刻意抛弃了20世纪20年代到40年代列强入侵、充满矛盾与冲突的一面,而努力描绘上海滩夜夜笙歌、粉饰太平的景象,目的是打造又一个旅游胜地,并将历史连接向繁荣盛世的一面。在建设新空间时,出于对国际大都市指标和明星建筑师的追求,世界各地建筑被无情地均质化,一大波“国际风格”的地标性建筑和摩天大楼成为参观手册上标注的景点。如此大规模克隆、机械式、片段式的发展,对城市空间秩序和生活秩序造成毁灭性伤害,抑制了城市发展的文化活力,破坏了城市文化的多样性。[9] 在后现代主义的指导下,“社区”和“历史”这样的词语虽然常出现在规划手册中,但它们仅是“借由提供历史绵延的稳定的感觉,来支持住宅社区的兴建”,这种传统“由企业规划者创造,来赋予地方认同感”。[10] 结果,真实的生活痕迹被加工成消费意象,这种行销形式用对比的原则,为游客和消费者提供了一种浪漫视野。标榜再现独具特色的城市开发项目,也因成功经验的借鉴和开发商利益保障的需求而将城市文化空间进行同质化。

“可参观性”不仅导致文化空间的在地感缺失,也促进了文化空间的商品化趋势。资本和权力这两个强有力的“他者”,在对历史、传统和财富的再生产中,将外来者、游荡者和不受欢迎者全都驱离,以此为那些愿意并有能力来此消费的人提供一个安全和谐的地方。城市文化空间用互动、参与的策略为“别处”的人消除与空间的距离感,但居住地的人与空间的关系却被忽视。“仿传统的古街和小镇被重新打造,但这些地方又和其他都市空间隔离

[5] [英]贝拉·迪克斯:《被展示的文化:当代“可参观性”的生产》,冯悦译,北京大学出版社2012年版。

[6] 葛剑雄:《用文化空间提升城市的魅力和品质》,载《文汇报》2015年11月9日第5版。

[7] 郭恩慈:《东亚城市空间生产——探索东京、上海、香港的城市文化》,田园城市文化事业有限公司2011年版,第297页。

[8] [英]贝拉·迪克斯:《被展示的文化:当代“可参观性”的生产》,冯悦译,北京大学出版社2012年版,第35页。

[9] 董慧:《秩序与活力:城市文化空间的意义构建》,载《苏州大学学报》2011年第4期,第46页。

[10] [美]蒂姆·克瑞兹威尔:《地方:记忆、想象与认同》,王志弘等译,台湾群学出版有限公司2006年版,第151页。

开,创造一个购物和商业的天堂。"[11]居住地的人或者因无力承担改造后的高额房价而搬迁至城市边远地区,或者看着自己生活的空间模糊难辨,原来空间中熟悉的邻里传统关系,由于每天大量陌生人的进入,演化成为一种陌生人之间交际、消费的现代关系,从"我者"转变为"他者"。对于"别处"的人而言,其消费属性在规划者的设想中被放大,其他需求则被或多或少的忽视。在官方文献和新闻宣传界定的"概念化的空间"[12]和实际经验的空间之间,常常因为不匹配而产生张力。

面对城市文化空间被改造、被参观、被商品化,自身与空间关系被破坏的尴尬局面,人们并非无动于衷,而以自下而上参与文化生活的方式,进行文化空间的营造与意义创造。自上而下的规划呈现出专业知识和空间想象力,但是,诸如城市民间自发形成的文化空间与艺术聚落,[13]则流露出现代人的真实需求。这些自发形成的文化空间并不稳定,而是处于流动之中。快闪族在城市里形成新的次文化,以跑酷为代表的"城市疾走",这些对城市空间的感知方式体现着人与空间关系的本质回归。[14] 这凸显出城市文化空间的营造,不应只是由权力、资本所操控,它也是市民能够发挥创意向体制进行抵抗的领域,是人们真实需求的流露。他们正在从底层一点一滴地改变着这个城市,向现有的公共管理发起挑战,也带来公共管理转型的机遇。

三、城市文化空间形成机制

城市文化空间为何会呈现如上面貌?本文借鉴列斐伏尔的"空间生产理论",分析城市文化空间的生产过程,建立城市文化空间的形成机制,从问题根源处寻找原因,从而进行路径探索。

(一)列斐伏尔的空间生产理论

在列斐伏尔看来,空间并非是抽象的自然物质,也不是外在于人类活动的静止平台,而是"社会秩序的空间化"(the spatialisation of social order)。[15] 他采用三分法,将空间结构区分为"空间实践"(spatial practices)、"空间再现"(representation of space)与"再现空间"(representational space)三部分,分别对应空间的物质、精神与社会三个维度。空间实践是发生在物理空间中的人类行为,人类经验空间内的元素和事件,产生触觉和感官的互动,这是创造空间的方式,也是空间生产的基础;空间再现是空间生产的最重要环节,是对物质空间的想象,权力的拥有者能建构符合自己意识形态的空间秩序。空间再现尝试通过抽象再现(如字词、地图、图画等)来恰当(因为无法做到精确)反映周围的物质空间,摒弃了任意性,而且力图实现自己的构想;再现空间是一个生活空间,处于被支配地位,是对空间实践与空间再现的包容与超越,是社会空间。正是因为这点,"社会空间是社会的产物"。[16] 再现空间的

---

〔11〕 侯志仁编:《城市造反——全球非典型都市规划术》,左岸文化事业有限公司 2013 年版,第 197 页。

〔12〕 借鉴米歇尔·德·塞尔托的"概念化的城市"(Concept Of City):官方主导秩序下形成的城市。

〔13〕 参见陈乐伦:《在北京街头跳舞——城市系统里的即兴演出》,载侯志仁编:《城市造反——全球非典型都市规划术》,左岸文化事业有限公司 2013 年版,第 22 ~ 43 页;王小武:《艺术村的都市游牧:被动迁徙》,载 http://news.artron.net/20161205/n890675_2.html,最后访问日期:2016 年 12 月 11 日。

〔14〕 侯志仁编:《城市造反——全球非典型都市规划术》,左岸文化事业有限公司 2013 年版,第 12 页。

〔15〕 Lefebvre Henri, The Production of Space, Trans Donald Nicholson - Smith, Oxford UK: Blackwell, 1991, p. 33.

〔16〕 [法]亨利·列斐伏尔:《空间:社会产物与使用价值》,王志弘译,载包亚明编:《现代性与空间的生产》,上海教育出版社 2003 年版,第 48 页。

生产是因为个体并非是“在唯物论世界中漂浮的原子,仍然怀抱幻想、恐惧、情感和梦想”,[17]因此人们会通过诗意的想象、艺术的重建、“街边的芭蕾”来再现这个空间中真实的生活方式。

再现空间(社会空间)是在空间再现(精神空间)的作用下,对物理空间进行直接的空间实践或象征性地使用物质空间中的物体。再现空间总是与意识形态相关,它既可能是对空间再现的认同,也可能是反抗。“空间实践”是使用者的真实参与,“空间再现”强调权力者意志,“再现空间”反映真实,因此对空间的接受或反抗是使用者在官方规划下的创意实践,也即在“空间再现”下进行的“再现空间”。

按照现代建筑学的划分,文化空间是与居住空间、工作空间相对的“第三空间”,是个体文化表达的公共场域。在这一场域中,“文化空间实践”和“文化空间再现”都无法独立描绘文化空间的意涵,正因此,文化空间最终呈现出来的是实际的、生活化的且包含各种社会关系的“文化再现空间”。所以,本文将“文化空间”定义为:在一定物质空间基础上,个体通过社会化生产形成的具备一定精神意义的空间。

(二)城市文化空间形成机制

从上述定义可以看出,“文化空间 = 物质空间 + 意义”。因此,文化空间的形成机制问题就转化为“空间的意义生成”问题。结合空间生产理论,本文将文化空间的意义分为三部分:空间记忆(空间实践)、他者建构(空间再现)和个体经验(再现空间)。

空间记忆是基础。空间记忆是空间的文化特征,他者建构和个体经验将此作为演绎基础。它指一个物质空间本身所具有的文化意义,一般是前人经验的结果,与后现代主义提倡的“本土性”相似。空间记忆反映人与空间的关系,是“空间”成为“地方”的证明。通过空间实践(比如对空间的命名),人建立自身与空间的关系,并赋予空间一定的意涵,形成空间记忆。建筑的空间记忆即是其包含的丰富的历史文化信息,如工艺能力、艺术想象力等。文化空间的生产是重现、改造或者批判空间记忆的过程。

都市空间并非一个中立的物质环境,而是“他者”有意识、有目的的建构。特定利益群体出于各种各样的政治、社会或商业目的,搭建了文化空间的叙事框架,构建出一个“概念化的空间”。作为文化空间意义的一个维度,“他者建构”常常处于主导地位,以确定性著称。“可参观性”正是他者建构的结果。列斐伏尔认为,资本主义作为最根源的“他者”,具体化为消费主义,无孔不入地注进芸芸众生的生活,对城市空间实施了统治。根据他对城市空间建设的考察,当代资本主义为了获取更丰厚的利润,将投资转向城市空间,造成资本在城市空间领域集中。城市内的各个场所,被当作标的物,被社会各界团体进行设计和推销。不同的利益团体基于自身考虑,对城市空间进行解释,并通过各种传播渠道使人们接受这种意义。在不同的历史阶段,空间被赋予不同的意义、功能和形式表现,形成空间再现。文化空间在以资本为主导,以媒体和符号集合体为代表的传播系统这些“他者”的建构下,形成反映权力关系的意识形态与价值观,在不同的历史时期呈现出特定的历史和文化意义结构,而失去稳定性。

城市文化空间的形成,并非只有“他者”对“空间记忆”的再现,也离不开形形色色的个体经验形成的再现空间。个体经验源于个体实践,是社会成员外部化和物质化的日常生活

---

[17] W. Benjamin, *The Arcades Project*, *Cambridge*, Mass: Belknap Press, 1999. 转引自[英]大卫·哈维:《新自由主义化的空间:迈向不均地理发展理论》,王志弘译,群学出版社2008年版,第126页。

经验。通过对空间的使用和占据,个体每日对作为社会与文化实体的文化空间进行感知,进而认同或反抗他者建构的、在社会中占据支配地位的意识形态和权力,最终确立自身身份。个体经验源于个体一般会根据自己的利益,挪用有权力的“他者”建构的世界,这是在秩序得以推行的领域,对秩序的逃避。换言之,个体经验发生在既有的规章制度体系内,但却设法规避监视、管制和约束发生的网络。

他者建构预设了文化空间内个体生活的“普同性”,[18]强调市民的同质性与内部一致性,而排除了市民自身之特殊性。个体经验则是要重视普通个体经由每日实践而成的生活空间。从本雅明的“城市行走”(city walking)到德・塞尔托的“都市漫游”(walking in the city),都强调通过这种对于个体而言真正具有重要意义,但其实只是日常生活中履行的无意义的“策略”,来达成对城市的认识。个体经验颠覆了空间管理决策层和规划设计师所谓的“战略”,将“个人创造的空间”和“制度化的空间”置于同等地位。[19] 那些自发形成的文化空间、空间漫步和街头文化都是个体经验空间、构建自身与空间连结的方式。

四、城市文化空间营造的社会创新策略探索

(一)社会创新视角——以“营造”协调“规划”

在政府寻求合作、社会组织寻求参与的管理背景下,社会创新代表着一种解决问题的新颖思维,它是“对某个社会问题的新颖的解决办法,这个解决办法比原先办法更有效、效益更高、更可持续或更公正,同时它所创造的价值为整个社会带来利益而非仅仅对某些个人有利”。[20] 社会创新不再单纯看重引发创新的“点子”,而是注重构建让创新可持续发展的“市场”,通过“蜜蜂”(那些有想法和能量的创新者)和“大树”(那些有权力和资金让事情能够规模化发展的大机构)的联合推动创新的发展,以系统的视角和对跨界合作的重视助力社会问题的解决。[21] 基于此,本文引入社会创新视角以探索一套新的城市文化空间营造策略。

营造思想借鉴于日本“社区营造”理念,是指人们自发地从社区生活出发,为保持地域的多样性和独特性,集合各种社会力量和资源,发掘地区传统文化潜质,通过社区中的人员和行动,完成社区的自组织、自治理和自发展过程。[22] 本文借用“营造”一词,目的有二:第一,说明城市文化空间的形成是多样个体参与的结果,而非某个主体的规划;第二,指出空间的设计重点在于“人与空间的关系”,这种“关系”无法通过“规划”达成。城市文化空间营造,应是政府引导,社会力量自下而上地参与、自组织过程。

文化空间应当“为真实的需求而设计”,[23]要为人们创建各种“连结”。传统的规划路径基于实用主义和功能主义的公共管理思维,认为“管理问题必须用科学知识和技术的途

---

〔18〕 夏铸九:《(重)建构公共空间——理论的反省》,载《台湾社会研究季刊》1994 年第 16 期,第 28 页。

〔19〕 [法]米歇尔・德・塞尔托:《日常生活实践:1. 实践的艺术》,方琳琳等译,南京大学出版社 2009 年版。

〔20〕 郑琦:《国外社会创新的理论与实践》,载《中国行政管理》2011 年第 8 期,第 72 ~ 73 页。See James A. Phills Jr. ,Deiglmeier & Dale T. Miller. Rediscovering Social Innovation, Stanford Social Innovation Review, Fall 2008, pp. 34 – 43.

〔21〕 《社会创新启示录》,载 http://www. haokoo. com/else/6225851. html,最后访问日期:2015 年 7 月 7 日。

〔22〕 胡澎:《日本“社区营造论”——从“市民参与”到“市民主体”》,载《日本学刊》2013 年第 3 期,第 119 ~ 136 页。

〔23〕 参见[美]维克多・帕帕奈克:《为真实的世界设计》,周博译,中信出版社 2012 年版。

径去解决,答案必须是分析性的和系统性的",对管理者而言,"不确定性是威胁"。[24] 但是这种一致性的意见达成过程忽略了个体许多的潜在需求。

营造面向真实需求的文化空间,首先要能够发现需求,这需要跨界的视角。文化空间营造不仅仅是懂文化的专家、管理者和决策者的权力,也应看重与企业、社会组织、媒体等社会力量的参与,将跨界个体纳入文化空间营造过程,并促使其构成社会网络,其一,使社会上的普通人互动、互助,培养互助的理念;其二,让代表某个群体的声音进入利益和机会的分配过程,在协商的过程中寻求大家能够接受的政策和发展方向。文化空间的意义生成,也是一个达成共识的过程,其前提是让利益相关方参与这一过程,在过程中催生社会关系与合作,发现空间"未来使用者"的需求。

当空间成为商品,"空间的问题就不能空间的对待",[25] 不但要将其置于社会、经济和文化发展的大背景中考察,对空间营造主体的考察也要放在社会网络框架内。社会网络理论认为消费者的选择行为不再是由传统的消费者需求理论所描述的一系列动机所主导,而是基于网络内其他人的选择。[26] 每一个参与空间营造的主体,其行为都影响着他自身的社会网络。在互联网的作用下,资讯的流动化使生产者和消费者之间的界限日益模糊,反映在文化空间营造过程中,就是被动的参观者业已成为主动的营造者,开始主动要求参与,他者建构也无法再忽视对个体经验的关注。社会网络的影响力也远远超出人们的预期,从而为文化空间的面貌提供了更多可能。

(二)设计思维——修整自上而下的规划

设计思维是一套总结性、创新性解决问题的思维方式,强调在对人性需求深刻洞察的基础上,借用适合的科技手段,满足用户的需求本质,同时实现商业利益最大化。本节将设计思维作为中介,启发实践的想象力,说明公共管理者主导的城市文化空间营造要以人的需求为中心,对空间记忆进行反思,并将他者建构与个体经验结合,寻求自上而下规划和自下而上参与的平衡。

空间记忆是城市文化空间营造的基础,但在政策和市场的双重要求下却常常遭遇尴尬处境:既要遵循保护法规的要求进行保留,又要兼顾市场和居民生活的需要进行开发,带来的后果要么是因为过于保护而无力发展,要么因为遵循全球化路径开发过度而失去特色。抛开保护和发展、全球化和地方化二元对立的思维方式,全球化作用于空间记忆,有消解,亦有融合。前期沉迷于追逐利益的发展,在他者建构和个体经验的冲突以及个体表达的作用下,促使公共管理者重新思考全球化主导下的空间营造如何满足人们的需求、传承和发展地方文化。设计作为一套解决问题的方法,历来寻求技术可行性、商业化需求和人文关怀三者之间的平衡。[27] 面对全球化的冲击,设计思维要求从人的需求出发反思空间记忆,注重"在使用中保护",这种理念要求空间记忆的保护形式要满足现代人的真实需求,比如将空间记忆打散成元素和碎片,然后用这些元素创造出新的具有历史性和创意性的空间形态,使得空间记忆演变为另一种形式而得以保存。

---

〔24〕 [美]金钟燮:《公共行政的社会建构:解释与批判》,孙柏瑛等译,北京大学出版社2008年版,第62页。

〔25〕 夏铸九编:《空间的文化形式与社会理论读本》,明文书局2002年版,序言第1页。

〔26〕 [澳]Jason Potts:《社交网络市场:一个创意产业的新定义》,叶天慧译,载李天铎编:《文化创意产业读本:创意管理与文化经济》,远流出版事业股份有限公司2011年版,第107~125页。

〔27〕 [英]蒂姆·布朗:《IDEO,设计改变一切:设计思维如何变革组织和激发创新》,侯婷译,万卷出版公司2011年版,第2页。

解决人与空间关系薄弱问题的路径在于，让人们一开始就参与营造过程。空间活化项目聚焦于一些原本生机勃勃，但后来因社会发展而逐渐破败的地区，通过外来设计者的介入和本地居民的配合让其再度焕发生机。但是，在这样的项目中，首先要面对的问题是：空间活化的根本是什么？面向的是空间，还是人？设计思维坚持使用者取向（User-oriented），以“当地人解决内部问题”的思路介入文化空间营造过程。[28] 未来使用者是将来有可能进入这个空间的人，不仅包括来自远方的目标消费者，还有生活于此处的居民。营造意味着要让更多的社会角色和社会机构参与到这一“过程”中，通过“过程”的日常参与实践，创造共同的语言、愿景和战略，以“协同设计”（co-design）的做法让不同的利益相关者围桌而坐，围绕着项目展开（project-based），培养其与空间的关系。

让未来使用者参与文化空间营造过程常常受到经济资源和政策脉络的限制而流于形式。大多数情况下，政府无意或者无力去了解居民的意愿，而居民也只能被动接受政策的控制和指导，无法有效影响政策制定的过程。但是，换一种思考方式，未来使用者的参与并非是要创造或者培养，它已经存在，只是等待被发现。那些新的空间营造模式，正是未来使用者需求的体现，与其说政府要如何去管理这些新的现象，不如说政府的任务是要去倾听这些来自民间的声音。就如赫尔南多·德·索托所说，“要走上街头，听‘狗的叫声’”。[29] 即政府无法通过自上而下的起草规划和方案、建造新空间然后进行分配来满足这些需求，而是要学会与居民的合作，深化与在地居民之间的对话与交流。公共管理者为了保持听觉的敏感性，需要支持那些散布在各地的小型文化空间的发展，比如从电影论坛到街头艺术，从读书会到摇滚乐团，从本地电台到自营的社区中心等。他们的灵活性在营造人与空间的关系上具有不可替代的作用，如何使这些真正传承历史脉络和空间记忆的文化空间、真正富有创意的文化团体、代表人民真实需求的文化空间不被高额的租金打败，也是文化产业从经济维度转向社会维度的关键。[30]

政府在创建人与空间的连结上，可以建立政府主导、专业支持、社会参与的设计体系。首先，公共管理者要注重参与意识的养成，创建一个各方参与者互动的环境，确立议事规则，提高议事能力，使征求意见从走过场变为真正的议事。其次，要培育专业的社区营造机构。随着社会发展至一定阶段，为了满足政策制定与执行的专业性与问责需求，培育和发展提供政策解读、咨询研究、项目指导与评估等工作的社会组织非常迫切，将这些社会组织纳入过程之中，不仅有助于社会创新管理能力的提高，也能够促进人与空间关系的建立。最后，注重地方自组织的发现和培育。地方自组织深植地方，深入地方，从前期对地方的调研，中期对地方营造的执行，甚至到后期地方的运营，全程参与了这一过程，与空间建立了紧密的关系，能够为地方的可持续发展提供能量。

五、结语

本文对城市文化空间营造的策略探索，是从现状出发，通过借鉴空间生产理论，建立城市文化空间形成机制，即本文的理论框架，目的是提供一种能够用于解释空间记忆、他者建

---

〔28〕［日］山琦亮：《社区设计：重新思考“社区”定义，不只设计空间，更要设计“人与人之间的连结”》，庄雅琇译，城邦文化事业股份有限公司2015年版。

〔29〕［秘鲁］赫尔南多·德·索托：《资本的秘密》，王晓东译，江苏人民出版社2005年版，第203页。

〔30〕钱伟、吴丹丹：《社会企业助推文化产业发展》，载范周编：《创新·创意·创业——海峡两岸文创研究报告2015》，中国传媒大学出版社2016年版。

构和个体经验之间互动的关系架构,试图解释在全球化的背景下,城市文化空间为何呈现出如此面貌,谁用什么方式界定了什么意义的文化空间,以及文化空间的意义是如何形成与运作的,文化空间的意义又是如何表现的等问题。

基于社会创新视角的文化空间营造,没有否决消费主义对日常生活的裹挟、没有否定看似贴近平民生活的艺术品,但也没有放弃对理想生活的描绘,而是尽最大努力提出了如何使个体连结空间的路径。以社会创新视角探索城市文化空间的营造策略,首先,要注重人的需求,未来使用者不仅仅是目标消费者,还有生活于此处的人;其次,要将共同协作原则体现在空间、参与者和活动的多样性之中,最后,结合公共管理的理念,借鉴设计思维,从操作层面提出了自上而下规划模式的几点修整设想,由此实现规划和自下而上参与的磨合,寻找政府和社会的共识,重现市民生活于城市的意义,使人们收获表达生命的机会。

【导师点评】

城市发展问题近年来已成为学界关注的焦点之一。Friedman 曾提出“经济空间”与“生活空间”这两个对立概念来描述城市发展面临的问题,指出资本等因素对日常生活的侵蚀,但这种二元对立同时也把问题简单化了。该文试图通过引入城市“文化空间”概念,丰富此理论描述,以期能对城市空间运作机制有更深入了解。城市空间问题不仅仅是一个理论问题,它同时也是在政府、机构、居民、游客、学者等各种主体的论述、实践与协作下建构而成的。故此,该文又通过社会创新视角切入实践维度。在此,社会创新相当于社会治理中所谓“都市针灸术”(Urban Acupuncture),希图通过局部变革来影响整体革新。论文的这部分工作实际上是对 Arjun Appadurai“地方化技术”(Technology of Localization)理论的具体化。总体而言,该篇论文选题新颖,资料充分,理论基础较为扎实,论证较为严密,是一篇达到出版要求的学术论文。

(指导教师:钱　伟)